Namibia

Dieter Losskarn

Reise-Handbuch

Inhalt

Wissenswertes über Namibia

Annäherung an Namibia	10
Steckbrief Namibia	12
Natur und Umwelt	14
Landschaften und Pflanzenwelt	14
Namibias Tierwelt	17
Nationalparks	28
Wirtschaft, Soziales und aktuelle Politik	32
Namibias Wirtschaft	32
Infrastruktur · Herausforderungen für die Politik	37
Geschichte	38
Zeittafel	54
Gesellschaft und Alltagskultur	56
Die Bevölkerung	56
Feste und Traditionen	59
Kunst und Kultur	60
Essen und Trinken	64
Kulinarisches Lexikon	68

Wissenswertes für die Reise

Informationsquellen	72
Reise- und Routenplanung	75
Anreise und Verkehr	80
Unterkunft	88
Sport und Aktivurlaub	92
Einkaufen	94
Gut zu wissen	96
Reisekasse und -budget	98
Reisezeit und -ausrüstung	101
Gesundheit und Sicherheit	102
Kommunikation	105
Sprachführer	107

Unterwegs in Namibia

Kapitel 1 Windhoek und Umgebung

Auf einen Blick: Windhoek und Umgebung	114
Windhoek	116
Stadtzentrum	116
Aktiv unterwegs: Township-Tour durch Katutura	127
Ausflüge von Windhoek	130
Daan Viljoen Game Park	130
Durchs Khomas-Hochland zum Bosua Pass	131
Amani Lodge	131
Aktiv unterwegs: Drahtseilakt – Ziplining in den Auas-Bergen	132
Auas Game Lodge	132
Gocheganas · Penduka Crafts Centre	133
Okapuka Ranch · Düsternbrook Guest Farm	134
Burg Gusinde	137

Kapitel 2 Der Süden

Auf einen Blick: Der Süden	142
Von Windhoek nach Keetmanshoop	144
Rehoboth	144
Hardap-Stausee und Wildschutzgebiet	145
Mariental · Auf der C 19/C 14 nach Süden	148
Keetmanshoop und Umgebung	153
Der tiefe Süden	156
Fish River Canyon	156
Aktiv unterwegs: Wanderung durch den Fish River Canyon	162
Zum Orange River	164
Richtersveld National Park	166
Am Diamanten-Sperrgebiet entlang nach Norden	168
Von Aus nach Kolmanskop	171
Geisterstadt Kolmanskop	176
Aktiv unterwegs: Geländewagen-Trip ins Diamanten-Sperrgebiet	178
Lüderitz und die Lüderitz-Halbinsel	182
Lüderitz	182
Ausflug zur Lüderitz-Halbinsel	189
Aktiv unterwegs: Bootsfahrt nach Halifax Island	190

Inhalt

Kapitel 3 Die Namibwüste

Auf einen Blick: Die Namibwüste	194
Im und am Rand des Namib Naukluft Park	196
Geschichte und Regionen	196
Tierwelt des Parks	197
Anfahrt von Lüderitz	197
NamibRand Nature Reserve	198
Aktiv unterwegs: Ballonfahrt über der Wüste	202
Vom NamibRand Nature Reserve nach Sesriem	205
Sesriem und Sossusvlei	207
Durch die Naukluft-Berge	211
Aktiv unterwegs: Wandern in den Naukluft-Bergen	212
Über Passhöhen	214
Kuiseb Canyon	215
Nach Walvis Bay	216
An der Atlantikküste	220
Walvis Bay	220
Ausflüge von Walvis Bay	226
Aktiv unterwegs: 4x4-Trip nach Sandwich Harbour	228
Von Walvis Bay nach Swakopmund	229
Swakopmund	231
Aktiv unterwegs: Quadbike-Tour in den Dünen	241
Ausflug zur Welwitschia-Ebene	244
Blutkuppe und Archer's Rock	245

Kapitel 4 Skelettküste und Damaraland

Auf einen Blick: Skelettküste und Damaraland	250
Die Skelettküste	252
Von Swakopmund zum Cape Cross	252
Cape Cross Seal Reserve	254
Entlang der Skelettküste nach Terrace Bay	256
Aktiv unterwegs: Fly-in-Safari und Wanderungen im Skeleton Coast Park	258
Durch das Damaraland	266
Von Terrace Bay nach Khorixas	266
Aktiv unterwegs: Den Wüstenelefanten auf der Spur	268
Twyfelfontein	269
Burnt Mountain · Versteinerter Wald	271
Abstecher zur Vingerklip · Brandberg und White Lady	272

Aktiv unterwegs: Mit den Daureb Mountain Guides auf den Brandberg	273
Uis · Spitzkoppe	275
Usakos und Karibib	276

Kapitel 5 Waterberg Plateau und Etosha-Pfanne

Auf einen Blick: Waterberg Plateau und Etosha-Pfanne	280
Von Windhoek zum Waterberg Plateau	282
Von Bach Dam Recreation Resort · Okahandja	282
Gross Barmen	284
Okonjima · Otjiwarongo	286
Waterberg Plateau	288
Aktiv unterwegs: Wanderungen im Waterberg Plateau Park	290
Über Grootfontein nach Tsumeb	293
Tsumeb	294
Lake Otjikoto	295
Etosha National Park	296
Auf Safari im Etosha National Park	297
Aktiv unterwegs: Self Drive-Fotosafari zu Etoshas Wasserstellen	302

Kapitel 6 Kaokoland

Auf einen Blick: Kaokoland	312
Kaokoland	314
Landschaft und Klima · Bevölkerung	314
Tierwelt	316
Vegetation	317
Offroad-Trip zu den Himba	318
Aktiv unterwegs: Abstecher zum Rafting auf dem Kunene	322

Kapitel 7 Nordosten, Victoria Falls und Okavango-Delta

Auf einen Blick: Nordosten, Victoria Falls und Okavango-Delta	338
Das Buschmannland	340
Von Grootfontein nach Osten	340
Tsumkwe	341

Inhalt

Homasi Baobab und Dorslandtrekker Baobab	342
Kaudom Game Park	342

Der Caprivi-Zipfel — 347
Geschichte · Popa Falls und Mahango Game Park — 347
Von Divundu zum Mudumu National Park — 348
Mudumu National Park — 349
Durch den Mamili National Park nach Katima Mulilo — 352
Katima Mulilo — 353

Victoria Falls und Chobe National Park — 354
Über die Sesheke-Brücke nach Sambia — 354
Victoria Falls — 354
Aktiv unterwegs: White Water Rafting auf dem Sambesi — 358
Livingstone — 360
Chobe National Park — 363
Chobe Road — 364

Durch Botswana zurück nach Namibia — 366
Moremi National Park — 366
Okavango-Delta · Maun — 371
Aktiv unterwegs: Flugsafari ins Okavango-Delta — 372
Makgadikgadi Pans — 374
Kubu Island für Selbstfahrer · Von Maun nach Buitepos — 377

Themen

Naturschutz und Ökotourismus	20
Peace Parks – Naturschutz ohne Grenzen	30
Härte 10 – Diamanten	34
Die ersten Freiheitskämpfer – Witbooi und Marengo	44
›Juwel der Wüste‹ – Zugreise im Desert Express	138
Geschlossene Gesellschaft – Die Rehobother Baster	146
Mission Impossible – Vespa-Trip durch den Fish River Canyon	158
Freiheit auf Hufen – Die Wildpferde der Namib	172
Wenn es Krieg gibt, gehen wir in die Wüste	217
Namipenda-Rallye – Über Stock und Stein	227
Per Schiff durch die Wüste – Deutsche Kamelreiter	246
Schicksalsküste – Ertrinken oder verdursten?	264
Africat Foundation – Bimmeln statt schießen	287
Waterberg – Schicksalsberg der Herero	292
Die Himba-Nomaden – Zwischen gestern und heute	320
Die Kultur der San	344

Alle Karten auf einen Blick

Windhoek und Umgebung: Überblick	115
Windhoek	118
Der Süden: Überblick	143
Nach Keetmanshoop	145
Tiefer Süden	160
Fish River Canyon	163
Lüderitz	185
Umgebung von Lüderitz	191
Die Namib-Wüste: Überblick	195
Namib Naukluft Park	199
Walvis Bay	223
Umgebung von Walvis Bay	226
Swakopmund	233
Skelettküste und Damaraland: Überblick	251
Skelettküste	255
Damaraland	267
Waterberg-Plateau und Etosha-Pfanne: Überblick	281
Von Windhoek zum Waterberg Plateau	285
Waterberg Plateau Park	291
Etosha National Park	298
Kaokoland: Überblick	313
Kaokoland	319
Namibias Nordosten, Victoria Falls und Okavango-Delta: Überblick	339
Buschmannland	342
Kaudom Game Park	343
Caprivi-Zipfel	348
Victoria Falls und Chobe National Park	355
Moremi National Park, Okavango-Delta und Makgadikgadi Pans	370
Register	378
Abbildungsnachweis/Impressum	384

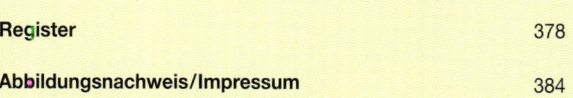

Vor allem im Etosha-Nationalpark kann man
solch prachtvollen Elefanten begegnen

Wissenswertes über Namibia

Annäherung an Namibia

Namibia ist flächenmäßig mehr als doppelt so groß wie Deutschland, hat aber nur gut 2 Millionen Einwohner, also etwa halb so viele wie die südafrikanische Metropole Kapstadt. Zyniker behaupten, das Land bräuchte keine Regierung, ein Bürgermeister würde genügen.

Wer aus dem engen, überfüllten Mitteleuropa kommt, den wird die gewaltige Weite Namibias im ersten Moment vielleicht verunsichern. Straßen, oft staubige Pisten, ziehen sich bis zum Horizont, und wenn dieser erreicht ist, sieht immer noch alles so aus wie vorher. Man hat das Gefühl zu stehen, während die überwältigende Landschaft unter den Rädern wegrollt.

Der Süden des Landes wird dominiert von zwei großen Trockengebieten, der Kalahari im Osten und der direkt an den Atlantik angrenzenden Namib, der ältesten Wüste der Welt. An der durch den kalten Benguela-Strom oft in Nebel gehüllten Küste liegt Namibias Reichtum verborgen: Diamanten. Der Orange River hat sie einst auf seinem langen Weg von den südafrikanischen Drakensbergen mitgebracht und in den Atlantik gespült, wo sie von Meeresströmungen nach Norden transportiert wurden. Vom sehr deutsch anmutenden Städtchen Lüderitz mit seinen vielen wilhelminischen Gebäuden aus lassen sich organisierte Ausflüge in das Diamanten-Sperrgebiet, das einst von den Deutschen etabliert wurde, unternehmen.

Auch die Geisterstadt Kolmanskop gehört wie der Fish River zu Namibias Sehenswürdigkeiten. Dieser Fluss hat im wüsten Süden des Landes einen Canyon geschaffen, dessen Ausmaße nur noch von denen in Arizona und Mexiko übertroffen werden. Vor allem wenn die Sonne untergeht, inszenieren die Aloen mit ihren weit ausgestreckten Ästen ein faszinierendes Schattenspiel vor dem rotviolett verfärbten Himmel.

Der Namib-Naukluft Park ist mit ca. 50 000 km^2 das größte Wildschutzgebiet in Afrika und das viertgrößte der Welt. Im Süden herrschen Kiesebenen vor, in der mittleren Namib ein unendlich erscheinendes Sandmeer, das nördlich des Kuiseb wieder von steinigen Ebenen abgelöst wird. Highlight ist hier das gewaltige Dünenmeer von Sossusvlei. Rund um die höchsten Dünen der Welt liegen Namibias schönste Lodges und Zeltcamps.

Swakopmund an der Atlantikküste ist noch ein bisschen ›deutscher‹ als Lüderitz – und größer. Auch hier erscheint die Architektur wieder überraschend deplatziert. Hinter den reich verzierten Fassaden lauert die Wüste, neben den sorgfältig angelegten Gehwegen häuft sich der Sand auf. Swakopmund ist Namibias Zentrum für Adrenalinsportarten – vom Dünensurfen bis zum Quadbiking.

Nördlich von Swakopmund beginnt die unwirtliche Skelettküste, die bei Cape Cross mit seiner lärmenden und stinkenden Robbenkolonie in den 16 000 km^2 großen, 1971 etablierten Skeleton Coast National Park übergeht. Touristen mit Erlaubnisschein steht dieses Schutzgebiet bis zur ehemaligen Bergbausiedlung Terrace Bay offen.

Im Damaraland bei Twyfelfontein befindet sich die größte Freiluftgalerie der Welt, die seit Juli 2007 auch UNESCO-Welterbe ist. Twyfelfontein ist die erste Welterbestätte in Namibia. Hier lassen sich tausende Felsmalereien und -gravuren bewundern, die zum Teil über 6000 Jahre alt sind und von den San geschaffen wurden. In den Trockenflussbetten dieser Region leben auch die extrem

Leben am Rande der Sandmeere: das Sossusvlei

seltenen, an die harten Klimabedingungen angepassten Wüstenelefanten.

Im nur mit Geländewagen zu erfahrenden Kaokoland leben die Himba, die zu den letzten Semi-Nomaden Afrikas gehören. Die Himba-Frauen mit ihren mittels einer Paste rot eingefärbten Körpern sehen aus, als entstammten sie einer anderen Welt. Ein weiteres abenteuerliches Off-Road-Ziel ist der Kaudom Game Park im Nordosten des Landes, dessen Areal grenzen- und zaunlos nach Botswana übergeht.

Weltberühmt ist der Etosha National Park im Norden Namibias, der mit 22270 km^2 mehr als halb so groß ist wie die Schweiz. Bereits 1907 erklärte der erste Gouverneur der deutschen Zivilverwaltung, Friedrich von Lindequist, weitläufige Landstriche im Norden Namibias, einschließlich der Etosha-Pfanne, zum Nationalpark, um die Fauna vor Jägern und Wilderern zu bewahren.

Der Caprivi-Zipfel ragt wie ein Finger in die Tropen und stellt Namibias Anschluss an den mächtigen Sambesi-Fluss und nach Sambia her. Von hier aus ist es nur ein Katzensprung in das tierreiche Okavango-Delta und das Moremi Game Reserve in Botswana oder zu den berühmten Victoria Falls in Sambia.

Namibias Hauptstadt Windhoek hinterlässt mit ihren rund 300 000 Einwohnern beim Besucher den Eindruck einer deutschen Kleinstadt. Cafés laden im Zentrum zu einem Besuch ein und in den Vororten Khomasdal und Katutura, wo der größte Teil der farbigen und schwarzen Bevölkerung lebt, schlägt das afrikanische Herz der Stadt. Spaziergänge stellen dank der Höhenlage auf 1650 m auch im Sommer keine Tortur dar.

Steckbrief Namibia

Daten und Fakten

Name: Namibia
Fläche: 824 292 km²
Hauptstadt: Windhoek (308 000 Einw./14,7 %)
Amtssprache: Englisch
Einwohner: 2,1 Mio. (2009)
Bevölkerungswachstum: ca. 1 %
Lebenserwartung: 51,2 Jahre
Analphabetenrate: 15 %
Währung: Namibia-Dollar (N$)
Zeit: MEZ bzw. MESZ – 1Std.
Landesvorwahl: 002 64

Landesflagge: Die heutige Flagge wurde am 21. März 1990 während der Verkündigung der Unabhängigkeit von Südafrika erstmals offiziell gehisst. Sie wird durch einen weiß gesäumten roten Streifen schräg geteilt. Links oben ein blaues Dreieck mit zwölfstrahliger gelber Sonne mit blauem Ring, rechts unten ein grünes Dreieck. Offiziell steht Blau für den Himmel, den Atlantik, Regen und Wasser, die gelbe Sonne für Lebenskraft. Rot steht für das Volk, Weiß für das friedliche Zusammenleben der verschiedenen Bevölkerungsgruppen sowie für Einheit und Frieden. Grün ist das Sinnbild für Vegetation und Fruchtbarkeit. Die Flagge basiert auf den Farben der Flagge der SWAPO (blau-rot-grün waagerecht gestreift), der politischen Bewegung, die Namibia in die Unabhängigkeit geführt hat. Die schmalen weißen Zwischenstreifen und die goldene Sonne wurden hinzugefügt, damit auch die Farben anderer Parteien vertreten sind. Die zwölf Strahlen der Sonne symbolisieren die zwölf ethnischen Bevölkerungsgruppen des Landes.

Geografie

Namibia liegt im Trockengürtel der Südhalbkugel im Südwesten des afrikanischen Kontinents und erstreckt sich zwischen 17° und 29° südlicher Breite sowie 12° und 25° östlicher Länge. Das Land ist knapp zweieinhalbmal so groß wie Deutschland. Wie bei fast allen Staaten Afrikas sind die Landesgrenzen Namibias ein Resultat der Kolonialzeit.

Im Westen grenzt Namibia an den Atlantik, im Norden an die Nachbarländer Angola und Sambia, im Osten an Botswana und im Süden an Südafrika.

Das Land gliedert sich von Westen nach Osten in die ca. 50–140 km breite Küstenebene bzw. die Namib-Wüste, die jenseits der bis zu 2000 m hohen Großen Randstufe in das Zentralplateau übergeht, das mit seinen zerklüfteten Bergketten und Felsformationen sowie sandgefüllten Tälern und endlosen Ebenen das Land von Norden nach Süden durchzieht und eine durchschnittliche Höhe von 1000–2000 m hat.

Dieses Hochplateau flacht nach Osten hin ab und geht in die rotsandige Kalahari, das zweite große Trockengebiet Namibias, über.

Hier fallen allerdings aufgrund der geografischen Lage im Landesinneren höhere Niederschlagsmengen, die zu einer vergleichsweise dichteren Vegetation geführt haben.

Der Norden und Nordosten, Kavango und Caprivi, sind ein relativ gut mit Regen versorgtes, bevölkerungsreiches Gebiet, wo traditionell Ovambo und andere Bantu sprechende Stämme leben.

Namibias höchster Berg ist der Brandberg (2574 m) in der zentralen Erongo-Region. Dort ragen auch die imposanten Gipfel von Groot und Klein Spitzkoppe (1728 m bzw. 1584 m) empor. Der Moltkeblick (2480 m) in der Auas-Bergkette bei Windhoek ist der zweithöchste Gipfel, der Mount Etjo (2086 m) südlich von Otjiwarongo der dritthöchste Berg des Landes. Füsse gibt es an den Landesgrenzen: der Orange River im Süden, Kunene, Okavango und Sambesi im Norden sowie das Flusssystem von Kwando, Linyanti und Chobe, das die Grenze zwischen Ost-Caprivi und Botswana bildet.

Geschichte

Die ersten Bewohner des Landes waren die San, von den Weißen ›Buschmänner‹ genannt, die schon vor Tausenden von Jahren im südlichen Afrika lebten. Schwarze Viehzüchter wanderten aus Ostafrika ein. Portugiesische Seefahrer waren Ende des 15. Jh. die ersten Europäer, die ihren Fuß auf südwestafrikanischen Boden setzten. Später folgten Weiße aus der Kap-Provinz. Bis zum Ersten Weltkrieg war Südwestafrika deutsche Kolonie. Danach kam es unter südafrikanische Verwaltung. In diesem Zeitraum wurde auch die Apartheidspolitik eingeführt. 1990 erlangte das Land seine Unabhängigkeit, um die die SWAPO besonders im Norden des Landes jahrelang gekämpft hatte.

Staat und Politik

Das Land proklamierte am 21. März 1990 seine Unabhängigkeit. Das Parlament, bestehend aus 72 Abgeordneten, wird jeweils für fünf Jahre gewählt. Die verschiedenen ethnischen Gruppen des Landes stellen einen ›Rat der traditionellen Führer‹, der den Präsidenten – seit 2005 Hifikepunye Pohamba (SWAPO) – berät. 1992 löste die Verwaltungsgliederung in 13 Regionen die unter der südafrikanischen Apartheidspolitik eingeführte Reservatsgliederung ab.

Wirtschaft und Tourismus

Die Säulen der namibischen Wirtschaft sind Bergbau, Fischerei, Tourismus und Landwirtschaft. Von diesen Wirtschaftszweigen ist der Tourismus der am schnellsten wachsende Sektor. Mit Diamanten erwirtschaftet Namibia allerdings nach wie vor das meiste Geld. Obwohl das Land nur ein mittelgroßer Produzent ist, besitzen seine Diamanten den höchsten durchschnittlichen Karat-Wert der Welt. Fast alle Diamanten werden mittlerweile vor der Küste im Meer gefördert.

Bevölkerung und Religion

Die heutige Bevölkerungsverteilung in Zahlen: Schwarze 87,5 %, Weiße 6 % (davon ca. 20 000 Deutschstämmige) und Coloureds 6,5 %. Knapp 50 % der Bevölkerung gehören zum Stamm der Ovambo, 9 % sind Kavango, 7 % Herero, 7 % Damara, 5 % Nama, 4 % Caprivianer, 3 % San, 2 % Rehobother Baster und 0,5 % Tswana. Zu den Himba, einem der letzten Nomadenvölker Afrikas, zählen noch rund 5000 Menschen.

82 % der Bevölkerung sind Christen (darunter 62 % Protestanten und 20 % Katholiken), die Caprivianer, San, Himba und Tjimba sind Anhänger afrikanischer Religionen.

Natur und Umwelt

Wer annimmt, Namibia bestünde ausschließlich aus Sanddünen und Wüste, der liegt falsch. In den vier landschaftlichen Großräumen, die das Land prägen, reicht die Bandbreite der Vegetation von dürreresistenten Wüstengewächsen bis zu Papyrus-Sümpfen und tropischen Bäumen. Der einstige Tierreichtum wurde stark dezimiert, doch sind die großen Vertreter der südafrikanischen Tierwelt zahlreich in den Schutzgebieten, vor allem im weltberühmten Etosha National Park, anzutreffen.

Landschaften und Pflanzenwelt

Namibia gliedert sich von West nach Ost in deutlich unterscheidbare Landschaften. An den Atlantik grenzt die Namib-Wüste. Die bis zu 2000 m hohe Große Randstufe bildet den Übergang zum Zentralplateau, an das sich das Kalahari-Hochbecken anschließt. Der relative Wasserreichtum gibt dem Nordosten des Landes ein gänzlich anderes Gepräge.

Namibwüste

Wenn es eine Landschaftsform gibt, die den Charakter Namibias prägt, dann ist dies die Namibwüste. Als rund 1500 km lange und 50–140 km breite Küstenebene zieht sie sich mit ihren Dünen, den Trockenflussbetten und tiefen Canyons am Atlantik entlang. Zeigen sich ihr Südteil und der Norden als Sand-Geröllwüsten, so ist der mittlere Bereich, das Gebiet des Namib-Naukluft Park mit den berühmten Dünen von Sossusvlei, ausge-

Die Dünenlandschaft von Sossusvlei, von der Abendsonne in Szene gesetzt

Landschaften und Pflanzenwelt

sprochen feinsandig. Diese Küstenebene steigt landeinwärts bis zur Großen Randstufe auf bis zu 800 Höhenmeter an.

Die Namib ist wie die Atacama-Wüste in Peru und Chile eine sogenannte Küstenwüste. Mit einem Alter von 20 Mio. Jahren gilt sie als die älteste und mit nur 20 mm Jahresniederschlag als die trockenste Wüste der Welt. Ihre Entstehung verdankt sie einer Verschiebung der Antarktis, wodurch der in Süd-Nord-Richtung fließende kalte Benguela-Strom an die Küste des südlichen Afrika geführt wurde. Die niedrige Temperatur des Meerwassers verhindert eine Verdunstung, und daher gibt es an Namibias Küste so gut wie keine Niederschläge. Vegetation und Tiere überleben allein durch den Feuchtigkeitsgehalt des Nebels, der an gut 100 Tagen im Jahr über dem Küstenstreifen liegt.

In und um Lüderitz gedeihen sehr viele Zwergsukkulenten und in der Namibwüste über 100 verschiedene Flechtenarten, von denen viele endemisch sind. Die wohl bekannteste Wüstenpflanze Namibias ist die **Welwitschia**, die nur in der Namib vorkommt, bis zu 2000 Jahre alt wird und erst 1859 entdeckt wurde (s. S. 244). Einige Wüstengewächse nehmen Feuchtigkeit durch ihre Blätter auf, andere haben ein weitgefächertes Wurzelsystem, das es ihnen ermöglicht, den vom Nebel der Atlantikküste verursachten Tau aufzusaugen.

In der Tierwelt, die in der Namibwüste heimisch ist, dominieren Antilopen, vor allem Kudus und Springböcke, aber es gibt auch Strauße und diverse Kleinsäuger. Giraffen und Zebras, durch Überjagung einst fast verschwunden, wurden wieder angesiedelt.

Zentralplateau

Die bis rund 2000 m hohe Große Randstufe, die parallel zur Küste verläuft, trennt die Namibwüste vom Zentralplateau. Am sanftesten ist der Übergang auf die Hochebene im Norden des Landes, im Süden setzen Khomas-Hochland, Naukluft- und Tsaris-Berge, Schwarzrand und Tiras Mountains eine deutliche landschaftliche Zäsur. Namibias höchster Berg, der Brandberg (2579 m), steht außerhalb der Großen Randstufe.

Das Binnenhochland, das sich von Norden nach Süden parallel zur Küstenebene zieht, hat eine durchschnittliche Höhe von 1000 bis 2000 m. Geprägt wird es im Norden von zerklüfteten Bergketten und Felsformationen. Endlose Ebenen prägen den

Natur und Umwelt

Süden des Zentralplateaus, in denen der Fish River Canyon, drittgrößter Canyon der Welt und ein landschaftliches Highlight erster Güte, einen besonderen Akzent setzt. Von Nord nach Süd reihen sich im Binnenhochland die Städte Tsumeb, Otjiwarongo, Windhoek, Mariental und Keetmanshop wie an einer Schnur und bilden gleichsam das Rückgrat des Landes.

Über 120 verschiedene Baumarten wurden im Land registriert, vom **Kameldorn** mit seiner schirmartigen Krone, der gelb blüht und im ganzen Land vorkommt, bis zum **Ana-Baum**, dessen Samenschoten eine wichtige Futterquelle für Tiere darstellen. Er wächst hauptsächlich in den Trockenflussbetten des Nordwestens, ist ebenfalls eine Akazienart und wird aufgrund seiner hellen Farbe oft als Weißholz bezeichnet.

Charakteristisch für den Norden sind **Makalani-Palmen, Feigen-** und **Affenbrotbäume**. Kommerziell genutzt werden die Harthölzer Kiaat, Tamboti und Transvaal Teak.

Im Süden des Landes findet sich der vielfotografierte **Köcherbaum** (s. S. 153f.), der eigentlich kein Baum, sondern eine Aloen-Art ist. Andere bemerkenswerte Pflanzen sind **Elefantenfuß** und **Halfmens**, die aus der Ferne und im Gegenlicht tatsächlich aussehen wie Menschen. Beide kommen im äußersten Süden, am Orange River, vor.

In den Bergen des Zentralplateaus haben Leoparden ein sicheres Rückzugsgebiet gefunden. Sie jagen die dort lebenden Paviane, Klipspringer und Springböcke.

Kalahari

Das Hochplateau flacht nach Osten hin ab und geht in die rotsandige Kalahari über, die immerhin noch 1000–1200 m ü. M. liegt. Die Kalahari ist das zweite große Trockengebiet Namibias. Hier fallen allerdings aufgrund der geografischen Lage im Landesinneren höhere Niederschlagsmengen, die zu einer wesentlichen dichteren Vegetation geführt haben. Charakteristisch für die Kalahari sind ihre bewachsenen, von Westen nach Osten verlaufenden, durch Eisenoxid leuchtend rot gefärbten Längsdünen.

Fast 60 % von Namibias Fläche sind mit Savanne bedeckt, die im Süden mit Zwergsträuchern, im Osten mit Kameldornakazien und im Norden mit Mopanebäumen und -sträuchern bewachsen ist.

Ganz typisch für die Dünenlandschaften der Kalahari sind die extrem gut an die kargen Wüstenbedingungen angepassten, wunderschönen Oryxantilopen.

Kavango und Caprivi

Gänzliche andere klimatische Bedingungen als in Trockensavanne und Wüste herrschen im Norden und Nordosten vor. Im Kavango und Caprivi dominiert Feuchtsavannenklima. Dieser relativ gut mit Regen versorgte Landstrich ist ein bevölkerungsreiches Gebiet, in dem traditionell Ovambo und andere Bantu sprechende Stämme leben.

Der nur rund 50 km breite Caprivi-Zipfel erstreckt sich auf einer Länge von rund 450 km als schmaler Landkorridor zwischen den Ländern Angola und Sambia im Norden sowie Botswana im Süden fast bis zu den berühmten Victoria Falls in Simbabwe. Im Helgoland-Sansibar-Vertrag, in dem das Deutsche Reich und Großbritannien 1890 ihre Kolonialinteressen regelten, wurde dieser Landstreifen dem heutigen Namibia zugeschlagen.

Das dichte, üppig grüne Waldland im Nordosten steht in krassem Kontrast zur wüsten Namib. Die Sumpflandschaft im Osten des Caprivi-Streifens erinnert bereits an das Okavango-Delta Botswanas.

Aufgrund der dichten Besiedlung haben sich außerhalb der Nationalparks kaum Wildtiere in dieser Region halten können.

Gewässer

Namibia besitzt fünf ständig fließende Flüsse: Der Orange River bildet im Süden die Grenze zu Südafrika, Kunene, Okavango und Sambesi markieren teils die Grenzen zu Angola und Sambia, und das Flusssystem von Kwando, Linyanti und Chobe verläuft zwischen Ost-Caprivi und Botswana. In allen fließenden Gewässern des Nordens kommen Krokodile vor, lediglich der Orange River im Süden ist krokodilfrei.

Tierwelt

Charakteristisch für das Klima Namibias sind lange Dürreperioden, die oft urplötzlich von heftigen Regenfällen unterbrochen werden. Dabei füllen sich die Trockenflussbetten (riviere) und werden zu reißenden Strömen, sie ›kommen ab‹ – ein Grund, weshalb Einheimische nie in Trockenflussbetten campen. Es kann passieren, dass der Himmel blau ist, völlig wolkenlos, es aber irgendwo in den Bergen regnet und die Wassermassen blitzschnell herandonnern, vor sich eine Wand von entwurzelten Bäumen, Geröll und Schlamm herschiebend. Dieses Phänomen des ›Abkommens‹ führt auch dazu, dass sich die Etosha-Pfanne und die Tonpfanne von Sossusvlei ab und zu mit Wasser füllen.

Der Tsauchab River, der alle Jahrzehnte einmal in die Dünenlandschaft bei Sossusvlei entwässert und dort dann einen faszinierenden See bildet, floss vor 60 000 Jahren noch in den Atlantik. Dann blockierte der vordringende Sand seinen Weg.

Namibias Tierwelt

Trotz des Trockensavannen- und Wüstenklimas, das den größten Teil des Landes prägt – lediglich im Norden und Nordosten herrscht Feuchtsavannenklima – hat sich eine artenreiche Tierwelt erhalten. So haben sich z. B. die Elefanten als einer der Vertreter der ›Big Five‹ (neben Elefanten gehören dazu Nashorn, Löwe, Leopard und Büffel) sogar an das extreme Wüstenklima angepasst.

Die ›Big Five‹

Der mächtigste Vertreter der namibischen Tierwelt ist der **Elefant** *(elephant),* der sich vor allem im Etosha National Park und im östlichen Caprivi (Mudumu National Park, am Linyanti und Chobe River) beobachten lässt. Afrikas größte Population – sie umfasst über 35 000 Tiere – lebt allerdings im Nachbarland, in Botswanas Chobe National Park. In den Trockenflussbetten im südlichen Kaokoland und im nördlichen Damaraland gibt es einige wenige an die harschen Wüstenbedingungen angepasste *desert elephants*. Ihnen zu begegnen gehört zu den Highlights einer Reise in den Nordwesten Namibias.

Das äußerst seltene **Spitzmaulnashorn** *(black rhino)* lebt als Einzelgänger, das **Breitmaulnashorn** *(white rhino)* in kleineren Gruppen im Etosha National Park. Da in asiatischen Ländern immer noch der Irrglaube herrscht, dass das pulverisierte Horn des Tieres eine potenzfördernde Wirkung hat, werden nach wie vor Höchstpreise dafür bezahlt und immer wieder Nashörner von Wilderern mit automatischen Schusswaffen niedergestreckt. Selbst Babys mit noch winzigen Hörnern werden nicht verschont. Der namibische *Save the Rhino Trust* hat deshalb in Zusammenarbeit mit der Naturschutzbehörde viele der mächtigen Tiere betäuben und ›enthornen‹ lassen, um sie für Wilderer uninteressant zu machen. In Reaktion darauf erschossen die *poacher* einige Tiere aus Wut und Frust.

Eine Gefahr darstellen können zuweilen auch **Büffel** *(buffalo),* vor allem ältere, von der Herde ausgestoßene Männchen, die sich meist von hinten nähern und dann ohne Vorwarnung angreifen. Büffel lassen sich am besten in den Linyanti-Sümpfen, im östlichen Caprivi-Zipfel, im Moremi National Park und im Okavango-Delta beobachten.

Seltener anzutreffen sind die Großkatzen, die dafür ganz oben auf der Safari-Wunschliste der meisten Besucher rangieren – vor allem natürlich der **Löwe** *(lion).* Afrikas größte Raubkatze (Männchen 190 kg, Weibchen 130 kg) ist auch die einzige, die oft in großen Rudeln (bis zu 30 Tiere) zusammenlebt und jagt. Häufiger sind allerdings kleinere Gruppen. Junge männliche Löwen verhalten sich im Rudel lange Zeit ruhig, bis sie das Gefühl haben, gegen das dominante Männchen eine Chance zu haben. Wenn nicht, wandern sie aus und suchen einen anderen Clan. Verjagt ein Löwe ein anderes dominantes Männchen, bringt er den von diesem gezeugten Nachwuchs um, damit nur sein Erbgut weitergegeben wird. Das Weibchen wird daraufhin sofort empfängnisbereit. Sind die Jungen allerdings schon größer, versuchen sie sich, zusammen mit dem Muttertier gegen den Eindringling zu wehren. Männliche Löwen

Natur und Umwelt

Geparden zu begegnen, gehört zu den besonderen Höhepunkten

sind im Rudel dominant, auch beim Fressen. So kommt es vor, dass Löwinnen eine Antilope jagen und erlegen, nur um sie kurz darauf vom Männchen wieder abgenommen zu bekommen. Leben männliche Löwen allerdings in Gruppen zusammen, gehen sie selbst auf die Jagd und sind dabei ebenso geschickt und erfolgreich wie Weibchen.

Die schönste aller Katzen ist zweifellos der **Leopard** *(leopard)*. Er ist ein Einzelgänger, nur Weibchen ziehen mit ihren Jungen umher, bis diese ausgewachsen sind. Männchen wiegen 20–90 kg, Weibchen 17–60 kg. Leoparden haben sich im gesamten südlichen Afrika, ob in den Bergen, der Wüste oder im Regenwald, sehr gut an das Vordringen des Menschen angepasst, was besonders ihrer Fähigkeit zu verdanken ist, sich nahezu unsichtbar zu machen. Oft dringen sie nachts geräuschlos in menschliche Siedlungen ein und töten Hunde, Hauskatzen oder Vieh.

Neuere Forschungen haben mit zwei Vorurteilen aufgeräumt: Erstens greifen Leoparden nur sehr selten Paviane an – früher hieß es, die Affen wären ihre Hauptbeute –, zweitens lebt der gefleckte Jäger die meiste Zeit am Boden, nicht in Bäumen, wohin er sich nur zurückzieht, um sich und seine Beute vor Löwen und Hyänen zu sichern, einen besseren Ausblick zu haben oder um Meerkatzen zu jagen, die er mit weit gespreizten Läufen bis auf die dünnen äußeren Zweige verfolgt.

Weitere Raubkatzen

Der **Gepard** *(cheetah)* wird oft mit dem Leopard verwechselt, obwohl er völlig anders aussieht. Er ist kleiner (40–60 kg), schlanker und erheblich ›langgezogener‹. Außerdem weist sein Fell schwarze Punkte auf, das des Leoparden schwarze Rosetten. Die Krallen des schnellsten Landsäugetiers lassen sich nicht ganz einfahren, um ihm Halt zu geben, wenn es seine Beute in Ebenen mit Geschwindigkeiten von bis zu 100 km/h jagt, wobei sein langer Schwanz als Steuerruder fungiert. Dieses Tempo hält er allerdings nur auf kurze Distanz durch, und danach ist er oft so erschöpft, dass ihm Hyänen, Leoparden, Wildhunde oder Löwen die Beute streitig machen. Deshalb jagen Geparde meist tagsüber, da alle anderen Raubtiere fast ausschließlich nachts unterwegs sind. Die meisten Geparde

Tierwelt

in Namibia leben wie Leoparden auf privatem Farmland, weil dort Löwen und Schabrackenhyänen komplett ausgerottet worden sind, also weniger Futterkonkurrenten vorkommen. Hauptfeind der beiden Raubkatzen ist nun der Mensch.

Der **Karakal** oder **Wüstenluchs** *(caracal)* gilt bei Farmern ebenfalls als Problemtier. Er meidet den Menschen, wo er kann, und jagt ausschließlich nachts. Das Fell des schlanken, kräftigen, etwa 12–20 kg schweren Tieres ist kupferfarben mit orangen Flecken, die schwarze Gesichtsmarkierung ist charakteristisch, ebenso die Ohren mit ihren schwarzen Haarbüscheln. Der Karakal pirscht sich langsam an seine Beute heran, um auf den letzten Metern geradezu in einen Spurt zu explodieren. Mit seinen kräftigen Hinterläufen gelingen ihm aus sitzender Position 4 bis 5 m hohe Luftsprünge. Früher wurde angenommen, der Karakal wäre nur in der Lage, kleine Beutetiere wie Mäuse und Ratten zu schlagen. Heute weiß man, dass er Springböcke und Rehantilopen *(grey rhebok)* erbeutet, die doppelt so schwer sind wie er selbst.

Die 9–15 kg schwere **Zibetkatze** *(african civet)* ist ein kräftiger, nachtaktiver Fleischfresser und Einzelgänger, der nur im Caprivi-Streifen und im Okavango-Delta vorkommt. Ihre auffällige schwarze Gesichtsmaske ähnelt mehr einem Waschbären als einer Katze. Charakteristisch für sie ist, dass sie fast ausschließlich giftige Beutetiere zu sich nimmt, die andere Jäger verschmähen, darunter Tausendfüßler, Kröten und sogar Puffottern.

Die **Ginsterkatze** *(genet)* ist bedeutend kleiner, 2–3 kg schwer, hat ein gepunktetes Fell und einen langen Ringelschwanz. Sie ist ein Einzelgänger und nur nachts unterwegs.

Der 8–10 kg schwere **Serval** *(serval)* sieht auf den ersten Blick einem Geparden ähnlich, ist aber kleiner als dieser und hat einen viel kürzeren Schwanz und größere Ohren. Meist lebt er an Flussläufen.

Die **Afrikanische Wildkatze** *(african wild cat)* unterscheidet sich von der Hauskatze nur durch die längeren Beine und die rotbraunen Ohren. Sie ist der Urahn der vor 6000 Jahren von den Ägyptern domestizierten Hauskatze.

Flusspferde

Das behäbig wirkende **Flusspferd** *(hippopotamus)* tötet in Afrika mehr Menschen als jedes andere Tier. Die tonnenschweren Giganten sind an Land unglaublich schnell. Erst wenn die Sonne untergegangen ist, kommen sie zum Grasen aus den Flüssen und Tümpeln, in denen sie in großen Gruppen leben – die Sonne würde tagsüber ihre empfindliche Haut verbrennen. Wer sich zwischen sie und das Wasser begibt, läuft Gefahr, niedergetrampelt zu werden.

Kleinsäuger

In Bodennähe entdecken gute Beobachter oft **Zebra-** und **Fuchsmangusten** *(banded mongoose bzw. yellow mongoose)*. Während Letztere meist Einzelgänger sind, kommen die Zebramangusten in Gruppen bis zu 40 Tieren vor. Die kleinen Räuber wurden schon dabei beobachtet, wie sie gemeinsam auf einen Baum kletterten, um einen von einem Adler gefangenen Kameraden zu befreien. Wachsen sie mit Menschen auf, entwickeln sie sich zu sehr anhänglichen Haustieren.

Dies trifft auch auf die 45 cm langen, 600 bis 900 g schweren **Erdmännchen** *(suricate)* zu, die fast wie Hunde abgerichtet werden können. Charakteristisch ist, wie sie sich auf die Hinterbeine stellen, um sich einen besseren Überblick zu verschaffen. Erdmännchen, die zu den sozialsten Säugetieren der Welt gehören, sind sowohl fleischfressende Jäger als auch aufgrund ihrer geringen Größe oft Gejagte. Sie ernähren sich von Käfern und Reptilien wie Geckos, während andere Gruppenmitglieder den Himmel und den Boden nach Räubern absuchen. Das geht oft so weit, dass eines der Erdmännchen zum Wächter wird, erhöht auf einem Felsen oder Termitenhügel sitzt und piepende Geräusche von sich gibt, was den anderen signalisiert, dass sie ungestört Nahrung suchen können. Der Wächter wird regelmäßig abgelöst. Nähert sich ein Schakal, stellen sich alle Erdmännchen aufrecht nebeneinander, plustern ihr Fell auf und wippen mit offenen Mäulern nach vorne und hinten, was so manchen Angreifer abschreckt.

Natur und Umwelt

Naturschutz und Ökotourismus — Thema

Namibia ist das erste Land der Welt, das den Naturschutz in seiner Verfassung verankert hat. Artikel 95 besagt: »Der Staat soll aktiv für das Wohlergehen der Menschen sorgen durch eine Politik, die unter anderem darauf abzielt, Ökosysteme und biologische Vielfalt Namibias zu erhalten, sowohl jetzt als auch in der Zukunft.«

Ein mitunter nicht einfach zu verwirklichender Vorsatz, da sich die junge Demokratie Namibia ökonomisch weiterentwickeln muss. Dadurch kommt es immer wieder zu Konflikten zwischen wirtschaftlicher Ausbeutung und Erhaltung der Natur. Ein Beispiel ist der umstrittene Bau eines großen Staudamms am Kunene-Fluss nahe der Grenze zu Angola, der die kompletten Epupa Falls samt dem Weidegebiet der Himba-Nomaden, die hier noch immer mit ihren Tieren umherwandern, vernichten würde.

Immer wieder wird darüber spekuliert, ob die Regierung heimlich einem Endlagerplatz für atomare Brennstoffe zugestimmt hat, was Millionen von Namibia-Dollar, aber auch ebenso viele Probleme für das Land mit sich bringen würde.

Etwa 15 % der gesamten Landfläche Namibias sind als Natur- oder Wildreservate, Erholungs- oder Diamantengebiete geschützt. Fast alle unterschiedlichen Biotope – von der Wüste bis zur Küste – werden von ihnen repräsentiert. Der Schutz gefährdeter Tierarten begann schon 1907 mit der Gründung des Etosha National Park.

Eine sehr positive Entwicklung stellt die Einbeziehung der lokalen Bevölkerung in den Naturschutz dar *(community based eco-tourism)*. Einheimische werden in Lodges und Camps als Ranger, Köche oder Manager ausgebildet, ihre Familien sind am Einkommen aus dem Tourismus beteiligt. Wildtiere werden dadurch plötzlich von der Bevölkerung nicht mehr als Bedrohung der Felder oder als Fleischlieferanten angesehen, sondern als erhaltenswerte Ressource, die als Touristenattraktion ein regelmäßiges Einkommen beschert – der einzige Weg, den Wüstenelefanten im Damaraland oder den Büffeln im Caprivi-Streifen ein Überleben zu sichern, wo viele Subsistenzfarmer leben, deren Felder immer wieder niedergetrampelt werden. Gäbe es keinen finanziellen Ausgleich, würden die Tiere erschossen werden.

Viele Farmer haben sich in den letzten Jahren zusammengeschlossen, um auf ihrem Land gemeinsam Flora und Fauna zu schützen. Dieses Naturschutzprinzip stammt aus der südafrikanischen Provinz KwaZulu/Natal, wo eine Fläche von über 1000 km^2 auf diese *conservancies* entfällt.

Momentan bestehen in Namibia drei solcher Regionen, jede mit eigener Verfassung, die Richtlinien für sinnvolles Wildmanagement enthält. Es sind dies die Gebiete des Ngarangombe Conservancy, das sich südlich von Rietfontein erstreckt und etwa 1000 km^2 Fläche hat, des Khomas Hochland Conservancy außerhalb von Windhoek mit 900 km^2, und des Waterberg Conservancy, das südlich des Waterberg Plateau Park eine Pufferzone von etwa 1500 km^2 bildet.

Ein weiterer Schritt in Richtung Ökotourismus war die Gründung des grenzüberschreitenden Ai-Ais/Richtersveld Transfrontier Parks, der nun Südafrika und Namibia durch ein Naturschutzgebiet verbindet.

Tierwelt

Das 40–60 kg schwere **Erdferkel** *(antbear* oder *aardvark)* ist weder mit Schweinen noch mit Bären verwandt. Es ist das einzige Exemplar einer ganzen Ordnung des Tierreichs, die ansonsten komplett ausgestorben ist. Die Schnauze ist länglich, die Ohren sind riesig, die Hinterläufe erheblich besser ausgeprägt als die Vorderläufe. Weit verbreitet, ernährt sich das Erdferkel hauptsächlich von Ameisen und Termiten, die es mit der langen Nase wittert und mit den kräftigen Klauen ausgräbt.

Das **Erdhörnchen** *(cape ground squirrel)* ist die einzige Hörnchenart im südlichen Afrika, die in großen Gruppen mit bis zu 30 Individuen zusammenlebt. Während der Hitze des Tages benutzen sie ihre Schwänze wie Sonnenschirme. Nähert sich eine Schlange dem Bau, beginnt ein Erdhörnchen damit, schlangenartige Bewegungen mit seinem Schwanz auszuführen, was das Reptil ablenkt und meist zu dessen Rückzug führt.

Die gelbbraunen **Baumhörnchen** *(tree squirrel)* leben, wie ihr Name schon sagt, auf Bäumen im *bushveld*. Ihre schrillen Warnschreie sind weit zu hören und deuten auf sich in der Nähe befindende Raubtiere und Raubvögel hin. Ein skurriler Zeitgenosse, dem man meist in der Dämmerung begegnet, ist der sich hüpfend wie ein Känguruh fortbewegende **Springhase** *(springhare)*.

Die murmeltiergroßen, genetisch eng mit dem Elefanten verwandten, allerdings nur 3–4,5 kg schweren **Klippschliefer** *(rock dassie)* sind wilde Kämpfer. Zwei junge Männchen wurden dabei beobachtet, wie sie während einer Auseinandersetzung eine 8 m hohe Klippe hinunter auf einen Felsen stürzten und unbeirrt und ohne Unterbrechung weiterkämpften. Ähnlich wie Erdmännchen stellen sie Wächter ab, die aufpassen, wenn die Gruppe auf Nahrungssuche geht.

Viele Tiere werden erst aktiv, wenn es dunkel und kühler wird. Dazu gehört vor allem der **Honigdachs** *(honey badger)*, der ein silberweiß-schwarzes Fellkleid besitzt. Er lebt allein oder in Pärchen und ist in der Lage, schnell und tief zu graben, um an Maulwürfe und andere kleine Säuger heranzukommen. Außerdem steigt er auf Bäume, um Honigwaben zu suchen. Manchmal reißt er auch die Rinde von Bäumen ab, um an darunter lebende Reptilien zu gelangen.

Hyänen, Wildhunde, Schakale

Tüpfelhyänen *(spotted hyaena)* wurden früher oft als feige Aasfresser betrachtet. Neuere Forschungen haben aber ergeben, dass sie hervorragende Jäger sind, die nicht einmal davor zurückschrecken, sich beim Kampf um Beute oder bei der Verteidigung ihres Nachwuchses mit einem Löwen einzulassen. Jagdgeschwindigkeiten von 60 km/h halten sie ohne weiteres 3 km lang durch. Sie sind außerdem sehr mobil: Eine zurückgelegte Distanz von 70 km pro Nacht ist nichts Ungewöhnliches. Das Verhalten einer Hyäne ist auch nicht festgelegt. Einen Tag geht sie alleine auf Aassuche, am nächsten Tag jagt sie mit drei anderen, ein andermal vertreibt sie mit zwölf Artgenossen ein Löwenrudel. Viele Naturforscher bezeichnen die Tüpfelhyänen deshalb als die wahren Könige Afrikas. Von allen Säugetieren sind sie die jüngsten, damit die am besten an die derzeit herrschenden Umweltbedingungen angepassten. Ihre Kiefer sind die stärksten im Tierreich und in der Lage, selbst massive Knochen wie Nüsse zu knacken, um an das nahrhafte Mark heranzukommen. Das heisere ›Lachen‹ der Hyänen gehört zu den typischen Geräuschen des afrikanischen Busches. Die kleinere und leichtere Schabrackenhyäne *(brown hyaena)* ist kein ganz so guter Jäger und mehr auf Aas oder andere Futterquellen wie Wüstenmelonen und Straußeneier angewiesen.

Der 9 kg schwere **Erdwolf** *(aardwolf)* ernährt sich fast ausschließlich von Termiten, die er mit seiner langen, breiten Zunge von den Termitenbauten ableckt. Gut 250 000 von ihnen verspeist er so in einer Nacht. Das ansonsten hochwirksame Gift der Soldaten-Termiten macht ihm nichts aus. Das liegt daran, dass er mit den Hyänen verwandt ist, die auch bereits stark verwestes Fleisch ohne Probleme verdauen können. Wenn es kalt wird, verbringt er lange inaktive Perioden in seinem Bau, etwa einen Meter unter der Erde, wo die Temperatur nie unter 12 °C fällt.

Natur und Umwelt

Der **Wild-** oder **Hyänenhund** *(cape hunting dog* oder *wild dog)* ist eines der gefährdetsten Säugetiere Afrikas. Er ist schlank, langbeinig, besitzt große, runde Ohren und einen geraden Rücken. Das Fellmuster ist braun, schwarz und weiß gefleckt. Im Nordosten Namibias, vor allem im Kaudom Game Park, haben einige Exemplare überlebt. Die beste Chance, sie zu beobachten, besteht im Mombo Camp in Botswanas Okavango-Delta. Sie leben in Gruppen von sechs bis 15 erwachsenen Tieren plus Jungen. Wildhunde sind tagsüber aktiv und hetzen ihre Beute gemeinsam zu Tode.

Der **Schabrackenschakal** *(black-backed jackal)* kommt im gesamten südlichen Afrika und in ganz Namibia in großer Zahl vor. Sein Fell ist rötlichgelb mit dem charakteristischen silberschwarzen Sattel. Die Tiere ernähren sich von Insekten, Aas, kleineren Säugern bis zur Größe eines Baby-Impalas oder Beeren und halten sich am liebsten in trockeneren, offenen Gebieten auf.

Der **Streifenschakal** *(side-striped jackal)* ist auf Namibias äußersten Norden beschränkt. Er hat ein graues Fellkleid und eine weiße Schwanzspitze. Die Ohren sind kleiner als beim Schabrackenschakal. Im Gegensatz zu diesem lebt der Streifenschakal eher in bewaldeten Gebieten und den Flußdeltas von Kunene und Okavango. Er ist nachtaktiv.

Noch etwas kleiner sind die hübschen **Löffelhunde** *(bat-eared fox)* mit ihren riesigen Ohren. Sie kommen wie die Schabrackenschakale in ganz Namibia vor.

Busch-Stachel- und Warzenschwein

Das **Stachelschwein** *(porcupine)* ist ein strikter Vegetarier. Es ernährt sich hauptsächlich von Knollen und Wurzeln. Seine schwarzweißen Stacheln, die man oft im *veld* findet, sind sehr dekorativ. Da es tagsüber versteckt ruht, ist es schwer zu beobachten.

Das **Warzenschwein** *(warthog)* ist tagsüber unterwegs, deshalb auch recht häufig zu sehen. Am auffälligsten sind seine gewaltigen Hauer, wobei die kleineren des Unterkiefers die erheblich gefährlicheren sind, da sie beim Fressen ständig von den oberen geschliffen werden, was vielen Leoparden schon zum Verhängnis geworden ist. Das Tier hat seinen Namen von den beiden Warzen unterhalb der Augen. Es wird angenommen, dass diese einen Schutz des Gesichts bei Kämpfen darstellen. Beim Fressen knien die Warzenschweine auf ihren Vorderläufen, was recht ulkig aussieht. Wenn es heiß wird, suhlen sich die Tiere in Schlammlöchern. Das Warzenschwein ist ein ausdauernder und mutiger Kämpfer; seine Hauptgegner sind Löwen, gefolgt von Leoparden – die allerdings versuchen, eher Jungtiere als ausgewachsene Exemplare anzugreifen.

Affen

Die einzigen beiden in Namibia vorkommenden Affen sind **Bärenpaviane** *(chacma baboon)* und **Grünmeerkatzen** *(vervet monkey)*. Während letztere nur an Flüssen und Wasserflächen leben, sind Paviane, bis auf die Skelettküste, im ganzen südlichen Afrika zu Hause. Hochinteressant bei den 4–6 kg schweren Grünmeerkatzen ist die primitive Vorform einer Sprache. Die Affen besitzen variierende Warngeräusche für verschiedene Raubtiere. Während die Primaten beim ›Schlangengeräusch‹ sofort ihre nähere Umgebung absuchen, gehen sie beim ›Adlergeräusch‹ augenblicklich in Deckung und sehen nach oben, in den Himmel. Diese ›Sprache‹ unterliegt einem Lernprozeß, junge Affen lassen anfangs den Adlerwarnschrei auch dann los, wenn sie ein Singvogel sehen oder wenn ein Blatt vom Baum fällt.

Die Paviane sind mit 1,5 m Größe (einschließlich Schwanz) nach dem Menschen die größten Primaten im südlichen Afrika. Sie fühlen sich in den verschiedensten Ökosystemen zu Hause. 30 bis 40 Tiere leben unter Leitung eines Männchens in einem Clan zusammen. Ihre Nahrung besteht vorwiegend aus Früchten, Insekten und Wurzelknollen. Zuweilen erlegt der Pavian aber auch kleinere Säugetiere und Vögel.

Giraffe im Etosha National Park

Natur und Umwelt

Das Streifengnu gesellt sich gerne zu Zebras

Giraffen und Zebras

Ein herausragender Bewohner Namibias ist das höchste Landsäugetier, die **Giraffe** *(giraffe)*. Sie ernährt sich fast ausschließlich von den Blättern der Dornakazie. Mit ihrer guten Nase erschnüffelt sie die jungen Triebe hoch oben in den Wipfeln, die sie exklusiv für sich hat, weil kein anderes Tier an diese herankommt. Außerdem können Giraffen dank ihres langen Halses das Savannengelände, in dem sie sich aufhalten, besser beobachten. Starrt eine Gruppe von ihnen gebannt in eine bestimmte Richtung, sind garantiert Löwen in der Nähe, ihre Hauptfeinde. Jungtiere fallen allerdings oft auch Hyänen zum Opfer, obwohl die Muttertiere ihre Kleinen mit heftigen Fußtritten verteidigen. Typisch für junge Bullen ist das *necking*, wobei sich zwei Kontrahenten gegenüberstehen und wie in Zeitlupe die langen Hälse gegeneinanderschlagen. Männchen werden 5 m, Weibchen bis zu 4 m hoch, sie wiegen 1200 bzw. 820 kg. Jungtiere werden im Stehen geboren und haben damit die höchste ›Geburtsfallhöhe‹ aller Säuger aufzuweisen. Ein kompliziertes System von Ventilen in den Adern ermöglicht der Giraffe zu trinken, ohne dass ihr das Blut in den Kopf schießt und dort zu einem Hirnschlag führt.

Nicht wegzudenken aus der afrikanischen Savannen- und Berglandschaft sind die attraktiven **Zebras**, von denen in Namibia zwei Arten vorkommen: das **Steppen-** *(Burchell's zebra)* und das deutlich seltenere **Bergzebra** *(Hartmann's zebra)*. Bei beiden Arten fungiert das Streifenmuster als Identifizierungsmerkmal, quasi als ›Fingerabdruck‹. Jedes Muster ist anders, und neugeborene Fohlen werden von ihren Müttern einige Tage von der Herde abgeschirmt, um sich an ihre individuelle Färbung zu gewöhnen. An Wasserlöchern gesellen sich gerne Antilopen zu den Steppenzebras, vor allem **Gnus**, die vom ausgezeichneten Riech-, Hör- und Sehvermögen der Gestreiften profitieren. Steppenzebras verteidigen sich gegen Geparde, Löffelhunde und Tüpfelhyänen durch Treten und Beißen. Selbst Löwen haben oft Schwierigkeiten, ausgewachsene Zebras zu erbeuten. Wenn eine Herde angegriffen wird, stellt sich der Leithengst vor die anderen Tiere.

Tierwelt

Hartmanns Bergzebra – insgesamt gibt es etwa 13 000 Exemplare – kommt ausschließlich in Namibia vor, zwischen der Namibwüste und dem Zentralplateau. Wie das Steppenzebra verteidigt sich auch das Bergzebra vehement.

Antilopen

Am häufigsten werden Namibia-Besucher den **Springbock** und die **Schwarzfersenantilope** *(impala)* beobachten können. Eine Impala-Unterart mit schwarzer Gesichtsmarkierung, das *black faced impala,* kommt ausschließlich im Nordwesten Namibias vor, sonst nirgendwo im südlichen Afrika. ›Normale‹ Impalas leben in großen Herden im Etosha National Park. Sie haben sich gut angepasst, überleben selbst auf stark in Mitleidenschaft gezogenem ehemaligem Agrarland. Doch sie machen auch anderen, weniger anpassungsfähigen Antilopen den Lebensraum streitig, sodass ihre Bestände in einigen Gebieten durch Jagd unter Kontrolle gehalten werden müssen. Charakteristisch ist das tiefe Röhren brünftiger Männchen, das man von solch eleganten Antilopen kaum erwartet. Impalas sind rotbraun mit weißem Bauch, ein schwarzes Band zieht sich vom Rumpf über die Oberschenkel. Nur die Männchen tragen Hörner.

Der **Springbock** *(springbok),* der von Besuchern anfangs oft mit dem Impala verwechselt wird, weil er ebenfalls in größeren Herden vorkommt, hat zwar ungefähr die gleiche Größe, unterscheidet sich allerdings durch die charakteristische Färbung seines Fells: zimtbraune Oberseite, dunkelbrauner, breiter Seitenstreifen und weißer Bauch. Sowohl weibliche als auch männliche Springböcke tragen Hörner. Vor der Ankunft der ersten Weißen zogen noch Herden von Hunderttausenden von Springböcken durch die Savanne. Heute finden sich die größten Gruppen mit etwa 1000 Tieren in der Kalahari. Im Gegensatz zum Impala können die Springböcke das ganze Jahr über Lämmer bekommen. Ist die Saison trockener, bleibt es bei einem Jungtier pro Jahr, sind die Futterbedingungen ideal, werden es zwei.

81 % aller im Etosha National Park erbeuteten Springböcke gehen auf das Konto von Geparden. Um Verfolger wie Hyänen und Löffelhunde, die Springböcke jagen und sich dabei jeweils auf ein einziges Tier konzentrieren, abzuschütteln, haben die Antilopen eine spezielle Taktik entwickelt. Sie springen hoch in die Luft, halten den Kopf nach unten, drücken ihren Rücken durch und stellen die weißen Haare ihres Bauches auf. Die, die höher und weiter springen, wirken auf die Jäger fitter und schneller, also fokussieren sie ihre Jagd auf ein schwächeres Mitglied der Herde.

Das **Streifengnu** *(blue wildebeest)* lebte einst in riesigen Herden im südlichen Afrika. Sein Bestand hat aber durch illegale Jagd drastisch abgenommen, aber auch durch die Konkurrenz von Rindern: Oft sterben die Tiere bei Trockenheit zu Tausenden, weil Viehzäune ihre traditionellen Wanderungen zu den Wasserlöchern verhindern.

Wie die Gnus hat die **Rote Kuhantilope** *(red hartebeest)* durch die Errichtung von Zäunen einen Großteil ihres Bestandes eingebüßt. Auch sie ist auf regelmäßige Migration angewiesen. Ihr abfallender Rücken ermöglicht es ihr, in einem hoppelnden Gang, der erheblich weniger Energie als ein Trab kostet, trotzdem bis 70 km/h in kurzen Sprints zu erreichen. Eng verwandt mit Gnu und Kuhantilope ist die **Halbmondantilope** *(tsessebe),* deren Hörnerform für den deutschen Namen verantwortlich ist. Sie gilt als eine der schnellsten Antilopen.

Namibias Wappen ziert die wunderschöne **Oryxantilope** *(gemsbok)* mit ihren langen, spitzen und symmetrischen Hörnern. Größere Oryx-Herden leben in den Dünengebieten der Namib und der Kalahari sowie im südlichen Kaokoland. Ihre spitzen Hörner dienen ihnen bei der Verteidigung als tödliche Waffen, was schon des Öfteren ihren Feinden, dazu zählen vor allem Löwen und Wilderer, zum Verhängnis geworden ist.

Die **Elenantilope** *(eland)* ist mit 460 kg (Weibchen) bis 840 kg (Männchen) die größte der afrikanischen Antilopen. Wie die Oryx ist auch das Elen hervorragend an das trockene Klima angepasst. Es kann tagsüber seine

Natur und Umwelt

Körpertemperatur erhöhen, um Flüssigkeitsverlust durch Schwitzen zu vermeiden. Die aufgestaute Hitze wird dann in die kühlere Nachtluft abgegeben. Außerdem grasen die Tiere nachts, weil dann das Gras durch den Tau mehr Feuchtigkeit enthält.

Einen majestätischen Anblick bietet die schwarze **Rappenantilope** *(sable antelope)*, die aufgrund ihrer bis zu 120 cm langen, nach hinten geschwungenen Hörner eine beliebte Jagdtrophäe darstellt. Das Tier ist zunächst braun und wird mit zunehmendem Alter immer schwärzer. Wiederansiedlungen der Antilopen funktionieren gut. In Namibia kann man sie im Caprivi-Streifen beobachten. Die **Pferdeantilope** *(roan antelope)* ähnelt der Rappenantilope, ist aber größer, heller gefärbt und mit kürzeren Hörnern ausgestattet.

Zu den häufiger vorkommenden Antilopen gehört der **Große Kudu** *(greater kudu)*. Die Hörner der Männchen drehen sich spiralförmig nach oben und erreichen Längen von bis zu 1,80 m. Kudus sind berühmt für ihre Sprungkraft. Selbst 2 m hohe Zäune werden aus dem Stand bewältigt.

Der kräftig gebaute **Ellipsenwasserbock** *(waterbuck)* lebt in wasserreichen Gebieten und kommt in Namibia deshalb ausschließlich im Caprivi-Streifen vor. Charakteristisch ist der weiße Kreis an seinem Hinterteil. Die Markierung dient bei der Flucht als Orientierung für nachfolgende Herdenmitglieder.

Drei sehr seltene Antilopen leben nur im Linyanti-Sumpf und am Chobe River, im östlichen Teil des Caprivi-Zipfels, sowie im Okavango-Delta Botswanas. Alle drei – Puku, Moorantilope und Sitatunga – sind an den sumpfigen Untergrund hervorragend angepasst. Sie schwimmen oft zwischen Namibia und Botswana hin und her.

Sitatungas *(sitatunga)* haben mit 180 mm die längsten Hufe. Wenn sich das Tier fortbewegt, spreizen sich die beiden Hälften der Hufe und vermeiden so ein Versinken im weichen Untergrund. Muss die Antilope auf hartem Boden flüchten, wirkt sie hingegen sehr unbeholfen. Ihr Fell fühlt sich fettig an, da es mit einer wasserabweisenden Schicht imprägniert ist.

Wie Sitatungas flüchten auch **Moorantilopen** *(red lechwe)* bei Gefahr ins Wasser, wo sie sich im Gegensatz zum Land erstaunlich schnell fortbewegen können. Auf Entfernung könnten sie mit einem Impala verwechselt werden. Sie sind jedoch robuster gebaut, ihr Fell ist länger und dicker.

Pukus *(puku)* kommen nur in einem winzigen Gebiet im Kwando/Linyanti/Chobe-Flusssystem vor. Die schönen, kräftigen, rotbraunen Tiere sind die am wenigsten erforschten Antilopen im südlichen Afrika.

Das hübsche **Kirkdikdik** *(damara dik-dik)* mit seinen großen Augen ist mit gut 5 kg Gewicht neben **Blauducker** *(blue duiker)* und **Moschusböckchen** *(suni)* die kleinste Antilope im südlichen Afrika. Die beste Chance, sie in Namibia zu sehen, besteht im Etosha National Park, am sogenannten Dik-Dik Drive bei Namutoni.

Der **Kronenducker** *(common duiker)* gehört zu den am weitesten im südlichen Afrika verbreiteten Antilopen und überlebt sogar in der Nähe von menschlichen Wohn- oder landwirtschaftlichen Nutzgebieten. Sein Name verdankt sich seiner Angewohnheit, bei Gefahr ins Unterholz abzutauchen. Dort bleibt er regungslos liegen, um dann, wenn Mensch oder Raubtier ganz nahe sind, im Zickzack zu flüchten. Der Ducker ist nur 50 cm hoch, Weibchen wiegen 16–21 kg, Männchen 15–18 kg. Nur die Männchen tragen etwa 10 cm lange Hörner.

Der **Klippspringer** *(klipspringer)* ist ein hervorragender Kletterer, den selbst steile Felswände nicht aufhalten können. Zwei Merkmale unterscheiden ihn von allen anderen Antilopen. Zum einen sind seine Haare nicht nur dick und grob, sondern auch hohl, fast wie Federkiele. Das dicke Fell schützt ihn bei Stürzen und isoliert bei den oft niedrigen Temperaturen in den Bergen. Schon die ersten Siedler machten sich das zunutze, indem sie ihre Sättel mit Klippspringer-Fellen auspolsterten. Das zweite Merkmal ist die Hufform. Die Zehen der Klippspringer sind so gebogen, dass die Antilope quasi auf den Spitzen ihres Hufes läuft. Diese nutzen sich ab, bis der Huf eine zylindrische Form erhält, was

Tierwelt

Das hübsche Kirkdikdik zählt zu den kleinsten Antilopenarten

eine charakteristische, doppelt ovale Spur hinterlässt. Die Hufe wirken so ähnlich wie Spikes und geben dem Klippspringer besseren Halt auf glatten Steinflächen.

Steinböckchen

Die kleinen **Steinböckchen** (steenbok) sind im gesamten südlichen Afrika weit verbreitet und werden oft mit den **Bleichböckchen** (oribi) verwechselt, die kurz vor dem Aussterben stehen. Die Ohren des Steinböckchens sind allerdings deutlich größer, außerdem haben sie eine schwarze Markierung über der Nase und Gesichtsdrüsen unter den Augen, die wie schwarze Tränen aussehen.

Krokodile, Echsen, Schlangen

Alle Flüsse des Nordens, vor allem der Kunene, wimmeln von **Krokodilen**.

Von den in den Dünen der Namibwüste lebenden Echsen sind 30 endemisch. Besonders auffällig ist die **Düneneidechse** (sand-diving lizard). Die größte Echse ist der **Waran** (monitor lizard).

Die 20–25 cm lange **Dünenotter** (sidewinder) bewegt sich seitwärts fort und hinterlässt dabei charakteristische, S-förmige Spuren im Sand. Sie ist aber nur sehr selten zu sehen, da sie sich eingräbt und dann nur die auf Beute lauernden Augen herausschauen.

Vögel

Neben Säugetieren gibt es eine Fülle von Vögeln. Über 620 der 887 für das südliche Afrika gelisteten Arten kommen in Namibia vor. Etwa 500 von ihnen brüten im Land, die anderen sind Zugvögel. Allein 400 von ihnen leben im wasserreichen Caprivi-Zipfel. Die nährstoffreichen Gewässer in der Walvis Bay ziehen viele Vögel an, z. B. die eleganten **Flamingos**. Einige von Namibias elf endemischen Vögeln kommen sogar in der Wüste vor, wie z. B. die vom Aussterben bedrohte **Damara-Seeschwalbe** (damara tern).

Neben Farmen, wo der **Strauß** (ostrich) seines ausgezeichneten, cholesterinfreien Fleisches und des weichen Leders wegen gezüchtet wird, kommt er in einigen Teilen des

Natur und Umwelt

Flamingos im Sandwich Harbour südlich der Walvis Bay

Landes auch frei vor, besonders häufig im Etosha National Park. Der flugunfähige Vogel ist mit 2 m Körperhöhe der größte der Welt.

Der **Sekretär** *(secretary bird)*, ein schwarz-weißer Vogel mit orangenem Gesicht, ist oft paarweise anzutreffen, vor allem in weiten Gras- und Dornbusch-Ebenen, wo er Schlangen und andere Reptilien aufspürt.

Das sehr häufig vorkommende **Perlhuhn** *(helmeted guineafowl)* hat einen schönen blauroten Kopf und einen dunkelbraunen ›Helm‹. Abends finden sich oft Scharen der knapp 60 cm großen Vögel an Wasserlöchern ein. Ebenfalls häufig und in ganz Namibia anzutreffen ist die **Riesentrappe** *(kori bustard)*, die bis zu 135 cm groß wird und in Wald-, Busch- und Grasland zu finden ist.

Die auffällig gelben **Masken-Webervögel** *(masked weaver)* bauen kugelrunde Nester in Flussnähe, während die unauffällig braun-weißen Siedel-Webervögel *(sociable weaver)* riesige Gemeinschaftsnester in Bäumen anlegen. Beide Vögel sind etwa 15 cm groß.

Oft sehr nahe wagen sich **Gelbschnabel-** und **Rotschnabel-Toko** *(yellowbilled hornbill und redbilled hornbill)* an wild campende Besucher heran, um ihnen das Frühstücksmüsli streitig zu machen. Die 40–60 cm großen Vögel mit ihren riesigen Schnäbeln suchen meist am Boden nach Nahrung.

Auf einigen der Atlantikküste vorgelagerten Inseln leben die etwa 50 cm großen, schwarz-weißen **Brillenpinguine** *(African penguins)* in größeren Kolonien.

Nationalparks

15 % der Fläche Namibias stehen unter Naturschutz. Neben staatlich geschützen Nationalparks gibt es eine Reihe privater Parks und sogenannter Conservancies. Einige kleinere Nationalparks liegen auf dem Zentralplateau. Die bedeutendsten Nationalparks befinden sich am Rande des Landes.

Namib-Naukluft Park

Der mit rund 50 000 km² größte Naturpark Namibias ist ein riesiges Wüstengebiet, das sich zwischen Lüderitz und Swakopmund am Atlantik erstreckt. Hauptattraktion sind die beeindruckenden Sanddünen, insbesondere im Gebiet um Sossusvlei. Außerdem wächst hier eine eigentümliche Pflanze, die Welwitschia, die bis zu 2000 Jahre alt wird. Gelegentlich sind Antilopen wie die Oryxantilope zu sehen. Seit 2009 gehört das 2008 zum Naturschutzgebiet erklärte ehemalige Diamanten-Sperrgebiet zwischen Lüderitz und Oranjemund zum Namib-Naukluft Park.

Nationalparks

Skeleton Coast Park
Entlang der namibischen ›Nebelküste‹ im Nordwesten des Landes erstreckt sich der gut 16 000 km² große Skeleton Coast Park, der seinen Namen vor allem den ›Skeletten‹ im Nebel gestrandeter Schiffe verdankt. Es handelt sich um eine weitgehend öde Geröllwüste, deren Zugang stark reglementiert ist.

Etosha National Park
Dieser ca. 22 000 km² große Nationalpark im Norden Namibias zählt wegen der hervorragenden Tierbeobachtungsmöglichkeiten zu den Hauptattraktionen des Landes. Den Kern des Parks bildet eine riesige Salzpfanne mit zahlreichen Wasserstellen. Im Etosha National Park findet sich die größte Konzentration von Wildtieren im Land, einschließlich Löwen und Elefanten.

Bwabwata Park
Im äußersten Nordosten nimmt der Bwabwata National Park den Landkorridor im Caprivi ein. Der Park, der die früheren Schutzgebiete Caprivi Game Park und Mahango Game Park umfasst, ist gut 5000 km² groß. Auch hier ist die Tierwelt des südlichen Afrika die große Attraktion, es gibt Elefanten, Flusspferde, Büffel und Antilopen.

Zwei kleinere Nationalparks liegen im Ost-Caprivi, nämlich Mamili National Park und Mudumu National Park. Der Besuch dieser Schutzgebiete lässt sich gut mit einer Exkursion in den Chobe National Park auf dem Staatsgebiet von Botswana verbinden.

Kaudom Game Park
Dieser Park im Nordosten, knapp unterhalb des Eingangs zum Caprivi-Zipfel und an der Grenze zu Botswana, bietet 4000 km² Buschsavanne und ordentliche Tierbeobachtungsmöglichkeiten. Schwerpunktmäßig kommen hier Elefanten, Büffel und Antilopen vor.

Fish River Canyon National Park
Im äußersten Süden des Landes gelegen, beeindruckt dieser 3500 km² große Park durch seine einzigartige Landschaft. Der Fish River Canyon ist – was viele nicht wissen – immerhin der drittgrößte Canyon der Welt. Zusammen mit dem Richtersveld National Park auf der anderen Seite des Orange River in Südafrika bildet das Schutzgebiet den grenzüberschreitenden Friedenspark *(peace park)* Ai-Ais/Richtersveld Transfrontier Park.

Kaza Transfrontier Park
Im April 2010 wurde ein weiteres grenzüberschreitendes Schutzgebiet Wirklichkeit. Der 278 132 km² große Park (Kaza = Kavango-Zambezi Transfrontier Conservation Area) verbindet Namibia mit seinen vier nördlichen Nachbarn Botswana, Sambia, Simbabwe und Angola und beinhaltet die Victoria Falls, das Okavango-Delta, die Zambezi-Region, den Chobe National Park und den Caprivi-Streifen. Das Gebiet beherbergt mit 120 000 Dickhäutern die größte Elefantenpopulation der Welt. Die Gnu-Migration in West-Sambia und Ost-Angola macht der (noch) berühmteren in Kenia und Tansania Konkurrenz. Dem gigantischen Naturschutzprojekt lag die Idee zugrunde, fragmentierte Wildschutzgebiete in einem grenzen- und zaunlosen Park zu verbinden, um den Tieren wieder ungehinderte Migration zu ermöglichen (s. Thema S. 30).

Namib-Skeleton Coast National Park (NSCNP)
Dieses aufregende Schutzgebiet soll bis spätestens 2011 eingerichtet werden. Es wird die gesamte namibische Küstenlinie einbeziehen – eine Distanz von 1570 km, vom Orange River im Süden bis zum Kunene River im Norden –, weiterhin den Namib-Naukluft Park (einschließlich Sperrgebiet-Nationalpark), die Central Area und den Skeleton Coast Park. Eine Marine Protected Area erweitert das Schutzgebiet auf den Bereich des Meeres. Am schmalsten wird der Nationalpark im Bereich der Skelettküste sein, wo die Grenze etwa 25 km im Landesinneren verläuft, am breitesten im Naukluft-Gebiet, mit 180 km und Grenzverlauf in der Hochebene. Namibia wird damit das einzige kontinentale Land der Welt sein, dessen gesamte Küstenlinie Nationalpark ist.

Natur und Umwelt

Peace Parks – Naturschutz ohne Grenzen

Die Idee, durch grenzüberschreitende Schutzzonen wirksamen Naturschutz zu betreiben ist nicht neu. Schon in den 1980er-Jahren waren der International Union for Conservation of Nature und Natural Resources (IUCN) über 70 transnationale Naturparks bekannt. Vergleichbares im Süden Afrikas durchzusetzen, hielt man aufgrund der politischen Lage lange für unmöglich. Doch durch das Ende der Apartheidspolitik bekam auch der Naturschutz neue Impulse.

Am 1. Februar 1997 wurde die Peace Park Foundation gegründet, der oberste Schirmherr der Initiative war Nelson Mandela, eine wichtige Rolle spielte auch der südafrikanische Großindustrielle Anton Rupert. Beteiligt waren Angola, Botswana, Demokratische Republik Kongo, Lesotho, Malawi, Mosambik, Namibia, Sambia, Simbabwe, Südafrika, Swasiland und Tansania. Diese Staaten nahmen in ihre politischen Ziele die Gründung von Transfrontier Conservation Areas auf. Sie unterstützen mittlerweile im Süden Afrikas 18 Parks (www.peaceparks.org).

Das Konzept der Peace Park Foundation sieht in erster Linie den Abbau von Grenzzäunen vor, so dass sich Menschen und Tiere in diesen Gebieten wieder frei bewegen können. Die heutigen Grenzen teilen Ökosysteme, versperren Migrationswege und separieren ethnische Gruppen. Mit dem Wegfall der Grenzbefestigungen können die Wildtiere wieder ihren angestammten Wanderrouten folgen, und den Einheimischen wird der Zugang zu ihren Nahrungsquellen und zum Trinkwasser ermöglicht.

Finanziert werden sollen die Projekte teilweise durch Ökotourismus, dabei ist es erklärte Absicht, die in den Parks lebende Bevölkerung einzubeziehen und am Gewinn zu beteiligen. Berücksichtigung sollen auch die Eigentumsansprüche all jener Menschen finden, die infolge der Apartheidspolitik aus ihren angestammten Siedlungsgebieten vertrieben wurden. Und schließlich hofft man, dass die enge Zusammenarbeit in einer Körperschaft die Verständigung zwischen den Staaten langfristig fördert.

Als erster Peace Park wurde im Mai 2000 der **Kgalagadi Transfrontier Park** eröffnet. Er enstand aus dem südafrikanischen Kalahari Gemsbok National Park und dem Gemsbok National Park in Botswana. Das neue Areal umfasst knapp 38 000 km^2 und wird als ökologische Einheit verwaltet. Obwohl seither weitere Peace Parks eingerichtet wurden, ist der Kgalagadi Park bislang der einzige Park, in dem Reisende sich ohne Grenzkontrollen frei bewegen können. Ausweisen muss sich nur, wer in einem Land ein- und im anderen wieder ausreist.

2001 wurde mit dem **Ai-Ais/Richtersveld Transfrontier Park** (s. S. 156f.) ein weiterer Peace Park eingerichtet. Er umfasst das südafrikanische Richtersveld und große Teile des auf namibischer Seite angrenzenden Fish River Canyon. Noch im gleichen Jahr erfolgte die Eröffnung des Great Limpopo Transfrontier Park, der im Ländereck Südafrika, Mosambik und Simbabwe die Nationalparks Krüger, Gonarezhou und Limpopo vereinigt. Der Anschluss weiterer Gebiete ist für die Zukunft geplant.

Transnationale Naturparks

Thema

Jüngster und zugleich größter Peace Park ist der 2010 eröffnete **Kavango-Zambezi (Kaza) Transfrontier Park** (s. S. 29), der zwischen den fünf Staaten Angola, Botswana, Namibia, Sambia und Simbabwe liegt. Er umfasst ein Gebiet von knapp 280 000 km², das entspricht in etwa der Fläche Italiens. Das Projekt wurde, wie andere Peace Parks auch, durch Fördermittel des deutschen Bundesministeriums für wirtschaftliche Zusammenarbeit und Entwicklung unterstützt.

Neben den drei bereits realisierten Peace Parks sind sechs weitere durch staatliche Absichtserklärungen gesichert, neun befinden sich in der Planungsphase. Von den 18 Peace Parks reichen 11 über zwei, 6 über drei und 1 Peace Park über fünf Staatsgrenzen hinweg. Die Entwicklung der Peace Parks ist im südlichen Afrika am weitesten fortgeschritten. Doch auch in anderen afrikanischen Ländern, z.B. in Liberia und Sierra Leone, sind inzwischen ähnliche Projekte geplant.

Auf namibischem Staatsgebiet liegen Teile des Ai-Ais/Richtersveld und des Kavango-Zambezi (Kaza) Transfrontier Park, doch bietet sich seit der Wiedereröffnung des Grenzübergangs Mata Mata auch ein Besuch im **Kgalagadi Transfrontier Park** an. Um kommerziellen Durchgangsverkehr zu limitieren, muss, wer den Übergang benutzen will, mindestens zwei Nächte im Park übernachten. Die Grenzformalitäten werden im südafrikanischen Parkcamp Twee Rivieren erledigt.

In Kgalagadi lassen sich die berühmten Dünenlandschaften der Kalahari ›erfahren‹. Voraussetzung dafür sind Geländewagen mit GPS, vor allem für jene, die den berühmten Wilderness Trail (277 km) im botswanischen Parkteil bewältigen möchten. Die Fahrt auf dem Wilderness Trail muss bei der Parkbehörde im Voraus gebucht werden. Außerdem dürfen alle Routen in Botswana nur mit mindestens zwei Fahrzeugen befahren werden. Solo-Fahrten sind nicht erlaubt.

Die Straßen im südafrikanischen Teil des Parks sind geschottert und teils mit normalen Pkw zu befahren. Sie führen entlang der Trockenflussbetten des Auob und Nossob River. Aufgrund der spärlichen Vegetation in der Kalahari lassen sich Tiere recht gut beobachten. Ein Highlight sind die schwarzmähnigen Kalahari-Löwen. Andere Raubtiere sind Geparden und die ihnen stets auf den Fersen folgenden Schabrackenschakale. Deren Leibspeise sind Grasfresser wie Gnus, Springböcke, Elen- und Kuhantilopen.

Im südafrikanischen Teil verfügt Kgalagadi über sechs Camps unterschiedlicher Ausstattung und Preislage (www.sanparks.org). Drei traditionelle Rest Camps bieten Einkaufsmöglichkeiten für das Nötigste und Benzin. Die drei Wildnis-Camps ohne Zäune laden die Ruhe und Weite Afrikas (und eventuell die beeindruckenden Kalahari-Löwen...) ins Zimmer ein. Die traditionellen Rest Camps sind **Twee Rivieren**, **Mata Mata** und **Nossob**, die Wilderness Camps **Bitterpan**, **Grootkolk** und **Kalahari Tent Camp**.

Quartier in Botswana bieten bislang nur Campingplätze, und zwar in **Polentswa**, **Rooiputs**, **Two Rivers** und **Mabuasehube**. Reservierung und Anmeldung für den Wilderness Trail über das Parks and Reserves Reservation Office, Tel. (von Südafrika aus) 00 267-318 07 74, Fax 318 07 75, dwnp@gov.bw, www.gov.bw/tourism/attractions.
Wer von einem Restcamp zum anderen fährt, sollte vor 12 Uhr losfahren, um rechtzeitig vor Sonnenuntergang anzukommen – Nachtfahrten im Park sind nicht erlaubt. Die Parktore sind im Südsommer von 6–19.30 Uhr und im Südwinter von 7.30–18 Uhr geöffnet.

Wirtschaft, Soziales und aktuelle Politik

Landwirtschaft, Fischerei, Bergbau und Tourismus sind die wichtigsten Standbeine der Wirtschaft Namibias. Das Land zeigt noch immer die typischen Strukturschwächen einer Ökonomie, die durch eine lange koloniale Abhängigkeit geprägt wurde.

Namibias Wirtschaft

Lange war Namibia eine Art ›fünfte Provinz‹ des Nachbarlandes Südafrika, und die Abhängigkeit von der südafrikanischen Wirtschaft besteht bis heute. So ist der Namibia-Dollar ist noch immer direkt an den südafrikanischen Rand gekoppelt.

Rohstoffe

Die wichtigste Säule der namibischen Wirtschaft ist aufgrund der reichen Rohstoffvorkommen nach wie vor der Bergbau. Mit Diamanten, Uran und Kupfer, den bedeutendsten Bodenschätzen des Landes, wurden 2009 etwa 20 % des Bruttoinlandproduktes (BIP) erwirtschaftet, aufgrund der Automatisierung sind in diesem Wirtschaftszweig allerdings nur ein paar Tausend Menschen beschäftigt.

Während Namibia 2006 noch über 2 Mio. Karat Diamanten von höchster Schmuckqualität exportiert hat, sorgte die weltweite Wirtschaftskrise Ende 2008 für einen vorübergehenden Abbaustopp. Erst im zweiten Quartal des Jahres 2009 wurde die Diamantenförderung wieder aufgenommen. Im dritten Quartal fiel die Ausbeute im Vergleich zum Vorjahreszeitraum um 55,3 %.

Im Gegensatz dazu nahm die Uranförderung um 17,2 % zu. Namibia ist der viertgrößte Uranproduzent der Welt und wird aufgrund der Einrichtung weiterer Minen die Produktion in den nächsten vier bis fünf Jahren nochmals vervierfachen. Derzeit größte Uranmine der Welt ist die Rössing-Mine nordöstlich von Swakopmund. Neben Diamanten und Uran werden in Namibia auch große Mengen an Kupfer, Gold, Zinn, Blei und Erdgas gefördert.

Unter den Gebieten mit reichhaltigen Mineralienvorkommen stechen die Sanddünen an der Mündung des Orange River hervor, denn sie bergen weltweit die reichsten Vorkommen alluvialer, d.h. von einem Fluss angespülter Diamanten. Neben diesen angestammten Abbaugebieten werden jedoch auch neue Rohstoffquellen erschlossen. Das Kudu-Gasfeld etwa wurde vor einigen Jahren im Meer in der Nähe der Mündung des Orange River, etwa 170 km von Oranjemund entfernt, entdeckt. Nach der Erschließung soll das Naturgas voraussichtlich ab März 2013 ein Kraftwerk in Oranjemund betreiben und sowohl für Namibia als auch für Südafrika Elektrizität erzeugen.

Landwirtschaft und Fischfang

Die Landwirtschaft trug 2009 mit rund 10 % zum Bruttoinlandsprodukt (BIP) bei, beschäftigte aber mehr als 50 % der Bevölkerung. Auf leistungsfähigen kommerziellen Farmen, die sich zum größten Teil im Besitz von Weißen befinden, wird auf 44 % der Landwirtschaftsfläche Namibias vorwiegend extensive, auf den Export ausgerichtete Viehwirtschaft (u. a. Rinder und Schafe) betrieben, die mit 4,2 % zum BIP beiträgt. In den kommunalen Gebieten (ca. 41 %, die allerdings nicht überall landwirtschaftlich voll nutzbar sind) leben Subsistenzfarmer, deren Anteil am BIP etwa 1 % beträgt.

Namibias Wirtschaft

Insgesamt spielt der Ackerbau wegen der ungünstigen klimatischen Bedingungen und der herrschenden Wasserarmut eine eher untergeordnete Rolle. In den letzten Jahren wurde im Süden des Landes der natürliche Hunger-Reduzierer Hoodia mit gutem Erfolg kommerziell angebaut. Schon die San nutzten die Hoodia-Pflanze, um in schlechten Zeiten das nagende Hungergefühl zu unterdrücken. In Reformhäusern erhältlich, hilft die Pflanze nun übergewichtigen Menschen dabei Pfunde zu verlieren.

Die Viehzucht ist der wichtigste Zweig der kommerziellen Landwirtschaft. Das Land exportiert frisches Rind- und Schaffleisch, aber auch Häute, Felle und Wolle. Die Rinder- und Schafherden benötigen wegen des kargen Nahrungsangebots für die Tiere riesige Weideflächen, die zu Farmgrößen von oft mehrere tausend Hektar geführt haben.

Aufgrund der langen Trockenperioden und damit verbundener Ernteeinbußen und Viehverluste haben viele namibische Farmer ein anderes Betätigungsfeld gesucht. Manche züchten Antilopen, sei es für Jagdfarmen oder zum Verkauf des Wildfleisches an Restaurants. Außerdem wurden in der letzten Zeit mehr und mehr Betriebe zu Gästefarmen umfunktioniert, die mit besonderen Attraktionen Touristen anlocken wollen.

Die Fischindustrie basiert hauptsächlich auf dem Fang von Anchovis und Sardinen, die sich im kalten Benguela-Strom am wohlsten fühlen. Das Meer erholt sich gerade von der langjährigen Überfischung.

Tourismus

Der Tourismus ist Namibias drittgrößter Devisenbringer. Der Aufenthalt des berühmten Hollywood-Pärchens Brad Pitt und Angelina

Uranabbau am Rössing nordöstlich von Skwakopmund

Wirtschaft, Soziales und aktuelle Politik

Härte 10 – Diamanten

Nahezu hundert Prozent aller in Namibia geförderten Diamanten haben Schmuckqualität und sind daher weltweit besonders beliebt. Für ihre Qualität ist der lange Weg verantwortlich, den sie hinter sich haben und den nur die härtesten und besten Steine ›überlebt‹ haben.

»Adamas« – der Unbezwingliche, nannten die Griechen das härteste Mineral der Welt. Diamanten, das Symbol für Reichtum schlechthin, sind eigentlich nichts anderes als schlichter Kohlenstoff, der in 150–200 km Tiefe hohem Druck und Temperaturen von bis zu 1300 °C ausgesetzt war. Durch vulkanische Tätigkeit gelangten die Diamanten Richtung Erdoberfläche. In den sogenannten *Pipes*, erstarrten vulkanischen Schloten, kann man sie finden und abbauen. Verwittern diese Pipes, wird das dabei entstehende diamanthaltige Gestein über Flüsse zu neuen, ›sekundären‹ Lagerstätten transportiert. Diese können sich im Fluss selbst befinden oder bereits auf dem Meeresboden. Der Vorteil gegenüber den primären Lagerstätten im Schlot besteht darin, dass die Rohdiamanten aus Fluss und Meer sehr viel größer, besser geformt und für die Schmuckherstellung besser geeignet sind. In Namibia kommen Diamanten vor allem in sekundären Lagerstätten vor.

Beispiel Orange River: Er entspringt in den Drakensbergen in Südafrikas, Tausende von Kilometern entfernt. Von dort hat er die teuren Klunker bis in den Atlantik gespült, wo nordwärts gerichtete Meeresströmungen sie die gesamte Küste bis Lüderitzbucht hochgetragen haben.

Bei Oranjemund, wo der breite Orange River in den Atlantik fließt, wurden und werden noch immer Diamanten gefördert. Wellenbrecher aus Beton versuchen, die Urgewalt des Meeres zu bändigen, während gigantische Monsterbagger, die größten der Welt, den Sandstrand bis zum Grundgestein weggraben und hinter sich zu riesigen Dünen aufschichten. Dann beginnen sorgfältig ausgesuchte Arbeiter damit, die Felsritzen nach Diamanten abzusuchen. Weil sich das Meer mit den Jahrtausenden immer weiter zurückgezogen und dabei Diamanten in und auf den verschiedenen Sandterrassen zurückgelassen hat, werden auch im Landesinneren des Sperrgebiets Diamanten gefunden.

Die Diamantentaucher haben einen der gefährlichsten – dafür aber auch extrem gut bezahlten – Jobs der Welt. Es sind meist junge Surfer, die sich mit dem Lohn ihr Hobby und ihre Zukunft finanzieren wollen. Manche kommen ohne einen Dollar in der Tasche mit Surfboard in Lüderitz an und besitzen nach fünf Jahren zwei Häuser und eine Segeljacht. Aber das ständige Tauchen stellt eine große Belastung für die Gesundheit dar.

In Oranjemund werden täglich etwa 6000 Karat gefördert, dazu muss die größte Tagebau-Mine der Welt jedes Jahr 30 Mio. t Sand und Erde entfernen. Eine Weiterverarbeitung der Rohdiamanten erfolgt dann aber nicht mehr im Land.

Dem Amateurgeologen und Bahnarbeiter August Stauch wurde 1908 von seinem Arbeiter Zacharias Lewala ein Diamant gebracht, den dieser beim Reinigen der Eisenbahnlinie entdeckt hatte – der Anfang des Diamantenrausches in Südwestafrika. Der große Einbruch kam mit dem Ersten Weltkrieg: Die Preise fielen, und die neun deutschen Fördergesellschaften wurden von der

Diamantenabbau

südafrikanischen Consolidated Diamond Mines (CDM) aufgekauft. Deren Geologen entdeckten die Diamantenvorkommen am Oranjemund, wo 1936 die gleichnamige Retortenstadt entstand, die in Spitzenzeiten 2 Mio. Karat pro Jahr förderte.

2008 wurde der Sperrgebiet-Nationalpark ins Leben gerufen, der 2009 im Namib-Skelettküste-Nationalpark aufging. Selbst die einst abgeschirmte Stadt Oranjemund öffnet sich nun dem Tourismus. Trotz der früher herrschenden extremen Sicherheitsvorkehrungen gab es immer wieder Versuche, die wertvollen Steine aus den Minen zu stehlen, obwohl drastische Strafen drohen. Wurde ein Arbeiter beim Diebstahl erwischt, mussten alle seine Freunde und Bekannten in der Mine ebenfalls gehen. Ein besonders fantasievoller Dieb schmuggelte einmal eine Brieftaube in seinem Lunchpaket in die Mine, band ihr ein Ledersäckchen mit einigen Karat an den Körper und ließ sie fliegen. Leider war er zu gierig, die Taube ermüdete und landete unmittelbar vor den Sicherheitskräften, denen der Vogel verdächtig vorkam. Sie nahmen ihm die Diamanten ab und folgten der davonfliegenden Taube querfeldein mit Motorrädern und Geländewagen. Direkt neben dem Taubenschlag warteten die Polizisten dann auf den unglücklichen Diamantendieb.

Teilweise restaurierte Häuser in der ehemaligen Diamantenstadt Kolmanskop

Wirtschaft, Soziales und aktuelle Politik

Jolie im Mai/Juni 2006 beflügelte die Tourismusmanager. Belagert von Paparazzi, verbrachten die beiden einige Wochen im Land und bekamen hier sogar ihr erstes Kind Shiloh Nouvel Jolie-Pitt.

Vergessen ist also die Saison 2000/01, in der ein deutlicher Einbruch in der touristischen Nachfrage zu verzeichnen war. Damals kam es zu Unruhen, als die namibische Regierung die Bestrebungen der im Caprivi-Streifen lebenden Menschen nach Unabhängigkeit mit Waffengewalt zu unterbinden suchte. Außerdem erlaubte Namibia angolanischen Truppen, auf namibischem Boden gegen Unita-Rebellen vorzugehen, was zu kriegerischen Auseinandersetzungen und auch zu Angriffen auf Touristen führte. Mit dem Tod von Unita-Führer Jonas Savimbi endeten die grenzüberschreitenden Kämpfe.

Seither ist es in Namibia wieder ruhig und friedlich. Die weltweiten Terroranschläge seit dem 11. September 2001 und die Tsunami-Katastrophe im Jahr 2004 in Asien haben mit dazu beigetragen, dass sich das südliche Afrika als sicheres und günstiges Reiseziel weiter etablieren konnte.

Annähernd 1 Mio. Touristen besuchen pro Jahr das Land, Tendenz steigend. Unter den europäischen Besuchern liegen die Deutschen mit Abstand auf Platz eins. Von 61 222 in 2005 stieg die Zahl der deutschen Urlauber 2006 auf 68 214, was einem Zuwachs von 11,42 % entspricht. Dieser Trend setzte sich 2007 fort mit einem Zuwachs von 18 % auf insgesamt 80 418 Besucher aus der Bundesrepublik. Selbst in den ›Krisenjahren‹ 2008 und 2009 blieb Namibia Trenddestination für deutschsprachige Mitteleuropäer.

Positiv für die weitere touristische Entwicklung sind die Ausweitung bestehender und die Etablierung grenzüberschreitender Naturschutzgebiete, der sogenannten Trans-

Stilvoll renoviert: das historische Bahnhofshotel in Aus am Rande der Namib

frontier Conservation Areas (TECA). Sie werden sowohl von den Staaten als auch von Privatunternehmern gemanagt und von weltweiten Spendenorganisationen finanziert.

Infrastruktur

Durch den Komplett-Ausbau des Caprivi- und des Trans-Kalahari-Highways ist Namibia nun enger mit Simbabwe und Südafrika zusammengewachsen. Damit werden die Häfen von Durban (Südafrika) und Maputo (Mosambik) zu potenziellen Importtoren für Namibia; gleichzeitig ist auf diese Weise Walvis Bay, seit Mai 1995 Freihandelszone, ein bedeutender Exporthafen für Südafrikas Industrie-Provinz Gauteng geworden. Die Trans-Kalahari-Strecke verkürzt die Distanz zwischen Windhoek und der Gauteng-Provinz um gut 500 km.

Im afrikanischen Vergleich hat Namibia ein gut ausgebautes Netz an Teerstraßen. Hinzu kommen die ungeteerten *Pads*, die überwiegend ebenfalls gut befahrbar sind.

Herausforderungen für die Politik

Bekämpfung der Armut

Die SWAPO, jahrelange Vorkämpferin der Unabhängigkeit Namibias, ist die stärkste Partei im Land und stellt den Präsidenten (siehe Kapitel Geschichte). Sie setzt auf eine friedliche Lösung aller wirtschaftlichen und sozialen Probleme, die in der Kolonialzeit und der südafrikanischen Apartheidspolitik ihre Ursache haben. Zugleich setzt die Regierung auf eine marktwirtschaftliche Entwicklung des Landes.

Mehr als die Hälfte der namibischen Bevölkerung lebt an oder unter der Armutsgrenze. Nur ein kleiner Teil genießt europäischen Lebensstandard und die Einkommen sind nach wie vor sehr ungerecht verteilt. Etwa 10 % der Einwohner verdienen 55 % des Gesamteinkommens. Die Landverteilung ist eine der großen Herausforderungen an die Politik. 3000 Weiße betreiben kommerzielle Farmen und besitzen an die 45 % des Farmlandes. Sie sind eine wichtige Stütze der namibischen Wirtschaft und ein wichtiger Arbeitgeber auf dem Land. Mehrere hundert Farmen gehören in der Zwischenzeit schwarzen Namibiern – oftmals hohen Staatsbeamten. Was seit der Unabhängigkeit immer wieder versprochen wurde, die gerechtere Verteilung von Landbesitz, wird nun verstärkt durchgesetzt. Die Regierung wählt bestimmte Farmen aus und enteignet sie gegen Entschädigung. Die ersten Farmenteignungen gab es 2005.

1990 versprach die Regierung eine Landreform – und der Blick nach Simbabwe zeigt, welcher wirtschaftliche und soziale Zündstoff in dieser Frage liegt. In Namibia wird die Umverteilung von Land bisher behutsam vorangetrieben – und dennoch sind viele weiße Farmer verunsichert, was die Zukunft bringen wird. Bei Farmverkäufen hat der Staat das Vorkaufsrecht, unbewirtschaftete Flächen kann er enteignen. Schwarze Namibier erhalten vom Staat günstige Darlehen für den Landerwerb.

Ein Problem stellt die hohe Arbeitslosigkeit dar, mehr als jeder zweite Namibier ist erwerbslos. In den letzten Jahren wurden im Tourismus neue Arbeitsplätze geschaffen, indem bei neu gebauten Lodges und in privaten Wildnisreservaten möglichst viele Menschen aus umliegenden Gemeinden eingestellt und ausgebildet wurden.

Aids

Wie Südafrika kämpft auch Namibia mit HIV/Aids. Die Aufklärung in den ländlichen Gebieten ist das wichtigste Ziel der Regierung. Namibia gehört zu den am stärksten von dieser Epidemie betroffenen Ländern. Die Aidsrate liegt bei knapp 20 %, jeder fünfte Namibier ist damit HIV-positiv. Und die Neuinfektionsrate ist beängstigend hoch. Aids ist Todesursache Nummer eins im Land und hat die durchschnittliche Lebenserwartung auf 51 Jahre gesenkt. Der Schaden für die Wirtschaft ist enorm, denn auch Fachkräfte bleiben von der Seuche nicht verschont.

Geschichte

Die ersten Menschen lebten bereits vor 25 000 Jahren im heutigen Namibia. Die San wurden zunächst von Stämmen aus dem Norden, dann von Europäern verdrängt. ›Südwest-Afrika‹ nannten die Deutschen ihre Kolonie. Dann übernahm Südafrika die Herrschaft und etablierte seine Apartheidspolitik. Erst 1990 wurde das Land unabhängig.

Bevor der erste Europäer einen Fuß auf südwestafrikanischen Boden setzte, war das Land bereits seit Jahrtausenden besiedelt. Knochenfunde von Frühmenschen, die auf ein Alter von 12–15 Mio. Jahren geschätzt werden, deuten darauf hin, dass im heutigen Namibia möglicherweise die Wiege der Menschheit stand. Die ältesten datierbaren Felszeichnungen und -gravuren sind nach heutigen Erkenntnissen über 25 000 Jahre alt.

Sie stammen von den Jägern und Sammlern der San und Damara, den ältesten bekannten Völkern des Landes.

Sie wurden im Laufe der Jahrhunderte durch Bantu-Clans, die von Norden einwanderten, und von den Nama, die aus dem Süden kamen, immer weiter abgedrängt. Im 16. Jh. wurde das Hirtenvolk der Herero auf der Suche nach besseren Weidegründen im heutigen Namibia heimisch.

Felsgravuren in Twyfelfontein

Kolonisation

Die Europäer kommen

Die ersten Weißen, die an der rauen Küste Südwestafrikas landeten, waren Portugiesen. Auf seiner zweiten Reise im Jahre 1486 errichtete der Seefahrer Diogo Cão nördlich des heutigen Swakopmund am Cape Cross ein steinernes Kreuz *(padrão),* um die Besitzansprüche der portugiesischen Krone geltend zu machen. Heute ist an dieser Stelle nur noch eine Kopie zu sehen, das Originalkreuz steht im Hof des Deutschen Historischen Museums in Berlin.

Ein Jahr später folgte Cão sein Landsmann Bartolomeu Dias, der in der heutigen Lüderitzbucht mit seinen drei Karavellen Schutz vor einem Sturm suchte und die Stelle *Angra das Voltas* nannte – ›Bucht der schwierigen Manöver‹. Nach weiteren zwei Jahren errichtete Dias auf seinem Rückweg vom Kap der Guten Hoffnung am 25. Juli 1489 ein Steinkreuz auf der später nach ihm benannten Dias-Spitze in der Bucht von Angra Pequena (›Kleine Bucht‹), der heutigen Lüderitzbucht.

Nach den Portugiesen, denen das vom Meer aus unwirtlich wirkende Land für eine Besiedlung nicht geeignet erschien, kam lange Zeit niemand mehr. Erst 1723 drangen einige wenige Holländer auf der Suche nach Bodenschätzen vom Kap der Guten Hoffnung zunächst nur bis zum Ufer des Orange River vor. Heute markiert der Fluss die Südgrenze Namibias.

Die Tagebücher des schwedischen Forschers Heinrich Jakob Wikar berichteten dann gut ein halbes Jahrhundert später ausführlich von den Ovambo, Herero und anderen Stämmen im südwestlichen Afrika.

Und plötzlich ging die Entwicklung mit Riesenschritten voran. 1806 wurde in Warmbad durch die Brüder Albrecht von der London Missionary Society die erste Missionsstation gegründet. Seither steht dort das älteste nach europäischem Vorbild erbaute Haus Namibias. Acht Jahre später folgte die Gründung der Mission Bethanien durch Heinrich Schmelen, der ebenfalls der Londoner Missionsgesellschaft angehörte.

Da sich das von den Weißen besiedelte Gebiet am Kap Anfang des 19. Jh. immer mehr ausdehnte, verließen die Afrikaans sprechenden Orlam-Nama, von den Holländern ›Hottentotten‹ genannt, ihre südafrikanische Heimat und zogen nach Norden, ins Landesinnere Namibias. Ihr Häuptling Jan Jonker Afrikaner gründete 1840 in einem quellenreichen Tal des zentralen Hochplateaus eine Siedlung und nannte sie in Erinnerung an seine alte Heimat ›Klein Winterhoek‹. Damit war der Grundstein für Windhoek gelegt. Jonker Afrikaner schaffte es in der Folge, einige Nama-Stämme unter seiner Führung zu einen. Mit Hilfe moderner Waffen, die er von den Weißen erwerben konnte, besiegte er die Herero und machte sie zu tributpflichtigen Untertanen der Nama. Zwei Jahre nach der Gründung der Siedlung kamen auch schon die ersten Missionare der Rheinischen Missionsgesellschaft – Hahn, Kleinschmidt und Bam – nach Windhoek.

1844 begann die wirtschaftliche Ausbeutung des Landes. Vor der Küste bei Angra Pequena lagen alleine im August dieses Jahres über 300 Schiffe, um auf den vorgelagerten Vogelinseln Guano abzubauen, der dann als Dünger nach Europa verkauft wurde.

Der Kampf zwischen Herero und Nama

Eine ganz neue Situation ergab sich, als die Herero unter ihrem Führer Maherero 1864 den reisenden Händler Charles Andersson zu ihrem Kommandanten machten. Mit weiterer militärischer Unterstützung durch zwei englische Abenteurer besiegten sie Jonker Afrikaners Leute und kontrollierten eine Zeitlang selbst die Nama.

In der Folge kam es immer wieder zu Kämpfen und Auseinandersetzungen zwischen Herero und Nama. So konnten in der Zwischenzeit Missionare und Händler ungestört ihre Niederlassungen im Land etablieren. Mal lieferten sie der einen, mal der anderen Seite Waffen, verkauften Alkohol und andere Güter oder tauschten sie gegen das Vieh von Nama und Herero. Um wieder an neue Tiere zu gelangen, griffen sich diese

Geschichte

Adolf Lüderitz machte dem Deutschen Reich Südwest-Afrika schmackhaft

immer wieder gegenseitig an. Als Vergeltung für seine Unterstützung der Herero überfielen die Nama schließlich Anderssons Geschäft. Auch die Rheinische Missionsstation wurde angegriffen und ließ daraufhin um Schutz beim preußischen König nachfragen. Doch bevor sich das in der Zwischenzeit gegründete Deutsche Reich in Afrika engagierte, sollten noch ein paar Jahre vergehen.

In der Zwischenzeit rückte das südwestliche Afrika immer stärker in den Mittelpunkt des Interesses der europäischen Mächte. Am 12. März 1878 annektierte Großbritannien den Seehafen Walvis Bay und leitete die Epoche der förmlichen Kolonialherrschaft ein. Ein Jahr später veröffentlichte Dr. Theophilus Hahn die erste Landkarte Südwestafrikas.

Beginn der deutschen Ära

Nach weiteren zwei Jahren wurde dann der Grundstein zur deutschen Kolonialherrschaft gelegt: Am 12. Mai 1883 hisste Heinrich Vogelsang, der Bevollmächtigte des Bremer Kaufmanns Adolf Lüderitz, erstmals die deutsche Flagge in Angra Pequena, nachdem er das Land dem Nama-Häuptling Joseph Fredericks ›abgekauft‹ hatte.

Am 11. Oktober traf Adolf Lüderitz selbst in Südwestafrika ein und gab dem Ort seinen Namen. In einer Art Torschlusspanik hatte sich das Deutsche Reich in letzter Minute – und völlig überraschend für Engländer und Franzosen – an dem allgemeinen ›Rennen‹ um Afrika beteiligt.

Wie kam es zu dem Meinungsumschwung Bismarcks, der zuvor keinerlei koloniale Interessen seines Landes bekundet hatte? Hauptgrund war ein richtiggehendes Kolonialfieber, das die deutsche Bevölkerung erfasst hatte. 1882 hatten Enthusiasten den Deutschen Kolonialverein gegründet. Er zählte nur wenige tausend Mitglieder, aber deren Ideen verbreiteten sich mit der Geschwindigkeit eines Lauffeuers. Viele glaubten den Berichten von Engländern und Franzosen, dass sich in deren Kolonien große Schätze befänden – was ja teilweise auch stimmte. Warum sollte Deutschland, die vermeintlich mächtigste Nation in Europa, nichts von diesem Kuchen abbekommen?

Abstecken der Claims

Obwohl mehr und mehr deutsche Händler mit Niederlassungen an der afrikanischen Küste – darunter der Reeder Adolf Woermann – vor der Expansion Frankreichs, Englands und Portugals warnten, blieb Reichskanzler Otto von Bismarck vorsichtig. Im Februar 1883 hatte er noch die Bitte Adolf Lüderitz' um den Schutz durch die deutsche Flagge abgelehnt. Statt dessen schickte er die Nachricht nach London, dass in Deutschland keinerlei Interesse an Übersee-Projekten bestünde und dass man es begrüßen würde, wenn sich England um den Schutz deutscher Siedler kümmern könnte.

Nachdem aus London jedoch keine Antwort kam, instruierte Bismarck im August 1883 den deutschen Konsul in Kapstadt, dem Kaufmann Lüderitz in Angra Pequena konsularische Unterstützung zukommen zu lassen. Die großzügige ›Hilfe‹ wurde in den deutschen Zeitungen publiziert und erzeugte ein extrem positives Echo.

Als sich London im März 1884 noch immer nicht zum Status von Angra Pequena geäußert hatte, riss dem Reichskanzler der Geduldsfaden. Seine letzten Zweifel, ob sich eine solche Kolonie überhaupt finanzieren ließe, räumte Heinrich von Kusserow, ein Experte im Berliner Außenministerium, aus: So wie England Indien und Nord-Borneo ausbeutete, würde es Deutschland auch mit seinen Kolonien machen. Und Lüderitz sollte das Territorium an der südwestlichen Küste Afrikas verwalten.

So wurde schließlich Angra Pequena mit seiner Umgebung am 24. April 1884 von Reichskanzler Bismarck zum deutschen Protektorat erklärt. Am 7. August wurde dort offiziell die deutsche Flagge gehisst, nachdem das Gleiche kurz vorher schon in Togo und Kamerun passiert war. Deutsch-Südwestafrika war geboren.

Adolf Lüderitz hatte damit zwar einen respektablen Erfolg erreicht, den rasanten wirtschaftlichen Aufschwung ›seiner‹ Kolonie durch den Diamantenboom zu Beginn des 20. Jh. sollte er aber nicht mehr erleben, da er 1886 bei einem Bootstrip auf dem Orange River ertrank.

Die Claims werden abgesteckt

In der Folgezeit einigte sich das Deutsche Reich mit den Portugiesen auf eine Grenze zu deren Kolonie Angola. Im Helgoland-Sansibar-Vertrag mit England erfuhr das Schutzgebiet 1890 eine Erweiterung durch den Caprivi-Zipfel bis an den Sambesi. Auch die Süd- und Ostgrenze der deutschen Kolonie wurde in diesem Zusammenhang festgelegt.

Die deutschen Kolonisten begannen in dieser Zeit damit, eine eigene Landesverwaltung aufzubauen. Während die Herero einen Schutzvertrag mit den Deutschen schlossen, weigerten sich die Nama. Die Auseinandersetzungen zwischen Nama und Herero rissen in der Folge nicht ab. So überfiel der Nama-Häuptling Hendrik Witbooi die Herero in Otjimbingwe, wo daraufhin am 8. Juli 1888 die erste Abteilung der deutschen Schutztruppe stationiert wurde: zwei Offiziere und 19 Soldaten, viel zu wenig, um den Herero den im Vertrag versprochenen Schutz zu gewähren.

Im Jahr darauf wurde bei Tsaobis die erste Schutztruppen-Festung – Wilhelmsfeste – errichtet. Schon 1890 wurde die Schutztruppe auf 50 Mann verstärkt, außerdem unter dem Befehl von Hauptmann Curt von François die Station Windhoek gegründet. Bei einem Überraschungsangriff der deutschen Schutztruppe auf die Orlam-Nama konnte zwar deren Anführer Hendrik Witbooi entkommen, 90 Menschen – vor allem Frauen und Kinder – kamen aber ums Leben. Einige Jahre konnte sich Witbooi mit seinen Leuten noch den deutschen Truppen entziehen, musste aber schließlich 1894 in den Naukluft-Bergen vor Major Theodor von Leutwein kapitulieren.

Bittere Jahre für die Herero

Im Jahr 1897 bauten die Deutschen die Eisenbahnlinie von Swakopmund nach Windhoek, da so gut wie alle Zugochsen an der Rinderpest eingegangen waren. Das nicht von den Deutschen konfiszierte Vieh der Herero starb ebenfalls während der Epidemie, wodurch dem Stamm die Lebensgrundlage entzogen wurde. Innerhalb eines Jahres

Geschichte

verloren die Herero so fast alle ihrer 250 000 Rinder, ihre Dörfer verwaisten. Verzweifelt begannen sie, ihr Land und ihr letztes Vieh an deutsche Siedler zu verkaufen, um sich und ihre Familien zu ernähren. So kamen die wenigen deutschen Siedler schon bald wieder in den Besitz von 40 000 Rindern.

Nach der Rinderpest folgten Malaria und Typhus, außerdem suchten Tausende von Heuschrecken das Gebiet heim. Die Herero hatten das Gefühl, dass sie der ›Gott der Deutschen‹ vernichten wollte. Die Getauften fühlten sich verlassen, andere strömten in die Missionsstationen, um zum Christentum zu konvertieren und etwas zu essen zu bekommen. Für Major von Leutwein waren die Epidemien »himmlische Geschenke«. Statt eine Revolte unter den Einheimischen auszulösen, erleichterten die Katastrophen den Deutschen ihre koloniale Entwicklung.

Die Gemeinde deutscher Siedler wächst

Die Zahl der deutschen Siedler stieg nach den Epidemien rapide an: von 2000 im Jahr 1896 auf 4700 nur sieben Jahre später. Verglichen mit der britischen Kap-Kolonie, wo zum gleichen Zeitpunkt gut 700 000 Europäer lebten, war die Kolonie allerdings winzig klein. Neben den Deutschen lebten damals etwa 200 000 Einheimische in Südwestafrika – einschließlich der Ovambo, die allerdings so kriegerisch waren, dass sich die deutschen Soldaten nicht in ihr im äußersten Norden liegendes Gebiet vorwagten.

Ab dem 13. April 1899 bestand eine direkte Telegraphenleitung per Unterseekabel zwischen Swakopmund und Deutschland, und am 1. Juli 1902 wurde endlich die nach der Rinderpest und dem Tod aller Transportochsen unverzichtbare Bahnstrecke zwischen Swakopmund und Windhoek eröffnet.

Nach zehn Jahren im Amt fühlte sich Major Leutwein ganz sicher. Er telegraphierte nach Berlin, dass sich die Herero gut angepasst und sich endlich mit ihrer neuen Rolle als Farmarbeiter abgefunden hätten. Die Herero schienen »gezähmt«, ohne dass er auch nur gegen einen von ihnen hätte kämpfen müssen. Während seiner Amtszeit hatte Leutwein die Forderung der Siedler nach Entwaffnung der Herero und Zerschlagung ihrer Stämme stets abgelehnt, um keinen teuren und verlustreichen Krieg zu provozieren. Er behandelte den Herero-Häuptling Maherero immer ausgesucht höflich, um ihm das Gefühl zu geben, dass er noch ein Führer mit eigener Entscheidungsfähigkeit sei.

Die Siedler gingen mit den Einheimischen weniger freundlich um. Prügelstrafe, Mord und Vergewaltigung von Herero-Frauen waren an der Tagesordnung und wurden nicht oder nur selten geahndet. In einer Petition an die deutsche Regierung schrieben die Siedler: »Es ist nahezu unmöglich, sie als menschliche Wesen anzusehen.« Leutwein verabscheute diese Haltung, glaubte aber, sie sei unvermeidbar – Deutsche riskierten in Afrika Leben und Gesundheit schließlich nicht, um Einheimischen zu helfen, äußerte er sich einmal gegenüber englischen Politikern.

Die Herero schlagen zurück

Der Druck auf die Herero wurde schließlich zu stark. Ihr Häuptling Samuel Maherero, ein Freund europäischer Anzüge, Farmerhüte und vor allem deutschen Weinbrands, musste handeln – auch, um sein Gesicht nicht zu verlieren. Plötzlich waren die Telegramme aus Windhoek, die in der Wilhelmstraße in Berlin eintrafen, nicht mehr so positiv, eher beunruhigend. Die Kolonialabteilung bekam immer wieder Nachricht von Viehdiebstahl und Ungehorsam. Am verdächtigsten waren die Geschehnisse in Okahandja. Dort fingen die Herero im Januar des Jahres 1904 plötzlich an, alle erhältlichen Pferde, Sättel und Kleidungsstücke aufzukaufen. Der Preis war ihnen gleichgültig. Die meisten von ihnen kauften auf Kredit bei den Händlern ein.

Die Rebellion startete dann ohne jede Vorwarnung am 12. Januar. Maherero nutzte geschickt Leutweins Abwesenheit, der gerade einen Nama-Aufstand im Süden niederschlug, koordinierte seine Unterhäuptlinge und versuchte noch, seinen ehemaligen Gegner Hendrik Witbooi als Verbündeten zu gewinnen. Kurz vor dem Aufstand ließ er Wit-

Der erste Krieg des Kaisers

booi einen Brief zukommen: »All unser Gehorsam und unsere Geduld gegenüber den Deutschen bringt uns nichts ein, jeden Tag erschießen sie uns grundlos. Deshalb appelliere ich an Dich, mein Bruder, nicht vor einem Aufstand zurückzuschrecken, sondern Deine Stimme hören zu lassen, so dass ganz Afrika die Waffen gegen die Deutschen erhebt. Lass uns im Kampf sterben, nicht durch schlechte Behandlung, Gefängnis oder andere Katastrophen. Sag den Häuptlingen im Süden, dass sie sich auflehnen und in die Schlacht ziehen sollen.«

Der Appell stieß jedoch auf taube Ohren – schlimmer noch: Ein Nama-Häuptling, der den Brief an Hendrik Witbooi weiterleiten sollte, übergab ihn den Deutschen. Witbooi hielt sich an seinen Pakt mit den Kolonialherren, den er nach seiner Kapitulation in den Naukluft-Bergen am 15. September 1894 hatte schließen müssen, und stellte sogar 100 seiner Krieger ab, um mit der Schutztruppe gegen seinen Erzfeind Maherero zu kämpfen – ein verhängnisvoller Fehler.

Gut bewaffnete Herero-Krieger überfielen bald abgelegene Farmen und erstachen oder erschlugen alle männlichen Deutschen, die Waffen tragen konnten. Manche wurden, als Vergeltung für erlittenes Unrecht, in makabren Ritualen gefoltert. Frauen, Kinder, Missionare, Buren sowie Engländer wurden ausdrücklich verschont. Innerhalb von wenigen Tagen starben 100 Deutsche, vor allem viele der verhassten Händler. Die Telegraphenleitungen wurden gekappt, in Berlin trafen keine aktuellen Nachrichten mehr aus dem fernen Afrika ein.

Im Gegenzug griffen sich die Siedler jeden Schwarzer – auch jene, die nicht am Aufstand beteiligt waren – und lynchten sie ohne Verhandlung. Die Herero erzielten einige Anfangserfolge und trafen die deutschen Truppen nicht unerheblich. Bis zum 23. Januar gehörte ihnen das Schlachtfeld, dann wendete sich jedoch das Blatt: Die Verstärkung der Schutztruppe, für die der Reichstag in Berlin 2,8 Mio. Mark bereitgestellt hatte, traf ein – und mit ihr die Schnellfeuergewehre von Maxim und Krupp.

Der erste Krieg des Kaisers

Der Krieg gegen die Herero war zwar ›klein‹, aber es war der erste in der Regierungszeit Kaiser Wilhelms II. und die erste Chance für das nationalistische Deutschland, die Schlagkraft seiner Armee zu demonstrieren, der damals zweitstärksten nach der des russischen Zaren. Der Deutsch-Französische Krieg lag 33 Jahre zurück, kaum ein Offizier und noch weniger Soldaten hatten je einen Schuss im Kampf abgegeben. Bis auf die Niederschlagung des Boxeraufstandes in China 1900/01 hatte die Armee eine Generation lang keinerlei Siege auf Schlachtfeldern errungen. Kein Wunder daher, dass sich nun Tausende von Soldaten freiwillig meldeten, als würde das deutsche Vaterland von einer gewaltigen Militärmacht bedroht. Der Kaiser überreagierte, stellte sich auf die Seite der Siedler und sah die Niederschlagung der Rebellion als seine persönliche Sache an.

Am 11. Juni 1904 musste der als ›zu human‹ geltende Oberst und Gouverneur Theodor von Leutwein das militärische Kommando auf dem südwestafrikanischen Kriegsschauplatz an den knallharten Generalleutnant Lothar von Trotha abgeben. Dieser sollte auf persönlichen Wunsch des Kaisers den Herero-Aufstand niederschlagen. Von Trotha hatte aber vor, noch einen Schritt weiterzugehen: Er wollte das Volk der Herero komplett auslöschen.

Am 2. Oktober erklärte von Trotha den Herero: »Ich, der große General der deutschen Soldaten, sende diesen Brief an die Herero. Die Herero sind ab sofort keine deutschen Untertanen mehr. Sie haben gemordet, gestohlen, Ohren und andere Körperteile verwundeter Soldaten abgeschnitten und nun feige den weiteren Kampf verweigert. Ich habe ihnen Folgendes zu sagen: Die Herero werden das Land verlassen. Ansonsten werde ich sie mit Waffengewalt dazu zwingen. Innerhalb der deutschen Grenzen wird jeder Herero mit oder ohne Gewehr, mit oder ohne Vieh erschossen. Ich nehme keine Weiber und Kinder mehr auf, treibe sie zu ihrem Volk

Geschichte

Die ersten Freiheitskämpfer – Witbooi und Marengo

Hendrik Witbooi und Jakob Marengo gelten als die ersten Freiheitskämpfer des neuen Afrika, das sich von den Fesseln der europäischen Kolonialmächte lösen wollte. Mit ihrer zähen Guerilla-Kampftechnik trotzten sie eine Zeitlang den zahlenmäßig wie technisch überlegenen deutschen Schutztruppen.

Heute ziert das Konterfei von Hendrik Witbooi noch immer alle namibischen Banknoten. Noch 80-jährig kämpfte er gegen die deutschen Soldaten. Schon 1898 war er so prominent, dass sein Name ins Konversationslexikon von Brockhaus aufgenommen wurde. Hendrik war der Sohn des Kapitäns (Häuptlings) Moses Witbooi, der Enkel von Kido (Cupido) Witbooi, der als Christ auf den Namen Daniel getauft worden war und einst den Stamm vom Kap nach Norden geführt hatte. Hendrik war von kleiner, sehniger Gestalt mit »mostrichartiger Hautfarbe, kurzem grauen Wollhaar und Bart. Entschlossenheit und rücksichtslose Energie sprechen aus seinem Gesicht. Das schwarze Auge glüht von fanatischem Feuer, blickt aber klug und ruhig« – so der Ethnologe Hugo von François. Verheiratet war er mit einer Mischlingsfrau, hatte mit dieser fünf Töchter und sieben Söhne. Für seine Krieger, ›die im Licht wandelten‹, führte er das weiße, um den breitkrempigen Hut gewundene Tuch mit dem Zipfel oben in der Mitte ein und nannte sie Witkamps, ›Lichtkämpfer‹.

Nach dem Tode seines Vaters wurde er alleiniger Häuptling des Witbooi-Clans. Einmal vertraute er einem Missionar an: Ein Cäsar, ein Alexander, ein Napoleon seien große Männer für ihre Völker gewesen, sie hätten weite Länder erobert und ihrem Vaterland Ruhm und Ehre gebracht. Nun müsse das ›Hottentottenvolk‹ auch einmal einen solch großen Herrscher haben.

Witbooi war der erste Eingeborenenführer, der erkannte, dass sich etwas Grundlegendes im Land geändert hatte. Bereits am 30. Mai 1890 schrieb er seinen berühmten Brief an den Herero-Häuptling Maherero, der einen Schutzvertrag mit den Deutschen gegen Witbooi geschlossen hatte: »Eines Tages wirst Du bitter bereuen, dass Du Dein Land und Deine Unabhängigkeit an die Weißen abgegeben hast.« Zwei Jahre später kam es zum Friedensvertrag zwischen Witbooi und Maherero, einem historischen Datum in der Geschichte Namibias, da in der Folge erstmals Afrikaner verschiedener Völker gemeinsam einer Kolonialmacht entgegentraten. Zwischen 1894 und 1897 brachen die Deutschen den Widerstand Witboois und seiner Unterhäuptlinge. Nama und Herero wurden enteignet, ihr Land und Vieh an siedlungswillige deutsche Einwanderer abgegeben.

Nun kam eine Führergestalt ins Spiel, die in zeitgenössischen Quellen kaum erwähnt wird: Jakob Marengo, den die deutschen Militärs anfangs fälschlicherweise als Jakob Morenga registriert hatten. Marengo kämpfte 1903 gemeinsam mit den Bondelswarts gegen die Deutschen. Er stammte von einer Herero-Frau und einem Nama ab, genoss eine Ausbildung auf einer Missionsschule und arbeitete eine Zeitlang in einer Mine. Es gilt als sicher, dass er mit einem Missionar nach Europa reiste und etwa 18 Monate in Deutschland verbrachte.

Im Unterschied zu allen anderen Führern des großen Aufstands wie Maherero und

Vorkämpfer der Unabhängigkeit

Witbooi, die traditionelle Häuptlinge waren, kam Marengo aus dem Volk. Während seiner kurzen Karriere war er ständig bestrebt, die verschiedenen Stämme gegen die Deutschen zu einen. Seine Gefolgschaft bestand aus 600 bewaffneten Männern von beiderseits des Orange River. Es waren sowohl Nama und Herero als auch Xhosa und andere südafrikanische Arbeiter aus dem Namaqualand. Oft hielten er und seine Leute mehr als 15 000 deutsche Soldaten in Schach.

Durch Marengos Erfolge ermutigt, entschloss sich der alte Hendrik Witbooi erneut zum Kampf, Marengo wurde zu einem seiner Unterkommandanten. Die Militärs verglichen seine Guerillastrategie mit der der besten burischen Generäle. In einem Interview mit der täglich in Kapstadt erscheinenden südafrikanischen ›Cape Times‹ am 29. Mai 1906 sagte Marengo auf die Frage des Reporters, ob er wisse, dass Deutschland einer der mächtigsten Staaten der Welt sei: »Ja, darüber bin ich mir vollkommen im Klaren, aber die Deutschen können in unserem Land nicht kämpfen. Sie wissen nicht, woher sie das Wasser nehmen sollen, und sie verstehen nichts von der Guerillakriegführung.«

Als Hendrik Witbooi schließlich 1905 auf dem Schlachtfeld starb, war es Marengo, der die verbliebenen Kämpfer einte und sie erneut gegen die Deutschen führte. Sein Ruf verbreitete sich schließlich bis ins englische Südafrika. Als sich Marengo mit dem Guerillaführer Simon Kopper in der Kalahari vereinigen wollte, jagte und erschoss ihn eine englische Verfolgertruppe am 20. September 1907. Die Briten waren überzeugt, dass Marengo die Art von Führer war, dem es gelungen wäre, alle Schwarzen Südafrikas in einer Revolte gegen die Kolonialmacht zu führen.

Gilt seit der Unabhängigkeit Namibias als Nationalheld: Hendrik Witbooi

Geschichte

zurück oder lasse auf sie schießen.« Die Ankündigung war nicht übertrieben: Von ehemals etwa 80 000 Herero überlebten lediglich 15 130 (s. S. 292). Von Trotha machte keinen einzigen Gefangenen.

Niederschlagung der Nama

Im Oktober 1904 erklärte der mittlerweile 80-jährige Hendrik Witbooi der deutschen Besatzungsmacht doch noch den Krieg. Er heftete sich die weiße Feder, das Kriegsemblem der Nama, an den Hut, einte verschiedene Stämme und startete einen etwa ein Jahr dauernden Guerillakrieg gegen die Deutschen. Militärisch war das völlig sinnlos, denn den Tausenden sterbenden Herero im Omaheke-Sandveld konnte er ohnehin nicht mehr helfen. Seinen wenigen, schlecht bewaffneten Leuten stand eine gewaltige Übermacht modern ausgerüsteter deutscher Soldaten gegenüber. Dennoch gelang es 300 Nama-Schützen, in der Kalahari gut 15 000 deutsche Soldaten in Schach zu halten. Daraufhin verlor Berlin die Geduld und orderte von Trotha heim, der im November 1905 nach Deutschland zurückkehrte.

Am 29. Oktober 1905 wurde Hendrik Witbooi, der charismatische Führer und bedeutendste Nama-Politiker, beim Überfall auf einen deutschen Proviantwagen bei Vaalgras tödlich verletzt. Insgesamt kamen bei diesen Kämpfen die Hälfte aller Nama im Schutzgebiet, etwa 10 000 Menschen, ums Leben. Auf deutscher Seite fielen im Herero- und Nama-Aufstand 1659 Schutztruppenangehörige, 689 starben an Krankheiten, vor allem Typhus. Den deutschen Steuerzahler kostete der Kolonialkrieg 405 Mio. Mark. Entgegen dem Friedensvertrag wurden 1906 etwa 1800 Nama – Angehörige des Witbooi-Clans und Bethanier – aus Lagern in Windhoek auf die Haifischinsel bei Lüderitz gebracht, wo die meisten aufgrund des ungewohnt feuchtkalten Klimas starben oder schwer erkrankten. Innerhalb von nur sieben Monaten verloren so 1032 von 1732 Gefangenen ihr Leben.

Kamelreiter-Einheit der deutschen Schutztruppe

Deutsche ›Apartheids‹-Politik

Mit der Niederschlagung des Nama-Aufstandes hatten die Deutschen zwar jeden Widerstand im Land zerschlagen, mussten aber schließlich erkennen, dass ihre Vernichtungspolitik gleichzeitig das Reservoir billiger Arbeitskräfte im Land zerstörte – und damit die einzige Hoffnung, die Kolonie profitabel auszubeuten. Daraufhin wurde das Töten eingestellt, die Überlebenden zur Arbeit für die Kolonialherren gezwungen. Dazu wurde nun ein Pass-System eingeführt, wer nicht für die Weißen arbeiten wollte, wurde bestraft – eine frühe Form der später in Südafrika praktizierten Apartheidspolitik. Die Herero, ein traditionelles Hirtenvolk, hatten all ihr Vieh verloren und durften nun keines mehr halten.

Einen rasanten wirtschaftlichen Aufschwung erfuhr Deutsch-Südwestafrika, als der schwarze Bahnarbeiter Zacharias Lewala 1908 bei Lüderitz den ersten Diamanten fand und damit einen regelrechten Diamantenboom auslöste (s. S. 34f.).

Das Ende der deutschen Kolonialepoche

Die Deutschen konnten sich aber nur kurz am neuen Reichtum erfreuen. Nach dem Ausbruch des Ersten Weltkrieges marschierten südafrikanische Truppen unter Führung von General Louis Botha in Deutsch-Südwestafrika ein. Für die deutschen Kolonisten kam dieser Einfall überraschend, da auf der Berliner Kongo-Konferenz 1884/85 vereinbart worden war, dass das Kongo-Becken und das gesamte südliche Afrika im Falle einer kriegerischen Auseinandersetzung unter den Teilnehmerstaaten neutral bleiben sollte.

Der 2000-köpfigen deutschen Schutztruppe, verstärkt durch etwa 1000 kampfbereite Farmer, standen 100 000 weiße und farbige Südafrikaner gegenüber, die sogar über Autos und Flugzeuge verfügten. Zunächst nahmen sie Swakopmund ein und schnitten damit den gesamten Nachschub der Deutschen ab. Windhoek fiel am 11. Mai 1915. Am 9. Juli kapitulierte die Schutztruppe schließlich in Khorab bei Tsumeb vor der Übermacht der südafrikanischen Armee. Der größte Teil der Deutschen wurde bei Aus interniert. Die Soldaten durften ihre Handfeuerwaffen, allerdings ohne Munition, behalten.

Die jüngste europäische Kolonialmacht war damit die erste, die ihre Ansprüche auf afrikanischem Boden wieder aufgeben musste. Nach nur 31 Jahren ging die deutsche Herrschaft zu Ende, doch wie nirgendwo sonst auf der Welt hat sich das Deutschtum bis heute im Südwesten Afrikas erhalten. Daran konnte auch die mit 75 Jahren viel länger dauernde südafrikanische Kontrolle des Landes nichts ändern. Viele Straßen tragen noch heute deutsche Namen, deutsche Architektur und Gastronomie – einschließlich Kaffee, Kuchen und perfekt Deutsch sprechender schwarzer Kellner – sind allgegenwärtig.

Nach dem Waffenstillstand vom 11. November 1918 verließ die Hälfte der Deutschen das bisherige Deutsch-Südwestafrika. Im Vertrag von Versailles verlor Deutschland endgültig alle seine Kolonien.

Unter südafrikanischer Verwaltung

Gemäß dem Vertrag von Versailles erklärte der Völkerbund Deutsch-Südwestafrika am 17. Dezember 1920 zum Mandatsgebiet Südafrikas. Die Hoffnung der Schwarzen, nun endlich ihr Land zurückzubekommen, wurde aber bitter enttäuscht. Das System der weißen Dominanz und der Ausbeutung schwarzer Arbeitskraft wurde einfach von Südafrika auf Südwestafrika übertragen. Anstatt das von den Deutschen konfiszierte Land an die ursprünglichen Besitzer zurückzugeben, bekamen es weiße Südafrikaner überschrieben – unterstützt und subventioniert von der Regierung in Pretoria.

Beginn des Widerstands gegen Südafrika

Die südafrikanischen Truppen, die 1914 in Südwestafrika einmarschiert waren, hatte Abraham Morris ins Land geführt, ein Häuptling der Bondelswarts, der vor den Deutschen nach Südafrika geflohen war. Seitens der

Geschichte

Südafrikaner wurde ihm dafür jedoch keinerlei Dank zuteil – ganz im Gegenteil.

Neben der Farmarbeit jagten die Bondelswarts mit ihren Hunden. Um ihre wirtschaftliche Unabhängigkeit zu brechen und sie damit zu Arbeitern für Weiße zu machen, vervierfachte die neue Regierung die ursprünglich von den Deutschen eingeführte Hundesteuer. Die Bondelswarts lebten schon an der Armutsgrenze und hungerten bereits. Sie versuchten, die Summe durch den Verkauf von Vieh . Viele brachten aber das Geld nicht auf, 140 von ihnen wurden festgenommen und bestraft.

Bald tauchte Abraham Morris wieder auf. Da er keinen Pass bei sich trug, wollten ihn die Südafrikaner verhaften. Die Bondelswarts weigerten sich jedoch, ihn auszuliefern. Daraufhin griff die südafrikanische Armee an und bombardierte 1922 ihre Siedlung von Flugzeugen aus. Nach fünf Tagen kapitulierten die Bondelswarts. Drei Jahre später rebellierten die Rehobother Baster, deren Aufstand aber ebenfalls mit übermächtiger Waffengewalt niedergeschlagen wurde.

Häuptling Mandumes Kampf

Auch von schwarzer Seite gab es gegen die südafrikanische Herrschaft frühen Widerstand – von einem jungen Häuptling, der wie Jakob Marengo (s. S. 42f.) kaum in Geschichtsbüchern Beachtung findet. 1911 übernahm Mandume die Führung der mächtigen Kwanyama, eines Ovambo-Stammes im Norden Südwestafrikas. Seine sechs Jahre als Häuptling waren eine Zeit des Kampfes um Unabhängigkeit und um die Einheit seiner Leute, während die kolonialen Mächte Stammesstrukturen zerstörten, um ihre Ziele durchzusetzen.

Die Kwanyama lebten hauptsächlich auf Land, das von den Portugiesen als Teil ihrer Kolonie Angola beansprucht wurde, aber auch südlich der Grenze in Deutsch-Südwestafrika. Als die Südafrikaner 1915 die Kontrolle über die ehemalige Kolonie übernahmen, war Mandume Anfang Zwanzig. Er kleidete sich europäisch, ließ aber dabei eigene Stilelemente einfließen. Eine zeitgenössische Quelle beschreibt ihn folgendermaßen: »Mandume ritt ein sehr schönes Pferd, [...] besaß eine Rotte von 15 Jagdhunden. [...] er war sehr gut angezogen, [...] trug Khakihosen, einen Tweedmantel, Schnürstiefel und Filzhut mit einem typischen weißen Federschmuck.« Er kaufte auch andere europäische Güter wie Waffen und Pferde, war aber auf der anderen Seite tief verunsichert über die koloniale Expansion, die seine politische Autorität gefährdete. 1912 ließ er eine katholische Mission niederbrennen, um deren Einfluss auf seine Leute zu unterbinden. Gefahr drohte seinem Königreich in erster Linie von den Portugiesen, da sich die Deutschen nicht ins Ovamboland vorwagten.

Mit Beginn des Ersten Weltkrieges kam es 1914 zu ersten Kämpfen zwischen Mandumes Leuten und den Portugiesen. Die Erfolge der Ovambo waren spektakulär. Sie erbeuteten Waffen, und ein Missionar kommentierte: »Würden die Einheimischen mit europäischen Methoden kämpfen, wären die Portugiesen innerhalb von 24 Stunden erledigt.«

Schließlich setzten die Portugiesen eine Expeditionsarmee von 6000–7000 weißen Soldaten mit schweren Waffen unter General Pereira d'Eca ein, um Mandumes Streitmacht zu zerschlagen. Dieser flüchtete nach Süden ins heutige Namibia und versuchte sich unter den Schutz der Südafrikaner zu begeben, was auch gelang – unter der Bedingung, portugiesisches Gebiet nicht mehr zu betreten. Dies ist um so erstaunlicher, als die Engländer einige Jahre zuvor Marengo erschossen hatten, der in der Kap-Provinz Zuflucht gesucht hatte, und die Portugiesen im Krieg gegen die Deutschen Verbündete der Engländer gewesen waren. Die Südafrikaner sahen aber Mandume als starke politische Figur an, die ihre nördliche Grenze in Zukunft sichern könnte. Deshalb lieferten sie ihn nicht an die Portugiesen aus.

Mandume siedelte sich im heutigen Namibia an, und mehr und mehr seiner bewaffneten Anhänger folgten ihm über die Grenze, was den britischen Südafrikanern ein Dorn im Auge war. Im Gegenzug ging er, entgegen seiner Zusicherung, immer wieder nach Nor-

Unter südafrikanischer Verwaltung

den, um sich der ungebrochenen Loyalität seiner Unterhäuptlinge zu versichern oder gestohlenes Vieh zurückzuholen.

Bei einer dieser Gelegenheiten erfuhren die Portugiesen von Mandumes Aufenthalt in einem Dorf auf ihrem Gebiet. Sie überraschten ihn zwar, doch ihm gelang die Flucht. Dabei kam ein portugiesischer Soldat ums Leben – angeblich von Mandume selbst erschossen. Daraufhin schickten die Portugiesen drei mit Maxim-Maschinengewehren bewaffnete Fahrzeuge und 75 weiße und 422 schwarze Soldaten aus. Durch geschickte Guerillataktik gewann Mandume wieder einmal die Schlacht, tötete ohne eigene Verluste 22 Europäer und 43 Askaris, erbeutete vier Pferde, zwei Maschinengewehre, zwei Autos, Gewehre und Munition.

Seine militärischen Erfolge beunruhigten nun auch die Südafrikaner immer mehr. Ihren offiziellen Berichten zufolge war Mandume »der mächtigste und am besten bewaffnete Häuptling in diesem Teil Afrikas«. Aus diesem Grund verbündeten sich die Engländer schließlich doch mit den Portugiesen, um Mandume loszuwerden. Am 5. Dezember 1916 bekam er ein Ultimatum gestellt, sich zu ergeben. Seine Antwort war klar und deutlich: »Wenn die Engländer mich wollen – ich bin hier, und sie können kommen und mich holen. Ich werde nicht den ersten Schuss abfeuern, aber ich bin kein Steinbock im Veld, ich bin ein Mann, keine Frau, und ich werde kämpfen bis zur letzten Kugel.«

Bevor die Engländer gegen Mandume vorgingen, sicherten sie sich die Loyalität einiger Unterhäuptlinge durch Vieh und Landvergabe. Das englische Expeditionskorps bestand aus 694 weißen und 144 schwarzen Soldaten, 860 Pferden und 24 Mulis; ein portugiesisches Kontingent mit 75 weißen und 400 schwarzen Soldaten wartete an der Grenze. Verräter aus den Reihen Mandumes gaben den Engländern Informationen über seinen Standort und seine taktischen Pläne.

So umgingen die Europäer einen Hinterhalt und griffen das Dorf von der anderen Seite an. Mit 200–300 Mann seiner Leibgarde war Mandume hoffnungslos unterlegen, trotzdem entschloss er sich, zu kämpfen und nicht zu flüchten. Mandume starb im Kugelhagel während eines letzten mutigen Angriffs gegen die ratternden, auf kurze Distanz abgefeuerten Maschinengewehre, die wieder einmal kriegsentscheidend zugunsten der Europäer gewesen waren.

Festigung der südafrikanischen Herrschaft

Im Jahr 1926 erhielt Südwestafrika eine eigene Verfassung. Südafrikas Kolonisierungspolitik funktionierte: Die weiße Bevölkerung war inzwischen doppelt so groß wie 1914, obwohl seitdem 6000 Deutsche das Land verlassen hatten. Das Land wurde immer stärker von der Kultur und Sprache der Afrikaner bestimmt.

Während Südafrika dem Völkerbund erklärte, dass es große Schwierigkeiten geben würde, den Herero ihr Stammesland zurückzugeben, versuchte die Regierung gleichzeitig, etwa 300 in Angola lebende Trek-Buren dazu zu bewegen, in Südwestafrika Farmen zu gründen. Ihr Hauptanliegen war nach wie vor, billige schwarze Arbeitskräfte für Farmen und Minen zu erhalten.

Der größte Teil des Landes wurde in sogenannte Polizeizonen aufgeteilt. Schwarze und Coloureds durften diese Gebiete lediglich als Vertragsarbeiter betreten. Sie umfassten weiße Siedlungen, Diamanten- und andere Minengebiete. Innerhalb der Polizeizonen durften Herero und Nama nur in kleinen Reservaten leben, die ein Überleben der Familien durch Subsistenzlandwirtschaft gerade eben ermöglichten. Aus diesem Grund war ein Großteil der männlichen Bevölkerung gezwungen, sich auf weißen Farmen oder in den Minen zu verdingen. Um die Notwendigkeit, für Weiße zu arbeiten, noch zu verstärken, wurden Steuern von der einheimischen Bevölkerung erhoben.

Wie die Stammesgebiete in Südafrika litten die außerhalb der Polizeizonen liegenden Regionen wie das Ovamboland unter der Wanderarbeit. Felder wurden nicht mehr bestellt, weil die Männer fehlten, Familien entfremdeten sich, soziale Strukturen wurden

Geschichte

zerstört, eine Entwicklung fand nicht statt. Die Pass- und Arbeitsgesetze waren die gleichen wie in Südafrika. In den 1930er-Jahren verwaltete Südafrika Südwestafrika bereits wie eine fünfte Provinz. Nach dem Ausbruch des Zweiten Weltkrieges wurden die deutschen Männer in Südwestafrika auf ihren Farmen oder in Lagern interniert.

Nach Kriegsende weigerte sich Südafrika beharrlich, die Vereinten Nationen als Nachfolgerin des Völkerbunds anzuerkennen, und versuchte, Südwestafrika immer stärker in die Südafrikanische Union zu integrieren. In der UNO bildete sich eine breite Opposition. Indien, das wegen der Behandlung von Indern in Südafrika bereits im Clinch mit dem Apartheidsregime lag, führte den Angriff. Ebenfalls beteiligt waren die Sowjetunion und der Ostblock, die lateinamerikanischen Staaten und der arabisch-asiatische Block. Ihre Opposition basierte zum Teil auf Südafrikas Politik der Rassentrennung, daneben aber auch auf machtpolitischen Bestrebungen, dem Westen einen potenziellen Verbündeten im Kalten Krieg zu nehmen.

In Kapstadt wurde 1958 der Ovamboland People's Congress gegründet, aus dem 1959 die Ovamboland People's Organisation (OPO) hervorging. Am 10. Dezember 1959 erschoss die südafrikanische Polizei in Windhoek 13 Schwarze, die gegen Zwangsumsiedlungen von der Alten Werft nach Katutura (›Platz, wo wir nicht leben wollen‹) protestierten. Ein halbes Jahr später formierte sich die illegale schwarze Opposition erneut um: Am 19. April 1960 ging aus der OPO die South West African People's Organisation (SWAPO) unter Führung des Eisenbahnarbeiters Sam Nujoma hervor. Das Hauptquartier der Partei wurde ins tansanische Daressalam verlegt.

In den folgenden Jahren wurde das Apartheidsregime weiter ausgeweitet: 1964 schlug die südafrikanische Odendaal-Kommission vor, Homelands für jede Bevölkerungsgruppe innerhalb Südwestafrikas einzurichten. Nach diesem Muster entstanden einige Jahre später Ovamboland, Damaraland, Hereroland, Okavangoland und East Caprivi. Die Homelands sollten, nach südafrikanischem Vorbild, später in die ›Unabhängigkeit‹ entlassen werden. Die Gebiete, die der weißen Minorität zugesprochen wurden – etwa die Hälfte des Landes, natürlich der fruchtbarste und profitabelste Teil –, sollten dann mit den ›weißen‹ Gebieten in Südafrika vereinigt werden. Durch diese Pläne nahm der Druck der Vereinten Nationen auf Südafrika weiter zu.

Beginn des bewaffneten Kampfs der SWAPO

Schließlich gab die SWAPO die Hoffnung auf, dass internationaler Druck Südafrika zum Einlenken bewegen könne. Kämpfer der PLAN (People's Liberation Army of Namibia), des bewaffneten Arms der SWAPO, und südafrikanische Truppen lieferten sich am 26. August 1966 erste Gefechte bei Ongulumbashe im Ovamboland. (Der Tag wurde nach der Unabhängigkeit als ›Namibia Day‹ zum nationalen Feiertag erklärt.) Der Guerillakampf hatte begonnen.

Anfangs, als Angola noch unter portugiesischer Verwaltung stand, hatte die SWAPO große logistische Schwierigkeiten. Südafrika erklärte Namibias Norden – Kaokoland, Ovamboland und Caprivi-Streifen – zur Polizeizone und ließ dort seine Truppen aufmarschieren. Durch die am 27. Oktober 1966 verabschiedete UNO-Resolution Nr. 2145 verlor Südafrika das Mandat für Namibia, der Aufenthalt südafrikanischer Truppen war damit völkerrechtswidrig.

Im folgenden Jahr, 1967, wurden Andimba Toivo ja Toivo, John Ya Otto sowie 35 andere führende Mitglieder der SWAPO verhaftet, 1968 aufgrund des rückwirkend vom südafrikanischen Parlament verabschiedeten Terrorismusgesetzes verurteilt und auf Robben Island eingekerkert. Damit wurde jedoch der Kampfeswille der SWAPO nicht gebrochen.

Im gleichen Jahr entschieden die Vereinten Nationen, dass Südwestafrika fortan ›Namibia‹ heißen solle. 1969 wurde Südafrika erneut aufgefordert, seine Truppen aus Namibia abzuziehen. Die UNO legitimierte nun ausdrücklich den bewaffneten Kampf der SWAPO gegen die Besatzungsmacht.

SWAPO

Aber auch auf anderer Ebene regte sich Widerstand: 1971 kam es zu einem massiven Streik der Vertragsarbeiter aus dem Ovamboland, die die Arbeit niederlegten und in ihre Heimat abziehen wollten. Namibias Wirtschaft wurde zeitweise lahmgelegt, was immerhin Verbesserungen der Arbeitsbedingungen zur Folge hatte. Das wichtigere Ergebnis des Streiks war allerdings ein neues politisches Bewusstsein unter den Ovambo, das die Position der SWAPO festigte.

1971 bestätigte der Internationale Gerichtshof die UNO-Entscheidung, Südafrika das Mandat für Südwestafrika zu entziehen. Südafrika weigerte sich erneut, diesen Beschluss anzuerkennen. Wenig später wurde die SWAPO von den Vereinten Nationen als ›einzige authentische Vertreterin des namibischen Volkes‹ anerkannt. Nur durch das Veto Frankreichs, Großbritanniens und der USA im Sicherheitsrat verblieb Südafrika überhaupt als Mitgliedsland in den Vereinten Nationen.

Neue Sprengkraft erhielt die Lage in Namibia durch den Zusammenbruch der portugiesischen Kolonialherrschaft in Angola. Im angolanischen Bürgerkrieg, der im folgenden Jahr begann, flüchteten etwa 10 000 Menschen nach Südwestafrika.

Südafrikas Versuche einer ›Demokratisierung‹

In der von Südafrika organisierten, 1975/76 tagenden ›Turnhallen-Konferenz‹ trafen sich in der Turnhalle von Windhoek Vertreter verschiedener namibischer Volksgruppen. Es sollte ein Verfassungsentwurf für ein unabhängiges Namibia verabschiedet werden, der für 1978 eine teilweise ›Unabhängigkeit‹ vorsah. Südafrika hob gleichzeitig aus kosmetischen Gründen einige Apartheids-Gesetze auf. Die SWAPO verweigerte jede Beteiligung an dieser Konferenz und baute ihre Guerillabasen im befreiten Angola aus. Auch die UNO erkannte die Versammlung nicht an und

Katutura, der ›Platz, wo wir nicht leben wollen‹

Geschichte

verlieh der SWAPO Beobachter-Status bei den Vereinten Nationen.

Eine neue Dimension bekam die Auseinandersetzung 1978: Der Bombenanschlag auf das ›weiße‹ Swakopmunder Café Treff brachte den bis dahin so fern erscheinenden Buschkrieg plötzlich ins Bewusstsein der weißen Namibier.

Im Dezember 1978 fanden endlich die von der UNO geforderten Wahlen statt, die die 1977 gegründete Demokratische Turnhallen-Allianz (DTA) haushoch gewann. Da die SWAPO an den manipulierten Wahlen nicht teilnahm, erkannte die UNO das Ergebnis allerdings nicht an. Der DTA-Vorsitzende Dirk Mudge, ein Farmer, wurde zwar zum Präsidenten erklärt, alle Entscheidungen nahm ihm aber nach wie vor der südafrikanische Generaladministrator ab.

Südafrika unterstützte inzwischen offen die Unita-Rebellen, die unter Jonas Savimbi gegen die neue angolanische MPLA-Regierung kämpften. Daraufhin kamen immer mehr kubanische Söldner nach Angola, um die MPLA zu stärken. Mit Unterstützung des amerikanischen Präsidenten – damals war dies Ronald Reagan – forderte Südafrika den Rückzug aller kubanischen Truppen vor der Ausrufung demokratischer Wahlen in Namibia. Die grenzüberschreitenden Angriffe der südafrikanischen Armee gipfelten 1983 in der Invasion Süd-Angolas unter dem militärischen Codenamen ›Askari‹.

Im Jahr 1983 gab der DTA-Vorsitzende Dirk Mudge endgültig auf und Südafrika übernahm wieder offiziell die Regierung Namibias. Die ökonomische Lage des Landes wurde unterdessen immer schlechter. Dafür verantwortlich waren neben dem Krieg eine gewaltige Dürre, gefallene Weltmarktpreise für Diamanten, Kupfer, Uranoxid und Karakulpelze. Südafrika subventionierte Namibias Wirtschaft mit 300 Mio. Rand pro Jahr, die militärischen Kosten lagen noch viel höher.

Im März 1984 wurden der alte namibische Politiker Toivo ja Toivo und andere SWAPO-Aktivisten aus dem Gefängnis von Robben Island entlassen. Es folgten Gespräche zwischen SWAPO und südafrikanischer Regierung in Lusaka – jedoch ohne Ergebnis. Am 17. Juni 1985 setzte Pretoria eine aus fünf Parteien bestehende Übergangsregierung der Nationalen Einheit ein, der aber die internationale Anerkennung versagt blieb.

Der Krieg wird härter

In der Folgezeit verstärkte die SWAPO ihren Guerillakampf gegen weiße Farmer. Die berüchtigte südafrikanische Elite-Einheit Koevoet (übersetzt ›Brecheisen‹) drang daraufhin immer wieder auf angolanisches Gebiet vor, um den Feind auszuschalten. Die Regierung in Pretoria setzte sogar ein Kopfgeld für jeden getöteten SWAPO-Soldaten aus. Es wurden so viele erschossen, dass statt der Leichen nur noch die abgehackten Hände mitgenommen wurden, um die Belohnung zu kassieren. Mehr südafrikanische Soldaten als je zuvor drangen nach Süd-Angola ein, um gemeinsam mit den Unita-Truppen gegen SWAPO, Kubaner und angolanische Armee zu kämpfen.

Der entscheidende Wendepunkt kam mit dem Ende des Kalten Krieges: Am 15. November 1988 wurde der Rückzug aller kubanischen und südafrikanischen Truppen aus Angola beschlossen. An den Verhandlungen waren sowohl die USA als auch die Sowjetunion beteiligt.

Der 1. April 1989 markierte den ersten Tag des Friedens in Namibia. Nach 23 Jahren Buschkrieg und Verhandlungen sollten im November erste freie und demokratische Wahlen unter Aufsicht der UNTAG (UN Transitional Assistance Group), die im Februar in Namibia eintraf, stattfinden.

Die Südafrikaner hielten sich an den Friedensvertrag, zogen ihre Truppen von der angolanischen Grenze zurück und rüsteten drastisch ab. Der SWAPO-Führer Sam Nujoma wusste das und schickte, ungeachtet des von ihm unterzeichneten Waffenstillstands, 1600 schwerbewaffnete PLAN-Kämpfer, die sich längst hätten unter UNO-Aufsicht zurückziehen müssen, nach Namibia. Geplant war, durch Einschüchterung die Wahl positiv zu beeinflussen. Was als nicht aufzuhaltende Welle geplant war, wurde von

1200 an der Grenze verteilten südwestafrikanischen Polizisten, später unterstützt von wieder mobilisierten südafrikanischen Soldaten, in einem neuntägigen, heftigen Krieg zurückgeschlagen, der aber der Weltöffentlichkeit fast völlig verborgen blieb.

Unabhängigkeit

Die ersten demokratischen Wahlen im November 1989 gewann die SWAPO mit 56,5 % aller Stimmen, was 41 von 72 Sitzen im Parlament entsprach. Die Wahlbeteiligung lag bei über 95 %. In der neuen Regierung hätte das erste weiße SWAPO-Mitglied, der deutsche Rechtsanwalt Anton Lubowski, ganz sicher einen Ministerposten bekommen, er wurde jedoch kurz vorher von konservativen Weißen ermordet.

Am 9. Februar 1990 wurde die neue Verfassung einstimmig angenommen, und am 21. März errang Namibia als letztes afrikanisches Land seine Unabhängigkeit. Sam Nujoma wurde zum ersten Präsidenten ernannt. Den Feierlichkeiten wohnte auch der damalige südafrikanische Präsident Frederik de Klerk bei. Entgegen der Befürchtung vieler weißer Namibier kam es durch die Versöhnungspolitik von Nujoma nicht zu den befürchteten Vergeltungs- und Racheakten ehemaliger SWAPO-Kämpfer.

Im März 1992 erfolgte die neue Aufteilung des Landes in 13 Verwaltungsregionen: Omusati, Oshana, Ohangwena und Oshikoto im Norden, Kunene im Nordwesten, Okavango und Caprivi im Nordosten, Erongo, Otjozondjupa, Omaheke, Khomas und Hardap im Zentrum sowie Karas im Süden des Landes. 1993 führte Namibia eine eigene Währung, den Namibia-Dollar (N$), ein, der gegenüber dem südafrikanischen Rand im Verhältnis 1:1 konvertibel ist.

Südafrika gab am 1. März 1994 die Enklave Walvis Bay an Namibia zurück, deren Hafen eine sehr große wirtschaftliche Bedeutung für das Land hat. Im November wurde die Consolidated Diamond Mines (CDM), nachdem die südafrikanische Diamantengesellschaft De Beers mit der namibischen Regierung eine 50-prozentige Partnerschaft eingegangen war, offiziell in Namdeb (Namibian De Beers) Diamond Corporation umbenannt.

Namibia heute

Die Nationalversammlung wählte im Dezember 1994 Sam Nujoma erneut zum Präsidenten. Die SWAPO erhielt in den Wahlen eine knappe Dreiviertelmehrheit und hält nach wie vor an ihrer Politik der Versöhnung fest.

Der Hafen Walvis Bay wurde im Mai 1995 zur Freihandelszone erklärt, um ausländische Investoren mit Steuerbefreiung, Reduzierung von Einfuhrzöllen und Lockerung der Devisen- und Arbeitsgesetze ins Land zu locken.

Um eine gesetzlich nicht vorgesehene dritte Amtszeit antreten zu können, änderte Präsident Sam Nujoma mit Hilfe seiner SWAPO-Partei 1999, kurz vor den Wahlen, die namibische Verfassung.

Im Oktober 2004 gab er dann seinen Nachfolger im Präsidentenamt, den 1935 geborenen, langjährigen treuen und loyalen Parteifreund Hifikepunye Lucas Pohamba, bekannt. Die Wahlen am 15. und 16. November 2004 gewann wie nicht anders zu erwarten die SWAPO mit 75 % aller Stimmen. Am 21. März 2005 gab Sam Nujoma das Präsidentenamt an seinen Nachfolger ab.

Namibia arbeitet weiter an der Verbesserung der Infrastruktur: Im Mai 2004 wurde die Brücke über den Sambesi zwischen Katima Mulilo und Sesheke eröffnet, was die Distanz zwischen Namibia und Sambia deutlich verringert. Im Oktober 2007 wurden zwei neue Grenzübergänge zwischen Namibia und Südafrika geöffnet, die Besuchern neue Reiserouten erschließen: Sendelingsdrift im Ai-Ais/Richtersveld und Mata-Mata im Kgalagadi Transfrontier Park.

Von der Fußball-WM im Nachbarland Südafrika im Juni/Juli 2010 profitierte Namibia mit gestiegenen Besucherzahlen. Viele Fußballfans buchten eine Rundreise durch das Land als Vor- bzw. Nachprogramm. Führende deutsche Reiseveranstalter stellten entsprechende Pakete zusammen.

Zeittafel

ca. 25 000 v. Chr.	Felszeichnungen der San (›Buschmänner‹)
1486/1489	Diogo Cão betritt als erster Europäer den Boden Namibias, Bartolomeu Dias errichtet ein Steinkreuz in der Lüderitzbucht.
um 1550	Herero-Stämme kommen von Norden aus nach Namibia.
1723	Holländer dringen vom Kap bis ins heutige Namibia vor.
1806	In Warmbad wird die erste Station der Londoner Missionsgesellschaft errichtet.
1840	Orlam-Nama-Häuptling Jan Jonker Afrikaner gründet das heutige Windhoek.
1878	12. März: Großbritannien annektiert den Seehafen Walvis Bay.
1884	24. April: Lüderitz und Umgebung werden deutsches Protektorat.
1890	Schutzgebiet am Caprivi-Zipfel bis zum Sambesi erweitert
1904	Der Herero- und Nama-Aufstand wird von den deutschen Schutztruppen blutig niedergeschlagen.
1908	Diamantenfunde bei Lüderitz
1914–1919	Erster Weltkrieg; 1915 kapituliert die deutsche Schutztruppe vor der südafrikanischen Armee. Deutschland verliert durch den Vertrag von Versailles alle Kolonien.
1920	Deutsch-Südwestafrika wird südafrikanisches Mandatsgebiet.
1946	Südafrika versucht, Südwestafrika in die Südafrikanische Union einzugliedern.
1959	Südafrikanische Polizei erschießt am 10. Dezember 13 Schwarze, die gegen die Zwangsumsiedlungen nach Katutura protestieren.
1960	19. April: Gründung der South West African People's Organisation (SWAPO)

Auf Vorschlag von Südafrika werden Homelands für die einzelnen Bevölkerungsgruppen eingerichtet.	**1964**
Erste Gefechte zwischen SWAPO-Angehörigen und südafrikanischen Truppen. Am 27. Oktober verliert Südafrika durch die UNO-Resolution 2145 das Mandat für Südwestafrika.	**1966**
Südwestafrika heißt fortan Namibia.	**1968**
Die SWAPO wird von der UNO als alleinige Vertretung von Namibia anerkannt.	**1973**
Portugals Kolonialherrschaft in Angola bricht zusammen.	**1974**
In der von Südafrika organisierten Turnhallen-Konferenz treffen sich Vertreter verschiedener namibischer Volksgruppen.	**1975**
Rückzug kubanischer und südafrikanischer Truppen aus Angola	**1988**
Der 1. April markiert den ersten Tag des Friedens in Namibia.	**1989**
9. Februar: neue Verfassung. 21. März: Namibia wird unabhängig. Zum ersten Präsidenten wird Sam Nujoma ernannt.	**1990**
Südafrika gibt den Hafen Walvis Bay an Namibia zurück. Er wird zur Freihandelszone erklärt, um ausländische Investoren zu locken.	**1994–1995**
Sam Nujoma tritt seine dritte Amtszeit an.	**1999**
Im November gewinnt die SWAPO die Wahlen mit 75 %.	**2004**
Sam Nujoma übergibt sein Amt als Präsident an Hifikepunye Lucas Pohamba.	**2005**
Bei den Präsidentschaftswahlen im November wird Pohamba für eine zweite Amtszeit wiedergewählt.	**2009**
Am 18. März 2010 feiert Namibia 20 Jahre Unabhängigkeit – im Gegensatz zu Simbabwe friedlich. Während der Fußball-WM lernen viele Fans auch Südafrikas Nachbarland Namibia näher kennen.	**2010**

Gesellschaft und Alltagskultur

In Namibia leben Menschen verschiedenster Kulturen friedlich zusammen: neben schwarzen Stämmen wie Herero, Ovambo, Damara und den halbnomadischen Himba haben in unwirtlichen Gebieten einige Ureinwohner, die San, überlebt. Es gibt außerdem Coloureds verschiedener Herkunft wie Nama und Baster, sowie Weiße, die Afrikaans, Englisch oder Deutsch als Muttersprache haben.

Die Bevölkerung

Die älteste Menschengruppe, die noch heute in Namibia lebt, sind die San (s. S. 344), die von den Holländern bei ihrer Ankunft am Kap bosjemans – ›Herumtreiber‹ – genannt wurden. Später entstand daraus die Bezeichnung *bushmen* – ›Buschmänner‹. Schon vor Jahrtausenden existierten sie überall im südlichen Afrika. Heute leben noch etwa 50 000 San in kleinen Clans im Osten Namibias und in Botswana.

Andere frühe Bewohner des Landes sind die **Damara** oder **Berg-Dama**, etwa 105 000 Menschen negroiden Ursprungs, die aber eine Khoi-Sprache sprechen ähnlich der der San. Traditionell waren sie Jäger und Sammler, trotzdem aber auch mit dem Schmelzen von Eisen und Kupfer vertraut. Archäologische Funde beweisen, dass sie nebenher kleine Viehherden besaßen und sogar Gartenbau (hauptsächlich Tabak- und Kürbisanbau) betrieben. Heutzutage bauen sie Mais und Gemüse an, die Viehzucht ist eine weitere Einnahmequelle. Viele Damara arbeiten auf Farmen, in Minen und in den städtischen Zentren als Lehrer, Angestellte und Beamte. Namibias wortgewandteste Politiker sind Damara. 1973 wurde ein 47 000 km^2 großes Gebiet im Nordwesten Namibias zum Damaraland erklärt mit Khorixas als Verwaltungssitz. Heute lebt nur noch ein Viertel der Damara-Bevölkerung dort.

Im Süden leben die **Nama**. Sie stammen von Khoi-Stämmen ab, die während des 19. Jh. aus der Kap-Kolonie kamen und von der holländischen Kultur beeinflusst waren. Sie sprachen die neue Kap-Sprache Afrikaans, zogen sich unter dem Druck der weißen Besiedlung nach Norden zurück und überquerten den Orange River, um in Namibia zu siedeln. Diese Menschen wurden als Orlam-Nama bezeichnet, die sich in die Clans Witbooi, Amraal, Bersheba und die Bethanie-Gruppen unterteilten. Die einzelnen Familien-Clans bekamen im frühen 19. Jh. ihre Afrikaans-Namen: Rooi Nasie, Veldskoendraers, Fransmanne, Groot Dode, Bondelswarts und Topnaars. Die stärkste Immigrantengruppe des 19. Jh. waren die Gefolgsleute von Jonker Afrikaner. Ihre Zahl beträgt heute schätzungsweise 90 000 Menschen.

Eine Gruppe mit von Beginn an intensiven Kontakten zu Europäern sind die hellhäutigen, Afrikaans sprechenden **Rehobother Baster** (s. S. 146f.); heute etwa 50 000 bis 60 000 Menschen. Sie kamen nach den Orlam und ließen sich 1870 rund um Rehoboth nieder, wo sie eine eigene Republik ausriefen.

Wie die Rehobother Baster stammen Namibias **Coloureds** ursprünglich aus der südafrikanischen Kap-Provinz. Sie sprechen ebenfalls Afrikaans, aber einen anderen Dialekt. Die meisten von ihnen leben in den Städten Windhoek, Keetmanshoop und Lüderitz, eine größere Gruppe auch in Walvis Bay als

Bevölkerung

Fischer. Im Vergleich zur namibischen Gesamtbevölkerung sind sie sehr gut ausgebildet und in allen Berufsgruppen zu finden.

Die mit etwa 10 000 Menschen kleinste ethnische Gruppe Namibias sind die **Tswana**. Sie sind mit den Tswana in Botswana und in der Northern Cape Province Südafrikas verwandt. Einige von ihnen haben sich mit den San der Kalahari vermischt, ihre Hautfarbe ist sehr viel heller. Die meisten leben in Farmgemeinden im Norden und Süden von Gobabis.

Im wasserreichen Norden des Landes leben die **Ovambo** und verwandte Stämme, die mit etwa 700 000 Menschen fast die Hälfte der Gesamtbevölkerung Namibias stellen und damit die größte zusammenhängende ethnische Gruppe sind. Sie kamen um 1550 von den großen Seen Ostafrikas nach Süden, um zwischen Okavango und Kunene zu siedeln, wo die meisten von ihnen Ackerbau und Viehzucht betreiben. Der größte der acht Ovambo-Stämme ist der der Kwanyama.

Weiter südlich trafen die Bantu sprechenden **Herero** auf die Nama. Da beide Gruppen Viehzüchter waren, kam es zu Interessenskonflikten und kriegerischen Auseinandersetzungen. Die Herero migrierten vor einigen Jahrhunderten nach Namibia. Nach mündlichen Überlieferungen kamen sie – wie die Ovambo – von den großen Seen in Ostafrika, durchquerten das heutige Sambia und Süd-Angola und kamen etwa 1550 am Kunene an. Nachdem sie etwa 200 Jahre im Kaokoland gelebt hatten, zog ein großer Teil von ihnen weiter nach Süden und ließ die Stämme der **Himba** und **Tjimba** zurück. Sie erreichten das Tal des Swakop-Flusses Mitte des 18. Jh. und bewegten sich während des 19. Jh. nach Osten und etablierten sich im Norden des heutigen Namibia. Heute leben etwa 100 000 Herero im Land. Trotz der gewaltigen Menschenopfer, die der Herero-Aufstand (s. S. 292) kostete, verbunden mit einer Unterdrückung der Kultur und der Konfiszierung von Stammesland, schafften es die Herero, ihre traditionellen Familienverbände, ihre Stammessolidarität und ihr Nationalbewusstsein zu erhalten. Beweis dafür ist das jährliche Herero-Festival am Maherero-Tag im August, wenn Tausende von Herero in traditioneller Tracht und paramilitärischen Uniformen nach Okahandja kommen, um ihrer gefallenen Ka-

Himba-Frau vor einer typischen Hütte im Nordwesten Namibias

Gesellschaft und Alltagskultur

Herero-Mädchen mit den typischen farbenprächtigen Gewändern und Hauben

meraden zu gedenken. Die typische ›Tracht‹ der Herero-Frauen mit der zweizipfeligen Haube und den mächtigen, hochgeschlossenen Kleidern, für die bis zu 12 m Stoff verarbeitet werden, stammt aus wilhelminischer Zeit. Die Gattinen der ersten deutschen Siedler führten diese Kleiderordnung ein, um zu verhindern, dass ihre Männer beim Anblick der bis dahin nur mit einem Lendenschurz umherziehenden Frauen auf dumme Gedanken kamen.

Die **Himba** (s. S. 320f.) leben noch heute semi-nomadisch und zum großen Teil traditionell im Kaokoland, was dazu führt, dass sie von der namibischen Regierung als ›Halbwilde‹ bezeichnet werden.

Der Okavango, der die Grenze zwischen Angola und Namibia bildet, ist die Lebensader der dort in den fruchtbaren Schwemmlandebenen lebenden 140 000 **Kavango**. Sie ernähren sich von Fischfang, Viehzucht und dem Anbau von Mais, Sorghum und Hirse. Sie sind ein Unterstamm der Ovambo, kamen wie diese aus Ostafrika und ließen sich zwischen 1750 und 1800 am Okavango nieder. Die meisten im Land erhältlichen Holzschnitzereien stammen von ihnen. Im Caprivi-Zipfel leben etwa 40 000 **Caprivianer**. Sie sind mit den Lozi des Basotselandes in Sambia verwandt, und ähnlich wie diese betreiben sie Subsistenzlandwirtschaft. In der Regenzeit benutzen sie die traditionellen Einbäume, *mokoros*, um zwischen ihren Siedlungen zu verkehren.

Etwa 75 000 Namibier europäischer Abstammung, also **Weiße**, leben im Land. Zwei Drittel von ihnen sprechen **Afrikaans**, ein Viertel **Deutsch** und der Rest meist **Englisch**, einige wenige **Portugiesisch**. Namibias **Afrikaner** kamen aus Südafrika. Eine Gruppe waren die **Durstland-Trekker** (*dorslandtrekkers*), die Nord-Transvaal verließen und den Limpopo überquerten, um einen neuen Platz zum Leben zu finden. Nach langen Wanderungen siedelten sie um 1880 in Angola, wo sie etwa 50 Jahre lang lebten, bevor sie 1928 nach Namibia zogen. Während der deutschen Kolonialherrschaft ließen sich etliche ehemalige Mitglieder der deutschen Schutztruppen nach ihrem Dienstende im Land nieder und gründeten Farmen, von denen manche heute noch bestehen.

Als Südafrika 1920 gemäß dem Vertrag von Versailles die Verwaltung von Südwestafrika übernahm, wurden viele Farmen an großzügig von der Regierung finanziell unterstützte südafrikanische Siedler verkauft. Aufgrund der Kriegswirren in Angola kamen in den 1970er-Jahren viele Portugiesen aus ihrer ehemaligen Kolonie nach Namibia. Als dann aber die namibische Unabhängigkeit nahte, setzten sich die meisten von ihnen nach Portugal oder Südafrika ab, so dass heute nur noch etwa 150 portugiesische Familien im Land leben.

Feste und Traditionen

Tradition hat mittlerweile die alljährliche Regatta, die Anfang Februar in Walvis Bay startet und in Lüderitz endet. Jedes Jahr am 21. März wird der namibische Unabhängigkeitstag mit großem Aufwand gefeiert, einschließlich Konzert im Zoopark.

Die deutsche Vergangenheit hat natürlich auch bei den Festen ihre Spuren hinterlassen. Der Windhoek Karneval (Wika) fand im Jahr 2002 bereits zum 50. Mal statt und wird in Afrika genauso enthusiastisch zelebriert wie im einstigen Mutterland. Da Fasching immer erst Ende April/Anfang Mai gefeiert wird, haben die Windhoeker reichlich Gelegenheit zu sehen, was sich die Kollegen in Mainz am Rhein haben einfallen lassen. Ein typischer Umzug durch die Stadt ist Höhepunkt des Festes. Karneval wird jedes Jahr auch in Otjiwarongo (Hellau), Tsumeb (Tsumka), im Juli/August Küstenkarneval in Swakopmund (Küka) und Lüderitz (Lüka) gefeiert. Ein Oktoberfest darf natürlich ebenfalls nicht fehlen, findet in Windhoek statt und dauert von Ende September bis Anfang Oktober.

Jedes Jahr findet in der ersten Oktoberwoche die Landwirtschaftsmesse Windhoek Show in der Hauptstadt statt. Für viele Farmer der Umgegend ist sie das Großereignis im Jahr. Besucher können u.a. Kleidung und Souvenirs kaufen.

Das /Ae//Gams Festival (die Schrägstriche im Namen bezeichnen die Klick-Laute in der Nama-Sprache) wurde 2001 ins Leben gerufen. Es soll jedes Jahr im September die kulturelle Vielfalt sowie das friedliche Miteinander der verschiedenen Bevölkerungsgruppen im Land demonstrieren.

Der Herero-Tag wird jedes Jahr in Okahandja veranstaltet und zwar an dem Wochenende, das dem 26. August am nächsten liegt. Festliche geschmückte und teilweise uniformierte Herero erinnern an die Opfer des Hererokrieges zwischen 1904 und 1907.

Seit 1990 findet an einem Samstag im November in Windhoek das Enjando-Straßenfest statt. Die dann für den Straßenverkehr gesperrte Independence Avenue wird zum Schauplatz von Tanzgruppen, Musikern und Straßenhändlern.

Bei Temperaturen um die 35 °C wird alle Jahre wieder auch Weihnachten gefeiert mit Straßenschmuck, künstlichen Tannenbäumen und ebenso künstlichem Schnee. Um diese Zeit machen fast alle Namibianer, die es sich leisten können, Urlaub.

Feiertage

1. Januar – New Year's Day (Neujahr)
21. März – Independence Day (Unabhängigkeitstag)
Karfreitag – Good Friday
Ostern – Easter
1. Mai – Worker's Day (Tag der Arbeit)
4. Mai – Kassinga Day (Erinnerung an den 4. Mai 1978, an dem südafrikanische Soldaten bei einem Luftangriff 900 SWAPO-Mitglieder in Angola töteten)
Christi Himmelfahrt – Ascension Day
25. Mai – Africa Day (Gründungstag der Organisation der Afrikanischen Einheit)
26. August – Heroes' Day (Heldengedenktag)
10. Dezember – Human Rights Day (Tag der Menschenrechte)
25. Dezember – Christmas Day (Weihnachten)
26. Dezember – Family Day (Tag der Familie)

Kunst und Kultur

Die ersten Künstler des Landes hinterließen bereits vor Tausenden von Jahren ihre Werke auf den roten Felsen im Landesinnneren. Noch heute verwenden Namibianer, die Stoffe bedrucken oder Kunsthandwerk produzieren, die alten Symbole der Sankultur. Seit dem Ende der Apartheid tut sich auch etwas in der Musik-, Literatur- und Musikszene. Nicht zuletzt wartet Namibia mit einer Vielzahl architektonischer Stile auf.

Felszeichnungen

In Twyvelfontein steht die Wiege der namibischen Kunst: Bis zu 25 000 Jahre alt sind die Felsgravuren, die hier in den Quarzstein geritzt wurden. Giraffen und Oryxantilopen, Strauße und Zebras, auch Nashörner und Raubtiere verewigten die unbekannten Künstler dieser Zeit.

Architektur

An traditionellen, afrikanischen Gebäuden sind vor allem die Pondoks der Herero zu erwähnen. Ihre kunstvoll aus Zweigen geflochtenen Gerüste demonstrieren großes Geschick im Umgang mit Naturmaterialien und lassen eindeutig architektonische Linien erkennen. Sesshafte Stämme wie die Ovambo hatten natürlich eine viel detailliertere Bauweise als die nomadisierenden Stämme, die weniger aufwändige ›Häuser‹ bauten. Baumaterialen sind meist luftgetrocknete Lehmziegel, Stroh und Holz.

Deutsche Kolonialzeit

Auf die deutsche Kolonialzeit gehen viele der massiven Gebäude in Namibia zurück, die bis heute das Bild zahlreicher Ortschaften prägen. Der Baustil orientierte sich am verspielten wilhelminischen Barock, an Jugendstil und Historismus. Die Festungsanlagen wiesen Wehrtürme und Zinnen auf (so z. B. Alte Feste in Windhoek, Namutoni-Fort im Osten von Etosha), Privathäuser und Villen schmückten sich mit Erkern und Fachwerkgiebeln. Für die Kirchen gab es ebenfalls wilhelminische Vorbilder und neobarocke, neogotische und neoromanische Bauelemente flossen ein. Privatleute bauten, wie es ihnen gerade einfiel, bis sich die deutsche Kolonialgesellschaft gezwungen sah, im Jahr 1913 das Reichskolonialamt darauf hinzuweisen, »die Neubauten im Land mehr dem Charakter Südwestafrikas anzupassen und mehr im Sinne einer bodenständigen Architektur auszuführen«. Um das Innere der Häuser kühl zu halten, baute man im frühen 19. Jh. umlaufende Veranden. Die Idee dazu stammte von Missionaren in Südafrika.

Nach 1950

Während der südafrikanischen Regierung entstanden bis in die 1950er-Jahre hinein kaum neue Gebäude, dafür aber als Konsequenz der Apartheidspolitk die Wellblechsiedlungen für Schwarze und Farbige am Stadtrand von Windhoek.

In den Großstadtzentren wurden ehemalige Wohngebiete von Schwarzen eingeebnet, um Platz für Büro- und Geschäftshäuser zu schaffen. Diesem Bauboom fielen auch etliche Kolonialgebäude zum Opfer. Erst nach der Unabhängigkeit wurden diese unter Denkmalschutz gestellt.

Renaissance der afrikanischen Kunst

Deutsche Traditionen in der Architektur: Keetmanshoop

Renaissance der afrikanischen Kunst

1997 wurde die Namibian Arts Association, die namibische Kunstvereinigung, 50 Jahre alt. Sie wurde gegründet, als Namibia noch Südwestafrika hieß. Der damalige südafrikanische Premierminister General Jan G. Smuts eröffnete die ›Zweigstelle‹ der South African Association of Arts und zeigte sich verwundert: »Ich kann meinen Augen kaum glauben – so eine Kultur in einem Land, von dem ich dachte, dass es nur aus Wüste besteht.«

Während zu Smuts' Zeiten noch unverfängliche Landschafts- und Tierdarstellungen die Norm waren, rückte in der Folgezeit mehr und mehr der politische und soziale Wandel im Land in den Fokus der Künstler.

Der bekannteste schwarze Künstler Namibias – und der erste, der internationalen Ruhm erlangte – war der in Angola geborene **John Ndevasia Muafangejo.** Viele seiner Linolschnitte hängen in Windhoeks National Art Gallery. Auf ihnen bildet er die Menschen seines Landes ab, im Alltag und in Grenzsituationen. Seine mit kurzen Kommentaren ver-

Kunst und Kultur

sehenen Werke lassen die Unabhängigkeitskämpfer wieder lebendig werden. Der sensible Künstler starb, nur 44 Jahre alt, 1987.

Seine ›Nachfolger‹ sind eine Reihe junger Künstler, deren Werke ebenfalls in der National Gallery und in einigen privaten Galerien im Land ausgestellt sind. Hier sind besonders die Maler und Illustratoren **Tembo Masala**, **Joseph Madisia** und **Andrew van Wyk** zu nennen. Internationale Workshops, die regelmäßig in Windhoek veranstaltet werden, sollen junge Künstler fördern und ihre Werke der Öffentlichkeit zugänglich machen.

Die Bildhauerei ist in Namibia kaum verbreitet. Am bekanntesten ist hier die deutschstämmige **Dörte Becker**, deren Werke auch in Windhoeks Innenstadt stehen (Bronze-Perlhühner in der Hepworth's Arcade).

Kunsthandwerk

Die wichtigsten Kunstzentren im Land sind die Namibian Crafts Centres in Windhoek (Alte Brauerei), Tsumeb, Katima Mulilo und Khorixas. Dort gibt es von jeder der in Namibia lebenden elf Ethnien angefertigtes typisches Kunsthandwerk. Besucher sollten beim Kauf fragen, von wem die ausgewählten Gegenstände angefertigt worden sind.

Von den Rehobother Bastern stammen gegerbte Häute, die oft weiterverarbeitet werden, Wandbehänge und Kissenbezüge.

Die San, die vor Jahrtausenden wunderschöne Felszeichnungen und -gravuren anfertigten, stellen heute eine breite Palette von Kunsthandwerk her: filigrane Amulette, Halsketten und anderen Schmuck, vor allem aus Straußeneierschalen; außerdem Lederarbeiten, Musikinstrumente, Körbe, Töpferwaren, Seile, Bögen, Pfeile und Köcher, Pfeifen und Schnupftabakdosen sowie Spielzeug.

Die Caprivianer produzieren Körbe, Holzmasken und -stühle, Trommeln, Töpferwaren, Lederarbeiten und Steinskulpturen. Von den Coloureds stammen Gitarren, Trommeln und Puppen. Die Damara fertigen Ledergegenstände, Glas- und Metallhalsketten, Holzschüsseln, Tonpfeifen und neuerdings die sogenannte *township art* – faszinierende Werke,

Holzschnitzer auf der Ombo-Straußenfarm, nördlich von Okahandja

wie Autos und Motorräder, aus Draht und Blechabfällen gefertigt.

Die Herero- und Himba-Souvenirs sind besonders beliebt, vor allem die Kopfbedeckungen und Kleider der Herero-Frauen sowie die hübschen kleinen Puppenmodelle. Der sehr schöne Schmuck der Himba sollte im Kaokoland auf keinen Fall direkt von den Körpern der Himba ›heruntergekauft‹ werden. Es gibt andere Möglichkeiten, sich hier einzudecken: Shops in Windhoek und Opuwo verkaufen Himba-Schmuck, der auf die gleiche Weise wie die unersetzlichen Originale, die sich oft schon lange im Familienbesitz befinden, hergestellt wurde und deshalb auch genauso aussieht.

Die Nama sind bekannt für ihre schönen Ledertaschen, Instrumente wie Holzflöten, Torgefäße und Puderdosen aus Schildkrötenpanzern. Die Kavango sind die traditionellen Holzschnitzer des Landes, die meistens an Ständen am Straßenrand angefertigten Stücke sind unter ihren Messern entstanden. Neben glatter, kommerzialisierter Massenware entdecken aufmerksame und geduldige Besucher immer wieder auch schöne und individuelle Stücke.

Die Tswana sind neben Lederarbeiten vor allem für ihre kunstvollen hölzernen Kopfstützen bekannt.

Von den Ovambo kommen fast alle Korbwaren, die im Land verkauft werden, daneben Töpferwaren, Schmuck, Holzkämme, reich dekorierte Speere und Pfeile aus Holz und Metall, Musikinstrumente und Fruchtbarkeitspuppen.

Literatur

Eine mit Europa vergleichbare Literaturszene gab es im traditionellen Namibia nicht. Geschichten wurden und werden auch heute noch manchmal mündlich überliefert, nicht schriftlich dokumentiert. In Märchen und Fabeln verpackt beinhalten diese Erzählungen die Geschichte des jeweiligen Stammes.

Erst nach der Unabhängigkeit entwickelte sich die Literaturszene im Land. Die bekanntesten Autoren sind **Zephaniah Kemmeta** und **Mvula Ya Nagola**. In den Werken der beiden Autoren geht es hauptsächlich um den langjährigen Befreiungskampf des Landes. Nagola war der erste einheimische Literat, der auf Englisch publizierte. Seine Bücher sind von der Tradition des Geschichten-Erzählens geprägt. **Joseph Diescho** wagt sich in seinem Roman »Troubled Waters« an ein nicht ganz einfaches Thema, die Liebesbeziehung zwischen einer Schwarzen und einem weißen Soldaten während des Unabhängigkeitskrieges. **Giselher W. Hoffmann** ist ein auf Deutsch publizierender, namibischer Autor. Jedes seiner Werke ist einem anderen Volk im Land gewidmet. **Ndamininghenda Haileka** erhielt 1990 einen südafrikanischen Literaturpreis für ihren Roman über die Rolle der Frau im Befreiungskampf.

Musik

Wenige namibische Interpreten sind über die Landesgrenzen hinaus bekannt. Musik ist in der afrikanischen Kultur tief verwurzelt. Jedes Ereignis im Leben wird musikalisch dokumentiert. In den meisten afrikanischen Sprachen sind die Wörter für Trommel und Tanzen identisch, Musik also immer mit Bewegung verbunden. Einer der bekanntesten Musiker des Landes ist **Jackson Kujeau,** der wegen seiner Protestlieder bis 1989 im Exil leben musste. Er kombiniert den populären Kwela-Beat des südlichen Afrika mit traditioneller Flötenmusik und den Songs der Herero und Nama. CDs kann man in Namibia kaufen.

Absolut angesagt ist der mittlerweile auch in Deutschland populäre Namibia-Rapper **EeS,** der in Wirklichkeit Eric Sell heißt und in seinen Songs auf geniale Art und Weise Kwaito (African House Music), Hip-Hop, Afro-Pop und Reggae verbindet. Alles natürlich angereichert mit Nam-Slang, wie EeS das Südwester-Deutsch nennt. Seine erste Single hieß »Wo is die Coolbox?« Seine Website: www.eesy-ees.com. Auf www.youtube.com sind unter dem Stichwort› eestvnamibia‹ einige seiner Musikvideos zu finden.

Essen und Trinken

In Namibia haben es Vegetarier nicht ganz einfach. Fleisch steht bei der Nahrungsaufnahme an erster Stelle und kommt besonders gerne gegrillt auf den Teller. Neben BSE-freien Rindern wird viel Wild serviert, von Kudu über Springbock bis Strauß. Und hinuntergespült wird das Ganze mit nach dem deutschen Reinheitsgebot gebrautem Bier.

Trotz des erstarkten Namibia-Dollars ist es in Namibia nach wie vor deutlich preiswerter, ins Restaurant zu gehen, als in Europa oder den USA. Das Stadt-Land-Gefälle im Bereich namibischer Restaurants ist recht auffällig. Während Windhoek und Swakopmund mit guten Restaurants aufwarten können, liegen zwischen den urbanen Gebieten nicht nur natürliche, sondern auch gastronomische Wüsten – mit wenigen, dafür um so überraschenderen Ausnahmen.

Im Restaurant

In den meisten namibischen Restaurants gilt wie in Südafrika ›Wait to be seated‹, das heißt, man setzt sich nicht selbst an einen scheinbar freien Tisch, sondern wird dort hingebracht und erhält gleich eine Speisekarte. Danach kommt die Bedienung, stellt sich vor und nimmt die Getränkebestellung auf. Sind diese serviert, erklärt sie die ›Specials‹, Gerichte, die nicht auf der Karte stehen oder gerade sehr zu empfehlen sind.

Abends trägt man in Restaurants keine Shorts und T-Shirts. Vor allem in den populären Lokalitäten der größeren Städte ist zum Abendessen eine vorherige Reservierung dringend angeraten. Oft kann der eigene Wein mitgebracht werden. Es wird dann eine geringe corkage fee, eine Entkorkungsgebühr, berechnet. Das Trinkgeld (10–15 %, je nach Service-Qualität) ist normalerweise nicht im Rechnungsbetrag enthalten. Mit wenigen Ausnahmen: An manchen, eher touristischen Orten werden 10 % Bedienungsgeld am Ende auf die Rechnung gesetzt. Erfreulicherweise haben viele Gaststätten mittlerweile Raucher- und Nichtraucher-Sektionen, was bis vor wenigen Jahren keineswegs üblich war.

Die Gastronomie in Namibia

Namibische Spezialitäten

Die Küche ist international, da und dort mit der des afrikanischen Kontinents fusioniert. Die vielen Bevölkerungsgruppen, die sich mit der Zeit in Namibia niedergelassen haben, brachten natürlich alle ihre Spezialitäten mit. Italiener ihre Pasta und Pizze, nicht zu vergessen Espresso und Cappuccino, Deutsche Weißwürste, Frikadellen, Sauer- und Rotkraut, Wurst, Brötchen und nach dem deutschen Reinheitsgebot gebrautes Bier, Portugiesen knoblauchhaltige Fischspezialitäten usw.

Es gibt allerdings auch so etwas wie eine namibisch-südafrikanische Küche mit typischen Gerichten, die oft ›kapmalaiische Küche‹ *(Malay food)* genannt wird und für europäische Gaumen in der Regel etwas gewöhnungsbedürftig ist.

Hier sind zunächst die *bredies* zu nennen, Eintopfgerichte mit Hammelfleisch, Kartoffeln, Zwiebeln und Gemüse. Dann gibt es die raffiniert gewürzten bobotieS und leckere Desserts wie *melktart*. Dabei handelt es sich um eine Art burischen Käsekuchen, der mit Zimt bestreut wird.

Beliebt ist Seafood (Fisch und Meeresfrüchte) in allen Variationen und natürlich Fleisch, mit Vorliebe von hier und in Südafrika und Botswana aufgewachsenen, garantiert BSE-freien Rindern. Im Land erzeugt und in den Restaurants frisch serviert wird neben Rind- auch Hammelfleisch.

An Wild *(venison)* gibt es Strauß *(ostrich)*, Kudu, Warzenschwein *(warthog)*, Springbock, Oryx- und Elenantilope, Zebra und Fasan *(guinea fowl)*, an Seafood Kabeljau *(cob)*, Felshummer *(crayfish)* und Austern *(oysters)*.

Namibianer sind wie die Südafrikaner echte Grillfanatiker. Fast alles, was sich bewegt, kommt auf den Rost. Barbecue wird

Ein Biertransport der besonderen Art

Essen und Trinken

›Chips‹ nennt sich diese offenbar internationale Spezialität

hier *Braai* genannt und ist für Schwarz und Weiß eine fast kultische Handlung – und Sache der Männer. Wer nicht an einem traditionellen Braai teilgenommen hat, war nicht wirklich in Namibia. Gleichermaßen bei Schwarzen, Coloureds und Weißen beliebt, kommen beim Grillen sowohl Fleisch als auch Fisch auf den Rost, eine Spezialität sind die lecker gewürzten Bratwürste *(boerewors)*. Dazu wird *pap* mit Sauce serviert, ein fester Maisbrei, der aussieht wie Kartoffelbrei.

Als Snacks für zwischendurch bieten sich an: das südafrikanische *biltong* (in Streifen getrocknetes, stark gewürztes Fleisch vom Rind, Springbock, Strauß oder anderen Tieren), *droëwors* (getrocknete und gewürzte Würste) oder deutsche Landjäger.

Eine traditionelle Spezialiät sind *potjiekos* (sprich: ›boykies‹), im schmiedeeisernen, dreibeinigen Topf über dem offenen Feuer gegarte, gut gewürzte Eintöpfe mit Fleisch, Huhn oder Fisch.

Typisch deutsche Spezialitäten wie Salamis und andere Arten von Würsten gehören genauso zur namibischen Küche wie die gut 20 im Land erhältlichen Brotsorten und die diversen Kuchen und Torten, wie die wahrscheinlich nirgendwo in Afrika authentischer schmeckende Schwarzwälder Kirschtorte. Zum Frühstück gibt es Brötchen – die überall im Land auch so genannt werden –, belegt mit Käse, Eiern, Fleisch oder Salat. Trüffel, eine saisonale Spezialität, wachsen nach ausgiebigen Regenfällen und haben einen feinen nussigen Geschmack. Eine andere saisonale Spezialität sind die *amajowas*, große Pilze mit langen Wurzeln, die am Fuß von Termiterhügeln wachsen – und zwar nur im Februar direkt nach dem Regen. Wer sie sammeln möchte, muss schnell sein, denn Antilopen mögen die Pilze mindestens genauso gerne wie Köche.

Wagemutige sollten sich nicht scheuen, einmal – der tosende Beifall von Einheimischen ist ihnen garantiert – *mopane caterpillar* zu probieren, knallgelbe, dicke Würmer, die sich hauptsächlich von den Blättern des Mopanebaumes ernähren. Der proteinreiche Snack gehört zur Basisnahrung der Bevölkerung im Caprivi-Streifen und in Simbabwe. Er wird normalerweise über dem offenen Feuer geröstet oder zum späteren Verzehr sonnengetrocknet. In Restaurants ist er mit verschiedenen Saucen im Angebot.

Einige amerikanische Fast-Food-Ketten, allen voran Kentucky Fried Chicken (KFC), haben die Vororte der Städte und die Shopping Malls erobert, das südafrikanische Hamburger-Schnellrestaurant heißt Wimpy (www.wimpy.co.za). Empfehlenswert sind hier aber weniger die Burger als vielmehr der Filterkaffee. Leckere Hühnergerichte bekommt man in den Filialen von Nando's Chicken.

Getränke

Wer nach Namibia reist, wird automatisch mit den zahlreichen in Südafrika angebauten weißen und roten Tropfen konfrontiert, wobei die Spannbreite vom einfachen Tafelwein bis zu Weltklasse-Weinen reicht. Wer sich etwas intensiver mit den Weinen auseinandersetzen möchte, kommt nicht um den ›Platter‹ herum. Er gilt mit Recht als die vinikulturelle Bibel Südafrikas. Das Büchlein erscheint jährlich neu. Regelmäßige Updates finden sich auf der Website www.platterwineguide.co.za. Neben Weinbeurteilungen (von keinem bis fünf Sternen) aller südafrikanischen Weinkeller gibt es u. a. genaue Beschreibungen aller in Südafrika angebauten Rebsorten.

Tipps für Selbstversorger

Bierfreunde kommen in Namibia mühelos auf ihre Kosten. Sehr gut sind die Biere der Namibian Breweries, die ihr Windhoek-Bier seit Jahren nach dem deutschen Reinheitsgebot von 1516 brauen. Es gibt vier Sorten: Windhoek Lager, Export, Special und Light. Außerdem wird dort das deutsche Holsten-Bier in Lizenz gebraut und verkauft. In Swakopmund wird das ebenfalls sehr süffige Hansa-Bier gebraut.

Wer vor einem Restaurant die Ypsilons zählt, weiß schon vorher, was er später zu trinken bekommt:

Y	Bier nur zum Essen
YY	Wein und Bier werden verkauft
YYY	volle Alkohol-Lizenz

Tipps für Selbstversorger

Woolworth (www.woolworth.co.za) hat, im Gegensatz zu anderen Ländern, in Namibia mit das beste Lebensmittelangebot. Es gibt Filialen in Windhoek, Swakopmund, Walvis Bay und Oranjemund.

Ebenfalls gut ist die Supermarktkette Pick&Pay (www.picknpay.co.za) mit fünf Filialen in Namibia, bei Spar (www.spar.co.za) mit Filialen in fast allen namibischen Städten sind Gemüse und Fleisch erfahrungsgemäß meist nicht ganz so zart und frisch wie bei obengenannten, dafür produziert der Spar-Frischbäcker gute Croissants und Brötchen.

Auch für Braais (Grillfeste) sind diese Geschäfte gut bestückt. Fleisch gibt es vom Rind, Kalb, Schwein und natürlich Strauß in allen Formen, wie Schnitzel, Steaks oder Hack, vakuumverpackt, eingelegt in verschiedene Soßen oder natur. Besonders lecker sind die eingelegten Schweine-Rippchen *(pork spare ribs)* von Woolworths. Dazu gibt es überall, wo Grillfleisch verkauft wird, auch Holzkohle, Anzünder und Grillroste. Utensilien, die selbstversorgende Mietwagenfahrer neben einer Kühlbox im Kofferraum transportieren sollten, da es auf vielen Rastplätzen, in Naturschutzgebieten und vor allem Self Catering-Übernachtungsplätzen Holzkohlen-Grills gibt.

Kulinarisches Lexikon

Wurst, Fleisch und Strauß

biltong	Trockenfleisch, das u. a. von Rind, Springbock oder Strauß stammt, ähnlich dem amerikanischen Jerky, aber viel besser im Geschmack
bobotie	Hackfleisch-Curry, meist mit einem Eier-Pudding darüber und auf Gelbwurz-Reis serviert
boerewors	Bauernwurst; sehr würzige, spiralförmig aufgewickelte Bratwürste, die zu jeder südafrikanischen Grillparty unbedingt dazugehören
braaivleis	Grillfleisch
frikkadel	Frikadelle
ostrich	Strauß
pofadde	Würste aus Innereien vom Wild
sosatie	mariniertes Lammfleisch mit getrockneten Früchten, auf Holzspießen gereicht, gegrillt
venison	Wildfleisch

Fisch und Meeresfrüchte

crayfish	Kap-Languste
hake	Stockfisch
kingklip	Lengfisch aus der Familie der Dorsche
kob	Kabeljau
oysters	Austern
perlemon	Abalone oder Meerohren
snoek	Barrakuda
yellowtale	gelbflossiger Fisch, gern zum Grillen verwendet

Obst, Gemüse, Salate

brinjal	Aubergine
Cape gooseberry	nach Tomate und Erdbeere schmeckende, kleine gelbe Stachelbeere
grenadilla	Passionsfrucht
mealie	Maiskolben
slaphakskeentjes	Zwiebeln in einer sauren Soße aus gegarten Zwiebeln, Zucker, Essig, Senf und Sahne
sousboontjes	rote Bohnen in Sherry-Senf-Vinaigrette
waterblommetjie	eine Art Seerose; sie wird im Frühjahr geerntet und als Zutat für Suppen oder Bredies verwendet

Eintöpfe und Teigtaschen

bredie	langsam gegartes Eintopfgericht mit Hammelfleisch, Kartoffeln, Zwiebeln und Gemüse
breyani	Gericht mit Fisch, Fleisch und Geflügel, Reis sowie Linsen
pie	Eintopfgericht, mit Teig bedeckt und in einer feuerfesten Form im Ofen gebacken
samoosas	dreieckige, frittierte Teigtaschen, vegetarisch oder mit Fleisch gefüllt

Soßen und Beilagen

atjar	malaiische Variante des Chutney mit ganzen Fruchtstücken, zu Fleischgerichten

blatjang	fruchtig-scharfe Soße mit Fruchtstückchen, Knoblauch und Chili, zu Fleischgerichten
chakalaka	scharf-würzige Soße zu mealie pap
chips	Pommes frites; da nur einmal frittiert, sind sie recht fettig
chutney	Gemüse/Früchte-Mischung zum ›Entschärfen‹ von Currys
geelrys	Reis mit Rosinen, Beilage zu verschiedenen Gerichten
ingera	afrikanisches Fladenbrot
mealie bread	Maisbrot
mealie pap	Maisbrei, Grundnahrungsmittel der schwarzen Bevölkerung des Landes
pickles	in Essig eingelegtes Gemüse
welbeboontjes	Stockbrot; ausgerollter Teig wird um frische Holzstöckchen gewickelt und über dem Grill gegart, als Beilage oder mit Honig oder Zucker als Nachspeise beim Braai

Süßes

koeksisters	klebrig-süßes, sehr beliebtes Kringel-Gebäck
melktart	burischer Käsekuchen in Blätterteig, mit Zimt bestreut
rusk	granithartes Gebäck, nur gut eingeweicht essen, wird oft zum Frühstück gereicht
vetkoek	Traditionsgericht der Afrikaaner, in heißem Öl ausgebackener Teig, süß mit Honig oder Sirup gefüllt, aber auch salzig mit Hackfleisch

Gewürzmischungen

garam masala	indische Gewürzmischung, meist mit Fenchelsamen, Kümmel, Koriander und Kardamom
peri-peri	Piri-Piri; rote Chilischoten, gemahlen und in Olivenöl konserviert, sehr scharf!
sambal	zerkleinertes Obst oder Gemüse, eingelegt mit Essig und scharfen Gewürzen, zu Kap-malaiischen Gerichten gereicht

Einige Begriffe rund ums Essen und Trinken

bottle store	Laden für alkoholische Getränke
braai	Grillfeier
diner	klassisches, amerikanisches Hamburger-Restaurant im Stil der 1950er-Jahre mit viel Chrom und Neon
dumpie	kleine Bierflasche
farmstall	Laden, der an der Straße farmfrische Produkte verkauft
potjie	gusseiserner Topf mit drei Füßen, der in die heiße Glut gestellt wird
rooibos	Teebuschart aus Südafrika

Mit dem Quadbike auf Tour durch die Wüste – ein besonderes Erlebnis

Wissenswertes für die Reise

Informationsquellen

Informationen im Internet

Allgemeine Infos zu Namibia
www.namibia-info.net
Diese deutschsprachige Seite bietet sehr gute Reiseinfos zum Land.
www.natron.net
Das Portal von Namibia Travel Online stellt über 400 namibische Firmen vor.
www.travelnews.com.na
Die Website von Travel News Namibia vermittelt umfassende Informationen zum Land.
www.orusovo.com/nammap
Landkarten zum Staatsgebiet von Namibia lassen sich hier kostenlos downloaden.
www.namibiana.de
Über diese Website kann man Landkarten bestellen und kaufen.
www.namibian.com.na
Aktuelle Nachrichten zu Politik, Wirtschaft und Kultur Namibias.
www.lcfn.info
Die Living Culture Foundation Namibia zielt darauf ab, durch Einrichtung sog. Lebender Museen für Menschen in armen kommunalen Gebieten Einkommensmöglichkeiten im Tourismussektor zu schaffen. Die Projekte haben einen hohen Anspruch an die Qualität der Darstellung, was sie zu touristischen Geheimtipps in Namibia macht.
www.e-tourism.com.na
Namibia-Safari-Veranstalter
www.whatsonwindhoek.com
Virtueller Veranstaltungskalender für Windhoek mit Venues und Stadtplänen.
www.nwr.com.na
Neue, gut gemachte Website der namibianischen Nationalparks mit den aufwendig restaurierten Camps.
www.windhoekcc.org.na
Infos zur Hauptstadt Windhoek
www.az.com.na
Die Website der deutschsprachigen Windhoeker Allgemeine Zeitung bietet ebenfalls viel Touristisches.

Klima und Ausrüstung
www.wetter.de
Gute und übersichtliche Wettervorhersage für verschiedene namibische Städte.
www.capeunionmart.co.za
www.capestorm.co.za
Safarikleidung und -ausrüstung zum Bestellen

Live Audio Streaming
Um sich schon mal in Namibia einzuhören, empfiehlt sich Live Audio Streaming zu Hause am Computer. Einfach die Websites der Radiosender **www.radiokudu.com.na** und **www.radiowave.com.na** eingeben und auf *Listen Live* klicken.

Infos zu Sambia und Botswana
www.postzambia.com
www.times.co.zm
Unabhängige Nachrichten und ein aktueller Wetterbericht zu Sambia
www.afrikaaktuell.com/Sambia/1.html
Infos auf Deutsch zu Sambia und den Viktoria-Fällen
Die offizielle Tourismus-Website für Sambia: **www.zambiatourism.com**
Botswana: **www.botswana-tourism.gov.bw**

Auskunft

In Deutschland
Namibia Tourism Board
Schillerstr. 42–44
60313 Frankfurt/M.
Tel. 069-133 73 60, Fax 13 37 36 15
info@namibia-tourism.com
www.namibia-tourism.com
Mo–Fr 9–12 und 14–16 Uhr

Deutsch-Namibische Gesellschaft (DNG)
Sudetenstr. 18
37085 Göttingen
Tel. 0551-707 67 81, Fax 707 67 82

buero@dngev.de
www.dngev.de

Botschaft der Republik Sambia
Tourismusabteilung
Mittelstr. 39
53175 Bonn
Tel. 0228-37 68 13, Fax 37 95 36

Botswana Tourism
Interface International
Petersburger Str. 94
10247 Berlin
Tel. 030-42 02 84 64, Fax 42 25 62 86
www.botswanatourism.de

Diplomatische Vertretungen

In Deutschland
Namibische Botschaft
Reichsstr. 17
14052 Berlin
Tel. 030-254 09 50, Fax 25 40 95 55
namibiaberlin@aol.com
www.namibia-botschaft.de

In Österreich
Namibische Botschaft
Ungargasse 33/5, 1030 Wien
Tel. 01-402 93 71/72/73
nam.emb.vienna@speed.at
www.embnamibia.at

In der Schweiz
gibt es keine diplomatische Vertretung Namibias. Schweizer wenden sich an die namibische Botschaft in Deutschland.

In Namibia
Deutsche Botschaft
Sanlam Center, 6. Stock
154 Independence Ave., Windhoek
Tel. 061-27 31 00 oder 27 31 33
Fax 22 29 81
Handy-Notfallnummer (24 Std.) 081-124 35 72
germany@iway.na
www.windhuk.diplo.de
Mo–Fr 9–12 Uhr oder n. V.

Österreichisches Generalkonsulat
Teinert Str. 2, Windhoek
Tel./Fax 061-22 21 59
info@austrian-consulate.com
www.austrian-consulate.com
Di und Do 10–12 Uhr, ansonsten ist ein Anrufbeantworter installiert, bei Notfällen Rückrufnummer aufsprechen.

Schweizer Generalkonsulat
P. O. Box 92 98, Eros/Windhoek
Tel. 00264-8 11 27 93 88 (Mobil)
Fax 061-22 01 04
Korrespondenz ist zu senden an das

Schweizer Generalkonsulat in Kapstadt
1 Thibault Square, 26. Stock
Ecke Long St./ Hans Strydom Ave.
Tel. 0027-214 18 36 65/68, Fax 418 36 88
Handy-Notfall-Nummer: 0027-21-557 29 63
Mo–Fr 9–12 Uhr oder nach Vereinbarung

Deutsche Botschaft in Sambia:
www.lusaka.diplo.de
Deutsche Botschaft in Südafrika:
www.pretoria.diplo.de

Karten

Namibia Travel Atlas, Map Studio: gut als Übersicht zu gebrauchen, klares Kartenbild, Pisten nicht sehr akkurat eingezeichnet.

Die **Globetrotter Travel Maps** »Botswana« (Maßstab 1 : 1 750 000) und »Namibia« (1 : 2 000 000), je 79,95 Rand, mit Stadtplänen und zusätzlichen Gebietskarten bieten einen guten Überblick und zeigen die Positionen einiger neuer Lodges an.

Leider gibt es von **National Geographic** (www.nationalgeographic.com/maps oder www.mapstudio.co.za) bisher nur eine Karte zum Zielgebiet, dafür lässt diese, sowohl vom Kartenbild als auch von den Infos her, keine Wünsche offen: Die Adventure Map »Fish River Canyon & the Richtersveld« kostet 99,95 Rand und ist wasser- und reißfest, was man von den anderen Karten nicht behaupten kann. Schon nach ein paar Mal Auf- und Zufalten reißen diese an den Falzen ein. Ideal für Wanderer, Motorrad- und Geländewagenfahrer.

»Zimbabwe, Botswana and Namibia«, Travel Atlas, 1:2 000 000, **Lonely Planet**: genaue Karten, die selbst kleine Pisten zeigen, Kartenbild allerdings eher unübersichtlich.

»The Shell Map of Kaokoland–Kunene Region«: unentbehrlich für Off-Road-Touren im Kaokoland; das Kartenbild ist nicht schön, doch fast alle Pisten sind eingetragen.

Die besten Karten zu **Botswana** sind die **Shell Tourist Maps**, die auf Satellitenbildern basieren und alle Details samt GPS-Daten abbilden. Im Handel erhältlich sind eine Übersichtskarte »Botswana« mit ausführlichem Reisebuch und die sehr genauen Detailkarten »Okavango Delta and Linyanti«, »Moremi Game Reserve« und »Chobe National Park«. Wer in Botswana im Geländewagen unterwegs ist, kommt um diese hervorragenden Kartenwerke nicht herum.

Auf der folgenden Website sind die Shell-Karten und ihre **Bezugsquellen** näher beschrieben: **www.veronicaroodt.co.za**. Karten und Namibiabücher gibt es in Deutschland online unter **www.namibiana.de**

Lesetipps

Timm, Uwe: Morenga, München 2004, Deutscher Taschenbuch Verlag.
Der Roman schildert in eindrucksvoller Weise die Zeit der deutschen Schutztruppe in Südwestafrika und ihr Verhältnis zu den ursprünglichen Einwohnern des Landes. Zahlreiche Originalzitate machen die Lektüre sehr authentisch, obwohl der Hauptdarsteller des Buches Marengo, nicht Morenga hieß (mehr dazu s. S. 44f.).

Martin, Henno: Wenn es Krieg gibt, gehen wir in die Wüste, Hamburg, Neuauflage 2004, Verlag Two Books.
Dieses erstmals 1956 erschienene Buch handelt von zwei Geologen, die es im Krieg in die Wüste verschlägt, wo sie zwei Jahre ganz auf sich gestellt überleben müssen.

Südafrikanische Tiere – Kleiner Spurenführer (Southern African Animals – Quick Reference Spoor Guide), Spoors Unlimited Africa.
In einigen Buchhandlungen Namibias erhältlich ist dieser handliche Folder, in dem Farbfotos, Spurabdrücke und deutsche/englische Beschreibung der 88 wichtigsten Säugetiere im südlichen Afrika abgedruckt sind.

Mills, Gus L. (Hg.): The Complete Book of Southern African Mammals, 1997, Struik-Verlag.
400 ausgezeichnete Fotos und fundierte Texte von 72 verschiedenen Experten ergänzen den Band, der alle 343 im südlichen Afrika vorkommenden Säugetiere beschreibt.

Newmann, Kenneth: Newman's Birds of Southern Africa, 2006, Struik-Verlag.
Für Vogelfreunde unverzichtbar, mit Farbabbildung jedes Vogels, genauer Beschreibung und den deutschen, englischen und afrikaansen Namen.

Hüser, Klaus: Namibia, Göttingen 2001, Hess-Verlag.
Nicht nur für Geologie-Fans ist dieses wissenschaftlich exakte und dennoch gut verständliche Buch ein hervorragender Begleiter. Neben Geologie und Klima werden Pflanzen und Tiere der Wüstenregion beschrieben, darüber hinaus sensibilisieren der Text und die ansprechenden Fotos den Leser für die Schönheit und Wunder der kargen namibischen Landschaft.

Reise- und Routenplanung

Namibia als Reiseland

Namibia ist das ideale Reiseland, um zu zweit oder mit Kindern unterwegs zu sein. Als Reisemittel empfiehlt sich das Auto, insbesondere der Geländewagen oder auch das Motorrad. Wer nicht auf eigene Faust losziehen mag, dem stehen zahlreiche Tour-Anbieter zur Verfügung (s. S. 77). Über diese lassen sich natürlich auch die klassischen Safaris zu den Tieren und Pflanzen Afrikas buchen.

Egal, ob man privat oder in der Gruppe loszieht, wird man in Namibia ein breites Spektrum von verschiedensten Landschaften erleben: hohe Berge, endlose Dünenlandschaften, einsame Sandstrände, weite Savannen, über die sich nachts ein überwältigender Sternenhimmel spannt. Wer das Besondere liebt, übernachtet an abgelegenen Plätzen, in schön restaurierten, historischen Häusern oder afro-chicen Lodges.

Unterwegs begegnet man weltoffenen Bewohnern aller Hautfarben und erlebt ein Land, das für eine hohe kulturelle Vielfalt steht. Wer gerne ein Andenken einkaufen möchte, wird vor die Qual der Wahl gestellt, denn das Kunsthandwerk ist sehr ungewöhnlich, höchst individuell und hat nichts mit Massenproduktion zu tun.

Wer gerne wandert, dem erschließt sich die landschaftliche Vielfalt natürlich besonders intensiv. Auch die Anhänger von ›Adrenalinsportarten‹ wie Tauchen, Bungee-Jumping, Dünensurfen und Paragliden werden sich in Namibia betätigen können.

Landschaftliche Highlights

Namibia, Botswana und Sambia bereist man in erster Linie aufgrund der überwältigend schönen Landschaften. In Namibia sind das vor allem die beiden großen Wüsten, die Kalahari und die Namib, die sagenumwobene Skelettküste und die einsame Kaokoland, das am Kunene an Angola grenzt. Sambias Victoria-Fälle und Botswanas Okavango-Delta sind als leicht von Namibia erreichbare Ausflugsziele ebenfalls in diesem Reiseführer beschrieben.

Zu den landschaftlichen Highlights Namibias gehören:

Brandberg: Namibias höchster Berg, der 2573 m hohe Brandberg, steht alleine für sich in einer Ebene in der inneren Namibwüste. Das von der Erosion freigelegte Innere eines ehemaligen Vulkans bildet dieses Massiv aus rosafarbenem Granit.

Epupa Falls: Der ständig fließende Kunene River, der Namibia im Norden von Angola trennt, formt verschiedene Stufen und Kaskaden. An den Epupa-Wasserfällen, wo die Fluten 60 m tief ins aride Kaokoland stürzen, ist er etwa 500 m breit. Besonders eindrucksvoll ist das Naturschauspiel im April und Mai, wenn der Fluss viel Wasser führt.

Etosha Pan: Eine 4590 m^2 große Salzpfanne, die bis vor 2 Mio. Jahren noch ein Inlandsee war. Damals änderte der in den See entwässernde Fluss seinen Lauf und mündete stattdessen ins Meer.

Fish River Canyon: Nach dem Grand Canyon in Arizona und dem Copper Canyon in Mexico ist Namibias Fish River Canyon mit 160 km Länge, 2,7 km Breite und 550 m Tiefe die drittgrößte Schlucht dieser Art auf der ganzen Welt.

Great Escarpment (Große Randstufe): Südlich vom Gamsberg erstreckt sich der bis zu 2000 m hohe Bergzug, der von der Wüste bis zum Inlandsplateau aufsteigt und fast das ganze Land durchzieht.

Sossusvlei: Monumentale Sandgebirge, rote Dünen, die über 300 m aufragen und zu den höchsten der Welt gehören, umranden diese isolierte, weiße Tonpfanne. Diese Senke befindet sich am Ende eines episodisch fließenden Wasserlaufs. Sie füllt sich alle paar Jahre, zuletzt im Januar 2006, mit Wasser und bietet dann ein überwältigendes Naturschauspiel. Tiere von nah und fern kommen, um hier zu trinken.

Vorschläge für Reiserouten

Die klassische Südroute

Für die klassische Südroute durch Namibia sollte man zwei bis drei Wochen einplanen. Sie beginnt und endet in Windhoek, wo der Mietwagen übernommen wird. Die Südrunde beinhaltet folgende Stationen: Köcherbaumwald, Fish River Canyon, Orange River, Diamanten-Sperrgebiet, Kolmanskop, Lüderitz, die Namibwüste mit Sossusvlei, Walvis Bay und Swakopmund.

Die klassische Nordroute

Für die Nordroute sind drei bis vier Wochen zu veranschlagen. Auf dieser Reise kann man das Waterberg-Plateau besuchen, den Etosha National Park, den Caprivi-Zipfel, die Victoria-Fälle in Sambia und das Okavango-Delta sowie den Moremi National Park in Botswana.

Ausschließlich erprobten Fahrern von Geländewagen ist eine Reise ins Kaokoland empfohlen, für die man mit einer Autoübernahme in Windhoek mindestens drei Wochen einplanen sollte.

Vier Wochen Namibia

In vier Wochen lassen sich auf einer Rundreise Namibias Highlights erfahren. Die Tour beginnt in Windhoek und folgt der Route im Buch nach Süden, vorbei am Köcherbaumwald bis zum Fish River Canyon und dem Orange River. Von dort führt die Strecke wieder Richtung Norden ins Diamanten-Sperrgebiet, zu den Wildpferden der Namib und in die Geisterstadt Kolmanskop.

Noch weiter nördlich erreicht man schließlich die Namibwüste mit dem berühmten Dünengebiet von Sossusvlei und die Skelettküste entlang ins Damaraland. Im Etosha National Park lassen sich dann Afrikas Tiere auf einer Safari beobachten, bevor es wieder zurück nach Windhoek geht.

Kombination mit Südafrika

Immer beliebter (und von der Reiseplanung her durchaus sinnvoll) ist die Kombination von Namibia mit Südafrika. Besucher fliegen nach Windhoek und fahren (Oneway-Automiete) nach Kapstadt oder umgekehrt von Kapstadt aus die afrikanische Westküste hoch nach Namibia. Wer von Namibia nach Südafrika fährt, nimmt den Grenzübergang Vioolsdrift/Noordoewer. Nach 74 km ist Steinkopf, der erste Ort in Südafrika, erreicht. Kurz darauf folgt Springbok, ein größeres Städtchen, das einige Übernachtungsmöglichkeiten und Restaurants bietet. Vom Autor dieses Reiseführers, Dieter Losskarn, gibt es in gleicher Art und Aufmachung den DuMont Richtig-Reisen-Band »Südafrika«, der den vorliegenden »Namibia«-Band ab der Grenze sinnvoll ergänzt.

Abstecher nach Südafrika

Mit Fertigstellung des Transkalahari-Highways ist es nun sogar möglich, vom südafrikanischen Johannesburg auf perfekten Teerstraßen über Botswana nach Windhoek und Swakopmund in Namibia zu fahren.

Grenzübergänge

… Namibia–Südafrika:
Klein Menasse/Rietfontein (8–16.30 Uhr)
Hohlweg (8–16.30 Uhr)
Ariamsvlei/Nakop (24 Stunden)
Vellorsdrift/Onseepkans (8–17 Uhr)
Sendelingsdrift (8–17 Uhr)
Mata Mata (8–16.30 Uhr)
Noordoewer/Vioolsdrift (24 Stunden)
Oranjemund/Alexander Bay (6–22 Uhr)

… Namibia–Botswana:
Impalila Island (7–18Uhr)
Ngoma Bridge (7–18 Uhr)
Mohembo/Shakawe (6–18 Uhr)
Buitepos/Mamuno (7–0 Uhr)

... **Namibia–Sambia:**
Welena/Seshəke (6–17 Uhr)

... **Namibia–Angola:**
Ruacana (7–18 Uhr)
Omahenene (8–18 Uhr)
Oshikango/St. Clara (8–18 Uhr)
Rundu (8–18 Uhr)

Grenzinformationen: Tel. 061-292 21 11

Reiseorganisation

Organisierte Touren

Namibia ist ein typisches Reiseziel für Mietwagenfahrer. Wer sich einen Geländewagen gönnt, kann auf eigene Faust sehr abgelegene Gebiete erkunden. Es gibt aber auch die Möglichkeit, an Touren in kleinen Gruppen teilzunehmen. Sie werden individuell organisiert, als maßgeschneiderte Trips angeboten und finden meist in Kleinbussen statt. Begleitet werden sie von ausgebildeten Tourguides, die natürlich Deutsch sprechen. Wer möchte, kann sich auch nur Mietwagen und Unterkünfte entlang der gewünschten Tour organisieren lassen und alleine losziehen. Adressen von Veranstaltern und Tourbeschreibungen gibt es bei Namibia Tourism.

Deutschsprachige Veranstalter

Namib Enviro Tours: Tel. 064-40 02 80, Fax 40 26 67, rbecker@iway.na, www.namibenvirotours.com. Raini Becker leitet seine Firma von Swakopmund aus. Er veranstaltet individuelle Touren, die er selbst vorbereitet und führt. Touristen mit Miet-Geländewagen bekommen zunächst eine Einführung in die Kunst des Off-Road-Fahrens. Becker weiß außerdem viel über die Natur und die Geschichte Namibias zu berichten. Auf seiner (deutschen) Website informiert er im Kapitel »Neuigkeiten« über Geschehnisse im Land.

That's Africa: Studio 12, 4 Loop St., Cape Town, Tel. 021/415 20 03, Fax 021/4 21 02 29, www.thatsafrica.com. Viele Jahre Erfahrung in der Organisation von maßgeschneiderten Individualtouren im südlichen Afrika hat das Damen-Trio Nicole Wagner, Gaby Pabst und Anke Rochau. Ihre Firma ›That's Africa‹ stellt für Einzelpersonen, Familien und Gruppen Touren je nach Geschmack und Geldbeutel zusammen, einschließlich Mietwagen- und Restaurantbuchung. Vorteil: alles aus einer Hand, perfekte Organisation und Kommunikation auf Deutsch.

Africa Adventure: Tel. 0027-44-533 52 11, www.africa-adventure.de. Ob zu Wasser, zu Lande oder in der Luft, für jedes Element bietet dieser Veranstalter das richtige Gefährt: Safaris mit dem Jeep, Kleinbus, im Flugzeug oder eine Fahrt im *Mokoro*, dem traditionellen Einbaum, auf den Flüssen des Landes, jeweils begleitet von einem deutschsprachigen Führer. Wer möchte, kann sich auch alleine aufmachen – Africa Adventure organisiert auch Touren für Selbstfahrer.

DAV Summit Club: Am Perlacher Forst 186, 81545 München, Tel. 089-64 24 00, www.dav-summit-club.de. Bergsteigen ist für den Alpenverein nicht nur auf Europa beschränkt. In Namibia bietet der DAV Summit Club zum Teil durchaus anspruchsvolle Wanderungen an, die durch unwegsames Gelände führen und eine gewisse Grundkondition erfordern. Die Touren führen u. a. in den Etosha National Park und natürlich ins Sossusvlei.

Zu Besuch in den Nationalparks

In den Nationalparks Namibias gilt es einige Regeln zu beachten:

Feuermachen ist nur an den dafür vorgesehenen Stellen in den Restcamps erlaubt. Das Sammeln von Feuerholz in Schutzgebieten ist verboten. Die Ranger stellen es meistens kostenlos, manchmal gegen eine kleine Gebühr zur Verfügung.

Es ist illegal, **Fauna, Flora, historische Bauwerke, archäologische Funde und Felskunst** in irgendeiner Weise zu beschädigen oder mitzunehmen: *Leave nothing but footprints – take nothing but photos.* »Hinterlasse nichts außer Fußabdrücken – nimm nichts außer Fotos mit«, wird den Besuchern ans Herz gelegt.

Im Etosha National Park dürfen Besucher ihre **Autos nur in Restcamps** und an den speziell gekennzeichneten Punkten verlassen. Während Besucher in vielen Teilen der anderen staatlichen Parks nach Belieben umherlaufen können, sollte in Wildnisgebieten wie Kaudom, Mahango, Mudumu und Mamili Park aufgepasst werden, da es dort gefährliche Tiere gibt.

In allen Parks darf nur auf den vorgesehenen Pisten und Straßen gefahren werden; **Off-Road-Trips sind streng verboten**. Die zulässige Höchstgeschwindigkeit in allen namibischen Nationalparks beträgt 60 km/h.

Tagesbesucher, die die Schutzgebiete Hardap, Daan Viljoen, Gross Barmen, Bach und Waterberg erkunden wollen, müssen vorher bei der zentralen Parkverwaltung (s. u.) buchen und dürfen die **Gebiete nicht später als 18 Uhr verlassen**. In der Naukluft-Sektion des Namib Naukluft Park sowie in Terrace Bay und Torra Bay sind keine Tagesbesucher erlaubt. Für die Fahrt in diese Bereiche ist der Nachweis einer bestätigten Reservierung erforderlich.

Permits, um durch den Skeleton Coast Park zu fahren, gibt es am Ugab- und am Springbokwasser-Eingangstor, *permits* für die Namib-Region des Namib-Naukluft Park beim Central Reservations Office in Windhoek, den Informationsbüros in Lüderitz und Swakopmund, in Hardap und Sesriem sowie bei einigen Tankstellen in Swakopmund und Walvis Bay. Die *permits* für den Eintritt in alle anderen Parks werden beim Einchecken ausgestellt. Alle Aktivitäten in den staatlichen Parks sowie Unterkünfte können bei **Namibia Wildlife Resorts** in Windhoek, Tel. 061-285 72 00, Fax 22 49 00 oder Swakopmund, Tel. 064-40 21 72, Fax 40 30 23 oder in der Khorixas Lodge, Tel. 067-33 11 11, Fax 33 13 88 gebucht werden. Am einfachsten ist eine Online-Buchung über die hervorragend gemachte Website von Namibia Wildlife Resorts: **www.nwr.com.na**

Verhaltensregeln im Busch

In Namibia kann man an manchen Stellen ›wild‹ campen, vor allem im Kaoko- und Buschmannland. Jedoch ist es in diesen sensiblen Gebieten unbedingt notwendig, dass alle Besucher bestimmte Verhaltensregeln beachten, sowohl um Fauna und Flora zu schützen und die Privatsphäre dort lebender Menschen nicht zu verletzen, als auch um anderen die Möglichkeit zu geben, ebenfalls eine möglichst ›unberührte‹ Natur zu erleben.

Verlassen Sie **Campplätze** so, wie Sie sie aufgefunden haben – oder sogar noch sauberer. Nächtigen Sie während der Regenzeit nicht in Trockenflussbetten, da die **Flüsse** blitzschnell ›abkommen‹ können. Auch sollte man nicht in der Nähe von Wasserlöchern campieren, da man sonst Tiere, die tagelang unterwegs waren, um zu trinken, abschreckt und diese dann kilometerweit bis zum nächsten Wasserloch ziehen müssen – oder verdursten. Lassen Sie in Flussbetten Tieren den Vorrang und fahren bzw. gehen Sie nicht zu nahe heran.

Fahren Sie nicht durch die Flussbetten in den Skeleton Coast National Park, sondern benutzen Sie die offiziellen Eingangstore. Bleiben Sie auf bereits existierenden Pisten und Fahrspuren, schaffen Sie keinesfalls *off road* neue. Vor allem im Hartmann Valley im Kaokoland und in der Namibwüste bleiben Spuren aufgrund der geringen Niederschlagsmengen manchmal über 100 Jahre lang sichtbar. An manchen Stellen lassen sich heute noch die Ochsenwagenspuren der ersten Siedler ausmachen!

Grabstätten im Kaokoland sind **heilige Plätze** der Himba. Bitte halten Sie Abstand und fragen Sie erst um Erlaubnis, bevor Sie Fotos machen.

Ritzen Sie keine Namen und Jahreszahlen in die Affenbrotbäume oder auf die Felsen. Niemals sollten Sie **Felzeichnungen** mit Wasser oder anderen Flüssigkeiten ›auffrischen‹, um bessere Fotos zu bekommen. Selbst Anfassen zerstört durch das Hautfett die unersetzlichen Kunstwerke der ersten Einwohner des südlichen Afrika.

Sammeln Sie nur abgestorbenes Holz zum **Feuermachen** und löschen Sie die Feuer vor dem Verlassen des Camps gut. Buschbrände sind in der trockenen Landschaft eine ernste Gefahr für Mensch und Tier.

Vergraben Sie **Abfall** auf keinen Fall, sondern nehmen Sie ihn wieder mit in die Zivilisation, um ihn dort zu entsorgen. In der Wildnis ersetzt ein Spaten die Toilette. Die Löcher sollten allerdings nicht tiefer als 10 cm sein, dann findet eine natürliche Kompostierung statt. Das benutzte Toilettenpapier sollte man verbrennen.

Waschen Sie auf keinen Fall in Flüssen oder Quellen sich selbst, Kleidung oder Geschirr, da das Wasser von Menschen und Tieren dringend als Trinkwasser benötigt wird. Fragen Sie an Brunnen erst um Erlaubnis, bevor Sie Wasser entnehmen. Am besten führen Sie von vornherein ausreichend Wasser im Auto mit.

Bevor Sie die **Siedlungen der Einheimischen** betreten, vor allem die der Himba im Nordwesten, müssen Sie unbedingt um Erlaubnis fragen. Das gleiche gilt für Fotos. Beim Betreten einer Siedlung dürfen Sie nicht zwischen das heilige Feuer und die Haupthütte oder den Vieh-Kraal treten. Im Kaokoland stößt man oft auf scheinbar verlassene Hütten und Dörfer. Der Schein trügt. Da die Himba Semi-Nomaden sind, kehren sie früher oder später an diese Plätze zurück – belassen Sie also alles so, wie es ist.

Reisen mit Kindern

Die anfangs sehr strenge ›Kinder-Politik‹ in Hotels und Bed & Breakfast-Unterkünften hat sich mittlerweile deutlich gelockert. Selbst in einigen privaten Wildnisreservaten, wo vor wenigen Jahren noch galt »Kinder nur ab 12 oder sogar 16 Jahren«, sind jetzt auch jüngere erlaubt. Meist übernachten Eltern mit Kindern dann in einem separaten Teil des jeweiligen Etablissements, das über eigenen Spielplatz und Swimmingpool verfügt. Es gibt manchmal sogar spezielle Safari-Programme mit Ranger für Kinder. Fast jedes größere Hotel bietet einen Babysitter-Service an. In den Nationalparks gibt es spezielle Familienzimmer, wo die Kleinen in einem eigenen Raum unterkommen. Kinder zahlen in Unterkünften und Parks (unter 16 ganz frei) deutlich weniger als Erwachsene.

Aufgrund der großen Entfernungen und häufigen Pisten ist Reisen mit Kindern, vor allem kleinen, in Namibia nicht ganz so stressfrei. Ab Schulalter lohnt sich der Namibia-Aufenthalt aber durchaus, da die Kinder dann sehr viel mehr von Flora und Fauna mitbekommen. Von der **Hygiene** her entstehen für Kinder in Namibia keine Probleme, das Leitungswasser kann überall getrunken werden und auch das Essen ist sicher. Lediglich vor der intensiven Sonne sollten Kinder besonders geschützt werden, mit langärmeligen Hemden, Hosen und einem breitkrempigen Hut. Wer abseits campt, sollte Kinder **auf gar keinen Fall alleine** herumstöbern lassen, es gibt doch recht viele Schlangen, Skorpione und größere Tiere im Busch.

Das Höchste für Kinder sind natürlich die **Buschsafaris mit Ranger** im offenen Geländewagen (meist ab 6 Jahren möglich). Einen ganz besonderen Spaß bieten die Dünen von Sossusvlei, besonders beim Hinunterrennen. Kinder ab 12 Jahre können auch an reizvollen Aktivitäten wie Ballonfahren und Quadbike-Fahren teilnehmen.

Anreise und Verkehr

Einreise- und Zollbestimmungen

... für Namibia

Für die Einreise nach Namibia benötigen Deutsche, Österreicher und Schweizer einen Reisepass, der noch mindestens sechs Monate über das Rückreisedatum hinaus gültig ist und noch mindestens zwei freie Seiten für Ein- und Ausreisestempel enthält, bei geplanter Weiterreise in Nachbarländer sollten es mehr Seiten sein. Sofern der Aufenthalt in Namibia 90 Tage nicht übersteigt und keine Absicht besteht, im Land eine Arbeit aufzunehmen, können Sie also ohne Visum einreisen. Ein gebührenfreier Einreisestempel *(visitors entry permit)* bei kurzfristigem touristischem oder geschäftlichem Aufenthalt ohne Arbeitsaufnahme wird bei Ankunft an allen offiziellen Grenzübergängen erteilt.

Die Eintragung eines Kindes in den Reisepass eines Elternteiles ist bis zum vollendeten 16. Lebensjahr zur Einreise ausreichend. Die Alternative ist ein Kinderausweis, der für Personen ab dem vollendeten 10. Lebensjahr mit Lichtbild versehen sein muss.

Zollfrei eingeführt werden dürfen nach Namibia: 1 l Spirituosen, 2 l Wein, 300 ml Parfum, 400 Zigaretten oder 50 Zigarren oder 250 g Tabak.

... für die Nachbarländer

Ein sehr beliebter Ausflug führt vom Caprivi-Streifen in Nordostnamibia zu den Victoria Falls. Dazu fährt man durch Botswana nach Sambia oder – falls es die politische Situation erlaubt – nach Simbabwe. Auch der Chobe National Park und das Okavango-Delta in Botswana sind beliebt.

Botswana

Der Grenzübertritt nach Botswana gestaltet sich ähnlich problemlos wie die Einreise nach Namibia, da das Land eine Zollunion mit Namibia (und Südafrika) bildet. Ein Touristenvisum wird an den Grenzstationen beider Einreise nach Botswana gebührenfrei erteilt. Der Reisepass muss bei Einreise noch mindestens sechs Monate gültig sein. Kinderausweise werden nur mit Lichtbild akzeptiert. Die Einreise von Kindern unter 16 Jahren wird auch ohne eigenes Reisedokument gestattet, wenn das Kind im Reisepass eines mitreisenden Elternteils eingetragen ist.

Sambia

Deutsche, Österreicher und Schweizer benötigen für die Einreise nach Sambia ein Visum, das von der sambischen Botschaft in Berlin ausgestellt wird (www.sambia-botschaft.de) oder an der Grenze erhältlich ist. Einige Fluggesellschaften bestehen allerdings bereits vor Abflug auf Vorlage eines Visums.

Die Gebühr für die Ausstellung eines für eine Einreise gültigen Touristenvisums *(single entry)* beträgt für deutsche Staatsangehörige 50 US$. Für mehrfache Einreise *(double/multiple entry)* fallen Visagebühren in Höhe von 80 US$ an. Wenn das Visum direkt bei Einreise beantragt wird, sind die Gebühren in US$ bar und möglichst passend zu entrichten – Wechselgeld ist nur bedingt vorhanden. Man sollte umgehend prüfen, ob das korrekte Visum erteilt wurde, insbesondere bei *multiple entry visa*.

Bei Einreise wird häufig die Vorlage des Rück- bzw. Weiterflugtickets verlangt.

Das früher bei Einreise im Rahmen einer organisierten Tour mit einem Reiseveranstalter an der Grenze gebührenfrei erteilte Bonafide-Visum *(fee waived visa)* wurde abge-

---

www.auswaertiges-amt.de

Das Auswärtige Amt veröffentlicht auf seiner Website aktuelle Sicherheits-Tipps zu allen Ländern. Wer Sambia oder Simbabwe bereisen möchte, sollte sich dort vorher zu den beiden Ländern erkundigen.

schafft. Seit November 2008 wieder erhältlich ist das insbesondere bei Tagesausflügen von Victoria Falls (Simbabwe) nach Livingstone (Sambia) ausgestellte, für 24 Stunden gültige Tagesvisum *(day tripper visa)*. Die Gebühren hierfür betragen 20 US$.

Bei Ausreise auf dem Luftweg wird eine Flughafengebühr *(passenger service charge)* in Höhe von 25 US$ erhoben. In den meisten Fällen wird die Gebühr bereits mit dem Flugpreis eingezogen. Soweit das Flugticket in den Tarifangaben keinen Vermerk über den Einzug der Gebühr (JI: USD 25 oder ähnlich) enthält, ist die Gebühr weiterhin bei Abflug zu entrichten. In diesem Fall werden nur US$ in bar und zumindest in Lusaka auch Visa-Kreditkarten akzeptiert. Die Flughafengebühr für Inlandsflüge beträgt 8 US$.

Devisen können in unbegrenzter Höhe eingeführt werden, sind aber bei der Einreise zu deklarieren. Für Videokameras, Musikinstrumente oder andere Luxusgüter (Definition hängt von Zollbeamten ab) muss ein vorübergehendes Einfuhrpapier ausgefüllt werden, das bei der Ausreise zusammen mit den Gegenständen wieder vorzulegen ist.

Simbabwe

Deutsche Staatsangehörige benötigen für die Einreise nach Simbabwe ein Visum. Dieses wird bei der Einreise an den Flughäfen in Harare, Bulawayo oder Victoria Falls sowie an den Grenzübergängen erteilt. Hierbei ist eine Gebühr von 30 US$ (eine Einreise) bzw. 55 US$ (mehrere Einreisen) in Devisen bar zu entrichten. Die Pässe sollten noch mindestens zwei freie Seiten haben und müssen noch länger als sechs Monate gültig sein.

Einreise mit Pkw

Wer mit dem eigenen Fahrzeug nach Namibia, Südafrika, Botswana, Sambia oder Simbabwe einreist, benötigt ein Grenzpassierscheinheft *(carnet de passage)*, das der einheimische Automobilclub ausstellt.

Weiterfahrt mit dem Pkw in die Nachbarländer: Wer einen Leihwagen aus Namibia mitführt, muss an den Grenzen zu Botswana, Sambia und Simbabwe (die Letzteren gehören nicht zur Zollunion) eine Bestätigung des Vermieters vorlegen, dass das Fahrzeug ausgeführt werden darf. An den Grenzübergängen muss zudem für das jeweilige Land separat eine Haftpflichtversicherung abgeschlossen und eine Straßennutzungsgebühr entrichtet werden.

Für **Botswana** beträgt die Straßennutzungsgebühr 50 Pula, hinzu kommen 20 Pula Versicherung für ein Jahr.

Sambia verlangt 150 N$ für die Versicherung und 60 N$ *road tax*. Wer mit dem Fahrzeug nach Sambia einreist, braucht ein Warndreieck, das bei fast jedem Polizei-Stopp vorgezeigt werden muss. Alle Fahrzeug-Papiere immer griffbereit haben.

Simbabwe-Besucher zahlen 140 N$ *carbon tax* und 90 N$ Versicherung, beides ist für einen Monat gültig.

Wer nur Namibia, Botswana und Südafrika bereist, benötigt aufgrund der Zollunion nur ein Carnet für alle drei Länder. Der Internationale Führerschein ist sowohl für Namibia als auch für Botswana und Sambia vorgeschrieben.

Es wird eine Straßennutzungsgebühr *(road tax)* von 150 N$/Rand erhoben, wenn man mit einem Auto einreist, das nicht in Namibia zugelassen ist. Südafrikanische Autovermieter haben mitunter Fahrzeuge mit namibischen Kennzeichen in ihrer Flotte, die dann nicht bezahlen müssen. Die Quittung für die Gebühr, die man an der Grenze entrichtet, muss mitgeführt und bei Polizeikontrollen sowie bei der Ausreise vorgezeigt werden.

Zu den entsprechenden Gebühren Botswanas, Sambias und Simbabwes siehe obenstehenden Kasten.

Anreise

Die Anreise nach Namibia erfolgt in der Regel per Flugzeug.

Kreuzfahrtschiffe legen in Lüderitz oder in der ehemaligen südafrikanischen Exklave Walvis Bay an.

Flüge nach Namibia

Air Namibia: www.airnamibia.de, Tel. in Deutschland 061 05-20 60 30, fliegt ab 699 € 5 x pro Woche (Mo, Di, Do, Sa und So) in einem 8,5-stündigen Direktflug von Frankfurt nach Windhoek.
Air Berlin: www.airberlin.com, Tel. 0 18 05-73 78 00, fliegt Di, Mi und So von München direkt nach Windhoek ab 680 Euro.
South African Airways: www.flysaa.com, Tel. 018 03-35 97 22, fliegt von Frankfurt nach Windhoek mit Stopp in Johannesburg zu einem Preis von etwa 640 Euro.

Auch Lufthansa und British Airways haben Verbindungen von Frankfurt nach Namibia (British Airways über London) im Programm. Am besten im Reisebüro nach den günstigsten Angeboten erkundigen.

Flughafen Windhoek

Der **Hosea Kutako International Airport** befindet sich 42 km östlich der Stadt. Busse stehen nach der Ankunft bereit, um Touristen ins Zentrum von Windhoek zu bringen. Taxis sind hingegen sehr teuer. Am besten den Mietwagen gleich am Flughafen übernehmen.

Verkehrsmittel in Namibia

Alle größeren Städte in Namibia sind dank der guten Infrastruktur täglich durch Inlandsflüge, Züge oder Busse miteinander verbunden. Am besten vorher Fahrpläne und Tarife anfordern (Kontaktadressen s. u.). Einige Flug-, Zug- und Bustickets lassen sich bereits zu Hause im Reisebüro buchen. Doch sind es letztlich nur die wichtigsten Hauptrouten im Land, die durch das öffentliche Verkehrsnetz abgedeckt werden. Bestes Fortbewegungsmittel ist daher ein Mietwagen, der eine individuelle Routenplanung erst ermöglicht.

Das Flugzeug

Air Namibia bietet Inlandsflüge vom Flugplatz Eros (5 km außerhalb von Windhoek) an. Flugziele sind Etosha National Park, Katima Mulilo, Keetmanshoop, Lüderitz, Ondangwa, Oranjemund, Rundu, Swakopmund, Tsumeb und Walvis Bay. Infos bei: Air Namibia, P. O. Box 731, Windhoek, Tel. 061-22 96 39, Fax 22 87 63; in Deutschland: Tel. 06172-406 60, Fax 40 66 40.

Private Chartergesellschaften haben Safari-, Rund- und Inlandsflüge im Programm. Flugsafaris an die Skelettküste und ins Kaokoland veranstaltet **Skeleton Coast Safaris**, Shop Nr. 15 B, 2. Stock, North Wing, Maerua Park, Windhoek, Tel. 061-22 42 48, Fax 22 57 13, info@skeletoncoastsafaris.com, www.skeletoncoastsafaris.com.

Busse

Intercape Mainliner, Tel. 061-22 78 47, www.intercape.co.za, verkehrt zwischen Windhoek und Kapstadt (3 x wöchentl.), Upington, Pretoria oder Johannesburg (2 x wöchentl.), innerhalb Namibias zwischen Windhoek und Walvis Bay sowie Tsumeb.
Ekono Liner, Tel. 061-23 69 46, 23 68 80 und 064-20 59 35, fährt von Windhoek über Walvis Bay nach Kapstadt (1 x wöchentl).

Züge

Das namibische ist mit dem südafrikanischen Eisenbahnnetz verbunden. Es gibt einmal pro Woche eine Verbindung von Windhoek (Abfahrt Mi) über Keetmanshoop, Upington, De Aar nach Johannesburg oder Kapstadt und zurück. Infos bei: Railway Station, Bahnhof St., Windhoek, Tel. 061-22 73 64 und 298 25 04, Fax 298 24 95.

Im April 1998 unternahm Namibias einziger **Luxuszug**, der **Desert Express**, seine Jungfernfahrt von Windhoek nach Swakopmund (24 Stunden Fahrzeit). Informationen: Desert Express, P. B. 13204, Windhoek, Tel. 061-298 26 00, Fax 298 26 01, dx@trans namib.com.na, www.namibiareservations.com/dx.html. Ebenfalls im Fahrplan des Desert Express ist ein viertägiger Trip von Windhoek zur Etosha-Pfanne. Nach zwei Tagen ist der Bahnhof von Tsumeb erreicht, die Passagiere steigen aus, machen eine Pirschfahrt in Etosha und übernachten in der Mokuti Lodge. Während der Reise gibt es weitere Exkursionen. Außerdem fährt der Zug von Windhoek nach Lüderitz. Allerdings nicht die ganze Strecke: In Aus wird für das letzte Stück nach Lüderitz in Busse umgestiegen, die der Zug auf Waggons mitführt.

Seit Mai 1998 fährt Südafrikas berühmter **historischer Zug Rovos Rail** nach Namibia, und zwar auf der 2600 km langen Strecke (72 Std. = 4 Tage) von Johannesburg nach Swakopmund, Infos: www.rovosrail.co.za.

Taxi

Taxis verkehren in den Städten Windhoek (Tel. 061-23 70 70 u. 22 30 20), Swakopmund (Tel. 064-40 22 05) und Walvis Bay (Tel. 064-20 25 63).

Im Leihfahrzeug unterwegs

Viele der Hauptsehenswürdigkeiten Namibias lassen sich mit ›normalen‹ zweiradgetriebenen Mietwagen gut erreichen. Mehr Spaß am Reisen hat man jedoch mit allradgetriebenen Fahrzeugen, die besser zur Landschaft und den Anforderungen an Geländegängigkeit passen. Wer entlegene Regionen ansteuern will, kommt um einen voll ausgerüsteten Geländewagen mit Allradantrieb nicht herum. Weitab von der Zivilisation gibt es weder Benzin, noch Proviant und manchmal auch kein Trinkwasser, was Vermieter ihren Kunden oft nicht so klar darstellen.

Auch einige besonders schöne Routen, die in diesem Buch beschrieben werden, sind nur mit Geländewagen und entsprechender Erfahrung zu bewältigen. Dazu gehören zum Beispiel ein Großteil des Kaokolandes (s. S. 310ff.), die anspruchsvolle Sandstrecke durch den Kaudom Game Park (s. S. 342ff.), die Trockenflussbetten im nördlichen Damaraland, der Moremi National Park, die Makgadikgadi-Salzpfannen und der Chobe National Park in Botswana, sowie die letzten fünf sandigen Kilometer zu den Dünen von Sossusvlei.

Straßen

In Namibia gibt es etwa 5450 km geteerte Straßen und 37 000 km meist gut unterhaltene Pistenstrecken. Aber: Was auf der Karte wie eine wunderbar geteerte Straße aussieht, kann sich in der Realität als für Insassen und Reifen strapaziöse Wellenpiste herausstellen. Übrigens heißen bei den deutschstämmigen Namibiern die Straßen *Pads*.

Anmietung

Für die Anmietung von Fahrzeugen ist eine gültige Kreditkarte sowie ein internationaler Führerschein erforderlich. Wer einen Wagen in Namibia mietet und damit im Rahmen einer Rundreise in andere Länder des südlichen Afrika reisen möchte, muss eine Genehmigung des Verleihers mitführen.

Reisende mit geringen Englischkenntnissen sollten das gewünschte Fahrzeug bereits von zu Hause aus anmieten und bezahlen. Bei der Abholung des Fahrzeugs sollten allerdings trotzdem alle unten genannten Tipps beherzigt werden. Ist der Kunde nicht mit seinem Mietwagen zufrieden, kann er später in Deutschland Regressansprüche beim Reiseveranstalter geltend machen. Bei einer Direktmiete im südlichen Afrika ist das hingegen aussichtslos.

Wagenangebot

Wer einen **Golf** anmietet, darf nicht überrascht sein, die kantige Urform dieses Modells zu bekommen. Als sogenannter ›Citi-Golf‹ wird der alte Typ nach wie vor in Südafrika hergestellt und ist neben dem **Fiat Uno** der günstigste Mietwagen im südlichen Afrika. Diese Autos sind zwar recht billig, haben allerdings keine Klimaanlage, was nicht nur im Sommer zur Tortur werden kann.

Zwar sind viele Plätze und Orte in Namibia auch ohne Allradantrieb zu erreichen, dennoch ist es aus Sicherheitsgründen ratsam, ein größeres und höher gelegenes Fahrzeug zu wählen. Da zudem fast jeder Vermieter Unterbodenschäden am Fahrzeug in Rechnung stellt, kann der zunächst günstigere kleinere Personenwagen am Ende der Reise doch noch teuer werden, da bei den namibischen Straßenverhältnissen Schäden an der Unterseite eines niedrig gelegenen Pkw fast nicht zu vermeiden sind. Hinzu kommt auch der Sicherheitsaspekt: Tiere in freier Wildbahn überqueren auch am Tag oft und überall im Land die Straße. In einem größeren Fahrzeug ist man bei Zusammenstößen wesentlich besser geschützt.

Beliebt sind daher **Geländewagen**. Recht teuer ist hier der ›afrikanische Klassiker‹ **Land Rover Defender**. Er wird seit 1948 äußerlich nahezu unverändert gebaut.

Günstiger und deshalb im gesamten südlichen Afrika sehr populär sind **Pick-ups,** die hier *bakkies* genannt werden. Sie gibt es als Einzel- und Doppelkabiner, mit Diesel- oder Benzinmotoren von fast allen japanischen Autoherstellern. Empfehlenswert sind Doppelkabiner mit Dieselmotor, weil man dann auf den Rücksitzen Kamera- und Filmausrüstung sowie Kühlbox deponieren kann und der Motor – vor allem im Tiefsand – weniger Treibstoff verbraucht als ein Benziner. Auf die durch einen Plastikaufbau geschützte Ladefläche kommen dann Benzin- und Wasserkanister, Proviantboxen und ein durch eine zweite Autobatterie angetriebener 12-Volt-Kühlschrank, der selbst bei größter Hitze mitten im Nichts kalte Getränke liefert.

Neben besagten Kühlschränken *(freezer)* haben einige Vermieter (s. S. 87) komplette **Campingausrüstungen** – vom Klappstuhl bis zum Gaskocher – im Programm. Unbedingt zu empfehlen ist ein Dachzelt *(roof tent),* das abends lediglich aufgeklappt wird und sich mit einer stabilen Leiter am Boden abstützt. Das ist nicht nur simpel, sondern auch sicher, da es Tiere daran hindert, die Nachtruhe der Camper durch unbefugtes Eintreten ins Zelt zu stören.

Preise

Aufgrund der häufigen Unfälle, bedingt durch Linksverkehr und ungewohnte Pisteneinlagen, ist die Fahrzeugmiete in Namibia nicht ganz billig. In den Websites der Vermieter finden sich aber oft saisonbedingte Sonderangebote. Die Kilometer sind aufgrund der hohen Entfernungen fast immer unbegrenzt. Manche Verleiher bieten zur Sicherheit für abgelegene Off Road-Ausflüge auch Satellitentelefone zum Mieten an.

Die **Kautionen** für Autos, besonders für Geländewagen, sind hoch und müssen entweder in bar (macht wenig Sinn) oder per Kreditkartengarantie hinterlegt werden. Im Falle eines Unfallschadens wird dieser dann von der Kaution abgezogen. Reifen- und Glasschäden gehen immer auf Kosten des Mieters. Bei einem Totalschaden ist die Kaution das Limit der Eigenbeteiligung. Wer keine oder ein reduzierte Kaution/Eigenbeteiligung zahlen möchte, kann eine erhöhte Tagesmiete vereinbaren. Beispiel:

Ein **VW Golf I** kostet etwa 450 N$ pro Tag bei einer Mietdauer von 6 bis 15 Tagen. Bei längeren Mieten gibt es Rabatte. Die Kaution beträgt 12 000 N$. Wer die Kaution auf 6000 N$ reduzieren möchte, zahlt 40 N$ pro Tag extra, bei einer Kaution von 1500 N$ werden 60 N$ pro Tag extra erhoben und ganz ohne

Kaution weitere 100 N$ pro Tag. Der Gesamtpreis für den Golf würde also einschließlich aller Kilometer und ohne Eigenbeteiligung 550 N$ betragen.

Die Preise für die **Geländewagen** Toyota Land Cruiser oder Nissan Patrol liegen zwischen 1500 N$ bei 40 000 N$ Kaution und 1800 N$ am Tag ohne Kaution.

Die Option für Off Road-Camper, die ins Kaoko- oder Buschmannland fahren möchten, ist ein **voll ausgestatteter Geländewagen** (Nissan Doppelkabiner). Mit Klimaanlage, Servolenkung, 160 l Benzin in Tank, Zusatztank und Kanistern für eine Reichweite von etwa 1100 km, entweder mit zwei Dachzelten für insgesamt 4 Personen oder mit einem für 2 Personen, Schlafsäcken, Matten mit Bezug und Kissen, Handtüchern, 12-Volt-Kühl/Gefrierschrank, Tisch, Stühlen, 2 Gasflaschen, Kochaufsatz, Lichtaufsatz, Grillrost und Grillbesteck, staubsicherer Box mit komplettem Küchenset und Wasserkanister kostet das etwa 900 N$ pro Tag bei einer Kaution von 38 000 N$; ohne Kaution bezahlt man pro Tag 1150 N$.

Zustandsprüfung

Für welches Fahrzeug man sich auch entscheidet – eine Zustandsprüfung ist unabdingbar Grundsätzlich sollte kein Auto gemietet werden, das älter als drei Jahre ist. Durch die rauen Straßenverhältnisse in Namibia altert ein Mietwagen schneller, er wird unzuverlässig und anfällig für Schäden.

Ein kritischer Blick sollte bei Übernahme des Wagens auf die **Reifen** geworfen werden. Sind diese bereits stark abgefahren und ist eine längere Tour geplant, sollte unbedingt darauf bestanden werden, dass die Reifen erneuert werden. Ganz wichtig ist auch die Qualität des Reserve-Reifens und des Wagenhebers. Sind diese überhaupt vorhanden und funktionsbereit? Und wo befinden sie sich? Weist die **Windschutzscheibe** bereits kleinere Schäden auf? Dann kann davon ausgegangen werden, dass ihr der nächste vom Vordermann aufgewirbelte Stein den Rest gibt. Und Glasschäden sind bei den Mietwagen-Versicherungen meist ausgenommen, genauso wie beschädigte Reifen.

Informieren Sie sich vor Beginn Ihrer Tour beim Autovermieter über den optimalen **Reifendruck** für Ihr Fahrzeug und die jeweiligen Straßenverhältnisse, um ärgerliche und unnötige Reifenpannen zu vermeiden. Für ein beladenes Allradfahrzeug empfiehlt sich 2,5 bar auf Teerstraßen, 1,8 bar auf Schotterstraßen, 1,5 bar in felsigem Gelände und bis zu 0,8 bar im tiefen Sand, da der Reifen durch weniger Luft mehr Grip bekommt und elastischer wird – dies beugt Schäden durch spitze Steine vor. Auch empfiehlt es sich, für einen kleinen Aufpreis einen Kompressor für das Aufpumpen der Reifen mit anzumieten. Wer einmal versucht hat, einen Autoreifen mit einer Handluftpumpe bei 35 °C im Schatten mit Luft zu füllen, weiß warum.

Pannenhilfe

Wichtig ist, dass die Autovermietung einen 24-Stunden-Pannendienst (auch an Sonn- und Feiertagen) anbietet und möglichst auch über ein eigenes Abschlepp-Fahrzeug verfügt. Denn wer möchte schon gerne nach einem Wildunfall oder bei Totalschaden tagelang in einer abgelegenen Gegend auf Hilfe warten müssen? In jedem Fall sollte vor der Autotour durch Namibia geklärt werden, wie es im Falle einer Panne aussieht. Einige Vermieter bieten neben dem kostenlosen Service sogar einen eventuellen Fahrzeugtausch an, andere Anbieter sind so klein, dass sie sich das nicht leisten können.

Zur eigenen Sicherheit sollte man bei der Ankunft ein **Satellitentelefon** anmieten, da dann überall im Land Hilfe angefordert werden kann – die Reise wird dadurch deutlich entspannter. Für alle Fälle sollte man zudem unbedingt immer genügend **Trinkwasser und Proviant** mitnehmen!

85

Wer Mitglied des AvD oder ADAC ist, kann, wenn er seine Mitgliedskarte dabei hat, die Dienste des namibischen **Automobilclubs** Automobil Association of Namibia (AAN) in Anspruch nehmen: AAN, Ecke Peter Müller St./Independence Ave., Windhoek, Tel. 061-22 42 01, Fax 22 24 46.

Versicherungen, Sicherheit

Ein weiteres heikles Thema: Versicherungen. Da die Diebstahl- und Carjacking-Rate recht hoch ist, werden die Fahrzeuge aufgrund hoher Prämien oft nicht bzw. nur gegen Aufpreis diebstahlversichert. Einige Vermieter geben ihren Kunden eine Lenkradkralle mit, andere rüsten ihre teureren Fahrzeuge mit Wegfahrsperren und Alarmanlagen aus, die man sich vor Fahrtantritt genau erklären lassen sollte.

Beugen Sie dem **Diebstahl** vor! Unterwegs sollten bestimmte Verhaltensregeln beachtet werden: Auf der Strecke sollten unter keinen Umständen Anhalter mitgenommen werden. Wer anhält und aussteigt, sollte das Auto immer abschließen, auch wenn man sich nur wenige Meter entfernt oder nur kurz wegbleibt. Nichts sichtbar im Wagen liegen lassen. Autos werden auch mitten in der Stadt aufgebrochen, was für Reisende dann stundenlanges Warten bei der Polizei, Ärger und eventuell finanzielle Verluste bedeutet.

Ratsam ist eine **Vollkasko-Versicherung** mit Eigenbeteiligung bei Totalschaden. Vor der Übernahme des Fahrzeugs sollte man unbedingt jeden Schaden und Kratzer am Auto in einem **Zustandsprotokoll** auflisten.

Verkehrsregeln und Vorsichtsmaßnahmen

In Namibia herrscht **Linksverkehr**. Ein **Tempolimit** gibt es, obwohl man weder in der Stadt und erst recht nicht auf dem Land diesen Eindruck gewinnt, denn es wird meist gefahren, was die Fahrzeuge hergeben. Offiziell gilt 120 km/h auf Fernstraßen, 100 km/h auf Landstraßen und 60 km/h in geschlossenen Ortschaften. Auf den Pisten muss jedoch deutlich langsamer und mit angelegtem Sicherheitsgurt gefahren werden. Die Höchstgeschwindigkeit in allen namibischen Nationalparks beträgt 60 km/h.

Auf den zahlreichen Sand- und Erdpisten haben die Reifen, vor allem bei höheren Geschwindigkeiten, kaum mehr Bodenhaftung, d.h. Bremswege werden deutlich länger, und die **Schleudergefahr** ist sehr hoch. Die meisten Unfälle passieren, wenn eine schnurgerade Piste plötzlich abknickt, Fahrer die Kontrolle verlieren und sich überschlagen oder wenn sie vor unübersichtlichen Kuppen zu weit auf die Gegenfahrbahn gelangen und mit unerwartetem Gegenverkehr kollidieren. Empfohlen wird daher auf Pisten eine Geschwindigkeit von **maximal 70–80 km/h**. Die deutsche Botschaft hat in vielen Hotels Warnzettel für Besucher ausgelegt, da jährlich einige deutsche Touristen auf namibischen Straßen bzw. Pisten verunglücken.

Wer auf Pisten überholt wird, verschwindet kurzzeitig in einer dichten Staubwolke und sollte daher unbedingt abbremsen – am besten schon, wenn sich im Rückspiegel eine Staubwolke nähert. Nachtfahrten sollten vermieden werden. Ansonsten ist das Fahren auf den extrem verkehrsarmen Strecken Namibias eher eine ruhige Angelegenheit.

Geländewagen-Fahrtipps

Unerfahrene Fahrer sollten grundsätzlich in Begleitung eines zweiten Geländewagens reisen und im **Sand** in bereits existierenden Spuren fahren. Hat man das Gefühl einzusanden, kein Gas mehr geben, damit sich der Wagen nicht bis zu den Achsen eingräbt – er ist dann viel schwieriger zu bergen. Ist man eingesandet, bei nicht permanent allradgetriebenen Autos nochmals kontrollieren, ob die Freilaufnaben an den Vorderrädern auf ›Lock‹ stehen. Reifenluftdruck auf 1 bar vermindern. Sandige Strecken am besten frühmorgens zurücklegen, der Sand ist dann von der Nachtfeuchte

In Namibia wird links gefahren

härter und tragfähiger. Auf felsigen Strecken mit normalem Straßen-Luftdruck fahren, bei starkem Gefälle ersten Kriechgang einlegen, am besten vom Beifahrer einweisen lassen, um Aufsetzer zu vermeiden.

Abkommende **Flüsse** sollten nur gequert werden, wenn deren Tiefe vorher kontrolliert wurde. Sodann mit konstanter Geschwindigkeit und höherer Drehzahl im zweiten Kriechgang durchfahren. Ist das Wasser sehr tief, Türen öffnen, damit es durchfließen kann und die Strömung den Wagen nicht umwirft.

Anbieter

Avis 4x4, Tel. 061-23 31 66, Fax 22 30 72, www.avis.co.za. Auswahl an guten Geländewagen mit Ausrüstung und Landkarten, Vermiet-Filialen in Windhoek International Airport, Windhoek City, Lüderitz, Walvis Bay, Swakopmund und Tsumeb.

Asco Car Hire, 10 Diehl St., Tel. 061-23 22 45 oder 23 30 64, Fax 23 22 45, info@ascocarhire.com, www.ascocarhire.com. Über 150 verschiedene Pkw, Camper und Geländewagen, auf Wunsch mit Ausrüstung im Programm. Website auch auf Deutsch.

B-mobile Car Rental, Tel. 061-30 00 44, www.b-mobilecarrental.com. Vermietet neben 4x4-Doppelkabinern auch Hummer H3, Jeep Wrangler Rubicon, Toyota Landcruiser und Mitsubishi Pajero, alle voll ausgestattet.

Camping Car Hire, 36 Joule St., Tel. 061-23 77 56, Fax 23 77 57, carhire@mweb.com.na, www.camping-carhire.com. Deutschsprachiger Vermieter von Pkw und Geländewagen; Einweisung in Allrad-Fahrtechnik für jedes Terrain, Rund-um-die-Uhr-Pannendienst; Service im ganzen Land.

Kwenda Safaris, Johannesburg/Südafrika, Tel. 0027-82-459 21 79, Fax 0027-11-807 74 42, kwenda@iafrica.com, www.kwenda.co.za. Vermietung des klassischen Land Rover mit Vollausstattung; Fahrzeugübergabe in Johannesburg/Südafrika möglich, Rückgabe in Windhoek.

Weitere Auto-Vermieter findet man unter **www.natron.net/autos.htm.**

Unterkunft

Übernachten in Namibia

In Namibia herrscht kein Mangel an stilvollen und interessanten Übernachtungsmöglichkeiten – von Luxushotels über exklusive, teilweise sehr teure Lodges bis hin zu kleinen, gemütlichen Guesthouses und Bed-&-Breakfast-Herbergen. In diesem Reiseführer sind einige empfohlen, und unter den Websites der Touristen-Informationen lassen sich unter ›Accomodation‹ weitere Unterkünfte aller Preisklassen finden. Diese werden meist auch im Foto gezeigt, sodass man sich im Internet ein Bild vom jeweiligen Quartier machen kann. Sinnvoll ist es, sich vor der Reise den jährlich neu aufgelegten **Namibia Accomodation Guide for Tourists** zu besorgen, der beim namibischen Fremdenverkehrsamt in Frankfurt/Main kostenlos erhältlich ist. Dort sind alle Unterkunftstypen und -preise aufgelistet.

Hotels

Hotels findet man in den Städten und größeren Ortschaften des Landes. Ausstattung und Service entsprechen den internationalen Standards. Ein Swimming Pool ist meist vorhanden. Größere Hotels gibt es in Windhoek, Lüderitz, Swakopmund und Ondangwa. Doppelzimmer mit Frühstück kosten zwischen 800 und 1600 N$. Zimmer oder Häuschen für Selbstversorger 270 bis 400 N$.

Pensionen, B & B und Guesthouses

Diese privaten Unterkünfte werden meist von ihren Besitzern selbst geführt und verfügen nur über wenige Zimmer. Manchmal sind sie in historischen Gebäuden untergebracht. Bed & Breakfast-Unterkünfte (DZ mit Frühstück) kosten zwischen 500 und 1100 N$, je nach Lage und Ausstattung.

Lodges

Von rustikal bis luxuriös reicht der Charakter der über das Land verstreuten Lodges, die sich in aller Regel durch ein besonderes Ambiente, besten Service und eine gute Gastronomie auszeichnen. Am schönsten sind die meist wunderbar dekorierten und einsam gelegen Lodges, wo Gäste entweder in luxuriösen Zelten oder frei stehenden Häuschen untergebracht sind. Im Übernachtungspreis sind alle Mahlzeiten enthalten und meist ein bis zwei Aktivitäten pro Tag, wie Ausritte, Pirschfahrten mit Ranger im offenen Geländewagen oder begleitete Quadbike-Trips. Je nach Lodge zahlt man hier für zwei Personen zwischen 1200 und 7500 N$.

Die größte Auswahl an stilvollen Lodges in Namibia (insgesamt zwölf) und Botswana (insgesamt 21) hat der Veranstalter **Wilderness Safaris** im Angebot. Alleine im Gebiet von Sossusvlei werden vier verschiedene exklusive Übernachtungsmöglichkeiten angeboten. Die ausführliche Website in deutscher Sprache mit Detailfotos aller Camps und Lodges ist einen längeren Besuch wert. Wilderness Safaris Namibia, Windhoek, Tel. 061-27 45 00, Fax 23 94 55, info@nts.com.na, www.wilderness-safaris.com

---

Namibias Top-Ten
Die besonderen Übernachtungstipps des Autors:
Burg Gusinde, Windhoek-Umgebung, s. S. 137
Düsternbrook Guest Farm, Windhoek-Umgebung, s. S. 134ff.
Cañon Lodge, Fish River Canyon, s. S. 161
Grootberg Lodge, s. S. 271
Klein-Aus Vista, Aus, s. S. 169f.
Sossusvlei Wilderness Camp, Sossusvlei, s. S. 206
Sossus Dune Lodge, s. S. 208f.
Okaukuejo Waterhole Units, s. S. 306
Onguma Tree Top Camp, s. S. 307
Wolwedans Dune Camp, s. S. 201f.

Jack's & San Camp im botswanischen Makgadikgadi Pans-Nationalpark

Ein exklusives Lodge-Portfolio im südlichen Afrika unterhält **&Beyond,** Tel. 011-809 43 00, Fax 011-809 44 00, www.andbeyondafrica.com. Momentan hat &Beyond allerdings nur eine Lodge in Namibia, die luxuriöse Sossusvlei Desert Lodge.

Ebenfalls handverlesen sind die Mitglieder der **Leading Lodges of Africa**, Tel. 061-37 53 00, Fax 061-37 53 33, res@leadinglodges.com, www.leadinglodges.com, sowie des Marketingverbundes Classics Namibia, www.classicsnamibia.com.

Vier sehr empfehlenswerte und relativ preiswerte Wüsten-Lodges haben sich in der **Gondwana Desert Collection** zusammengetan: Tel. 061-23 00 66, Fax 061-25 18 63, info@gondwana-desert-collection.com, www.gondwana-desert-collection.com.

Einige Hotels und Lodges, derzeit insgesamt elf im ganzen Land, sind in der **Nabozazi Collection** vereint: Tel. 061-25 39 92, Fax 061-22 19 19, res@discover-africa.com.na, www.discover-africa.com.na.

Namib Sun Hotels umfasst fünf Hotels bzw. Lodges: Namib Sun Hotels, Tel. 061-23 31 45, Fax 061-23 45 12, nshmarket@olfira.com.na, www.namibsunhotels.com.na.

Gästefarmen

Etliche namibische Farmer haben begonnen, die Gästebeherbergung zum zweiten ökonischen Standbein aufzubauen. Vorteile für den Gast: authentisches Farmleben, Familienanschluss, persönliche Betreuung und Mahlzeiten aus Farmprodukten. Meist werden nur einige wenige Zimmer für Gäste bereitgestellt. Häufig bieten die Farmer Rundfahrten auf ihrem privaten Farmgelände an, teils auch Jagdfahrten. Die Preise bewegen sich am unteren Ende der Lodges-Preise.

Unterkünfte in den staatlichen Parks

Die Qualität der Unterkünfte in den Nationalparks des Landes hat sich in den vergangenen Jahren deutlich verbessert, weg vom

Jugendherbergsimage hin zum lodgeartigen Ambiente.

Alle Übernachtungen in den staatlichen Parks können bei **Namibia Wildlife Resorts** in Windhoek, Tel. 061-285 72 00, Fax 22 49 00 und Swakopmund, Tel. 064-40 21 72, Fax 40 30 23, oder in der Khorixas Lodge, Tel. 067-33 11 11, Fax 33 13 88, gebucht und in der Website vorher eingesehen werden. Am einfachsten ist eine Online-Buchung über die hervorragend gemachte Website von Namibia Wildlife Resorts: **www.nwr.com.na.**

Folgende staatliche Plätze können auf diese Weise gebucht werden:

Norden: die drei Unterkünfte im Etosha National Park (Okaukuejo, Halali, Namutoni), Hütte und Campingplatz bei den Popa Falls im Caprivi-Streifen, die Camps im Kaudom-Wildpark.

Zentral: Daan Viljoen Game Park, Gross Barmen Hot Springs, Hardap Recreational Resort, Reho-Spa Recreational Resort, Von Bach Recreational Resort und Waterberg Plateau Park.

Süden: Ai-Ais Hot Springs, Hobas-Campingplatz am Fish River Canyon und Shark Island-Campingplatz in Lüderitz.

Namib: Sossus Dune Lodge, Sossusvlei/Sesriem-Camp im Namib Naukluft Park, im Skeleton Coast National Park die Bungalows in Terrace Bay und der Campingplatz in Torra Bay, die Campingplätze in der West Coast Recreational Area Mile 14, Jakkalsputz, Mile 72 & Mile 108, und das Namib Khorixas Rest Camp bei Khorixas.

Camping

Was Rucksacktouristen seit langem wissen: Der beste Weg, um ein Land kennenzulernen, ist Campen. Aufgrund seines sonnigen Klimas bietet Namibia hierfür die besten Voraussetzungen. Camping kostet zwischen 60 und 120 N$ pro Platz (ein Zelt, ein Auto, vier Personen). Abenteuerlustige, die Namibia auf eigene Faust erforschen möchten, buchen sich am besten einen Geländewagen mit Camping-Ausstattung. Es gibt einige sehr schöne, von den lokalen Gemeinden unterhaltene Campingplätze, z. B. im Kaokoland, an der Spitzkoppe und im Caprivi-Zipfel. Informationen und Tarife finden sich bei: **NACOBTA (Namibia Community Based Tourism Association)**, Windhoek, Tel. 061-25 59 77, Fax 25 59 57, info@nacobta.com.na, **www.nacobta.com.na.**

Alle Nationalparks bieten außerdem Campplätze an. Die schönsten ›wilden‹ Alternativen liegen im einsamen Kaokoland.

Viele Safariunternehmer in Namibia bieten gemischte Reisepakete an, wo je nach Wunsch gezeltet wird oder Unterkünfte angesteuert werden. Das hängt von den Regionen ab, durch die gereist wird, aber auch vom Budget der Teilnehmer. Da diese Safaris meistens unter Leitung eines erfahrenen, einheimischen Guides stehen, wird dieser seine Gäste in die Kunst des Campens einführen. Dabei wird keine Mühe gescheut, es dem Gast so gemütlich wie möglich zu machen. Eine Safari in die abgelegenen Regionen Namibias, wo kilometerweit keine anderen Menschen anzutreffen sind, wo nachts nur Sterne leuchten, zählt wohl sicherlich zu den Highlights einer Namibia-Reise. Deswegen hüten alteingesessene Safariunternehmen auch ihre hauseigenen ›Schleichwege‹ in den Wildnisgebieten Namibias wie Staatsgeheimnisse.

Ein weiterer Vorteil einer solchen geführten Campingsafari ist, dass der erfahrene Guide sich um alles kümmert, die Flora und Fauna der Gebiete kennt, über ein erprobtes System verfügt, das das Aufstellen und Zusammenfalten der Zelte vereinfacht und natürlich am abendlichen Lagerfeuer die eine oder andere abenteuerliche Busch-Geschichte zum Besten geben kann.

Einsam wohnen in Eagles Nest, Gästefarm Klein-Aus Vista

Sport und Aktivurlaub

Zuschauersport

Namibianer aller Hautfarben sind sehr sportbegeistert. Die Nationalsportarten sind Rugby und Cricket. **Fußball**, einst ›schwarzer‹ Township-Sport, gewinnt mehr und mehr an Bedeutung und erlangte zusätzliche Beliebtheit durch die Fußballweltmeisterschaft, die im Juni/Juli 2010 im Nachbarland Südafrika stattfand, zum ersten Mal in der FIFA-Geschichte auf dem schwarzen Kontinent. Tennisturniere und Grand-Prix-Rennen werden gebannt am Bildschirm verfolgt, und Michael Schumachers F1-Comeback 2010 im Mercedes-Team wurde hier genauso freudig aufgenommen wie in Deutschland.

Die **Leichtathletik** erlebte nach den spektakulären Erfolgen des farbigen Namibiers Frank Fredericks aus Katutura einen enormen Aufschwung.

Aktivsport

In Swakopmund wird vom Gleitschirmfliegen bis zum Sandboarding in den Dünen vieles geboten. Mit meist blauem Himmel ist Namibia ein ideales Land zum Ballonfahren, was sich vor allem in der Namibwüste über den Dünen von Sossusvlei anbietet (s. S. 187).

Enduro- und Motorradtouren

Aufgrund der hohen Versicherungsprämien können in Namibia derzeit keine Motorräder gemietet werden. Biker müssen in Südafrika ein Motorrad mieten und dann über Land einreisen. Der Deutsche Ralf Möglich organisiert mit seiner Firma Gravel Travel in Namibia Endurotouren auf speziell für den Wüsteneinsatz modifizierten Yamaha XT 600. Gefahren wird nach Roadbook und mit Begleitfahrzeug.
Gravel Travel, Infos in Deutschland: Tel. 058 22-17 17, Fax 058 22-94 68 10, info@gravel-travel.de oder gravel@iafrica.com.na, www.gravel-travel.de.

Karoo-Biking: Observatory, Cape Town, Tel: 021-447 47 59, Fax 021-447 47 58, Mobil: 082-533 66 55, info@karoo-biking.de, www.karoo-biking.de, Informationn und Reservierung in Deutschland unter Tel. 0221-355 33 20 02. Das Unternehmen veranstaltet geführte BMW-Motorradtouren zwischen Kapstadt und Windhoek unter deutscher Leitung. Auch die Ausarbeitung individueller Touren mit dem Mietmotorrad ist möglich.

Golf

Golf könnte man aufgrund der oft gewaltigen Hitze in Namibia fast zu den Abenteuer-Sportarten zählen, speziell wenn man auf einem der Wüstenplätze mit Dünen im Hintergrund spielt. Die zwei bekanntesten Kurse sind: Windhoek Country Club, Tel. 061-205 59 11, www.legacyhotels.com und bei Swakopmund der Rossmund Golf Course, Tel. 064-40 56 44, rossmund@iafrica.com.na, der ursprünglich für Minenarbeiter gebaut wurde, aber nun auch Besuchern offensteht. Der Kurs ist einer von fünf registrierten Ganzgras-Wüstengolfplätzen der Welt. Es gibt nur zwei 18-Loch-Grasplätze in Namibia, beide sind anspruchsvoll. Schläger können gemietet werden, in den Clubhäusern gibt es Bars und Restaurants.

Über diese und weitere Golfplätze in Windhoek, Swakopmund, Henties Bay, Walvis Bay, Lüderitz, Tsumeb, Oranjemund und Katima Mulilo informiert die Namibia Amateur Golf Union, P. O. Box 2989, Windhoek, Tel. 061-23 50 79, Fax 293 31 78.

Jagen

Die Jagd ist für Namibia ein wichtiger Devisenbringer. So wird das Wild, vor allem das jagdbare, zu einer zunehmend wertvollen Ressource. Die Namibia Professional Hunting Association (NAPHA, P. O. Box 11291, Windhoek, Tel. 061-23 44 55, Fax 22 25 67) ist davon überzeugt, dass die Jagd notwendig ist, um ein intaktes Ökosystem zu erhalten.

Namibia hat ein strenges **Jagdgesetz**. Niemand darf ein Tier fangen oder töten, ohne die Erlaubnis dafür zu besitzen. Trophäentiere dürfen nach bestimmten Quoten geschossen werden. In diese Kategorie fallen: Elefanten, Breitmaulnashörner, Löwen, Büffel, Leoparden, Geparde, alle Antilopen (einschließlich speziell geschützter Arten wie Schwarzgesichtiges Impala oder Kirkdikdik) und das geschützte Hartmann's Zebra. Die Jagdsaison für jagdbares Wild auf Farmen beschränkt sich auf Juni und Juli. Die schriftliche Einwilligung des Farmers, auf dessen Land gejagt wird, muss vorher eingeholt werden. Er entscheidet auch darüber, welche Tiere gejagt werden und wie hoch die Abschussprämie ausfällt. Die am häufigsten gejagten Tiere sind Warzenschweine, Springböcke, Kudus und Oryxantilopen.

Trophäenjäger dürfen außerhalb der Saison, außer im Dezember und Januar, auf die Jagd gehen, wenn sie das *permit* durch einen registrierten professionellen Jäger oder Jagdführer erworben haben. In Namibia gibt es einige spezielle Jagdfarmen.

Wildvögel wie Frankoline, Perlhühner, Wildenten und -gänse, Wachteln und Flughühner sind während der Vogeljagdsaison im August und September zum Abschuss freigegeben.

Touren auf Quadbikes

Quadbikes, Fourwheeler oder ATVs sind kleine, einsitzige Fahrzeuge mit vier dicken, grobstolligen, mit wenig Luft gefüllten Reifen. Gas gegeben wird mit einem kleinen Hebel am rechten Lenkerende, die Gänge werden meist ohne Kupplung automatisch geschaltet. Selbst Unerfahrene haben den Dreh schnell heraus. Viele namibische Veranstalter bieten Touren an, meist durch die Dünen. Dank der weichen Reifen hinterlassen die Quadbikes kaum Spuren. Ranger wachen darüber, dass die Natur nicht in Mitleidenschaft gezogen wird. Veranstalter in Swakopmund (Desert Explorers, 2 Woermann Street, Rafters Action Pub Building, Tel. 064-40 60 96, swkadven@ iafrica.com.na, http://swakop.com/ADV/) und Walvis Bay (Kuiseb Delta Adventures, Tel. 063-2025 50, fanie@kuisebonline.com, www. kuisebonline.com) fahren zu versteckt gelegenen Plätzen, die sie regelmäßig neu auskundschaften. Zu sehen bekommt man dabei so spektakuläre Szenerien wie fast 2000 Pferdeskelette, die der Wind für kurze Zeit freigelegt hat.

Einige Lodges wie Le Mirage oder die Sossusvlei Desert Lodge bieten Quadbike-Trips an, bei denen die Gäste deutlich mehr gefordert sind. Sundowner auf dem Dünenkamm gibt es trotzdem.

Wassersport

Es gibt mehrere Anbieter, die entlang der Küste in Lüderitz, Walvis Bay und Swakopmund **Bootstouren** auf dem offenen Ozean anbieten, um Delfine, Robben und Pinguine zu beobachten (siehe entsprechende Kapitel). In der Lagune von Walvis Bay gibt es Sea Kayaking für Selbstfahrer, ideal zur Vogelbeobachtung und natürlich auch, um Delfine und Robben nahe zu kommen.

Wer Wildwasser mag, bucht eine **Rafting-Tour** auf dem Sambesi, dem Kunene oder dem Orange River, wobei in den beiden ersten Krokodile leben. Geruhsam sind dagegen die mehrtägigen Kanutouren auf dem Orange River, wo man hervorragend Vögel beobachten kann. Eine vier- bis fünftägige Tour kostet etwa 2500 N$. Fast alle Anbieter haben ihre Büros im südafrikanischen Kapstadt. Auf ihren Websites sind die verschiedenen Touren detailliert beschrieben: www.felixunite.com, www.riverrafters.co.za, www.wildthing.co.za, www.kuneneriverlodge.com.

Die Atlantikküste Namibias ist ein attraktives Revier für Freizeitangler und Hochseefischer; Infos: West Coast Angling & Tours, 9 Roon St., Swakopmund, Tel. 064-40 32 77, Fax 40 25 32.

Einkaufen

Township-Art

Typisch für Namibia ist die Township-Art, aus Blechabfällen, Draht und Plastik gefertigte, originelle Dekoartikel und Schmuckstücke. In den Townships handbedruckte Stoffe gibt es meterweise oder bereits verarbeitet als Kissen oder Hemden.

Diamanten

Seit über 100 Jahren werden Diamanten in Namibia abgebaut, aber erst seit 1999 werden sie dort auch poliert und seither unter dem Banner Namibian Manufactured Fine Diamond vertrieben. Diamanten sollten nur bei lizensierten Händlern erworben werden. Es ist illegal, ungeschnittene Rohdiamanten in Namibia zu kaufen.

Wollprodukte

Bekannt ist Namibia für die Wollprodukte seiner robusten, wüstenerprobten Karakulschafe, die als Bekleidung und Teppiche, meist mit schönen afrikanischen Mustern und Motiven, im Angebot erhältlich sind. Sie werden unter ihrem Handelsnamen Swakara (South West African Karakul) verkauft. Die Weber sitzen in Dordabis und Karibib.

Elfenbein

Elfenbein- und Schlangenhautprodukte sind freiverkäuflich, deutlich günstiger als in Europa, wo sie allerdings nicht eingeführt werden dürfen. Auch wenn es Ihnen angeboten werden sollte, verzichten Sie darauf, Produkte zu kaufen, die aus Elfenbein oder anderen Teilen vom Elefant gefertigt sind. Dieser unterliegt wie zahlreiche andere Tiere dem Washingtoner Artenschutzabkommen. Spätestens beim Zoll in Deutschland werden solche Käufe beschlagnahmt. Auch alle Felle gefleckter Katzen sind tabu.

Souvenirs

Beliebte Mitbringsel sind Halbedelsteine, Schmuck, Kunsthandwerk der verschiedenen Stämme wie die hübschen Herero-Puppen, Lederwaren wie Schuhe und Handtaschen aus Kuduleder oder Bettvorleger aus Springbockhäuten. Halbhohe Schuhe aus stabilem und bequemem Oryx- und Kuduleder trägt in Namibia fast jeder Ranger und Tourguide – ein ungewöhnliches Mitbringsel. Holzschnitzereien von den Kavango aus dem Caprivi-Streifen gibt es in Windhoek, Okahandja und Katima Mulilo zu kaufen.

Beim Namibia Crafts Centre in Windhoeks Tal Street bekommt man kostenlos die Arts & Crafts Map mit Informationen und Adressen zu etwa 100 verschiedenen Künstlern.

In Windhoek gibt es einige sehr gute Kunsthandwerkläden mit authentischen, afrikanischen Stücken, die teilweise sehr alt sind. Die Preise sind entsprechend hoch.

Mehrwertsteuer-Rückerstattung

Touristen bekommen die in Namibia bezahlten 15 % Mehrwertsteuer (VAT) bei der Ausreise am Hosea Kutako International Airport und an den Grenzposten Noordoewer und Ariamsvlei per südafrikanischem Rand-Scheck zurückerstattet. Vor dem Einchecken geht man mit den Rechnungen und den erworbenen Gütern zu dem ausgeschilderten VAT Refund Office, wo nach einer Stichproben-Kontrolle ein Rand-Scheck über den Mehrwertsteuer-Rückerstattungsbetrag ausgestellt wird. Es gibt dabei allerdings einiges zu beachten: Mehrwertsteuer gibt es nur für Güter zurück, die tatsächlich ausgeführt werden, also Bücher, Kleidungsstücke, Schmuck, Diamanten, Kunsthandwerk usw., nicht für Restaurant-, Hotel- oder Mietwagen-Rechnungen. Die erworbenen Güter müssen bei der Ausreise vorzeigbar sein, dürfen also nicht im Hauptgepäck verstaut sein. Zurückerstattet wird ab einem Gesamt-Einkaufspreis von 250 N$.

Zu jeder Ware muss eine Steuerrechnung *(tax invoice)* vorliegen, die der Verkäufer ausstellt. In der Rechnung müssen aufgeführt sein: das Wort Steuerrechnung *(tax invoice)*, Preis der Güter, Mehrwertsteuerbetrag, VAT-Nummer, Name und die Adresse des Verkäufers, eine genaue Beschreibung der gekauften Güter, Steuerrechnungsnummer und Ausstellungsdatum. Bei Waren, deren Wert 500 N$ übersteigt, müssen Name und Adresse des Käufers auf der Rechnung erscheinen Was im ersten Moment kompliziert klingt, ist bei den meisten Verkäufern mittlerweile Routine, und der Aufwand lohnt sich, vor allem für Shopping-Fans.

Farbige Stoffe gehören zu den beliebtesten Mitbringseln

Gut zu wissen

Fotografieren

Fotografieren von Menschen ist in Namibia kein Problem. Wie überall auf der Welt sollte man allerdings vorher fragen und die Würde der Menschen wahren. Himba-Nomaden im Kaokoveld erwarten genauso wie die San im Kaudom Game Park ein paar Nahrungsmittel (Mehl, brauner Zucker, *biltong*) oder Tabak als Gegenleistung für die Fotos. Viele Herero-Frauen in den Städten nehmen lieber Geld, etwa 10 N$ pro Foto-Aktion. In den ärmlichen Townships freuen sich die Bewohner meist, dass sich ausländische Besucher für sie interessieren. Allerdings sollten sie nur mit einheimischem Führer besucht werden.

Filmmaterial, Batterien und Speicherchips für digitale Kameras sind in Namibia teurer als in Mitteleuropa und nicht ganz so einfach zu bekommen. Für Prints gibt es gute Schnellentwickler in Swakopmund und Windhoek. Da das Licht oft sehr hell ist, genügen Filme mit 50 oder 100 ASA, die besonders scharf sind. Es empfiehlt sich, tagsüber einen UV-Filter zu verwenden, um den Lichteinfall zu dämpfen. Hauptprobleme für Kameras in Südafrika sind Staub und Sand. Filme deshalb nur in geschlossenen Räumen wechseln, um zu vermeiden, dass Sand- oder Staubkörner in die Kamera gelangen. Diese könnten den nächsten Film mit unerwünschten ›Telegrafenleitungen‹ durchziehen.

Eine Bürste mit eingebautem Blasebalg, Reinigungsflüssigkeit und Linsentücher helfen, die Kamera abends wieder sauber zu bekommen. Für gute Tieraufnahmen benötigt man ein Teleobjektiv mit einer Brennweite zwischen 200 und 300 mm. Es sollte mit einem UV-Filter versehen werden. Um verwacklungsfreie Fotos zu erzielen, empfiehlt sich ein Stativ. Lässt sich dieses im offenen Pirsch-Landrover nicht aufstellen, kann die Kamera auf einem mit Bohnen gefüllten Leinensack *(bean bag)* aufgelegt werden. Gute Lodges verfügen über solche Hilfsmittel.

Öffnungszeiten

Geschäfte haben üblicherweise Mo–Fr von 8– 17.30 und Sa von 8–13 Uhr geöffnet. Einige machen von 13–14.30 Uhr Mittagspause. Größere Supermärkte haben häufig Samstag nachmittags und teils sogar sonntags geöffnet. Öffentliche Gebäude sind von 12.30–15 Uhr geschlossen. Die Museen in Namibia haben sehr unterschiedliche Öffnungszeiten, was mit der Tatsache zusammenhängt, dass sie häufig ehrenamtlich geführt werden. In den Nationalparks gelten für Tagesbesucher jeweils feste Zugangszeiten, genaue Angaben findet man beim jeweiligen Park. Wer eine Unterkunft auf dem Nationalparkgelände gebucht hat, kann in der Regel zu jeder Tages- und Nachtzeit anreisen.

Reisen mit Handicap

In Namibia gibt es nur in sehr beschränktem Maße behindertengerechte Einrichtungen. Außer den neueren Einkaufszentren wurden bislang nur einige wenige Hotels und Sehenswürdigkeiten behindertengerecht umgebaut. Man sollte daher vor jeder Buchung bei den jeweiligen Hotels nachfragen, welche Einrichtungen zur Verfügung stehen. Fast alle Autovermieter haben Automatik-Wagen im Programm.

Toiletten

In allen Flughäfen, Hotels, Restaurants und Einkaufszentren sind Toiletten und Waschräume in gutem Zustand und werden mehrmals täglich gereinigt. Unterwegs sind die großen Tankstellen an den Hauptstraßen ebenfalls sauber. Auf Nebenstraßen und in kleineren Orten fällt das Reinheitsniveau etwas ab, erreicht aber nur in ganz seltenen Fällen niedriges Niveau.

Eine gute Ausrüstung ist für Geländewagentouren ein Muss

Trinkgeld

Die Bedienungen in Namibia leben vom Trinkgeld, da sie nur ein sehr geringes Grundgehalt bekommen. Üblich ist ein *tip* von 10 %, bei besonders gutem Service entsprechend mehr. In touristischen Regionen sind einige Gastronomen dazu übergegangen, 10 % Bedienungsgeld einzubehalten – in diesem Fall sollte man den Rechnungsbetrag nur geringfügig aufrunden oder kein Trinkgeld geben. Gästefarmen stellen häufig eine Tipbox auf, in der Trinkgeld für jene Mitarbeiter gesammelt wird, die keinen direkten Kontakt mit den Gästen haben.

Zeit

Zur europäischen Sommerzeit ist es in Namibia eine Stunde früher, zur europäischen Winterzeit eine Stunde später. In Namibia erfolgt die Zeitumstellung jeweils am ersten Sonntag im März und September.

Reisekasse und -budget

Landeswährung

Die namibische Währung ist der **Namibia-Dollar**, der in 100 Cents aufgeteilt ist. Es gibt Banknoten mit einem Wert von 10, 20, 50, 100 und 200 N$, Münzen mit 5, 10, 50 Cents und 1 sowie 5 N$. Auf den Namibia-$-Scheinen ist der Freiheitskämpfer Hendrik Witbooi (s. S. 44f.) abgebildet.

Der Namibia-$ hat 1993 den südafrikanischen Rand abgelöst, ist aber nach wie vor an diesen gekoppelt, d. h., der Umtauschkurs zwischen N$ und Rand ist immer 1:1.

Wechselkurse

Der Wechselkurs ist in Namibia deutlich günstiger als in Deutschland. Bei der »Bank Windhoek« am International Airport kann gleich nach der Ankunft Bargeld umgetauscht werden.
Kurse (April 2010):
1 € = 9,40 Namibia-$
1 CHF = 6,56 Namibia-$
1 Namibia-$ = 0,10 €
1 Namibia-$ = 0,14 CHF

Geld

Neben der Landeswährung werden auch **Südafrikanische Rand** einschließlich Münzgeld überall in Namibia akzeptiert; in Botswana (lokale Währung: Pula) und Sambia (lokale Währung: Kwacha) fast überall. Namibia-$, Pula und Kwacha werden nur in ihren Ursprungsländern als Zahlungsmittel akzeptiert. In den letzten Jahren ist der Rand aufgrund der positiven Entwicklung der südafrikanischen Wirtschaft zu einer der stabilsten und stärksten Währungen der Welt geworden, was sich automatisch auf den Namibia-$ ausgewirkt hat.

Der **Euro** hat sich als Zahlungsmittel noch nicht überall durchgesetzt, insbesondere nicht außerhalb der Hauptstadt.

Geldbeschaffung

Die Einlösung von **Reiseschecks** kann in kleineren Orten auf Schwierigkeiten stoßen und ist mit hohen Gebühren verbunden. Die Kopie der Kaufquittung für z. B. American Express muss stets vorgezeigt werden.

Mit Kreditkarte und Pin-Nummer kann an vielen **Bankautomaten** (**ATM** – Automatic Teller Machine) Geld gezogen werden, was im Endeffekt billiger kommt als Reiseschecks zu kaufen. Die EC-Karte kann zum ATM-Geldabheben verwendet werden, wenn die Bank in Namibia ein Abkommen mit Maestro oder Cirro hat (entsprechende Aufkleber sind an den ATMs angebracht). Außerdem geht das Abheben an Bankautomaten schneller, und sie sind tgl. 24 Std. ›geöffnet‹. Bei der Eingabe fragt die Maschine nach dem ›Type of Account‹, dann muss nicht ›Cheque‹, sondern ›Credit Card‹ eingetippt werden. Das ATM-Abheben funktioniert besser bei kleineren Banken wie Nedbank und Absa Bank als bei den größeren Instituten von First National und Standard Bank.

Banken sind in der Regel Mo–Fr 9–15.30, Sa 9–10.30 Uhr geöffnet.

Wechselstuben: Rennies Travel, eine große, weitverbreitete Reisebüro-Kette, und die Büros von American Express wechseln Traveller-Schecks (hauptsächlich American Express, Visa und Thomas Cook) sowie Bargeld außerhalb der normalen Banköffnungszeiten zu günstigen Konditionen.

In den abgelegeneren und **ländlichen Gegenden Namibias**, so etwa im Damara- und Kaokoland, empfiehlt sich die Mitnahme von Bargeld, da dort weder Reiseschecks noch Kreditkarten angenommen werden.

Nachbarländer

Es wird empfohlen, auf Reisen nach **Sambia US$** mitzunehmen, da häufig die Zahlung von Hotel-, Flug- oder Mietwagenkosten sowie der Flughafengebühr in einer Hartwährung (vorzugsweise US$) gefordert wird.

Die nationale Währung **Simbabwes**, der Zimbabwe-$, wurde 2009 aufgrund der galoppierenden Inflation auf unabsehbare Zeit abgeschafft. Als offizielle Zahlungsmittel dienen seither der südafrikanische Rand (ZAR), der US$ und der Euro. Eine eigene Währung soll in Simbabwe erst dann wieder eingeführt werden, wenn das Land stützende Industriezweige aufweisen kann.

Auch andere Länder haben ihre eigene schwache Währung auf Eis gelegt. So benutzen etwa Panama, El Salvador und Ecuador den US$. Simbabwe ist jedoch bislang das einzige Land, das nicht nur eine, sondern gleich mehrere Fremdwährungen zulässt.

Botswana: Kreditkarten werden teilweise akzeptiert; am besten aber tauscht man gleich an der Grenze Bargeld in die nationale Währung Pula.

Während in Namibia überall auch mit Rand bezahlt werden kann, ist es umgekehrt nicht möglich, mit Namibia-$ in **Südafrika** zu bezahlen.

Kreditkarten

Gängige Kreditkarten werden von Hotels, Restaurants, Reiseveranstaltern und größeren Geschäften häufig, aber nicht immer angenommen. Der Wechselkurs wird dabei vom Geschäftspartner festgelegt und folgt nicht zwingend der täglichen Bankrate. Mastercard und Visa sind am gebräuchlichsten.

American Express-Karten werden seltener akzeptiert. Zum Automieten ist eine Kreditkarte immer Voraussetzung. Die Angabe der Kreditkartennummer ersetzt die Hinterlegung einer Bar-Kaution. Achtung: **An Tankstellen kann ausschließlich bar bezahlt werden!**

Kreditkarten-Agenturen in Namibia (alle in Windhoek, Vorwahl: 061): American Express, Tel. 24 90 37, Fax 22 44 17, Diners Club, Tel. 294 21 43, Fax 294 21 99, Master Card/ Standard Bank, Tel. 294 91 11, Fax 294

Sperrung von EC-und Kreditkarten bei Verlust oder Diebstahl*:

00 49-116 116

oder 0049-30 4050 4050
(* Gilt nur, wenn das ausstellende Geldinstitut angeschlossen ist, Übersicht: www.sperr-notruf.de)
Weitere Sperrnummern:
– MasterCard: 0049-69-79 33 19 10
– VISA: 0049-69-79 33 19 10
– American Express: 0049-69-97 97 2000
– Diners Club: 0049-69-66 16 61 23
Bitte halten Sie Ihre Kreditkartennummer, Kontonummer und Bankleitzahl bereit!

---

23 69, Visa/ First National Bank of Namibia, Tel. 22 96 16, Fax 22 35 58, 24-Stunden-Service Tel. 011-833 95 11.

Preise

Namibia vermarktet sich nicht als Billig-Reiseziel, gehört aber trotzdem immer noch zu den günstigeren Reiseländern der Welt. Die Lebenshaltungskosten sind, dank des schwachen Namibia-$/Rand-Kurses deutlich niedriger als in Deutschland – vor allem, wenn man die langen Distanzen und den mit umgerechnet etwa 0,75 € pro Liter recht günstigen Spritpreis bedenkt. Ein gutes Essen im Restaurant kostet etwa halb so viel wie in Deutschland. Zu den Preisen für Hotels, Lodges usw. siehe Kapitel Unterkunft.

Die Nationalparks in Namibia sind günstiger als in Botswana. Die Touristenpolitik in Botswana setzt weniger auf Massentourismus und spricht mehr den Individualtouristen an. Entsprechend teuer ist ein Aufenthalt in den botswanischen Nationalparks. Die Preise wurden in den vergangenen Jahren kräftig erhöht (siehe Reiseinfos).

Reisezeit und -ausrüstung

Reisezeit

Namibias Klima ist gekennzeichnet durch ein heißes, trockenes Inland und eine kühlere Atlantikküste sowie zwei ausgeprägte Jahreszeiten: die trockene Zeit (Mai–Sept.) mit 20 bis 25 °C am Tag und kühlen bis kalten Nächten sowie die warme, regenreiche Zeit (Okt.–April) mit Temperaturen von 30 bis 40 °C.

Die heftigsten **Niederschläge** fallen in der heißesten Zeit (Jan.–März) – der ungünstigsten Zeit für einen Namibia-Trip. Die **Victoria-Fälle** führen im März und April das meiste Wasser, lassen sich dann wegen der hohen Gischt aber nur vom Flugzeug aus komplett erfassen. Am niedrigsten ist der Wasserstand im November und Dezember, dann sind Spaziergänge bis an den Rand der Fälle möglich.

Charakteristisch für das Klima Namibias sind **lange Dürreperioden**, die oft urplötzlich von heftigen Regenfällen unterbrochen werden, die Trockenflussbetten (*riviere*) in reißende Ströme verwandeln können. Deshalb campen Namibier nie in Trockenflussbetten. In den Schulferien sind Unterkünfte stark gebucht, was eine frühzeitige Reservierung notwendig macht. Die Hauptferienzeit liegt zwischen Anfang Dezember und Mitte Januar.

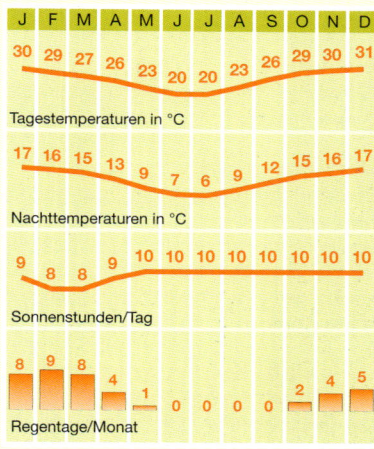

Klimadaten von Windhoek

Kleidung und Ausrüstung

Während tagsüber T-Shirt und Shorts ausreichen, sollte für kühle Abende, vor allem beim Campen, ein Pullover mitgenommen werden. Auch im namibischen Winter ist es tagsüber angenehm warm, nachts kühlt es dafür oft bis auf unter 10 °C ab, was eine warme Jacke notwendig macht. Als Schutz vor der Sonne sollten stets Hut und Sonnenbrille mit UV-Filter getragen werden. Sobald man das Auto verlässt und sich bewegt, sind (wegen der Schlangen) knöchelhohe, leichte Wanderstiefel empfehlenswert. Auch in den teureren Lodges geht es auch am Abend leger zu, Herren sollten dann jedoch lange Hosen tragen. Weiter empfiehlt sich ein gutes Fernglas zur Tierbeobachtung. Hobby-Videofilmer finden auch in abgelegenen Lodges Strom, um Akkus und Batterien wieder aufzuladen.

Die Filialen von **Cape Union Mart** (www.capeunionmart.com) statten seit 1933 Wanderer, Kletterer, Safari-Gänger usw. mit hochwertiger, aber preisgünstiger Bekleidung aus. Die Firma mit Ursprung in Kapstadt hat inzwischen auch zwei Filialen in Windhoek.

Elektrizität

Die Stromspannung beträgt wie in Deutschland 220 Volt. Man benötigt aber einen Adapter für europäische Stecker, damit diese in die dreipoligen Steckdosen passen. Erhältlich sind diese in fast allen Elektrogeschäften und in den meisten Hotels. Am besten bringt man sie jedoch gleich aus Europa mit.

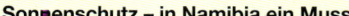

Sonnenschutz – in Namibia ein Muss

Gesundheit und Sicherheit

Gesundheit

Impfungen
Für Namibia sind keine Schutzimpfungen vorgeschrieben.

Versicherungen
Zusätzlich zur gesetzlichen oder privaten Krankenversicherung sollte auf jeden Fall eine Reisekrankenversicherung abgeschlossen werden. Die Kosten für ärztliche Behandlungen liegen deutlich unter denen in Mitteleuropa.

Gesundheitsrisiken und Vorsichtsmaßnahmen
Das Land ist fast frei von tropischen Krankheiten, lediglich Besucher der nördlichen Landesteile sowie Botswanas und Sambias sollten sich der Gefahren durch **Malaria** bewusst sein. Während der Regenzeit ist Malaria ein Problem, vor allem im Norden (Kaokoveld, Damaraland, Ovamboland, Etosha, Kaudom und Caprivi), im Okavango-Delta und an den Victoria-Fällen. Die Einnahme der sehr starken Kombinationspräparate mit nicht unerheblichen Nebenwirkungen ist umstritten. Vor allem deshalb, weil keine Prophylaxe einen 100%-igen Schutz bietet. Wenn dann trotz einer Vorbeugung Malaria ausbrechen sollte, ist sie schwieriger zu diagnostizieren und zu heilen.

Der mechanische Schutz wird viel stärker propagiert als früher, d.h. die Vermeidung von potenziell ansteckenden Insektenstichen. Zu diesem Zweck sollte man besonders in der Dämmerung langärmelige Hemden und lange Hosen tragen, am besten in hellen Farben. Bewährt hat sich auch das Abbrennen von sogenannten Moskito-Spiralen (außerhalb geschlossener Räume). In Räumen hilft Tea Tree- oder Lavendel-Öl in einer Duftlampe, außerdem ein paar Tropfen auf die Bettdecke und die Glühbirnen. Regelmäßige Einnahme von Knoblauchpillen reduziert Stiche ebenfalls, da die Moskitos den Geruch der Haut dann nicht mögen. Schlafen sollte man unter einem klassischen Moskitonetz.

Wer keine Prophylaxe betreibt, sollte etwa zehn Tage bis sechs Monate nach der Rückkehr aus einem gefährdeten Gebiet auf Symptome wie Gliederschmerzen, Schnupfen, Erkältung, Fieber usw. achten. Treten diese auf, sofort ein Tropeninstitut konsultieren und Malariaverdacht äußern, damit sehr schnell Gegenmaßnahmen eingeleitet werden können. Innerhalb von 48 Stunden nach dem Eintreten der ersten Symptome ist Malaria völlig problemlos zu heilen. Grundsätzlich sollte jeder Tourist vor der Reise das Malaria-Risiko zusammen mit seinem Hausarzt erwägen.

Seit einiger Zeit kann man in namibischen und südafrikanischen Apotheken einen einfachen Malaria-Selbsttest kaufen. Das spart die zeitaufwendigen und teuren Krankenhaus-Bluttests. Fällt der Test unterwegs positiv aus, nimmt man die beigefügten Tabletten ein und konsultiert sofort nach der Reise einen Arzt.

Bilharziose *(bilharzia)* wird durch einen Parasiten übertragen, der im Wasser lebt und Darm, Blase sowie andere Organe von Säugetieren, einschließlich Menschen, befallen kann. Nur im äußersten Nordosten Namibias (Caprivi) besteht Bilharziose-Gefahr, und zwar nur in der Nähe menschlicher Siedlungen. Man sollte also weder Wasser trinken, das unterhalb eines Dorfes fließt, noch darin baden oder sich damit waschen.

Die Bilharziose-Symptome zeigen sich nach etwa sechs Wochen, eingeleitet durch eine gewisse Lethargie und Schwäche nach zwei bis drei Wochen. Bei Blut im Stuhl oder Urin unbedingt einen Arzt aufsuchen! Die Krankheit ist dann leicht und schnell heilbar.

Die **Schlafkrankheit** *(sleeping sickness)* wird durch einen Parasiten verursacht, der auf Menschen durch den Stich einer infizierten Tsetsefliege übertragen wird. Das Insekt ist etwas größer als eine Stubenfliege und sieht aus wie eine Pferdebremse. Aufgrund ihrer harten Körper lassen sich die Insekten nur schwer zerquetschen. Wie Bilharziose kommt die Schlafkrankheit nur im äußersten Nordosten Namibias (Caprivi) vor. Selbst dort ist sie durch häufiges Sprühen von Insektiziden sehr selten. Stiche können durch Tragen langärmeliger Hemden und langer Hosen in dunklen Farben und Auftragen von Insektenschutzmitteln vermieden werden. Nicht jeder der schmerzhaften Bisse führt zum Ausbruch der Krankheit. Sollte die Stelle allerdings anfangen sich zu entzünden oder sollten Symptome wie Lymphknotenschwellungen und starke Kopfschmerzen auftreten, muss ein Arzt aufgesucht werden.

Arzt und Apotheken

Der Standard der ärztlichen Versorgung in den größeren Städten Namibias ist gut. In Windhoek gibt es zwei private Krankenhäuser mit Weltstandard. Die ärztliche Ausbildung ist ebenfalls auf Weltniveau. 90 % aller Notfälle können in Windhoek versorgt werden, die restlichen 10 % in Südafrika.

24 Stunden täglich im Einsatz sind Med Rescue International, ein medizinischer Flugrettungsdienst für das südliche Afrika, sowie die lokale Firma Aeromed Namibia, die mit dem weltgrößten Rettungsdienst, Europ Assistance, zusammenarbeitet. Der Service erstreckt sich bis in die entlegensten Landesteile und evakuiert Patienten mit Flugzeugen, Hubschraubern oder Ambulanzwagen. Versicherer in Deutschland arbeiten mit diesen Firmen zusammen.

Apotheken heißen in Namibia *chemists* und finden sich praktisch in jedem größeren Ort. Alle wichtigen, internationalen Arzneimittel sind erhältlich, meist zu günstigeren Preisen als in Europa. Dennoch sollte man Medikamente, die man ständig braucht, von zu Hause mitbringen. Malariamittel sind frei verkäuflich in der Apotheke zu erhalten.

In Namibia sind alle aus Europa gewohnten Medikamente erhältlich, es gelten die strengen Standards der amerikanischen Food and Drug Organisation. Importierte Medikamente werden vom lokalen Drug Control Board streng überwacht. Blutkonserven sind absolut sicher, sie unterliegen strengsten Untersuchungen und Kontrollen.

Wasser

Überall in Namibia kann das Wasser aus den Leitungen bedenkenlos getrunken werden.

Sicherheit

Namibia gilt nach wie vor als relativ sicheres Reiseland. Vorsicht sollte man lediglich abends in Windhoek, Swakopmund und Lüderitz walten lassen: Besser ohne Schmuck und Handtasche ins Restaurant gehen oder gleich mit dem Auto bis vor das Restaurant fahren bzw., wenn möglich, ein Taxi nehmen. Diebstähle und Raubdelikte gegen Touristen – vor allem Einzelreisende – nehmen in letzter Zeit zu. Von Spaziergängen in der Dunkelheit ist abzuraten.

Die Autodiebstahlrate ist sehr hoch. Viele Vermieter geben deshalb eine Lenkradkralle mit, die immer angelegt werden sollte, wenn man den Mietwagen verlässt.

Von Überlandfahrten während der Dunkelheit wird abgeraten. Neben erhöhter Gefährdung durch kriminelle Übergriffe besteht das Risiko eines Verkehrsunfalls wegen unbeleuchtet abgestellter Fahrzeuge und auf der Straße befindlicher Tiere.

Vorsicht ist bei den kleinen, unbewirtschafteten Rastplätzen entlang der Landstraßen angebracht, wo es wiederholt zu Überfällen auf Touristen gekommen ist.

Wichtig ist, nicht als unbeholfener Tourist aufzufallen, wenn man durch eine Stadt läuft. Entgegenkommende Leute fixieren und anlächeln. Eine Route vorher festlegen, nicht un-

Südliche Verbindung nach Südafrika: die Grenzfähre bei Sendelingsdrift

terwegs ständig in den Stadtplan starren. Wenn man sich verlaufen hat, ins nächste Café oder Geschäft gehen und dort nach dem Weg fragen. Wertgegenstände nicht offen tragen, sondern in einer zusammengeknüllten Plastiktüte oder in einem kleinen Rucksack.

Falls es wirklich zu einem Überfall kommt, sollte man ein oder zwei Zehn-Dollar-Scheine lose in der Tasche haben und diese widerstandslos herausgeben, meist rennen die jugendlichen Täter damit sofort weg.

Man sollte nicht nachts (besser ein Taxi zum Restaurant und zurück nehmen), nicht in abgelegene Gebiete und nicht mit unverschlossenen Fenstern und Türen fahren.

Bei Reisen nach **Simbabwe** muss berücksichtigt werden, dass die schwierige politische, wirtschaftliche und soziale Lage der Bevölkerung zu einem Anstieg der Kriminalität geführt hat. Vor allem in der Innenstadt von Harare sind verstärkt Taschendiebstähle und *smash and grab*-Überfälle zu verzeichnen. Im Auto sollten daher die Fenster immer geschlossen und die Türen von innen verriegelt sein. Handtaschen, Fotoapparate usw. sollten nicht sichtbar im Auto liegen, Spaziergänge sollten nach Einbruch der Dunkelheit nicht unternommen werden.

Das Fotografieren und Filmen von Militäranlagen und -fahrzeugen, Soldaten, Polizisten, VIPs und sicherheitsrelevanten Gebäuden (z. B. der Amtssitz des Präsidenten ›Zimbabwe House‹ oder auch ›State House‹ auf der Borrowdale Road in Harare) ist verboten. Darauf sollte unbedingt geachtet werden!

Für weitergehende Auskünfte steht die Deutsche Botschaft in Harare unter Tel. (von Deutschland aus): 002 63-4-30 86 55/56 zur Verfügung.

Notruf 101 11

Ambulanz (jeweils Vorwahl 061): Zentralkrankenhaus Windhoek Tel. 203 91 11, Städtische Ambulanz Tel. 203 22 70, Staatskrankenhaus Tel. 203 91 11, Medi-Clinic Tel. 22 26 87, Feuerwehr Tel. 21 11 11, Polizei Tel. 101 11.
Landesweiter Notruf: Tel. 101 11 und 110 23; Standort angeben, dann nach der örtlichen Polizeinummer *(local emergency police number)* fragen.

Kommunikation

Internet

In Namibia und Botswana gibt es mittlerweile zahlreiche Internetnutzer und einige öffentliche Internet-Cafés. Die meisten Unterkünfte und Restaurants haben eigene Websites, wo Zimmer ar - oder Speisekarten eingesehen werden können. So können sich Besucher schon bequem zu Hause auf ihren Namibia-Trip vorbereiten und eventuell online buchen. Viele Hotels, Gästehäuser und Bed&Breakfasts bieten ihren Gästen auch einen freien Zugang ins Internet an.

Internet-Cafés in Swakopmund:
www.swakop.com
Swakopmund Internet Cafe & Coffee Shop
Shop 17, Woermann, Brock Mall, Sam Nujoma Avenue, Tel. 064-46 40 21, Mo–Sa 7 bis 22 Uhr, So 10–22 Uhr
CompuCare, 12 Hendrik Witbooi St., Tel. 064-46 37 75, Mo–Sa 8–18 Uhr
Desert Explorers Adventure Centre
2 Woermann St., Tel. 064-40 60 96

In Windhoek:
MWEB: Kenya House, Robert Mugabe Av., Tel. 061-291 10 00
Club Internet: Bülow St./John Meinert St., Mo-Fr 8–20, Sa 9–14 Uhr
Weitere Internetcafés gibt es in Walvis Bay, Maun (Botswana) und Livingstone (Sambia), oft in den Touristenbüros.

Post

Die Post von Windhoek nach Europa dauert etwa fünf Tage, aus dem Landesinneren oft bis zu zwei Wochen. In Namibia gibt es keine Postzustellung an die jeweilige Adresse, sondern ausschließlich in ein entsprechendes Postfach (P. O. Box oder Private Bag). Diese Angaben sind deshalb bei Adressen besonders wichtig.

Postämter gibt es praktisch in allen größeren Siedlungen und Städten. Sie sind in der Regel Mo–Fr 8.30–12.30 und 13.30–18.30 Uhr geöffnet. Bei der Post kann man telefonieren und faxen.

Fernsehen

Die Namibian Broadcasting Corporation (NBC) betreibt acht Radiostationen und einen Fernsehkanal. NBC sendet in sechs Sprachen von Windhoek aus.

M-Net (www.mnet.co.za) ist ein gebührenpflichtiger südafrikanischer Sender, der in Namibia über Satellit empfangen werden kann und neben der hervorragenden Reportage-Sendung »Carte Blanche« (So 19–20 Uhr, www.carteblanche.co.za) internationale Kinofilme ohne Werbeunterbrechung sendet. Viele Hotels bieten M-Net und einige deutsche Programme in ihren Zimmern an.

Um den zahlreichen im Land lebenden Deutschen, Österreichern und Schweizern entgegenzukommen, bringt der DEUKOM-Satellit (www.deukom.co.za) ARD, ZDF, SAT1, 3SAT, RTL, DW und Pro Sieben gebührenpflichtig in namibische Wohn- und Hotelzimmer.

Telefonieren

Namibia hat sein gesamtes Telefonnetz digitalisiert und die Telecom Namibia hat überall im Land Glasfaserleitungen verlegen lassen.

Auch das Funkturm-Netz für den **Handy-Empfang** wurde stark erweitert. Namibia ist neben Südafrika das einzige Land im südlichen Afrika mit einem Funktelefon-Netz, sein Telefonnetz gehört zu den am weitesten fortgeschrittenen in Afrika. 4 % aller Haushalte verfügen über einen eigenen Anschluss – viermal mehr als Afrikas Durchschnitt. Es gibt Roaming-Abkommen mit 55 Ländern und 115 verschiedenen Netzwerken; aus Deutschland mitgebrachte Geräte funktionieren meist problemlos.

Von Postämtern können Telefongespräche nach Europa geführt werden. Telefonkarten gibt es für 10, 20 und 50 N$. Falls es mit Telefonnummern Probleme geben sollte, können sich Touristen an die Auskunft wenden: Tel. 061-11 88 und 10 23.

Noch etwas Skurriles zum Thema Telefonieren: Alle namibischen Telefonnummern, einschließlich der ›Gelben Seiten‹ finden in einem relativ dünnen, anderthalb Pfund schweren Buch Platz. Kein Wunder – im ganzen Land wohnen schließlich nur halb so viele Menschen wie in Kapstadt. Das Buch gibt es im Telekom Shop in Windhoek, direkt neben der Hauptpost.

Vorwahlen:
Namibia: 002 64
Botswana: 002 67
Sambia: 002 60
Simbabwe: 002 63
Deutschland: 00 49
Österreich: 00 43
Schweiz: 00 41
Dahinter entfällt dann die 0 der Ortsvorwahl.

Zeitungen

Die jeden Tag in Windhoek erscheinende deutschsprachige »Allgemeine Zeitung« (Auflage: 5500) bringt einmal im Monat eine umfangreiche Tourismusbeilage heraus, die auch über das Namibian Tourism Board in Frankfurt kostenlos verteilt wird. Im Land selbst bekommt man sie bei den touristischen Informationsstellen. Die AZ ist die älteste deutschsprachige Zeitung Afrikas und die einzige auf der Südhalbkugel.

Deutsche Zeitungen, Nachrichtenmagazine und Illustrierte gibt es in jeder größeren Buchhandlung in Namibia.

In Namibia herrscht Pressefreiheit, die von der Regierung jedoch nicht immer respektiert wird. Immer mal wieder kommt es vor, dass Journalisten, die offen oder kritisch berichten, unter Druck gesetzt werden. Trotz der geringen Bevölkerung gibt es sieben Zeitungen, von denen vier täglich erscheinen, zwei wöchentlich und eine zweimal pro Woche. Die wichtigsten sind die beiden englischsprachigen Blätter »Namibian« und »Advertiser«. Das offizielle Regierungsorgan heißt »New Era«. Alle Zeitungen einschließlich der »Allgemeinen« gibt es im Straßenverkauf.

Gag: ein ›Satellitentelefon‹ mitten im Nichts des Kaokolandes

Sprachführer

Afrikanische Sprachen

In Namibia werden 25 afrikanische Sprachen und Dialekte gesprochen. Oshivambo wird von der Bevölkerungsmehrheit der Ovambo gesprochen, weitere Sprachen sind Herero, Nama/Damara, Tswana, Lozi, Kwangali und diverse San-Sprachen.

Englisch, Afrikaans und Deutsch

In den meisten Landesteilen wird Englisch gesprochen und verstanden, lediglich in ländlichen Bereichen dominieren Afrikaans und Deutsch, das etwa 20 000 Menschen als Muttersprache haben und das auch von vielen Hotelbetreibern gesprochen wird. Das namibische wie auch das südafrikanische Englisch sowie das Südwester-Deutsch weisen einige Besonderheiten auf, und wer bei Einheimischen Eindruck schinden möchte, sollte sich einige Ausdrücke merken. Wichtig ist, möglichst alles abzukürzen und ein paar Afrikaans-Brocken dazwischenzuwerfen.

Lekker ist ein universelles Afrikaans-Wort, das ›gut, prima, hübsch, angenehm‹ usw. bedeuten kann. Bei delikatem Essen, aber auch bei gut aussehenden Menschen wird es verwendet, also *lekker food* oder *lekker boy/girl*.

Beim Verabschieden sagt man nicht *good bye* oder gar *bye bye*, sondern *cheers* oder *cheers for now*. Kleinlieferwagen mit offener Ladefläche sind keine Pick-ups, sondern *bakkies*. Eine Ampel ist kein *traffic light,* sondern ein *robot*.

Biltong ist getrocknetes Fleisch und *Braai* ein Barbecue. *Line Fish* ist fangfrischer Fisch und *crayfish* ist Felshummer.

Ein bei schwarzen Namibianern sehr beliebtes Gericht sind Hühnerköpfe und -füße, die *walkie-talkie* oder *runaways* genannt werden. Diese fantasievollen Wortkreationen werden mittlerweile sogar auf Warenpackungen in Supermärkten benutzt.

In die gleiche Kategorie gehört *smiley*, eine weitere Bezeichnung aus dem Food-Sektor. Hier handelt es sich um gegarte Schafsköpfe, die komplett auf den Tisch kommen. Während des Garprozesses schrumpfen die Lippen und offenbaren ein ›Grinsen‹.

Die *Vuvuzela* wurde im Rahmen der Fußball-WM 2010 im Nachbarland Südafrika weltberühmt. Es handelt sich dabei um ein langes hornähnliches Instrument, in das bei *soccer games* lautstark geblasen wird.

Weitere Ausdrücke auf Afrikaans

Baas	Boss
babbelaas	Kater nach durchzechter Nacht
baie dankie	Vielen Dank
Baster	Mischling
beester	Rinder
bergveld	bergige Region
bokkie	Ziege
bonsella	Geschenk, Trinkgeld
bosberaad	Konferenz im Busch
bottle store	lizensierter Laden, der Alkohol verkaufen darf
bredie	Fleisch-Eintopf
buschveld	Wildnis
check you now	ich seh' dich demnächst
dagga	Haschisch
donga	Trockenfluss
donkey	Esel; kohle- oder holzbefeuerter Boiler
dop	ein Schnapsglas voll
dorp	Kleinstadt auf dem Land
drift	Furt
eish!	Hey!
fanagalo	Mix aus Englisch, Afrikaans und Zulu
fontein	Quelle, Brunnen
frikkadel	Frikadelle, Fleischküchle, Bulette
fundi	Experte
gemsbok	Oryxantilope
gute pad!	Gute Fahrt!
hamba kahle	Mach's gut
heita	hallo

howzit	Wie geht's? = universelle Begrüßung	*rivier*	Trockenfluss
indaba	Stammeskonferenz	*sandveld*	Sandwüste
induna	Häuptling	*Schnee-Bantu*	Deutscher aus Übersee
izit	Wirklich?	*teerpad*	Teerstraße
ja-nee	Vielleicht	*trekken*	weiterziehen
jerry	Deutscher aus Übersee	*rondavel*	Rundhütte, Rundbau
jol	Party	*rooinek*	Afrikaansname für Engländer (»Rotnacken«)
jong	junger Typ	*sies/sis*	Ausdruck des Entsetzens, der Abscheu
just now	kürzlich oder in Kürze	*shame*	Universalwort, um Bedauern, Sympathie, Wärme auszudrücken
klippe	Stein, Felsen		
konfyt	Marmelade		
koppie	Hügel oder Tasse	*shebeen*	Township-Bar
kost	Essen	*sjambok*	lederne Peitsche
kraal	einheimisches Dorf	*skrik*	Schreck
kreef	Felshummer	*slegs*	nur
kwela	afrikanischer Jazz	*sosatie*	Kebab
lorri	Lastwagen	*spruit*	Wasserlauf
		stoep	Veranda
mielipapp	Maisbrei	*sukkel*	Kampf
morro	Guten Tag		
muthi	Medizin	*tagati*	verhext
my china	mein Freund	*takkie*	Turnschuh
now now	in Kürze, schneller als »just now«	*tokoloshe*	teuflischer Geist
		totsiens	Auf Wiedersehen
now now now	jetzt	*toyi toyi*	Protest- und feierlicher Tanz
oke	Kumpel, Freund	*tula*	sei still
oom	Onkel		
oukie	Südwester-Deutscher	*Übersee*	Europa, auch für Deutschland
pad	Piste, Straße, Weg		
padkos	Picknick oder Snacks im Auto	*umfaan*	Junge
		vasbyt	halt aus
padskrapper	Maschine zur Pistenbegradigung	*veld*	Region, Landschaft
		veldkost	Buschnahrung
pan	Senke, die nach heftigen Regenfällen geflutet ist	*velskoen*	Lederschuh
		vlakte	Ebene
		vlei	Senke mit Wasser
permit	Erlaubnisschein	*voetsak*	hau ab!
pieker	Dorn		
plaasmeisie	Mädchen vom Land	*wag 'n bietjie*	wart' einen Moment
pondok	Hütte, Verschlag	*werft*	Hütten schwarzer Farmarbeiter
potjie	(sprich: »peukie«) dreibeiniger, gusseiserner Topf		
		winkel	Geschäft, Laden

Englisch

Guten Tag	Hello
Guten Morgen	Good morning
Guten Abend	Good evening
Gute Nacht	Good night
Auf Wiedersehen	Cheers/Totsiens/Goodbye
bitte/danke	please/thank you
ja/nein	yes/no
Wie heißen Sie?	What is your name?
Ich heiße …	My name is …

Unterwegs

Flughafen	airport
Abfahrt/Abflug	departure
rückbestätigen	reconfirm
Gepäck	luggage
Bahnhof/Busbahnhof	train/bus station
Geländewagen	four-wheel drive
Kleinbus	minivan
Wohnmobil	camper
Benzin	petrol, fuel
Tankstelle	petrol station
links	left/links
rechts	right
geradeaus	straight on
Hauptstraße	mainroad/hoofweg

Übernachten

Doppelzimmer/Einzelzimmer	double room/single room
… mit eigenem Bad	… with private bath
Dusche	shower
Toilette	toilet
Klimaanlage	air condition

Notfall/Gesundheit

Notfall	emergency
Unfall	accident
Polizei	police
Krankenwagen	ambulance
Krankenhaus	hospital
Praktischer Arzt	general practitioner
Zahnarzt	dentist
Apotheke	chemist, apteek
Schmerz	pain/ache
Schmerzmittel	painkiller
Fieber	fever, temperature

Die wichtigsten Sätze

Allgemeine Floskeln

Entschuldigen Sie!	Excuse me!
Tut mir leid.	I am sorry.
Vielen Dank!	Thank you very much/Baie dankie.
Ich verstehe nicht.	I don't understand.
Ich spreche kein Englisch.	I don't speak English.
Sprechen Sie Deutsch?	Do you speak German?
Wie geht es Ihnen?	How are you doing?
Danke, gut.	Fine, and how are you?
Was kostet das?	How much does it cost?

Im Lokal

Guten Appetit!	Enjoy your meal!
Bitte die Speisekarte!	The menu, please.
Ich möchte …	I would like to have …
Wie viel kostet …	How much does … cost?
Bezahlen, bitte!	The bill/check, please!
Wo ist die Toilette?	Where is the toilet?

Auf der Straße

Ich will nach …	I want to go to …
Wo kann man … kaufen/bekommen?	Where can I buy/get …?
Wo ist …?	Where is …?
Welcher Bus/Zug geht nach …?	Which bus/train goes to …?

Im Hotel

Haben Sie freie Zimmer?	Do you have vacancies?
Ich habe ein Zimmer reserviert.	I have booked a room.

109

Winzig wirkt der Geländewagen auf dem offiziellen Parkplatz vor der Düne 45, zwischen Sesriem und Sossusvlei

Unterwegs in Namibia

Wahrzeichen von Windhoek: die Christuskirche, im Vordergrund das Reiterdenkmal

Kapitel 1
Windhoek und Umgebung

Obwohl Windhoek auf den ersten Blick wie eine verschlafene deutsche Kleinstadt wirkt, ist es Hauptstadt und mit 220 000 Einwohnern größte Siedlung in Namibia. Neben der erhaltenen Kolonialarchitektur begeistert vor allem die bergige, 1700 m hoch liegende Umgebung zwischen dem Khomas-Hochland und den Eros-Bergen.

Die Denkmäler in Windhoeks Zentrum legen nahe, dass die Stadt vom Hauptmann der deutschen Schutztruppen Curt von François gegründet wurde und dass während der kriegerischen Aufstände der Nama und Herero nur Deutsche ums Leben kamen. Dem ist natürlich nicht so. Trotzdem – und das zeugt vom Versöhnungswillen – hat die SWAPO-Regierung nach der Unabhängigkeit im März 1990 die alten Monumente der deutschen Kolonialzeit nicht demontiert, sondern nur einige Ergänzungen anbringen lassen.

Der Orlam-Häuptling Jan Jonker Afrikaner wich unter dem Druck der Weißen vom südafrikanischen Kapland nach Norden aus. 1849 erreichte er das Gebiet des heutigen Stadtteils Klein Windhoek. Dank überlegener Feuerkraft vertrieb er die dort lebenden Herero. Zur Erinnerung an seine südafrikanische Heimat, die Winterhoek-Berge bei Tulbagh, nannte er die Siedlung Winterhoek. Er baute eine Kirche und empfing Abgesandte der Rheinischen Missionsgesellschaft. Doch ständige kriegerische Auseinandersetzungen mit den Herero ließen ihn und seine Leute das Gebiet wieder verlassen.

Als die deutsche Schutztruppe Ende des 19. Jh. begann, die kolonialen Interessen des Deutschen Reiches durchzusetzen, ließ Curt von François 1890 die Alte Feste bauen. Er deutschte den ursprünglichen Namen Winterhoek in Windhuk ein, wie die Stadt dann während der deutschen Kolonialzeit hieß. Nach dem Ersten Weltkrieg bekam der Ort seinen heutigen offiziellen Namen Windhoek.

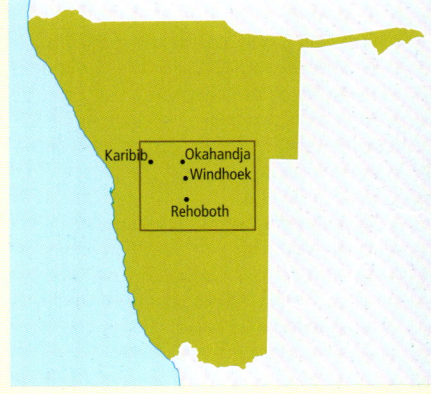

Auf einen Blick
Windhoek und Umgebung

Sehenswert

1 Windhoek: Eine Überraschung für Erstbesucher sind die vielen erhaltenen und liebevoll restaurierten, typisch deutschen Gebäude aus der Kolonialzeit, die sich bei einem Spaziergang durch Windhoek bewundern lassen (s. S. 116ff.).

Namibian Crafts Centre: Geschmackvolles Kunsthandwerk, garantiert nicht ›Made in China‹. Der Erlös geht direkt an die Erzeuger. Den architektonischen Rahmen für die lohnende Verkaufsausstellung bildet ein historisches Brauereigebäude (s. S. 123).

2 Düsternbrook Guest Farm: Was sonst nur geduldigen Wildlife-Fotografen gelingt, ist auf der Gästefarm Düsternbrook auch für Hobby-Fotografen möglich: eine Großaufnahme von einem Leoparden in natürlicher Umgebung (s. S. 134ff.).

Schöne Routen

Schotterpiste zum Bosua-Pass: Auf der Fahrt durch die Khomas-Berge zum Bosua-Pass bieten sich immer wieder atemberaubende Blicke auf endlose Hügelketten, die auf der Passhöhe abrupt in die weite Ebene der Namib-Wüste abfallen (s. S. 131).

Meine Tipps

Kaffee und Kuchen auf der Heinitzburg: Bei Apfelkuchen mit Sahne und einem Kännchen Kaffee auf der Terrasse des ›Leo's at the Castle‹ mit Blick auf Windhoek ist Afrika plötzlich nirgendwo (s. S. 125).

Joe's Beerhouse: Eine Institution in Windhoek und ein Favorit der deutschsprachigen Einwohner der Stadt. Wer hier nicht zum Lunch oder Dinner eingekehrt ist, war nicht wirklich in Namibia. Bestelltipp: Bier vom Fass und Kudu-Steak (s. S. 126).

Übernachten auf Burg Gusinde: Das Werk von Visionären, eine Burg mitten in den Bergen mit grandioser Aussicht. Aber nicht nur das, Burg Gusinde ist eine der komfortabelsten und stilvollsten Unterkünfte im Land mit einer hervorragenden Küche (s. S. 137).

aktiv unterwegs

Township-Tour durch Katutura: In Windhoeks Township schlägt das afrikanische Herz der Stadt. Die von Bewohnern des Viertels geführte Tour führt u.a. zum Tukondjeni-Markt, der das quirlige Zentrum Katuturas bildet (s. S. 127).

Ziplining – Drahtseilakt in den Auas-Bergen: In den Auas Mountains im Südosten von Windhoek kommen Adrenalinsüchtige auf ihre Kosten. Mit Gurt und Karabiner gesichert schwingt man an einem Drahtseil über ein 120 m tiefes Tal (s. S. 132).

1 Windhoek ▶J9

Windhoek ist Regierungssitz, wirtschaftliches und kulturelles Zentrum sowie einzige Universitätsstadt Namibias. Die größte Stadt im Land ist von Bergen umgeben und liegt auf einer Höhe von fast 1700 m zwischen dem Khomas-Hochland im Westen, den Eros-Bergen (*eros* ist Nama und beschreibt eine saure, wilde Zwetschgenart, die dort wächst) im Nordosten und den Auas-Bergen im Süden.

Windhoek ist trotz seiner 220 000 Einwohner eine sehr übersichtliche Stadt und wird deshalb von den Einheimischen gerne als ›Dorf‹ bezeichnet. Nähert sich der Besucher vom 45 km östlich gelegenen Hosea Kutako International Airport der Stadt, so umfängt ihn zunächst eine hügelige Dornsavannen-Landschaft, in der einige Bärenpaviane leben. Das erste, was der Reisende von der Stadt sieht, sind die beschaulichen Vororte Avis und Klein Windhoek, die ein Bergrücken von der eigentlichen City trennt.

Einmal in der Stadt angekommen, ist die Orientierung sehr einfach. Die B 6, auf der man, vom Flughafen kommend, in die Stadt hineinfährt, wird in Windhoek zum Sam Nujoma Drive. Dieser durchquert Windhoek von Osten nach Westen. Im Süden führt die B 1 in die Stadt hinein, der Western Bypass umgeht Windhoek Richtung Norden, wo die B 1 nach Okahandja weiterführt.

Während im östlichen Windhoek die Viertel der wohlhabenderen Bevölkerung liegen, **Klein Windhoek** und **Ludwigsdorf**, leben die Bewohner mit niedrigeren Einkommen im Norden der Stadt, beispielsweise in **Katutura**. Und in **Hochland Park** im Westen ist alles multikulturell bunt gemischt.

Windhoeks pulsierende Hauptschlagader ist die **Independence Avenue**, die im Süden am Ausspannplatz ihren Anfang hat und sich von dort durch Katutura bis fast zum Goreangab-Damm zieht.

In Windhoek hat sich der deutsche Einfluss, auch wenn nur noch 2 % der Stadtbevölkerung Deutsch als Muttersprache sprechen, bis heute halten können, was der Stadt vom touristischen Potenzial her natürlich zugute kommt. Wo sonst in Afrika gibt es jährliche Faschingstage, eine Luisen-Apotheke, eine deutsche Buchhandlung, Brezeln und Buletten auf kleinstem Raum nebeneinander. Kein Wunder, dass die englischsprachigen Namibier das Wort *gemütlichkeit* in ihren Wortschatz übernommen haben. Weniger der englischen Sprache mächtige Besucher aus dem deutschsprachigen Teil Europas werden hier problemlos verstanden und können sich ebenso verständigen.

Stadtzentrum

Cityplan: S. 118

Ein Stadtrundgang beginnt am besten in der **Independence Avenue**, wie die ehemalige Kaiserstraße seit der Unabhängigkeit heißt. Weil Windhoek knapp 1700 m hoch liegt, wird der Spaziergang selbst im Sommer keine schweißtreibende Angelegenheit. Die Temperaturen sind fast immer erträglich.

In den letzten Jahren hat sich in Windhoeks Einkaufsstraße einiges getan. Alte Läden wurden renoviert, neue aufgemacht. Es gibt sogar mittlerweile Bistros, die anständigen Espresso und Cappuccino servieren.

Stadtzentrum

Zoopark und deutsche Kolonialarchitektur

Der **Zoopark** 1, der früher tatsächlich ein Zoo war, ist eine der wenigen Grünanlagen der Stadt und daher eine wahre Oase der Ruhe. Im Park entdeckte man über 5000 Jahre alte steinzeitliche Werkzeuge sowie die Knochen eines Elefanten (Reste davon sind im Owela Museum zu sehen) – Beweise dafür, dass die lokalen heißen Quellen stets Menschen anzogen. Heute treffen sich hier Namibier und Besucher aller Hautfarben. Besonders auffällig sind die Herero-Frauen mit ihren gewaltigen bunten wilhelminischen Kleidern und zweizipfeligen Hauben, die die Hörner von Kühen symbolisieren sollen – eine Erinnerung an die Herkunft des Hirtenvolkes.

Vom Zoopark aus, der einst nach dem holländischen Apartheid-Architekten und südafrikanischen Ex-Präsidenten Dr. Hendrik Verwoerd benannt war, lässt sich auf der gegenüberliegenden Straßenseite der Independence Avenue deutscher Kolonialstil bewundern. Von rechts nach links betrachtet, stehen da drei vom wohl aktivsten südwestafrikanischen Architekten, Wilhelm Sander, erbaute Gebäude: das **Erkrath-Haus** 2 von 1910, unten Geschäft, darüber Wohnhaus, wie es damals üblich war. Direkt daneben steht das **Gathemann-Haus** 3, 1913 ebenfalls mit einer Wohnung oben und Geschäftsräumen unten erbaut. Heinrich Gathemann, damals Bürgermeister von Klein Windhoek, gab das Haus mit dem ungewöhnlich steilen Dach in Auftrag. Der extreme Winkel war völlig unnötig, dient er doch üblicherweise dazu, zu verhindern, dass sich im Winter Schnee auf dem Dach sammelt und dieses eindrückt. In Windhoek schneit es nie – das Haus ist somit eine skurrile Erinnerung an schneereiche deutsche Lande. Die Apotheke im Erdgeschoss heißt immer noch **Luisen-Apotheke**, obwohl die deutsche Kolonialherrschaft schon fast 100 Jahre zurückliegt.

Auch im Nebenhaus, dem **Kronprinzen-Haus** 4, unterhielt Gathemann ein Geschäft. Er kaufte das 1902 erbaute Hotel Kronprinz und baute es 1920 im heutigen Stil um. Das Restaurant im ersten Stock ist allerdings eine neuere Ergänzung. Von der Terrasse des **Gathemann Restaurants** (s. S. 125) im ersten Stock des Kronprinzen-Hauses bietet sich, bei Kaffee und Kuchen, ein schöner Blick auf Windhoeks Hauptschlagader.

Uhrturm (Clock Tower) 5

Der zwischenzeitlich abgerissenen Deutschen Afrika-Bank nachempfunden ist der **Uhrturm (Clock Tower)** an der Ecke Independence Avenue und Post Street Mall, einer lebhaften Einkaufsstraße. Die Post Street Mall hat sich zu Windhoeks größtem Straßenmarkt entwickelt, auf dem Kunsthandwerk, Kleidung, Dekoratives, Schmuck und sogar Postkarten mit Briefmarken feilgeboten werden. Einigen Standbesitzern kann man beim Herstellen ihrer Waren zusehen. Wer hier sehen und gesehen werden will, muss seinen Kaffee oder sein Bier in einem der Café-Restaurants im Freien einnehmen.

Meteoriten-Brunnen 6

Eine weitere Sehenswürdigkeit in der Post Street Mall ist der **Meteoriten-Brunnen**. 31 der 77 außerirdischen Brocken, die in der Nähe von Gibeon, südlich von Windhoek, gefunden wurden, sind hier auf Stahlsäulen arrangiert worden. Einen der Gesteinsbrocken hat man in der Mitte durchgeschnitten, um das darin enthaltene Eisen zu zeigen. Der *Gibeon shower* gilt als der heftigste bekannte Meteoritenregen, der je auf die Erde niedergegangen ist: 21 t Gesteinsbrocken fielen 1837 bei Gibeon vom Himmel. Der Forscher Sir James Alexander registrierte die Fragmente erstmals 1838. Viele Jahre lang hatten Nama ihre Werkzeuge daraus hergestellt.

Versteckt unter einer riesigen Palme findet sich in der Post Street Mall auch die **Tourist Information** von Windhoek.

TransNamib Railway Museum 7

Über Stübel und John Meinert Street gelangen Besucher in die Bahnhof Street. Vor allem für Dampfzugfreunde ist das **TransNamib Railway Museum** interessant, das im ersten Stock des historischen, 1912/13 erbauten Bahnhofs untergebracht ist. Die Aus-

Windhoek

Sehenswert
1. Zoopark
2. Erkrath-Haus
3. Gathemann-Haus
4. Kronprinzen-Haus
5. Uhrturm (Clock Tower)
6. Meteoriten-Brunnen
7. TransNamib Railway Museum
8. Ovambo Campaign Memorial
9. Kudu Monument
10. Turnhalle
11. St. George's Cathedral
12. National Art Gallery
13. Owela Museum
14. State House
15. Christuskirche
16. Tintenpalast
17. Reiterdenkmal
18. Alte Feste/Staatsmuseum
19. Namibian Crafts Centre
20. Schwerinsburg
21. Heinitzburg
22. Sanderburg
23. Hofmeyer Walk
24. Namibian Breweries

Übernachten
1. Kalahari Sands Hotel
2. Hotel Fürstenhof
3. Olive Grove
4. Hotel Pension Palmquell
5. Villa Verdi
6. Jan Jonker Holiday Apartments
7. Gocheganas
8. Windhoek Country Club Resort

Essen & Trinken
1. NICE Restaurant
2. Gathemann Restaurant
3. Joe's Beerhouse
4. Taal Indian Restaurant
5. Primi Piatti
6. La Marmite
7. Jenny's Place
8. Mike's Kitchen
9. The Gourmet
10. Sardinia

Einkaufen
1. Maerua Mall
2. Camelthorn Brewing Company

Abends & Nachts
1. Warehouse Theater

Windhoek

Relikt des *Gibeon shower*: Steine des Meteoriten-Brunnens in der Post Street Mall

stellung vermittelt einen guten Überblick über das Transportwesen Namibias von den Anfängen bis heute. Vor dem Gebäude steht die 1899 in Teilen aus Deutschland importierte und in Swakopmund zusammengesetzte Schmalspurbahn ›**Poor Old Joe**‹, die einst die Hafenstadt mit Windhoek verband. Das putzig wirkende Bähnchen hatte allerdings früher, als es im Einsatz war, immer noch eine zweite Lok zur Verstärkung im Rücken. Das Gespann wurde damals treffend ›Zwilling‹ genannt. Benutzte man die Loks einzeln, hießen sie ›Illing‹. Über 100 von ihnen waren 1906 im Land eingesetzt (Tel. 061-298 21 86, Mo–Fr 9–12, 14–16 Uhr, Erw. 2 N$).

Ein Denkmal, das **Ovambo Campaign Memorial** 8 in dem etwas verwahrlosten Garden of Remembrance vor dem Bahnhof, erinnert an den Ovambo-Häuptling Mandume, der 1916 mit seinen Kriegern beim Kampf gegen englisch-südafrikanische Kolonisten ums Leben kam. Zu seinen Ehren hat man auch die unterhalb des Gartens nach Süden führende ehemalige Talstraße bzw. Tal Street, eine der Hauptstraßen Windhoeks, in Mandume Ndemfayo Avenue umbenannt.

Kudu Monument und Turnhalle

Auf der gegenüberliegenden Seite der Independence Avenue steht das bronzene **Kudu Monument** 9, das an die Rinderpest des Jahres 1896 erinnert, der auch viele der stattlichen Antilopen zum Opfer fielen. Dahinter, an der Ecke Bahnhof Street/Robert Mugabe Avenue, befindet sich die 1909 erbaute **Turnhalle** 10, in der ab dem 1. September 1975 die berühmte Turnhallenkonferenz zur Unabhängigkeit Namibias stattfand. Elf Bevölkerungsgruppen trafen sich hier, um eine Lösung zu erarbeiten. Südafrika hatte das Treffen der konservativen Parteien initiiert, um ohne UNO und SWAPO im Jahr 1978 eine

›Unabhängigkeit‹ nach eigenem Gusto zu erlangen. Ohne SWAPO-Beteiligung war dieser Coup natürlich zum Scheitern verurteilt.

Gerade im Bereich der Turnhalle erkennen die schwarzen Zeitungsverkäufer zielsicher ihre deutsche Kundschaft und bieten die »Allgemeine Zeitung« zum Verkauf an.

Im Gegensatz zur Architektur in der deutschen Tradition erinnert die **St. George's Cathedral** 11 in der Love Street eher an englische Städte. Die kleinste Kathedrale im südlichen Afrika wurde 1925 eingeweiht.

National Art Gallery und Owela Museum

Gegenüber befindet sich die **National Art Gallery** 12. Die Gallery ist die einzige namibische Galerie für die zeitgenössische Kunst des Landes. In der Dauerausstellung, in der regelmäßig umgehängt und ausgetauscht wird, ist neben Werke namibischer und südafrikanischer Künstler auch europäische Kunst zu sehen. Wechselausstellungen runden die Präsentation ab (109 Robert Mugabe Ave., Tel. 061-21 11 60, www.nagn.org.na, Di–Fr 8–17, Sa 9–14 Uhr, Eintritt frei).

Der Robert Mugabe Avenue (ehemals Leutweinstraße) folgend, passiert man das **Owela Museum** 13, wo Ausstellungen zu Natur und Kultur präsentiert werden. Das Museum ist nach dem afrikaweit äußerst beliebten Spiel Owela benannt. Hierbei handelt es sich um eine Art Backgammon, gespielt mit Kieseln oder Kernen und einem ›Spielbrett‹ mit Vertiefungen im Sand, in Holz oder Stein (Robert Mugabe Avenue, neben der Nationalgalerie, Tel. 293 43 76, Mo–Fr 9–13, 14–18, im Winter bis 17, Sa/So 10–13, 14–18, im Winter bis 17 Uhr, Eintritt frei).

State House und Christuskirche

Ein Stückchen weiter befindet sich der Sitz des Präsidenten, das **State House** 14. Sobald das Staatsoberhaupt schläft, sperren Polizisten die Straße ab, um jegliche Ruhestörung zu verhindern. Einheimische und Touristen müssen dann für eine Weile Umwege in Kauf nehmen, um zur neoromanisch-gotischen **Christuskirche** 15 zu gelangen. Die Kirche, an deren Giebel der Einfluss des Jugendstils abzulesen ist, gilt als Wahrzeichen der Stadt und wurde von 1907 bis 1910 als Symbol des Friedens von dem Architekten Gottlieb Redecker aus lokalem Sandstein erbaut. Ebenso wie in den Kirchen von Lüderitz und Swakopmund stiftete Kaiser Wilhelm II. die bunten Glasfenster hinter dem Altar und seine Frau Augusta die Bibel (nur während der Gottesdienste geöffnet, zu den übrigen Zeiten können Interessierte sich beim Gemeindebüro, 12 Fidel Castro St., Tel. 061-23 60 02, 7.30–13 Uhr den Schlüssel holen).

Das **neue State House** (Präsidentenpalast), geschätzte Baukosten 125 Mio. Euro (!), entsteht im Windhoeker Villenvorort Auasblick im Südosten der Stadt auf einem Hügel östlich der Robert Mugabe Avenue. Über die exakten Kosten und den Zeitpunkt, wann das von Nordkoreanern entworfene und gebaute, an nationalsozialistische Wahnbauten erinnernde Monstrum fertiggestellt sein soll, schweigt sich die Regierung aus.

Tintenpalast 16

Dahinter liegt der 1913 errichtete **Tintenpalast**, wo heute das Parlament zusammentritt und früher ordentlich Tinte beim Ausfüllen von Formularen verbraucht wurde. Auch dieses Gebäude, einst Sitz der deutschen Kolonialregierung, wurde von Redecker errichtet. Der Landesrat hielt seine erste Sitzung am 11. Mai 1914 ab, bereits im Juli des darauf folgenden Jahres wurde er, nach der Kapitulation der deutschen Truppen, aufgelöst.

Vor dem Eingang des Tintenpalastes fallen drei Statuen ins Auge, die seit 2002 hier im Garten stehen. Eine von ihnen, die des Herero-Führers Hosea Kutako, befand sich bereits drei Jahre zuvor an diesem Ort, allerdings verhüllt. Kurz vor ihrer Enthüllung hatte ein Abgeordneter im Parlament geäußert, dass Hosea nicht der einzige Befreiungskämpfer gewesen wäre. Also blieb er so lange unter der Plane, bis ihm zwei Freiheitskämpfer aus anderen Volksgruppen zur Seite gestellt werden konnten: der legendäre Nama-Führer Hendrik Witbooi sowie der Ovambo-Priester

Windhoek

Die Alte Feste hinter dem Reiterdenkmal: ältestes erhaltenes Bauwerk Windhoeks

Theophilus Hamuntubangela, der in den 1960er-Jahren entscheidend zur Entstehung eines politischen Bewusstseins bei der schwarzen Bevölkerung beigetragen hat.

Reiterdenkmal und Alte Feste

Wer die Straße zur Alten Feste, die dem Besucher weiß entgegenstrahlt, überquert, kommt am **Reiterdenkmal** 17 vorbei, das die während der Nama- und Herero-Kriege gefallenen Deutschen auflistet. Die Reiterskulptur wurde in Gladbeck bei Berlin gefertigt und am 27. Januar 1912 zum Geburtstag von Kaiser Wilhelm II. enthüllt.

Die **Alte Feste** 18 ist das älteste erhaltene Gebäude der Stadt und birgt einen Teil des **Staatsmuseums** (State Museum). Eine Ausstellung dokumentiert unter anderem den Weg Namibias von der Kolonialzeit über den Freiheitskampf bis in die Gegenwart. Zahlreiche historische Fotos zeigen vor allem den verlustreichen Buschkrieg aus SWAPO-Sicht, darunter den einstigen Freiheitskämpfer und ehemaligen Präsidenten Sam Nujoma im Kampfanzug in Angola. Vor dem Museum steht eine alte Eisenbahn.

Angeblich entwarf Curt von François persönlich die Feste, deren Grundstein 1890 gelegt wurde. Sie sollte vor allem den Herero-Häuptling Samuel Maharero beeindrucken und ihm zeigen, wie ›wehrhaft‹ die deutsche Schutztruppe war. 1,5–4,5 m hohe Mauern bilden ein Rechteck mit den Abmessungen 45 x 20 m, dessen Ecken je ein Turm überragt. Da man das Bauwerk aus ungebrannten Lehmziegeln erbaut hatte, waren häufig Reparaturen erforderlich, auch erweiterte man die Feste kontinuierlich. 1912 wies sie bereits 54 Räume auf. Bis 1915, als die Südafrikaner die Deutschen besiegten, diente die Alte Feste der Schutztruppe als Hauptquartier, danach den südafrikanischen Truppen (Robert Mugabe Avenue, Tel. 061-293 43 76, Mo–Fr 9–18, Sa, So 15–18 Uhr, Eintritt frei).

Stadtzentrum

Namibian Crafts Centre [19]

Über die Fidel Castro Street geht es in die Mandume Ndemfayo Avenue (früher Tal Street), wo im alten Brauereigebäude ein Veranstaltungs- und rechts daneben ein Kunstzentrum, das **Namibian Crafts Centre,** untergebracht sind. Letzteres bietet auf drei Stockwerken authentische Souvenirs zum Verkauf an, Objekte, die garantiert im südlichen Afrika hergestellt worden sind. Ein Café-Restaurant mit leckerer Kuchenauswahl lädt zu einer Rast ein (40 Mandume Ndemfayo Ave., Tel. 24 22 22, Mo–Fr 9–17.30, Sa 9–13, So nur nach Absprache 16–18 Uhr).

Schwerinsburg, Heinitzburg und Sanderburg

Windhoeks berühmte drei Burgen – Schwerins-, Heinitz- und Sanderburg – liegen nicht mehr unbedingt in Gehweite, aber nahe beieinander. Sie sind zwar klein, besitzen jedoch alle charakteristischen Merkmale ›richtiger‹ Burgen: Türme, Erker, Nischen und Zinnen. Alle drei castles entwarf und baute der wichtigste Kolonialarchitekt Deutsch-Südwestafrikas, Willi Sander. 1913 entstand die **Schwerinsburg** [20]. Bereits 1890 nutzte von François die Bergspitze als Überwachungsposten für das Tal von Klein Windhoek. Als Sander nach Windhoek kam, baute er an der Stelle eine kleine Kneipe, Sperlingslust. 1904 verkaufte er das Grundstück an den als Sekretär für Gouverneur Leutwein eingewanderten Grafen von Schwerin, in dessen Auftrag er die erste Burg errichtete.

Als nächstes entstand 1914 die **Heinitzburg** [21], die von Schwerin seiner Frau, einer geborenen von Heinitz, schenkte. Das Gebäude birgt heute ein nobles Hotel und ein Restaurant, das ›Leo's at the Castle‹ (s. S. 125). Die Aussicht vom Terrassen-Café auf die Stadt – bei Kaffee und Kuchen oder beim Dinner –, die ein jeder genießen kann, ist besonders während des Sonnenuntergangs und abends bezaubernd.

1917 baute sich Sander dann endlich sein eigenes, selbstverständlich nach ihm selbst benanntes Castle, die **Sanderburg** [22]. Da er aber kurz darauf das Land verlassen musste, wohnte er nie darin. Von Willi Sander stammen auch viele der anderen historischen Gebäude in Windhoek und das mitten im Nichts liegende Duwisib Castle (s. S. 149f.).

Hofmeyer Walk [23]

Im kühlen Winter – in den Monaten März und April – bietet sich der etwa einstündige Spaziergang über den **Hofmeyer Walk** an, ein Wanderweg, der auf dem Bergrücken entlangläuft, der das Stadtzentrum von Klein Windhoek trennt. Zu dieser Zeit stehen die wunderschönen Aloen in voller roter Blüte, und Nektarvögel *(sunbirds),* Mausvögel *(mousebirds)* und Bülbüls *(bulbuls)* werden von dem Duft des Nektars angezogen. Zu jeder Jahreszeit genießt man unverbaute Ausblicke auf die Stadt und ihr Umland. Die kleine Wanderung kann entweder bei der Anschlagtafel unterhalb des Wasserturms in der Sinclair Street oder in der Orban Street südlich des Tintenpalastes begonnen werden. Der Pfad ist gut unterhalten, dennoch sollte man festes Schuhwerk tragen. Achtung: Zur Sicherheit nur in größeren Gruppen wandern. Das Überfallrisiko ist sehr hoch!

Namibian Breweries [24]

Wer das nach dem deutschen Reinheitsgebot gebraute und auch in Südafrika gerne getrunkene Windhoek-Bier mag, kann an einer Brauerei-Führung teilnehmen. Die **Namibian Breweries** bieten – nur nach vorheriger Reservierung – Touren mit anschließender Bierprobe an (Iscor Street, Northern Industrial Area, Anmeldung unter Tel. 061-320 49 99, Fax 26 33 27, www.nambrew.com, Führungen Di–Do 10–11, 14.30–15.30 Uhr).

Infos

Windhoek Tourism Information Office: Ecke Fidel Castro Street/Independence Avenue, Tel. 061-290 20 58, Fax 290 20 91, www.windhoekcc.org.na, Mo–Fr 9–16 Uhr. Hier erhält man Übernachtungs-, Restaurant- und Veranstaltungstipps für Windhoek. Die Tourism Information unterhält darüber hinaus eine **24-Stunden-Hotline für Touristen in Not**: Tel. 061-290 22 39.

Windhoek

Windhoek Information und Publicity (WIP): 7 Post Street Mall und City Bus Terminal, Tel. 061-290 20 92, 25 97 70, Fax 290 20 91, Mo–Fr 9–17, Sa 9–12 Uhr. Die Filiale in der Post Street Mall liegt hinter einer großen Palme versteckt und ist somit etwas schwierig zu finden, hat aber engagiertes Personal.
Namibia Tourism Board: Windhoek, Tel. 061-290 60 00, Fax 25 48 48, www.namibiatourism.com.na, nicht für Publikumsverkehr geöffnet. Allgemeine Tipps zu Namibia.

Übernachten

Aristokratisches Flair ▶ Hotel Heinitzburg 21: 22 Heinitzburg St., Tel. 061-24 95 97, Fax 24 95 98, www.heinitzburg.com. In der vom Grafen von Schwerin 1914 in herrlicher Lage hoch über der Stadt erbauten Burg ist seit 1994 ein luxuriöses Hotel untergebracht. Es besitzt 17 stilvoll mit handgefertigten Möbelstücken eingerichtete Zimmer mit Himmelbetten. Seit 2002 ist das Haus Mitglied der exklusiven Hotel-Vereinigung Relais & Chateaux. DZ mit Frühstück ab 2500 N$.

Businesshotel mit Shopping Mall ▶ Kalahari Sands Hotel 1: 129 Independence Ave., Gustav Voigt Centre, Tel. 61 280 00 00, Fax 22 22 60, www.suninternational.com. 14-stöckiges, die Innenstadt dominierendes Hochhaushotel mit 173 Zimmern, kleinem Casino und Swimmingpool auf dem Dach. Etwas ungewöhnlich: Das Untergeschoss des Hotels beherbergt ein Einkaufszentrum mit Bank und Food Court. Die Rezeption im 1. Stock erreicht man über eine Rolltreppe. DZ mit Frühstück ab 1705 N$.

Bewährter Ketten-Komfort ▶ Protea Hotel Fürstenhof 2: 4 Frans Indongo St., Tel. 061-23 73 80, Fax 23 78 55, www.proteahotels.com/furstenhof. 33 Zimmer mit Bad, Balkon und City-Blick, gutes Restaurant im Haus. Die Zimmer bieten allen Komfort, den man von einem ›luxuriöseren Hotel‹ erwartet, sind aber aufgrund ihrer plüschigen Einrichtung und den typischen Hotel-Teppichböden austauschbar. DZ mit Frühstück ab 1300 N$.

Boutique-Gästehaus ▶ Olive Grove 3: 20 Promenaden Rd., Tel. 0 61-23 91 99, Fax 23 49 71, www.olivegrove-namibia.com. Intimes, sehr stilvolles Quartier mit 11 Zimmern in einem ruhigen Villenvorort von Windhoek. Einer der schönsten Plätze, um direkt in Windhoek zu nächtigen. DZ mit Frühstück 1230 N$, Suite mit Frühstück 2700 N$.

Österreichische Gastfreundschaft ▶ Hotel Pension Palmquell 4: 60 Jan Jonker Rd., Tel. 061-23 43 74, Fax 23 44 83, www.palmquell.com. Zentrumsnah in einer der ältesten und besten Wohngegenden der Stadt gelegenes Bed & Breakfast mit netten österreichischen Wirtsleuten. Schöner Garten, Swimmingpool, Restaurant, Weinbar. DZ mit Frühstück ab 1000 N$.

Vorgeschmack auf Afrika ▶ Villa Verdi 5: 4 Verdi St., Tel. 061-22 19 94, Fax 22 51 08, www.leading lodges.com. Ruhig gelegenes Boutiquehotel mit 12 Zimmern, das dennoch nur 5 Min. vom Zentrum entfernt ist. Es besticht durch stilvolles afrikanisches Dekor und durch sein ausgesprochen freundliches Personal. Swimmingpool, Restaurant. DZ mit Frühstück 940–1160 N$.

Ideal für Selbstversorger ▶ Jan Jonker Holiday Apartments 6: 130 Jan Jonker Rd., Tel. 061-22 12 36, Fax 22 82 18, www.janjonker.com. Etwas abseits des Stadtzentrums, das jedoch zu Fuß in wenigen Minuten erreicht werden kann. 16 vollständig mit Kühlschrank, Kochherd, Kaffeemaschine etc. eingerichtete Apartments und Studios für Selbstversorger. Für 2 Pers. ab 595 N$.

… außerhalb:

Wellness-Oase ▶ Gocheganas 7: 29 km südöstlich von Windhoek, Tel. 061-22 49 09, Fax 22 49 24, www.gocheganas.com. Eine sehr gut gelungene Kombination aus Naturreservat und Wellness-Dorf, bestehend aus 16 strohgedeckten Chalets (davon 6 Suiten), alle mit Panoramablick auf das private Naturreservat (s. S. 133). Die Einrichtung der Zimmer ist stilvoll afrikanisch mit Himmelbetten, die von Moskitonetzen geschützt werden, afrikanischem Schiefer als Bodenbelag und Natursandstein an den Wänden. DZ mit Vollpension 3500–5000 N$.

Mit Spielkasino und Golfplatz ▶ Windhoek Country Club Resort 8: B 1 Western Bypass, 5 Min. Fahrzeit ab Windhoeks Zen-

Adressen

1914 von Willi Sander erbaut: die Heinitzburg, heute Hotel und Restaurant

trum. Tel 061-205 59 11, 25 27 97, www.windhoek.co.za. Großes, luxuriöses Hotel mit 154 Zimmern und Kasino. Kinder werden von der Waterworld im Hotelgarten, Golf spielende Eltern vom 18-Loch-Platz begeistert sein. DZ mit Frühstück ab 2310 N$.

Essen & Trinken

Spitzenküche mit Aussicht ▶ Leo's at the Castle 21 : 22 Heinitzburg St., Tel. 061-24 95 97, Fax 24 95 98, www.heinitzburg.com, tgl. 18.30 Uhr bis spät. Gourmetrestaurant in der Heinitzburg. Der französische Küchenchef kochte früher in Kapstadts renommiertem Mount Nelson Hotel. Das Restaurant besitzt den mit über 15 000 Flaschen größten Weinkeller Namibias. Auf der Terrasse kann man nachmittags Kaffee und Apfelstrudel genießen und abends bei Kerzenlicht stilvoll dinieren. Der Blick auf die Stadt ist fantastisch. Hauptgericht um 150 N$.

Schmiede für junge Kochtalente ▶ NICE Restaurant & Bar 1 : 2 Mozart St., Tel. 0 61-30 07 10, www.nice.com.na. Windhoeks erstes Fünfsterne-Restaurant in einem Boutiquehotel-ähnlichen Ambiente ist nicht einfach nur nett *(nice)*. Die Abkürzung steht für **N**amibian **I**nstitute of **C**ulinary **E**ducation, wurde initiiert von Wolwedans und wird unterstützt vom Deutschen Entwicklungsdienst. Ziel ist es, etwa 10 bis 12 professionelle, namibische Köche auszubilden. Gäste können nun selbst sehen und schmecken, dass NICE auf dem richtigen Weg ist. Die Menüs sind fantastisch, die Weinliste lässt keine Wünsche offen. Hauptgericht 120 N$.

Deutschsprachig ▶ Gathemann Restaurant 2 : 175 Independence Ave., Tel. 061-22 38 53, Mo–Sa 12–17, Mo–Sa 18–22 Uhr. Das tun auch viele deutschsprachige Windhoeker gern: Auf dem Balkon im ersten Stock mit Blick auf den Zoopark sitzen und frische Aus-

Windhoek

tern aus Lüderitz schlürfen oder grünen Spargel aus Swakopmund genießen, begleitet von einem guten südafrikanischen Wein. Hauptgericht 100 N$.

Windhoeker Institution ▶ Joe's Beerhouse 3 : 160 Nelson Mandela Ave., am Eros Shopping Centre, Tel. 061-23 24 57, www.joesbeerhouse.com, Mo–Do 17 Uhr bis spät, Fr–So 11 Uhr bis spät. Der beste Platz, um in Windhoek ein frisch gezapftes Bier zu genießen. Innen ist der rustikale, reetgedeckte Pub mit Tausenden von leeren Jägermeister-Flaschen, wunderbarem Trödel und reichlich Afrikana dekoriert – ein Dinner oder Lunch bei Joe darf schon fast als Erlebnisgastronomie gelten. Abends brennen Feuer im Biergarten, auf denen auch gegrillt wird. Natürlich gibt es dazu Bier vom Fass, gebraut nach deutschem Reinheitsgebot. Die Empfehlung schlechthin sind die Wildgerichte, insbesondere die Kudu-Steaks, die riesig, zart und saftig sind und zu denen die Bedienung meist unaufgefordert einen eiskalten Jägermeister reicht. Und am Sonntagmittag wird es besonders kalorienreich. Dann gibt es einen deutsch-afrikanischen Buffet-Lunch zum Festpreis (60 N$), der wirklich keine Wünsche offen lässt. Hauptgericht um 100 N$, Bier vom Fass 25 N$.

Französisch inspiriert ▶ Fürstenhof 2 : Ecke Bülow Street/Hosea Kutako Drive, Windermere, Tel. 061-23 73 80, www.proteahotels.com/furstenhof, tgl. Lunch und Dinner. Im Hotel Fürstenhof untergebrachtes, gutes Restaurant mit ebensolcher Weinkarte. Tipp: die Chef's Specials und der Käsekuchen. Hauptgerichte um 90 N$.

Exotisch ▶ Taal Indian Restaurant 4 : 416 Independence Ave., Tel. 061-22 19 58, www.mytaal.com, Mo–Sa Lunch und Dinner. Wem nach Wild, Wurst und Schnitzel der Sinn eher nach etwas mehr Exotischem steht, ist bei Windhoek's Inder gut aufgehoben. Hauptgerichte um 80 N$.

Stylish und cool ▶ Primi Piatti 5 : Maerua Mall, Jan Jonker Road, Shop Nr. 65, Erdgeschoss, Tel. 061-30 30 50, www.primi-world.com, Mo–So 9–22 Uhr. Eine der coolsten Restaurantketten Südafrikas hat eine Filiale in Windhoek eröffnet. Italienische Gerichte von Pasta bis Pizza und der wohl beste Espresso der Stadt werden von (politisch inkorrekt) handverlesener Bedienung serviert. Hauptgericht 70 N$.

Echt afrikanisch ▶ La Marmite 6 : 383 Independence Ave., Tel. 061-24 03 06, Mo–Sa 12–15, tgl. 17–23 Uhr. Westafrikanische Spezialitäten, serviert in einem kleinen, gemütlichen Lokal. Es gibt gegrillten Fisch, Wildfleischgerichte, exotische Curry- und Erdnusssaucen, aber auch Ausgefalleneres wie Krokodil. Hauptgericht um 60 N$.

Farmhaus-Atmosphäre ▶ Jenny's Place 7 : 78 Sam Nujoma Dr., Klein Windhoek, Tel. 061-23 67 92, tgl. 8–18 Uhr. Coffee- und Souvenirshop in einem alten deutschen Farmhaus. Angeboten werden leckere kleine Gerichte, frisch gepresste Säfte und fantasievoll zubereitete Salate. Hauptgericht um 60 N$.

Familienfreundlich ▶ Mike's Kitchen 8 : Shop 29, Maeru Mall, Ecke Robert Mugabe Avenue/Jan Jonker Road, Tel. 061-23 32 92, www.mikeskitchen.co.za, tgl. Frühstück, Lunch und Dinner. Preisgünstige und kinderfreundliche südafrikanische Familien-Restaurantkette, die schon 1972 gegründet wurde. Trotz komplettem Make-over mit neuem Logo und Ambiente hat sich nichts an der Qualität des Essens und der Portionsgröße geändert. Tipp: Mike's Carvery für 100 N$/Pers. mit Salat- und Fleischbuffet zum Nachholen. Hauptgerichte ab 50 N$.

Zentral und lecker ▶ The Gourmet 9 : Kaiserkrone Centre/Post Street Mall, Tel. 061-23 23 60, www.the-gourmet-namibia.com, Mo–Sa Frühstück, Lunch und Dinner. Seit seinem Umzug befindet sich dieses wirklich gute Restaurant, das oft aus Kapstadt eingeflogenen Fisch auf der Karte hat, nun auch in einer strategisch günstigen Lage. Lunch/Dinner 50/120 N$.

Beliebter Italiener ▶ Sardinia 10 : 39 Independence Ave., Tel. 061-22 56 00, Mi–Mo 9–23 Uhr. Italienisches Restaurant in der City, wo es gute Pasta und Pizza sowie den besten Espresso und Cappuccino Windhoeks gibt. Zuweilen sehr trubelig und laut. Hauptgericht um 40 N$.

aktiv unterwegs

Township-Tour durch Katutura

Tour-Infos
Start: Abholung im Hotel
Dauer: ca. 3 Std.
Buchung: bei Face to Face Tours, Tel./Fax 061-26 54 46 oder über Nacobta Booking Office, Tel. 061-25 59 77, Fax 22 26 47, www.nacobta.com.na
Kosten: 300 N$/Pers. inkl. Transport, Erfrischungen und Eintrittsgelder

Die andere Seite der Stadt befindet sich vor ihren Toren, nur 7 km vom Zentrum entfernt liegt Katutura – der ›Platz, wo wir uns nicht niederlassen können‹. Als Südafrika das ehemalige Südwestafrika verwaltete, wurden die Apartheidgesetze auch in Namibia mit Gewalt durchgesetzt. Bei der Zwangsumsiedlung von Schwarzen aus Windhoeks Old Location in den 1960er-Jahren gab es Verletzte und Tote. Jede Volksgruppe erhielt ihren eigenen Bereich. Noch heute sind die Buchstaben an den Häusern zu sehen: ›N‹ für Nama, ›D‹ für Damara oder ›H‹ für Herero. Und obwohl seit der Unabhängigkeit theoretisch jeder dort leben darf, wo er will, trennen die ökonomischen Unterschiede nach wie vor Schwarz, Coloured und Weiß voneinander.

Spätestens bei einer Fahrt durch das lebendige, quirlige Katutura wird dem Besucher klar, dass Windhoek nur auf den ersten Blick einer deutschen Kreisstadt ähnelt. In Katutura, ebenso wie in Khomasdal, dem Wohngebiet mit den etwas größeren Häusern der Farbigen (sie waren vom Apartheidregime gegenüber den Schwarzen bevorzugt) schlägt das afrikanische Herz der Stadt.

Am besten besucht man Katutura im Rahmen einer organisierten Tour. Face to Face bietet die Möglichkeit, einen Blick in den Teil Windhoeks zu werfen, der den meisten Touristen sonst verborgen bleibt. Die Tour umfasst Marktbesuche, Treffen mit Einheimischen und eine Visite bei Penduka Crafts (s. S. 133) oder einem innovativen lokalen Recycling-Projekt. Alle eingesetzten Guides wohnen vor Ort und sind intensiv mit Geschichte und Lifestyle Katuturas vertraut.

Trotz widriger Lebensumstände meist ansteckend fröhlich: Kinder in Katutura

Windhoek

Koloniale und moderne Bauten säumen die Independence Avenue

Einkaufen

Großstädtischer Shoppingkomplex ▶ Maerua Mall 1: Ecke Robert Mugabe/Jan Jonker Street, südlich der City im Stadtteil Suiderhof, Mo–Fr 9–21, Sa 8–19, So 9–13, 16–19 Uhr. Der 2006 eröffnete, für 270 Mio. N$ erweiterte Shopping-Komplex lässt Windhoek erstmals ›großstädtisch‹ aussehen. In der von Präsident Hifikepunye Pohamba persönlich eröffneten 43 000 m² großen Mall gibt es über 110 neue Geschäfte, Restaurants und Coffee Shops, einschließlich Kinos und Virgin Active Fitness Studio. Die meisten großen Geschäfte, wie Woolworth, Edgars, Foschini, Markhams, Total Sports, Sportsman Warehouse, Ackermans, Boardmans, Mr. Price, Clicks/Diskom kommen aus Südafrika. Für Besucher ein gutes Kontrastprogramm zur Einsamkeit im Landesinneren.

Lebensmittel ▶ Wecke & Voigts Delimarkt: Im Untergeschoss des Kalahari Sands Hotel 1, Gustav Voigts Centre, 129 Independence Ave. Tel. 061-22 73 69, Mo–Fr 9–18, Sa 9–12 Uhr. Viele Brotsorten, Torten und Kuchen, große Wurstauswahl, Salate, Wildsalami, tiefgefrorenes Fleisch (ideal für Camper mit Kühlschrank).

Bierspezialitäten ▶ Camelthorn Brewing Company 2: Tel. 061-41 12 50, 76 Nickelstreet, Prosperita, www.camelthornbrewing.com. Nomen est omen: Der Kameldornbaum, nach dem die Biere der 2009 ins Leben gerufenen Mikro-Brauerei Camelthorn Brewing Company benannt sind, übersteht selbst heftige Trockenzeiten. Darauf spielt der Werbeslogan an: »Überstehe deine Dürre, lass dir ein Camelthorn zapfen«. In vielen Kneipen und Hotels im Land werden die drei unter-

Adressen

schiedlichen Kameldornbiere (Hefe-Weizen – das erste in Namibia gebraute überhaupt –, Helles und American Red Ale) bereits ausgeschenkt. Na denn prost!
Namibisches Kunsthandwerk ▶ **Namibian Crafts Centre:** s. S. 123.

Abends & Nachts

Livemusik ▶ **Warehouse Theater** **1**: 48 Tal St., Tel. 061-22 50 59. Uriger Veranstaltungsort in einem alten Brauerei-Lagerhaus, tolle Atmosphäre, Rockkonzerte, oft mit einheimischen Live-Bands.

Termine

Windhoek Karneval: Jährlich in der letzten April- und ersten Maiwoche wird in Windhoek in deutscher Tradition Karneval gefeiert – Windhoek, wie es singt und lacht. Die Verschiebung in den April/Mai ist wetterbegründet, denn im Februar ist es zu heiß. Faschingsprinz und -prinzessin ziehen bonbonwerfend durch die Independence Avenue.

Oktoberfest: Im Oktober (genaue Daten siehe Website des SKW) findet das alljährliche Oktoberfest statt, wie der Windhoek Karneval auch vom **Sport Klub Windhoek** (SKW, 6 Bohr St., Tel. 061-22 27 32, www.skw.com.na) organisiert. Auf dessen Gelände schlägt das Herz der Veranstaltung, zu der Blaskapellen, reichlich Bier vom Fass, Bratwürste vom Grill, Dirndl und Lederhosen gehören. Bei einem Wettbewerb wird u.a. die Kellnerin gesucht, die die meisten Biergläser tragen kann, erster Preis: eine Riesenwurst.

Enjando Street Festival: Das Straßenfest findet seit 1990 an einem Samstag im November statt. Die dann für den Verkehr gesperrte Independence Avenue wird zur Bühne für Tanzgruppen und Musiker. *Enjando* ist Herero und bedeutet ›spielen‹.

Verkehr

Flugverbindungen: Windhoeks Flughafen, der **Hosea Kutako International Airport**, liegt aufgrund der bergigen Umgebung 45 km nordöstlich der Hauptstadt. Es gibt zwar Taxis am Flughafen, vorzuziehen ist aber einer der Shuttle-Busse, die pro Person etwa 180 N$ für die Fahrt in die City verlangen. Vorgebuchte Mietwagen können am Airport in Empfang genommen werden. Lodge- und Hotelgäste werden meist kostenlos abgeholt. Am besten schon bei der Buchung arrangieren. Ein zweiter Flughafen, der **Eros Airport** für Inlandsflüge, liegt in der Stadt.

Regelmäßige Flüge mit **Air Namibia** (Reservierung: Tel. 061-299 63 33, Info: www.airnamibia.com.na) von Windhoek nach Swakopmund (6 x wöchentl.), Tsumeb (5 x wöchentl.), Mokuti Lodge (am Osteingang des Etosha National Park) und Lüderitz (je 4 x wöchentl.), Walvis Bay, Katima Mulilo, Keetmanshoop und Ondangwa, (jeweils 2 x wöchentl.), Rundu (1 x wöchentl.); vom Windhoek International Airport geht 1 x wöchentl. ein Air-Namibia-Direktflug nach Victoria Falls, mehrmals wöchentlich mit Zwischenstopps in Mokuti und Katima Mulilo.

Zugverbindungen: Von Windhoek fahren Züge nach Swakopmund und Walvis Bay (tgl. außer Sa). Regelmäßig bediente andere Ziele sind Tsumeb und Keetmanshoop (3 x wöchentl.). Auskunft und Reservierung: **TransNamib Rail Central Reservations**, Tel. 061-298 20 32, Fax 298 24 95.

Seit April 1998 verkehrt auf der alten deutschen Bahnlinie zwischen Windhoek und Swakopmund der luxuriöse **Desert Express** (Windhoek, Tel. 061-298 26 00, Fax 268 26 01, www.namibiareservations.com/dx.html). Er benötigt 24 Std. für den Trip, geschlafen und gegessen wird im Zug (s. Thema S. 138).

Busverbindungen: Mit **Intercape Mainliner** (Infos und Reservierung: Tel. 061-22 78 47, Fax 386 24 88, www.intercape.co.za) von Kapstadt über Keetmanshoop nach Windhoek und Walvis Bay und wieder zurück. Auch **Ekono Liner** (Tel. 061-23 69 46, Fax 23 68 80) verkehrt auf dem Weg nach Kapstadt zwischen Windhoek und anderen wichtigen Städten in Namibia.

Einmal in der Woche fährt ein Bus von Windhoek nach Victoria Falls und legt Zwischenstopps in Tsumeb, Rundu und Katima Mulilo ein. Information und Reservierung: Vic Falls-Windhoek Coach, Tel. 061-22 28 73, Fax 23 88 57.

Ausflüge von Windhoek

Direkt vor der Stadt liegen einige reizvolle Tagesziele: Kleine Wildparks, die man auf Pirschfahrten erkunden kann, oder wie wäre es mit einem Helikopter-Flug über die Berge? Wer nicht in Windhoek nächtigen will, findet außerhalb mehrere empfehlenswerte Unterkünfte, von luxuriös bis rustikal, mit Kerzenlicht-Gourmet-Dinner oder Leoparden im Baum.

Daan Viljoen Game Park ▶ J 9

Nur knapp 20 km westlich vom Zentrum Windhoeks liegt der **Daan Viljoen Game Park**, den Autofahrer über die C 28 erreichen. Der südafrikanische Verwalter der Region gleichen Namens hat erreicht, dass das Gebiet im Khomas-Hochland *(khomas* ist Nama und bedeutet ›hügelig‹) 1962 unter Naturschutz gestellt wurde. Zuvor siedelte man 254 Damara-Familien, die hier ihr Vieh weideten, in den Nordwesten des Landes um. Tagesbesucher müssen sich vorher beim Parkbüro in Windhoek anmelden. Besonders an Wochenenden und Feiertagen wird sich allerdings die gesuchte Ruhe nicht einstellen, da partyfreudige Windhoeker gerne lange und lautstark feiern. Am Rande eines Stausees befindet sich ein Touristenzentrum mit Picknickplatz, Restaurant und Swimmingpool (im See darf nicht gebadet, aber je nach Pegel des Augeigas-Stausees mit im Parkbüro erteilter Genehmigung geangelt werden). Es besteht zudem die Möglichkeit, in einfachen Bungalows zu übernachten. Auch ein Campingplatz steht zur Verfügung.

Für Wanderfreudige bieten sich im Park zwei kleinere Touren und eine größere Tour (mit Übernachtung) an: Der **Wag'n Bietjie Trail** (oder Buffalo Horn Trail; 3 km, ca. 45 Min.) führt an einem baumbestandenen Flussbett entlang zu einem Aussichtspunkt über den Stengel-Dam, der deutlich anstrengendere **Rooibos Trail** (oder Red Bushwillow Trail; 9 km, ca. 2,5 Std.) über eine hügelige Hochebene zu einem Aussichtspunkt in knapp 1800 m Höhe. Der **Daan Viljoen Unguided Hiking Trail** (oder Sweetthorn Trail; 32 km) ist eine ungeführte Wanderung, für die man zwei Tage benötigt. Wer sich auf den Weg machen möchte, muss sich morgens um 9 Uhr beim Ranger am Büro des Restcamps abmelden. Die Gebühren liegen bei 75 N$/Person, Getränke und Verpflegung müssen mitgebracht werden. Zum Schutz der empfindlichen Natur wird pro Tag nur eine Gruppe mit mindestens 3 und maximal 12 Personen zugelassen.

Wer nicht laufen möchte, kann die reizvolle Landschaft des Parks auch auf einer Rundtour mit dem Auto erkunden.

Im Park sieht man Elen- und Oryxantilopen, Gnus, Bergzebras, Kudus und Springböcke. An kleineren Säugetieren kommen Klippspringer, Steinböckchen, Klippschliefer und Paviane vor. Vogelfreunde können die über 200 im Park lebenden Arten mit dem am Eingang erhältlichen Buch ›Birds of Daan Viljoen Game Park‹ identifizieren. Der Monteiro-Nashornvogel, der Klippensänger und der Drosselwürger sind nur einige von ihnen (geöffnet von Sonnenaufgang bis 24 Uhr, Eintritt für Tagesbesucher 40 N$/Pers., 10 N$/Pkw. Sie müssen sich vorher unter Tel. 061-22 68 06, Fax 061-23 23 93 anmelden und den Park bis 18 Uhr wieder verlassen haben; Daan Viljoen ist nicht mit öffentlichen Verkehrsmitteln erreichba. Motorräder sind nicht zugelassen).

Übernachten, Essen

Stadtranderholung ▶ **Daan Viljoen Rest Camp:** Das ehemals von Namibian Wildlife Resorts verwaltete Camp mit angeschlossenem Restaurant wurde, wie einige andere Camps auch, im Jahr 2009 privatisiert und die heruntergekommenen Unterkünfte daraufhin für 50 Mio. N$ aufwendig renoviert. Die Wiedereröffnung soll voraussichtlich Mitte 2010 erfolgen.

Durchs Khomas-Hochland zum Bosua-Pass ▶ G/H 9

Westlich von Windhoek wird das hügelige Khomas-Hochland von einer Schotterpiste durchquert, die über den Bosua-Pass in die Namib-Wüste führt. Nach etwa 50 km steht an der Straße ein Herrenhaus, das man eher in der Stadt vermuten würde: Das auch als ›Geisterhaus‹ bekannte **Liebighaus** wurde von 1912 bis 1913 als Wohnhaus für den Direktor der Deutschen Farmgesellschaft erbaut, steht aber seit nunmehr fast 50 Jahren leer und verfällt zusehends. Die Architektur des Hauses orientiert sich an deutschen Vorbildern – das geneigte Dach zur Vermeidung schwerer Schneelasten macht in einem Wüstenstaat nur wenig Sinn.

Etwa 15 km weiter trifft man auf die 1890 erbaute **Curt-von-François-Feste**, ein kleines Fort zum Schutz des Ochsenwagen-Baiweges, eines wichtigen Nachschubweges von der Küste. Hierher wurden vorzugsweise Schutztruppensoldaten verlegt, die zu häufig dem Alkohol zusprachen; man nannte die Station daher auch ›Trockenposten‹. Heute ist das denkmalgeschützte Fort eine Ruine, lediglich die von Schießscharten durchbrochenen, aus Schieferplatten aufgeschichteten Trockenmauern stehen noch.

Die Weiterfahrt zum **Bosua-Pass** führt über ein eindrucksvolles Hochplateau, immer wieder bieten sich atemberaubende Blicke auf endlose Hügelketten, die nach der Regenzeit von zartem Grün überzogen werden. Auf der Passhöhe fällt das Hochland abrupt in die weite Ebene der Namib-Wüste ab.

Amani Lodge ▶ J 9

Auf der C 26 erreicht man nach einer etwa 20 km langen Fahrt von Windhoek die Amani Lodge; sie liegt exponiert auf 2150 m Höhe und bietet einen 360°-Panoramablick über das Khomas-Hochland. Die französischen Besitzer unterhalten hier in Zusammenarbeit mit der Naturschutzbehörde und dem Cheetah Conservation Fund (CCF) ein Schutz- und Rehabilitationsprojekt für Großkatzen. Tierwaisen, kranken Tieren und solchen, die in freier Wildbahn nicht überleben könnten, wird dort ein sicheres Heim geboten. Zur Zeit pflegt Amani zwei Löwen, einen Leoparden und mehrere Geparden, eine spätere Auswilderung ist angestrebt. Zwei frei umherlaufende Warzenschweine namens Thelma und Louise komplettieren den hauseigenen Zoo – es kommt vor, dass sie die Sonnenliegen am Pool in Beschlag nehmen. Gäste und auch Tagesbesucher können die Widkatzen im Rahmen der Amani Big Cats Experience erleben. Die Besitzer Alain und Olivier Houalet sind begeisterte Raubkatzenfans und geben ihr umfassendes Wissen gern an Interessierte weiter. Die Lodge besitzt ein Teleskop zur Betrachtung des Sternenhimmels – angeblich das größte Amateur-Teleskop des Landes. Zu den angebotenen Aktivitäten gehören neben der Wildkatzen-Beobachtung auch Pirschfahrten und Wanderungen in die umgebenden Berge sowie (nur für Übernachtungsgäste) sternenkundliche Exkursionen.

Übernachten, Essen

Höchstgelegene Lodge Namibias ▶ **Amani Lodge:** An der C 26 nahe dem Kupferberg-Pass, Tel. 061-23 95 6 , Fax 22 13 34, www.amani-lodge-namibia.com. Familiengeführte Lodge in herrlicher Lage. Geschmackvoll im Kolonialstil ausgestattete Doppelzimmer in reetgedeckten Bungalows mit eigener Veranda. Restaurant mit französisch angehauchter Küche, schöne Kaffeeterrasse mit Blick über das Khomas-Hochland, Bar, Swimmingpool. DZ mit Frühstück 1200 N$, Kinder 3–11 Jahre 480 N$, Dinner 198 N$, Wildkatzenpirschfahrt 420 N$.

Ausflüge von Windhoek

aktiv unterwegs

Ziplining – Drahtseilakt in den Auas-Bergen

Tour-Infos
Start: Die Zipline befindet sich am Rande der Windhoeker Vorstadt Kleine Kuppe, ca. 6 km südöstlich vom Zentrum. Der Zugang erfolgt über ein Farmtor am Ende der Otjivero Street; man erreicht es, indem man dem Frank Fredericks Drive bis zum Trade Centre folgt und dann links in die Kleine Kuppe Road einbiegt. Die letzte Abzweigung von der Klein Kuppe Road nach rechts ist die Otjivero Street, die nach 200 m in eine Schotterpiste übergeht.
Infos und Anmeldung: Be Local Adventure Living, Tel. 061-30 57 95, www.be-local.com
Kosten: 400 N$
Besondere Hinweise: gefordertes Mindestalter 12 Jahre, Mindestkörpergewicht 45 kg, maximales Körpergewicht 150 kg

Ziplining ist wieder so ein englisches Wort, das Eingang in die deutsche Sprache gefunden hat und mit ordentlicher Adrenalinausschüttung verknüpft ist. Eine *zipline* ist ein zwischen zwei Punkten unterschiedlicher Höhe gespanntes Drahtstahlseil, an dem eine Seilrolle angebracht ist, mittels welcher Mutige und Willige, also Mutwillige, per Schwerkraft von A nach B gleiten können. Im Falle des Windhoeker Unternehmens Be Local ist A ein Berg in den Auas-Bergen außerhalb der Stadt, B ein anderer, etwas tiefer gelegener. Sie liegen etwa 550 m auseinander und zwischen den Füßen der Teilnehmer und dem Talboden gähnen 120 m Leere.

Die kleine Gruppe von Adrenalinsüchtigen trifft sich an einem Farmtor, in einem Außenbezirk von Windhoek. Ein rumpelnder Motor kündigt sich schon von weitem an. Der alte, rostige Armee-Pickup flößt wenig Vertrauen ein. Alles Teil der Erfahrung. Es geht einen felsigen Pfad hinunter, dann wieder steil hinauf. Sehr steil. Ganz oben auf dem Miniberg befindet sich eine Plattform mit fantastischem 360-Grad-Panoramablick. Der Guide, der das Gurtzeug anlegt, ist erschreckend ehrlich. »Zunächst bist du skeptisch und denkst du überlebst es nicht, aber wenn es dann losgeht, wirst du es lieben«.

Und er erzählt noch ein bisschen mehr. Die Reise zwischen den Bergen findet in einer Höhe statt, die 13 Stockwerken entspricht (warum gerade 13?). Geschwindigkeiten von 55 km/h werden erreicht. Der ›Spass‹ dauert etwa eine Minute. »Du musst zunächst Richtung Abgrund rennen«, sagt der Guide. Augen zu und los, dann plötzlich schwerelos, fliegend. Unter den Füßen Dornbäume, ein tiefes Tal und ein felsiger Hügel. Wow. Viel zu schnell ist die Plattform auf der anderen Seite erreicht. Einen Vorgeschmack gibt ein Video auf www.youtube.com unter den Suchbegriffen ›Zipline Be Local Windhoek Namibia‹.

Auas Game Lodge ▶ J 10

Die familiengeführte Lodge liegt ca. 45 km südöstlich von Windhoek im Auas-Schutzgebiet. Gäste genießen einen atemberaubenden Panoramablick auf die Auas-Berge. In dem 12 000 ha großen Wildreservat gibt es neben zahlreichen Antilopen- und Gazellenarten auch Giraffen, Paviane und Warzenschweine zu beobachten, mit etwas Glück auch Raubwild wie Leoparden und Geparde. Bemerkenswert ist zudem die artenreiche Vogelwelt. Zur Lodge gehört eine Aussichtsplattform, von hier aus überblickt man eine Tränke am nahe gelegenen Staudamm, an der sich das Wild vor allem am Abend versammelt. Man kann aber auch an geführten Wildbeobachtungsfahrten teilnehmen oder das Gelände im Rahmen einer Mountainbike-Tour oder Wanderung erkunden. Letzteres ist auch auf eigene Faust möglich, die Lodge hält Kartenmaterial und genaue Wegbeschreibungen für Wanderungen von 30 Minuten bis zu mehreren Stunden bereit. Eine besondere Attraktion sind die geführten Quad-Touren durch die sanfthügelige Dornbuschsavanne. Mit den vierrädrigen Quad-Bikes gelangt man an Stellen, die selbst für Geländewagen nicht mehr zugänglich sind. Abschließendes Highlight: An einem Platz unter freiem Himmel, den man selbst bestimmen kann, wird nach dem Ende der Fahrt ein Picknick serviert.

Übernachten, Essen
Buschfeeling in Stadtnähe ▶ **Auas Game Lodge:** Tel. 61- 24 00 43, Fax 24 86 33, www.auas-lodge.com. 16 geschmackvoll eingerichtete Zimmer mit privater Terrasse, gutes Restaurant mit einheimischen Spezialitäten, Swimmingpool. DZ mit Frühstück 1725 N$.

Gocheganas ▶ J 10

Gocheganas liegt etwa 29 km südlich von Windhoek auf einem Hügel in den Auas-Bergen, mit fantastischer Aussicht. Die ehemalige Farm ist heute eine Lodge mit luxuriöser Ausstattung und modernem Wellness-Village. Im zugehörigen privaten Naturreservat bewegen sich in freier Wildbahn 25 verschiedene Großwildarten. Dazu gehören Nashörner, Löffelhunde, Giraffen, Berg- und Steppenzebras, Geparden, Schakale, Leoparden, Blau- und Schwarzgnus, Eland- und Oryxantilopen, Rote Hartebeester, Kudus, Springböcke, Wasserböcke, Steinböcke, Duiker, Klipspringer, Strauße und Warzenschweine. Besonders stolz ist man auf ein Breitmaulnashorn-Kalb, das hier im Rahmen eines Zuchtprogrammes das Licht der Welt erblickte und vermutlich bald von einem weiteren gefolgt werden wird. Das Reservat kann auf Wildbeobachtungsfahrten erkundet werden, zum Angebot gehören weiterhin von kundigen Guides geführte Wanderungen zu in der Nähe der Lodge gelegenen Wasserstellen und zu einer Steinzeithöhle. Kleinere Spaziergänge können auch auf eigene Faust unternommen werden.

Übernachten, Essen
Wildlife & Wellness ▶ **Gocheganas:** an der D 1463, Tel. 061-22 49 09, Fax 061-22 49 24, www.gocheganas.com. 16 strohgedeckte Chalets mit herrlichem Panoramablick über das Naturreservat und zusätzlichem Openair-Badezimmer. Wellness-Village mit 11 Behandlungszimmern, Sauna, Hallenbad, Außenpool und Fitness-Center. Restaurant mit namibischer oder Wellnessküche. DZ mit Vollpension ab 2320 N$, Pirschfahrt 250 N$, geführte Wanderung 200 N$.

Penduka Crafts Centre ▶ J 9

Etwas westlich von Katutura, ca. 20 Min. Fahrzeit (10 km) vom Zentrum Windhoeks entfernt, ist in den ehemaligen Gebäuden des Kalahari Yacht Club am Goreangab Dam das **Penduka Crafts Centre** (Tel. 061-25 72 10, www.penduka.com) untergebracht. Penduka bedeutet in der Ovambo- und Herero-Sprache ›Wach auf‹. In dem Selbsthilfeprojekt kooperieren über 300 Frauen aus verschiedenen Volksgruppen – Damara, Herero, Nama, Himba und Ovambo –, die sich untereinander über ihre handwerklichen Fähigkeiten austauschen und Kunsthandwerk herstellen, darunter Textildrucke, Puppen und Haushaltsgegenstände wie Schüsseln und Körbe. In einem angeschlossenen Laden kann man die Erzeugnisse erwerben. Außerdem gibt es ein **Freilichtmuseum** mit einem traditionellen Dorf. Das Boma-Restaurant bietet mit Blick auf den Stausee afrikanische Spezialitäten. Es kann sogar in traditionellen und individuell dekorierten Rundhütten übernachtet werden (180–200 N$ pro Hütte, Buchung über Nacobta, www.nacobta.com.na. Das Projekt ist nicht mit öffentlichen Verkehrsmitteln erreichbar, nach telefonischer Voranmeldung kann man sich aber von einem Shuttle im Zentrum abholen und wieder zurückbringen lassen. Wer mit dem eigenen Pkw hinfährt, sollte vor Einbruch der Dunkelheit nach Windhoek zurückgekehrt sein – der Weg führt durch Katutura).

Ausflüge von Windhoek

Okapuka Ranch ▶ J 9

Etwa 30 km nördlich von Windhoek bietet die Okapuka Ranch Unterkünfte im Lodge-Stil. Das Buschland am Fuße der Otjihavera-Berge ist Heimat vieler Vogel- und Wildtierarten. Auf von Wildhütern begleiteten Geländewagenfahrten (90 Min., 3 oder 6 Std.) und Wanderungen (2 oder 6 Std.) können weiße Nashörner, Giraffen, Kudus, Weißschwanzgnus, Krokodile, Oryx- und Elandantilopen sowie die majestätischen Rappenantilopen beobachtet werden. Eine besondere Attraktion ist die tägliche Fütterung der Löwen, bei der man die Tiere aus nächster Nähe sieht. Der Besitzer der Farm bietet darüber hinaus spektakuläre Rundflüge mit dem Helikopter an (20 Min., 900 N$/Person).

Übernachten, Essen

Löwen live ▶ **Okapuka Ranch:** An der B 1, Tel. 061-22 78 45 oder 23 46 07, Fax 23 46 90, www.natron.net/okapuka. 16 Zimmer mit offener Terrasse bzw. Balkon, die Wände zieren Malereien des bekannten Künstlers von Aschenborn und die Böden sind mit namibischen Karakulteppichen ausgelegt. Es gibt eine aus Kameldornholz erbaute, gut ausgestattete Bar, einen Weinkeller und ein großes Restaurant, das für seine delikaten Wildgerichte bekannt ist (Dinner 150 N$). Übernachtungsgästen steht ein Swimmingpool zur Verfügung. DZ mit Frühstück, inklusive Löwenfütterung ab 1270 N$, Kinder bis 6 Jahre frei, 7–12 Jahre 75 N$, Halbpension 145 N$.

2 Düsternbrook Guest Farm ▶ J 9

Von der Kreuzung rund 30 km nördlich von Windhoek auf der B 1 ist Namibias älteste Gästefarm nach 18 km Staubpiste erreicht. Das Farmhaus im Kolonialstil wurde bereits 1909 hoch über dem Flussbett erbaut. Das Gästehaus ist klein und sehr persönlich geführt. Auf Wildbeobachtungsfahrten auf dem eigenen Land oder im Khomas-Hochland kann man unter anderem das seltene Hartmann-Bergzebra sehen, am frühen Morgen starten Nashorn-Tracking-Touren. Berühmt ist Düsternbrook jedoch vor allem für seine gefleckten Katzen. Die Farm ist einer der besten Plätze in Namibia, um Leoparden und Geparden in natürlicher Umgebung formatfüllend abzulichten, wobei die Leopardenfahrt deutlich beeindruckender ist als die Gepardenfahrt (für Tagesbesucher ca. 200 N$). In erster Linie liegt dies daran, dass bei Cäsar, dem Leoparden, das Gehege so groß ist, dass keinerlei Zäune stören. Gefahren wird im

Düsternbrook Guest Farm

Leopard hautnah auf der Düsternbrook Guest Farm

offenen Geländewagen. Der schwarze Ranger fährt unter einen alten Baum, steigt auf die Motorhaube und breitet vorbereitete Fleischbrocken auf einem pittoresken Ast aus. Dann fährt er den Wagen zurück in Position. Nach einigem Warten kommt der Leopard vorsichtig aus dem Gebüsch, wittert, schaut sich gelangweilt die Touristen an und springt dann in wenigen Sätzen auf den Baum. Nur das Kratzen seiner Krallen auf der Baumrinde ist zu hören. Und während er das rohe Fleisch hinunterschlingt, klickt und surrt es aus digitalen Kameras. Darüber hinaus verfügt die Farm über einige Wanderwege und bietet geführte Ausritte zu Pferd an.

Übernachten, Essen

Leopard im Visier ▶ **Düsternbrook Guest Farm:** zunächst 30 km auf der B 1 von Windhoek nach Norden, dann 18 km Piste bis zum Farmhaus, Tel. 061-23 25 72, Fax 25 71 12, www.duesternbrook.net. Die Farm bietet verschiedene Übernachtungsmöglichkeiten an. So kann man im Felsenhaus, in Kolonialstil-

Ausflüge von Windhoek

Wer auf der Burg Gusinde übernachtet, kann einen stimmungsvollen Sonnenuntergang in den Otjihavera-Bergen genießen

Ambiente oder im Luxuszelt übernachten. Die Zimmer im Felsenhaus sind geräumiger als die im Kolonialstil und bieten die bessere Aussicht. Die Luxuszelte sind mit Betten ausgestattet und verfügen über angeschlossene, gemauerte Bäder. Die Preise betragen pro Person 999–1330 N$ inklusive Frühstück, Abendessen – das gemeinsam an einem großen Tisch in rustikaler Atmosphäre eingenommen wird – Geparden- und Leopardenfahrt sowie allen Aktivitäten: ein wirklich gutes Preis-Leistungs-Verhältnis. Wer im ›Tankstellen‹-Zimmer (mit einer historischen, sehr fotogenen Zapfsäule vor der Tür) logiert, genießt einen doppelten Vorteil: Es ist etwas geräumiger als die übrigen Zimmer und steht frei, ist quasi ein Haus für sich. Wer selbst campen möchte, zahlt 740–798 N$ pro Person inklusive Frühstück, Abendessen und Wildbeobachtungsfahrten. Gästen stehen weiterhin ein kleines Infocenter mit Leseecke und ein großer Pool zu Verfügung.

Burg Gusinde

Burg Gusinde ▶ J 9

Mit der Burg Gusinde bei Windhoek hat sich der deutsche Edel-Aussteiger Hans Ziller seinen Traum von einer Farm in Afrika mehr als erfüllt. Hoch auf einem Felsen gelegen mit 360-Grad-Blick ist sie sicher eine der schönsten und einsamsten Übernachtungsmöglichkeiten in Namibia. Gäste übernachten in nur vier Zimmern, was Intimität und Ruhe garantiert. Eine geniale Köchin sorgt für's leibliche Wohl – ihre Wildgerichte sind auf ungewöhnliche Weise zubereitet und einfach ein Gedicht. Auch aus der Butternut, einer Kürbisfrucht, weiß sie Erstaunliches zu zaubern. Bis in die Nacht hinein unterhält sich der inspirierende Gastgeber mit seinen Gästen. Hans Ziller macht auf der riesigen Farm alles selbst. Sogar die Pisten, mit seinem Caterpillar. Gäste können an Pirschfahrten durch die Otjihavera-Berge teilnehmen, bei denen man auf Antilopen, Giraffen, Warzenschweine und Strauße trifft. Auch Ausritte sind möglich, begleitet oder auf eigene Faust, wobei ein Funkgerät zur Verfügung gestellt wird. Ein besonders intensives Naturerlebnis ermöglichen Touren mit dem Quadbike. Und schließlich gibt es (in der von Februar bis November dauernden Saison) spezielle Arrangements für Jäger, für die aber ein längerer Aufenthalt erforderlich ist. Für eine Jagd auf Antilopen sollte man beispielsweise acht Tage einplanen. Am Abend kann man in der Trophyhall am Kaminfeuer sitzen und sich mit den anderen Gästen über das Erlebte austauschen, alternativ laden in der gut bestückten Bibliothek Bildbände und Bücher über Namibia zum Schmökern ein. Zuvor empfiehlt sich noch ein Bad im wunderbaren Überlaufpool der Burg, mit weitem Blick über die Berge bis zum Horizont und später in den unendlichen Sternenhimmel. Ein idealer Platz, um die Gedanken schweifen zu lassen.

Übernachten, Essen

Intim und ganz exklusiv ▶ **Burg Gusinde:** Infos und Buchung über The Safari Corporation, ca. 2 Std. Fahrt auf Farmpisten von Windhoek, Tel. 061-25 71 07, Fax 25 72 69, www.safaricorp.com. 4 großzügige, im Kolonialstil eingerichtete Zimmer mit eigenem Balkon/Terrasse und von Moskitonetzen geschützten Himmelbetten. DZ inklusive Vollpension und einer Wildbeobachtungsfahrt ab 4000 N$. Zusätzliche Pirschfahrt 250 N$, Quadbike-Tour 240 N$. Familien und Gruppen können auch das um 1900 erbaute Farmhaus mieten, das im Stil der damaligen Zeit renoviert wurde (Preise auf Anfrage).

Ausflüge von Windhoek

›Juwel der Wüste‹ – Zugreise im Desert Express

Seit 1998 verkehrt der charakteristisch blau-gelbe Zug auf den Gleisen Namibias. Er wurde innerhalb von 18 Monaten sowohl von einem namibisch-deutschen Designerteam entworfen als auch im Land gebaut. Er ist also keine historische Eisenbahn wie der Orient-Express oder der südafrikanische Rovos Rail. Und er ist zwar komfortabel, aber bei weitem nicht so exklusiv und teuer wie die Erstgenannten.

Trotzdem versucht das Interieur, eine moderne Reminiszenz an das stilvolle Reisen in Zügen vergangener Tage zu bieten. Es spiegelt die Farben und Motive des Landes wider: u.a. mit Glasgravuren der namibischen Fauna und Flora, handgearbeiteten bernsteinfarbenen Ledersesseln im Salon- und Barwagen, rotgoldenen Hölzern mit liebevoll eingearbeiteten Tiermotiven.

Die neun Waggons mit 24 Abteilen für jeweils einen, zwei oder drei Passagiere sind permanent miteinander verbunden, um Kupplungsvorgänge zu minimieren und damit auch den Fahrkomfort zu erhöhen. Sie sind vollklimatisiert – oder wahlweise geheizt. Wüstennächte können in Namiba recht frisch werden. Alle Waggons haben ihr eigenes Badezimmer mit Toilette. Die Betten (188 cm x 70 cm) lassen sich tagsüber zu drei bequemen Sesseln umfunktionieren. Neben einem eleganten Aufenthaltsraum und einer Bistro-Bar gibt es ein großes Restaurant, das namibische Spezialitäten serviert. Große Panoramafenster bringen die grandiose Landschaft nach innen.

Das Layout des Desert-Express sieht folgendermaßen aus: ›Rhino‹ ist der Antriebs- und Gepäckwagen, die vier Waggons mit jeweils sechs Abteilen lauten auf die Namen ›Meerkat‹, ›Springbok‹, ›Oryx‹ und ›Kokerboom‹, der Aufenthalts- und Barbereich befindet sich im ›Spitzkoppe‹-Waggon, ›Welwitschia‹ beherbergt das Restaurant, ›Stardune‹ die Bistro-Bar und ›Starview‹ Veranstaltungs- und Konferenz-Räumlichkeiten.

Damit auf der Fahrt alles reibungslos abläuft, stehen an jedem Haltepunkt an der Strecke Mechaniker in Bereitschaft, um mögliche Probleme zu beheben, etwa störende Defekte an der Klimaanlage oder im Sanitärbereich. Für die medizinische Versorgung der Mitreisenden ist ein deutscher Bordarzt zuständig, der die aufmerksame und hervorragend geschulte Crew komplettiert.

Seit der damalige Präsident Sam Nujoma den Luxuszug am 3. April 1998 einweihte, befördert er Touristen auf dem 3227 km langen Schienennetz des Landes – dazu gehört auch der Abschnitt, der 1899 von der deutschen Kolonialverwaltung angelegt wurde, von Windhoek nach Swakopmund. Auf der eingleisigen, 371 km langen Strecke findet eine reguläre, 20-stündige Zugfahrt statt. Dank eines ausgeklügelten Fahrplans beinhaltet sie fantastische Sonnenunter- und aufgänge.

Der Desert Express fährt am frühen Freitagnachmittag vom historischen Windhoeker Bahnhof los, durchquert die Industrievororte der Stadt und gleitet dann in einem Bogen durch die Khomas-Berge allmählich auf die Namib-Wüste zu. Die Landschaft wird zunehmend karger, doch bevor sich Ruhe über das Gemüt senkt, winkt schon der erste Halt: Mit Geländewagen geht es zu einer Pirsch-

Desert Express

Thema

fahrt auf dem Land der Oropoko Lodge. Im Anschluss daran gibt es, wie sich das im Süden Afrikas gehört, einen Sundowner – nicht im Freien, sondern in der eleganten Spitzkoppe Lounge im Zug. Währenddessen inszeniert die Sonne einen fantastischen Untergang über der endlosen Wüstenebene.

Etwas später wird dann das Dinner serviert, in Form eines Drei-Gänge-Menüs. Kein Gourmet-Mahl, aber solide namibische Küche, oft mit Wildfleisch, vom Springbock, Kudu oder Oryx. Neben Wild gibt es auch frische Meeresspezialitäten, dazu südafrikanische Weine. Nach dem Essen ist im Spitzkoppe-Salonwagen frisch gezapftes Windhoek Lager erhältlich, wer es exklusiver mag, bestellt einen Cocktail. Mit einem Drink in der Hand lässt es sich dann herrlich entspannen.

Trotz bequemer Betten ist es nicht einfach in den Schlaf zu finden, so lange der Desert Express noch über die Gleise rollt. Aber bald wird der Zug auf einem Nebengleis abgestellt und die Maschine gestoppt, Lokführer und Gäste bekommen eine verdiente Ruhepause.

Früh am nächsten Tag geht es nach einem starken Kaffee weiter, Richtung Westen. Durch die Namibwüste mit Stop und Gelegenheit zu einer Dünenexkursion in das einzigartige Sandgebirge. Dort erlebt man den Sonnenaufgang, anschließend wird im Zug ein Frühstück zum Sattwerden serviert: mit Eiern, Speck und Boerewors, lecker gewürzten Bratwürstchen. So gestärkt geht es auf die letzte Etappe nach Swakopmund.

Die Ostvariante der Fahrt von Swakopmund nach Windhoek beginnt samstags, am späten Nachmittag mit – was wohl? – ja, einem Sundowner. Gefolgt vom Drei-Gänge-Menü im Zug. Am nächsten Morgen wird die Okapuka Game Ranch besucht, mit der eindrucksvoll inszenierten Löwenfütterung. Im Anschluss daran geht es zurück in den historischen Bahnhof der Hauptstadt.

Kostenfaktor: Die 20-stündige Fahrt zwischen Windhoek und Swakopmund kostet im Abteil 2310 N$ pro Person; für die Hin- und Rückfahrt werden 3340 N$ berechnet.

Neben der regulären Fahrt gibt es einzelne Charter-Touren zu Spezial-Zielen, so startet der Desert Express mehrmals im Jahr zu einer dreitägigen Tour in den Etosha-Nationalpark mit Tiersafaris. Dieses ›Etosha Weekend‹ stellt eine angenehme Art der Anreise zu Namibias berühmtem Nationalpark.dar.

Fazit: Die Fahrt mit dem Desert Express ist nicht nur für eingefleischte Zugfans ein interessanter Trip. Sie gehört eindeutig zu den ›großen‹ Eisenbahnreisen der Welt und ist dafür vergleichsweise günstig. Exklusives Essen, komfortabel eingerichtete Zugabteile, perfekter Service – wie könnte man Namibias einzigartige Landschaft auf angenehmere Weise in sich aufnehmen? Und welches Verkehrsmittel könnte besser geeignet sein für die offene Weite dieses Landes? Die Erfahrung ist natürlich, wie alle ›Gruppenreisen‹, in starkem Maße abhängig von den Mitreisenden. Sind diese laut und unangenehm, wird das Erlebnis nicht ganz so unvergesslich.

Der Veranstalter Lernidee (www.lernidee.de) hat unter dem Motto ›Juwel der Wüste‹ diverse mehrtägige Desert Express-Bahnreisen im Programm. Route: Windhoek – Fish River Canyon – Namibwüste mit Sossusvlei – Swakopmund – Spitzkoppe – Etosha-Nationalpark (14 Tage ab 4440 €). Eine 16-tägige Sondertour schließt auch Lüderitz und die Geisterstadt Kolmanskop mit ein (ab 4790 €).

Zuletzt noch ein Tipp für Auto-Reisende: Veranstalter verschweigen oft, dass es die Möglichkeit gibt Pkws auf dem Zug mitzunehmen, was teure Einweg-Mieten erspart.

Köcherbaumwald auf der Farm Gariganus

Kapitel 2
Der Süden

Im Süden Namibias ballen sich attraktive Sehenswürdigkeiten. Das beginnt mit den faszinierenden Köcherbaumwäldern bei Keetmanshoop und endet im sagenumwobenen Diamanten-Sperrgebiet bei Lüderitz. Dazwischen liegen der drittgrößte Canyon der Welt und ein grenzüberschreitender Friedenspark.

Namibias Süden umfasst alle vier großen Trockengebiete des Landes. Der größte Teil gehört zur Nama-Karoo, die etwa 120 km südlich von Windhoek beginnt und sich bis nach Südafrika erstreckt. Im Westen schiebt sie sich wie ein Keil zwischen die Sukkulenten-Karoo und die Namibwüste. Im Osten reicht sie bis in die südliche Kalahari hinein.

Es ist eine harsche Landschaft, die jedoch eine interessante Flora und Fauna aufweist – und von jeher ungewöhnliche Menschen anzog. Hierzu zählt etwa jener Baron, der sich mitten im Nichts ein Schloss, Duwisib Castle, erbauen ließ.

Landschaftliches Highlight im Süden ist ohne Zweifel der Fish River Canyon, drittgrößter Canyon der Welt. Die Grenze zu Südafrika bildet der Orange River (Oranje), der auf seine Weise zur Entstehung weiterer Sehenswürdigkeiten beitrug. Einst führte er auf seinem langen Weg in den Atlantik besonders hochwertige Diamanten mit sich und spülte sie beim heutigen Oranjemund ins Meer. Von dort gelangten sie mit der Meeresströmung nach Norden. Als sich das Meer zurückzog, blieben die Edelsteine in den Brandungsterrassen liegen. Noch heute werden sie in einem streng bewachten, von deutschen Kolonisten eingerichteten Sperrgebiet abgebaut. Verfallene Geisterstädte wie Kolmanskop erinnern an den Diamantenrausch. Auf dem Weg dorthin warnen Verkehrsschilder vor frei laufenden Pferden, den ›wild horses‹ der Namib. Endstation am Atlantik ist Lüderitz, das ›Jugendstil-Freilichtmuseum‹ Namibias.

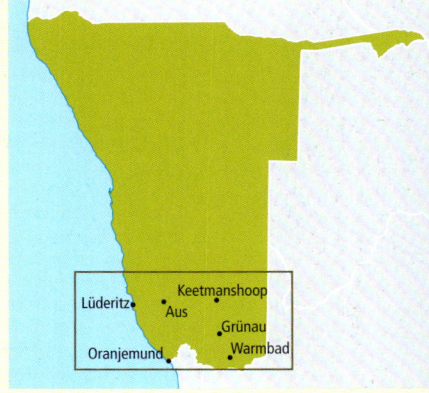

Auf einen Blick
Der Süden

Sehenswert

3 Köcherbaumwald: Bei Keetmannshoop haben sich die normalerweise einzeln stehenden Köcheraloen zu zwei äußerst fotogenen ›Wäldchen‹ gruppiert (s. S. 153f.).

4 Fish River Canyon: Der 160 km lange, 27 km breite und bis zu 550 m tiefe Fish River Canyon ist die beeindruckende namibische Variante des US-amerikanischen Grand Canyon (s. S. 156ff.).

5 Geisterstadt Kolmanskop: Die heute pittoresk verfallene Diamantenstadt war 1911 eine der modernsten Siedlungen in ganz Afrika (s. S. 176ff.).

6 Lüderitz: Die Stadt am Atlantik mit ihren in Pastelltönen restaurierten Jugendstilvillen wirkt heute noch ›deutsch‹ – eine Begegnung mit der Kolonialzeit (s. S. 182ff.).

Schöne Routen

Entlang des Orange River: Zwischen Noordoewer und Sendelingsdrift verläuft eine bei trockenem Wetter auch mit zweiradgetriebenem Pkw zu bewältigende Staubpiste immer am Orange River entlang. Der Anblick der Wassermassen mitten in einer Bergwüstenlandschaft ist beeindruckend (s. S. 164ff.).

Ausflug zur Lüderitz-Halbinsel: Der abwechslungsreiche Halbtagestrip von Lüderitz aus führt zu vielen Aussichtspunkten am Meer, umfasst den Besuch einer Höhle und einen schönen Strandspaziergang (s. S. 189ff.).

Meine Tipps

Lake Oanob: Auf dem langen und meist heißen Weg nach Süden stellt ein kurzes Bad im Oanob-Stausee eine willkommene Erfrischung dar (s. S. 144f.).

Duwisib Castle: Das seltsam deplaziert wirkende, bollwerkartige Schloss in der Wüste beweist, dass es bereits früh exzentrische deutsche Aussteiger gab (s. S. 149f.).

Cañon-Lodge: Der Zauber dieses Ortes erschließt sich besonders beim Sundowner im Köcherbaumwald der Lodge mit hausgemachten Räucherwürstchen (s. S. 161).

Gästefarm Klein-Aus Vista: Abgelegenes und uriges Quartier mit grandioser Wüstenaussicht. Genächtigt wird in Natursteinhäuschen, die direkt in die riesigen Felsen integriert sind (s. S. 169f.).

aktiv unterwegs

Wanderung durch den Fish River Canyon: Ein grandioses Naturerlebnis, aber nur für den zu bewältigen, der körperlich fit ist. Die 4- bis 5-tägige Wanderung führt steil hinab in den Canyon, dann bei Temperaturen um 40 °C über Sand und Steinbrocken, ohne Unterkunft und bei knappem Wasser (s. S. 162f.).

Geländewagen-Trip ins Diamanten-Sperrgebiet: Nur im Rahmen einer organisierten Geländewagen-Tour lassen sich die im Sperrgebiet liegenden Geisterstädte Elizabeth Bay und Pomona sowie der imposante Bogenfels am Atlantik besichtigen (s. S. 178f.).

Bootsfahrt nach Halifax-Island: Hauptattraktion des lohnenden Bootsausflugs mit dem Gaffelschoner ›Sedina‹ ist die auf der Halifax Insel beheimatete Kolonie von Brillenpinguinen (s. S. 190).

Von Windhoek nach Keetmanshoop

Der Pisten-Abstecher von Mariental über Maltahöhe und Helmeringhausen nach Bethanie nimmt zwar viel mehr Zeit in Anspruch als die geteerte B 1, die direkt nach Keetmanshoop führt, bietet dafür aber einige unerwartete architektonische Besonderheiten, noch weniger Verkehr und eine abwechslungsreiche, bergige Halbwüstenlandschaft.

Endlos lange Straßen und Pisten, die Landschaft dreht sich unter den Rädern weg, stundenlang. Und wenn man am Horizont angelangt ist, beginnt es wieder von vorne. Namibias Süden steht für die Erfahrung landschaftlicher Einsamkeit. Wildpferde symbolisieren Freiheit. Und kurz bevor der Atlantik erreicht ist, wird der Trip zur Reise in die Vergangenheit.

Auf ihrem Weg von Windhoek Richtung Süden verläuft die B 1 zwischen den Auas-Bergen zur Rechten und dem Khomas-Hochland zur Linken. Die Bergzüge erreichen gut 2400 m Höhe. Am Straßenrand sitzen struppige Bärenpaviane, die sich nicht von den vorbeifahrenden Autos stören lassen. Es sei denn, eines wird langsamer oder hält an. Dann suchen die *baboons* augenblicklich das Weite. Einen stoppenden Wagen bringen die intelligenten Primaten sofort mit schlechten Erfahrungen in Verbindung, denn noch heute schießen Farmer auf die Tiere, wenn sich diese auf ihrem Land befinden.

Rehoboth ▶ J 10

Karte: rechts
Rehoboth **1** besitzt, wie die meisten Orte zwischen Okahandja und hier, einen Nama- und einen Herero-Namen. Bei den Nama hieß der Platz ›anis‹, was ›Rauch‹ bedeutet, denn die heißen Quellen dampften – vor allem im Winter. Die Herero nannten Rehoboth *otjo-meva momutumba*, ›Wasser zwischen den Dünen‹. Der jahrelang vernachlässigte und heruntergekommene **Reho Spa** erfuhr in den Jahren 2009/2010 eine 5 Mio. N\$ teure Renovierung, was ihm recht gut getan hat.

Ursprünglich lebten hier ab 1844 die Swartbooi mit dem Missionar Heinrich Kleinschmidt. Ihre Siedlung wurde aber sowohl aus dem Norden – von den Herero – als auch aus dem Süden – von den Nama unter Jan Jonker Afrikaner – angegriffen, weshalb sie den Ort 1864 verließen. Vier Jahre später ließen sich die Baster in Rehoboth nieder und bauten die Mission 1870 wieder auf (s. auch Thema S. 146).

Im 1907 erbauten Haus der ehemaligen Post- und Polizeiangestellten ist das **Rehoboth Museum** untergebracht, das die Geschichte der Baster und der San zum Thema hat (Old Postmasters House, neben der Post, 300 m von der B1, Tel. 062-52 29 54, www.rehobothmuseum.com, Mo–Fr 10–12, 14–16, Sa/So 9–11 Uhr, Erw./Kinder 5/2 N\$).

Abstecher zum Lake Oanob **2**

In Rehoboth zweigt eine Straße zum attraktiven **Lake Oanob** ab – insbesondere wenn es heiß ist, ein lohnender Abstecher. Das klare Wasser des Stausees lädt zu einem erfrischenden Bad ein. Er wurde im Jahr 1990 für 41 Mio. N\$ fertig gestellt und verfügt über eine Speicherkapazität von 35 Mio. m^3, was einer Fläche von 2,65 km^2 entspricht.

Übernachten, Essen

Erfrischend ▶ **Lake Oanob Resort:** Am Stausee, einige Kilometer außerhalb von Rehoboth, Tel. 062-52 23 70, Fax 52 41 12, www.oanob.com.na. Das Resort verfügt über sehr geschmackvoll eingerichtete, reetgedeckte Chalets am Ufer des Sees. Einziger Nachteil: das lärmende Stromaggregat. Es gibt ein Restaurant mit einfachen Gerichten und einen schönen Zelt- und Campingplatz mit Bootsanlegestelle und Grillplatz. Man kann Boote und Jet-Skis mieten. Eintritt ins Resort 15 N$/Pers., DZ 830 N$, Familienzimmer 1030 N$, Chalets 1080 N$, mit 3 Zimmern 1728 N$, zusätzlicher Erw. 120 N$, Kind 60 N$. 20 Campsites, jeweils für 6 oder 12 Pers., je nach Lage 60–120 N$/Pers.

Hardap-Stausee und Wildschutzgebiet ▶ K 12

Karte: rechts

Lake Oanob ist die empfehlenswertere Alternative zum weiter im Süden liegenden und wesentlich bekannteren **Hardap-Stausee** 3 – mit 323 Mio. m³ Kapazität und 25 km² Oberfläche das größte Reservoir Namibias – mit seinem lehmig-trüben Wasser und den eher altmodischen Unterkunftsmöglichkeiten. Die Region wurde bereits im Jahr 1897 von dem deutschen Geologen Dr. Theodor Rehbock als ideales Staugebiet für den Fish River identifiziert, 1960 wurde dann mit dem Bau des Staudamms (Hardap Dam) begonnen. Heute kann man hier wandern (markierte Wege von 9 und 15 km Länge), angeln (Genehmigung bei der Parkverwaltung), Boot fahren und im Pool ein Bad nehmen.

Das **Hardap-Wildschutzgebiet** südwestlich des Stausees ist ebenfalls einen Besuch wert. Dort sieht man Springböcke, Kudus, Oryx- und Kuh-Antilopen, Steinböckchen und Zebras – mit etwas Glück auch die südlichste Spitzmaulnashorn-Population Namibias (ganzjährig geöffnet, Tagesbesucher zahlen 20 N$ Eintritt/Auto und dürfen sich von Sonnenaufgang bis 18 Uhr im Wildschutzgebiet aufhalten).

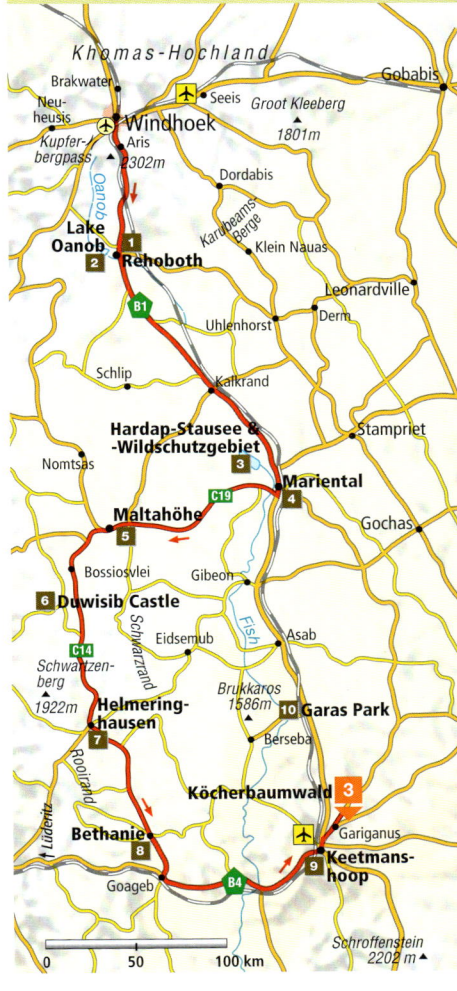

Nach Keetmannshoop

Übernachten, Essen

Leicht angejahrt ▶ **Hardap Rest Camp:** Mit Restaurant, Kiosk, Geschäft und Swimmingpool. Bush Chalets (2 Betten) mit Frühstück 150 N$/Pers., Bush Chalets (4 Betten) mit Frühstück 200 N$/Pers., Familien-Chalet (4 Betten) 225 N$/Pers., Camping max. 8 Pers. pro Platz, 50 N$/Platz, 50 N$/Pers., Kinder von 6–16 Jahren frei. Reservierung über Namibia Wildlife Resorts (NWR) Central Reser-

Von Windhoek nach Keetmanshoop

Geschlossene Gesellschaft – Die Rehobother Baster

Als die ersten Holländer 1652 am Kap landeten, waren nur wenige Frauen bereit, die weite und anstrengende Schiffsreise von Europa mitzumachen. Die Folge war, dass sich die Neuankömmlinge einheimische Frauen der Khoisan nahmen, die sie ›Buschmänner‹ und ›Hottentotten‹ nannten. Je nachdem, ob die Kinder eher weiß oder dunkel aussahen, wurden sie in die weiße Gemeinde aufgenommen oder zu den Coloureds gezählt.

Die zu den Coloureds gerechneten Kinder mussten außerhalb der kolonialen Gesellschaft leben, was zu einer Identitätskrise der *baster* (›Bastarde‹) – wie die Mischlinge auch genannt wurden – führte. Der Wunsch, als Weiße anerkannt zu werden, blieb jedoch bestehen. Sprache, Religion und Nachnamen der ersten Siedler wurden stolz übernommen. Jene, die nicht bei den Kolonisatoren aus Übersee angestellt waren, gründeten ihre eigenen Siedlungen, meist in weit abgelegenen Regionen, außerhalb des Einflussgebietes der Europäer.

Mitte des 19. Jh. nannten sich rund 5000 Menschen selbst stolz Baster. Sie waren Ziegen-, Schaf- und Rinderfarmer. Etwa zur gleichen Zeit begannen einige Weiße in der nördlichen Kapprovinz zu siedeln. Eine Gruppe von etwa 90 Baster-Familien lebte bereits dort. Um eine Konfrontation mit den gut bewaffneten Weißen zu vermeiden, zogen sie am 4. November 1868 weiter nach Norden, überquerten am 16. November den Orange River und gelangten so ins heutige Namibia.

1869 verabschiedeten sie ihre eigene Verfassung, bildeten einen Volksrat und wählten Hermanus van Wyk zum Häuptling (Kapitän). Sie zogen weiter gen Norden, überquerten die Karasberge, um dann ca. 30 km nördlich von Berseba an den heißen Quellen zu siedeln.

Den Namen Rehoboth hatte dieser Platz 1845 von einem Missionar bekommen, der ihn einer Genesis-Bibelstelle entnommen hatte. Von den dort ansässigen Swartbooi-Nama pachteten die etwa 500 Baster für ein Pferd pro Jahr ein Stück Land. Später behaupteten sie, das Land für 100 Pferde und fünf Ochsenwagen dem Swartbooi-Häuptling abgekauft zu haben. 1885 schloss der Baster-Volksrat mit dem Deutschen Reich einen Schutz- und Freundschaftsvertrag. Das Gebiet um Rehoboth wurde zum Staat im Staat.

Nach dem Tod von Hermanus van Wyk 1905 schafften die Deutschen den Kapitän-Status ab und erklärten Hermanus' Sohn Cornelius zum machtlosen Vormann. Der deutsche Verwalter von Rehoboth wurde zum Vorsitzenden des Volksrates ernannt. Das führte natürlich zu Spannungen zwischen den Bastern und der deutschen Regierung. Diese wollte ihnen keine Sonderrechte mehr einräumen, da mittlerweile die Kriege mit einheimischen Volksgruppen/Völkern vorbei, die loyalen Baster also nicht mehr ›nützlich‹ waren.

Während des Ersten Weltkriegs weigerten sich die Baster, auf deutscher Seite gegen die Südafrikaner zu kämpfen. Sie wollten unter keinen Umständen in den ›Krieg des weißen Mannes‹ hineingezogen werden. Daraufhin erklärten die Deutschen ihnen im März 1915 den Krieg. Die Schlacht endete bereits am 8. Mai desselben Jahres, als die Deutschen von den südafrikanischen Truppen zum Rückzug gezwungen wurden.

Rehobother Baster

Thema

Als Südafrika das Mandat für das ehemalige Deutsch-Südwestafrika übernahm, forderte der Volksrat der Baster bei der südafrikanischen Regierung die politische Unabhängigkeit ein. Die Regierung zeigte jedoch keinerlei Interesse. 1923 war der Traum von der Unabhängigkeit scheinbar endgültig vorüber. Südafrika ernannte den weißen Verwalter von Rehoboth zum Kapitän und setzte einen Volksrat mit drei gewählten und drei von der Regierung bestimmten Mitgliedern ein. Mit dieser Niederlage erstarb vorerst der Wille der Baster zu politischen Aktivitäten.

Erst 1962, als südafrikanische Apartheidgesetze auch in Namibia forciert wurden, horchten die Rehobother Baster auf. Südafrika war dabei, ›unabhängige‹ Homelands für jede Bevölkerungsgruppe einzurichten. Was für viele schwarze und farbige Volksgruppen Zwangsumsiedlungen bedeutete, kam den Bastern gerade recht. 1979 wurde das Gebiet um Rehoboth wieder zum Staat im Staat. Südafrika sorgte für die Infrastruktur: Straßen, Kanalisation und das Rehobother Heilbad wurden gebaut.

Mit der Unabhängigkeit Namibias wurde das südafrikanische Gesetz von der neuen Regierung aufgehoben. 1000 km² Rehobother Land wurden wieder zum Staatsgebiet erklärt. Seither klagt die Gemeinde dagegen. Im April 1996 mussten die Rehobother die Klage vor dem Internationalen Gerichtshof in Den Haag zurückziehen – die Kosten waren zu hoch geworden. Wegen der laufenden Prozesse stellte die Regierung kein Geld mehr zur Verfügung. 1997 gaben die Baster schließlich ihre Separationsbemühungen auf und erklärten sich zu loyalen Namibiern.

Schulmädchen in Rehoboth

Von Windhoek nach Keetmanshoop

vations Office in Windhoek: Tel. 061-28 57 200, Fax 061-22 49 00, reservations@ nwr.com.na oder Swakopmund: Tel. 064-40 21 72, Fax 064-40 27 96, sw.bookings@ nwr.com.na oder im südafrikanischen Kapstadt mit attraktiver Namibia-Info in der Burg Street: Tel. 0027-21-422 37 61, ct.bookings@nwr.com.na; www.nwr.com.na.

Mariental ▶ K 13

Karte: S. 145
Die Kreisstadt **Mariental** 4 ist ein kleiner Durchgangsort ohne besondere Sehenswürdigkeiten. Seine wichtigste Institution ist die große Tankstelle an der Hauptstraße mit Laden und Fast-Food-Restaurant. Bevor die weißen Siedler kamen, hieß Mariental bei den Khoikhoi Zaragaebis, was ›staubiges‹ oder ›schmutziges Gesicht‹ bedeutet. Viele Staubstürme im Sommer sind für die Namensgebung verantwortlich. Der erste weiße Farmer der Gegend, Hermann Brandt, kaufte sein Farmland 1890 dem Nama-Häuptling Hendrik Witbooi ab. Er taufte seine Farm zuerst Enkelkameeldoring, ›einsamer Kameldornbaum‹, später, nach seiner Heirat mit Anna-Maria Mahler, nannte er sie Mariental.

Wer nicht unbedingt direkt nach Keetmanshoop möchte, sollte hier die B 1 verlassen und der C 19 nach Maltahöhe folgen.

Übernachten, Essen

Inmitten roter Dünen ▶ Kalahari Anib Lodge: 10 km nördl. von Mariental zweigt die C 20 nach Osten ab, nach weiteren 20 km ist die Lodge erreicht. Buchung über Gondwana Desert Collection, Tel. 061-23 00 66, Fax 25 18 63, www.gondwana-desert-collection.com. Inmitten roter Sanddünen im 100 km² großen Gondwana Kalahari Park gelegene Lodge mit sehr gutem Preis-Leistungs-Verhältnis. Morgens und nachmittags werden dreistündige Pirschfahrten mit einem Ranger (125 N$/Pers.) angeboten. 45 Zimmer, DZ mit Frühstück 1110 N$, Dinner 185 N$/Pers., Campingplatz (maximal 4 Pers.) mit eigener Dusche, Toilette und Feuerplatz 145 N$/Pers.

Auf der C 19/C 14 nach Süden

Karte: S. 145

Maltahöhe ▶ J 13

Maltahöhe 5 liegt 110 einsame und eintönige Pistenkilometer hinter Mariental, am Rand des Schwarzrand-Plateaus. Der Ort wurde 1900 vom damaligen Bezirksamtmann von Gibeon, Henning von Burgsdorf, gegründet und nach dessen Gattin Malta benannt. Auf einem kleinen Friedhof im Ort liegen 40 deutsche Schutztruppensoldaten begraben, die bei den Kämpfen mit Hendrik Witbooi (s. Thema S. 44) 1894 und während des Nama-Aufstandes zwischen 1904 und 1907 ums Leben kamen.

1912 gab es im Distrikt Maltahöhe über 50 meist von Buren bewirtschaftete Farmen. Heute leben in Maltahöhe und Umgebung nur noch etwa 200 Weiße und knapp 2000 Schwarze auf einer Handvoll Farmen. Meist betreiben sie die Zucht von Karakulschafen. Diesen 1907 von deutschen Farmern aus Westturkistan eingeführten Fettschwanzschafen machen geringe Niederschläge und spärliche Vegetation nichts aus: Die zwölf ›wolligen Einwanderer‹ vermehrten sich im afrikanischen Klima bis zum Jahr 1980 auf 5 Mio. Stück. Bis heute ist das Karakulschaf, neben dem Tourismus, für die Farmer der Gegend eine wichtige Einkommensquelle. Namibia zählt immer noch zu den weltweit führenden Erzeugern von Karakulfellen. Der Handelsname von ›Namibias schwarzen Diamanten‹ lautet Swakara, eine Abkürzung für Südwestafrika-Karakul. Allerdings ging die Fellausfuhr in den letzten Jahren stark zurück. Weiß man, dass das sanft gelockte Fell der 48 Stunden alten Lämmer des Karakulschafs Persianer genannt wird, ist klar warum: Persianer sind mehr oder minder out – nicht zuletzt aufgrund der Anti-Pelz-Kampagnen der europäischen Tierschützer, die auf die Tötung der Lämmer verwiesen. Seither zieht man die Schafe groß, um ihre Wolle und ihr Fleisch zu nutzen, was den einstigen Persianer-Boom indes nicht ausgleichen kann.

Auf der C 19/C 14 Richtung Süden

Immer noch als Treffpunkt beliebt und für den Durchreisenden, der einen Drink zu sich nehmen möchte, ein angenehmer Stopp ist die gut bestückte Bar im einfachen Maltahöhe Hotel (Tel. 063-29 30 13, Fax 29 31 33).

Duwisib Castle ▶ J 13

Der nächste Programmpunkt – und fast eine Art Kulturschock – ist das berühmte deutsche Schloss am Rand der Namibwüste: **Duwisib Castle** 6. Hunderte von Kilometern geht es über Holperpisten, durch Schotter und Staub – und dann der Anblick dieses massiven Sandstein-Forts: Auf viereckigem Grundriss wurde es im Stil der wilhelminischen Neoromantik erbaut. Der Plan stammt von dem Architekten Wilhelm Sander, der u.a. auch die drei Burgen in Windhoek entworfen hat. Das geräumige Innere birgt sogar einen Rittersaal, gekreuzte Säbel hängen an den Wänden. Die 22 Räume des Schlosses sind mit Teppichen, offenen Kaminen, Gemälden und edlen Möbeln ausgestattet. Italienische Steinmetzen, skandinavische Zimmermänner und irische Baumeister wurden von dem exzentrischen preußischen Artillerieoffizier Baron Hansheinrich von Wolf und seiner amerikanischen Frau Jayta in die Wüste geschickt, um diese Burg auf ihrer herrlichen Farm Duwisib – ›Platz des Regenbogens‹ – zu errichten. 20 Ochsenwagen benötigten zwei Jahre, um das Material von der Lüderitzbucht gute 300 km durch die Wüste zu transportieren. 1909 war das ungewöhnliche Bauwerk fertig gestellt.

Der groß gewachsene Deutsche, der als Freiwilliger während des Nama-Aufstandes zur Schutztruppe stieß, und seine Frau waren bei ihren burischen Nachbarn sehr beliebt. Noch bis vor einigen Jahrzehnten schwärmten die Farmer der Gegend von der

Sandstein-Fort am Rand der Wüste: Duwisib Castle

Mit dem Pferdewagen unterwegs auf der C 14 bei Maltahöhe

Von Windhoek nach Keetmanshoop

Großzügigkeit, Gastfreundschaft und Hilfsbereitschaft des ›Barons‹ und der ›Millionärin‹. Im Jahr 1914 trat der begeisterte Pferdezüchter mit seiner Frau und einem deutschen Freund eine Reise nach England an, um dort einen weiteren Vollbluthengst für sein Gestüt zu kaufen. Auf dem Schiff erreichte sie die Nachricht vom Ausbruch des Ersten Weltkrieges. Der Dampfer änderte seinen Kurs und lief einen südamerikanischen Hafen an, wo die drei Reisenden interniert wurden. Der Baron schaffte es durch Beziehungen, auf ein neutrales Schiff Richtung Europa zu gelangen. Auf Umwegen erreichte von Wolf Deutschland, wo er sich als Offizier meldete. Er fiel am 4. September 1916 in der Somme-Schlacht in Frankreich. Alle seine Pferde wurden verkauft. Seine Frau Jayta ging nicht mehr nach Afrika zurück, sie lebte nach dem Ersten Weltkrieg in ihrem Haus am Tegernsee, während des Zweiten Weltkrieges in der Schweiz und danach in ihrem Elternhaus in Summit bei New York, wo sie starb. Über die Zeit in Südwestafrika befragt, gab sie immer nur einen einzigen Satz zum besten: »Ach, das war ein interessantes Experiment« (geführte Duwisib-Tour inkl. Eintritt 100 N$, Kinder unter 6 Jahren frei, 6–12 Jahre 50 %).

Übernachten, Essen

Preiswerte Zimmer und Bungalows ▶
Farm Duwisib Rest Camp: Direkt neben Duwisib Castle, Reservierung: Tel./Fax 063-29 33 44, www.farmduwisib.com. Die einfache Unterkunft bietet DZ und Bungalows mit Verpflegung oder für Selbstversorger. DZ mit Frühstück 880 N$, Lunch/Dinner 100/120 N$/Pers., Bungalows auf Anfrage.

Camping ▶ **Duwisib Castle Camping Site:** 10 Plätze, maximal 8 Pers. pro Platz, 100 N$/Platz, 50 N$ /Pers. Reservierung über Namibia Wildlife Resorts (NWR) Central Reservations Office in Windhoek: Tel. 061-28 57 200, Fax 061-22 49 00, reservations@ nwr. com.na oder Swakopmund: Tel. 064-40 21 72, Fax 064-40 27 96, sw.bookings@nwr. com.na oder im südafrikanischen Kapstadt mit attraktiver Namibia-Info in der Burg Street, Tel. 0027-21-422 37 61.

Helmeringhausen ▶ H 14

Und wieder rollen einsame, staubige Kilometer unter den Rädern weg. In **Helmeringhausen** 7 gibt es Benzin, kühle Getränke und etwas zu essen. Im **Freilichtmuseum** steht einer der Ochsenwagen, mit denen das Baumaterial zum Schloss Duwisib transportiert wurde (tgl. tagsüber geöffnet, Eintritt frei).

Übernachten, Essen

Einfaches Landhotel ▶ **Hotel Helmeringhausen:** Helmeringhausen, Tel./Fax 063-28 33 07, www.helmeringhausen.com. Am Rand der Namib gelegenes Hotel mit 22 Zimmern, das glücklicherweise über einen Swimmingpool verfügt und Abendessen anbietet. DZ mit Halbpension ab 1250 N$.

Bethanie ▶ J 15

In **Bethanie** 8 endet die Staubpiste. Im Ort steht das älteste von Europäern erbaute Steingebäude des Landes, 1814 von dem Missionar Heinrich Schmelen im Auftrag der Londoner Missionsgesellschaft errichtet. Das **Schmelen-Haus** ist ein verputztes kleines Gebäude mit Bruchsteinfundament. Aufgrund von Stammesstreitigkeiten musste Schmelen bereits 1822 wieder abreisen. Neue Besiedlungsversuche scheiterten an den kriegerischen Auseinandersetzungen und der anhaltenden Trockenheit, die 1828 zur endgültigen Aufgabe der Mission führten. 1840 übernahm die Rheinische Missionsgesellschaft das Gebäude und schickte zwei Jahre später ihren Missionar Hans Knudson. Heute dient das Schmelen-Haus als historisches Missionsmuseum (falls geschlossen, Schlüssel im Nachbarhaus beim Pfarrer erhältlich, Tel. 063-28 31 40, Eintritt frei, aber eine kleine Spende, 5 N$, wird erwartet).

Neben dem Schmelen-Haus erinnert auch das 1883 erbaute **Joseph Fredericks House** an die Geschichte Namibias. Unfreiwillig und ahnungslos leitete hier der Orlam-Nama-Häuptling die koloniale Expansion Deutschlands ein. Am 1. Mai 1883 verkaufte er dem Generalbevollmächtigten des Deutschen Reiches, Dr. Friedrich Nachtigal, einem Abgesandten von Adolf Lüderitz, die Bucht von

Keetmanshoop und Umgebung

Angra Pequeña (die heutige Lüderitzbucht, s. S. 182). Im Jahr darauf schloss er einen ›Schutzvertrag‹ mit Bismarcks Imperium. Das Haus steht unter Denkmalschutz und kann besichtigt werden (David Fredericks Street, Tel. 063-28 30 59, Mo–Fr 8–17 Uhr)..

Nach Lüderitz oder Keetmannshoop

In Goageb ist die gut ausgebaute Teerstraße B 4, die von Keetmanshoop nach Lüderitz führt, erreicht. Besucher mit weniger Zeit können von hier aus direkt ans Meer fahren. Wer die landschaftlich sehr reizvolle Runde durch den tiefen Süden des Landes ›mitnehmen‹ möchte, fährt in entgegengesetzter Richtung weiter, nach Keetmanshoop.

Keetmanshoop und Umgebung ▶ K 15

Karte: S. 145

Keetmannshoop 9

Keetmanshoop, die Kreisstadt von Karas mit ihren 15 000 Einwohnern, gilt als die bedeutendste Siedlung in Namibias Süden. Benannt ist sie nach Johann Keetman (Keetmans Hoop, ›Keetmans Hoffnung‹), der als Vorsitzender der Rheinischen Missionsgesellschaft dafür sorgte, dass 1866 eine Missionsstation gebaut wurde. An die deutsche Vergangenheit erinnert eindrucksvoll das **Kaiserliche Postamt**, in dem sich heute die Touristeninformation befindet und wo jeden Morgen die namibische Flagge gehisst wird. Geplant hat das 1910 erbaute Haus Gottlieb Redecker, der auch Architekt der Christuskirche in Windhoek war.

Das **Museum von Keetmanshoop** befindet sich in der 1895 aus Bruchsteinen errichteten evangelisch-lutherischen Kirche *(klipkerk)* in der Kaiser Street. Im Inneren des Gotteshauses sind Exponate zur Geschichte des Ortes ausgestellt, außerdem werden Nama- und San-Artefakte gezeigt. Eine Besonderheit stellt die Kanzel dar: Vor dem Bau der Kirche fanden die Gottesdienste unter einem mächtigen Kameldornbaum statt, und da die Gemeinde so an den schattigen Platz gewöhnt war, baute man die Kirche der Einfachheit halber um den Baum herum und schnitzte aus diesem die Kanzel. Interessant ist außerdem ein auf dem Kirchengelände errichtetes traditionelles *matjieshuis* (›Mattenhaus‹). Hierbei handelt es sich um eine von den Vieh züchtenden Nama der Region aus Matten und Zweigen errichtete Rundhütte, einen Kuppelbau, der problemlos zerlegt und transportiert werden konnte, wenn die Nama ihren Weidegrund wechselten (Tel. 063-22 33 16, Mo–Do 7–12.30, 13.30–16.30, Fr 7–12.30, 13.30–16 Uhr, Eintritt frei).

3 Köcherbaumwald

Die Hauptsehenswürdigkeit der Gegend ist der 15 km nordöstlich von Keetmanshoop, an der Straße nach Koës, auf der **Farm Gariganus** gelegene und bereits 1955 unter Naturschutz gestellte **Köcherbaumwald** (Tel. 063-22 28 35). Der Köcherbaum (englisch: *quivertree*, afrikaans: *kokerboom)* ist allerdings kein Baum, sondern vielmehr eine Aloen-Art, die etwa 8 m hoch werden kann. Der Name stammt von den San, die früher Pfeilköcher aus seinen Ästen geschnitzt haben. Ungewöhnlich ist das gehäufte Auftreten der Pflanze an dieser Stelle, da sie sonst im Süden Namibias und in der nördlichen Kapregion Südafrikas eher isoliert vorkommt. Manche der Aloen sind über 200 Jahre alt. Erst mit 20–30 Jahren beginnen sie zu blühen. Im Juni und Juli tragen sie bis zu 30 cm lange gelbe Blüten. Die Pflanzen wachsen fast immer in den schwarzen Felsformationen *(ysterklip),* die tagsüber viel Hitze speichern. Das weitgefächerte Wurzelsystem verankert die Köcherbäume in dem felsigen Untergrund. Selbst Frost übersteht die Aloe unbeschadet. Etwa 300 der vor allem bei Sonnenauf- und untergang wundervoll beleuchteten Wahrzeichen Süd-Namibias stehen zwischen schwarzen Doleritbrocken auf dem Gelände der Farm.

Der Besitzer von Gariganus kassiert, am Eingang seiner Farm stehend, jedoch noch für eine weitere Sehenswürdigkeit, die, 5 km

Von Windhoek nach Keetmanshoop

Köcherbäume und aufgetürmte Felsbrocken bei Keetmanshoop

entfernt, ebenfalls auf seinem Land liegt: den **Giant's Playground**. Riesige Felsbrocken wirken tatsächlich wie von Riesenhand in die Landschaft gestreut. Da die Brocken an Warzen erinnern, heißt der Landstrich auf Afrikaans *vratteveld*, ›Warzenfeld‹. Ein Rundweg führt durch das steinerne Erosionslabyrinth (geöffnet von Sonnenauf- bis Sonnenuntergang, Eintritt pro Pers. 50 N$ plus 20 N$ für das Fahrzeug).

Im **Garas Park** 10 (Tel. 063-22 32 17), ca. 22 km nördlich von Keetmanshoop (an der B 1 nach Windhoek), liegt der ›inoffizielle‹ Köcherbaumwald. Witzige Metallskulpturen säumen den Weg zu den Aloen und dem netten Campingplatz – eine reizvolle Alternative zu dem weiter südlich gelegenen Platz.

Infos

Southern Tourist Forum: Ecke Fenchel Street/5th Avenue, Tel. 063-22 12 66, Fax 22 35 32, Mo–Fr 8–12.30, 14–17, Sa 9–11 Uhr. Infos über die Umgebung und zum Kalahari 4x4 Trail. STF ist auch im Township-Tourismus aktiv und bietet die Möglichkeit zum Besuch eines Restaurants in Tseiblaagte, einem Township von Keetmanshoop, wo hauptsächlich Nama wohnen. Diese bereiten traditionelle Gerichte zu, singen und tanzen.

Übernachten, Essen

Gediegenes Stadthotel ▶ Canyon Hotel: Warmbader Street, Tel. 063-22 33 61, Fax 22 37 14, www.canyon-namibia.com. Ein großes Hotel mit 70 Zimmern, teilweise für Nichtrau-

Keetmanshoop und Umgebung

@iafrica.com.na. Nettes B & B mit 5 Doppelzimmern in ruhiger Lage am Stadtrand von Keetmanshoop. Ab 550 N$ mit Frühstück.

Klein und gemütlich ▶ Bird's Nest B & B, 16 Pastorie St., Tel. 063-22 29 06, Fax 22 22 61, www.birdsaccommodation.com. Zentral gelegenes Bed & Breakfast. 10 Zimmer mit Klimaanlage, TV und Telefon. Bar im Hause. DZ mit Frühstück ab 500 N$.

Traumhafte Kulisse ▶ Quivertree Forest Rest Camp: 15 km nordöst. von Keetmanshoop an der Straße 29, Tel./Fax 063-22 28 35, quiver@iafrica.com.na, www.quivertreeforest.com. Der staubige Zeltplatz (100 N$ pro Platz) mit sauberen Duschen liegt unmittelbar neben dem Köcherbaumwald. Er hat Grillplätze. Hier kann man in 7 einfachen, kleinen Häuschen oder schrecklichen Plastikungetümen nächtigen. DZ mit Frühstück und Dinner 680 N$, Selbstversorger zahlen 465 N$, Camping 80 N$/Pers., Eintritt 50 N$/Pers., 30 N$/Auto.

Köcherbaumwald-Alternative ▶ Garas Quiver Tree Park & Rest Camp: 22 km nördlich von Keetmanshoop an der B 1, Tel. 063-22 32 17. Der ›inoffizielle‹ Köcherbaumwald bietet den schöneren Zeltplatz (100 N$/Platz). Duschen und WC befinden sich in einem separaten Gebäude.

Verkehr

Flugverbindungen: Mit Air Namibia (2 x wöchentlich) von Windhoek nach Keetmanshoop. Reservierungen: Tel. 061-22 96 39, Fax 22 87 63.

Zugverbindungen: Auf der Bahnlinie Windhoek–Keetmanshoop verkehrt tgl. außer Sa ein Zug. Infos und Reservierung: **TransNamib Rail Central Reservations**, Tel. 061-298 20 32, Fax 298 24 95. Auch die alte Bahnlinie zwischen Keetmanshoop und Aus wurde wieder in Betrieb genommen.

Busverbindungen: Mit **Intercape Mainliner** von Kapstadt über Keetmanshoop nach Windhoek, Walvis Bay, Tsumeb und zurück. Infos und Reservierung: Tel. 061-22 78 47, Fax 386 24 88. Ein **Trans-Namib-Eisenbahn-Bus** verkehrt zwischen Keetmanshoop und Lüderitz.

cher, das kürzlich renoviert wurde. Das Innendekor der Zimmer ist wenig aufregend, es kommt einem das Wort ›gediegen‹ in den Sinn. Das Hotel hat ein Restaurant. DZ mit Frühstück ab 880 N$.

Nette Zimmer im Zentrum ▶ Bird's Mansions Hotel: 6th Avenue, Tel. 063-22 17 11, Fax 22 7 30, www.birdsaccommodation.com. 23 nett eingerichtete, aber unspektakuläre Zimmer mit Klimaanlage, TV und Direktwahl-Telefon. Das Hotel hat ein Internet-Café und gewährleistet sicheres Parken. Hinzu kommen ein Restaurant mit Bier- und Teegarten sowie ein beheizbarer Swimmingpool. DZ mit Frühstück ab 620 N$.

Oase der Ruhe ▶ Gessert's Guesthouse, 138 13th St., Tel./Fax 063-22 38 92, gesserts

Der tiefe Süden

Im Süden des Landes ballen sich natürliche und von Menschen geschaffene Highlights. Zunächst geht es in den Fish River Canyon, die tiefste Schlucht Afrikas und drittgrößte der Welt, dann am Orange River entlang, durch den südafrikanischen Richtersveld National Park und schließlich im von den deutschen Kolonisten geschaffene Diamanten-Sperrgebiet in die Geisterstadt Kolmanskop.

Fish River Canyon ▶ J/K 17/18

Karte: S. 160

Südlich von Keetmanshoop hat sich der Fish River auf einer Länge von 160 km in die wüste Landschaft geschnitten. Mit einer Tiefe zwischen 457 und 549 m und einer Breite von bis zu 27 km steht der **Fish River Canyon** hinter dem amerikanischen Grand Canyon und dem mexikanischen Copper Canyon auf Platz drei in der Welt. Der Canyon ist Teil des transnationalen Naturschutzgebietes **Ai-Ais/Richtersveld Transfrontier Park**, das auch unter der Bezeichnung Richtersveld/Ai-Ais Fish River Peace Park bekannt ist. Eine Fläche von insgesamt 90 km² gehört zu den privaten Naturreservaten Canyon Nature Park, Vogelstrausskluft und Gondwana Canyon Park. Die zwei wichtigsten Camps des staatlichen Parks sind **Hobas** mit dem Infozentrum am Canyon-Nordende und **Ai-Ais** mit seinen heißen Quellen im Süden. Eine Autostraße mit einer Reihe von Aussichtspunkten führt am östlichen Canyonrand entlang. Am Hauptaussichtspunkt bei Hobas, von wo aus man den grandiosen Hell's Bend überblickt, beginnt der 86 km lange **Fish River Canyon Hiking Trail** (s. S. 162), der dem Flussbett bis Ai-Ais folgt. Von oben unterbrechen nur einige wenige grüne Büsche am Canyongrund die ausgebrannte Felslandschaft.

Cañon Roadhouse

Eine besonders empfehlenswerte Übernachtungsmöglichkeit ist bereits selbst eine Sehenswürdigkeit. Direkt an der Piste zum Aussichtspunkt des Canyons gelegen, hat sich das **Cañon Roadhouse** seit seiner Eröffnung vor mehr als zehn Jahren einen Namen als gemütliches Rasthaus mit uriger Atmosphäre und cooler Oldtimer-Dekoration gemacht. 2008 wurde es renoviert, umgebaut und deutlich erweitert, zum Glück ohne den einzigartigen Charakter zu verlieren. Statt neun gibt es nun 24 Zimmer, alle mit Klimaanlage ausgestattet. Rezeption, Restaurant und Bar sind in ein neues Gebäude umgezogen. Die alten Räume wurden in ein Informations-Zentrum mit Schautafeln zur Entstehung des Canyons, zur Geschichte der Gegend, zur Tier- und Pflanzenwelt sowie zum **Gondwana Cañon Park** umgewandelt.

Das Cañon Roadhouse liegt auf dem Gelände dieses privaten, 1995 gegründeten und 1120 km² großen Schutzgebietes, das zaunlos an den östlichen Rand des staatlichen Fish River Canyon Park grenzt. Der Gondwana Cañon Park ist eine wirkliche Erfolgsstory im Naturschutz. Jüngste Wildzählungen haben ergeben, dass sich der Bestand bereits jetzt von der jahrzehntelangen Ausbeutung durch Jagd und Überweidung erholt hat. Darüber hinaus hat das Wild durch den Erwerb der **Farm Holoog** im Norden nun auch

Fish River Canyon

Tief tut sich der Fish River Canyon auf

Zugang zu den Kleinen Karas-Bergen, was wohl die Bergzebras am meisten freut. Aber auch die Bestände anderer Tierarten wie Springbock, Oryxantilope, Kudu, Strauß, Giraffe, Streifengnu, Savannen-Zebra und Kuhantilope haben sich prächtig entwickelt. Immer häufiger wird der Gondwana Cañon Park daher als das ›Klein-Etosha des Südens‹ bezeichnet. Seit 2008 leben sogar wieder vier Spitzmaul-Nashörner am Canyon.

Hauptattraktion des Cañon Roadhouse ist seit dem Umbau das neue Erlebnis-Restaurant, dessen Ausstattung sich am Thema ›Roadhouse‹ orientiert – mit mehr als einem Hauch von Route 66. Bereits an der Einfahrt werden Besucher von der pittoresk verwitterten Rostlaube eines alten Lastwagens willkommen geheißen. Auf dem Weg zum Hauptgebäude geht es an dem Wrack eines weiteren Oldtimers vorbei. Dieser ragt aus dem Sandboden und ein Köcherbaum gedeiht in seinem Motorraum.

Zehn weitere rostige Klassiker sind, liebevoll arrangiert, in der Restauranthalle verteilt. Ein Wagen steht voll beladen da, wie zur Abfahrt bereit. Bei einem anderen sieht es so aus, als würde gerade ein platter Reifen gewechselt. Ein dritter wächst trophäengleich aus der Wand – und dient als Kamin. Der Vierte ist ein Fantasie-Vehikel, das vom Dampfmobil ›Martin Luther‹, das bei Swakopmund steht, inspiriert wurde. Über der Bar steht in

Der tiefe Süden

Mission Impossible – Vespa-Trip durch den Fish River Canyon

»Warum nicht mit dem Roller durch den Canyon fahren?« Das war die Herausforderung, der sich Mitglieder des Cape Town Vespa Club Ende der 1960er-Jahre stellten. Kein Fahrzeug war jemals durch den Fish River Canyon in Namibia gesteuert worden und sie wollten unbedingt beweisen, dass so etwas möglich war.

Dass das Ganze kein normaler Urlaub werden würde, sondern der verrückte Versuch, die Grenzen des Machbaren zu sprengen, war allen Teilnehmern recht schnell klar. Die sechs Clubmitglieder trainierten hart, um für die Aufgabe gewappnet zu sein. Dazu gehörte es unter anderem, die nicht ganz leichten Roller die steile Kloof Nek Road in Kapstadt hochzuschieben, oder Treppen hinauf und hinunter zu rennen. Sie testeten ihre Roller außerdem in den Sanddünen bei Fish Hoek an der Kaphalbinsel, verfrachteten sie in Schlauchboote und zogen sie so über die Lagune von Zeekoeivlei.

Mehrere Firmen erklärten sich bereit, den Trip zu sponsern. BP Southern Africa machte 200 Rand (1968 ein kleines Vermögen) locker, um Benzin und Ausrüstung zu bezahlen. Ein Händler stellte drei Roller. Sie wurden im Zebra-, Leoparden- und Giraffenlook lackiert und ›Veni‹, ›Vidi‹ und ›Vici‹ getauft.

Ein ernsthaftes Hindernis gleich zu Beginn der Tour würde der Abstieg in den Canyon darstellen; das Team benötigte dafür sowohl eine Winde als auch ein Stahlseil. Beides testeten sie im alten Steinbruch am De Waal Drive in Kapstadt. Die letzte Testfahrt sollte auf den Tafelberg führen, aber die Genehmigung wurde verweigert.

Die Ausrüstung war schließlich komplett, einschließlich Klamotten, Schlafsäcken, dehydriertem Essen, Medikamenten, Koch- und Ess-Utensilien, Fotoapparaten, Filmkamera und Kassettenrekorder.

Ein Permit war notwendig, um in den Canyon zu gelangen und kurz vor der Abreise kam es per Telegramm: »Die Erlaubnis für die Roller-Expediton in den Fish River Cayon und weiter nach Ai-Ais zwischen 11. und 18. Juli 1968 ist erteilt vom Sekretariat für Südwestafrika, unter der Voraussetzung, dass der S.W.A Administration ein Film bereitgestellt wird und dass man sich darüber im Klaren ist, dass unterwegs keinerlei Hilfe erwartet werden kann. Es wird vorgeschlagen, für Notfälle einen Arzt mitzunehmen. Wir raten dringend von dieser Expedition ab, da das Terrain extrem schwierig ist.«

Die sechs verließen Kapstadt am 9. Juli frühmorgens, luden die drei Roller auf einen Geländewagen und fuhren selbst in einem Landrover Richtung Norden. Noch am gleichen Nachmittag begannen sie damit, die Roller über den Rand des Canyons abzuseilen. Zwei Mann arbeiteten an der Winde und die anderen manövrierten die Roller die steilen Felstreppen hinunter.

Anfangs ging alles leichter als erwartet. Wo die Felstreppen endeten, verwandelte sich der Untergrund in einen steilen Hang, über dessen losen Schotter die Teammitglieder praktisch hinuntergleiten konnten. An diesem ersten Nachmittag brachten sie zwei Roller ca. 100 m tiefer, den dritten ca. 50 m.

Am nächsten Morgen standen sie erneut früh auf, um die scheinbar unendliche Reise zum Boden des Canyons fortzusetzen. Zuerst brachten sie ihr Gepäck hinunter und

Vespa-Abenteuer im Fish River Canyon

bauten dann das Camp auf. Am nächsten Tag kletterten sie wieder hoch, um die Roller zu holen. Sie benutzten ein Seil, das um einen Felsen gebunden war, um die Roller hinabzulassen. Ein etwas zu schlampig geknüpfter Knoten löste sich und einer der Roller fiel etwa 30 m tief in den Canyon. Aus der recht unsanften Landung resultierte die erste Totalschaden. Das Team wuchtete die sterblichen Überreste von ›Veni‹ auf einen Felsvorsprung – quasi als Denkmal. Dort steht er heute noch, nach über 40 Jahren, als Wegmarke für Wanderer. Dank des sehr trockenen Klimas ist das Wrack noch recht gut als Vespa zu erkennen.

Anschließend bauten sie die Motoren der übrigen beiden Roller aus und trugen sie ins Tal. Die Karosserie der Zweiräder folgte im Schubkarren-Stil. Drei Mann, ein Scooter. Eine unglaublich ermüdende Arbeit, da die Gefährte über Felsen und Steinbrocken gehievt werden mussten. Und das alles auf schmalen Pfaden, die im Winkel von 45 Grad nach unten abfielen.

Spät in der Nacht montierten sie die Motoren zurück in die Fahrwerke, starteten die Maschinen – und schrieben Geschichte: Sie hinterließen die ersten Reifenabdrücke im Sand des Canyons. Womöglich hat Südafrikas Schlager-Export Howard Carpendale den Roller gemeint, als er sein berühmtes »Deine Spuren im Sand« trällerte …

Am folgenden Tag begann die eigentliche Reise durch den Canyon, mit einem Roller im Schlauchboot, während der andere über Steine und durch puderfeinen Sand geschoben und gezogen wurde. Eine absolute Tortur, selbst mit zwei Mann, die im Gurtgeschirr zogen und zwei weiteren, die von hinten schoben – das alles im ersten Gang. Der Motor setzte ständig aus, da immer wieder feiner Sand ins Innere eindrang, bis er schließlich ganz den Geist aufgab.

Zwischenzeitlich hatte das Schlauchboot mit dem zweiten Roller seine Flussfahrt beendet und die Crew stellte fest, dass alle Schlafsäcke und die Ausrüstung komplett nass geworden waren. Auch im Rollermotor hatte sich Wasser angesammelt.

Das Team ließ die Roller erst einmal stehen, um zunächst die Ausrüstung ein paar Kilometer weiter bis zum nächsten Camp zu schleppen. Am nächsten Tag ging es zurück, um die Roller zu holen. Im Sand um die Fahrzeuge zeichneten sich Spuren von Leoparden und Pavianen ab.

Kurz darauf nahte ›Vidis‹ Ende. Während das Team den Roller über den Fluss schiffte, kippte er im lecken Schlauchboot um und verschwand in der Tiefe. Zum Glück konnte ein Teil der Ausrüstung gerettet werden.

Es waren nun noch knapp 100 km bis zum Ziel in Ai-Ais, die letzten 70 km sollten befahrbar sein, aber dem Team gelang es nicht, den dritten Roller mit dem versandeten Motor wieder zum Laufen zu bringen. Auch er musste daher im Canyon bleiben. Die Jungs ›begruben‹ ihn feierlich unter ein paar großen Steinen. Aus den Ersatzschläuchen stellten sie Riemen her, um die Satteltaschen als Rucksäcke zu benutzen.

Ein Journalist, der unten im Canyon war, beschrieb die Expedition als unmöglich und meinte, dass es ein Wunder wäre, wenn sie gelänge. Für eine kurze Zeit hatten die sechs Verrückten aus Kapstadt dieses Wunder möglich gemacht, dabei allerdings alle drei Roller verloren.

Die Teilnehmer haben die Aktion damals gefilmt. Ein kurzer Videoclip zur Roller-Expedition ist auf www.youtube.com unter dem Suchbegriff ›Vespa Trek‹ zu sehen.

Tiefer Süden

gelben Lettern auf rotem Grund ›Tankstelle‹. Hinter der Theke ragen historische Zapfsäulen mit Glaszylindern hervor, die nicht mehr mit Benzin, sondern mit Bier gefüllt sind.

Kreativität hat Tradition im Roadhouse. Vor mehr als zehn Jahren bauten die damaligen Manager Alain und Sonia Noirfalise, heute Teilhaber der Gondwana Collection, ein altes Farmhaus in eine Unterkunft um. Da sie nah an der Straße zum Canyon lag, nannten sie diese Cañon Roadhouse. Geld war knapp, für die Dekoration war praktisch kein Budget vorgesehen. So kamen die Manger auf die Idee ihrer lokalen Kundschaft Freibier auszugeben, wenn diese ihnen dafür den auf den Farmen herumliegenden Schrott vorbeibrachte. Der alte Lastwagen wurde an die Einfahrt geschleppt und mit einem Willkommens-Schild versehen. Der Rest ist Geschichte. Die kürzliche Renovierung ist lediglich die konsequente Weiterführung dieser originellen Idee. Anders als in früheren Zeiten stand aber diesmal Geld zur Verfügung. Gondwana-Geschäftsführer Manni Goldbeck ließ keine Auktion aus und startete eine Anzeigen-Aktion in der lokalen, deutschsprachigen Zeitung: »Wir suchen Ihren Schrott!« Doch im Roadhouse ist nicht nur fürs Auge viel geboten. Auch die Küche ist prima, der Amarula-Käsekuchen mittlerweile legendär.

Infos

Infos zum Fish River Canyon und Buchung der Wanderung: s. Aktiv unterwegs, S. 162.

Übernachten, Essen

Im Gondwana Cañon Park an der R 324 zwischen Ai-Ais und der 601 liegen u.a. die Unterkünfte **Cañon Roadhouse, Cañon Lodge und Cañon Village.** Sie können über Tel.

Fish River Canyon

061-23 00 63, Fax 25 18 63 bzw. über www.gondwana-collection.com gebucht werden.
Automobilisten-Traum ▶ Cañon Roadhouse: Ca. 14 km vom Eingang des Fish River Park entfernt, Tel. 063-26 60 31. Wer alte Autos mag und alles, was damit zusammenhängt, ist hier genau richtig. Die automobilen Artefakte sind liebevoll über das gesamte Anwesen verteilt. Es gibt insgesamt 24 nett und geschmackvoll eingerichtete Zimmer. Schöner können Durchreisende nicht an der Hauptpiste übernachten. Tankstelle mit Benzin und Diesel. DZ mit Frühstück 1110 N$, Dinner 155 N$, Camping 85 N$/Pers.
Zelten am Canyon ▶ Hobas Camping: Ca. 10 km vom Hauptaussichtspunkt entfernt, mit Kioski und Swimmingpool. Reservierung über Namibia Wildlife Resorts (NWR) Central Reservations Office in Windhoek: Tel. 061-28 57 200, Fax 061-22 49 00, reservations@nwr.com.na oder Swakopmund: Tel. 064-40 21 72, Fax 064-40 27 96, sw.bookings@nwr.com.na oder im südafrikanischen Kapstadt mit attraktiver Namibia-Info in der Burg Street: Tel. 0027-21-422 37 61, ct.bookings@nwr.com.na; www.nwr.com.na. Camping 100 N$/Pers., 100 N$/Platz (max. 8 Pers.).

Cañon Lodge 2

Mehr als nur ein Quartier für die Nacht bietet auch die **Cañon Lodge,** die neben einem historischen Farmhaus noch andere Besonderheiten aufweist. Auf dem Dachfirst des Mittelturmchens thront ein stilisiertes Bett aus Metall mit der Jahreszahl 1913. Architektur und Firstschmuck weisen auf die Erbauer des Hauses hin: zwei Brüder aus Oberbayern, die 1904 und 1908 einwanderten und hier eine Farm gründeten. Das Bett signalisierte nach bayrischem Brauch, dass der Hausherr Junggeselle war und auf eine Frau wartete.

Auch das Restaurant entführt mit seiner Dekoration in die lange zurückliegenden Pionierzeiten der Farmwirtschaft. Bemerkenswert: Die Zutaten des leckeren Dinner-Buffets wie Salat, Tomaten, Paprika, Gurken, Schinken, Wurst, Gouda, Mozzarella, Quark und Joghurt sind frisch und werden 6 km von der Lodge entfernt in einem Selbstversorger-Zentrum produziert. Neben Schweinen gibt es frei laufende Hühner und 20 Jersey-Milchkühe, neben dem Gewächshaus liegen Freiluft-Gemüsebeete, wo mittlerweile sogar Zucchini und Wassermelonen gedeihen. Die Schlachterei produziert Steaks und Koteletts für die leckeren Dinner sowie Schinken und Wurst fürs Frühstück. Der Bedarf der Cañon Lodge, des Cañon Village und des Cañon Roadhouse wird so bereits zu 70 % gedeckt, der Rest kommt aus Südafrika. Wobei in gewisser Weise an die Vergangenheit angeknüpft wurde. Schon die beiden ursprünglichen Gründer der Farm, die Brüder Schanderl, hatten zu Beginn des 20. Jh. hier Obst und Gemüse angebaut und an die umliegenden Polizeistationen und bis nach Keetmanshoop verkauft. Ein weiterer Trumpf: Wer die beiden Köcherbaumwälder bei Keetmanshoop versäumt hat, dem bietet die Farm ihren eigenen Kokerboom Forest, wo auf Wunsch auch der Sundowner eingenommen werden kann. Dann sind die Aloen in ein märchenhaftes Licht getaucht.

Übernachten, Essen

In die Felsen gebaut ▶ Cañon Lodge: ca. 20 km vom Fish River, Tel. 063-69 30 14. Eine der schönsten Übernachtungsmöglichkeiten im Süden des Landes, mitten in die massiven, rotbraun verwitterten Felsen gebaut, die teilweise als ›Zimmer‹-Wände dienen. Es gibt 30 reetgedeckte Chalets, die schönste Aussicht hat man von Haus Nr. 28. Das alte Farmhaus aus dem Jahr 1910 wurde liebevoll restauriert und zum Lodge-Restaurant umfunktioniert. 2008 entstand ein wunderschöner, in die Felsen integrierter Poolbereich mit fantastischer Aussicht Richtung Fish River Canyon. Chalet für 2 Pers. 1790 N$.
Feriendorf im kapholländischen Stil ▶ Cañon Village: 20 km vom Fish River, wenige Kilometer nördlich der Cañon Lodge, Tel. 063-69 30 25. Eine Alternative für größere (Bus-)Gruppen bilden die 24 aus Stein erbauten Cottages (60 Betten) im kapholländischen Stil. Auch das Cañon Village hat ein eigenes Restaurant und einen Swimmingpool. Chalet für 2 Pers. inkl. Frühstück 1510 N$.

aktiv unterwegs

Wanderung durch den Fish River Canyon

Tour-Infos
Start: Hobas
Länge: 85 km
Dauer: 4–5 Tage
Saison: Die Wanderroute ist aufgrund der mörderischen Hitze im Sommer nur im Zeitraum 15. April–15. Sept. begehbar, in Gruppen von mindestens 3 und maximal 40 Personen pro Tag.
Buchung: über Namibia Wildlife Resorts in Windhoek, Tel. 061-285 72 00, Fax 22 49 00, Swakopmund, Tel. 064-40 21 72, Fax 40 30 23, Khorixas Lodge, Tel. 067-33 11 11, Fax 33 13 88, www.nwr.com.na. Wegen der großen Popularität des Trails sollte man mindestens ein Jahr im Voraus buchen. Bei der Antragstellung muss eine ärztliche Fitnessbescheinigung, die nicht älter als 40 Tage sein darf, vorgelegt und eine Haftungsausschlusserklärung unterschrieben werden. Kinder unter 12 Jahren werden nicht zugelassen.
Kosten: Die Wanderung durch den Fish River Canyon kostet 130 N$/Pers. plus 20 N$ Eintritt/Pers. und 20 N$/Auto in den Park bei Hobas. Der Transport vom Endpunkt des Trails in Ai-Ais zurück nach Hobas kostet etwa 40 N$ und kann ebenfalls über Namibia Wildlife Resorts gebucht werden.

Es gibt keine bessere (und anstrengendere!) Möglichkeit, den Fish River Canyon kennen zu lernen, als durch eine Wanderung. Viele tausend Hiker nehmen jedes Jahr die Herausforderung an und bewältigen die 85 km des Fish River Canyon Hiking Trail. Die je nach Fitness vier- bis fünftägige Wanderung kann nur unternehmen, wer körperlich fit ist. Es gilt, weichen Sand, Steinbrocken, Temperaturen über 40 °C und oft den Mangel an frischem Wasser zu bewältigen. Der Canyon besitzt nur zwei ›Notausgänge‹, die bei Problemen genutzt werden können. Nur erfahrene Hiker sollten die Strecke in Angriff nehmen. Wanderer müssen sich selbst versorgen, das Wasser aus den Pools kann getrunken werden, sollte aber vorher desinfiziert oder sterilisiert werden. Ein Zelt ist aufgrund des warmen Klimas nicht notwendig, Schlafsack und Isomatte genügen. Es gibt keinerlei sanitäre Einrichtungen, wie etwa Toiletten oder Duschen.

Der Startpunkt des Trails liegt 10 km vom Parkeingang entfernt bei **Hobas**. Vorbei am **Main View Point** erreicht man den Aussichtspunkt **Hiker's View Point** am Canyonrand und den **Einstieg** in den Canyon.

Nun geht es sehr steil hinunter zum Grund des Canyons, was abhängig von der Konstitution 1–2 Std. in Anspruch nimmt. An einigen Stellen sind Ketten angebracht, um den Abstieg zu erleichtern. Dieser Abschnitt ist mit Abstand der schwierigste Teil der gesamten Wanderung. Man sollte ihn am späten Nachmittag absolvieren, um am nächsten Morgen ausgeruht den Canyon in Angriff nehmen zu können. Bei **Hell's Corner** liegt offiziell Kilometer null der Strecke. Für die erste Nacht empfiehlt sich die große **Sandbank** ein Stückchen weiter am Canyonboden als Campingplatz. Damit ist bereits einer der fünf Wandertage weg, aber der Rest lässt sich durchaus in vier Tagen bewältigen.

Die **erste Canyon-Etappe** führt bis **Palm (Sulphur) Springs** und ist nicht ganz einfach. Es gilt, viele Felsbrocken und Felsenpools zu überwinden. Vorteil: Bademöglichkeiten in den natürlichen ›Becken‹. Kurz vor Palm Springs befindet sich auf der linken Seite einer von zwei **Notausstiegen** aus dem Canyon. Dieser führt zum **Palm Springs Viewpoint**, von wo Frühaussteiger nach Hobas zurücktrampen müssen. In Palm Springs entspringt eine Schwefelquelle, die eine konstante Temperatur von 57 °C aufweist. Das Quellwasser dringt aus ca. 1000 m Tiefe an die Oberfläche. Es gibt zwar einige schöne Dattelpalmen, aber der Schwefelgestank treibt Wanderer oft noch 1–2 Std. weiter, bevor sie sich einen passenden Camp-Platz suchen. Der Ursprung der Palmen gab übrigens Anlass zu Spekulationen. So sollen zwei deutsche Soldaten, die im Ersten Weltkrieg aus südafrikanischer Gefangenschaft geflüchtet waren, hier nach dem Genuss einiger Datteln deren Kerne ausgespuckt haben. Einer der Soldaten soll an Hautkrebs, der andere an Asthma gelitten haben. Nach zwei Monaten Aufenthalt an den schwefelhaltigen Quellen sollen beide geheilt gewesen sein.

Zwischen Palm Springs und Causeway wird die Wanderung deutlich einfacher. Lange, sandige Passagen lösen die Felsen ab. Der Canyon wird allmählich breiter, und man hat weniger Hindernisse zu überwinden, vor allem wenn man die vorgeschlagenen *shortcuts*, Abkürzungen, nimmt.

Nach 30 km ist der charakteristische **Table Mountain** (Tafelberg) erreicht. Kurz vor den **Three Sisters** besteht eine Abkürzungsmöglichkeit auf der rechten Uferseite. Der Canyon öffnet sich nun weit, und 2 km hinter der Felsformation **Four Fingers** kurz vor Causeway stößt man auf **Von Trotha Grave**, das Grab des deutschen Leutnants Thilo von Trotha, der hier 1905 im Krieg gegen die einheimischen Nama ums Leben kam. Das Grab ist so in die Felslandschaft integriert, dass man es fast übersieht.

Bei **Causeway** findet sich der zweite **Notausstieg** aus dem Canyon. Auf der Ostseite geht es nach oben, der Notpfad trifft nach einigen Kilometern auf die C 37, von der dann zurückgetrampt werden muss.

Wer den Canyon weiter durchwandern möchte, hat noch eine gute Tageswanderung bis **Ai-Ais** vor sich. Dort können dann die schmerzenden und müden Glieder in den heißen Quellen regeneriert werden.

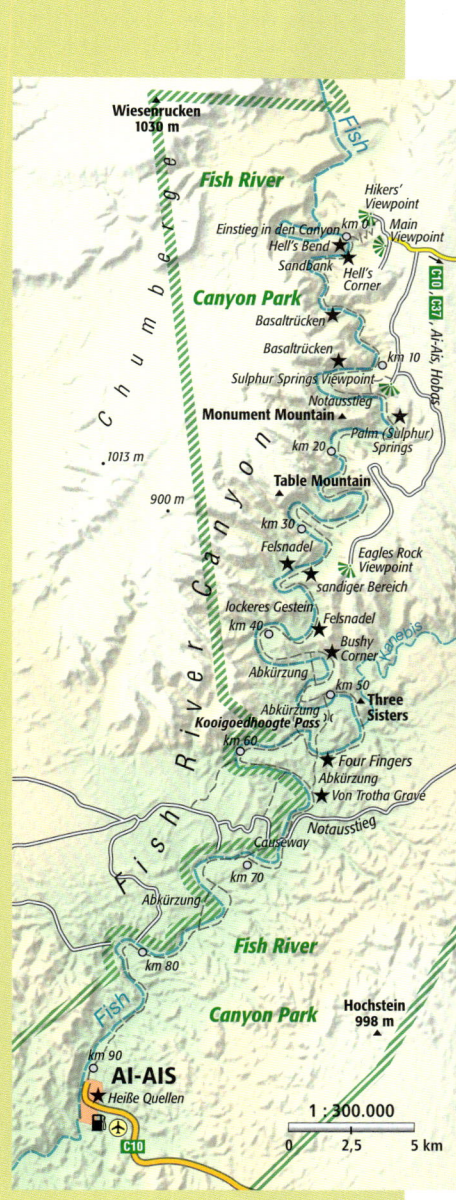

Der tiefe Süden

Ai-Ais 3

Knapp 60 km südwestlich der Cañon Lodge liegt **Ai-Ais**, eine klassische grüne Oase in der kargen Mondlandschaft des Fish River Canyon Park. Wer in die kühlen Fluten der großen Schwimmbecken springen möchte, dürfte indes zusammenzucken. Der Name Ai-Ais kommt aus der Khoikhoi-Sprache und bedeutet ›so heiß wie Feuer‹. Die Beschreibung bezieht sich auf die hier entspringenden 60 °C heißen Quellen, deren Wasser gut bei rheumatischen Beschwerden helfen soll und in ein Hallenbad, verschiedene Whirlpools und ein Freibad gepumpt wird (Eintritt Erw. 80 N$, Kinder bis 16 Jahre frei, Auto 30 N$).

Die San kannten den Platz schon seit Jahrtausenden. ›Wiederentdeckt‹ wurde er 1850 von einem Nama-Schafhirten. Deutschen Soldaten, die sich 1915 vor den anrückenden südafrikanischen Truppen unter Louis Botha zurückzogen, diente der Ort als Versteck, um sich von ihren Verletzungen zu erholen.

Aufgrund der Sommerhitze und der Gefahrt der Überflutung durch den Fish River ist Ai-Ais nur von Mitte März bis Ende Oktober zugänglich. 1972, ein Jahr nach der Eröffnung, wurde fast der ganze Komplex vom Hochwasser mitgerissen. Heute schützen Mauern die Einrichtungen.

Übernachten, Essen

An den Thermalquellen ▶ **Ai-Ais Restcamp:** Im August 2009 neu eröffnetes, umfassend renoviertes Camp an den heißen Quellen von Ai-Ais, im Bett des Fish River. Die Unterkünfte sind nun auf hohem Niveau, allerdings gibt es keine Quartiere für Selbstversorger mehr. Camping ist nach wie vor möglich. Zum Restcamp gehören ein Wellness-Zentrum, Restaurant (7–9, 12–14 und 18–22 Uhr), Bar, Pool, Kinder-Spiel- und Tennisplatz. Tagesbesucher müssen das Camp bis spätestens 22 Uhr verlassen. Reservierung über Namibia Wildlife Resorts (NWR) in Windhoek: Tel. 061-28 57 200, Fax 061-22 49 00, reservations@nwr.com.na oder Swakopmund: Tel. 064-40 21 72, Fax 064-40 27 96, sw.bookings@nwr.com.na oder im südafrikanischen Kapstadt mit attraktiver Namibia-Info in der Burg Street: Tel. 0027-21-422 37 61, ct.bookings@nwr.com.na, www.nwr.com.na. Mountain View-DZ (2 Betten) mit Frühstück 500 N$/Pers., Riverview-DZ (2 Betten) mit Frühstück 650 N$/Pers., Premier Chalet (4 Betten) mit Frühstück 800 N$/Pers. Organisierter Tagestrip 800 N$/Pers., nur morgens oder abends 400 N$/Pers.

Zum Orange River ▶ J/K 18

Karte: S. 160

Südlich der heißen Quellen fließt der Fish River in den Orange River, doch um den zu erreichen ist ein Umweg nötig. Von Ai-Ais führt eine schmale Staubpiste Richtung Südosten, die nach etlichen Kilometern Einsamkeit auf die B 1 trifft, die von Keetmanshoop zur südafrikanischen Grenze führt. Immer wieder weht der Sand hier die Straße zu, und was wie ein weiches Häufchen aussieht, ist in Wirklichkeit steinhart zusammengepresst, was schon vielen ahnungslosen Mietwagenlenkern zum Verhängnis geworden ist. In Sandverwehungen sollte man immer langsam einfahren, um sie dann mit erhöhter Drehzahl zügig zu durchqueren.

Man biegt nun nach rechts bzw. Richtung Noordoewer in die B 1 ein. Nach weiteren 50 km ist der Orange River erreicht, der Namibia von Südafrika trennt. **Noordoewer** 4 (afrikaans für ›Nordufer‹) ist, wie Vioolsdrift auf der südafrikanischen Seite, eine Bewässerungssiedlung, die sich einige Kilometer am Fluss entlangzieht. Weite Flutebenen haben hier fruchtbare Böden hinterlassen, die intensiv landwirtschaftlich genutzt werden.

Eine unbefestigte Strecke (C 13), die auch von zweiradgetriebenen Mietfahrzeugen mit entsprechender Bodenfreiheit bewältigt werden kann, führt am Ufer des **Orange River** entlang nach Nordwesten in Richtung Sendelingsdrift.

Der Orange oder Oranje bildet auf etwa 500 km die natürliche Grenze zwischen Namibia und Südafrika, seinem Nachbarn im Süden. Der Wasserlauf ist ein sogenannter Fremdlingsfluss, was bedeutet, dass er nicht

Zum Orange River

in der wüstenhaften Gegend entsprungen ist, durch die er so eindrucksvoll fließt. Seine Quelle liegt in den südafrikanischen Drakensbergen, von wo es gut 2000 km bis zur Mündung in den Atlantik bei Oranjemund sind. Wie alle von Ost nach West fließenden Gewässer Namibias ist der Oranje bilharziosefrei und, da er recht kühl ist, stören auch keine Krokodile die Badefreuden, zu denen es links der Piste immer wieder Gelegenheit gibt. In der Nähe von Noordoewer stehen ab und zu Schwarze am Straßenrand, die Fische zum Verkauf anbieten – nach soviel Hitze, Staub, Trockenheit und Wüste ein wahrhaft ungewöhnlicher Anblick.

Oft sind hier die in Noordoewer startenden Teilnehmer der **Kanu- und Schlauchbootfahrten** zu sehen, die von beiden Seiten der Grenze aus organisiert werden (s. rechts). Solche Ausflüge dauern vier bis sechs Tage. Spiegelglatte, ruhige Wasseroberflächen wechseln passagenweise mit Stromschnellen ab, deren Namen – ›Achterbahn‹, ›Überraschung‹ oder ›Zermalmer‹ – ahnen lassen, was die Teilnehmer erwartet.

Übernachten, Essen

Einfach, aber grenznah ▶ Orange River Lodge: Nordoewer, 1 km von der südafrikanischen Grenze neben der BP-Tankstelle, Tel./Fax 063-29 70 12, www.orlodge.iway.na. Zur Wahl stehen vier DZ für Selbstversorger, 2 DZ 4 Familienzimmer und das River Cabin für 2 Pers., eine Holzhütte am Fluss. Es gibt außerdem einen Campingplatz (heiße Duschen, Toilette, Gras), ebenfalls direkt am Orange River. Restaurant im reetgedeckten Haupthaus. DZ mit Frühstück 480 N$, Holzhütte für 2 Pers. mit Frühstück 330 N$, Campingplatz/Pers. 50 N$. Die Übernachtung in der Orange River ›Lodge‹ ist nur in Notfällen zu empfehlen, wenn z. B. der Grenzübertritt von Südafrika her zu lange gedauert hat und es bereits dunkel wird oder wenn man eine Panne hatte. Wer noch Zeit zur Verfügung hat, folgt der empfohlenen Route etwa 50 km Richtung Nordwesten bis zur Norotshama River Lodge (s. S. 166), der besseren Übernachtungs-Alternative am großen Fluss.

Aktiv

River Rafting auf dem Orange River ▶ Dieses Outdoorabenteuer wird zum größten Teil von südafrikanischen Unternehmen organisiert. Die 3- bis 6-tägigen Touren werden mit Kanus oder Schlauchbooten durchgeführt und kosten je nach Dauer zwischen 2000 und 3200 Rand. Im Folgenden einige bewährte Adressen: **Felix Unite River Adventures**, an der C 13, 10 km von Noordoewer entfernt, Buchung in Südafrika, Tel. 0027-21-683 64 33, 761 92 59 oder 425 51 81, www.felixunite.com. **Amanzi Trails**, Tel. 0027-21-559 15 73, www.amanzitrails.co.za. **River Rafters**, Tel. 0027-21-712 50 94, www.riverrafters.co.za. **Bushwacked Outdoor Adventures**, Tel. 0027-21-761 89 53, www.bushwacked.co.za.

Offroad durch das Aussenkehr-Naturschutzgebiet

An der Rezeption der **Norotshama River Lodge** 5 (s. S. 166) gibt es Kartenskizzen mit Tipps zu interessanten Offroad-Ausflügen in das Aussenkehr-Naturschutzgebiet. Die Farm Aussenkehr ist fast 4800 km² groß und der 10 000-Einwohner-Ort Aussenkehr boomt, aufgrund der Vision des Farmeigentümers Dusan Vasilijevic. Er hatte die Idee, in der Wüste Tafeltrauben in Exportqualität anzubauen. Andere Farmer erklärten ihn für verrückt, doch er ignorierte ihren Hohn. Und wurde dafür belohnt: Heute verschickt Vasilijevic mehr als 2,5 Mio. Kisten Trauben pro Saison; etwa 20 000 Menschen aus der weiteren Umgebung arbeiten für ihn.

Sein Farm-Manager hat die 4x4-Trails auf dem Gebiet etabliert. Einer davon folgt einem alten Jeep-Pfad, der sich zum Springbokvlakte Plateau hinaufwindet, vorbei an vulkanischen Felsformationen und enormen Köcherbäumen. Oben wartet etwas ganz Besonderes: Wildpferde, die ansonsten nur weiter nördlich vorkommen, zwischen Lüderitz und Aus, an der Garub-Wasserstelle (s. S. 171). Die Aussenkehr-Herde zählt um die 40 Tiere und stammt von den gleichen Pferden ab wie die Garub-Herde. Erst 1992 entdeckte der Farmbesitzer die Tiere auf seinem

Der tiefe Süden

Gelände – elf Stuten und sechs Hengste, allesamt in erbärmlichem Zustand. Er siedelte sie auf das Wüsten-Hochplateau um, wo sie jetzt genauso viel Freiheit genießen wie ihre Namib-Artgenossen.

Von Palmietsfontein folgt der Trail der alten deutschen Zollstraße bis zu den Ruinen einer deutschen Militärstation und einem kleinen Friedhof. Dort finden sich die Gräber einiger deutscher Infanterie-Soldaten, die hier während des Nama-Krieges zwischen 1903 und 1905 gefallen sind.

Der andere Offroad-Abstecher ist eher etwas für Durchreisende. Er ist ganz besonders lohnend – und gleichzeitig eine reizvolle, aber auf kaum einer Karte eingezeichnete Abkürzung für Geländewagenfahrer, die direkt nach Ai-Ais und zum Fish River Canyon gelangen wollen. Von der Lodge fährt man zunächst weiter auf der C 13, Richtung Sendelingsdrift. Die erste Abzweigung nach rechts (Ai-Ais) ignoriert man. Erst kurz bevor die beschilderte Grenze zum Fish River Canyon Park passiert wird, mündet von rechts der Gamkab River in den Orange River. Die ›Abkürzung‹ verläuft praktisch im Bett dieses meist ganz wenig Wasser führenden Flusses. Es geht vorbei an atemberaubend steilen, senkrechten Canyon-Wänden, die den Geländewagen zum Spielzeugauto degradieren. Ab und zu finden sich Höhlen, in denen Fledermäuse und Eulen leben. Die Offroad-Strecke ist normalerweise gut befahrbar – sicherheitshalber sollte man sich aber vor der Abfahrt in der Norotshama Lodge nach dem aktuellen Pistenzustand erkundigen. Von der C 13 sind es etwa 25 km bis zu einer Gabelung. Nach rechts ist die Hauptpiste D 212 zum Norotshama Camp ausgeschildert. Linkerhand sind es 17,5 km bis zur Kreuzung mit der D 316. Von dieser Seite aus ist ein neuer Wegweiser ›Aussenkehr–Rosh Pinah‹ angebracht. Man biegt links auf die D 316 und nach weiteren 30 km ist Ai-Ais erreicht. Unter der Webadresse www.openafrica.org/participant/norotshama-river-resort findet sich eine Google-Satellitenkarte, auf der sich der Gamkab-Verlauf samt Canyon und die Parallelpiste prima lokalisieren lassen.

Übernachten, Essen
Direkt am Flussufer ▶ **Norotshama River Resort:** Aussenkehr, 50 km nordwestlich von Noordoewer, an der C13, Tel. 063-29 72 15, Fax 063-29 72 17, www.norotshamaresort.com. Im Jahr 2010 umfassend renovierte Chalets, Bungalows und Campingplätze mit traumhaftem Blick auf den Orange River. Restaurant, großer Poolbereich. Zum Angebot gehören weiterhin Kanufahrten auf dem Fluss und Geländewagenfahrten durch das Aussenkehr-Naturschutzgebiet (s. S. 165f.). DZ mit Frühstück ab 620 N$.

Richtersveld National Park ▶ J 18

Der gewaltige Fluss hat sich an der Südgrenze Namibias seinen Weg durch eine felsige Urlandschaft gefräst. Immer wieder gibt es hier Möglichkeiten, direkt am Ufer wild zu campen – in Namibia ansonsten eher eine Seltenheit. Etwa 60 km flussabwärts von Noordoewer durchquert die Piste den Fish River Canyon Park, auf der anderen Seite des Orange liegt der südafrikanische **Richtersveld National Park** 6. Beide Naturschutzgebiete sind zu einem großen, grenzüberschreitenden ›Friedenspark‹ *(peace park)* zusammengelegt worden. Der offizielle Name des Parks lautet Ai-Ais/Richtersveld Transfrontier Park.

Seit Oktober 2007 sind die beiden Parkteile durch einen Grenzübergang bei **Sendelingsdrift** 7 miteinander verbunden, was Geländewagenfahrern langwierige Umfahrungen spart und den Tourismus in Namibia und Südafrika deutlich bereichert hat. Per Fähre überquert man nun den Orange River und gelangt direkt in den südafrikanischen Richtersveld National Park.

Das Richtersveld in Südafrika gehört aufgrund seiner Abgeschiedenheit und der großartigen Landschaft mit steil aufragenden Felsmassiven und tiefen Schluchten zu den schönsten Regionen Südafrikas. Wer Einsamkeit liebt und einen Geländewagen fährt, kommt hier voll auf seine Kosten. In der Berg-

Richtersveld National Park

wüste gibt es die weltweit größte Konzentration von Sukkulenten. In der Vergangenheit kamen immer wieder Prospektoren in das Gebiet, um Mineralien und Kupfererz zu suchen. Verlassene Minenschächte und Ruinen von Behausungen legen Zeugnis davon ab.

Der 1620 km^2 große Nationalpark wurde 1991 gegründet, um die einzigartige Bergwüstenlandschaft zu erhalten. Das Land gehört jedoch nach wie vor den dort lebenden Nama, die innerhalb der Parkgrenzen Viehzucht betreiben dürfen und von der Parkbehörde eine Pacht erhalten. Von den Bergen lassen sich oft ihre kleinen Herden beobachten, Punkte am staubigen Horizont. Die halbnomadischen Nama sind Nachkommen der vienzüchtenden Khoi, die zu den ersten Kap-Bewohnern gehörten. Obwohl sie zum größten Teil von anderen Bevölkerungsgruppen assimiliert wurden, haben sie ihre Sprache mit den charakteristischen Klicklauten erhalten können. Auch ihre traditionellen Rundhütten aus Holz und Stroh, die *matjieshuise* (s. S. 153), sieht man noch ab und zu.

Das relativ trockene Gebiet kann nicht vielen größeren **Tieren** genügend Lebensraum bieten. Aufmerksame Besucher haben dennoch gute Chancen, Springböcke *(springbok)*, Bergzebras *(Hartmann's mountain zebra)*, Klippspringer *(klipspringer)*, Rehantilopen *(grey rhebok)*, Steinböckchen *(steenbok)* und Paviane *(baboon)* zu sehen.

Berühmteste Vertreter der **Pflanzenwelt** im Richtersveld sind die endemischen *halfmens*, die auch Elefantenrüssel *(elephant's trunk)* oder auf Afrikaans *noordpool* genannt werden, da ihre Kronen immer nach Norden zeigen. Lokalen Legenden zufolge zogen sich vor langer Zeit die Vorfahren der Nama nach einer Auseinandersetzung mit einer stärkeren Volksgruppe südlich des Orange River zurück. Jene, die sich nach ihrem Heimatland zurücksehnten und nach hinten zum Fluss blickten, erstarrten mit nach Norden gerichteten Köpfen. Die wissenschaftliche Erklärung ist natürlich erheblich nüchterner: Die Blätter wachsen nur im Winter, wenn es regnet, und richten sich dann zur Sonne hin aus. Halfmens bevorzugen felsigen Untergrund auf nach Süden und Osten ausgerichteten Hängen. Die Stammsukkulenten werden 2–3 m hoch und stehen meist in kleineren Gruppen zusammen. Am besten fotografieren lassen sie sich im **Halfmens Forest**, nur wenige Kilometer östlich von Sendelingsdrift.

Infos

Richtersveld National Park: Parkverwaltung, Tel. 0027-27-831 15 06, Fax 0027-27-831 11 75, Öffnungszeiten des Büros in Sendelingsdrift Mo–Fr 8–16 Uhr. Im Park gibt es keine Geschäfte. Benzin und kühle Getränke erhält man im kleinen Tante-Emma-Laden in Sendelingsdrift, der nur an Werktagen geöffnet ist: Benzin Mo–Fr 7.30–18, Sa 8–16, So 8.30–13 Uhr. Es empfiehlt sich auf alle Fälle hier vollzutanken. So weit im Norden Südafrikas sind Tankstellen rar.

Vor der Fahrt in den Park muss im Parkbüro in Sendelingsdrift das **Eintrittsgeld** bezahlt und das (vorher reservierte) **Camp-Permit** abgeholt werden. Einzelne Fahrzeuge müssen sich bei der Ausreise wieder abmelden, sonst wird mit Parkrangern nach ihnen gesucht. South African National Parks (SANP) in Tshwane, 643 Leyds St., Muckleneuk, Tshwane, Tel. 0027-12-426 50 00, Fax 343 09 05, reservations@sanparks.org, www.sanparks.org, Mo–Fr 9–16.45 Uhr, Eintritt Erw./Kinder 110/55 Rand pro Tag.

Übernachten

Die drei Guest Cottages sowie die Campingplätze, die im Richtersveld National Park als Unterkunft zur Verfügung stehen, müssen wie das Camp-Permit (s. o.) rechtzeitig vorher bei **SA National Parks** reserviert werden. Nur wer eine Buchungsbestätigung vorweisen kann, wird in den Richtersveld National Park eingelassen.

Am schönsten – und natürlich am beliebtesten – sind das 2005 eröffnete **Tatasberg Camp** sowie die Campingplätze **De Hoop** und **Richtersberg**. Alle drei Lokalitäten liegen direkt am – übrigens absolut krokodilfreien – Orange River. Die Chalets in den Camps haben Klimaanlage, einen Kühlschrank und zwei elektrische Herdplatten.

Der tiefe Süden

Direkt an der Flussfähre ▶ Sendelings-drift Restcamp: 10 Chalets, je 535 N$.
Inmitten der Wildnis ▶ Tatasberg Wilderness Trails Camp: 4 Chalets, je 540 N$.
Campingplätze im Park ▶ Pooitjiespram: 18 Plätze, für je 6 Personen 145 N$. **De Hoop:** 12 Plätze, für je 6 Personen 145 N$. **Richtersberg:** 12 Plätze, für je 6 Personen 145 N$. **Kokerboomkloof:** 8 Plätze, für je 6 Personen 145 N$. **Sendelingsdrift:** 12 Plätze, für je 6 Personen 145 N$.

Am Diamanten-Sperrgebiet entlang nach Norden

Karte: S. 160
Folgt man der C 13 von Sendelingsdrift nach Norden Richtung Rosh Pinah, ist die fruchtbare grüne Flusslandschaft des Orange River schnell vergessen. Zur Rechten beherrscht das Huib-Hochplateau den Horizont, links breitet sich eine weite Ebene aus: das ehemalige Diamanten-Sperrgebiet. Die 1908 von den Deutschen eingerichtete, 300 x 100 km große Pufferzone sollte besser als jeder Zaun vermeiden, dass sich Unbefugte der diamantenreichen Küste näherten. Wer sich in das nahezu wasserlose Areal hineinwagte, lief Gefahr darin umzukommen. Nachdem sich die Diamantenförderung mehr und mehr vom Inland in das Orange-Mündungsgebiet verlagert hatte, erklärte man das gesamte Gebiet 2008 zum **Sperrgebiet National Park 8**. Ein Jahr später wurde dieser dem nördlich davon gelegenen Namib-Naukluft Park zugeschlagen. Ein Großteil des Landes war von den Grabungsarbeiten verschont geblieben. Die Minengesellschaft ist dabei den Rest des Landes zu rehabilitieren. In der ungestörtesten Wüste der Welt sieht man Braune Hyänen sogar tagsüber, überall sonst sind die extrem scheuen Jäger nur nachts unterwegs. Organisierte Touren führen von Lüderitz aus in den neuen Park mit seinen Geisterstädten. Das Angebot für Touristen soll in der Zukunft noch

Nur mit Genehmigung darf das Diamanten-Sperrgebiet betreten werden

Am Diamanten-Sperrgebiet entlang nach Norden

erweitert werden. So ist in Oranjemund die Einrichtung eines Minenmuseums geplant. In der Nähe der Stadt wurde 2008 bei Abbauarbeiten vor der Küste eine sensationelle Entdeckung gemacht: Man stieß auf das Wrack eines Schiffes aus dem späten 15. oder frühen 16. Jh., der Epoche der Seefahrer Vasco da Gama und Christoph Columbus.

Rechts der C 13 zieht sich kilometerweit ein Zaun entlang – ein für Namibia typischer Anblick, denn nirgendwo auf der Welt dürften mehr Zäune verbaut worden sein als hier. Das Wild arrangiert sich mit den Gegebenheiten. Oryxantilopen etwa können die künstlichen Hindernisse problemlos überspringen. Andere Vierbeiner, wie die großohriger Löffelhunde, graben sich einfach darunter hindurch.

Rosh Pinah ▶ H 18

Ab **Rosh Pinah** 9 ist die Strecke bis zur B 4 bei Aus komplett geteert und daher flott befahrbar. Kurz vor der Kreuzung mit der B 4 finden sich rechts der Straße Mauerreste eines ehemaligen **Internierungslagers** 10. Es entstand im Juli 1915, als die deutschen Schutztruppen vor den südafrikanischen Einheiten kapituliert hatten. Gut 1500 deutsche Unteroffiziere und Soldaten waren hier interniert, bewacht von 600 südafrikanischen Soldaten. Zunächst lebten die Gefangenen in Zelten, was aufgrund der extremen Temperaturschwankungen kaum zu ertragen war. Daher formten sie aus dem Lehm der Umgebung Ziegelsteine, errichteten Häuschen und deckten sie mit plattgewalzten Blechtonnen. Nach dem Bau einer Wasserleitung konnten sie sogar einen kleinen Gemüsegarten anlegen. Damit lebten sie kurioserweise erheblich besser als ihre Bewacher, denen sie ihre selbst gemachten Ziegel sogar für 10 Shilling per 1000 Stück verkauften. In der vier Jahre dauernden Gefangenschaft starben deshalb nur 65 Deutsche, im Vergleich zu 60 Bewachern. Die meisten überlebten eine Grippe-Epidemie Ende 1918 nicht. Nach Unterzeichnung des Vertrags von Versailles im Juni 1919 wurden die Internierten entlassen. Viele kehrten auf ihre Farmen in Namibia zurück.

Aus ▶ H 16

In **Aus** 11 hat sich in den letzten Jahren einiges getan. Zum einen gibt es am Ortseingang mit dem Aus Info Centre (Tel. 0 63-25 81 51, tgl. 9–18 Uhr) eine gute Info-Adresse für die gesamte Region, inklusive einer hochinteressanten Ausstellung historischer Fotos, zum anderen wurde das geschichtsträchtige Bahnhofshotel wunderbar restauriert. Die kleine Ansammlung von Häusern liegt pittoresk auf dem Huib-Hochplateau. Obwohl sich Aus am Rand der Namibwüste befindet, besitzt der Ort Namibias kältestes Winterklima. Verantwortlich dafür sind vom Kap heraufziehende Tiefdruckgebiete und die Höhenlage von immerhin 1446 m (höher als der Brennerpass über den Alpenhauptkamm!). Nach Regenfällen verwandelt sich das braune *veld* in einen blühenden Teppich aus Gänseblümchen *(aus-daisies)*.

Übernachten, Essen

Historisches Flair ▶ **Bahnhof Hotel Aus:** Aus, Tel. 063-25 80 9, Fax 063-25 80 92, www.hotel-aus.com. Stilvoll und behutsam (s. Foto S. 36) restauriertes, historisches Hotel (2007 neu eröffnet). Zum Glück erhalten geblieben sind die alten Holzfußböden und die Bar, deren Fußreling aus alten Eisenbahnschienen besteht. 13 freundliche Zimmer mit Bad und täglich frisch gebackenes Brot, leckere Kuchen und eine unerwartet gute Küche. DZ mit Frühstück ab 990 N$.
Wüste und Berge ▶ **Gästefarm Klein-Aus Vista,** s. unten

Klein-Aus Vista ▶ H 16

Die Gästefarm **Klein-Aus Vista** 12 gehört zu Namibias eher ungewöhnlichen Übernachtungsmöglichkeiten. Eine, die man sich nicht entgehen lassen sollte – auf 1400 m Höhe in den Ausbergen am Rand der Namib gelegen. Hier bieten sich fantastische Ausblicke auf die Wüste. Das alte Farmhaus Desert Horse Inn ist ein guter Startpunkt für Ausflüge in die Sukkulenten-Karoo und in den südlichen Namib Naukluft Park mit seinen Wildpferden und den roten Koichab-Dünen. Das Schöne neben den herrlichen Übernachtungsmög-

Der tiefe Süden

lichkeiten: Farmer Piet hat eine Konzession für das bisher vom Tourismus unberührte **Koichab-Dünengebiet**, wo man die **Wildpferde der Namib** bei einem Sundowner beobachten kann.

Wer dies in Ruhe genießen möchte, hat, was das Nächtigen anbelangt, die Qual der Wahl: Direkt am Haupteingang der Farm liegt das **Desert Horse Inn**, das eigentliche Farmhaus, in dem vier Zimmer vermietet werden. Hinzu kommen 20 Zimmer in zehn stilvollen Doppelhäuschen mit Terrasse, die im Design und der natürlichen Farbgebung dem historischen Farmhaus angepasst sind.

Wer Einsamkeit und Wüstenstille genießen möchte, muss noch etwa 15 Min. bzw. 7 km Piste in Kauf nehmen. Die **Eagle's Nest Lodge**, in den Bergen jenseits der Geisterschlucht gelegen, besteht aus acht Chalets mit Kamin, Kochnische und Bad, die aus Natursteinen um massive Granitfelsen herum gebaut worden sind. Am Rande der **Geisterschlucht**, wo man in der **Geisterschlucht-Hütte** übernachten kann, erinnert ein mit Einschusslöchern durchsiebtes, rostiges Autowrack aus den 1930er-Jahren an vergangene, wilde Zeiten. Ein Fluchtwagen von Diamantenschmugglern? So wurde es jedenfalls ab und zu in Büchern und Artikeln berichtet. Die Wahrheit ist jedoch wie so oft weniger romantisch. Der Hudson Terraplane hauchte sein Leben während eines Sonntagspicknicks aus. Sein etwas cholerischer, deutscher Besitzer fackelte ihn aus Ärger über dieses ›Versagen‹ kurzerhand ab. Jäger benutzten das Wrack später dann als Zielscheibe für Schießübungen.

Übernachten, Essen

Die Gästefarm **Klein-Aus Vista** liegt 2 km westlich von Aus bzw. 115 km östlich von Lüderitz an der B 4, Tel. 063-25 81 16, Fax 25 80 21, www.namibhorses.com. Reservierung aller Unterkünfte auch über Gondwana Travel Centre, Windhoek, Tel 061-23-00 66, www.gondwana-collection.com.

Favorit des Autors ▶ **Eagle's Nest Lodge:** 8 malerisch gelegene Felsen-Chalets, mit Frühstück für 2 Pers. 1590 N$.

Grandioser Blick ▶ **Desert Horse Inn:** 24 elegant ausgestattete DZ mit Frühstück im Stil des alten Farmhauses ab 1110 N$. In der Eagle's Nest Lodge und im Desert Horse Inn sind Kinder bis 2 Jahre frei, Kinder von 3–12 Jahren zahlen 200 N$.
Für Selbstversorger ▶ **Geisterschlucht-Hütte:** Übernachtung für 2 Pers. ab 125 N$/Pers., bis zu 10 Pers. (Selbstversorgung). Im Restaurant der Gästefarm frühstückt man (für Selbstversorger zu 80 N$ buchbar), erhält Lunch (110 N$) und Dinner (165 N$).
Camping ▶ **Desert Horse Campsite:** 10 Plätze unter Schatten spendenden Kameldornbäumen, ab 80 N$/Pers.

Aktiv

Wanderungen und 4x4-Trips ▶ Man kann die Wanderwege auf der Farm nutzen, aber auch kostenpflichtige Touren buchen. Das Angebot reicht vom Sonnenuntergangsausflug zu den Wildpferden (225 N$/Pers.) bis zu geführten Ganztageswanderungen oder einer achtstündigen 4x4-Fahrt durch den Koichab-Dünengürtel (3500 N$/Gruppe).

Vogelstrausskluft und Fish River Lodge ▶ K 16/17

Karte: S. 160

Die ganztägigen Geländewagen-Touren und Wanderungen in den Fish River Canyon für Gäste der Vogelstrausskluft und der weiter südlich gelegenen Fish River Lodge gehören eindeutig zum Besten, was man derzeit organisiert in Namibia unternehmen kann. Praktisch der gesamte nördliche, unberührte Teil des Fish River Canyons ist Farmland, also in Privatbesitz (!). Besser lässt sich die wunderbare Landschaft nicht erfahren.

Die abenteuerliche Tagestour der **Vogelstrausskluft Lodge** [13] kostet 1200 N$. Alternativ gibt es einen mit einer kleinen Wanderung kombinierten Canyontrip inklusive Übernachtung und Vollverpflegung für 4150 N$/Pers. Diese Trips müssen unbedingt vorgebucht werden. Farm-Manager Jannie, der den Canyon schon als kleiner Junge im alten

Willys-Jeep seines Vaters erfahren hat, holt die Gäste im offenen, höhergelegten Toyota Landcruiser ab. Der ›Abstieg‹ in den Canyon ist äußerst steil, am Ende extrem mit kinderkopfgroßen, losen Steinbrocken. Aber Jannie chauffiert den ächzenden Geländewagen wie zum Sonntagpicknick. Lohn der Angst ist ein herrlicher Braai am Canyonboden.

Bei der **Fish River Lodge** 14 wird bereits die Anfahrt zum Abenteuer. Wie die Vogelstrausskluft Lodge liegt sie an der ungeteerten D 463, allerdings viel weiter südlich. Von der Kreuzung mit der B 4 sind es etwa 2 Std. (!) Fahrt. 85 km später stößt man auf das Hinweisschild ›Canyon Nature Park‹. Hier geht es links ab zur Lodge, die 19 km weiter direkt am Canyonrand liegt. Zum Angebot gehören Geländewagen-Exkursionen (750 N$/Pers.) in den Fish River Canyon, mit Lunch an erfrischenden, natürlichen Felsenpools, geführte und ungeführte Tages- und Mehrtageswanderungen im Canyon (ab 180 N$/Pers.), Sonnenuntergangs-Trails und Ausritte am Canyon-Rand und in den Canyon.

Übernachten, Essen

Fantastisches Ausflugsangebot ▶ **Vogelstrausskluft Lodge:** 90 km westl. von Keetmanshoop, zwischen Seeheim und Aus an der D 463, Tel 063-68 30 86, Fax 063-68 30 87, www.vogelstrausskluft.com. Am Rande der Kalahari gelegene Lodge mit 20 Komfort-Zimmern in fünf reetgedeckten Gebäuden und 4 Luxus-Suiten in eigenen Häuschen, alle mit fantastischer Aussicht in ein weites, grasbewachsenes Tal. Gutes Essen und üppig bestückte Bar. DZ mit Frühstück 1480–1980 N$, Dinner 190 N$, Lunch 140 N$.

Direkt am Canyonrand ▶ **Fish River Lodge:** an der B 463, 109 km Piste nach der Kreuzung mit der B 4, Buchung über Tel. 061-24 67 88, Fax 061-24 30 79, www.fishriverlodge-namibia.com. Lodge-Kontakt: Tel. 063-68 30 05. Am westlichen Rand des Canyons und an seiner tiefsten Stelle liegen in einiger Entfernung voneinander 20 erdfarbene, mit Geschmack und Stil eingerichtete Naturstein-Chalets, die halbmondförmig direkt an der Canyonkante aufgereiht sind – etwas für Leute, die Einsamkeit und Ruhe suchen. Auch der Swimmingpool (eine wahre Wohltat bei Temperaturen bis 50 Grad)! liegt direkt an am Hangabbruch. DZ für 2 Pers. 2000 N$ mit Frühstück und Dinner.

Von Aus nach Kolmanskop

Karte: S. 160

Die B 4 zwischen Keetmanshoop und Lüderitz ist seit einigen Jahren gut ausgebaut: ein grauschwarzes Asphaltband, das sich durch die ausgebrannte, gelblich-braune Landschaft in sanftem Gefälle Richtung Meer zieht. Rechts der Straße liegt der Namib Naukluft Park, links das ehemalige Diamanten-Sperrgebiet, das 2009 dem Naturschutzgebiet Namib-Naukluft zugeschlagen wurde.

Mitten im Nichts taucht plötzlich ein Warnschild auf: ›Vorsicht Pferde‹. Der Scherz eines witzigen Namibiers? Nein, die Warnung ist tatsächlich ernst gemeint. Eine Gruppe von Wildpferden, je nach Üppigkeit der Weidegründe etwa 140 Tiere, haben sich hier den harschen Wüstenbedingungen angepasst – nicht genetisch, sondern im Verhalten, vor allem beim Fressen und Trinken. Angeblich sollen sie bis zu fünf Tage ohne Wasser auskommen. Doch trotz ihrer Anpassung an die Wüstenumgebung sinkt ihre Zahl in Dürrejahren bisweilen unter 100.

Garub ▶ G 15

Bei **Garub** 15, der einzigen Wasserstelle in dieser Region, lassen sich die edlen Tiere von einem Hochsitz aus beobachten. Über ihre Herkunft herrschte lange Zeit Ungewissheit. Einige behaupteten, es handle sich um verwilderte Nachkommen des Gestüts von Schloss Duwisib (s. S. 149), das allerdings gut 160 km nordöstlich von Garub liegt, andere meinten, sie stammten von den Trakehnern ab, die die deutschen Schutztruppler kurz vor ihrer Kapitulation freigelassen hatten. Früher eingefangene Pferde wiesen angeblich zum Teil in die Lippen tätowierte Regimentsnummern auf, was letztere Theorie gestützt hätte.

171

Der tiefe Süden

Freiheit auf Hufen –
Die Wildpferde der Namib

Die Namibwüste im Süden des Landes ist ein Platz, wo man nun wirklich keine Hufschläge erwarten würde. Die Sonne glüht aus einem tiefblauen Himmel, verbrennt gnadenlos die Landschaft. Zwischen Aus und Lüderitz liegt rechts eine weite Ebene – Garub. Die heiße Luft wabert über den Boden. Fata Morgana-Stimmung. Und so wirken die Silhouetten der Pferde dann auch, wenn sie aus dem Nichts auftauchen, um sich nach dem Trinken wieder aus dem Staub zu machen.

Sie sind dunkelbraun, aufmerksam, wach. Die ersten Strahlen der aufgehenden Sonne beleuchten ihre Mähnen. Die sehnigen Muskeln zeichnen sich beim Laufen deutlich ab. Sie wiehern, beschnuppern sich gegenseitig. Zwei Hengste liefern sich einen Kampf, bäumen sich auf, tauschen Huftritte aus.

Seit 100 Jahren trotzen die verwilderten Pferde von Garub dem harschen Wüstenklima. Über ihre Herkunft bestanden lange die unterschiedlichsten Theorien. Nachdem man anfangs Pferde der Schutztruppen als Urväter der Wildpferde von Garub angesehen hatte, wird diese Rolle heute deren damaligen Feinden zugeschrieben. Der größte Teil der Tiere soll von südafrikanischen Armeepferden abstammen, die bei einem deutschen Fliegerangriff versprengt wurden. Untersuchungen ihres Erbgutes legen aber nahe, dass ein paar deutsche Schutztruppen-Pferde mit dem Gegner fraternisierten.

Von 1884 bis 1915 hieß Namibia Deutsch-Südwestafrika und war deutsche Kolonie. Nach dem Ausbruch des Ersten Weltkriegs im August 1914 marschierten südafrikanische Truppen, die mit den Engländern verbündet waren, in Deutsch-Südwestafrika ein. Ihre Truppenstärke übertraf die der Deutschen bei Weitem. Der Süden war Schauplatz erbitterter Kämpfe. Aufgrund der gewaltigen Übermacht mussten sich die Deutschen immer weiter zurückziehen, um am 9. Juli 1915 endgültig zu kapitulieren. Ausrüstung und einige Pferde bleiben bei der Garnison in Aus zurück.

Unerwarteterweise verendeten die Pferde bei Tagestemperaturen von über 45 Grad Celsius nicht kläglich. Sie fanden Wasser. Überlebten. Dort, wo die Dampfloks der Zuglinie mit dem notwendigen Nass versorgt wurden, am Bohrloch von Garub.

Beim Trinken trafen sie vermutlich auf die entlaufenen südafrikanischen Pferde, vielleicht auch auf Tiere aus der in der Nähe gelegenen deutschen Pferdezucht von Kubub. Ihre Nachkommen haben trotz aller Widrigkeiten in der Nähe der Wasserstelle bis zum heutigen Tag Survival geprobt.

Mittlerweile haben sich die Tiere zu einer der größten Touristenattraktionen Namibias entwickelt. Auf der Rangliste der beliebtesten Sehenswürdigkeiten stehen sie gleich hinter dem Etosha-Nationalpark, den Sossusvlei-Dünen, dem Fish River Canyon und den deutsches Flair verbreitenden Kolonialstädten Swakopmund und Lüderitz. Bei Garub wurde ein Schatten spendender Unterstand gebaut, um Touristen das Beobachten der Pferde zu erleichtern. Er ist von der B 4 aus gut sichtbar, zudem gibt es an der Zufahrt ein Schild.

Die Tiere scheinen nicht scheu. Obwohl sie ihre Umwelt wachsam registrieren, reagieren sie auf Annäherung gelassen, lassen sich tei-

Wildpferdherde bei Garub

Thema

weise sogar berühren. Der Grund für dieses Verhalten ist jedoch nicht Zutraulichkeit – vielmehr versuchen die Tiere, Kräfte zu sparen. Wer in der Wüste überleben will, muss Energievergeudung vermeiden.

Worin liegt die große Anziehungskraft der Wildpferde begründet? »Die Tiere symbolisieren eine Freiheit, die der Mensch mittlerweile verloren hat. Deshalb sind Besucher so von ihnen fasziniert«, meint Piet Swiegers, Besitzer der Klein Aus Vista Lodge, der sich seit vielen Jahren mit der Geschichte der ehemaligen Reittiere beschäftigt. »Eigentlich sind sie gar keine richtigen Wildpferde. Es klingt aber irgendwie besser. Wie die Mustangs Nordamerikas auch stammen sie von zahmen Pferden ab, die verwildert sind. Vom Körperbau ähneln sie deshalb auch anderen Pferden«, ergänzt Piet. »Nur ihre Anpassungsfähigkeit ist mit der Zeit sehr viel größer geworden.«

Nicht nur das Wasser trug zur Rettung der Pferde bei, Diamanten spielten ebenfalls eine Rolle. 1908 wurden die ersten bei der Bahnstation Grasplatz nicht weit von Lüderitz gefunden. Daraufhin etablierte die deutsche Kolonialverwaltung zwei riesige Sperrgebiete, die sich über 100 km ins Landesinnere erstreckten. Diese *restricted areas* wurden von den Südafrikanern übernommen. Über Dekaden gelangte so kein Mensch in die Region. Die Pferde blieben völlig ungestört, niemand unternahm den Versuch sie wieder einzufangen. Als die Sperrgebiete in Naturreservate umgewandelt wurden, waren die Wildpferde schließlich offiziell geschützt.

Die Anzahl der Wildpferde schwankt je nach Nahrungsangebot zwischen 100 und 350 Tieren. Während der Dürreperioden in den 1990er-Jahren hat der Bestand sehr gelitten. Ein Wildpferd braucht 7 kg Gras pro Tag, um überleben zu können. Weil das Gebiet um die Garub-Wasserstelle nicht mehr genügend Nahrung lieferte, ließ die Regierung den Großteil der Pferde einfangen und verkaufen. Dusan Vasiljevic, auf dessen Traubenfarm in Aussenkehr am Orange-River gerade das Norotshama River Resort entstand (s. S. 166), kaufte 15 Tiere. Er ließ sie auf dem weitläufigen Gelände seiner Farm wieder frei. Seither gibt es in den Trockenfluss-Canyons des namibisch-südafrikanischen Grenzgebietes einen zweiten Wildpferde-Bestand, der momentan um die 50 Tiere zählt.

Nur ein paar Niederschläge genügen, und das Gras beginnt wieder zu sprießen. »In den letzten Jahren haben die Pferde ein gutes Leben geführt, weil es reichlich zu essen gab«, sagt Piet Swiegers. Und man sieht es ihnen an. Sie sehen gesund und kräftig aus.

Aber es regen sich im Land auch immer wieder Stimmen gegen die Pferde, besonders seit ihr Lebensraum 1986 in den Namib-Naukluft Park eingegliedert wurde. Naturschützer sprechen ihnen das Recht ab in einem Schutzgebiet zu leben, da sie als Fremdlinge einheimischen Arten Wasser und Nahrung wegnehmen würden. Pferdefreunde führen dagegen die historische Bedeutung der Tiere ins Feld. Und Tourismusverbände stehen voll hinter ihnen. »Die Pferde sind für die Region ein erheblicher Wirtschaftsfaktor«, sagt Swiegers. »Die Touristen sehen sie als Teil der Namib, so wie andere wilde Tiere des Parks auch.«

Im Jahr 2006 wurde in Aus ein Informationszentrum mit Café eröffnet. Auf Schautafeln können sich Besucher über Herkunft, Leben und Zukunft der faszinierenden Tiere informieren. Die Klein Aus Vista Lodge organisiert ganztägige und zwei- bis dreistündige Ausflüge zu den Wildpferden (s. S. 170).

Genügsam und der Wüste angepasst:
die Wildpferde der Namib

Der tiefe Süden

Jüngsten Recherchen zufolge stammt der Kern der Herde von südafrikanischen Armeepferden ab, die 1915 im Verlauf eines deutschen Fliegerangriffs (!) versprengt und nicht mehr eingefangen werden konnten. Im März 1915 hatten etwa 10 000 südafrikanische Soldaten mit 6000 Pferden bei Garub ihr Lager aufgeschlagen. In einem später verfassten Bericht heißt es: »Am Morgen des 27.3. flog der unermüdliche Fliegerleutnant Fiedler nach Garub und warf mit gutem Erfolg Bomben in das feindliche Lager und unter etwa 1700 weidende Pferde der Kavallerie und richtete eine große Verwirrung an« (Hans von Oelhafen: Der Feldzug in Südwest 1914/15, Berlin 1923, S. 117).

Die südafrikanischen Verbände standen kurz vor der Offensive und sollten den zurückweichenden deutschen Soldaten hart auf den Fersen bleiben, sodass ihnen keine Zeit blieb, alle versprengten Tiere einzufangen. Dass man sie auch später nicht wieder einfing, haben die wilden Pferde dem Diamantenrausch zu verdanken. Um den Schmuggel zu verhindern, wurden bereits ab 1908 von der deutschen Kolonialverwaltung Sperrgebiete eingerichtet, die sich rund 100 km ins Landesinnere ausdehnten und streng kontrolliert wurden. Das Gebiet um Garub fiel in das Sperrgebiet II. Keiner durfte hinein, weder Jäger noch Pferdefänger. Pferdeliebhaber sorgten in der Folgezeit dafür, dass die Wasserstelle Garub, eine ehemalige Eisenbahn-Versorgungsstation, erhalten blieb.

Grasplatz ▶ F 16

Als Namibia noch Südwestafrika hieß, hatten die wüstenunerfahrenen Kolonialisten aus deutschen Landen alle Hände voll zu tun, die von ihnen gebaute Bahnlinie zwischen Keetmanshoop und Lüderitz sandfrei zu halten. Für die größtenteils ›Kehrwochen-versierten‹ Deutschen war das unter tätiger Mithilfe ›ihrer‹ Schwarzen kein Problem. Bis etwas Unerwartetes passierte: Etliche Kilometer außerhalb von Lüderitz, mitten in der Wüste, an der ausgedorrten, fast vegetationslosen Bahnstation **Grasplatz** 16, brachte der schwarze Arbeiter Zacharias Lewala im April 1908 seinem Boss, dem Oberbahnmeister August Stauch, einen glitzernden Stein, den er beim Entsanden der Schienen gefunden hatte. Stauch bekam große Augen und ritzte mit dem Klunker das Glas seiner Taschenuhr. Ein tiefer Kratzer blieb zurück, der nur eines bedeuten konnte: Härte 10 – der härteste und wertvollste Stein der Welt. In diesem Augenblick wurde Stauch zum Diamantenkönig Südwestafrikas. Zacharias bekam großzügigerweise ein Pferd spendiert. Als Stauch das Schürfrecht erwarb, brach der Diamantenrausch aus. Der Glücksritter starb ein paar Jahre später so, wie es eine gute Geschichte verlangt: bettelarm.

5 Geisterstadt Kolmanskop ▶ F 16

Karte: S. 160

Kolmanskuppe oder **Kolmanskop** entstand innerhalb von nur zwei Jahren mitten in der Namibwüste. Benannt wurde die Stadt nach John Coleman, einem Lastwagenfahrer, der hier aus einem schrecklichen Sandsturm gerettet wurde. Bis zum Ersten Weltkrieg wurden in Kolmanskop über 1 t Diamanten, also 5 Mio. Karat gefördert. Dann waren die Vorkommen erschöpft. 1928 entdeckten Geologen die Diamantenfelder am Nordufer der Mündung des Orange River. Kolmanskop war den Untergang geweiht. 1956 verließen die letzten Unentwegten den Ort. Wenn in Lüderitz ein Haus gebaut wurde, holten sich die Bewohner Fenster, Türen, Fußböden und Dächer aus Kolmanskop. Touristen sammelten lastwagenweise Souvenirs, Vandalen zertrümmerten Fensterscheiben und Wände. In den 1960er-Jahren wurde fast das gesamte Eisen verschrottet und nach Japan verkauft. Die Eisenbahnschienen riss man aus dem Boden und die Diamantenkies-Waschanlagen wurden gesprengt, um an den Stahl zu kommen.

Versinkt im Wüstensand: die verlassene Diamantenstadt Kolmanskop

Der tiefe Süden

aktiv unterwegs

Geländewagen-Trip ins Diamanten-Sperrgebiet

Tour-Infos
Start: Lüderitz
Länge: 20–200 km
Dauer: 1/2 Tag bis 5 Tage
Buchung: Alle Touren ins nach wie vor gesicherte Diamanten-Sperrgebiet, das 2009 Teil des Namib-Naukluft Park geworden ist, sollten mindestens 2 Wochen vorher beim Veranstalter gebucht werden. Dieser benötigt Passkopien, Informationen über die Unterbringung der Teilnehmer und ein genaues Tourdatum. In Lüderitz besitzt **Coastways Tours** (s. rechts unter Pomona und Bogenfels) eine Konzession der halbstaatlichen Minengesellschaft Namdeb, um Touristen in die grandiose Wüsten- und Küstenlandschaft des Sperrgebiets sowie zu den deutschen Geisterstädten zu führen. Ein weiterer Tourunternehmer soll eine Konzession bekommen, Genaueres stand aber bei Drucklegung des Buches noch nicht fest. Aktuelle Infos zu sämtlichen Touren ins Sperrgebiet bekommt man bei Marion Schelkle von **Lüderitz Safaris** (s. S. 181), die auch selbst oft als Tourguide zu den Ghost Towns unterwegs ist.
Kosten: 50–6250 N$
Schwierigkeit: leicht als Mitfahrer, schwierig als Fahrer im eigenen Geländewagen
Karte: S. 160

Schon wenige Kilometer außerhalb von Lüderitz ist das Meer vergessen. An der Teerstraße warnen Schilder vor Sand und Wind, der manchmal mit Geschwindigkeiten bis zu 150 km/h über die Fahrbahn und die parallel verlaufende Eisenbahnlinie bläst. Der Geländewagen zieht eine riesige Staubwolke hinter sich her. Trotz Sonne und blauem Himmel ist es recht kühl. Die kalte Luft kommt vom arktischen Benguela-Strom, der an Namibias Westküste vorbeizieht. Die Wellblechpiste zweigt nun Richtung Meer ab. Die hypermoderne Förderanlage von Elizabeth Bay ragt in den weiten Himmel. Riesige Caterpillar-Planierraupen degradieren das Auto zur Ameise. Hier wird der Sand mit gewaltigen, Staubsauger-ähnlichen Maschinen aus dem Meer gepumpt und nach Diamanten durchsiebt.

Nicht weit davon entfernt trotzen die Reste des alten Ortes **Elizabeth Bay** 17 (Elisabethbucht) den Elementen. Von Salzluft und Wind stark zerfressen und teilweise abgesperrt, da vom Einsturz bedroht, kommt hier Endzeitstimmung auf, man fühlt sich an die düstere Kulisse eines Science-Fiction-Thrillers erinnert. Gerippen gleich stehen noch einzelne, perforierte Mauern herum, andere Gebäude sind komplett in sich zusammengefallen. Beim Anmischen des Zements kam damals immer wieder Salzwasser zum Einsatz, was jetzt den Auflösungsprozess der Gebäude beschleunigt. Sobald man die Steine berührt, zerbröseln sie zu Sand.

Die beiden anderen deutschen Geisterstädte, Pomona und Bogenfels, liegen etliche Dutzend Holpermeilen weiter südlich und werden exklusiv mit dem Veranstalter Coastways Tours besucht. Der erste Stopp erfolgt bei den Überresten des Wasserwerks für die *ghost town* **Pomona** 18. Geologen der Minengesellschaft entdeckten hier Wasser und pumpten es aus dem Boden und durch eine 7 km lange Pipeline, sozusagen mitten durch das Nichts, in den Ort, wo die wertvollen Steine einst einfach vom Boden aufgelesen werden konnten. In den ersten drei Monaten krochen zwei Dutzend schwarze Arbeiter auf allen Vieren herum und sammelten nur ein. Kein Wunder, dass die Deutschen das Gebiet Märchental nannten.

Da Pomona noch viel weiter von der Teerstraße, sprich Zivilisation, entfernt ist, wirkt die Ansammlung verlassener Gebäude intensiver, fast gespenstisch. Hier blieb alles so, wie es die Bewohner damals verlassen

Geisterstadt Kolmanskop

hatten. Alte Pilsner-Urquell-Flaschen liegen herum, eine rostige Gabel ragt aus dem Sand, der Stempel auf einer Porzellanscherbe zeigt deren Herkunft: Dresden. Dazu der mittlerweile bedeckte Himmel. Eisiger Wind bläst den Sand über den Boden, was unheimliche, brummende Geräusche erzeugt. Irgendwo klappert ein loses Blechdach. Der Guide schleppt die Kühlbox aus dem Wagen auf die windgeschützte Veranda eines noch recht gut erhaltenen Hauses. Bei Brot, Käse, Wurst und Kaffee kommt so etwas wie Gemütlichkeit auf. Nach dem Essen steht die Besichtigung des örtlichen Friedhofs auf dem Programm. Geborstene Grabsteine, Opfer des Frosts, verblichene, verwitterte Holzkreuze, die deutschen Namen kaum mehr zu entziffern.

Als nächsten Programmpunkt hat der Führer ein landschaftliches Highlight vorgesehen. Der **Bogenfels** 19 ist ein von gewaltigen Wellen umbrandetes Steinmonument, das in Wirklichkeit erheblich größer ist, als es auf Fotografien wirkt. Er diente einst als Endstation einer privaten Schmalspur-Bahn, die entlang der Küste verlief und die vielen kleinen Minen aus der Zeit vor dem Ersten Weltkrieg miteinander verband. Ein Stück weit im Landesinnern liegt die nach dem Naturdenkmal benannte **Geisterstadt Bogenfels**. Nur ein Gebäude scheint noch völlig intakt zu sein. Der Grund: Die Minengesellschaft hat es für ihre Geologen restaurieren lassen.

Das Dach der alten Kegelbahn ist eingefallen, an den Lampensockeln hängen noch die Blenden, die vermeiden sollten, dass den Keglern beim entscheidenden Stoß Licht in die Augen fiel. Die Inschrift an der Wand ist fast ausgebleicht: »Wer hier rauft oder hetzt, wird an die frische Luft gesetzt.« Deutsche Vergangenheit mitten im absoluten Niemandsland. Die Sonne bewegt sich nun schon langsam Richtung Horizont und färbt sich rot. Das Zeichen zum Aufbruch und zur Rückfahrt nach Lüderitz.

Coastways (Tel. 063-20 20 02, Fax 20 20 03, www.coastways.com.na) zeigt Touristen den tieferen Süden des Sperrgebiets mit der Geisterstadt Pomona und dem Bogenfels. Kosten: 980 N$/Pers., Minimum 4 Teilnehmer. Abholung vom Hotel um 9 Uhr; die Tour endet in Lüderitz gegen 18 Uhr. Außerdem bietet Coastways Besuchern mit eigenem Geländewagen eine anspruchsvolle, 3- bis 4-tägige Offroad-Tour ins ehemalige Sperrgebiet nach Saddle Hill und Spencer Bay bis 170 km nördlich von Lüderitz an – ein Dünentraum für Offroad-Fans. Kosten: 3500 N$/Pers., der 6-tägige, 630 km lange Offroad-Trip von Lüderitz nach Walvis Bay kostet 6250 N$/Pers. Der Preis beinhaltet Koch und Guide, deren Benzin und Fahrzeug, drei Mahlzeiten am Tag, Dusche, Toiletten und Funkgeräte.

In der Geisterstadt **Kolmanskop** (s. S. 176ff.) wurde vieles restauriert. Das neue, weiße Eingangstor im kapholländischen Stil passt allerdings nicht so gut zum Geisterstadt-Ambiente. Schöner wäre es gewesen, etwas aus dem überall herumliegenden Schrott zu konstruieren. Im **Kolmanskop Casino** gibt es ein Restaurant, die Ghost Town Tavern, und den Souvenirshop Desert Charms, wo man ungefasste Diamanten, garantiert lokal gefördert, kaufen kann.

Auch das von Vandalen zerstörte einstige **Haus des Minen-Managers** wurde renoviert und kann besichtigt werden. Leider hat man etwas zu viel des Guten getan. Das Haus wirkt zu geleckt im Vergleich zu den pittoresken Ruinen der übrigen Gebäude.

Die Exponate des zuvor im Lüderitzer Hafen gelegenen schwimmenden **Lady Luck Diamond Museum** hat man in einen Raum des Kolmanskop Casino gebracht. Dort erfährt man nun alles über die Förderung der Diamanten aus dem Meer.

Der tiefe Süden

Erst seit 1980 ist die vom Winde verwehte Stadt geschützt, nichts darf weggenommen oder verändert werden. In manche Räume gelangt nur, wer durch enge Spalten kriecht, die der Sand am oberen Türrand ausgespart hat. Faszinierende Bilder einer unbarmherzigen Natur, die über die Zivilisation dominiert.

Kaum zu glauben, dass Kolmanskop einst eine der fortschrittlichsten Siedlungen Afrikas war. In den späten 1920er-Jahren lebten hier rund 300 erwachsene Europäer – fast alles Deutsche –, in die Schule gingen 44 Kinder. 800 Ovambo waren als ungelernte Arbeiter beschäftigt und lebten außerhalb der Stadt in Baracken. So praktizierten die Deutschen bereits früh eine Form der Apartheid.

Es gab schon seit 1911 Strom, Kasino, Krankenhaus, Bibliothek, Turnhalle, Ballsaal, Kegelbahn, sogar eine Eisfabrik – der absolute Luxus mitten in der Wüste, wenn man bedenkt, dass das Wasser per Schiff aus dem über 1000 km entfernten Kapstadt und dann in Fässern per Muli 9 km durch die Wüste transportiert werden musste. Trotzdem bekam jedes Mitglied der Familie eines Minen-Angestellten 20 l Wasser pro Tag frei sowie eine halbe Stange Eis für den Kühlschrank. Auch frische Milch kostete nichts. 1914 betrug der Preis für Bier 10 Pfennig pro Liter, Wasser kostete die Hälfte. Auf heutige Verhältnisse umgerechnet, ergibt das einen Wasserpreis, der dem von Benzin entspricht.

In der Mine wurde Meerwasser benutzt, das aus der 35 km entfernten Elisabethbucht gepumpt und in Pipelines nach Kolmanskop geleitet wurde. Dazu kam ein Teil aus der ersten Entsalzungsanlage der Welt, wo Salz in Trinkwasser umgewandelt wurde. Heute bestreitet Lüderitz seinen Trinkwasserbedarf mit fossilem Untergrundwasser aus dem 120 km entfernten Koichab-Becken, das 1969 angezapft wurde.

Viel gewaltiger, als er auf Fotos wirkt, und vom Atlantik umtost: der Bogenfels

Geisterstadt Kolmanskop

In der **Eisfabrik von Kolmanskop** sind noch die rostigen Formen zu erkennen, im Nebengebäude war die **Schlachterei** untergebracht, die ebenfalls von den niedrigen Temperaturen profitierte. Der Grund dafür, dass hier von Anfang an so modern gebaut wurde, liegt darin, dass Kolmanskop als permanente Siedlung gedacht war. Die Spezialisten aus Deutschland konnten nicht mit warmem Bier in die Wüste gelockt werden, deshalb gab es sofort alle Annehmlichkeiten.

Organisierte Touren durch die Geisterstadt mit interessanten Erklärungen finden nur vormittags statt. Die von der halbstaatlichen Minengesellschaft Namdeb (Namibian De Beers) originalgetreu **restaurierten Gebäude** mit **Kegelbahn** und **Turnhalle,** die auch als Festhalle diente, können, wie das hochinteressante **Museum** mit Originalfotos und -dokumenten, nur dann besichtigt werden. Das restaurierte Museumsgebäude war das Haus des Ladenpächters, die Möbel sind typisch für die Zeit, stammen allerdings ursprünglich nicht aus dem Haus. Da sie von deutschen Handwerkern aus deutschem Holz und nach deutschem Geschmack hergestellt wurden, lässt sich nicht sagen, ob sie importiert oder ›made in Südwestafrika‹ sind.

Hobby-Fotografen haben die Möglichkeit, in Lüderitz ein *permit* zu erwerben, das es ihnen ermöglicht, von Sonnenaufgang bis Sonnenuntergang durch die Ruinen von Kolmanskop zu streifen und Bilder zu machen. Besonders, wenn die letzten Strahlen der untergehenden Sonne die lange verlassenen Gebäude beleuchten, strahlt die *ghost town* etwas Romantisches aus. Kein Wunder, dass hier öfters Werbespots gedreht und Modeproduktionen fotografiert werden.

Man stapft durch den tiefen Sand, vorbei an vornehmen **Beamtenhäusern,** in denen einst die besseren Herrschaften wohnten. Die **letzten beiden Häuser** an exponierter Stelle sind die schönsten. Eines gehörte einem Herrn Kirchhoff, dem Minen-Architekten, das andere Herrn Kolle, dem Betriebsleiter. Nach dem Durchschreiten des imposanten Eingangsportals hat man das Gefühl, die Melodien jener Musik zu hören, die hier jahrelang gespielt wurde. Hier wurde nach allen Regeln der Kunst gefeiert. Es gab alles: Kaviar, Champagner, Lachs und die neueste Mode – direkt aus Europa. Der Blick von der Terrasse ist überwältigend: So weit das Auge reicht, breitet sich die Namibwüste aus – Sand, Sand und noch mehr Sand, eine Düne hinter der anderen. Und wenn die Sonne untergeht, scheint der Horizont in Flammen zu stehen.

Wer jetzt vorgesorgt hat, kann dieses Erlebnis noch steigern. Es muss ja kein Champagner sein. Ein Windhoek Lager, gebraut nach deutschem Reinheitsgebot, tut es auch.

Info

Alle Touren ins ehemalige Diamantensperrgebiet, das nach wie vor streng gesichert ist, müssen rechtzeitig – mindestens 14 Tage vor Tourantritt – gebucht werden; benötigt werden Reisepass-Nummer, Name und Wohnadresse (s. auch Aktiv unterwegs S. 178).

Kolmanskop öffnet seine Tore offiziell morgens um 9 Uhr und schließt sie um 13 Uhr. Während dieser Zeit werden zwei 45–60 Min. lange Führungen in English und in Deutsch angeboten. Die erste Tour startet um 9.30 Uhr, die zweite um 11 Uhr. Kosten: Erw./Kinder 6–14 Jahre 50/25 N$. Kleinkinder sind frei. Sonderführungen außerhalb der normalen Zeiten sollten im Voraus gebucht werden. Anfahrt mit dem eigenen Wagen von Lüderitz 15 Min. (Transfer möglich, nicht im Tourpreis inbegriffen), geführte Touren ab Kolmanskop Museum, Kosten: 68/40 N$ Erw./Kinder unter 14 Jahren, So 95 N$/Pers. Tickets erhält man sowohl bei Lüderitz Safaris & Tours in Lüderitz als auch direkt am Eingang von Kolmanskop. Individuelle Touren für mindestens 10 Teilnehmer, 100 N$/Pers.

Lüderitz Safaris & Tours: Bismarckstraße, Lüderitz, Tel. 063-20 27 19, Fax 20 28 63, ludsaf@africaonline.com.na, Mo–Fr 9–18, Sa 8.30–12, So 8.30–10 Uhr. Hier erhält man das *permit* für spezielle **Foto-Touren** (125 N$/Pers.), das es Interessierten ermöglicht, sich auf eigene Faust von Sonnenaufgang bis -untergang in Kolmanskop aufzuhalten.

Informationen zu weiteren Touren und Anbietern: s. Aktiv unterwegs S. 178.

Lüderitz und die Lüderitz-Halbinsel

Nach einer langen Tour durch die hitzeflimmernde Wüste hat der Anblick der deutschen Kleinstadt Lüderitz an der atlantikumbrandeten Felsküste etwas Unwirkliches. Vor allem, wenn der häufige Küstennebel über dem Ort liegt und die aufgeheizten Besucher frösteln lässt. Hier begann die deutsche Geschichte Namibias.

 Lüderitz ▶ F 16

Cityplan: S. 185

Das Städtchen Lüderitz ist mit 25 000 Einwohnern – die Bevölkerungsmehrheit besteht aus Schwarzen und Coloureds, die in den angrenzenden Townships leben – von überschaubarer Größe. Die Jugendstil-Kolonialbauten verleihen der Kleinstadt, die ein eher kühles Klima hat, ihr deutsches Flair.

Obwohl Lüderitz verträumt und beschaulich wirkt, sollten Besucher keinesfalls in die Versuchung geraten, nach Einbruch der Dunkelheit in dem Ort spazieren zu gehen. Die Kriminalität ist aufgrund der vielen Arbeitslosen in den Townships sehr hoch.

Stadtgeschichte

Das Städtchen trägt den Namen des Mannes, der Bismarcks Entscheidung, ein Stückchen Afrika ›deutsch werden zu lassen‹ maßgeblich beeinflusst hatte: Adolf Lüderitz, ein Tabakhändler aus Bremen. Auf seinen Wunsch hin wurden die Lüderitzbucht, die damals noch Angra Pequeña (portugiesisch: ›kleine Bucht‹) hieß, sowie das umliegende Gebiet 1884 zum deutschen Protektorat erklärt – 396 Jahre, nachdem als erster Europäer Bartolomeu Dias (Diaz) in die geschützte Bucht gesegelt war und dort ein steinernes Kreuz errichtet hatte.

Beim ›Erwerb‹ von Angra Pequeña ging es, wie so oft, wenn Europäer in Afrika Fuß fassen wollten, nicht mit rechten Dingen zu. Lüderitz ließ dem Nama-Häuptling Joseph Fredericks aus Bethanie 10 000 Reichsmark und 260 Gewehre für den Hafen und das angrenzende Hinterland im Umkreis von fünf Meilen geben. Fredericks kannte nur englische Meilen, nahm also an, der Vertrag beinhalte fünf Mal 1,6 km. Lüderitz nahm jedoch bewusst geografische Meilen in den ›Kaufvertrag‹ auf, von denen eine 7,4 km entsprach. So begann die Stadtgeschichte von Lüderitz mit einem Betrug.

Lüderitz selbst erlebte die Erfüllung seiner Träume nicht mehr. Die von ihm im Landesinneren vermuteten Erzvorkommen fand er genauso wenig wie die Diamanten direkt unter seinen Füßen. Völlig verarmt, musste er ›sein‹ Land und seinen Besitz an die Deutsche Kolonialgesellschaft für Südwestafrika verkaufen. 1886 unternahm er den Versuch, in einem Faltboot von Oranjemund zurück nach Angra Pequeña zu gelangen. Ein Unterfangen, dass fehlschlug. Lüderitz kehrte von dieser Reise nicht mehr zurück – er wurde eines von vielen Opfern des Atlantiks.

Wirtschaftliches Auf und Ab

Vor der Küste von Lüderitz liegen die Pinguin- und die Robbeninsel, die beide zu einer Kette von **Guano-Inseln** gehören. Neben den natürlichen gibt es auch einige künstlich geschaffene. Der weltweit als Dünger beliebte Vogelkot wird hier seit Jahrhunderten abgebaut. Doch erst mit dem Rückgang der Fischfangquoten vor der Küste entwickelte sich der Guano zu einem bedeutenden Wirtschaftsfaktor. Die fürchterlich stinkenden

Lüderitz

Ausscheidungen stammen von Millionen Fisch fressender Kormorane, Pinguine, Tölpel und anderer Seevögel, die alle auf den Inseln brüten und nisten. ›Geerntet‹ wird der Guano einmal im Jahr – dann, wenn die Vögel nicht brüten.

Hauptindustriezweig ist seit 1921 der Fang und die Verarbeitung von **Langusten** *(crayfish),* was Lüderitz auch den Beinamen ›Langusten-Metropole Namibias‹ eingetragen hat. Die delikaten Krustentiere leben in 9–20 m Tiefe in Felsriffen und dürfen nur gefangen werden, wenn die Länge des Rückenpanzers 65 mm überschreitet. Die Fangsaison liegt zwischen November und April. Der jährliche Ertrag ist wegen Überfischung allerdings deutlich zurückgegangen.

Schon seit 1980 wird der in der Bucht angespülte **Seetang** *(kelp)* gesammelt und getrocknet; Hauptabnehmer dieses Meeresproduktes ist Japan.

Als Südafrika 1994 die Hafenenklave Walvis Bay an Namibia zurückgab, verlor der Lüderitzer Hafen noch mehr an Bedeutung. Deshalb setzt man in dem kleinen, abgelegenen Küstenort ganz auf **Tourismus**. In der Geisterstadt Kolmanskop hat sich diesbezüglich einiges getan, und auch in Lüderitz selbst geschieht etwas. So sollte etwa die **Lüderitz Waterfront** mit Restaurants und Geschäften den einst vernachlässigten Hafen aufwerten und mit der Stadt verbinden – was ihr momentan aufgrund der vielen leer stehenden Geschäftsräume noch nicht gelingt. Und wer sich vor der 850 km langen Fahrt von Windhoek nach Lüderitz scheut, kann mittlerweile auch mit dem Zug fahren. Der luxuriöse **Desert Express** (s. Thema S. 138) verkehrt seit 2002 auf der alten deutschen Bahnstrecke bis Aus. Von dort geht es mit Bussen weiter bis Lüderitz. Die Gleise und Bahndämme zwischen Aus und Lüderitz werden gerade umfassend erneuert.

Felsenkirche und Goerke-Haus

Einen wunderbaren Überblick über die Stadt gewinnt der Besucher von der alles überragenden neogotischen **Felsenkirche** **1**, deren Grundstein 1911 auf dem Diamantberg gelegt wurde. Das hübsche Buntglasfenster stiftete Kaiser Wilhelm II., die auf dem Altar liegende Bibel ist ein Geschenk seiner Frau (Mo–Sa ab 18 Uhr, sonst nach Vereinbarung unter Tel. 063-20 23 81, Eintritt 5 N$).

Etwa auf gleicher Höhe mit dem Gotteshaus steht das beeindruckende, zwischen 1909 und 1911 nach Plänen von Otto Ertl erbaute **Goerke-Haus** **2**. Es entstand in der Zeit, als der Diamantenrausch die Stadt beherrschte, und war Wohnhaus von Leutnant Hans Goerke. Dieser landete 1904 mit der Schutztruppe in Swakopmund und wurde nach seiner Dienstzeit Leiter der Emiliental-Diamantengesellschaft in Lüderitz. Als er bereits 1912 wieder zurück nach Deutschland ging, zog der Bezirksrichter in sein Haus ein. 1983 kauften es die CDM (Consolidated Diamond Mines), die seit 1994 Namdeb (Namibian De Beers) heißen, für 30 580 N$. Darauf folgte eine komplette Renovierung. Wenn der Präsident der Minengesellschaft oder andere ›very important persons‹ ins abgelegene Lüderitz reisen, nächtigen sie in diesen historischen Mauern. In der übrigen Zeit kann die repräsentative Villa besichtigt werden. Das Eichenholz-Mobiliar ist im Gegensatz zu den impressionistischen Deckengemälden und den Jugendstilfenstern mit ihren Flamingo-Motiven nicht mehr original. Ungewöhnlich für die damalige Zeit war, dass es bereits in allen Räumen elektrisches Licht gab (Diamantberg Street, Mo–Fr 14–16, Sa/So 16–17 Uhr, Eintritt Erw./Kinder 20/10 N$).

Von Krabbenhöft & Lampe in die Berg Street

Etwas unterhalb des Goerke-Hauses, wo die Berg in die Bismarck Street mündet, steht das ehemalige Handelshaus von **Krabbenhöft & Lampe** **3**. Obwohl der Schriftzug noch immer die perfekt restaurierte Fassade ziert, beherbergt das Gebäude heutzutage eine Karakul-Teppichweberei, die besichtigt werden kann. Sie ist Teil des **Uugongo-Kunstzentrums** (Ecke Berg Street/Bismarck Street, Tel. 063-20 25 12, Mo–Fr 9–17, Sa 9–12 Uhr, Eintritt frei), wo u. a. auch Stoffe und Karten bedruckt werden.

Lüderitz

Sehenswert
1. Felsenkirche
2. Goerke-Haus
3. Krabbenhöft & Lampe
4. Kreplin-Haus
5. Berg Street
6. Lüderitz Museum
7. Woermann-Haus
8. Turnhalle
9. Altes Postamt
10. Bahnhof
11. Shark Island
12. Gedenkstein für Adolf Lüderitz und die Nama-Gemeinde
13. Lüderitz Waterfront

Übernachten
1. Nest Hotel
2. Protea Seaview Hotel Zum Sperrgebiet
3. Bay View Hotel
4. Kapps Hotel
5. Hansa Haus Guest House
6. Kratzplatz
7. Shark Island Resort

Essen & Trinken
1. Ritzi's Seafood Restaurant
2. Diaz Coffee Shop
3. Butcher's Shop & Grill

Aktiv
1. Bootsfahrt nach Halifax Island

An der Ecke von Diamantberg und Berg Street steht ein weiteres schönes Gebäude, das 1909 erbaute **Kreplin-Haus** 4, dessen einstiger Besitzer erster Bürgermeister von Lüderitz und Direktor einer Diamantengesellschaft war. In der **Berg Street** 5 selbst stehen gleich mehrere farbenprächtige historische Bauten nebeneinander.

Lüderitz-Museum 6

Das besuchenswerte **Lüderitz-Museum** basiert auf der Privatsammlung von Friedrich Eberlanz, einem Handwerkermeister, der 1914 in den Ort kam. Es dokumentiert mit alten Schwarzweiß-Fotos und diversen Erinnerungsstücken die Stadtgeschichte, den Diamantenabbau sowie die Geografie und Geologie der Umgebung (Diaz Street, Tel. 063-20 25 82, Mo–Fr 15.30–17 Uhr).

Vom Woermann-Haus zum Bahnhof

Wie für viele andere Gebäude in Lüderitz musste das Fundament des **Woermann-Hauses** 7 in den felsigen Untergrund gesprengt werden. Die dabei gelösten Steinbrocken mauerten die Erbauer bis zum ersten Stock hoch. Kein Wunder, dass das Haus aussieht, als würde es direkt aus dem Felsen wachsen. Seine Schokoladenseite – mit zwei Erkern und drei Balkonen – ist die nach Norden gerichtete, die heftigen Stürme kommen von der anderen Seite.

Über die Vogelsang Street gelangt man zur 1912 erbauten **Turnhalle** 8. Die schlichte Silhouette des rechteckigen Gebäudes wird an der Fassade von einem geschwungenen Giebel unterbrochen. Große, durch Säulen voneinander getrennte rechteckige Fenster lassen viel Licht ins Innere. Schon vier Jahre vor der Turnhalle entstand das **Alte Postamt** 9 in der Schinz Street, in dem heute die Naturschutzbehörde ihren Sitz hat. Die Uhr im Turm schlug erstmals zu Neujahr 1908. Seit 1912 befindet sie sich am Kirchturm.

Durch die Bismarck Street geht es nun zurück Richtung Hafen. Sehenswert ist der **Bahnhof** 10, der erst sieben Jahre, nachdem der erste Zug im Ort gehalten hatte, eingeweiht wurde. Wie die Turnhalle, ist auch der Bahnhof ein eher schlichtes Gebäude mit klaren Linien, dem der wilhelminische Pomp der Zeit um die Jahrhundertwende fehlt. Erbaut wurde es vom damaligen Regierungsarchitekten Kurt Lohse. In der Bismarck Street findet sich übrigens ein **Informationsbüro**, wo organisierte Touren ins Diamanten-Sperrgebiet gebucht werden können.

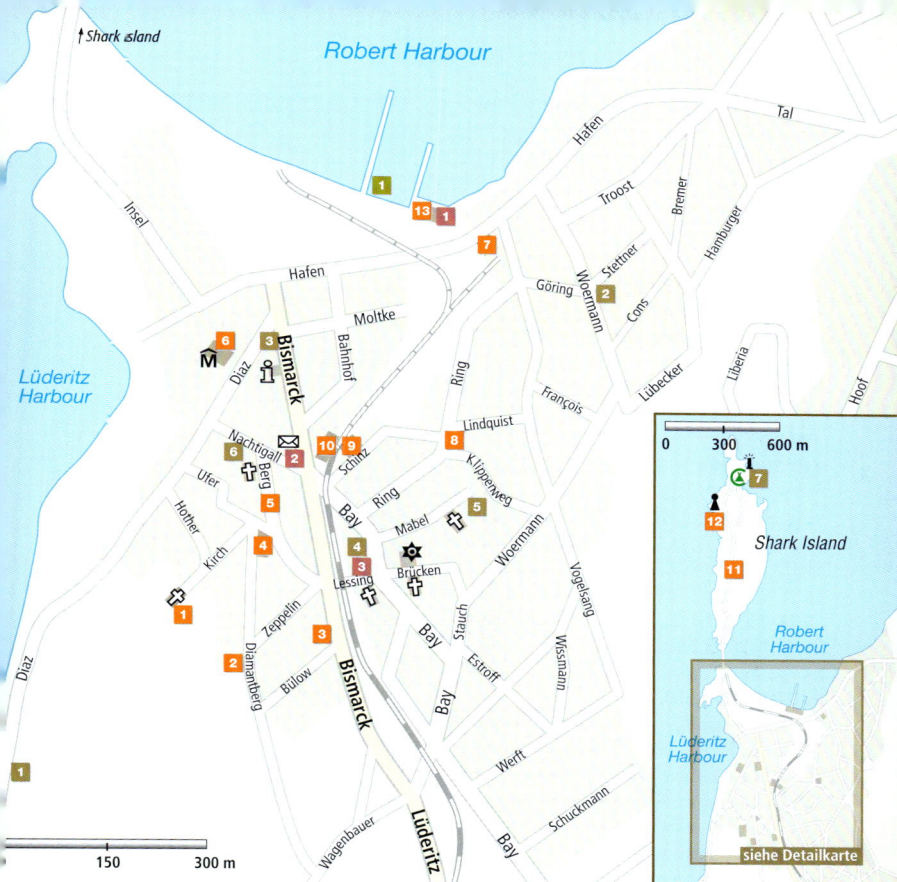

Shark Island und Waterfront

Von hier ist es nur noch ein Katzensprung bis zum Hafen. Als Südwestafrika deutsche Kolonie wurde, beanspruchte England alle der Küste vorgelagerten Inseln für sich. Kurzerhand füllten die Deutschen das schmale Stück Wasser zwischen der Stadt und **Shark Island** 11 auf, und seither ist die Haifischinsel nur noch eine Halbinsel und gehört zum Festland. Auf ihr befindet sich einer der wohl schönsten stadtnahen Campingplätze Namibias. Besucher campen dort, wo einst die überlebenden Nama, die gegen die Deutschen gekämpft hatten, entgegen dem geschlossenen Friedensvertrag gefangen gehalten wurden. Die meisten von ihnen starben in dem für sie ungewohnten feuchtkalten Klima. Ein **Gedenkstein** 12 auf der Insel erinnert an die Nama-Gemeinde und an den Stadtgründer Adolf Lüderitz.

Unterhalb der Hafen Street am Harbour Square entstand die **Lüderitz Waterfront** 13 (Tel. 063-20 27 02, Fax 20 20 30, waterfront @iafrica.com.na), der Versuch, eine Miniatur-Ausgabe des Kapstädter Originals zu schaffen. Erbaut wurde sie im maritimen Stil: mit Bullaugen als Fenster sowie Seil- und Drahtverspannungen, die an die Persenning von Schiffen erinnern sollen. Hier am Harbour Square und im auf der anderen Seite der Hafen Street liegenden Market Square gibt es Restaurants, Geschäfte und Büros. Der Market Square verbindet die Lüderitz Waterfront mit der Stadt.

Lüderitz und die Lüderitz-Halbinsel

Wohngebiete der Schwarzen

Im Stadtbild von Lüderitz tauchen zwar einige Schwarze auf, die ihrer Arbeit nachgehen, trotzdem entsteht beim Betrachter, natürlich vor allem aufgrund der Architektur, der Eindruck einer fast ›weißen‹ Stadt. Doch die schwarze und farbige Bevölkerungsmehrheit von Lüderitz wohnt außerhalb, in trostlosen Vororten, die nur selten auf Karten verzeichnet sind: **Nautilus** und **Benguela**. Dort leben ca. 5000 Schwarze und Coloureds; in Lüderitz selbst leben 800 Weiße.

Infos

Lüderitz Safaris & Tours, Bismarck Street, vis-à-vis der Nedbank, Tel. 063-20 27 19, Fax 20 28 63, lud saf@ africaonline.com.na, Mo–Fr 9–18, Sa 8.30–10 Uhr. Infozentrum mit freundlichem Personal mitten in der Stadt. Reservierungen für alle organisierten Touren in der Umgebung; geführte Touren; Eintrittskarten für Kolmanskop.

Übernachten

Herrliche Lage am Meer ▶ Nest Hotel 1: 820 Diaz St., Tel. 063-20 40 00, Fax 20 40 01, www.nesthotel.com. Mit 73 Zimmern größtes Hotel der Stadt, direkt am Strand gelegen mit Blick auf den Atlantik von allen Zimmern. Die Zimmer sind sauber und mit TV und Klimaanlage ausgestattet, aber nicht sehr einfallsreich dekoriert, gehobenes Jugendherbergs-Niveau. DZ mit Frühstück ab 1260 N$.

Beliebt bei Reisegruppen ▶ Protea Seaview Hotel Zum Sperrgebiet 2: Woermann Street, Tel. 063-20 34 11, Fax 20 34 14, www.seaview-lueditz.com. Das Hotel wird unter Lüderitzern auch gerne ›Skihotel‹ genannt (wegen der Ähnlichkeit mit den Skihotels in den Alpen). Alle Bustouristen kommen hierher; DZ mit Frühstück ab 1200 N$.

Im Stadtzentrum ▶ Bay View Hotel 3: Diaz Street, Tel. 063-20 22 88, Fax 20 24 02, bayview@ldz.namib.com, www.luderitzhotels.com. Was der Name nicht vermuten lässt – das Hotel bietet keinen Blick auf das Meer oder die Bucht; 22 einfache Zimmer. Restaurant im Haus, windgeschützter Swimmingpool. DZ mit Frühstück ab 740 N$.

Einfach, aber freundlich ▶ Kapps Hotel 4: Bay Road, Tel. 063-20 23 45, Fax 20 35 55, www.namibweb.com/kappshotel.htm. Einfaches Hotel im Zentrum von Lüderitz, eines der ältesten Hotels im Land. DZ mit Frühstück ab 600 N$.

Im Kolonialstil ▶ Hansa Haus Guest House 5: 5 Mabel St., Tel./Fax 063-20 35 81, www. suedafrika.net/unterkunft/hansa_haus.htm. Historisches Haus in frischem Türkis, 4 Zimmer, 2 Bäder, eingerichtete Küche für Selbstversorger, fantastischer Meerblick, Grillgelegenheit. DZ ohne Frühstück 500 N$.

Familiäres Gästehaus ▶ Kratzplatz 6: 5 Nachtigal St., Tel. 063-20 24 58, www.kratzplatz.com. Auffällig rot gestrichenes, ruhig gelegenes Gästehaus in einem der ältesten Gebäude von Lüderitz, erbaut 1900. 5 ge-

Lüderitz

Erbaut in der Zeit des Diamantenrauschs: das Goerke-Haus

mütliche Zimmer im Haupthaus und 7 weitere in der benachbarten ehemaligen Kirche. Das Barrels Restaurant im Haus serviert herzhafte Hausmannskost, einschließlich Eisbein, dazu natürlich den obligatorischen eiskalten Jägermeister. DZ mit Frühstück 500 N$.

Wincig, aber aussichtsreich ▶ Shark Island Resort 7: Der staatliche Campingplatz Shark Island ist über einen Damm mit Lüderitz verbunden. Er verfügt über elektrisches Licht, saubere sanitäre Anlagen und ist einer der schönsten stadtnahen Campingplätze Namibias. Reservierung über Namibia Wildlife Resorts (NWR) Central Reservations Office in Windhoek: Tel. 061-28 57 200, Fax 061-22 49 00, reservations@nwr.com.na oder Swakopmund: Tel. 064-40 21 72, Fax 064-40 27 96, sw.bookings@nwr.com.na oder im südafrikanischen Kapstadt mit attraktiver Namibia-Info in der Burg Street: Tel. 00 27-21-422 37 61, ct.bookings@nwr.com.na, www.nwr.com.na. Island Chalets 100 N$/Pers., Lighthouse 150 N$/Pers., Camping 50 N$/Platz, 50 N$/Pers.

Essen & Trinken

Lüderitz ist berühmt für seine Felslangusten *(crayfish, rock lobster)* und seine frischen Austern *(oysters)*. Beides sollte hier einmal auf dem Speiseplan stehen.

Fangfrische Austern ▶ Penguin Restaurant 1: Nest Hotel, 820 Diaz St., Tel. 063-20 40 00, Fax 20 40 01, www.nesthotel.com, tgl. 12–14, 18–23 Uhr. Die Lüderitz-Austern sind empfehlenswert, die Felslangusten weniger. Hauptgericht um 70 N$.

Lüderitz und die Lüderitz-Halbinsel

Fachwerk-Reminiszenzen und der Hafen von Lüderitz

Zarteste Steaks ▶ Rumour's Grill 4: Bay Road, Tel. 063-20 23 45, Mo–Sa 12 Uhr bis spät. Im selben Gebäude wie Kapps Hotel, englischer Pub. Neben Fleischgerichten stehen auch fangfrischer Fisch und Meeresfrüchte auf der Karte. Hauptgericht 60 N$.

Pizza und Meeresfrüchte ▶ Ritzi's Seafood Restaurant 1: Diaz Street, Tel. 063-20 28 18, Mo–Sa 9–24 Uhr. Ritzi's befindet sich in einem ruhigen Raum im ansonsten gut besuchten und entsprechend lauten Badger's Bistro, einem Bar-Café; Mo–Sa 9–24 Uhr. Hauptgericht um 50 N$.

Relaxtes Ambiente ▶ Diaz Coffee Shop 2: Ecke Bismarck/Nachtigal Road, Tel. 063-20 31 47, Mo–Sa 8–17, So 9–13 Uhr. Leichte Gerichte und leckere Kuchen in entspannter Atmosphäre. Hauptgerichte um 50 N$.

Preisgünstig ▶ Butcher's Shop & Grill 3 (früheres Legends): Ecke Bay Road/Lessing Street, Tel 063-20 31 10, tgl. Lunch und Dinner. Gegenüber der Polizeistation gelegenes, informelles, aber recht günstiges Restaurant. Steaks, Burger, Pizza und Seafood in ordentlichen Portionen. Hauptgerichte ab 40 N$.

Aktiv
Bootsfahrt nach Halifax Island ▶ 1: s. Aktiv unterwegs S. 190.

Felshummer- bzw. Langustenfang ▶ *Crayfishs* dürfen von November bis Juni zwischen Sonnenauf- und -untergang gefangen werden. Sperrzone ist zwischen Diaz Point und Agate Beach. Maximal sind fünf Hummer pro Tag und Person und nicht mehr als 20 pro Boot erlaubt. Der Brustpanzer der Tiere muss länger als 65 mm sein.

Schwimmen ▶ Das Meer ist an der Küste von Lüderitz zwar sehr sauber, doch erreichen die Wassertemperaturen auch im Hoch-

sommer selten mehr als 18 Grad. Unerschrockene, die sich dennoch in die Fluten stürzen wollen, können dies in Ostend, am Agate Beach und in der Großen Bucht tun – Achtung: Es gibt keine Lebensretter!

Verkehr

Flugverbindung: Air Namibia fliegt 4 x wöchentl. von Windhoek nach Lüderitz. Reservierung: Tel. 061-22 96 39, Fax 22 87 63.

Zugverbindung: Geplant ist, die alte deutsche Eisenbahnlinie zwischen Keetmanshoop und Lüderitz wieder in Betrieb zu nehmen. Die alten Waggons werden bereits in Lüderitz restauriert. Zur Zeit kann man mit dem Zug nur von Windhoek bis Keetmanshoop oder Aus fahren, von dort geht es mit dem Bus weiter bis Lüderitz. Die Gleise und Bahndämme zwischen Aus und Lüderitz werden gerade umfassend erneuert.

Ausflug zur Lüderitz-Halbinsel

Busverbindung: Nach Keetmanshoop mit dem Trans-Namib-Eisenbahn-Bus. Reservierung: Tel. 061-298 20 32.

Ausflug zur Lüderitz-Halbinsel ▶ F 16

Karte: S. 191

Die Lüderitz-Halbinsel gehört nicht zum Diamanten-Sperrgebiet und darf daher ohne Einschränkungen besucht werden. Für den Ausflug, der mit dem eigenen Wagen erfolgen muss, sollte man sich einen halben, besser einen ganzen Tag Zeit nehmen. Am besten verlässt man Lüderitz auf der Bismarck Street und hält sich rechts der Bahngleise.

Vier Buchten

Die erste Bucht heißt **Radford Bay** [1]. Benannt ist sie nach David Radford, dem ersten weißen Siedler, der sich hier aus Strandgut ein Haus gebaut hatte und mit vorbeifahrenden Schiffen Tauschhandel betrieb: Straußenfedern, Trockenfisch und Haifischleberöl gegen lebensnotwendiges Wasser.

In der **Second Lagoon** [2] werden Austern gezüchtet. Man kann dort oft Flamingos beobachten. Von **Griffith Bay** [3] haben Besucher einen schönen Blick über die Lagune auf Lüderitz. Die Bucht ist nach dem Amerikaner Griffith benannt, der hier von David Radford begraben wurde. Der Offizier hatte sich während des amerikanischen Bürgerkriegs von seinem Schiff nach Angra Pequeña abgesetzt. Als später ein anderes Boot aus den USA anlegte, wurde er als Verräter exekutiert.

Der dritte Strand auf dem Weg zum Diaz Point ist die **Sturmvogelbucht** [4], wo die Überreste einer norwegischen Walfangstation vor sich hin rosten.

Diaz Point [5]

Am **Diaz Point** errichtete Bartolomeu Dias nach der Umsegelung des Kaps der Guten Hoffnung am 25. Juli 1488 ein Kalksteinkreuz. Ein von der ständigen Salzgischt rutschiger Holzsteg verbindet das Festland mit dem Felsen. Das Originalkreuz wurde bereits

Lüderitz und die Lüderitz-Halbinsel

aktiv unterwegs

Bootsfahrt nach Halifax Island

Tour-Infos
Abfahrtsort: Lüderitz Waterfront
Tourstart: täglich um 8 Uhr, aber abhängig vom Wetter
Dauer: ca. 3 Std.
Buchung: Lüderitz Safaris, Tel: 063-20 27 19, Fax 063-20 38 63, ludsaf@africaonline.com.na
Kosten: 300 N$/Pers., Kinder von 6–12 Jahren 150 N$, Kleinkinder frei
Karte: rechts

Hauptattraktion des lohnenden Bootsausflugs zum windgepeitschten Diaz Point ist die auf der **Halifax Insel** [6] beheimatete Kolonie von Brillenpinguinen. Auf der Insel sind noch alte Hausruinen aus der Kolonialzeit erhalten, die von den putzigen Tieren in Beschlag genommen wurden. Rund 1200 Pinguine leben dort, in friedlicher Gemeinschaft mit Kormoranen. Die Tour beginnt früh am Morgen, zu einem Zeitpunkt, an dem es fast immer noch richtig kühl ist – es schadet daher nicht, eine warme Jacke mitzunehmen. Das Schiff – eingesetzt werden entweder der Gaffelschoner ›Sedina‹ oder der Katamaran ›Zeepard‹ – umrundet die Lüderitz-Halbinsel. Es passiert zunächst die alte Walstation bei Sturmvogel Bucht und segelt dann nach Shearwater und Guano Bay weiter. Auf dem Weg zum Diaz Point versuchen neugierige Delfine und Robben immer wieder mit dem Boot um die Wette zu schwimmen. Im namibischen Frühling (September/Oktober) können mit etwas Glück sogar Wale gesichtet werden. Passagieren bieten sich schöne Blicke auf **Diaz Point** [5], den Leuchtturm und die Robbenkolonie.

1855 nach Kapstadt verschifft. Nachdem 60 Jahre lang eine wenig originalgetreue Kopie den Ort geziert hatte, wurde pünktlich zur 500-Jahr-Feier der Landung Dias' eine neue Replik aufgestellt – durch den Fund von Bruchstücken des ursprünglichen Kreuzes diesmal auch etwas originalgetreuer. Noch heute streiten sich allerdings die Spezialisten, ob das Original wirklich genau so aussah und genau an dieser Stelle stand. Egal – der wellenumtoste Felsen und die Robben im Vordergrund regen die Fantasie an. Gegenüber weist seit 1910 ein Leuchtturm Schiffen den Weg.

Essen & Trinken

Rustikale Austernbar ▶ **@Diaz Point:** Diaz Point, Tel. 063-20 22 88, www.diazpoint.com, tgl. 8–18 Uhr. Ökofreundliche, mit Solarenergie betriebene Kneipe mit Campingplatz und der Möglichkeit in einem Selbstversorger-Haus oder im Boot am Strand zu nächtigen. Lunch um 50 N$.

Halifax Island [6]

Zwischen Guano Bay und Knochenbucht liegt vor der Küste **Halifax Island,** das allerdings nicht betreten werden darf. So lassen sich die dort nistenden Brillenpinguine nur per Fernglas beobachten. Wer die Bootsfahrt auf der ›Sedina‹ bucht (s. unten), kommt deutlich näher an sie heran.

Sowohl Halifax als auch die anderen felsigen Inseln nördlich und südlich von Lüderitz waren einst Teil des Festlands und wurden von diesem durch eine allmähliche Anhebung des Meeresspiegels abgetrennt. Hier leben Tausende von Seevögeln, deren Kot einst tonnenweise als organischer Dünger abgebaut wurde. 1861 annektierte Großbritannien alle Inseln, nach dem Ersten Weltkrieg gehörten sie zu Südafrika, und 1994 gingen sie zusammen mit Walvis Bay in den Besitz von Namibia über. Guano kann auch heute noch geerntet werden, allerdings ist Geduld vonnöten, denn für eine 1 m dicke Schicht benötigen die Vögel gut 35 Jahre.

Umgebung von Lüderitz

Eberlanzhöhle und Große Bucht

An der Küste der Halbinsel laden Picknick- und Angelplätze zu einer Rast ein. Wer gerne ein wenig zu Fuß geht, folgt den Wegweisern zur **Eberlanzhöhle** 7, eine grottenähnliche Aussparung in der felsigen Steilküste.

Der letzte Badestrand für Abgehärtete ist die **Große Bucht** 8, in der sich oft Flamingos aufhalten. Von dort geht es durch eine fast vegetationslose Mondlandschaft zurück nach Lüderitz. Mit ein wenig Glück sieht man einen einsamen Schakal, einen Springbock oder gar eine Schabrackenhyäne. Farbe in die Landschaft bringen die pinkfarbenen Blüten der Buschmannkerzen (Bushman's candle). Die San verwendeten sie wegen ihres hohen Ölgehalts als Kerzenersatz.

Agate Beach 9

Der 8 km vom Stadtzentrum entfernte **Agate Beach** ist trotz des frischen Wassers ein schöner Surf- und Sandstrand, der zu langen Spaziergängen einlädt. Früher wurden hier Achate (daher der Name) gefunden – wer heute ein Stück der hübschen Mineralien entdecken will, muss viel Glück mitbringen.

Markante ›Inselberge‹ aus Granit ragen aus der Ebene der Namibwüste auf

Kapitel 3
Die Namibwüste

Die Namib, die trockenste Wüste des Landes mit ihren charakteristischen Küstennebeln, zieht sich als schmaler Streifen an der Atlantikküste entlang, wobei sie sich in drei Hauptregionen mit jeweils ganz eigenem Charakter gliedert.

Die im Süden liegende Dünenlandschaft ist ein sich ständig veränderndes, praktisch vegetationsloses Sandmeer mit den höchsten Dünen der Welt. Die riesigen roten Sanddünen von Sossusvlei sind das bekannteste landschaftliche Highlight Namibias. Zusätzlichem Reiz gewinnt diese Region, wenn der Tsauchab River abkommt und die weiße Lehmpfanne zu Füßen der Dünen mit Wasser füllt (zuletzt im Januar 2006).

Die zentralen Schotterflächen im zweiten Teilstück der Namibwüste mit vereinzelten Inselbergen weisen im Gegensatz dazu in vielfältigen Mikro-Ökosystemen einen erstaunlichen Artenreichtum auf.

Den Norden wiederum prägen zerfurchte Berge und Täler und dominieren den dritten Bereich. Zahlreiche große, nur saisonal oder episodisch Wasser führende Flüsse haben sich hier ihren Weg Richtung Atlantik gebahnt.

Praktisch das gesamte Gebiet der Namib gehört zu Afrikas größtem Schutzgebiet, dem Namib Naukluft Park. An dessen Ostgrenze wiederum schließt sich das NamibRand Nature Reserve an, das zu den größten privaten Naturschutzgebieten im südlichen Afrika gehört. Dort findet der Reisende die schönsten Zeltcamps und Lodges Namibias.

Am Atlantik herrscht dann einmal mehr deutsches Flair. In Swakopmund, dem ›südlichsten Nordseebad Deutschlands‹, gibt es Bier vom Fass, Schweinshaxe und Schwarzwälder Kirschtorte. Der mittlerweile immer trendiger werdende Ort gilt übrigens auch als das Zentrum Namibias, will man den Adrenalin-Ausstoß seines Körpers erhöhen.

Auf einen Blick
Die Namibwüste

Sehenswert

7 Sossusvlei: Rote, vom Wind geformte Dünenriesen, die bis zu 300 m aufragen, umgeben eine nur zeitweise mit Wasser gefüllte Lehmbodensenke mit oasenartigem Charakter (s. S. 210f.).

8 Sandwich Harbour: Eine langsam versandende, von zahlreichen Vögeln bewohnte Lagune bildet das Zentrum dieses idyllischen Feuchtgebiets zwischen Sand und Meer, das nur mit einem Allradfahrzeug zu erreichen ist (s. S. 229).

Schöne Routen

Von Sesriem nach Sossusvlei: Die 65 km lange Panoramaroute vom Eingangstor des Parks von Sossusvlei bis zu den Sanddünen eröffnet fotogene Blicke auf die Dünen- und Berglandschaft sowie das Trockenflussbett des Tsauchab (s. S. 210).

Straße der Pässe: Zu den schönsten Bergpisten Namibias gehört die aussichtsreiche Route über den Spreetshogte und Gamsberg Pass (s. S. 214f.).

Ausflug zur Welwitschia-Ebene: Von Swakopmund führt eine gut gekennzeichnete Piste zur ältesten Pflanze der Welt, der berühmten Welwitschia (s. S. 244f.).

Meine Tipps

Dead Vlei: Nur zu Fuß von Sossusvlei aus ist das Dead Vlei mit seinen abgestorbenen Kameldornbäumen zu erreichen (s. S. 211).

Solitaire: Wer in Solitaire tankt, sollte unbedingt den abgelegensten Apfelkuchen im südlichen Afrika genießen, direkt an der Theke mit einem Pappbecher Kaffee (s. S. 214).

Café Anton in Swakopmund: Ein ungewöhnliches Kontrastprogramm ist ein Kaffeestündchen mit Schwarzwälder Kirschtorte am Rande der Namibwüste (s. S. 240).

Dünensurfen: Bei Swakopmund geht es mit dem Surfboard stehend oder liegend die steilen Sanddünen hinunter (s. S. 242f.).

aktiv unterwegs

Ballonfahrt über der Wüste: Friedlich über die Weite der Namib fahren; mit Sektfrühstück in der Wüste zum Abschluss (s. S. 202).

Wandern in den Naukluft-Bergen: Neben einem 120 km langen, anspruchsvollen Acht-Tage-Trip gibt es auch zwei reizvolle kürzere Varianten (s. S. 212).

Geländewagen-Trip nach Sandwich Harbour: Der Sandwich Harbour mit seinen riesigen Dünen gehört zu den schönsten Stellen an der namibischen Küste (s. S. 228).

Quadbike-Tour in den Dünen bei Swakopmund: Auf vier Rädern durch Dünen, die zu den höchsten der Welt gehören (s. S. 241).

Im und am Rand des Namib Naukluft Park

Die Namib ist die älteste Wüste der Welt, Pflanzen wie Tiere hatten somit lange Zeit, sich den harten klimatischen Bedingungen anzupassen. Den eindrucksvollsten Teil des riesigen Gebietes bildet der Namib Naukluft Park zwischen Lüderitz und Swakopmund. Mit fast 50 000 km^2 ist er das größte Wildschutzgebiet in Afrika und das viertgrößte der Welt.

Geschichte und Regionen

Im Süden des Namib Naukluft Park herrschen Kiesebenen vor, in der mittleren Namib ein unendlich erscheinendes Sandmeer, das nördlich des Kuiseb wieder von steinigen Ebenen abgelöst wird.

Bis der Namib Naukluft Park seine jetzige Größe erreicht hatte, dauerte es fast 90 Jahre. Die deutsche Verwaltung erklärte 1907 das Gebiet zwischen Swakop und Kuiseb River zum Naturschutzgebiet Nr. 3. Im Jahr 1941 kam die Region um Sandwich Harbour hinzu, 1956 die Welwitschia-Ebene, das Swakop-River-Tal und der Kuiseb Canyon. 1968 wurde das gesamte, damals etwas über 14 000 km^2 umfassende Gebiet in Namib Desert Park umbenannt.

Im selben Jahr kaufte die Regierung die Naukluft Farm und richtete den Naukluft Mountain Zebra Park ein, um das gefährdete Bergzebra zu schützen. 1970 kamen weitere Farmen hinzu, vor allem westlich der Berge, um einen Korridor für die Wanderrouten der Oryxantilopen einzurichten, damit diese zwischen Dünen und Bergen hin und her ziehen konnten. 1979 wurde der Park durch einen Teil des ehemaligen Diamanten-Sperrgebiets Nr. 2, südlich des Kuiseb River, einschließlich Sesriem und Sossusvlei, erweitert. Dieses Gebiet, unbewohntes Staatsland, der Namib Desert Park und der Naukluft Mountain Zebra Park wurden zusammengelegt, um den 23 340 km^2 großen Namib Naukluft Park zu schaffen. Dieser wuchs schließlich 1986 auf mehr als die doppelte Ausdehnung an, als das restliche Sperrgebiet Nr. 2 und ein Teil des Sperrgebiets Nr. 1 bis zur Straße Aus–Lüderitz zum Nationalpark erklärt wurden. Im Osten grenzt das NamibRand Nature Reserve (s. S. 198ff.) an den Park.

Der Namib Naukluft Park lässt sich grob in **fünf touristische Kernregionen** aufteilen. In **Sesriem** und **Sossusvlei** gibt es Wüste wie aus dem Bilderbuch. Hier ragen die mit bis zu 385 m Höhe mächtigsten Sterndünen der Welt in den blauen Himmel. Sesriem beschreibt den Platz, wo man in früheren Zeiten sechs Riemen *(ses riem)* benötigte, um Wasser aus der Tiefe des Canyons zu holen. In ein wahres Wunderland verwandelt sich die Gegend, wenn es heftige Regenfälle gibt, was nur alle zehn Jahre einmal passiert. Dann fließt der ansonsten trockene Tsauchab-Fluss bis Sossusvlei und verwandelt die ausgetrocknete Lehmpfanne in einen riesigen See.

Im eigentlichen **Naukluft-Teil** des Parks gibt es spektakuläre steile Klippen in einem Gebiet, das ursprünglich als Reservat für die gefährdeten Bergzebras angelegt worden ist. Erfrischende Felsenpools unterbrechen stark verwitterte Gesteinsformationen.

Im Bereich zwischen den Tälern des **Kuiseb** und **Swakop** unterbrechen granitene Inselberge, die aus der Kiesebene auftauchen, ab und zu die Einöde. Der Swakop durchschneidet eine felsige Wüstenebene. Diese wüsten Flächen verwandeln sich, sobald es

Anfahrt von Lüderitz

regnet, in riesige Grasflächen, in denen Herden von Springböcken, Zebras und Oryxantilopen weiden. Attraktion des Gebietes ist der Kuiseb Canyon.

Der **nördlichste Teil** des Parks liegt nicht weit von Swakopmund entfernt und ist von der Parkbehörde sehr gut ausgeschildert worden. Die Bandbreite reicht von Kiesebenen bis zu skurril verwitterten Mondlandschaften. Hier wächst, wie der Name **Welwitschia Drive** schon andeutet, Namibias ungewöhnlichste Pflanze, ein prähistorisches Relikt, mit einigen Exemplaren, die über 2000 Jahre alt sind.

Sandwich Harbour an der Atlantikküste ist eines der schönsten Feuchtgebiete Namibias. Der unterirdische Flusslauf des Kuiseb entwässert hier in eine Lagune, die durch eine Sandbarriere vom Atlantik getrennt ist. Das hat zur Entstehung einer ganzen Reihe kleinerer Ökosysteme mit Süß- und/oder Salzwasser geführt, die Landvögeln Platz und Nahrung bieten. Die Lagune versandelt allerdings in zunehmendem Maße. Wer ältere Fotos betrachtet, kann kaum glauben, wie klein sie bereits geworden ist. Es steht außer Zweifel: Irgendwann wird sich die Wüste die Lagune ganz zurückgeholt haben.

Tierwelt des Parks

Größere Säugetiere wie Löwen, Nashörner und Elefanten sind im Gebiet des Namib Naukluft Park seit über 100 Jahren ausgestorben. Was der Besucher mit ein wenig Glück beobachten kann, sind Zebras, Springböcke, Oryxantilopen, Strauße, Schabrackenschakale, Löffelhunde und Paviane. Die beiden größten Raubtiere – Leopard und Tüpfelhyäne – bekommt man allerdings kaum zu Gesicht. Die Naukluft-Berge sind mit 204 verschiedenen, registrierten Arten ein lohnendes Ziel für Vogelfreunde.

Onymacris, ein Käfer, hat sich geradezu genial an die unbarmherzigen Klimabedingungen der Namib angepasst. Der kleine schwarze Krabbler platziert sich nämlich exakt hinter dem Dünenkamm, dort wo es steil hinuntergeht. Er weiß genau, warum.

In den Dünengebieten der Namib lebt die Oryxantilope, Namibias Wappentier

Im und am Rand des Namib Naukluft Park

Nachts zieht der bei Seefahrern so berüchtigte dichte Nebel vom Atlantik die Sandberge hoch, direkt hinter dem Grat bewegt sich die feuchtigkeitsbeladene Luft in Bodennähe. Der Käfer reckt, den Kopf nach unten haltend, dem Nebel sein Hinterteil entgegen. Tropfen für Tropfen kondensiert das Wasser so an seinem Körper, läuft an diesem entlang, direkt in das Maul. Die Käfer können in Relation zu ihrer Größe enorme Wassermengen aufnehmen. Im Vergleich müsste ein 70 kg wiegender Mensch immerhin 20 l Wasser auf einmal trinken.

Dem wüstenhaften Klima trotzen nur wenige Pflanzen: Kameldornbäume, vor allem in den Trockenflussbetten, Dünengras, dessen weit verzweigte Wurzeln vom Nebel abgelagerte Feuchtigkeit aufnehmen können, Blattsukkulenten wie die Welwitschias und die Köcherbäume.

Anfahrt von Lüderitz

Nach dem Verlassen von Lüderitz fällt zur Rechten noch einmal der Blick auf Kolmanskop. Die Silhouetten der Häuser wirken im Dunst wie eine gemalte Filmkulisse. Pfeilgerade zieht sich das glatte, tiefschwarze Asphaltband nach Aus – dann ist es vorerst aus mit dem Teer. Für die nächsten paar hundert Kilometer stehen Pisten auf dem Programm, die unerfahrenen Pkw-Lenkern ganz schön zu schaffen machen können. Zunächst geht es auf der C 13 in Richtung Norden, dann wird es noch einsamer. Die D 707 schmiegt sich an die Grenze des Namib Naukluft Park, geht dann bei Spes Bona kurz in die D 407 über, um auf der D 826/C 27, die direkt vom Duwisib Castle kommt, scharf nach Westen abzuzweigen.

Die Landschaft ist mal bergig, dann wieder von sandigen Flächen unterbrochen, mal rot, mal mit ockergelbem Untergrund. Kleine Steinchen klickern gegen die Radkästen, wie ein Blechtrommelwirbel. Kurze Waschbrett-Etappen, wo der Sand wellenförmig und steinhart festgefahren ist, versetzen den ganzen Wagen in Vibration. Auf eher sandigem Untergrund gleitet er dann wieder ruhig, fast schwerelos dahin. In einer solchen leitplankenlosen Weite und nahezu autolosen Einsamkeit spielt Zeit plötzlich keine Rolle mehr. Nur die Sonne, die langsam, aber sicher dem Horizont entgegenstrebt, zeigt an, dass man schon seit vielen Stunden unterwegs ist. Die Erinnerung an Staus in abgasbelasteten mitteleuropäischen Großstädten beginnt zu verblassen. Hier wird der Weg zum Ziel, das Fortbewegen zur fast meditativen Erfahrung.

NamibRand Nature Reserve ▶ G 13/14

Karte: rechts

An der Ostgrenze des Namib Naukluft Park liegt das **NamibRand Nature Reserve** **1**, das mit fast 2000 km^2 zu den größten privaten Naturschutzgebieten im südlichen Afrika gehört. Dort befinden sich einige komfortable private Zeltcamps und Lodges.

The Wolwedans Collection **2**

Nach gut 60 km auf der D 826/C 27 weist ein kleines Schild nach links, zum Wolwedans Dune Camp im NamibRand Nature Reserve. Auf einer einspurigen Sandpiste geht es über das Gelände der ehemaligen Farm zum alten Hauptgebäude, wo das Auto geparkt werden kann. Nach einem Begrüßungsdrink, der hilft, den Pistenstaub hinunterzuspülen, geht es mit Land Rovern mitten in das rotsandige Dünengebiet, wo Luxuszelte mit Bad, Holzterrasse und fast unglaublicher Aussicht bereitstehen. **The Wolwedans Collection** bietet hier im Nature Reserve verschiedene Unterkunftsmöglichkeiten und Aktivitäten (s. S. 201f.). Wolwedans ist übrigens Afrikaans und bedeutet ›wo der Wolf tanzt‹. Der Name geht darauf zurück, dass die ersten weißen Siedler Hyänen für Wölfe hielten und seither *wolw* Hyäne bedeutet.

Im europäischen Frühling ist es hier Herbst, und es kann empfindlich kalt werden. Dafür sind dann manchmal die Bergketten am Morgen mit einer zarten Schneeschicht

Namib Naukluft Park

Im und am Rand des Namib Naukluft Park

überzuckert, was fast surreale Landschaftseindrücke vermittelt: oben tiefblauer Himmel, dann der Schnee auf der dunkelbraunen Bergkette, strohgelbes Gras in der Ebene und tiefroter Dünensand im Vordergrund.

Die ehemalige Karakulschaf-Farm liegt im NamibRand Nature Reserve an der Ostgrenze des Namib Naukluft Park. Das gesamte Gebiet wird von einer Vereinigung von Landbesitzern verwaltet, nach demselben Naturschutzprinzip wie die Timbavati-Region, westlich des südafrikanischen Kruger National Park. Durch die Trockenheit unrentabel gewordene Farmen wurden aufgekauft, um sie der Natur zurückzugeben. In den letzten Jahren haben die meisten Farmer erkannt, dass sich durch den Erhalt der Natur mehr Geld machen lässt als durch Schafzucht. Sie verkauften ihr vorher wertloses Land an die NamibRand-Stiftung, die so Stück für Stück ihr Reservat vergrößern konnte.

Unterwegs im Nature Reserve

Gelegentlich sind Oryxantilopen *(gemsbok)* zu sehen. Namibias Wappentiere. Mit ihren spitzen Hörnern sind sie äußerst wehrhaft, was schon vielen Raubtieren und auch Jägern zum Verhängnis geworden ist, denn im Gegensatz zu anderen Antilopen greift ein verwundeter *gemsbok* an. Es gab schon einige Fälle, wo die angeschossene Antilope scheinbar tot am Boden lag, der Jäger sich näherte und das Tier seine gesamte verbliebene Kraft zu einem letzten Angriff sammelte. Die Oryxantilope ist hervorragend an das heiße Wüstenklima der Namib angepasst. Sie kommt das ganze Jahr über fast ohne Wasser aus, da sie einen für ihren massigen Körper erstaunlich niedrigen Stoffwechsel hat, also nur wenig Nahrung und Flüssigkeit benötigt. Tagsüber ruht sie im Schatten; wenn es den nicht gibt, steht sie so, dass möglichst wenig Körperoberfläche der Sonne zugewandt ist. Erst am späten Nachmittag, nachts und früh am Morgen ist die Oryxantilope aktiv. Anstatt Feuchtigkeit in der Tageshitze zu verlieren, kann sie ihre Körpertemperatur erhöhen und diese Wärme nachts wieder abgeben. In der Nasenregion des *gemsbok* befindet sich ein feines Netzwerk von Blutgefäßen, das durchlaufendes Blut abkühlt. So bewahrt das Tier selbst in der größten Hitze immer einen ›kühlen Kopf‹.

Bei den Geländetouren im NamibRand Nature Reserve wühlen sich die Land Rover die Dünen hinauf und wieder hinunter. Wenn es in der Nacht geregnet hat, ist der Sand dadurch recht fest und gut zu befahren. Außerdem ist die Luft dann transparent und klar, kein Staubkörnchen trübt den Blick in die Ferne.

In einer weiten Ebene erinnert eine Reihe von niedrigen, halbkreisförmigen Steinwällen daran, dass hier schon vor Hunderten von Jahren ›Buschmänner‹ gejagt haben. Mit Pfeil und Bogen lagen die Jäger, versteckt hinter den Steinen, flach auf dem Boden und warteten. Frauen und Kinder trieben dann das Wild auf die Stellungen zu. Sobald es ganz nahe herangekommen war, sprangen die San auf und schossen ihre Giftpfeile ab.

Im Reservat sind alle alten Weidezäune entfernt worden. Solange das Wild gesund und kräftig war, stellten die Barrieren aus Draht keine echten Hindernisse dar, wurden von Oryx und Springbock einfach übersprungen. Waren die Tiere jedoch durch längere Dürren geschwächt, blieben sie auf dem Weg zu ihren Weidegebieten zu Dutzenden in den Zäunen hängen und verendeten kläglich. Hyänen, Schakale und Löffelhunde machten sich über die Kadaver her und verstreuten die Knochen in der Landschaft.

Andere Hinterlassenschaften werden noch jahrzehntelang zu sehen sein. Überall, wo sich die Farmer mit ihren Fahrzeugen durch die Gegend gewühlt haben, sind tiefe Spuren entstanden, die der Wind mit Grassamen gefüllt hat. Nach Jahren der Dürre spross die komprimierte Saat plötzlich, und überall entstanden parallele Linien – grüne Narben im Gelände. Um die alten Schäden zu beseitigen, geht ein Teil der Einnahmen von Wolwedans sowie anderen Camps und Lodges im NamibRand Reserve in einen Fond. Dieser finanziert u. a. die Wiederansiedlung von hier ›ausgeschossenen‹ Tiere wie Giraffen und Nashörnern.

NamibRand Nature Reserve

Karges Gras in der felsigen Ebene: Nahrung für die Oryxantilopen

Übernachten, Essen

Hinweis: Zu allen Unterkunftspreisen kommt noch die Parkeintrittsgebühr von 155 N$/Pers./Tag hinzu.

The Wolwedans Collection: NamibRand Safaris, Tel. 061-23 06 16, Fax 22 01 02, www.wolwedans.com. Im Herzen des NamibRand Nature Reserve (www.namibrand.com) gelegen, mit 2000 km² eines der größten Schutzgebiete im südlichen Afrika. Die Übernachtungspreise beinhalten alle Mahlzeiten und Aktivitäten wie Naturfahrten im offenen Land Rover und geführte Wanderungen mit Ranger. Im Folgenden finden Sie die angebotenen Unterkunftsmöglichkeiten.

Logenplatz mit Blick auf die Dünen ▶ **Wolwedans Dunes Lodge & Desert Camp:** Die ganzjährig geöffnete Dünen-Lodge bietet 9 geräumige Chalets und private Verandas mit traumhafter Aussicht auf die umliegende Dünenlandschaft. Ein Chalet ist für 2 Personen alles inklusive ab 7400 N$ zu haben (bei Einzelbelegung für 3710 N$), Kinder im Alter von 6 bis 12 Jahren zahlen 1850 N$. Die 200 m² große, offene Mountain View Suite (attraktivste Übernachtungsmöglichkeit in der Wolwedans Collection) mit 2 Betten hoch über einer Düne kostet 9400 N$ (bei Einzelbelegung 6580 N$).

Luxuszelte im Sand ▶ **Wolwedans Dune Camp:** Geöffnet 1. März–30. Nov. Das komfortable Camp, das maximal 12 Gästen in 6 geräumigen, auf Holzplattformen errichteten Zelten Platz bietet, befindet sich auf einer 250 m hohen Düne, wo fast ein bisschen Pionier-Atmosphäre aufkommt. Zweipersonen-Zelt 5400 N$ (Einzelbelegung 2450 N$), Kinder von 6 bis 12 Jahren 1350 N$, alles inklusive. Mindestaufenthalt 2 Nächte.

Genügt höchsten Ansprüchen ▶ **Wolwedans Private Camp:** Geöffnet 15. März–15. Dez. Das exklusive Camp bietet nur 4 Gästen in 2 Zimmern Platz, mindestens 2 Personen und 2 Nächte, entweder mit eigenem Koch und Service sowie Aktivitäten, für 2 Personen 9400 N$ (alles inklusive) oder zum Selbstversorgen mit angeliefertem Essen 1750 N$ pro Person und Nacht.

Im und am Rand des Namib Naukluft Park

aktiv unterwegs

Ballonfahrt über der Wüste

Tour-Infos
Start: Kulala Desert Lodge, Sossusvlei Lodge oder Campingplatz Sesriem, nach Vereinbarung auch von anderen Unterkünften
Startzeit: eine halbe Stunde vor Sonnenuntergang
Dauer: etwa 1 Std., ja nach Windstärke legt der Ballon eine Entfernung von etwa 10 Meilen zurück.
Infos und Buchung: Namib Sky Safaris, Tel. 063-29 32 33, Fax 29 32 41, www.namibsky.com
Kosten: 3950 N$/Pers., inklusive Sektfrühstück in der Wüste
Hinweis: Kinder dürfen ab einer Körpergröße von 130 cm im Ballon mitfliegen – erst dann können sie über den Korbrand sehen. Kleinere Kinder können im Geländewagen mitfahren, der den Ballon begleitet. Wenn Wetter und Thermik den Sicherheitsansprüchen nicht genügen, kann die Ballonfahrt kurzfristig abgesagt werden. Auf Wunsch wird ein Ersatztermin vereinbart.

Die Namibwüste von oben ist eine Sinfonie von Formen und Farben. Eine der eindrucksvollsten Arten, die Wüste zu erleben, ist der Blick von oben, aus dem Korb eines Heißluftballons. Der Veranstalter Namib Sky Safaris holt seine Gäste in der Kulala Desert Lodge, der Sossusvlei Lodge und am Campingplatz Sesriem ab, nach Vereinbarung auch von anderen Unterkünften in der näheren Umgebung.

Diese Unternehmung ist allerdings nur etwas für Frühaufsteher. Je kälter die Luft ist, desto besser steigt der Ballon auf. Und kalt wird es in der Namibwüste nachts. Lange vor Sonnenaufgang steigen die schlaftrunkenen, mit warmen Pullovern bewehrten Gäste in den Geländewagen, auf dessen Anhänger die zusammengepackte Hülle des Luftschiffs sowie der geflochtene Weidenkorb, der die erwartungsvollen Ballonfahrer aufnehmen soll, verstaut sind.

Am Startplatz wird zunächst die bunte Hülle ausgelegt. Helfer heben den unteren Teil an, wo der Butangasbrenner immer wieder kurz in das Innere des Ballons faucht. Langsam füllt er sich mit heißer Luft, wird größer und größer, bis er sich schließlich vom Boden löst und dabei den bereits an ihm befestigten Korb aufrichtet. Schnell klettern die Gäste hinein und bekommen gleich erklärt, dass nun nicht geflogen, sondern gefahren wird. Wie der Zeppelin ist der Ballon ein Luftschiff, wird also gefahren und nicht geflogen. Nun steigt er auf, erst zögerlich, dann immer schneller.

Leise gleitet der bunte Ballon mit dem Wind über die Landschaft, deren herbe Schönheit fast schon unwirklich anmutet. Raum und Zeit scheinen in Auflösung begriffen. Kein Laut ist zu hören. Nur das Anheizen des riesigen Butangasbrenners, der heiße Luft in die Hülle bläst, unterbricht ab und zu die Stille. Am Horizont ragen die Sandgebirge von Sossusvlei auf. In einiger Entfernung sieht man Oryx-Antilopen gemessenen Schrittes über die roten Dünen ziehen. Unten lassen sich die Konturen eines Trockenflusses ausmachen. Eine Straußenfamilie läuft erschrocken davon, als der gewaltige bunte ›Raubvogel‹ einen Schatten über ihr Versteck wirft. Im Gänsemarsch rennt sie über die Ebene.

Wenn sich die letzte Butangasflasche dem Ende zuneigt, sucht der Ballonführer nach einem passenden Landeplatz. Wie ein Spielzeugauto sieht der Land Cruiser aus, der die Fahrt die ganze Zeit von unten beobachtet hat, um den Ballon und seine Insassen wieder aufzunehmen. Doch zunächst gilt es, in die Hocke zu gehen und sich am Korb festzuhalten, der knirschend mit dem Boden

NamibRand Nature Reserve

Kontakt aufnimmt, eine Weile über die Erde schleift, um dann sanft umzukippen, bevor alle wohlbehalten und bester Stimmung herausklettern.

Der Heißluftballon landet dort, wo ihn der Wind hinträgt. Ein Sekt-Frühstück mit gekonnter Sabrage am Landeplatz ist stilvoller Ausklang des Trips. Auf der Geländewagenfahrt zurück zur Unterkunft kann man die majestätische Wüstenlandschaft noch einmal aus nächster Nähe erleben und das Erlebte auf sich wirken lassen.

Aussicht auf ein einmaliges Erlebnis: Start zu einer Ballonfahrt über die Namib

Im und am Rand des Namib Naukluft Park

Tipp: Übernachtung im Le Mirage

Am Horizont ragen die mächtigen roten Sanddünen von Sossusvlei auf – das Herz des Namib Naukluft Parks. Was dann links der Piste von Wolwedans nach Sesriem in der heißen Wüstenluft flimmert, ist allerdings keine Fata Morgana, obwohl die ockerfarbenen Gebäude wie eine maurische Festungsanlage anmuten. Vielmehr handelt es sich um **Le Mirage** 3, eine von Namibias ungewöhnlichsten Übernachtungsmöglichkeiten. Die Zimmer sind geräumig mit hohen Decken, luftig und in erdfarbenen Tönen gehalten. Der Duschbereich ist groß genug, um zwei Personen bequem Platz zu bieten. Von den mannshohen Fenstern bieten sich endlose Blicke in die Wüste. Eine wunderbare Anlage mit großem Pool im mit Gras bewachsenen Innenhof.

Highlight des Le Mirage ist das Wellness-Zentrum. Gäste legen ihre flauschig-weichen Bademäntel in ihren Zimmern an und begeben sich in den Wellness-Bereich, der einer römischen Therme nachempfunden ist. Dezente Musik und betörende Aromatherapie-Düfte vermitteln schon beim Eintreten ein wohliges Gefühl der Entspannung.

Das abendliche Fünf-Gang-Menü ist gut, vor allem wenn man sich vor Augen führt, wie abgelegen dieser Platz ist. Das Essen wird wunderbar serviert, ja fast zelebriert, im stilvollen Speisesaal oder auf der Terrasse.

Vom Le Mirage aus lassen sich die Sanddünen von Sossusvlei besuchen und geführte Wüstentouren per Quadbike unternehmen. Auch Ausritte in die Wüste sind möglich.

Hinweis: Wie andere Plätze in Namibia auch reagiert Le Mirage empfindlich auf Management-Wechsel. Der Autor hat die Lodge bei verschiedenen Besuchen sowohl als echte Fünfsterne-Erfahrung, aber auch als Enttäuschung erlebt, d.h. mit lieblos zubereitetem Essen, schlechten Massagen und ohne Aircondition (!) in den Zimmern.

Le Mirage Desert Lodge & Spa: 21 km südlich von Sesriem an der D 826, Tel. 063-68 30 19, Fax 063-68 32 30, www.leadinglodges.com. DZ mit Frühstück und Dinner 2300 N$/Pers., mit Vollpension 3980 N$.

Erinnert an ein marokkanisches Wüstenschloss: Le Mirage Desert Lodge & Spa

Vom NamibRand Nature Reserve nach Sesriem

In schöner Felsumgebung ▶ Boulders Safari Camp: Im jüngsten Camp von Wolwedans gibt es nur 4 Chalets für je 2 Personen in einem abgelegenen Camp, 45 km von Wolwedans entfernt. Die Aussicht in die Wüstenlandschaft ist überwältigend, die Chalets sind wunderschön. Geöffnet 1. März–31. Nov. Chalet für 2 Personen alles inklusive 9400 N$, Kinder von 6 bis 12 Jahren zahlen 2350 N$.

Mit allem erdenklichen Luxus ▶ Sossusvlei Desert Lodge, &Beyond, Reservierung in Südafrika über Tel. 0027-11-809 43 00, Fax 809 44 00, www.andbeyondafrica.com. Die Lodge liegt im (am Rand des) privaten Namib Rand Nature Reserve. Hier wurden 10 Bungalows (je 1 Suite) aus Stein und Glas am Fuß der Berge erbaut. Es bieten sich herrliche Ausblicke über die Wüste. Die Suiten verfügen jeweils über Aircondition, eigene Veranda und Außendusche. Die Küche des Lodge-Restaurants ist ausgezeichnet und der Weinkeller gut bestückt. Suite als DZ inklusive Vollpension, Pirschfahrten und Quadbike-Trip je nach Saison 5830–11000 N$.

Vom NamibRand Nature Reserve nach Sesriem

Karte: S. 199

Kulala Desert Lodge ▶ G 12

Bei der Weiterfahrt lassen die gewaltigen Sandberge am Horizont fast Sahara-Gefühle aufkommen – was noch verstärkt wird, wenn die kegelförmigen Strohdächer der **Kulala Desert Lodge** 4 auftauchen. Die Dachform im Dogon-Stil stammt aus Mali. Auch die Idee, die Erde der Umgebung mit Wasser anzurühren und dann Wände daraus zu bauen, stammt aus Nordafrika. Masken und Skulpturen vor dem perfekt in die Landschaft integrierten Gebäude stellen die Überleitung in den südlichen Teil des Kontinents dar.

Die riesige Eingangstür wurde aus Eisenbahnschwellen zusammengesetzt und ist so schwer, dass sie in den Rahmen hineingebaut werden musste. Nur die massiven, versteckt integrierten Kugellager bringen das Monstrum dazu sich zu bewegen. Während draußen die Sonne gnadenlos brennt, ist es drinnen angenehm kühl. Der Besucher braucht eine ganze Weile, um die unzähligen Details zu erfassen: Alte, abgestorbene Bäume wurden zu Stützpfeilern, in kleinen, in die Lehmwände eingelassenen Nischen stehen Figuren und Gefäße, ausgebleichte Tierschädel, Halsketten und farbenfrohe bedruckte Stoffe zieren die erdfarbenen Wände.

Wüstenfans können von der Kulala Desert Lodge aus an der **Sonnenuntergangsfahrt**, dem *sundowner*, im offenen Land Cruiser über das riesige Farmgelände mit seinen fantastischen Landschaftsformen teilnehmen. An einer besonders exponierten Stelle werden dann Wein und Bier für den obligatorischen Sundowner aus der Kühlbox geholt. Im Licht der untergehenden Sonne hebt sich dann vielleicht eine Gruppe von Oryxantilopen scharf vom violetten Horizont ab.

Außerdem besteht die Möglichkeit, die Wüste im **Heißluftballon** aus der Vogelperspektive zu erleben (s. S. 203).

Übernachten, Essen

Wilderness Safaris besitzt vier Lodges – Kulala Desert Lodge, Kulala Wilderness Camp, Sossusvlei Wilderness Camp und Little Kulala – in der Nähe von Sossusvlei. Reservierung über Wilderness Safaris Namibia, Windhoek, 061-27 45 00, Fax 061-23 94 55, www.wilderness-safaris.com oder Safari Adventure, Tel. 061-27 45 45, www.safariadventurecompany.com. Genaue Beschreibungen der Lodges findet man auf der Webseite www.namibian.org unter ›Lodges‹, ›Sossusvlei‹ und ›Sesriem & Sossusvlei‹.

Im afrikanischen Stil ▶ Kulala Desert Lodge: Die Lodge liegt 17 km südlich von Sossusvlei und verfügt über einen privaten Eingang zum Namib Naukluft Park. Das Hauptgebäude ist typisch afrikanisch aus lokalem Lehm errichtet; Gäste übernachten in zwölf wunderbaren, strohgedeckten *kulala* (Swaheli für ›Ruheplatz‹), jedes auf einer erhöhten Plattform erbaut, um maximale Durchlüftung zu erreichen. DZ mit Frühstück und Dinner 3120–4570 N$.

Im und am Rand des Namib Naukluft Park

Mit dem Motorrad in der Weite der Namib

Luxus-Zelte ▶ Kulala Wilderness Camp: 9 aus Reet und Leinwand erbaute Häuschen mit erhöhten Holzdecks. Kieswege führen zur nahen Kulala Desert Lodge mit Restaurant und Swimmingpool. DZ mit Frühstück und Dinner 3120–3810 N$.

Ganz natürlich ▶ Sossusvlei Wilderness Camp: Am Rand der Berge im 70 km² großen Wilderness Safaris Private Reserve südlich vom Kulala Wilderness Camp gelegen. 9 private, aus Stein und Holz erbaute Chalets mit Reetdach, jedes mit Veranda und Pool und für 2 Personen ausgelegt. Holzstege führen von den Chalets zur ebenfalls reetgedeckten Lodge, von der sich eine grandiose Aussicht über die Namibwüste bietet. Das Camp wird 2010 komplett renoviert. DZ alles inklusive 7180–9790 N$

Top-Lodge in Traumlage ▶ Little Kulala: Mit seinen 11 klimatisierten Chalets ist Little Kulala die exklusivste Wilderness Lodge im Sossusvlei Gebiet. Jedes Chalet verfügt über ein eigenes Bad mit WC, Waschbecken sowie Dusche (Innen- und Außendusche) und steht auf einer Holzplattform, die für eine gute Luftzirkulation im Wüstenklima sorgt. Die Zimmer sind hell und luftig eingerichtet, mit atemberaubendem Blick in die Landschaft. Deckenventilatoren und Klimaanlagen kämpfen mit den Außentemperaturen. Auf jedem Kulala-Dach findet sich ein Skybed für eine romantische Nacht unter dem Sternenhimmel. Dazu werden Bettrollen aufgeschlagen, mit einem warnen Duvet für kalte Wüstennächte. Jedes Kulala (Kulala ist das Swaheli-Wort für ›Ruheplatz‹) hat einen umzäunten,

Sesriem und Sossusvlei

Da das Dünengebiet selbst 65 km vom Eingangstor des Parks entfernt liegt und dort nicht übernachtet werden darf, müssen Fotografen, die die Sandberge bei Sonnenaufgang ablichten wollen, früh aufstehen – vor allem auch, weil die letzten 5 km zu dem Naturwunder nur mit Allradantrieb zu bewältigen sind und Pkw-Fahrer vorher parken müssen.

Wer den Sonnenuntergang aufnehmen will, sollte seine Übernachtung auf dem Campingplatz oder in der Sossusvlei Dune Lodge buchen, die beide im Parkareal liegen, da das Haupteingangstor des Parks in Sesriem nach Sonnenuntergang verschlossen wird.

Wer außerhalb des Nationalparks eine Übernachtung gebucht hat, trotzdem aber bis zum Sonnenuntergang im Park bleiben möchte, besorgt sich ein Camping-Permit. Da das Tor nachts oft besetzt ist, funktioniert meist die Methode, nach Sonnenuntergang ans Tor zu fahren, das Permit vorzuweisen und zu sagen, dass man in einer der Lodges dinieren möchte. Fast immer wird das Tor dann geöffnet, und man kann in einer der um Sossusvlei liegenden vorgebuchten, privaten Lodges übernachten. ›Offizielle‹ Fotopermits für das Fotografieren in Sossusvlei nach Sonnenuntergang sind nahezu unmöglich zu bekommen und wenn es doch klappt, sind sie sehr teuer (Parkeintritt Erw. 80 N$, Kinder unter 16 Jahren frei, Auto 10 N$).

nicht einsehbaren Außenbereich, mit kleinem Pool und schattiger Sitzecke. DZ alles inklusive 11140–16940 N$.

Sesriem und Sossusvlei ▶ F/G 12/13

Karte. S. 199

Sesriem 5

Gut 20 km weiter liegen **Sesriem** und der Eingang zum Dünengebiet von Sossusvlei. Hier gibt es sowohl ein recht einfühlsam in die Landschaft integriertes, größeres Hotel als auch einen staatlichen Campingplatz mit Stellplätzen unter Schatten spendenden Kameldornbäumen.

Übernachten, Essen

Klassiker ▶ **Sossusvlei Lodge:** Reservierung über: Tel. 061-930 45 64, Fax 930 45 74, www.sossusvleilodge.com. Die Lodge liegt in grandioser Landschaft, direkt in Sesriem, und die 45 Zimmer sind stilvoll afrikanisch dekoriert, mit weißen Leinwänden im Beduinen-Stil. DZ mit Frühstück 2195–2690 N$, Dinner 190 N$ pro Person.

Für Selbstversorger ▶ **Sossusvlei Desert Camp:** Tel 063-69 32 05, www.desertcamp.com. Nur 4 km vom Sesriem-Eingang entfernt, ist das Desert Camp die dem Park am nächsten gelegene Unterkunft für Selbstversorger. Es liegt in einem privaten, 40 000 ha großen Reservat und besteht aus 20 komfortablen Safarizelten mit kompakter Außen-

Im und am Rand des Namib Naukluft Park

küche, inklusive Kühlschrank, Herd und Holzkohlengrill. Wer mag, kann in der Sossusvlei Lodge, die den gleichen Besitzern gehört und nur 4 km entfernt ist, das sehr empfehlenswerte Buffet-Dinner unterm Sternenhimmel einnehmen. Vor allem die Stir-fry-Gerichte, live von Köchen auf heißer Platte zubereitet, sind ein Hit. Dazu sollte man ein frisch gezapftes Hansa bestellen – ein Genuss in der trockenen Wüstenluft. Das Desert Camp hat einen sehr schönen Pool mit 360°-Wüstenblick und zu jedem Zelt gehört ein schattiger Parkplatz. DZ ohne Frühstück 900–990 N$, Dinner in der Sossusvlei Lodge 190 N$.

Für Pferdefans ▶ Desert Homestead: Reservierung über: Kalahari Travel Centre, Tel 00264-61-24-6788, sosses@iafrica.com.na, www.deserthomestead-namibia.com. Die Anlage umfasst 20 reetgedeckte Chalets. Zum Freizeitangebot gehören Ausflüge zu Pferd in einer wunderbaren Wüstenlandschaft, nur 31,5 km von Sesriem entfernt. DZ mit Frühstück 1450 N$, Sundowner-Ausritt 550 N$, Dinner 145 N$.

Fotografen-Tipp ▶ Sossus Dune Lodge: Reservierung über Namibia Wildlife Resorts (NWR) Central Reservations Office in Windhoek: Tel. 061-28 57 200, Fax 061-22 49 00,

Wasser am Fuß der Sossusvlei-Dünen – ein grandioser Anblick, der sich nur nach heftigen Regenfällen bietet

Sesriem und Sossusvlei

reservations@nwr.com.na oder Swakopmund: Tel. 064-40 21 72, Fax 064-40 27 96, sw.bookings@nwr.com.na oder im südafrikanischen Kapstadt mit attraktiver Namibia-Info in der Burg Street: Tel. 0027-21-422 37 61, ct.bookings@nwr.com.na; www.nwr.com.na. Die 2007 fertiggestellte, staatliche Lodge liegt innerhalb des Nationalparks und kann hinsichtlich Design, Stil und Komfort durchaus mit den privaten Lodges rund um Sossusvlei konkurrieren. Die 23 Dünen-Chalets (2 Betten) mit grandioser Aussicht kosten 2200 N$/Pers. inklusive Dinner, Frühstück, Parkeintritt; die beiden geräumigen Honeymoon-Chalets kosten 2800 N$/Pers. inklusive Dinner, Frühstück, Parkeintritt. Von der Lodge werden geführte Touren nach Sossusvlei, in den Namib-Naukluft Park oder zur Elim-Düne angeboten (jeweils 500 N$/ Pers.). Es gibt außerdem begleitete Wandertrips in den Sesriem Canyon (250 N$/Pers.). Selbstfahrer haben den Riesenvorteil, bis nach Sonnenuntergang Fotos machen zu können, da sie den Park nicht verlassen, sondern nur zur Lodge zurückfahren müssen, die innerhalb der Parkgrenzen liegt. Man sollte aber nicht warten, bis es ganz dunkel ist – die Abzweigung zur Lodge ist dann nicht mehr so gut zu erkennen.

Im und am Rand des Namib Naukluft Park

Luxuriöse Zeltbungalows ▶ Hoodia Desert Lodge: an der C19 von Maltahöhe kommend, etwa 15 Min. von Sossusvlei entfernt, Tel. 063-69 31 11, Fax 063-69 31 12, www.hammerstein.com.na. Benannt nach der Hoodia-Pflanze, die schon die San zum Unterdrücken von Hungergefühlen einsetzten und die heute Dicke weltweit in Verzückung bringt. 12 Luxus-Zeltbungalows mit Terrasse und Openair-Badezimmern, am Ufer des Tsauchab gelegen. Restaurant in der Lodge, Ruheterrasse direkt über dem Fluss, Natursteinpool. Organisierte Sossusvlei-Trips. DZ-Chalet mit Frühstück und Dinner 2420 N$.

Günstig gelegener Campingplatz ▶ Sesriem Camp Site: Reservierung über Namibia Wildlife Resorts (NWR) Central Reservations Office in Windhoek: Tel. 061-28 57 200, Fax 061-22 49 00, reservations@nwr.com.na oder Swakopmund: Tel. 064-40 21 72, Fax 064-40 27 96, sw.bookings@nwr.com.na oder im südafrikanischen Kapstadt mit attraktiver Namibia-Info in der Burg Street: Tel. 0027-21-422 37 61, ct.bookings@nwr.com.na; www.nwr.com.na. Der Sesriem-Campingplatz wurde 2007 komplett renoviert, mit neuem Restaurant, neuer Rezeption, Swimmingpool, Toiletten und Duschen. Der staatliche Platz mit nur 24 Plätzen muss auf Grund seiner Beliebtheit möglichst frühzeitig reserviert werden. Auch hier haben Gäste wie bei der Sossusvlei Dune Lodge den unbezahlbaren Vorteil, länger in den roten Dünen fotografieren zu können, da der Campingplatz im Park liegt und man diesen somit nicht vor Sonnenuntergang verlassen muss. Max. 8 Pers. pro Platz, 300 N$/Platz, 150 N$/Pers.

Panorama-Route von Sesriem nach Sossusvlei

Die meisten Besucher sind so gespannt auf das berühmte Dünengebiet, dass sie von Sesriem aus zunächst die 65 km nach Sossusvlei unter die Räder nehmen. Die Teerstraße verläuft parallel zum Trockenflussbett des Tsauchab River. Nach 24 km ist der Aussichtspunkt **Sossuspoort** 6 erreicht, der einen schönen Blick über Flusstal, Dünen- und Berglandschaft bietet.

Bei Kilometer 45 türmt sich linker Hand die **Düne 45** 7 auf, die fast jeden dazu reizt, hinaufzuwandern, wobei die Entfernung bis zum Kamm leicht unterschätzt wird – ebenso die Hitze. Dafür macht es höllischen Spaß, in Riesenschritten über die sehr steilen Flanken wieder hinunterzuspringen.

Nach 60 km ist schließlich der Parkplatz für zweiradgetriebene Fahrzeuge erreicht. Ab hier geht es die restlichen 5 km nur noch zu Fuß weiter oder mit Allradantrieb durch tiefen, weichen Sand. Um ohne steckenzubleiben durchzukommen, müssen hier selbst Geländewagenfahrer ihren Reifendruck auf 1–1,5 bar ablassen.

Bei der Rückfahrt von Sossusvlei im letzten Abendlicht scheinen die Dünen von innen heraus zu leuchten. Bei hereinbrechender Dunkelheit taucht dann im Scheinwerferlicht des Wagens auf dem Weg nach Sesriem vielleicht das auf, was tagsüber vermisst wurde: Hunderte von Oryxantilopen (Tagesbesuche sind nur zwischen Sonnenauf- und -untergang erlaubt).

7 Sossusvlei

▼ Am Ende des Weges liegt das gewaltige Amphitheater des roten Sandgebirges von **Sossusvlei**. *Sossus* kommt aus der Nama-Sprache und bedeutet ›blinder Fluss‹. Früher floss der Tsauchab River ins Meer, nun blockiert der mächtige Dünengürtel seinen Lauf, und er verläuft praktisch im Sand. Dieser Sand hat einen weiten Weg hinter sich. Erst kam er als Verwitterungsprodukt mit dem Orange River in den Atlantik, dort mit nordwärts gerichteten Meeresströmungen an die Küste, von wo ihn der Wind ins Innere der Namib trug.

Selbst wenn der Tsauchab River nach seltenen Regenfällen Wasser führt, kommt er hier nicht mehr weiter. Dann bildet sich direkt am Fuß der Dünen ein großer See, der viele Tiere anlockt. Nach der heftigen Flut im Januar 1997 blieb das Wasser fast ein ganzes Jahr lang in dem *vlei* stehen. Heftige Niederschläge im Frühjahr 1998 trugen dann zu einer Verlängerung dieses einzigartigen Naturschauspiels bei.

Im Jahr 2000 erreichte der Tsauchab wieder kurzzeitig das Dünengebiet, und Mitte Januar 2006 sorgten heftige Niederschläge schließlich erneut für ein wunderbares Naturschauspiel in Sossusvlei. Für die Sossusvlei Lodge und den Campingplatz Sesriem waren die 85 mm Niederschlag in 45 Min. (!) allerdings ein bisschen zu viel des Guten, vor allem, wenn man bedenkt, dass es sonst weniger als 100 mm pro Jahr in dieser Region regnet. Alles wurde überflutet. Zum Glück kam dabei niemand zu Schaden, da sämtliche Hotel- und Campingplatz-Besucher rechtzeitig evakuiert werden konnten.

Schärfer können Kontraste nicht sein: einerseits die lebensfeindliche Wüste, direkt daneben das lebensnotwendige Wasser. Dünen und Himmel spiegeln sich in dem See, scheinen sich darin aufzulösen. Kameldornbäume spreizen ihre Äste wie die Arme eines Untergehenden. Erst sind sie fast verdurstet, nun drohen sie zu ertrinken. Am Rande der Wasserfläche lässt sich jedoch schon wieder das Werk der unbarmherzig herunterbrennenden Sonne beobachten. Langsam zieht sich das Wasser zurück, verdunstet und versickert. Zurück bleibt eine Kruste, erst feucht, dann trocken, schließlich bricht sie auf, und der Boden sieht aus, als wäre er mit Hunderten von Tonscherben übersät.

Ebenfalls faszinierend ist das nur zu Fuß von Sossusvlei aus erreichbare **Dead Vlei** 8 mit aus dem Sand ragenden abgestorbenen Kameldornbäumen. Das Holz ist von Sonne und Wind gebleicht wie die Gebeine eines Toten. Die untergehende Sonne mahnt zur Rückfahrt. Das 65 km entfernte *gate* muss vor Sonnenuntergang passiert sein, sonst ist eine Strafe fällig.

Sesriem Canyon 9

Die zweite vom Campingplatz in Sesriem erreichbare Attraktion ist der 4,5 km entfernt liegende **Sesriem Canyon.** Die enge, 1 km lange und 30 m tiefe Schlucht entstand, als der Tsauchab sich einen Weg durch den wasserlöslichen Kalkstein bahnte. Der Name Sesriem bezieht sich auf die sechs Ochsenleder-Riemen, die aneinander gebunden werden mussten, um Wasser aus dem Canyon zu schöpfen. Unten ist es kühl und schattig, aber bis auf ein paar Wassertümpel meist trocken. Vom Parkplatz am Canyon führt ein Pfad in die Unterwelt. Tauben haben sich hier eingenistet und die Felswände eingemistet.

Durch die Naukluft-Berge ▶ G 12

Karte: S. 199

Von Sesriem geht es noch ein kurzes Stück auf der C 27 weiter, dann ist die Hauptpiste C 19 wieder erreicht. Durch den Korridor, der den Namib mit dem bergigen Naukluft Park verbindet, führt diese direkt nach Norden. Die Naukluft-Berge erheben sich durchschnittlich 1000 m über das Vorland, ihre höchsten Gipfel sind knapp über 2000 m hoch. Das Massiv ist wegen seiner Unzugänglichkeit nicht nur ein sicheres Rückzugsgebiet für Tiere, auch Menschen haben sich in der Vergangenheit oft in dem Gebiet mit seinen ganzjährig gefüllten Felsenpools versteckt. Einer davon war Hendrik Witbooi (s. Thema S. 44), der sich während einer Auseinandersetzung mit der deutschen Schutztruppe zwischen 1891 und 1894 samt seinen Leuten und dem Vieh dahin zurückzog. Einige deutsche Soldatengräber erinnern an die Kämpfe.

Die Naukluft-Berge sind nicht für Tagesbesucher geöffnet. Nur derjenige, der einen Campingplatz in Naukluft vorgebucht hat, darf in diesen Bereich des Namib Naukluft Park fahren. Vom Campingplatz aus können Besucher das Gebiet auf zwei Tageswanderwegen, einem 8-tägigen, sehr anstrengenden Wanderweg (s. Aktiv unterwegs S. 212) oder einem 4x4-Trail erkunden (Parkeintritt Erw./Kinder 40/10 N$, Auto 10 N$).

Namib-Naukluft 4x4 Trail 10

In den Naukluft-Bergen gibt es eine Geländewagenstrecke in einem Naturschutzgebiet, den bei Abenteurern sehr beliebten, teils extrem steilen **Namib-Naukluft 4x4 Trail.** Die Offroad-Strecke folgt einer alten Farmroute, die in den 1940er-Jahren ›gebaut‹ wurde. Ein

Im und am Rand des Namib Naukluft Park

aktiv unterwegs

Wandern in den Naukluft-Bergen

Tour-Infos
Start: Campingplatz Naukluft
Länge: Olive Trail 10 km, Waterkloof Trail 17 km, Naukluft Hiking Trail 120 km bzw. in der kürzeren Variante 58 km
Dauer: Olive Trail 4–5 Std., Waterkloof Trail 6–7 Std., Naukluft Hiking Trail 8 bzw. 4 Tage
Teilnehmerzahl: Mindestens 3 und maximal 12 Personen bilden eine Gruppe
Kosten: 100 N$ pro Person
Besondere Hinweise: Vor Antritt des Naukluft Hiking Trail ist der Parkverwaltung ein ärztliches Attest vorzulegen, das die nötige körperliche Fitness bestätigt. Proviant und vor allem genügend Trinkwasser ist mitzubringen. Weil kein Feuer gemacht werden darf, empfiehlt sich ein Campingkocher. Übernachtet wird in alten Farmhäusern und primitiven Steinhütten (ein Schlafsack muss mitgenommen werden), dort gibt es Gelegenheit, die Wasserflaschen aufzufüllen. Auch Toiletten sind vorhanden. Nachts kühlt es empfindlich ab, daher gehört auch warme Bekleidung ins Gepäck.

Wer sich anstatt auf Pferdestärken eher auf die Kraft seiner Beinmuskeln verlassen möchte, kommt in den Naukluft-Bergen voll auf seine Kosten. Am Campingplatz Naukluft startet der 10 km lange **Olive Trail,** bei dem es mit Hilfe von in die Felswand eingelassenen Ketten einen Wasserfall zu überwinden gilt – das ist nur etwas für geübte Wanderer! Mit 17 km etwas länger, von einigen steilen Anstiegen abgesehen aber einfacher ist der **Waterkloof Trail.** Beide Touren sind ganzjährig durchführbar.

Doch vor allem wartet hier in den Naukluft-Bergen auch die ›Mutter aller Trails‹ im südlichen Afrika auf Bezwinger: Der 120 km lange **Naukluft Hiking Trail,** für den acht Tage veranschlagt werden müssen, gilt als extrem schwierig und sollte nur von ausdauernden und erfahrenen Wanderern (!) in Angriff genommen werden. Es gibt eine Abkürzung, die die Strecke auf rund 58 km bzw. vier Tage verkürzt.

Die erste Tagesetappe ist 14 km lang und kann in etwa 6 Stunden bewältigt werden. Der einem Wildwechsel folgende Pfad fordert mit Ausnahme zweier steiler Anstiege keine großen Anstrengungen und bietet immer wieder schöne Ausblicke auf das 300 m tiefer gelegene Tal. Der Übernachtungs-Stop **Putte** verfügt über einen Brunnen, wer dort fleißig die Handpumpe betätigt, kommt in den Genuss einer Dusche.

Am zweiten Tag wandert man 3 Stunden lang über ein Hochplateau, um anschließend bei **Bergpos** den Abstieg in die **Ubusis Kloof** in Angriff zu nehmen (›Kloof‹ ist das südafrikanische Wort für ›tiefe Schlucht‹). Der Weg ist hier zum Teil mit Ketten gesichert. Nach weiteren 3 Stunden und insgesamt 15 km erreicht man die **Ubusis-Schutzhütte.**

Zunächst zurück nach **Bergpos** geht es am dritten Tag, von dort führt die 12 km lange Tagesetappe wieder über das Hochplateau. In dieser Gegend hat man gute Chancen, Bergzebras und Kudus zu sichten. Nach einer Wanderung von 4 bis 6 Stunden erreicht man die **Adlerhorst-Schutzhütte.**

Die vierte, etwa 17 m lange Tagesetappe führt durch die Schlucht des **Tsams River.** Der Weg verlässt das Trockenflussbett an einer Stelle, wo ein Wasserfall umstiegen werden muss. Wo er wieder auf den Fluss trifft, steht ein imposanter Moringa-Baum mit einem Durchmesser von fast 4 m. Man kommt an mehreren Quellen vorbei, bevor man nach 6–7 Stunden die **Tsams Ost-Schutzhütte** erreicht. Dort endet die Viertages-Tour.

Wer weiterwandert, nimmt am fünften Tag den steilen Aufstieg von Tsams Ost nach **Broekskeur** in Angriff. Dort angelangt, schlän-

Durch die Naukluft-Berge

gelt sich der Pfad zwischen Euphorbien, Köcher- und Moringabäumen hindurch. An der **Fonteinpomp** können die Wasserflaschen aufgefüllt werden. Nach 17 km und 6–7 Stunden erreicht man **Die Valle**.

Auch der sechste Tag beginnt mit einem steilen Anstieg; Ziel ist der 200 m hoch gelegene **Die Valle-Wasserfall**. Er liegt zwar meist trocken, bietet aber eine spektakuläre Aussicht. Vom Wasserfall aus führt der Weg durch eine enge Schlucht weiter aufwärts, um sich anschließend zum Arbeit-adelt-Tal (!) hinabzusenken. Nach 6 Stunden und etwa 16 km erreicht man die **Tufa-Schutzhütte**.

Am siebten Tag geht es in einer bewachsenen Schlucht einen trockenen Wasserfall hinauf, Ketten sichern den Aufstieg. Nächste Zwischenstation ist **Bakenkop**, der höchste Punkt der Tour, von dem sich ein atemberaubender Blick ins 600 m tiefer gelegene Tal des Tsondap River bietet. Endpunkt der 14 km und etwa 5 Stunden langen Tagesetappe ist die **Kapovlakte-Schutzhütte**. Auf dem Weg dorthin kann man mit etwas Glück Oryxantilopen und Springböcke beobachten.

Die letzte, etwa 16 km lange Tagesetappe lässt sich in 5 Stunden bewältigen. Kurz vor ihrem Ende trifft man im Trockenflusstal des **Naukluft River** auf Wasserbecken, in denen man ein erfrischendes Bad nehmen kann. Von dort gelangt man in etwa 40 Minuten zum Naukluft Campingplatz zurück.

Das Naukluft-Massiv zählt zu den schönsten Wandergebieten Südafrikas

Im und am Rand des Namib Naukluft Park

Farmer wollte oben auf dem Plateau nach Wasser für seine unten im Tal durstenden Schafe bohren. 1948 luden er und zwei Freunde schweres Bohrgerät auf einen alten zweiradgetriebenen Achtzylinder-Ford ohne Türen. Aus Angst vor einem Absturz auf der steilen Strecke band man dem Farmer ein Sicherungsseil um den Bauch. Wäre das Auto abgestürzt, hätten ihn seine Freunde am Seil blitzschnell durch die Türöffnung gezogen – was natürlich eine wahnwitzige Idee war. Das Wasser gelangte nach erfolgreicher Bohrung auf dem Plateau per Pipelines nach unten.

Übernachten, Essen

Mit gutem Restaurant ▶ **Namib Naukluft Lodge:** An der C 36, 19 km südlich von Solitaire, Buchung über African Extravaganza, Tel. 061-37 21 00, Fax 21 53 56, www.namibnaukluft-lodge.com. Dem Platz, der von außen wie ein sandfarbenes, amerikanisches Motel wirkt, fehlt ein bißchen die luftige Leichtigkeit der meisten anderen Lodges der Gegend. Gekachelte Zimmerböden und relativ kleine Fenster schaffen ein bedrückend-konservatives Ambiente. Der schöne Poolbereich und prima Essen versuchen dieses Manko wieder auszugleichen. DZ mit Frühstück 1400–1600 N$. Dinner 150 N$.

Am Fuße versteinerter Dünen ▶ **Namib Desert Lodge:** An der C 19, 30 km südl. von Solitaire, 70 km nördl. von Sesriem, Reservierung über Tel. 061-23 00 66, Fax 25 18 63, www.gondwana-collection.com. Die Lodge liegt in einem Gebiet mit versteinerten Sanddünen; schöne Sundowner-Fahrt im offenen Geländewagen. 55 Zimmer, Restaurant mit Bier vom Fass. DZ mit Frühstück 1100 N$.

Camping ▶ **Naukluft Camp:** Reservierung über Namibia Wildlife Resorts (NWR) Central Reservations Office Windhoek: Tel. 061-28 57 200, Fax 061-22 49 00, reservations@nwr.com.na oder Swakopmund: Tel. 064-40 21 72, Fax 064-40 27 96, sw.bookings@nwr.com.na oder im südafrikanischen Kapstadt mit attraktiver Namibia-Info in der Burg Street: Tel. 0027-21-422 37 61, ct.bookings@nwr.com.na; www.nwr.com.na. Max. 8 Pers. pro Platz, 100 N$/Platz, 50 N$/Pers.

Aktiv

Geländewagenfahrten ▶ **Namib-Naukluft 4x4 Trail:** Ganzjährig zugängliche Geländewagen-Strecke im Naturschutzgebiet. Der steinige Pfad ist so konzipiert, dass man eine Nacht in den Naukluft-Bergen verbringt. Anstatt in den fast ungeschützten Steinhäuschen mit Blechdach sollte allerdings besser im Dachzelt oder einem anderen Zelt übernachtet werden. Für den 73 km langen Trail braucht man mindestens zwei Tage – und viel Offroad-Erfahrung, da er als der schwierigste des Landes gilt. Reservierung über Namibia Wildlife Resorts (NWR) Central Reservations Office in Windhoek: Tel. 061-28 57 200, Fax 061-22 49 00, reservations@nwr.com.na oder Swakopmund: Tel. 064-40 21 72, Fax 064-40 27 96, sw.bookings@nwr.com.na oder im südafrikanischen Kapstadt mit attraktiver Namibia-Info in der Burg Street: Tel. 0027-21-422 37 61, ct.bookings@nwr.com.na; www.nwr.com.na. 250 N$ pro Fahrzeug.

Solitaire [11]

Der nächste Ort in Richtung Norden ist **Solitaire.** Doch was als Siedlung in der Karte eingezeichnet ist, besteht in Wirklichkeit nur aus Laden, Tankstelle und ein paar Häuschen. Der Shop würde auch gut in den Südwesten der USA passen. Fast immer gibt es leckeren, frisch gebackenen Apfelkuchen und Kaffee, ausgeschenkt in Pappbechern.

Über Passhöhen ▶ G/H 10/11

Karte: S. 199

Freunde spektakulärer Passstraßen werden, statt geradeaus zum Kuiseb Canyon zu fahren, gerne einen längeren, überaus reizvollen Umweg in Kauf nehmen: **Spreetshoogte Pass** [12] (1780 m) und **Gamsberg Pass** [13] (2334 m) mit ihren teilweise atemberaubenden Steigungen gehören zu den schönsten Bergpisten Namibias. Der erste führt aus der Namib hinauf ins Hochland, der zweite wieder zurück in die Wüste. Von beiden Passhöhen bieten sich wunderbare Ausblicke. Der Spreetshoogte Pass ist mit 23 % Stei-

Einstellungssache: im Shop von Solitaire

gung der zweitsteilste im Land, nach dem berüchtigten Van Zyl's Pass im Kaokoland (s. S. 325f.). Auf dem Gamsberg-Plateau hat das Heidelberger Max-Planck-Institut bereits 1970 eine kleine Sternwarte eingerichtet, da die Nächte hier besonders klar sind.

Wer glaubt, der fast 200 km lange Umweg über die beiden Pässe würde sich nicht lohnen, da auf dem direkten Weg ja noch der **Kuiseb Pass** 14 liegt, irrt sich. Die englische Bezeichnung *pass* beinhaltet jegliche Art, ein Bergmassiv zu überqueren bzw. zu durchdringen. Im Falle des Kuiseb Pass wird lediglich ein Flussbett durchfahren.

Wer die Abkürzung wählt, ist zwar schneller am Ziel, verzichtet aber auf zwei grandiose Aussichtspunkte auf den jeweiligen Höhen der vorgenannten Pässe. Dort lässt sich die Geografie wunderbar nachvollziehen. Die scheinbar unendlichen Hügelketten des Khomas-Hochlandes fallen plötzlich in die tief unten liegende, pastellfarbene Namibwüste ab, die von oben wie ein kunstvolles Aquarell wirkt.

Kuiseb Canyon ▶ G 10

Karte: S. 199
Bald hinter dem Kuiseb Pass ist ein anderes landschaftliches Highlight erreicht: der **Kuiseb Canyon** 15, der von einem Labyrinth aus Trockenflüssen zerschnitten wird. Oft ist der Kuiseb jahrelang trocken, nach schweren Niederschlägen im Hochland kommt er jedoch manchmal plötzlich und urgewaltig ab. Das bedeutet, dass er sich in einen reißenden Strom verwandelt, der durch das ausgetrocknete Land donnert. Dabei spült er den vom Wind in das Flussbett gewehten Sand zurück ins Meer und verhindert auf diese Weise das Vordringen der Dünen in die sich vom Swakop-Fluss nach Norden ausdehnenden Ebenen.

Im und am Rand des Namib Naukluft Park

Am Kuiseb Canyon verbargen sich die deutschen Geologen Henno Martin und Hermann Korn während des Zweiten Weltkriegs

Gut 9 km westlich von dem Campplatz im Kuiseb Canyon zweigt eine ausgeschilderte Straße zum **Karpfenkliff** 16 ab, wo man in die Tiefe der Schlucht hinunterblicken kann – vor allem im letzten Nachmittagslicht ein faszinierendes Farbenspiel. Hier lag das erste Versteck der beiden deutschen Geologen Henno Martin und Hermann Korn, die sich im Zweiten Weltkrieg im Kuiseb aus Angst vor der Internierung 2 1/2 Jahre versteckt gehalten hatten (s. Thema S. 217).

Übernachten

Einfach, aber schön gelegen ▶ Camping Kuiseb Bridge: Kuiseb Canyon, Reservierung über **Namibia Wildlife Resorts** in Windhoek, Tel. 061-285 70 00, Fax 22 49 00, Swakopmund, Tel. 064-40 21 72, Fax 40 30 23, Khorixas Lodge, Tel. 067-33 11 11, Fax 33 13 88, www.nwr.com.na. Insgesamt stehen 4 Campplätze zur Verfügung, je 120 N$ (ohne Strom). Der Platz wird 2010 renoviert und ist bis auf Weiteres geschlossen.

Nach Walvis Bay ▶ E–G 10

Karte: S. 199

Hat man den Kuiseb Pass durchfahren, den Canyon passiert, geht es auf der Piste (C 14) nur noch gerade aus. Das Auge hat nichts mehr, woran es sich noch klammern könnte. Wieder einmal herrscht unendliche Weite – schwarz und trostlos. Erst nach langer Zeit taucht am Horizont dann eine Erhebung auf, kommt näher, wird zum Fixpunkt. **Vogelfederberg** 17 heißt die rote Granitformation wenig treffend. Ein primitiver, jedoch über gute Aussicht verfügender Camping- und Picknickplatz bietet eine willkommene Gelegeheit zur Rast.

Wo früher Grenzzäune andeuteten, dass die einstige südafrikanische Enklave **Walvis Bay** (s. S. 220ff.) – inzwischen zur zweitgrößten Stadt Namibias mit 36 000 Einwohnern angewachsen – erreicht ist, haben diese Rolle längst Stromleitungen und -masten übernommen.

Flucht in den Kuiseb Canyon

›Wenn es Krieg gibt, gehen wir in die Wüste‹ Thema

Während des Zweiten Weltkrieges flüchteten die beiden deutschen Geologen Henno Martin und Hermann Korn mit ihrem Hund Otto in die Wüste, um der Internierung und dem Krieg zu entgehen. In der Namib und dort insbesondere im Kuiseb Canyon lebten sie gut zweieinhalb Jahre unter primitivsten Bedingungen.

»Mein Freund Korn und ich waren der Meinung, dies sei nicht unser Krieg. Wir hatten ihn lange vorher kommen sehen und hatten aus diesem Grunde Europa verlassen. Wir wollten keinen Teil haben am Selbstmord zivilisierter Völker.« Sie zogen in die Wüste und überlebten durch Honigsammeln, Angeln in den Tümpeln der Schlucht, Gemüseanbau und Jagd. Sie hatten ein Gewehr mit 44 Schuss und eine Pistole mit etwa 300 Patronen dabei. Henno Martins Erinnerungen an diese Zeit – ›Wenn es Krieg gibt, gehen wir in die Wüste‹ (zu beziehen über www.namibiana.de; 25,50 €) – sind bis heute ein Long- und Bestseller in Namibia. Während die philosophischen Exkurse oft ein wenig langatmig anmuten, sind die Begegnungen mit der Natur packend geschildert und noch immer aktuell.

Das Schlimmste war der Hunger: »Wir konnten nur noch an Essen denken und nur noch vom Essen sprechen. Wenn wir abends vor Hunger nicht einschlafen konnten, malten wir uns aus, was wir alles kochen würden, wenn wir die und die Sachen hätten.«

Spärliche Munition und geringe Erfahrung erschwerten die Jagd. Oft verwundeten die beiden ihre Beute nur, aber hin und wieder hatten sie Glück: »Hermann schoß einen prallen (Zebra)Hengst, verbrauchte aber drei Kugeln dabei. (…) Wir studierten deshalb beim Zerlegen die Anatomie des Tieres, um eine verletzlichere Stelle zu finden. Das Schulterblatt war schmal, die Rippen breit und mit großen Zwischenräumen, das Herz war sehr groß. Wir merkten uns auf einem Blatt genau die Stelle des Grätenmusters, unter der das Herz lag. Von da ab konnten wir dann Zebras auf eine Entfernung bis zu sechzig Metern mit Herzschüssen erbeuten. (…) Besonders gut mundete uns Zebra-Gulasch, das wir kurz ›Zebrasch‹ nannten.«

Zum Thema Einsamkeit schreibt Henno Martin: »Raubtieren gleich krochen wir blutdürstig in den einsamen Schluchten umher. Es bestand zweifellos die Gefahr, dass unser Leben in primitiven Stumpfsinn abglitt. (…) Wäre es uns nicht gelungen, unsere geistigen Fähigkeiten wachzuhalten, die Einsamkeit hätte uns schließlich wohl vernichtet.«

Doch Hermann Korn wurde durch Vitaminmangel krank, und Martin fuhr ihn auf die Farm eines Bekannten, der ihn nach Windhoek brachte. Er selbst kehrte mit Hund Otto zurück ins Versteck. »Am Abend des zweiten Tages kam die Polizei, mich zu holen. (…) Freunde hatten Hermann davon überzeugt, dass ich nicht allein bleiben könnte.« Die Regierung zeigte Verständnis. Die beiden wurden nicht interniert und fingen kurz vor Kriegsende an, als Geologen für sie zu arbeiten.

Hermann Korn verunglückte 1946 tödlich mit dem Auto und liegt in Windhoek begraben. Henno Martin lebte zunächst in Kapstadt, später ging er nach Deutschland zurück, wo er in Göttingen einen Lehrstuhl für Geologie innehatte und 1997 starb.

In der Namibwüste zwischen Sossusvlei und Swakopmund

An der Atlantikküste

Walvis Bay, Namibias einziger kommerzieller Hafen, war noch bis 1994 eine südafrikanische Enklave, was sich in der eintönigen Architektur widerspiegelt. Und da das erheblich attraktivere Swakopmund nur 34 km weiter nördlich liegt, wird Walvis Bay auch zukünftig bei Besuchern, die gerne gut essen und übernachten wollen, ›zweite Wahl‹ bleiben.

Walvis Bay ▶ E 10

Cityplan: S. 223; **Karte:** S. 226
Die Stadt **Walvis Bay** 1 mit ihren 55 000 Einwohnern lebt primär von ihrem Tiefseehafen, dem einzigen Namibias, dem Fischfang und der Fischverarbeitung sowie der Meersalzgewinnung. Da sie kaum historische Sehenswürdigkeiten besitzt, zieht die Stadt als solche nicht unbedingt die Touristen an. Immerhin vermittelt sie einen Hauch von städtischem Flair, was man in Namibia sonst nur noch in Windhoek findet.

Walvis Bay ist von seiner langen südafrikanischen Vergangenheit geprägt. Das Straßennetz ist schachbrettartig angelegt, *roads* führen zur Küste hin, *streets* parallel zu ihr. Mittlerweile wurden viele der ursprünglich mit Nummern versehenen Straßen mit den Namen namibischer Politiker und Freiheitskämpfer bedacht. Bemerkenswert ist einzig die **Rheinische Missionskirche** 1, die 1879 in Hamburg als Fertigbau hergestellt, zerlegt nach Walvis Bay gebracht und 1880 dort aufgebaut wurde. Reizvoll ist auch ein Spaziergang entlang der **Esplanade** 2, die an der Lagune entlangläuft. Hier reihen sich schmucke Villen, in deren Vorgärten Araukarien ihre tentakelartigen Zweige in den Himmel strecken. Wegen ihrer streng geometrischen Wuchsform werden diese Nadelholzgewächse auch Etagenbäume genannt.

Vielmehr als die Stadt selbst ist es ihre reizvolle Umgebung, die Gäste anlockt. So entwickelt sich das ›Dornröschen‹ Namibias seit einigen Jahren zu einem ernst zu nehmenden Ferienort. Neue Hotels, Restaurants und Tourangebote sollen Swakopmund in Zukunft Konkurrenz machen.

Der Seefahrer Bartolomeu Dias hatte die Bucht bereits am 8. Dezember 1487 als natürlichen Ankerplatz entdeckt und Golfo de Santa Maria da Conceição, ›Empfängnisbucht‹, genannt. Portugiesische Händler bezeichneten sie später als Bahia das Baleas, ›Bucht der Wale‹. In den folgenden Jahrhunderten ankerten immer wieder Walfänger hier, doch wegen fehlender Wasserquellen in der Nähe entwickelte sich zunächst keine permanente Siedlung. 1793 besetzten die Kapholländer die Wal(fisch)bucht, und am 12. März 1878 annektierten die Briten Walvis Bay. Die Wasserversorgung der Stadt blieb lange ausgesprochen aufwendig. Ihre Entwicklung als Hafenstadt gewann erst allmählich im Zuge der Erschließung des Hinterlandes an Bedeutung.

Nachdem die Deutschen ab 1893 begonnen hatten, Swakopmund (s. S. 231ff.) zu einem Hafen für Deutsch-Südwestafrika auszubauen und Güter auf ihrer Eisenbahnlinie ins Landesinnere zu transportieren, nahm die Bedeutung von Walvis Bay rapide ab. Und das, obwohl 1898 hier ein gut 200 m langer Pier (der erste in Walvis Bay) gebaut wurde. 1910 trat Walvis Bay der Südafrikanischen Union bei, und ab 1915, nachdem eine Eisenbahnverbindung mit Swakopmund in

Walvis Bay

Betrieb gegangen war, gewann es allmählich wieder an Bedeutung. 1927 entstand dann der neue Hafen, und nach dem Zweiten Weltkrieg entwickelte sich Walvis Bay zu einer modernen Stadt. Nach der Unabhängigkeit Namibias 1990 blieb es zunächst eine südafrikanische Enklave, und erst 1994 übereignete Nelson Mandela, damals südafrikanischer Präsident, den Hafen Namibia.

Infos

Walvis Bay Tourist Information Office: Civic Centre, Nangolo Mbumba Drive, Tel. 064-20 59 81, Fax 20 97 14, www.namibweb.com/walvisbay.htm. Freundlicher Service, Tipps zu Übernachtungen, Restaurants und Aktivitäten, u. a. 4x4-Ausflüge nach Sandwich Bay.

Übernachten

Komfortables Kettenhotel ▶ Protea Hotel Pelican Bay 1: Esplanade, direkt am Jetty an der Lagune, Tel. 064-21 40 00, Fax 20 04 81, www.proteahotels.com/pelicanbay. Das Interieur dieses Hotels an der Walvis-Bay-Lagune soll alle Elemente der Umgebung widerspiegeln, also See, Land und Licht. Zur Verfügung stehen 50 Zimmer und 2 Suiten. DZ mit Frühstück 1150 N$.

Familiäres Gästehaus ▶ Lagoon Lodge 2: 88 Kowambo Nujoma Dr., Tel. 064-20 08 50, Fax 20 08 51, www.lagoonlodge.com.na. Bereits der freundlich gelbe Fassadenanstrich des direkt an der Lagune gelegenen Hotels wirkt sehr einladend. Ein französisches Paar betreibt das luxuriöse Guest House (8 Zimmer) mit viel Liebe zum Detail. Es gibt Fahrräder für bewegungshungrige Gäste und Angeln für jene, die sich ihr Abendessen selbst erarbeiten wollen. DZ mit Frühstück 1060 N$.

Farbenfrohe Architektur ▶ Protea Hotel Walvis Bay 3: Ecke Sam Nujoma Avenue/10th Road, Tel. 064-20 95 60, Fax 20 95 65, www.proteahotels.com/walvisbay. Farbenprächtiges Hotel, 20 Zimmer, Exkursionen in die Lagune. DZ mit Frühstück 1000 N$.

Ehemaliges Wohnhaus ▶ Ngandu at Sea 4: Ecke 1st/Theo Ben Gurirab Street, Tel. 064-20 73 27 und 20 73 28, Fax 20 73 50, theart@mweb.com.na. In der Kavango-Sprache bedeutet *ngandu* Krokodil – woher der Name? Ganz einfach: Die Besitzer betreiben hoch im Norden, in Rundu, die Ngandu Safari Lodge. Das umgebaute, große Wohnhaus bietet viel Platz, insgesamt 22 Zimmer, das **Croc-Bites-Restaurant** (tgl. 18–23 Uhr) sowie Grillplätze. DZ mit Frühstück ab 750 N$.

Mit idyllischem Innenhof ▶ Langholm Hotel 5: 24 Second St. West, Tel. 064-20 92 30, Fax 20 94 30, www.langholmhotel.com. Modernes Hotel in der Nähe der Lagune mit 12 Zimmern und Satellitenfernsehen. DZ mit Frühstück 700–820 N$.

Günstige Bungalows ▶ Esplanade Park Municipal Bungalows 6: Esplanade, nach Passieren der 8th Rd. links auf dem Weg nach Süden Richtung Sandwich Harbour, Reservierung über Walvis Bay Resorts, Tel. 064-21 55 00, Fax 21 55 10. Bungalows an der Lagune, insgesamt 26 an der Zahl, mit Küche, Telefon und TV. Cottage ab 450 N$.

Essen & Trinken

Schön bei Sonnenuntergang ▶ The Raft 1: Esplanade, Tel. 064-20 48 77, tgl. 12–15, 18–22 Uhr. Beim Dinner kann man im in die Lagune hineingebauten Pfahlbau spektakuläre Sonnenuntergänge genießen, bei Flut lassen sich Robben und Delfine beobachten. Man speist Seafood und Steaks. Hauptgerichte 90–150 N$.

Für Kuchenfreunde ▶ Probst Bakery, Café, Restaurant 2: Ecke 12th Road/Theo Ben Gurirab Street (9th Street), Tel. 064-20 27 44, Mo–Fr 6.30–18, Sa 6.30–14 Uhr, So geschl. Bereits 1957 etabliert, ist Probst so etwas wie eine Institution in Walvis Bay, nicht nur ein exzellenter Platz, um ein leckeres Frühstück oder Lunch einzunehmen. Die Kuchen- und Brötchenauswahl ist gigantisch. Legendär: die Schwarzwälder Kirschtorte. Gerichte zwischen 5 und 85 N$.

Pizza und Pasta ▶ Crazy Mama's 3: 133 Sam Nujoma Ave., Tel. 064-20 73 64, Mo-Fr 12–15, 18–23, Sa 18–23 Uhr, So geschl. Prima Pizza und Pasta, angeblich die ›besten‹ in Namibia. Nach dem Raft, wo es nicht ganz so relaxt zugeht, das bei Einheimischen beliebteste Restaurant. Hauptgerichte 50 N$.

221

Walvis Bay

Sehenswert
1. Rheinische Missionskirche
2. Esplanade

Übernachten
1. Protea Hotel Pelican Bay
2. Lagoon Lodge
3. Protea Hotel Walvis Bay
4. Ngandu at Sea
5. Langholm Hotel
6. Esplanade Park Municipal Bungalows

Essen & Trinken
1. The Raft
2. Probst Bakery, Café, Restaurant
3. Crazy Mama's

Aktiv
1. Eco Marine Kayak Tours
2. Levo Tours
3. Mola Mola Safaris
4. Kuiseb Delta Adventures

Aktiv

Kajaktrips in die Lagune ▶ Ein Trip im ein- oder zweisitzigen See-Kajak in die von Atlantik und Wüste flankierte, wunderschöne Lagune ermöglicht hautnahe Kontakte mit Robben und manchmal auch Delfinen. Aber vor allem die Vogelbeobachtungsmöglichkeiten wissen Gäste hierbei zu schätzen. Für die Sicherheit an ›Bord‹ sorgen Funkgerät, GPS, Leuchtraketen und Schwimmwesten. Die verschiedenen Touranbieter in Walvis Bay (s. unten) stellen zur Verfügung: Kajaks und Paddel, Schwimmwesten, wasserdichte Jacken, Neopren-Schuhe, Trockentaschen für Kameras, Trinkwasser, Erfrischungen und Snacks. Der Transfer zum Pelican Point geht vorbei an Scharen von Flamingos, Kormoranen, Pelikanen, Watvögeln und einer riesigen Anzahl weiterer Seevögel. Diese 40 km lange Sehfahrt genießen Touristen oft genauso sehr wie die eigentliche Kajak-Tour.

Eco Marine Kayak Tours 1: 63 9th St., Tel./Fax 064-20 31 44, www.gateway-africa.com/kayak/index.html. Kajak-Trips in die Lagune für Anfänger und Fortgeschrittene, Dauer 2–5 Std., 300–500 N$/Person. **Levo Tours 2:** 32 3rd St., Tel./Fax 064-20 75 55, www.levotours.com. Boottrips in die Lagune, zur Beobachtung von Delfinen und Robben, unterwegs wird ein Imbiss mit Sekt und frische Austern gereicht. 400 N$/Pers. **Mola Mola Safaris 3:** Ecke Atlantic Street/Esplanade, Tel. 064-20 55 11, Fax 20 75 93, www.mola-namibia.com. Zum Angebot des Unternehmens gehören Bootstouren in die Lagune, bei denen Seehunde und Delfine beobachtet werden können, weiterhin 4x4-Trips zum Sandwich Harbour. Ca. 950 N$/Pers.

Quadbike-Touren in den Dünen ▶ Kuiseb Delta Adventures 4: Fanie du Preez, Tel. 064-20 25 50, www.kuisebonline.com. Fanie hat verschieden lange Quadbike-Touren im Angebot, auf Wunsch auch mit Übernachtung. 3 Std. 625 N$, 4 Std. 675 N$, 5 Std. 800 N$ inklusive Videoaufzeichnung (s. auch Aktiv unterwegs S. 241).

Verkehr

Flugverbindungen: Air Namibia fliegt 4 x wöchentlich von Windhoek nach Walvis Bay. Reservierung unter Tel. 061-22 96 39, Fax 22 87 63. Da Walvis Bay einen internationalen Flughafen hat, sind auch Direktflüge von Kapstadt möglich.

Busverbindungen: Intercape Mainliner bedient die Route von Kapstadt über Keetmanshoop nach Windhoek und Walvis Bay und zurück. Infos und Reservierung unter Tel. 061-22 78 47, Fax 386 24 88. Auch **Ekono Liner** verkehrt auf dem Weg nach Kapstadt zwischen Windhoek und Walvis Bay, Tel. 061-23 69 46, Fax 23 68 80.

Bahnverbindungen: Auf der Bahnlinie Windhoek–Swakopmund verkehrt täglich außer Sa ein Zug, weiterhin gibt es Sonderfahrten mit dem Desert Express (s. S. 138). Auskunft und Reservierung über TransNamib Rail Central Reservations, Tel. 061-298 20 32, Fax 298 24 95. Regelmäßige Bahnverbindungen von Walvis Bay nach Swakopmund und Tsumeb.

Pelikane überfliegen die Lagune am Pelican Point

Rund um Walvis Bay

runter Pelikane, Möwen, Seeschwalben und Flamingos, vom offenen Meer durch eine Landzunge geschützt, im flachen, nährstoffreichen Wasser nach Fischen und Muscheln suchen.

Nördlichster Punkt der Landzunge ist **Pelican Point** 3, mit Leuchtturm und einer kleinen Robbenkolonie. Der Weg dorthin ist nur mit einem Geländewagen zu schaffen – und nur bei Ebbe. Die Alternative zum Landweg ist eine Bootsfahrt – einige Veranstalter bieten hierzu Touren mit Sekt- und Austernfrühstück an.

Den Vögeln gefällt das Motorengeräusch der Schiffe weniger. Sie lassen sich am besten frühmorgens vom Land oder von einem Kajak aus beobachten. Über 20 000 Flamingos finden sich regelmäßig in der Lagune ein, allerdings nicht zum Brüten. Das tun sie weiter nördlich, im Etosha National Park (s. S. 296ff.), wenn es dort ordentlich geregnet hat, was nur alle sieben einmal Jahre vorkommt. Um zu wissen, wie es um die Wassersituation im Norden Namibias bestellt ist, fliegen einige Flamingos nach Etosha. Kehren die Kundschafter nicht zurück, folgen die anderen Tiere nach.

Salt Works 4

Die etwa 5 km südlich von Walvis Bay liegenden **Salt Works** sind der größte Salzproduzent Afrikas. Auf den 3500 ha großen Salzfeldern werden jährlich 400 000 t hochwertiges Salz gewonnen. Schon von weitem sieht man die schneeweißen Berge in den blauen Himmel ragen.

Wer sich an den Verdunstungsbecken links hält, gelangt in das Flussdelta des Kuiseb. Dort folgt man dem breiten Spurenbündel bis zum Zaun des Namib Naukluft Park, der in Strandnähe passiert wird. Dort beginnen gut 20 km loser Sand. Spätestens hier sollte der Reifenluftdruck reduziert werden. Danach kann man entweder am Strand oder durch die Dünen weiterfahren. Nach 16 km ist der nördliche Rand der Lagune erreicht, wo Fahrzeuge abgestellt werden müssen. Von hier aus geht es nur zu Fuß weiter, um die Vögel möglichst wenig zu stören.

Ausflüge von Walvis Bay ▶ E 10
Karte: links

Lagune und Pelican Point

Hauptattraktion von Walvis Bay ist die **Lagune** 2, in der unzählige Seevögel – ihre Zahl wird auf 120 000 Tiere geschätzt –, da-

Oldtimer-Wüstenrallye

Namipenda-Rallye – Über Stock und Stein

Thema

Oldtimer-Veranstaltungen und Veteranen-Rallyes sind in Europa äußerst beliebt. Da werden automobile Preziosen über Straßen gescheucht, als gäbe es kein Morgen. Es geht aber noch härter. Erstaunlicherweise besitzt selbst ein relativ kleines Land wie Namibia, mit insgesamt 1,8 Mio. Menschen, also nur halb so vielen Einwohnern wie Kapstadt, eine enthusiastische Oldtimergemeinde.

Sie frönen im Windhoeker Old Wheelers Club (www.oldwheelers.com) ihrem, dank des trockenen Klimas, praktisch rostfreien Hobby. Es gibt regelmäßige Clubtreffen und Ausfahrten, die auf der Website des Clubs gelistet sind. Wer Oldtimer mag, kann seine Namibia-Reise entsprechend der Termine planen, um die lokale Szene live zu erleben.

Oder den Namibia-Trip gleich im eigenen Klassiker unter die Räder nehmen. Seit 2008 veranstaltet Namipenda im Oktober/November vierwöchige Oldtimer-Rallyes. Namipenda ist übrigens eine Wortschöpfung aus ›Namib‹ und dem Suaheli-Wort ›Nakupenda‹, was bedeutet ›Ich liebe dich‹.

Organisiert wird die Rallye von dem Deutschen Jasper Vogt. Er hat 2006 per Motorrad an der Rallye Hamburg–Shanghai teilgenommen und besucht Namibia seit 1991 regelmäßig, ist dadurch ein guter Landeskenner geworden. Namipenda organisiert den Transport der Fahrzeuge von Deutschland nach Namibia per Schiff, den Hin- und Rückflug, die Übernachtungen in Top-Unterkünften sowie diverse Besichtigungsprogramme und Aktivitäten – in Windhoek steht z.B. ein Treffen mit den Mitgliedern des Old Wheelers Club auf dem Programm. Und schließlich sind im Startgeld auch eine in Afrika gültige Fahrzeug-Haftpflicht und Insassen-Unfallversicherung inbegriffen.

Die Verschiffung der Autos nach Walvis Bay erfolgt von Hamburg aus in Containern. Die Rallye führt durch ganz Namibia, Start und Ziel ist Walvis Bay. Die erste Touretappe führt durch das Namib-Randgebiet nach Lüderitz, dann geht es am Fish River Canyon vorbei quer durch Namibia, in die Kalahari, nach Windhoek und Richtung Norden zum Etosha-National-Park, dann weiter ins Ovamboland und ins Kaokoveld zu den halbnomadischen Himba. Die Rückfahrt erfolgt entlang der Skelettküste nach Swakopmund, dann weiter nach Walvis Bay. Zahlreiche Pisten fordern den Senioren unter den vierrädrigen Fortbewegungsmitteln alles ab.

Die Anzahl der Teilnehmer bei der Namipenda Wüsten-Rallye ist auf 15 Teams begrenzt, zugelassen sind Old- und Youngtimer bis Baujahr 1985. Ältester Wagen im Teilnehmerfeld war 2008 ein 1932er Ford B. Das einzige Auto, das es bisher nicht geschafft hat die gesamte Strecke von gut 6000 km, im wahrsten Sinne des Wortes über Stock und Stein, zu bewältigen. Es gehört allerdings schon eine ordentliche Portion Mut dazu, einem 1957er Jaguar XK 150 DHC, einem Rolls Royce Silver Shadow oder einem 1971er Opel Diplomat diese Tor-Tour zuzumuten. Über genauere Einzelheiten informiert die Namipenda GmbH bzw. ihr Geschäftsführer Jasper Vogt, Palmaille 35, 22767 Hamburg, Tel. 040-386 10 809, Fax 386 10 778, info@namipenda.de, www.namipenda.de. Auf der Webseite findet man auch eine Kartenskizze mit dem aktuell geplanten Tourenverlauf.

An der Atlantikküste

aktiv unterwegs

Geländewagen-Trip nach Sandwich Harbour

Tour-Infos
Start: Walvis Bay Waterfront
Dauer: Halbtages- (13–17.30 Uhr) und Ganztagestouren (10–16.30 Uhr)
Kosten: Halbtagestour 750 N$, Ganztagestour 950 N$/Pers.
Veranstalter: Mola Mola Safaris, Ecke Atlantic Street/Esplanade, Tel. 064-20 55 11, Fax 20 75 93, www.mola-namibia.com
Wichtige Hinweise für Selbstfahrer: Die Strecke darf nur tagsüber und mit Genehmigung befahren werden. Sie ist ganzjährig zugängig, tgl. 6–20 Uhr, beste Zeit zur Vogelbeobachtung: Sept.–März. Das Übernachten am Sandwich Harbour ist verboten.

Die Fahrt per Geländewagen zum Sandwich Harbour gehört zu Namibias anspruchsvollsten Offroad-Strecken. Der Atlantische Ozean reicht auf weite Strecken direkt an die Dünen heran. Da die Dünen- und Strandlandschaft ständig in Veränderung begriffen ist, gibt es keine feste Route, der man folgen kann. Viele Touristen haben sich in der Vergangenheit mit ihren Fahrzeugen im weichen Sand am Strand festgefahren und mussten dann hilflos beobachten, wie die Flut den Wagen langsam Richtung Atlantik zog, um ihn dort für immer verschwinden zu lassen.

Deutlich weniger anstrengend und nervenaufreibend ist deshalb die Teilnahme an einer organisierten Tour zum Sandwich Harbour – vor allem, wenn ein kundiger Führer am Steuer des Geländewagens sitzt. Dieser bewegt dann sein Gefährt virtuos über Dünen und Strand, fährt im Zickzack nach oben und unten, fühlt genau, wo der Sand trägt und wo nicht. Wer vom Beifahrersitz aus die wilde Landschaft vor und um sich herum sieht, ist froh, nicht auf eigene Faust losgefahren zu sein – auch aufgrund der hochinteressanten Erklärungen des Tourguide.

Der Kontrast zwischen blauem Himmel, goldgelben, riesigen Dünen, der üppigen grünen Vegetation an der Lagune und dem wild an den Strand brandenden Atlantik ist einen Besuch wert. Allerdings nimmt der Atlantik die Lagune jedes Jahr stärker in den Würgegriff. Naturforscher rechnen damit, dass Sandwich Harbour irgendwann in den nächsten Jahren versandet sein wird – ein Grund mehr, sich das Naturphänomen möglichst bald anzusehen.

Oft sieht man die Spuren von Schabrackenschakalen, die unvorsichtige Vögel sogar bis ins Wasser verfolgen. Manchmal kommen auch Schabrackenhyänen auf der Suche nach Beute bis ans Meer. Eine Gruppe im Verband fliegender Pelikane wirft ihre Schatten auf die Dünen. Hier findet man auch einige Besonderheiten der Tierwelt. Normalerweise öffnet die Kelp-Möwe Muscheln, indem sie diese aus der Höhe auf Steine fallen lässt. Da es aber am Sandwich Harbour keine Felsen gibt, haben die Vögel eine andere Methode entwickelt. Sie legen die Muscheln einfach in den heißen Sand, bis sie sich nach ein bis zwei Stunden in der Sonne öffnen.

Auch die Flora weist hier Besonderheiten auf. Für die in der Namib lebenden Topnaar-Nama ist die kürbisartige Nara-Frucht, deren lange Wurzeln immer bis ins Grundwasser reichen, überlebensnotwendig. Naras speichern sehr viel Wasser, und ihre Samenkerne enthalten mehr Fett als Erdnüsse.

Auf der Rückfahrt tritt die Unbarmherzigkeit der Natur noch einmal deutlich zutage und mahnt zur Vorsicht: Hinter einer Düne liegen zusammengekauert drei menschliche Skelette. Der Schmuck aus Straußeneiern und das Knochenmesser deuten auf frühe Einwohner Namibias hin, die wahrscheinlich hier verdurstet sind. Sie sind aber nur drei von unzähligen Opfern, die die älteste Wüste der Welt bis heute gefordert hat.

Von Walvis Bay nach Swakopmund

8 Sandwich Harbour

Der 45 km südlich von Walvis Bay gelegene Sandwich Harbour gehört seit 1979 zum Namib Naukluft Park und ist eine der schönsten Stellen an der namibischen Küste. Die Lagune bietet trotz fortschreitender Versandung einer Vielzahl von Vögeln Lebensraum, und auch die Flora weist Besonderheiten auf (s. Aktiv unterwegs S. 228).

Nama-Hirten entdeckten die Süßwasserquelle am Meer und gaben ihr den Namen *anichab*, ›Quellwasser‹. Portugiesische Seeleute nannten die Lagune *Port d'Ilheo*, ›Inselspitze‹. Der Name Sandwich Harbour tauchte 1791 erstmals auf einer Landkarte auf. Der Geograf der British East India Company Alexander Dalrymple hatte sie nach der Skizze Samuel Enderbys angefertigt, der Ende des 18. Jh. ein Walfangunternehmen leitete und dessen Schiff ›Sandwich‹ hieß.

Vor langer Zeit gingen Segelschiffe von Piraten und Walfängern in dem ›Hafen‹ der Sandwich Bay vor Anker. 1890 errichteten die Deutschen eine Fleischfabrik im Süden der Lagune, die Rinder trieb man durch die Wüste aus dem Landesinneren her. Fünf Jahre später begann die Mündung zu versanden und man gab die Fabrik auf. 1910 nahm man den Abbau von Guano in Angriff. Der Abtransport des organischen Düngers auf derselben Strecke, die Geländewagenfahrer heute noch benutzen, gestaltete sich äußerst abenteuerlich. Die verwendeten Studebaker-Lastwagen mussten für den Fall einer Panne Anker mit sich führen, um bei Flut nicht in den Atlantik gezogen zu werden. In den 1950er-Jahren war auch diese natürliche Ressource erschöpft. Die Natur hat sich mittlerweile alle baulichen Strukturen zurückgeholt – bis auf die kleine, im Schilf versteckte Schutzhütte der Naturschutzbehörde.

Von Walvis Bay nach Swakopmund ▶ E 9/10

Dort, wo der kalte Atlantik an die Küste brandet, setzen sich dessen Wellen in einem Sandmeer fort. Wenn, wie meist, dichter Nebel über dem Küstenstreifen hängt, wirkt die Landschaft wie die Kulisse eines Science-Fiction-Thrillers. Der Effekt wird noch verstärkt, wenn man die Strecke zwischen Walvis Bay und dem nördlichen Nachbarort Swakopmund nachts fährt. Die hell erleuchteten Städte in der Wüste wirken dann von weitem wie Raumstationen.

Etwa 14 km nördlich von Walvis Bay liegt die beliebte Feriensiedlung **Dolphin Park** mit 20 voll ausgestatteten Chalets für Selbstversorger und einem Aquapark direkt am Strand. Nach weiteren 3 km erreicht man **Langstrand** (oder Englisch: **Long Beach**), ein weiteres Ferienzentrum mit Angelmole, Restaurant und Campingplatz, wo viele wohlhabende Namibianer Strandhäuser besitzen. Langstrand wurde durch die Hollywood-Stars Angelina Jolie und Brad Pitt berühmt, die hier 2006 ihren ›Schwangerschaftsurlaub‹ verbrachten. Sie hatten das Fünfsterne-Gästehaus ›Burning Shore‹ komplett gleich für ein paar Wochen gebucht. Das Anwesen war von allen Seiten gut gegen Paparazzi abzusichern und es gab im Umfeld genügend Krankenhäuser, um den wahren Ort der Entbindung möglichst lange geheim zu halten. Die Besitzer des Gästehauses versuchten später aus dem Besuch Kapital zu schlagen und die Herberge zu einem Fantasiepreis zu verkaufen, was aber nicht gelang.

Doch auch ohne Brangelina-Touch ist die Situation von Dolphin Park und Langstrand, eingebettet zwischen den gewaltigen Namibdünen und dem tosenden Atlantik, einmalig. Zudem gehören die Resorts zu den wenigen Orten Namibias, wo auch Badefreunde auf ihre Kosten kommen – Gezeitenpools ermöglichen ein gefahrloses Schwimmvergnügen. Die meisten werden allerdings nach einem Sprung ins kalte Meerwasser den Pool ihrer Herberge vorziehen.

Übernachten, Essen

Strandnah ▶ **Dolphin Park Chalets & Resort:** Dolphin Park, Tel. 064-20 75 55, Fax 20 07 09, www.levotours.com/levoGerman/AccommodationG.htm. Die 20 Ferienwohnungen bestehen aus zwei Badezimmern mit

An der Atlantikküste

Beliebter Freizeitspaß in der Umgebung von Swakopmund: Dünensurfen

Dusche und drei Schlafzimmern mit 6 Betten für Selbstversorger, Wohnzimmer, Küche und Balkon mit Meeresblick. Satelliten-Fernsehen, Grill und abschließbare Garage ergänzen die Infrastruktur. Die Wohnungen sind etwa 3 Minuten Fußweg vom Meer und vom Langstrand-Restaurant entfernt. DZ ohne Frühstück ab N$ 750.

Mit Brangelina-Touch ▶ The Burning Shore: 152 4th St., Langstrand, Tel. 064-20 75 68, Fax 20 98 36, www.burningshore.na. Herrlich am Rande der größten Sanddünen und am Atlantik gelegen, moderne Architektur auf 5-Sterne-Niveau. 4 Standard-Zimmer, 3 Luxus-Zimmer, 4 Superior-Zimmer und 1 Suite. Restaurant im Haus, Bar. Aktivitäten: Wahlweise Quadbiking oder Bootsfahrten zur Delfinbeobachtung. Tipp: Afternoon Tea oder Sundowner auf der Terrasse mit traumhaftem Meerblick. DZ mit Frühstück 1600–2300 N$.

Relaxt & familienfreundlich ▶ Long Beach Lodge: Langstrand, Tel. 064-218 820, Fax 218 855, www.africa-adventure.org/l/longbeach. Behindertengerechte Lodge mit 17 Zimmern, alle mit eigenem Balkon und Meerblick. Coffee Shop, Sundowner-Terrasse im Obergeschoss mit Grillmöglichkeit, windgeschützter Indoor-Grillraum mit Garten. DZ ohne Frühstück ab N$ 800.

Swakopmund ▶ E 9

Cityplan: S. 233

Die Hauptstraße trägt seit 2002 nicht mehr Kaiser Wilhelms Namen, sondern den von Ex-Präsident Sam Nujoma. Doch im Supermarkt dringt immer noch deutsches Schlager-Liedgut aus den Lautsprechern. Im Café spricht der schwarze Kellner Deutsch und serviert Bienenstich *(bee sting)* und Käsekuchen *(cheese cake)*. An der Theke liest man die »Allgemeine Zeitung«.

Als ›südlichstes Nordseebad der Welt‹ bezeichnen die Namibier gerne spöttisch die Stadt am Meer. Wenn das gesamte Land zwischen November und März unter der sommerlichen Hitze stöhnt, herrschen hier angenehme Temperaturen. Kein Wunder, dass dann viele wohlhabendere Namibier aus Windhoek ihre Ferienhäuschen am Atlantik bevölkern. Und kaum einer weiß – oder möchte überhaupt wissen –, wie der Name des Ortes zustande kam. Die Nama nannten den Platz *tsoa-xoub*, was das periodische Abkommen des durch Schlamm braun eingefärbten Flusses beschreibt. *Tsoa* bedeutet ›Hintern‹, *xoub* ist das, was aus jenem herauskommt.

Stadtgeschichte

Da der Hafen Walvis Bay bereits 1878 von den Engländern annektiert worden war, mussten die deutschen Kolonialherren sich einen eigenen bauen. Nach langen Überlegungen und Untersuchungen der Küstenlinie fiel die Wahl auf einen Platz nördlich der Mündung des Swakop-Flusses. Am 4. August 1892 landete Hauptmann Curt von François mit dem Kanonenboot »Hyäne« und ließ zwei Baken an der Stelle des heutigen Leuchtturms errichten – die Geburtsstunde von Swakopmund.

Am 23. August 1893 folgten die ersten 40 deutschen Siedler unter den Augen von 120 Schutztruppen-Soldaten. 1894 übernahm die Reederei Woermann den regelmäßigen Warenaustausch zwischen Swakopmund und Hamburg. Die Reederei besaß praktisch das Monopol auf sämtliche Transporte nach Südwestafrika. Der Abgeordnete Erzberger, Angehöriger der Zentrumspartei, hielt am 24. März 1906 im deutschen Reichstag eine viel beachtete Rede, in der er die unsauberen Machenschaften der Woermann-Linie kritisierte, die 3 Mio. Mark für überhöhte Frachtkosten und 3 Mio. Mark für ungerechtfertigte Liegegelder kassiert haben sollte. Im August präzisierte er aufgrund neuer Indizien seine Vorwürfe in einem Brief an Reichskanzler von Bülow. Das vorgelegte Material bewies, dass die Woermann-Linie »pro Tonne Fracht 185 Mark erhält, während ein anderer Dampfer in der gleichen Zeit etwa 20 Mark erhält«.

Swakopmund

Sehenswert
1. Bahnhof
2. Museum Swakopmund
3. Leuchtturm
4. Kaiserliches Bezirksgericht
5. Marinedenkmal
6. Ludwig-Schröder-Haus
7. Haus Altona
8. Alte Post
9. Evangelisch-lutherische Kirche
10. OMEG-Haus
11. Otavi-Bahnhof
12. Ritterburg
13. Woermann-Haus (Damara-Turm)
14. Hohenzollernhaus
15. Jetty (Landungsbrücke)
16. National Marine Aquarium
17. Mole

Übernachten
1. Hansa Hotel
2. Sam's Giardino Hotel
3. Hotel Eberwein
4. Swakopmund Guest House
5. Brigadoon B & B Cottages
6. The Secret Garden Guest House
7. The Stiltz

Essen & Trinken
1. The Tug
2. Zur Kupferpfanne
3. Erich's Restaurant
4. Western Saloon & Pizzeria
5. Swakopmund Brauhaus
6. The Grapevine Restaurant
7. The Lighthouse Pub & Restaurant
8. Cape to Cairo Restaurant
9. Café Anton

Einkaufen
1. African Kirikara
2. Peter's Antiques
3. Hans Lohmeier
4. Swakopmunder Buchhandlung

Aktiv
1. Camel Farm
2. Okakambe Trails
3. Desert Explorers
4. Outback Orange

Zeitgenössische Tagebuchaufzeichnungen berichten vom Aussehen Swakopmunds zu Beginn der Besiedlung: »Da standen auf der Terrasse über dem Meer drei elende Wellblechhütten [...] und ein Leinwandzelt. Der Fußboden, der in Ermangelung von Dielen aus dem feinen Sand der Hochfläche besteht, wimmelt von Millionen von Sandflöhen. [...] Mit Brettern verschalte Höhlen, mit Dächern aus Walfischrippen, die überall am Strand herumliegen, [...] mit einer Bedeckung aus Wellblech, Segeltuchlappen und Dachpappefetzen, über die Sand geschaufelt ist.«

Es wurden verschiedene Versuche unternommen, Landungsmöglichkeiten für Schiffe zu schaffen. 1903 wurde ein Kai errichtet, aber der Hafen versandete sehr schnell. Die Ladungen der Dampfer mussten relativ weit draußen gelöscht werden, die Fahrt in den Brandungsbooten Richtung Ufer war wegen der meist rauen See sowohl für Passagiere als auch Fracht nicht ungefährlich. Die Männer, die die Ruderboote manövrierten, wurden Kruleute oder *kruboys* genannt. Es waren durchweg mit der See vertraute Liberianer, die der Reedereibesitzer Adolf Woermann auf seinem Weg an die namibische Küste in dem westafrikanischen Land an Bord nahm. Er bestach einfach die einheimischen Häuptlinge, die dann ihre jungen Männer zwangsverpflichteten – eine moderne Variante des Sklavenhandels. Überlebten die *kruboys* ein paar Einsätze, durften sie auf dem nächsten Schiff, das nach Hamburg fuhr, zurück in ihre Heimat. Zeitweise sollen bis zu 600 Männer für die Linie gearbeitet haben. Ihr Tageslohn betrug eine Mark, Woermann verdiente Millionen.

Etwas weiter südlich der Mole erfolgte schließlich der Bau eines hölzernen Piers, der 1912 durch einen eisernen ersetzt wurde, der heute noch – wieder einmal gerade frisch renoviert – steht und vor allem von Anglern und Spaziergängern genutzt wird. Außerdem wirkt er, wenn die Sonne pittoresk im Atlantik untergeht, besonders fotogen.

Swakopmund wurde nach dem Bau des Piers der Haupthafen des Protektorats Südwestafrika und eine von sechs Siedlungen, die 1909 Stadtstatus erhielten. Die Schmalspurbahn ins Landesinnere erhöhte seine Bedeutung. Viele Regierungsstellen hatten hier ihre Büros und die alteingesessenen Handelshäuser Deutschlands ihre Niederlassungen und Kontore.

Als die Südafrikanische Union während des Ersten Weltkriegs das Land übernahm, wurden alle Hafenaktivitäten nach Walvis Bay verlegt. Die Zahl der Einwohner fiel drastisch. Erst der aufkommende Tourismus hat den Ort wieder belebt, sodass er heute gut 20 000 Einwohner zählt.

Stadtrundgang

Eines der schönsten Gebäude der Stadt ist der 1901 erbaute alte **Bahnhof** 1, der heute, äußerst stilvoll renoviert, ein Hotel der Luxusklasse beherbergt und sich damit vom landläufigen Bahnhofshotel unterscheidet wie ein rostiger Käfer von einem S-Klasse-Mercedes. Ans Swakopmund Hotel ist ein Entertainment Centre mit Kasino angegliedert. Außerdem gibt es einen Raum mit Videospielen für Kinder, in dem ein kleiner Junge freudig hüpfend verschwindet, nachdem er gerade noch ›halb verhungert‹ vor dem Hotel ein paar Münzen ergattert hat.

Über die Theo Ben Gurirab Street (früher Bahnhof Street) und Strand Street gelangt man zum **Museum Swakopmund** 2, das zu den interessantesten in Namibia zählt. Es ist im Gebäude des ehemaligen Kaiserlichen Hauptzollamtes untergebracht, das der britische Kreuzer »Kinfauns Castle« zu Anfang des Ersten Weltkrieges unter Feuer genommen hatte. Durch Dioramen und Exponate erfährt der Besucher viel über die Früh- und Kolonialgeschichte der Stadt und des Landes. Die beiden Ökosysteme Wüste und Meer werden in dreidimensionalen Modellen erklärt. Die ehemalige Adler-Apotheke ist ebenso originalgetreu nachgebaut zu besichtigen

Swakopmund

wie eine alte Zahnarztpraxis, das Jugendstilzimmer aus dem Schmerenbeck-Haus und ein Ochsenwagen. Regelmäßig finden Sonderausstellungen statt. Im Verkaufsraum kann man Bücher, Postkarten und Souvenirs erwerben. (Strand Street, Tel. 064-40 26 95, 40 20 46, www.swakopmund-museum. org. na, tgl. 10–13, 14–17 Uhr, Erw./Studenten/Schüler 18/10/5 N$. Das Museum organisiert auch Besichtigungstouren zur Rössing-Mine. Sie starten jeden 1. und 3. Freitag im Monat um 10 Uhr in der Am Zoll Street, Rückkehr ist gegen 14 Uhr. Die Teilnehmer werden von einem Bus der Minengesellschaft abgeholt, eine individuelle Anreise ist nicht möglich).

Gegenüber dem Museum ragt zwischen Palmen der 1902 erbaute und 1910 um weitere 10 m aufgestockte, rot-weiße **Leuchtturm** 3 auf. Mit 21 m Höhe überragt er alle anderen Gebäude Swakopmunds. Obwohl der Hafen schon lange versandet ist, sendet der Turm immer noch seine Leuchtsignale 35 Seemeilen weit auf den Atlantik hinaus.

Das ehemalige **Kaiserliche Bezirksgericht** 4 wurde 1902 fertig gestellt, sein hölzerner Turm folgte 1945. Heute ist das Gebäude die Sommerresidenz des namibischen Präsidenten. Zwischen hier und dem für seine leckeren Kuchen berühmten Café Anton auf der anderen Straßenseite wird fast immer Kunsthandwerk verkauft. Das in Berlin hergestellte und im August 1908 eingeweihte **Marinedenkmal** 5 neben dem früheren Bezirksgericht erinnert an die in den Herero- und Nama-Kriegen gefallenen Angehörigen des deutschen Marine-Expeditionskorps.

Auf der anderen Seite der Daniel Tjongarero Avenue stehen das **Ludwig-Schröder-Haus** 6 und das **Haus Altona** 7. Bereits 1900 eröffnete die Reederei Woermann ein Büro mit Wohnräumen in Swakopmund. Drei Jahre später wurde es zu eng, und ein weiteres Gebäude wurde an der Ecke zur Moltke Street erbaut, das heute Ludwig-Schröder-Haus heißt. Kurz darauf wurde wieder Wohnraum benötigt, und so entstand 1904/05 das von Friedrich Höft entworfene Haus Altona. Der Signalturm und ein Giebel wurden angebracht, um die ansonsten sehr monotone Fassade aufzulockern.

Wieder auf der anderen Seite der Straße steht die **Alte Post** 8, die der Architekt Gottlieb Redecker erbaute. Von ihm stammen auch Christuskirche und Tintenpalast in Windhoek. Im Inneren des Gebäudes ist ein Teil der Stadtverwaltung untergebracht.

An der Ecke Daniel Tjongarero Avenue/Nathanael Maxuilili Street findet sich die Litfasssäule, deren Plakate von 1905 noch an die ›gute alte Zeit‹ erinnern. Vor der 1911 erbauten **Evangelisch-lutherischen Kirche** 9 macht nur der an den Gehwegen aufgetürmte Sand bewusst, dass sich der Besucher in Afrika und nicht in Deutschland aufhält.

Über die Lüderitz Street gelangen Spaziergänger zur Hauptschlagader der Stadt, die, wie bereits erwähnt, seit 2002 nicht mehr Kaiser Wilhelm Street, sondern Dr. Sam Nujoma Avenue heißt. Zu diesem Zeitpunkt hat die namibische Regierung damit begonnen, einige Straßen umzubenennen – vor allem für deutschstämmige Swakopmunder eine emotionale Angelegenheit: Kaiser Wilhelm Street wurde zu Dr. Sam Nujoma Avenue, Nordring/Südring Streets zu Moses/Garoeb Streets, Breite Street zu Nathanael Maxuilili Street, Post Street zu Daniel Tjongarero Avenue, Roon Street zu Hendrik Witbooi Street, Lazarett Street zu Anton Lubowski Avenue, Brücken Street zu Libertine Amathilas Street, Moltke Street zu Tobias Hainyeko Street, Schlosser Street zu Mandume-Ya-Ndemafuyo Street, Bahnhof Street zu Theo Ben Gurirab Avenue. Erstaunlicherweise bisher erhalten geblieben sind die Namen Leutwein, Woermann, Bismarck und Lüderitz Street.

Stadtauswärts auf der rechten Seite der Sam Nujoma Avenue stehen zwei interessante Gebäude. Das **OMEG-Haus** 10 war einst Lagerhaus der Otavi Minen- und Eisenbahn-Gesellschaft. Heute dient es Wissenschaftlern, die Swakopmund besuchen, als Unterkunft. Der 1901 im wilhelminischen Stil erbaute und zwischenzeitlich restaurierte

Luxusherberge im alten Bahnhof: das Swakopmund Hotel

An der Atlantikküste

Nebel liegt über der Jetty

Otavi-Bahnhof 11 birgt ein kleines **Transport-Museum** (tgl. 9–13, 15–17 Uhr, Eintritt frei) und einen **Snake Park** (Mo–Fr 8.30–17 Uhr, Erw./Kinder 15/5 N$). Hier befindet sich auch die **Sam-Cohen-Bibliothek** (Tel. 064-40 26 95, Mo–Fr 9–13, 15–17 Uhr, im alten Otavi-Bahnhof), deren Sammlung ca. 10 000 Bücher umfasst, sowie ein Archiv mit fast lückenloser Zeitungssammlung von 1898 bis heute. Die Sammlung an historischen Fotos, Landkarten und Schriftstücken macht die Bibliothek zu einem Paradies für jene, die sich für die deutsche Kolonialgeschichte Südwestafrikas interessieren.

Nun beginnt das eigentliche Flanieren auf der Dr. Sam Nujoma Avenue Richtung Strand. In der Hauptstraße befinden sich sowohl die **Touristeninformation** mit hilfreichem und freundlichem Personal als auch einer der ältesten Buchläden Namibias, die **Swakopmunder Buchhandlung**. Weiter Richtung Meer steht rechts die **Ritterburg** 12. Das Gebäude wurde für Angestellte der Woermann-Linie errichtet. Benannt wurde es nach seinen ersten Bewohnern, einer Familie namens Ritter. Heute hat hier das Ministerium für Naturschutz und Tourismus eines seiner Büros.

In der Bismarck Street ließ die Hamburger Damara- und Namaqualand Handelsgesellschaft 1894 das **Woermann-Haus** 13 errichten. Zwischen 1903 und 1904 wurde es umgebaut und erweitert, u. a. mit holzgetäfelten Wänden. 1909 übernahm der Rechtsnachfolger der Handelsgesellschaft, die Firma Woermann, Brock & Co. den Prachtbau. Der von dem Architekten Friedrich Höft entworfene **Damara-Turm** diente als Wasserturm und Navigationspunkt für die Schiffe der Woermann-Linie. Außerdem konnten die Angestellten mit den Schiffsbesatzungen mittels

Swakopmund

eines Spiegeltelegrafen kommunizieren. Wie das gesamte Obergeschoss des Hauses, ist auch der Turm im Fachwerkstil gebaut. 1921 richtete Südafrika in dem Gebäude ein Internat ein, das Hofmeyer Hostel. Später wurde entschieden, das Gebäude einzureißen, was die Swakopmunder Bürger auf die Barrikaden brachte. Ein Fond sammelte die notwendigen Geldmittel zur Restaurierung des Woermann-Hauses, und heute sind im Inneren die Stadtbücherei und ein Kunstzentrum untergebracht. Strenge ältere Damen, die an längst vergangene Volksschulzeiten erinnern, verwalten den Schlüssel zum Damara-Turm, von dem sich der schönste Blick über Stadt und Wüste bietet. Natürlich lassen sich von ganz oben auch die besten Fotos von Swakopmund und seiner sandigen Umgebung machen (tg., 10 N$/Pers).

Über die Libertine Amathilas Avenue, die frühere Brücken Street, geht es ein Stückchen zurück, zum wunderschönen neobarocken **Hohenzollernhaus** 14, das nach seiner Fertigstellung 1906 zunächst als Hotel diente. Was für ein Jammer, dass dies heute nicht mehr besteht. Angeblich nahm das Spielen um Geld in seinen Gemäuern so überhand, dass es 1912 geschlossen werden musste. Ein mächtiger Atlas wuchtet auf dem Frontgiebel die Weltkugel. Es handelt sich allerdings nicht mehr um die Original-Gipsfigur, der Wüstenwind und Salzluft zu sehr zugesetzt hatten. Die Fiberglaskopie ist da deutlich resistenter – und von Weitem lässt sich kein Unterschied erkennen.

Gegenüber dem Hohenzollernhaus, in der Tobias Hainyeko Street (früher Moltke Street), befindet sich einer der wenigen Antiquitätenläden Namibias. Bei **Peter's Antiques** findet man auch altes afrikanisches Kunsthandwerk. Der Laden wirkt wie ein Museum, eine wahre Fundgrube für Leute, die gern stöbern.

Danach geht es endlich zum Meer. Wahrzeichen der Stadt ist die eiserne **Jetty** (engl. für ›Landungsbrücke, Pier‹) 15, die immer wieder wegen Rostfraßes kurz vor dem Untergang steht. Kein Wunder, donnert doch hier die atlantische Brandung laut Spezialistenauskunft mit etwa 50 t/m^2 auf das ›Hindernis‹.

Ist die Brücke angeschlagen, dann wird sie für Fußgänger gesperrt, bis genug Geld gesammelt ist, um sie erneut zu restaurieren. Bereits mehrfach drohte der Pier in sich zusammenzufallen, wurde aber jedes Mal von treuen Swakopmundern und anderen Spendern gerettet. Gebaut wurde die Jetty 1911, als Namibia noch Deutsch-Südwestafrika hieß. Die Deutschen planten ursprünglich einen 640 m langen Steg, der Ausbruch des Ersten Weltkrieges stoppte die Bauarbeiten bei 262 m. Bei dieser Länge blieb es dann bis heute. 2008/2009 hat die Jetty ein neues, besucherfreundliches Design bekommen, sogar eine Austernbar wurde auf ihr errichtet.

Wer sich für Haie und anderes Meeresgetier interessiert, kann der Strandpromenade weiter nach Süden folgen, wo sich vis-à-vis vom Hotel Adler das **National Marine Aquarium** 16 befindet. Besucher wandeln in gläsernen Tunneln quasi durch die Becken – unter Haien und anderen Fischen hindurch (Di–So 10–16 Uhr, Fütterung tgl. 15 Uhr, Di, Sa/So füttert ein Taucher die Haie per Hand, Erw./Kinder 30/15 N$).

Über die Strandpromenade setzt sich der Stadtrundgang bis zum Museum Swakopmund fort, vor dem die zwischen 1899 und 1903 angelegte **Mole** 17 das Hafenbecken schützt. Der Hafen versandete, wie erwähnt, kurz darauf, und heute begrenzt die Mole einen kleinen Sandstrand. Hier soll demnächst die schon seit Jahren geplante Waterfront nach Kapstädter Vorbild angelegt werden. Das Wasser ist allerdings nur etwas für Abgehärtete: Die Temperaturen liegen bei 20 °C im Sommer und 13 °C im Winter, deshalb hat Swakopmund seit 1972 ein recht großes Hallenbad mit Schiebedach, das geöffnet wird, wenn die Sonne scheint.

Infos

Namib I Information: Dr. Sam Nujoma Ave., Tel./Fax 064-40 31 29, Fax 40 48 27, swainfo@iafrica.com. na. Mo–Fr 8–13, 14–17, Sa 9–12, 16–18, So 9–12, 15–17.30 Uhr. Sehr freundliche Leute, die Tipps zu Aktivitäten in und um Swakopmund, zu Unterkünften und Restaurants geben.

An der Atlantikküste

Übernachten

Im historischen Bahnhof ▶ Swakopmund Hotel 1: 2 Theo Ben Gurirab Ave., Tel. 064-410 52 00, Fax 410 53 60, www.swakopmundhotel.co.za. In einem der schönsten Gebäude von Swakopmund, dem alten deutschen Bahnhof, untergebrachtes Luxus-Hotel mit 90 Zimmern und Kasino. DZ mit Frühstück 2800 N$.

Plüsch-deutsches Ambiente ▶ Hansa Hotel 1: 3 Hendrik Witbooi St., Tel. 064-41 42 00, Fax 41 42 99, www.hansahotel.com.na. Namibias ältestes Hotel und Swakopmunds Klassiker wurde 1905 erbaut und bietet plüschig-deutsches Gemütlichkeitsambiente; geräumige Zimmer mit Aircondition und Satellitenfernsehen mit deutschen Programmen. Außerdem befindet sich ein gutes Restaurant im Haus, die ausführliche Speisekarte ist in der gut gemachten Website (auch auf Deutsch) einzusehen. DZ mit Frühstück ab 1820 N$, Suiten 2280–3100 N$.

Unter schweizerischer Leitung ▶ Sam's Giardino Hotel 2: 89 Anton Lubowski St., Tel. 064-40 32 10, Fax 40 35 00, www.giardino namibia.com. Der Schweizer Besitzer bietet hier 10 komfortable Zimmer. Darüber hinaus ist das Haus bekannt für die ausgezeichnete Küche mit italienischen und Schweizer Spezialitäten (4- bis 5-Gang-Dinner 220 N$/Pers.) sowie die mit über 100 verschiedenen Tröpfchen opulente Weinkarte. DZ mit Frühstück 1250 N$.

Viktorianisches Juwel ▶ Hotel Eberwein 3: Sam Nujoma Ave., Tel. 064-41 44 50, Fax 41 44 51, www.eberwein.com.na. Das 1909 erbaute und 90 Jahre später in ein Hotel umgewandelte Haus am Strand wird gerade aufwendig renoviert und soll 2011 als luxuriöses Kempinski-Hotel wiedereröffnet werden.

Trendiges Boutiquehotel ▶ Swakopmund Guest House 4: 35 Hendrik Witbooi St., Tel. 064-46 20 08, Fax 064-46 10 08, www.swakopmundguesthouse.com. Das ehemalige Ferienhaus hat im Dezember 2009 im Zentrum von Swakomund in 5 Min. Gehdistanz zum Beach eröffnet. Im Gegensatz zum sonst eher üblichen plüschig-gediegenen Look gibt es hier ein luftiges, leichtes Ambiente. Eine Gästhaus, das selbst im trendigen Kapstadt eine gute Figur machen würde. 4 DZ, 7 Luxuszimmer und 1 Family Suite. DZ mit Frühstück 1100–1300 N$.

Geschmackvoll & strandnah ▶ Brigadoon B & B Cottages 5: 16 Ludwig Koch St., Tel. 064-40 60 64, Fax 46 41 95, www.wheretostay.co.za/brigadoon. Die Chalets verfügen alle über Kochecke, Telefon und Fernseher. Frühstück wird serviert, Mittag- und Abendessen können selbst zubereitet werden. DZ mit Frühstück 1100 N$.

Mit schönem Garten ▶ The Secret Garden Guest House 6: 36 Bismarck St., Tel./Fax 064-40 40 37, www.natron.net/tour/secret garden/. Im Innenhof hinter der Eingangstür in der Bismarck Street liegen ein unerwartet grüner Rasen, bunte Blumenbeete und wachsen exotisch anmutende Palmen. Das Haus versprüht einen fröhlichen und farbenfrohen Gesamteindruck, 6 Zimmer und 2 Suiten jeweils mit Frühstück, sehr kinderfreundlich. DZ mit Frühstück ab 600 N$.

Auf Stelzen erbaut ▶ The Stiltz 7: Tel 064-40 07 71, info@thestiltz.in.na, www.thestiltz.in.na. Eine architektonische Meisterleistung, mitten in der Tamarisken-Wildnis der Swakop-River-Mündung erbaut. Der kreative Swakopmunder Danie Holloway hat die neun rustikalen Bungalows und die luxuriöse Villa auf Stelzen erbaut. Ihm gehört auch das sehr empfehlenswerte Tug Restaurant (s. unten). Bungalows für 2 Pers. 1170–1400 N$.

Essen & Trinken

Reichhaltiges Buffet ▶ Platform One 1: 2 Theo Ben Gurirab Ave., eines von zwei Restaurants im Swakopmund Hotel, Tel. 064-40 08 00, tgl. 12.30–14.30, 19–22 Uhr. Garantiert das beste Bahnhofsrestaurant in Afrika. Besonders empfehlenswert: das opulente Buffet. Hauptgericht um 120 N$.

Mit Meerblick ▶ The Tug 1: Beachfront, Jetty Promenade, Tel. 064-40 23 56, tgl. 18–22, Sa/So auch 12–15 Uhr, Sundowner ab 17 Uhr. In einem alten Schiffsrumpf untergebrachtes Restaurant, das vor allem für seine Meeresfrüchte berühmt ist, die Steaks sind aber auch nicht zu verachten. Die Bar ist auf

Swakopmund

Schwarzwälder Kirschtorte: die Spezialität im Café Anton

der ehemaligen Kommandobrücke untergebracht. Hauptgericht 100 N$.

Deutsches Gasthaus-Ambiente ▶ **Zur Kupferpfanne** 2 : 13 Tobias Hainyeko St., Tel. 064-40 54 05, Di–So 18–21.30 Uhr. Reichhaltige Speisekarte, gute Gerichte, deutsches Ambiente Hauptgericht um 90 N$.

Delikate Wildgerichte ▶ **Erich's Restaurant** 3 : Daniel Tjongarero Ave., Tel. 064-40 51 41, Mo–Sa 18 Uhr bis spät. Bereits seit mehr als 20 Jahren im Ort. Zu empfehlen: gebackener Camembert und die Wildgerichte. Hauptgerichte um 80 N$.

Steak-Paradies ▶ **Western Saloon & Pizzeria** 4 : 8 Moltke St., Tel. 064-40 39 25. Bekannt vor allem für die hervorragenden Steaks, aber auch für die knusprige Pizza aus dem Holzofen. Hauptgericht um 80 N$.

Bier vom Fass & Schweinshaxe ▶ **Swakopmund Brauhaus** 5 : The Brauhaus Arcade, Tel. 064-40 22 14, tgl. 11.30–14.30, 18–21.30 Uhr. Traditionelle deutsche Küche, namibische Wild- und Fischgerichte, die beste Schweinshaxe Namibias, einheimisches Bier vom Fass plus importierte Biersorten. Außerdem stehen hier auch Tische im Freien. Hauptgericht um 75 N$.

Gut sortierte Weinkarte ▶ **The Grapevine Restaurant** 6 : 42 Libertine Amathilas St., Tel. 064-40 47 70, Mo–Sa 11.30–14, 18–21.30 Uhr. Frische Fisch- und vegetarische Gerichte, jeweils mit den passenden Weinen. Hauptgerichte um 75 N$.

Fantastische Aussicht ▶ **Lighthouse Pub & Restaurant** 7 : direkt an der Mole, Tel. 064-40 08 94, tgl. 11–22 Uhr. Rustikales Pub-Restaurant am Beach mit angenehmer Atmosphäre, gute Fisch- und Fleischgerichte. Hauptgericht um 65 N$.

Panafrikanische Küche ▶ **Cape to Cairo Restaurant** 8 : Nathanael Maxuilili St., Tel. 064-46 31 60, tgl. 18–22 Uhr. Das Restaurant

An der Atlantikküste

serviert afrikanische Gerichte aus dem gesamten Kontinent mit einigen Wildvariationen. Ein Tipp für Vegetarier: die raffiniert gewürzten Chapatis. Hauptgericht um 60 N$.

Nostalgisches Flair ▶ Museum-Café 2: Tel. 064-40 20 46, Swakopmund Museum, tgl. 10 Uhr bis zum Sundowner. Originalgetreu ist diese historischen Kneipe im Museum in Swakopmund wieder aufgebaut worden. Gäste können so im stilvollem Ambiente mit Blick auf die Mole ein frisch gezapftes Bier genießen. Nach der Schließung der Hansa-Brauerei wurde deren Bar-Einrichtung und viele Brauerei-Antiquitäten hierher ›umgesiedelt‹. Einer der großen Kupferbraukessel dient nun, halbiert, als stilvolle Markise über dem neugestalteten Eingang des Museums. Namibia Breweries, Besitzer der Hansa-Brauerei bis zu deren Schließung, hat rund 750 000 N$ in das 1 Mio. N$ teure Restaurierungsprojekt investiert. Das Ambiente ist hervorragend und das Essen gut. Für dessen Qualität bürgt Raith's Gourmet, die den Laden führen. Hauptgericht um 75 N$.

Schwarzwälder Kirschtorte ▶ Café Anton 9: 1 Bismarck St., Tel. 064-40 03 31, tgl. 7–18 Uhr. Das Café am Alten Leuchtturm ist sicher das bekannteste Namibias. Seine legendäre Schwarzwälder Kirschtorte, der etwas mehr Kirschwasser gut tun würde, wird von perfekt Deutsch sprechenden, dunkelhäutigen Namibiern serviert. Sehr lecker sind auch der Käsekuchen und der Bienenstich. Hauptgericht um 60 N$.

Einkaufen

Kunsthandwerk ▶ African Kirikara 1: Am Ankerplatz, Sam Nujoma Drive, Tel./Fax 064-46 31 46, www.kirikara.com, Mo–Fr 9–13, 14.30–17.30, Sa 9–13, So 10–12 Uhr. Laden mit garantiert im südlichen Afrika, nicht in China, hergestelltem, stilvollem Kunsthandwerk. Filiale in Hout Bay bei Kapstadt.

Antiquitäten ▶ Peter's Antiques 2: Tobias Hainyeko St., Tel./Fax 064-40 56 24, www.peters-antiques.com. Mo–Fr 9–13, 15–18, Sa 9–13, 17–18, So 17–18 Uhr. Große Auswahl an kolonialer Literatur, alte Postkarten, Krimskrams und altes afrikanisches Kunsthandwerk. Etwas für Leute, die ausgefallene Souvenirs suchen.

Safari-Bekleidung ▶ Hans Lohmeier 3: Dr. Sam Nujoma Ave., Tel. 064-40 25 15, Mo–Fr 9.30–13, 15–18, Sa 9.30–13 Uhr. Khaki-Safarikleidung, Schuhe und Stiefel aus Kuduleder, Buschhüte.

Bücher und Bildbände ▶ Swakopmunder Buchhandlung 4: Dr. Sam Nujoma Ave., Tel. 064-40 26 13, Mo–Fr 9–18, Sa 9–13 Uhr. Diese alteingesessene Buchhandlung besteht seit dem Jahr 1900. Hier findet man viele Publikationen zur Geschichte Swakopmunds und Südwestafrikas.

Aktiv

Swakopmund ist so etwas wie die Adrenalin-Metropole Namibias. Es gibt Veranstalter für ein riesiges Spektrum mehr oder weniger ausgefallener Outdooraktivitäten. Kajakfahren mit Delfinen und Robben kostet zwischen 490 und 550 N$/Pers., Tandem-Fallschirmspringen etwa 1500 N$/Pers., Parasailing 350 N$/Pers., Ziplining (1200 m langes Drahtseil) 500 N$/Pers., Landsegeln durch die Wüste 300 N$/Pers., Sandboarding (Dünensurfen) 200–300 N$/Pers.

Kamelreiten ▶ Camel Farm 1: 12 km östlich von Swakopmund, Tel. 064-40 03 63, tgl. 14–17 Uhr. Ausritte auf den Spuren der deutschen Kamelreiter. 15 Min. 70 N$/Pers.

Ausritte zu Pferd ▶ Okakambe Trails 2: 12 km von der City, via B 2 Richtung Flugplatz, rechts auf die D 1901, Ställe in der Nähe der Camel Farm. Tel. 064-40 27 99, 40 52 58, www.okakambe.iway.na. Begleitete Ausritte zum Sonnenuntergang am Strand oder 3 Tage mit Damara-Guide in die Mondlandschaft. Einzelperson 1 Std. 450 N$, 2 und mehr Pers. 390 N$/Pers., 1,5 Std. 540/470 N$, 2 Std. 590/510 N$, 3 Std. 690/650 N$, Sonnenuntergangsritt 550/490 N$, Tagestour (6 Std.) mit Lunch 1400/1100 N$, 2-Tagestour (Vollpension) 5900/3900 N$, 3-Tagestour (Vollpension) 9000/5500 N$.

Naturexkursionen ▶ Living Desert Adventures: Reservierung unter Tel. 064-40 50 70 oder 081-127 50 70, nature@iafrica.com.na, www.living-desert-adventures.com. Interes-

Swakopmund

aktiv unterwegs

Quadbike-Tour in den Dünen

Tour-Infos
Start: Swakopmund bzw. Walvis Bay
Dauer: 1/2–1 Tag
Buchung: Mehrere Anbieter in Swakopmund (s. unten) und Walvis Bay (s. S. 222) haben organisierte Quadbike-Touren in ihrem Aktivprogramm
Kosten: 550–800 N$/Pers.

Quadbikes sind nicht unumstritten in Namibia. Was hauptsächlich daran liegt, dass in der Vergangenheit unverantwortliche Urlauber aus dem Nachbarland Südafrika diese auf Anhängern nach Namibia verfrachteten und wild in sensiblen Gegenden herumgeheizt sind. Die namibische Regierung erwog daraufhin ein Totalverbot der vierrädrigen »Motorräder«, entschied sich dann aber, den Gebrauch streng zu reglementieren und drastische Strafen für jene einzuführen, die abseits erlaubter Gebiete herumfahren.

Quadbiking ist eine der beliebtesten Freizeitaktivitäten zwischen Swakopmund und Walvis Bay – und ein wichtiger Wirtschaftszweig. Zahlreiche Lodges bieten Quadbike-Ausflüge auf ihren Gebieten an, als sanfte und naturnähere Alternative zu den traditionellen Sundowner-Ausfahrten im offenen Landrover. Wer daran teilnimmt, kann das schuldfrei tun, denn die lokalen Guides wissen genau, wo man fahren kann, ohne die Natur zu schädigen. Also nicht in Dünengebieten mit Vegetation, nicht auf den empfindlichen Geröllflächen oder in der Nähe von Vogelbrutgebieten. Und immer auf bereits existierenden Pisten.

Selbst Anfänger kommen gut mit den Fahrzeugen zurecht. Lenker und Sitzbank sehen genauso aus wie beim Motorrad, gelenkt wird wie beim Auto, lediglich das Gasgeben erfolgt über einen kleinen Hebel am rechten Lenkerende, der mit dem Daumen bedient wird. Die meisten Quads besitzen leise, beschauliche Viertaktmotoren und Fliehkraftkupplung. Man muss also nur Gas geben, nicht schalten. Die Reifen sind weich, mit nur 0.8 Bar gefüllt. Sie hinterlassen somit lediglich temporäre Spuren im Sand der Dünen, die der nächste Wind gleich wieder entfernt.

Und es wird natürlich nicht nur gefahren, die motorisierten Reiseleiter halten oft an und erzählen viel Interessantes zur Natur und Geschichte Namibias.

Zum Beispiel den Grund für die vielen Knochen am Rand einer Dünenkette. Tausende von Knochen. Der Pferdefriedhof von Swakopmund, erfahren die Tourteilnehmer. 2600 Pferde und Maultiere der südafrikanischen Siegertruppen wurden hier 1915 mit Halfter und allem Zubehör erschossen, da sie von einer bakteriellen Krankheit befallen waren. Schaurig-fotogen liegen die gebleichten Schädel und Knochen im Sand.

sante und unterhaltsame Land Rover-Trips in die Wüste. Besitzer Chris infiziert seine Gäste mit seinem Enthusiasmus für die Natur. Das ist Animal Planet live, vom Pflanzenmaterial am Dünenrand, das er als Käfermüsli beschreibt, bis zur Rad schlagenden Spinne, die die Düne hinunterrollt. Gut für Kinder geeignet. Tourpreis 550 N$/Pers. **Living Desert Tours:** Tel. 081-128 10 38, www.tommys.iway.na, 550 N$/Pers. Die Alternative zu Living Desert Adventures mit nahezu identischem Programm und zum gleichen Preis.
Adrenalin-Sportarten ▶ Desert Explorers **3**: 2 Woermann St., Tel. 064-40 60 96, Fax 40 50 38, www.swakop.com/ADV/. Die Touren von Desert Explorers starten an der Straße nach Walvis Bay, kurz vor der Brücke über den Swakop River links. Angeboten werden diverse Adrenalin-Sportarten – Quadbiking, Sandboarding, Paragliding, Fallschirmsprin-

An der Atlantikküste

Per Land Rover durch die Mondlandschaft der Welwitschia-Ebene

gen –, aber auch Aktivitäten für den, der es geruhsamer mag: Ballonfahren, Fischen, Touren, um Delfine zu beobachten, Reiten etc. **Outback Orange** 4: 42 Nathanael Maxuilili St., Tel. 064-40 09 68, www.outback-orange.com. Outback Orange bietet ebenfalls alle Adrenalin-Sportarten.

Sandboarding ▶ **Dune Seven Sandboarding:** Tel. 064-22 08 81, www.duneseven.com. Organisierte Sandboarding Trips mit Einweisung und Transfer per Quadbike, ca. 650 N$/Pers. **The Alter-Action Sandboarding Experience:** Tel. 064-40 27 37, www.alter-action.info. Sandboarding in den Dünen von Swakopmund, liegend oder stehend.

Fallschirmspringen ▶ **Ground Rush Adventures:** Tel/Fax 064-40 28 41, www.skydiveswakop.com.na. Tandem-Fallschirmspringen über Wüste und Meer, prima Aussicht garantiert. Startpunkt ist am Flugplatz von Swakopmund, Hangar 13.

Ballonfahren ▶ **African Adventure Balloons:** Tel./Fax 064-40 34 55. Fahrten mit dem Heißluftballon in der Umgebung von Swakopmund für N$ 2750/Pers.

Landsegeln ▶ **Landyachting Eco Fun:** Tel./Fax 064-40 32 53. 2 Std. durch die Dünen der ältesten Wüste der Welt segeln mit einem dreirädrigen Gefährt, an dem ein riesiges Segel angebracht ist. 300 N$/Pers.

Swakopmund

Verkehr

Flugverbindungen: Air Namibia fliegt 6 x wöchentlich von Windhoek nach Swakopmund. Reservierung unter Tel. 061-22 96 39, Fax 22 87 63.

Busverbindungen: Intercape Mainliner fährt von Kapstadt über Keetmanshoop nach Windhoek und Swakopmund und wieder zurück. Information und Reservierung unter Tel. 061-22 78 47, Fax 386 24 88. Auch **Ekono Liner** verkehrt auf seinem Weg nach Kapstadt zwischen Windhoek und Swakopmund. Reservierung und Information unter Tel. 061-23 69 46, Fax 23 68 80. Seit 2008 verkehren 2 x tgl. **Shuttle-Busse** (Town Hopper) in die Welwitschia-Ebene im Nordteil des Namib Naukluft Parks (s. S. 244). Abfahrt ist vor der Touristen-Information in Swakopmund.

Bahnverbindungen: Auf der Bahnlinie zwischen Windhoek und Swakopmund verkehrt täglich außer Sa ein Zug. Auskunft und Reservierung bei **TransNamib Rail Central Reservations**, Tel. 061-298 20 32, Fax 298 24 95. Seit April 1998 fährt auf der alten deutschen Bahnlinie zwischen Windhoek und Swakopmund der luxuriöse **Desert Express**. (s. auch Thema S. 138). Information und Reservierung unter Private Bag 13204, Windhoek, Tel. 061-298 26 00, Fax 298 26 01, dx@transnamib.com.na.

An der Atlantikküste

Ausflug zur Welwitschia-Ebene ▶ F 9

Eine gut ausgeschilderte Rundtour führt von Swakopmund zur **Welwitschia-Ebene**, die im nördlichen Teil des Namib Naukluft Park liegt. Für die Tour ist ein *permit* notwendig, das im Swakopmunder Naturschutzbüro, untergebracht in der Ritterburg, erhältlich ist. Wer in der Welwitschia-Ebene campieren möchte, kann ebenfalls dort buchen.

Folgt man der Teerstraße B 2 aus Swakopmund hinaus Richtung Usakos, steht rechts das Lokomobil ›**Martin Luther**‹ mittlerweile vor den Elementen geschützt, in einem Backsteinhäuschen mit großen Glastüren. 1896 importierte der deutsche Offizier Edmund Troost die 1,4 t schwere dampfbetriebene Zugmaschine. Er finanzierte das Projekt aus eigener Tasche und wollte so von Schienen und Ochsengespannen unabhängig sein. Als er jedoch für die Strecke von Walvis Bay nach Swakopmund drei Monate benötigte, dabei Unmengen von Wasser verdampfte und ständig im Sand stecken blieb, wurde er nachdenklich. Das Fahrzeug verbrauchte außerdem so viel Holz zur Befeuerung, dass kaum mehr Platz für Fracht blieb. Nach dem vierten Versuch gab Trost schließlich entnervt auf. Der Spitzname kam zustande, als jemand Luthers angeblichen Ausspruch vor dem Wormser Reichstag zitierte: »Hier stehe ich, ich kann nicht anders.«

Hinter ›Martin Luther‹ geht es rechts ins Khomas-Hochland. Durch das Tal des Swakop River erreicht man den Eingang des Namib Naukluft Park. Bald darauf weist ein steinerner Wegweiser nach links zur **Welwitschia-Route**.

Wer anhält und die Landschaft genauer betrachtet, stellt fest, dass die Namib nicht nur trocken und ohne Leben ist. Steine und Boden sind mit Flechten bedeckt, die ihre Feuchtigkeit aus dem Nebel gewinnen, der nachts vom Meer ins Landesinnere zieht. Was wie ausgestorben wirkt, kann mit ein wenig Wasser zum Leben erweckt werden. Gießt man ein paar Tropfen aus der Feldflasche auf den Boden, entfalten sich die Flechten und ändern ihre Farbe – ein faszinierender Anblick, der beweist, dass die Wüste lebt.

Neben der Straße sind noch die jahrzehntealten Spuren der ersten Ochsenwagen zu sehen. Die Räder zerstörten die empfindlichen Flechten, die sich bis heute nicht erholt haben. Kein Wunder, denn sie wachsen weniger als einen halben Millimeter im Jahr.

Kurz darauf breitet sich die **Mondlandschaft** aus, die entstand, als sich der weitverzweigte Swakop River in einer Feuchtperiode vor 460 Mio. Jahren durch die weichen Oberflächenablagerungen bahnte. Im Hintergrund ragt der **Rössing** auf, dessen Uranmine lange Zeit eine große ökonomische Bedeutung hatte, die Umgebung aber auch verstrahlte. Kürzlich wurde auf Grund der weltweiten Uranerz-Nachfrage der Abbau wieder aufgenommen.

Der an der Straße liegende Schrott und Müll darf nicht entfernt werden, da er fast ›antik‹ ist. 1915 hatten hier südafrikanische Truppen ihr Lager aufgeschlagen. Neben Flaschenscherben und rostigen Dosen findet sich auch die Kette eines frühen Panzers. Eine geologische Besonderheit stellen die pechschwarzen Gesteinslinien im ansonsten braunen Fels dar. Es handelt sich dabei um verwitterungsbeständige Doleritgänge.

Dann kommt endlich das in den Blick, was jeden Botaniker in Verzückung geraten lässt: das erste Exemplar der zu den zapfentragenden Nacktsamern gehörenden **Welwitschia mirabilis**. Von dem Österreicher Dr. Friedrich Welwitsch 1853 im südlichen Angola entdeckt, trägt der auf den ersten Blick hässliche Haufen verwelkten Grünzeugs seither seinen Namen. Es gibt sowohl männliche als auch weibliche Pflanzen, die deutlich an den ›Blütenständen‹ zu unterscheiden sind. Insekten sorgen für den zwischengeschlechtlichen Pollentransport. Die botanische Rarität ist mit der Kiefer verwandt, wird aber mit bis zu 2000 Jahren älter als diese. Ihr Wurzelwerk reicht 3 m weit in die Tiefe. Was aussieht wie viele, sind in Wirklichkeit nur zwei bis 8 m lange, vom Wind zerfetzte und aufgespleißte Blätter, mit deren Hilfe die Pflanze die Nebelfeuchtigkeit aufnimmt.

Blutkuppe und Archer's Rock

Dieser Pflanze verdankt die Welwitschia-Ebene ihren Namen

Infos

Ministry of Environment and Tourism (MET): Fitterburg, Ecke Sam Nujoma Ave./Bismarck Street, Swakopmund, Tel. 064-40 45 76, www.met.gov.na, Mo–Fr 8–17, Sa/So 8–13 Uhr, Permits erhält man Mo–Fr 8–15, Sa/So 9–12 Uhr, Kosten: Auto 20 N$, Erw./Kinder 20/2 N$. Die Welwitschia-Ebene wird manchmal von Rangern kontrolliert, wer kein Permit dabei hat, muss 300 N$ Strafe zahlen.

Übernachten

Camping in der Welwitschia-Ebene ▶ Wer hier auf einem der primitiven Campingplätze nächtigen möchte, muss über **Namibia Wildlife Resorts** reservieren. In Windhoek, Tel. 061-285 70 00, Fax 22 49 00, Swakopmund, Tel. 064-40 21 72, Fax 40 30 23, Khorixas Lodge, Tel. 067-33 11 11, Fax 33 13 88, www.nwr.com.na. Die Plätze (maximal 4 Personen) kosten jeweils 80 N$ und verfügen nicht über sanitäre Anlagen. Holz und Wasser müssen mitgebracht werden. Derzeit (2010) wird der Campingplatz renoviert.

Blutkuppe und Archer's Rock ▶ F 10

Für 4x4-Fans lohnt ein Ausflug zur **Blutkuppe,** für den sich man sich zuvor bei der Swakopmunder Naturschutzbehörde ein Permit besorgen muss. Die Fahrt führt zunächst über die C 28, dann geht es über Geröllebenen und glatt geschliffene Felsen, durch Trockenflussbetten, an Sanddünen und riesigen Granitkuppen vorbei. Ein solcher Granit-Inselberg ist auch die Blutkuppe, sie verdankt ihren Namen der Tatsache, dass sie sich bei Sonnenuntergang leuchtend blutrot verfärbt. Mit etwas Vorsicht (das erodierte Gestein blättert in Schichten ab) kann der Buckel auch bestiegen werden.

Wer noch genügend Zeit hat, fährt über Klein und Mittel-Tinkas, wo ein 4- bis 5-stündiger Rundwanderweg beginnt, zum **Archer's Rock,** einer bizarren Felsformation. Dort und an der Blutkuppe gibt es einfache Zeltplätze, die aber vorher bei der Naturschutzbehörde reserviert werden müssen.

An der Atlantikküste

Per Schiff durch die Wüste – Deutsche Kamelreiter

Curt von François hatte bereits 1889 einen Kamelhengst, den er auf Teneriffa erworben hatte, nach Deutsch-Südwestafrika gebracht. Das Tier fühlte sich jedoch so einsam, dass es immer wieder ausbrach und zum Strand lief, wo es schließlich im Sandwich Harbour ertrank. Am 23. Juli 1891 landeten weitere zehn Kamele in Walvis Bay.

Die 1891 importierten Kamele waren für den Truppentransport und für die Paketpostzustellung zwischen Walfischbucht (Walvis Bay) und Windhoek gedacht. Erst als Lorenz Hagenbeck, Sohn des berühmten Zoodirektors Carl Hagenbeck aus Hamburg, die Organisation der Kameltransporte übernahm, gelangten größere Mengen von ihnen ins Land. Am 19. April 1906 waren es 535 Stück, sechs davon während der Überfahrt geborene Fohlen. Insgesamt sollen sich damit zu diesem Zeitpunkt rund 2000 Kamele im Land befunden haben.

Um die Nama Simon Koppers zu bekämpfen, mussten sich die Soldaten der deutschen Schutztruppe etwas einfallen lassen. Kopper und seine Leute hatten ihre Lager im damaligen Britisch-Betschuanaland (dem heutigen Botswana) aufgeschlagen, mitten in der Kalahari – im Jahr 1906 ein weißer Fleck auf den Landkarten. Die Nama und ihre Pferde lebten von Wüstenmelonen (*tsammas*) und kamen im Gegensatz zu den Deutschen fast ohne Wasser aus. Auf Streifzügen drangen sie immer wieder auf deutsches Gebiet vor, überfielen Farmen und Siedlungen, um sich dann erneut in die unerforschte Wüste zurückzuziehen.

Die deutschen Reiter entschlossen sich, vom Pferd aufs Kamel umzusteigen. So gelangten die Schutztruppen-Kamele mit dem Erckert-Zug gegen den letzten freien Nama-Häuptling, Simon Kopper, zum Großeinsatz. Hauptmann Friedrich von Erckerts Einheit bestand aus 27 Offizieren, 373 Soldaten, 129 Einheimischen, 710 Kamelen, elf Reitochsen, zwei Pferden, fünf Maultieren und vier Maschinengewehren. Während einer neunmonatigen Ausbildung, die Erckert persönlich überwachte, wurden Männer und Kamele aneinander gewöhnt sowie beide an die bittere

Deutsche Kamelreiter

Thema

Wüstenmelone, die einzige ›Wasserquelle‹ in der Kalahari. Für die Kamele mussten die Früchte zerkleinert werden, jedes Tier fraß auf einmal 40 Stück. Ein halber Sack *tsammas* ergab noch keine volle Feldflasche Wasser.

Am 8. März 1908 bekamen die Kamele ihr letztes Wasser vor der Durststrecke durch die Kalahari. Von Erckert heftete sich an die Spuren seiner Gegner, die, wie immer, nicht mit einer Verfolgung in die Wüste rechneten. Am Abend des 15. März stießen die Deutschen auf Koppers Lager in Seatsub, im britischen Teil der Kalahari. Sie stürmten es in einem Überraschungsangriff im Morgengrauen des 16. März. Hauptmann von Erckert fiel als erster, weitere 14 Schutztruppler kamen ums Leben. Die meisten von Koppers Leuten kamen im Kampf um. Der Häuptling selbst entkam mit wenigen seiner Getreuen und starb am 31. Januar 1913 im Exil in Betschuanaland.

Trotz des Erfolgs der Kameltruppe kam es zu keinen größeren Einsätzen mehr. Nachdem die Südafrikaner die deutsche Kolonie übernommen hatten, nutzten einige Polizei-Patrouillen zwar ab und zu noch Dromedare, doch mit der Einführung von allradgetriebenen Geländewagen endete diese Ära schließlich in den 1950er-Jahren.

Reminiszenz an die deutschen Kamelreiter? Kamelreiten heute bei Swakopmund

35 m hoch ragt die Vingerklip im Damaraland in den Himmel

Kapitel 4
Skelettküste und Damaraland

An der unberechenbaren Atlantikküste nördlich von Swakopmund sind in der Vergangenheit Hunderte von Schiffen gestrandet. Plötzlich aufkommender Nebel und eine fast immer stürmische See waren an der Skelettküste für viele Katastrophen verantwortlich. Piloten und Kapitäne unterschätzten die Natur, Flieger stürzten ab, Schiffe havarierten. Die wenigen, die sich heil aus den Wracks retten konnten, verdursteten in der Namibwüste, deren Dünen nahtlos in den Sandstrand übergehen. Diese Tragödien verliehen dem Küstenabschnitt seinen Namen. Seit 1967 ist der Skeleton Coast National Park Schutzgebiet und umfasst vom unteren Ugab bis zum Kunene das gesamte nördliche Drittel der namibischen Küste. Der 200 km lange Küstenstreifen zwischen Swakopmund und dem Skelettküsten-Park bildet die National Westcoast Tourist Recreation Area. Am Cape Cross finden sich in der Paarungszeit zwischen November und Dezember bis zu 250 000 Zwergpelzrobben ein. Außerhalb der Paarungszeit sind es immerhin noch fast 100 000 Tiere. Das Cape Cross Seal Reserve ist damit die größte der 23 Robbenkolonien an der Küste Südafrikas und Namibias, wo insgesamt 1,6 Mio. Robben leben.

Im Damaraland, das im Osten an die Skelettküste grenzt, findet sich eine Fülle von geologischen und archäologischen Highlights: Namibias höchster Berg, der Brandberg, die wunderschön verwitterte Spitzkoppe, versteinerte Wälder, die monumentale Vingerklip und die größte Freiluftgalerie Afrikas mit San-Malereien und -Gravuren bei Twyfelfontein. Highlight im Damaraland ist das Aufspüren der meist in Trockenflussbetten wandernden Wüstenelefanten. Dabei gibt es aber noch andere Tiere zu entdecken: unter anderem Antilopen, Giraffen, Zebras und die sehr seltenen Spitzmaulnashörner.

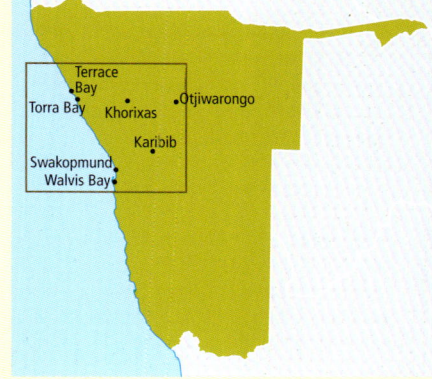

Auf einen Blick
Skelettküste und Damaraland

Sehenswert

9 Cape Cross Seal Reserve: Am Cape Cross finden sich alljährlich zur Paarungszeit in den Monaten November und Dezember bis zu 250 000 Zwergpelzrobben (*Cape fur seals*) ein – eine lautstarke und geruchsintensive Erfahrung (s. S. 254).

10 Twyfelfontein: Hier sind 2400 bis zu 6000 Jahre alte Felsmalereien und -gravuren dokumentiert. Wissenschaftler nehmen an, dass sie in sechs verschiedenen Zeiträumen mit Quarzsteinen in den Sandstein geritzt worden sind. 2007 hat die UNESCO sie zum Welterbe erklärt (s. S. 269).

Vingerklip: Die imposante Kalksteinsäule, erodierter Überrest eines Tafelberges, steht am Rande des Ugab-Urstromtales und bietet eine fantastische Sicht auf die schier unendliche Weite Namibias (s. S. 272).

Schöne Routen

Zur Grootberg Lodge: Wunderschöne, ungeteerte Passstrecke über den Grootberg, einen von zahlreichen Tafelbergen im Damaraland, 1600 m über dem Canyon des Klip River (s. S. 271).

Rund um die Spitzkoppe: Der markant aus der Ebene aufragende Granitdom der Spitzkoppe ist ringsum von aussichtsreichen Fahrwegen umgeben (s. S. 275).

Meine Tipps

Die schönsten Camps und Lodges: Die **Palmwag Lodge** (s. S. 266) und das **Damaraland Camp** (s. S. 266) veranstalten Pirschfahrten zu den seltenen Wüstenelefanten. Die **Grootberg Lodge** (s. S. 271) gehört der lokalen Gemeinde und bietet eine der schönsten Aussichten Namibias.

Aba-Huab Campingplatz: Der Platz in Twyfelfontein ist ein Paradebeispiel für *community based tourism*, also die Einbindung der lokalen Bevölkerung in ein Tourismusprojekt. Er ist vorbildlich geführt und die Bar ein Highlight nach einem heißen Tag (s. S. 270).

Henckert Tourist Centre in Karibib: Nicht nur Informationen, sondern auch hochwertiges Kunsthandwerk aus Namibia und anderen Ländern des Südlichen Afrika hat dieses Souvenir-Paradies im Angebot (s. S. 277).

aktiv unterwegs

Fly-in-Safari und Wanderungen im Skeleton Coast Park: Das Ausmaß der Skelettküste mit ihrem lebensfeindlichen Hinterland wird eigentlich nur aus der Vogelperspektive richtig deutlich. Teuer, aber sehr lohnend. Erschwinglicher sind Wanderungen im Naturschutzgebiet, darunter der dreitägige, 50 km lange Ugab Hiking Trail (s. S. 258).

Den Wüstenelefanten auf der Spur: Eine Begegnung mit den seltenen, an die harten Lebensbedingungen in der Wüste angepassten Dickhäutern gehört zu den Höhepunkten eines Namibia-Urlaubs (s. S. 268).

Mit den Daureb Mountain Guides auf den Brandberg: Einheimische, eigens geschulte Führer erklären auf unterschiedlich langen Touren die Besonderheiten der Flora und Fauna des Brandberg-Gebietes (s. S. 273).

Skelettküste

Nördlich von Swakopmund beginnt die berühmt-berüchtigte Skeleton Coast, die oberhalb von Cape Cross als Skeleton Coast National Park unter Naturschutz gestellt ist. Dieses Schutzgebiet steht auch Touristen mit Erlaubnisschein offen, allerdings nur bis Terrace Bay. Lebendiges Highlight an der Küste ist das Cape Cross Seal Reserve, eine Kolonie von 100 000 bis 250 000 Zwergpelzrobben.

Relativ lange blieb die Küste von Ausbeutung verschont. Erst Ende des 19. Jh. und in der Kolonialzeit überfischten Amerikaner und Engländer das Meer. Auch die Wale wurden bedenkenlos abgeschlachtet. Zahllose Skelette am Strand zeugen davon.

Seit 1967 ist der **Skeleton Coast Park** Schutzgebiet. Er umfasst auf 1600 km² ein Areal, das vom unteren Ugab bis zum Kunene reicht, und auf einer Länge von 500 km einen Landstreifen von 30–40 km Breite und damit das gesamte nördliche Drittel der namibischen Küste. Der 200 km lange Küstenstreifen zwischen Swakopmund und dem Skelettküsten-Park bildet die **National Westcoast Tourist Recreation Area.** Auf eigene Faust kann man bis Terrace Bay im südlichen Teil des Skeleton Coast Park reisen, vorausgesetzt man besorgt sich ein Übernachtungspermit. Der Parkeingang liegt am Ugab, dort startet eine dreitägige, geführte Wanderung durch das Ugab-Rivier (Anmeldung bei Namibia Wildlife Resorts). Neben einer kürzeren Wanderung zum Uniab-Delta ist dies die einzige Möglichkeit, den Skeleton Coast Park zu Fuß zu erkunden (s. S. 259).

Der nördliche Teil der Skelettküste, vom Hoanib River bis zur Kunene-Mündung, ist Konzessionsgebiet und darf nur mit einem Veranstalter besucht werden. Leider liegen praktisch alle der oft auf Fotos zu sehenden Schiffswracks in diesem Bereich. Eine Flugsafari in dieses Gebiet ist ein fantastisches Erlebnis (s. S. 258).

Von Swakopmund zum Cape Cross

Karte: S. 255

Swakopmund Saltworks Private Nature Reserve ▶ E 9

Nördlich von Swakopmund gibt es, wie in Walvis Bay, eine Anlage zur Gewinnung von Meersalz. Die hiesigen Salt Works wurden zur **Swakopmund Saltworks Private Nature Reserve** [1] erklärt. Vogelfreunde kommen hier voll auf ihre Kosten: Tausende von Seevögeln finden sich ein, unter anderem Flamingos und Zwergflamingos *(greater/lesser flamingos)*, Damara-Seeschwalben *(Damara tern)*, Haubentaucher *(great crested grebe)* und eine große Kolonie Kapkormorane *(Cape cormorants)*. Etwa 80 % der weltweit 7000 Damara-Seeschwalben brüten am Rande der Namib, wo sie sich im September und Oktober nach ihrem Flug von Westafrika einfinden. Der kleine grauweiße Vogel mit schwarzem Scheitel errichtet sein Nest für nur ein Ei zwischen Kiesebenen und Dünen.

Entlang der Küste nach Norden sind einige einfache Campingplätze eingerichtet worden, die man mangels markanter Bezugspunkte in der umgebenden Natur nach ihrer Entfernung von Swakopmund aus benannt hat. Etwas komfortabler, mit Bungalows und Campingplätzen, Gefriertruhen und Gemeinschaftsküche, ist der Campingplatz von **Mile 4**, gleich außerhalb von Swakopmund.

Von Swakopmund zum Cape Cross

Weiter nördlich taucht zur Linken das skurrile Feriendorf **Wlotzkasbaken** 2 auf. Hier besitzen viele Angler Wochenendhäuschen. Bunte Fähnchen zeigen an, ob der jeweilige Besitzer zu Hause ist. Walknochen bilden die Grundstücksgrenzen. Es gibt allerdings keinerlei touristische Einrichtungen.

Henties Bay ▶ E 9

Dafür hat sich das 75 km nördlich von Swakopmund gelegene **Henties Bay** 3 zu einem Ferienort entwickelt. Die Siedlung ist berühmt für ihren Fischreichtum, und in der Saison finden sich Hunderte von Anglern hier ein. Gefangen werden vor allem Kabeljau (kob), Steinbrasse (steenbras), galjoen und Barbe (barbel). Um die Meeresbewohner zu schützen, stehen jedem Angler nur acht Fische pro Tag zu. Die besten Spots haben witzige Namen, wie Bennie se Rooi Lorrie – ›Bennies roter Lastwagen‹. Möglicherweise ist der mal hier versunken.

Im Ort gibt es einige Veranstalter von Angeltouren. Henties (sprich: hengkies) Bay ist nach Major Hentie van der Merwe benannt, der im Mündungsgebiet des Omaruru River eine Süßwasserquelle entdeckt hatte. Er kehrte so oft an den Platz zurück, dass dieser unter seinem Namen bekannt wurde. Im lokalen Pub gibt es einen Superlativ zu bestaunen: Mit 33 m ist der Tresen Namibias längster. Ein guter Grund, dort ein Windhoek Lager oder, falls noch eine Fahrstrecke zu bewältigen ist, ein Light zu trinken.

Übernachten

Jugendherbergs-Flair ▶ **De Duine Hotel:** 34 Duine Rd., Henties Bay, Tel. 064-50 00 01, Fax 50 07 24. Kleines Hotel mit 20 Zimmern, direkt am Meer, gutes Restaurant im Haus. DZ mit Frühstück 1000 N$.
Paradies für Angler ▶ **Byseewah Guesthouse:** Henties Bay, Auas Street, Tel. 064-50 11 11, Fax 50 11 77, www.byseewahguest

Anschauliches Tor zum Skeleton Coast Park

Skelettküste

house.com. Komfortables Hotel in der Nähe vom Strand mit 9 Doppelzimmern. Gutes Restaurant im Haus, das für Nichtgäste Lunch und auf Wunsch Dinner für Gäste bietet. DZ mit Frühstück 900 N$.

Essen & Trinken
Mit urigem Pub ▶ **Spitzkoppe Restaurant:** Jakkalsputz Road, Tel. 064-50 01 00. Steaks und Seafood. Hauptgericht 50 N$.

Cape Cross Seal Reserve ▶ D 8

Karte: rechts
Der nächste Stopp verspricht ein sehr intensives Erlebnis, das sowohl Hör- als auch Geruchssinn auf eine harte Probe stellen wird. Am Cape Cross finden sich in der Paarungszeit zwischen November und Dezember bis zu 250 000 Zwergpelzrobben *(Cape fur seals)*, auch Südafrikanische Seebären genannt, ein. Außerhalb dieser für die Bullen äußerst anstrengenden Zeit sind es immerhin noch fast 100 000. Das **Cape Cross Seal Reserve** ist damit die größte der 23 Robbenkolonien an der Küste Südafrikas und Namibias, wo insgesamt 1,6 Mio. Robben leben. Die Besucher dürfen hautnah, nur durch eine kleine Mauer getrennt, an die ›Seebären‹ heranrobben (tgl. außer Fr 10–17 Uhr, Eintritt Erw. 20 N$, Kinder 6–12 Jahre 2 N$, Auto 20 N$. Keine Übernachtungsmöglichkeit, nur Trinkwasser und Toiletten).

Zwergpelzrobben
Ihr Pelz hat eine dichte Schicht kurzer Haare unter den längeren und gröberen Schutzhaaren. Während die obere Schicht nass wird, bleiben die feinen Haare darunter trocken und bilden so zusammen mit dem Unterhautfett eine Isolierschicht. Die warmblütigen Robben mit einer Körpertemperatur von 37 °C können so längere Zeit im 10–15 °C kalten Benguela-Strom verweilen. Ein Männchen ›sorgt‹ während der Brunft für einen Harem von bis zu 25 Weibchen – und verliert während der Paarungszeit nicht unerheblich an Gewicht. Wiegt es zu Beginn noch etwa sieben Zentner, so ist es nach sechs bis acht Wochen nur noch halb so schwer – eine beneidenswert erfolgreiche Schlankheitskur. Zurück bleiben trächtige Weibchen, die rechtzeitig, bevor die Bullen im Jahr darauf zurückkommen, ein Junges zur Welt bringen. Zwei Wochen später sind sie erneut empfängnisbereit.

Nach wie vor umstritten ist das jährliche **Harvesting,** das ›Ernten‹ der Robben. Wie Fische sind die Pelzrobben für Namibia eine natürliche Ressource, die ausgebeutet wird. Seit 1990 geschieht das Abschlachten zumindest kontrolliert. Bei den sieben bis zehn Monate alten Jungtieren ist vor allem das weiche Zwischenfell, das den Tieren zur Isolierung dient, interessant, bei ausgewachsenen Bullen wird das Fleisch genutzt. Jährlich schlachten die ungelernten Arbeiter etwa 13 000 Jungtiere und 1200 Bullen in der Kolonie. Ein Grund dafür, dass das Robbenreservat freitags geschlossen ist. Das blutige Spektakel macht nämlich keinen guten Eindruck auf Touristen. Die natürlichen Feinde der Pelzrobben sind Schabrackenschakale und Schabrackenhyänen, wobei sich die ›Gesundheitspolizei‹ der Skelettküste vor allem junge und kranke Tiere holt.

Mehr als ein Drittel aller Robben sterben, bevor sie ausgewachsen sind. Die Gründe sind Frühgeburten, Verletzungen, wenn sich ältere Tiere im dichten Gedränge aus Versehen über die Youngster wälzen, Ertrinken oder Verhungern, wenn die Mutter bei der Nahrungssuche ums Leben kommt.

Landung der ersten Europäer
Der erste historisch belegte europäische Fußtritt auf namibischem Boden fand in der Nähe der Robbenkolonie statt, und zwar 1486, als der Portugiese Diogo Cão am Cape Cross zu Ehren von König Johann II. von Portugal ein Steinkreuz errichtete. Während der folgenden 400 Jahre interessierte sich jedoch kein Europäer mehr für das Gebiet. Heute steht eine naturgetreue Nachbildung des **Steinkreuzes von Diogo Cão** neben einem eher unpassenden Granitmonument. Letzteres stammt von Kaiser Wilhelm II. Das originale Cão-

Skelettküste

Skelettküste

Kreuz steht heute im Hof des Deutschen Historischen Museums in Berlin. Zusammen symbolisieren die beiden Steinmonumente und die Plattform, auf der sie stehen, das Kreuz des Südens, jenes Sternbild, an dem sich Diogo Cão bei seiner Seereise orientiert hatte. Begleitet wurde er dabei von einem Deutschen aus Nürnberg: Martin Beheim, der als Navigator des Schiffs fungierte.

Übernachten, Essen

Treffpunkt von Schakalen ▶ Cape Cross Lodge: 50 km nördlich von Henties Bay, Tel. 064-69 40 12, Fax 69 40 13, www.capecross.org. Nur ein paar Meter vom Meer entfernte Lodge mit 20 Zimmern, alle mit Blick über die Bucht, einige mit Balkon. Am Abend finden sich im Flutlicht der Lodge die Schakale am Strand ein, um zu heulen – und natürlich um Robben zu fressen. Das Restaurant serviert südafrikanische Spezialitäten, gute Weinauswahl. Exkursionen zur Robbenkolonie. DZ mit Dinner und Frühstück ab 1800 N$, Lunch-Paket 66 N$.

Entlang der Skelettküste nach Terrace Bay

Karte: S. 255

Am Ugab-Fluss befindet sich das viel fotografierte Tor mit seinen riesigen Totenschädeln, das den Eingang zum Skeleton Coast National Park markiert. Wenn der Ugab River Wasser führt, wenn also das ›Rivier abkommt‹ (s. S. 17), wird das Eingangstor überflüssig, denn dann kann ohnehin niemand mehr das Flussbett passieren. Gleiches gilt für den Koigab und den Uniab River weiter nördlich. Im Januar und Februar ist die Wahrscheinlichkeit für solch starke Niederschläge am höchsten.

Geschichte

Ein Stück hinter diesem markanten Tor geht es links hinunter zum Strand. Auf einem kleinen Schild ist **Winston 4** zu lesen. Leider ist von dem in zwei Teile geborstenen Schiffswrack, auf das der Name hinweist, nicht mehr allzu viel zu sehen, so tief ist es bereits im Sand versunken. An der Mündung des Ugab-Flusses stehen die Reste der Behausung frühester Bewohner dieses Küstenabschnitts, der *strandloper* – ›Strandläufer‹. Sie waren ein Stamm von Jägern und Sammlern, die vor gut 30 000 Jahren direkt an – und von – der Küste des südlichen Afrika lebten. Ihre Hauptnahrung waren angeschwemmte Fische, Wale und Robben. Neben ihren aus Walskeletten gebauten Hütten liegen heute noch Berge von Muschelschalen.

Durch den Skeleton Coast Park nach Terrace Bay

Zwergpelzrobben am Cape Cross

Skeleton Coast Park ▶ C/D 5–7

Für Touristen mit einem Übernachtungs-Permit ist der südliche Teil des **Skeleton Coast National Park** 5 auf einer guten Piste bis Terrace Bay zugänglich. Auf dem Weg dorthin gibt sich Namibia wieder einmal wild und einsam. Fast bedrohlich wirkt die wüste Landschaft, wenn der kalte Benguela-Strom seine Nebelwände ins Landesinnere schickt. Immer wieder führen Spurenbündel oder Pisten Richtung Meer, meist zu vielversprechenden Angelpunkten. Die Abstecher sind jedoch nur Fahrern von Geländewagen zu empfehlen, da es schnell einmal sehr sandig werden kann.

Am Strand rennen Geisterkrabben (*ghost crabs*) mit drohend erhobenen Scheren zwischen Muscheln und angeschwemmtem Seetang auf der Suche nach Aas herum. Was im ersten Moment erschreckende Ähnlichkeit mit einer Knochenhand hat, die in einem zerfetzten Lederhandschuh steckt, stellt sich nach nüchterner Betrachtung als halb verweste Flosse einer Pelzrobbe heraus.

Skelettküste

aktiv unterwegs

Fly-in-Safari und Wanderungen im Skeleton Coast Park

Tour-Infos
Start Fly-in-Safari: Windhoek
Dauer: 4 Tage
Infos und Buchung: Skeleton Coast Safaris, Shop Nr. 15 B, 2. Stock, North Wing, Maerua Park, Windhoek, Tel. 061-22 42 48, Fax 22 57 13, www.skeletoncoastsafaris.com
Kosten: 5495 US$/Pers.
Start Wanderungen: südliches Parktor am Ugab River
Termine: jeder 2. und 4. Dienstag im Monat
Dauer: 2–3 Std. bzw. 3 Tage
Informationen zu den Wanderungen und Anmeldung: Namibia Wildlife Resorts in Windhoek, Tel. 061-285 70 00, Fax 22 49 00 oder Swakopmund, www.nwr.com.na
Kosten: 220 N$/Pers.
Hinweis: Vor dem Beginn der Wanderung muss ein ärztliches Attest vorgelegt werden.

Ein Rundflug ist sicherlich die eindrucksvollste Art und Weise, die Skelettküste kennenzulernen. Die Skeleton Coast Safaris der namibischen Familie Schoeman finden bereits seit 1977 statt. Die erfahrenen Landeskenner waren Pioniere auf dem Gebiet des Ökotourismus.

Mit einmotorigen Cessna-Centurion-Maschinen geht es von Windhoek zunächst im Tiefflug nach Westen, Richtung Atlantik, über braun verbrannte Berge, Täler, Sandfelder und -dünen. Zuweilen fliegt der Pilot so tief, dass die Passagiere Oryxantilopen beobachten können. Schon von weitem kündigt ein dichter Nebelstreifen das kalte Meer an. Aus der Vogelperspektive wird der Kontrast noch viel deutlicher als am Boden.

Die Maschine überfliegt das Wrack der **»Eduard Bohlen«** bei Conception Bay. Sie war auf eine Sandbank aufgelaufen und wäre fast wieder befreit worden. Nachdem der Kanal vom Meer zum Schiff gerade fertig gegraben war, warf es ein gewaltiger Sturm zurück auf den Strand, wo es Goldsuchern jahrelang als Behausung diente. Entgegen dem Eindruck, den viele Fotos in Prospekten, Reiseführern und Bildbänden erwecken, ist dies eines von nur noch zwei einigermaßen erhaltenen Schiffswracks an der gesamten namibischen Küste. Alle anderen haben sich mit den Jahren fast völlig aufgelöst und sind nicht mehr als Schiffe zu erkennen. Und im Zeitalter der Satelliten-Navigation gibt es auch keinen ›Nachschub‹ mehr. Obwohl das Wrack kaum noch zu sehen ist, landet der Pilot nach einer steilen Kurve zu einem Picknick direkt neben den letzten Überresten der **»Winston«**.

Übernachtet wird in einsam gelegenen, einfachen Camps. Von dort gibt es **Rund-**

Durch den Skeleton Coast Park nach Terrace Bay

fahrten in angejahrten Land Rovern, die eine Sitzreihe auf dem Dachgepäckträger montiert haben, was bei den Steilabfahrten über die Sanddünen bei Terrace Bay spektakuläre Ausblicke ermöglicht. Die Dünen sind nicht nur steil, sondern auch laut. Löst sich der Sand, reiben die Quarzpartikel aufeinander und verursachen ein vibrierendes Geräusch, die Düne ›brummt‹.

Dann wird es noch besser, im Tiefflug geht es über das Sandmeer der Namib und durch einen engen Canyon nach Purros. Das Abschlusscamp liegt am Kunene, dem Grenzfluss zu Angola.

Fazit: Wer spektakuläre Flüge liebt und außergewöhnliche Luftaufnahmen machen möchte, ist mit dieser Tour gut bedient. Wer sich für Fauna und Flora der Skelettküste und des Kaokolands interessiert, der sollte darauf achten, dass einer der Schoeman-Brüder die Flugsafari führt.

Den stolzen Preis einer Flugsafari ist nicht jedermann bereit zu bezahlen. Doch gibt es eine Alternative, den Skeleton Coast Park kennenzulernen, nämlich zu Fuß im Rahmen von zwei Wanderungen. Der zwei- bis dreistündige **Uniab Delta Walk** führt zum Delta dieses Flusses, der 50 km lange, dreitägige **Ugab Hiking Trail** folgt dem Trockenflussbett des Ugab River. Diese konditionell anspruchsvolle Wanderung wird von Rangern geführt. Treffpunkt ist das südliche Parktor. Meist besteht die Gruppe aus 6–8 Teilnehmern.

Liefert Top-Fotomotive: ein Cessna-Flug über das Dünenmeer der Skelettküste

Leben im Grenzbereich: Schakalspuren im Sand der Skelettküste

Skelettküste

Salzpfanne an der Skelettküste

Der salzhaltige Untergrund der festgefahrenen Piste lässt diese manchmal aussehen wie eine Asphaltstraße. Wer Glück hat, sieht in der flimmernden Hitze der sandigen Ebenen einen einsamen Schabrackenschakal auf der Suche nach Beute – ein faszinierender Anblick. Rechts am Horizont sind ganz schemenhaft die Berge des Damaralandes zu erkennen.

Weniger schön, aber auffällig sind die altarähnlich aufgebauten Flaschenberge am Pistenrand, von denen immer wieder Spurenbündel Richtung Atlantik abgehen. Wahrscheinlich handelt es sich hier um Codes und Hinweise einheimischer Angler auf lohnende Fischgründe.

Kormorankolonie ▶ C 7

Über den Huab führt die einzige Brücke an der Skelettküste. Sie wurde in den 1960er-Jahren von einem Diamanten- und Ölsucher gebaut, der bei Toscanini schürfte und grub. Nach der Überquerung des Huab steht rechts das Skelett einer ehemaligen Ölbohrstelle. Da sich dort heute eine **Kormorankolonie** 6 (*white-breasted cormorants*) mit brütenden Vögeln befindet, darf nicht nahe herangefahren werden. Was nicht braunrot verrostet ist, schimmert weiß vom Kot der Seevögel, dem als Dünger beliebten Guano.

Ab hier bestimmen Sicheldünen das Landschaftsbild. Der Südwestwind verleiht ihnen ständig neue Formen und Standorte.

Durch den Skeleton Coast Park nach Terrace Bay

Torra Bay und Terrace Bay ▶ C 5/6

Dann trifft man auf das Angler-Mekka **Torra Bay** 7 nur während der Saison im Dezember zugänglich). Nördlichster Punkt für Selbstfahrer ist das frühere Bergbaudorf **Terrace Bay** 8 (Eintritt Erw. 80 N$, Kinder frei, Auto 10 N$), wo noch primitive Häuschen stehen, die heute als Nationalpark-Unterkunft dienen. Die umliegende Küsten- und Dünenlandschaft ist dafür um so beeindruckender.

Übernachten

Camping ▶ **Torra Bay Camp:** 60 Stellplätze ohne Strom (max. 8 Pers.) 100 N$ plus 50 N$/Pers. (nur Dez./Jan. geöffnet).

Terrace Bay Camp: DZ (2 Betten) mit Frühstück 650 N$/Pers., Beach Chalet mit Frühstück (8 Betten) 800 N$, Minimum-Rate für das Beach Chalet ist 3200 N$/Tag.

Mile 14, 72, 108 und Jakkalsputz werden 2010 umfassend renoviert und sind vorübergehend geschlossen.

Reservierung über Namibia Wildlife Resorts (NWR) Central Reservations Office in Windhoek: Tel. 061-28 57 200, Fax 061-22 49 00, reservations@nwr.com.na oder Swakopmund: Tel. 064-40 21 72, Fax 064-40 27 96, sw.bookings@nwr.com.na oder im südafrikanischen Kapstadt mit attraktiver Namibia-Info in der Burg Street: Tel. 0027-21-422 37 61, ct.bookings@nwr.com.na; www. nwr.com.na.

Schicksalsküste – Ertrinken oder verdursten?

Am Strand lagen nebeneinander zwölf kopflose Skelette, die Knochen eines Kindes und eine handgeschriebene Nachricht: »Ich versuche, einen Fluss 60 Meilen nördlich von hier zu erreichen, Gott helfe dem, der diesen Brief findet und mir folgt.« Eine von unzähligen Tragödien, die sich hier, an der wohl einsamsten Küste der Welt, abgespielt haben.

Die Geschichte des Untergangs der »Dunedin Star«, scheint dem Hirn eines fantasiebegabten Abenteuer-Autors entsprungen zu sein. Das britische Transportschiff lief am 29. November 1942 auf ein Riff und schlitzte sich dabei den Rumpf auf. Es hatte 106 Menschen (21 Passagiere und 85 Besatzungsmitglieder), Post, Sprengstoff und verschiedenes Kriegsmaterial an Bord. Der Kapitän ließ es auf Grund laufen und funkte nach Walvis Bay, von wo das Notsignal weiter nach Kapstadt geleitet wurde.

Vier Schiffe, die britische »Manchester Division«, die norwegische »Temeraire«, der südafrikanische Minensucher »Nerine« und der ebenfalls südafrikanische Schleppkahn «Sir Charles Elliott«, brachen von Walvis Bay zu dem Wrack auf.

Am Morgen des 30. November entschloss sich der Kapitän der »Dunedine Star« zur Evakuierung des Schiffes. Es lag etwa 500 m vom Strand entfernt, und die Wellen waren so hoch geworden, dass es jeden Moment auseinanderzubrechen drohte. Er hatte nur ein Motorboot zur Verfügung, und bevor dieses den Geist aufgab, schaffte er es, alle 21 Passagiere, darunter acht Frauen und drei Babys, sowie 42 Crew-Mitglieder heil an Land zu bringen. An Bord blieben 43 Seeleute zurück.

Wieder funkte Kapitän Lee Walvis Bay an und bat um ein Rettungsflugzeug. Am dritten Tag nach dem Unglück trafen die vier Schiffe ein. Alle auf dem Wrack Verbliebenen wurden gerettet, und an Bord der »Manchester Division« gebracht. Keines der vier Schiffe kam jedoch näher an den Strand heran – die See war zu aufgewühlt.

Die »Temeraire« musste als Erste zurück zum Hafen. Als der »Sir Charles Elliott« die Kohlen ausgingen, dampfte sie hinterher. Die Sorge um die Schiffbrüchigen, die mit wenig Wasser und Proviant am Strand ausharren mussten, wuchs, und so schickte die südafrikanische Polizei einen aus acht Fahrzeugen bestehenden Konvoi an die Skelettküste.

Am vierten Tag begannen die Menschen am Strand langsam ihre Hoffnung zu verlieren. Die Nächte waren bitterkalt, die Tage mörderisch heiß. Vom Meer blies der Wind ohne Unterbrechung. Am Morgen unternahm die »Nerine« den Versuch, an Holzflöße gebundenen Proviant an Land zu schicken. Leider erfolglos: Die starke Strömung trieb die dringend benötigten Nahrungsmittel nach Norden ab. Zur gleichen Zeit startete in Kapstadt ein Lockheed-Ventura-Bomber, der Proviant mit Fallschirmen über den Schiffbrüchigen abwerfen sollte.

Bei seinem weiteren Flug die Küste entlang traute der Pilot kaum seinen Augen. Direkt unter ihm lag eines der Rettungsschiffe, die »Sir Charles Elliott«, auf Grund, etwa 300 m von der Küste entfernt. Der Schlepper war 20 km von Kurs abgekommen und gestrandet. Naudé funkte einen Notruf und flog weiter. Er warf die Pakete mit Trinkwasser,

Schicksalsküste

Thema

Proviant und Arzneimitteln über den Schiffbrüchigen ab und entschloss sich dann spontan, zu landen, um zumindest die Frauen und Kinder in Sicherheit zu bringen. Beim Versuch wieder zu starten versandete sein Bomber hoffnungslos. Am Abend musste die »Manchester Division« zurück nach Kapstadt. Am Morgen des fünften Tages war auch die »Nerine« gezwungen, aufzugeben. Ihr waren gerade noch genug Kohlen geblieben, um es zurück nach Walvis Bay zu schaffen.

Am sechsten Tag startete ein zweiter Ventura-Bomber in Kapstadt. Als er die havarierte »Sir Charles Elliott« passierte, waren noch 13 Mann an Bord, am Strand sah er ein kleines Boot. Fünf der 17 an Bord verbliebenen Männer hatten versucht, die Küste in einem alten Ruderboot zu erreichen, es war gekentert, einer schaffte es zurück auf das Wrack, drei schwammen an den Strand, einer wurde fortgeschwemmt und nie mehr gesehen. Der Pilot warf für die Schiffbrüchigen der »Sir Charles Elliott« und kurz darauf für die der »Dunedin Star« Proviant ab.

Am achten Tag startete wieder ein Flieger und die Überlebenden der »Sir Charles Elliott« bekamen eine Nachricht abgeworfen, dass sie sich zum Rocky Point begeben sollten, wo eine Landemöglichkeit bestand. Dann wurde der Konvoi entdeckt. Er hatte sich im tiefen Sand festgefahren und nur eine einzige Luftpumpe und kein Funkgerät dabei.

In Windhoek brach am 5. Dezember ein weiterer Fahrzeugkonvoi auf, der den Spuren des ersten folgte. Der erste erreichte schließlich am 8. Dezember das Meer. Zwei Venturas brachten die Überlebenden am Rocky Point zurück in die Zivilisation. Der zweite Konvoi fuhr weiter.

Am 9. Dezember gelang es der »Nerine«, 19 Gestrandete der »Dunedin Star« zu bergen, am darauffolgenden Tag weitere sieben. Am elften Tag musste sie wieder zurück nach Walvis Bay. 41 Menschen, einschließlich der vierköpfigen Bomberbesatzung, blieben am Strand zurück.

Am 12. Dezember, dem 13. Tag nach der »Dunedin Star«-Havarie, fuhr sich der Smith-Konvoi erneut fest – 3 km von der Unglücksstelle entfernt. Smith und ein Arzt gingen zu Fuß weiter und brachten die Schiffbrüchigen zu den Autos. Am nächsten Tag fuhren sie zurück und trafen nach 10 km auf den zweiten Konvoi. Vier Tage später waren sie am Rocky Point, von wo eine Ventura die stark Mitgenommenen in ein Krankenhaus nach Walvis Bay flog. Alle erholten sich gut, einschließlich einer Hochschwangeren, die wenige Tage später ein gesundes Baby zur Welt brachte.

Ende gut, alles gut? Noch nicht. Der Pilot des versandeten Bombers wollte diesen auf keinen Fall aufgeben und kehrte mit zehn Fahrzeugen, einer Planierraupe und 27 Männern an die Skelettküste zurück. Mit zwei weiteren Crew-Mitgliedern gelang es ihm tatsächlich am 20. Januar 1943, von dem Schicksalsstrand abzuheben. 45 Minuten später fiel einer der Motoren aus, und die Ventura stürzte in den Atlantik. Verletzt, aber noch am Leben, klammerten sich die drei Männer an die schwimmenden Wrackteile und ließen sich an die Küste treiben.

Da sie weder Funkgeräte noch Proviant dabei hatten, blieb ihnen nur eine Chance: ihrem Fahrzeugkonvoi den Weg abzuschneiden. Es gelang ihnen tatsächlich. Sechs Wochen, nachdem sie zu ihrem Bergungsversuch aufgebrochen waren, kamen sie nach Windhoek zurück. Die verrosteten Überreste eines der Motoren liegen noch heute im Sand der Skelettküste.

Durch das Damaraland

Im Damaraland, das im Osten an die Skeleton Coast grenzt, findet sich eine Fülle von geologischen und archäologischen Highlights: Namibias höchster Berg, der Brandberg, die wunderschön verwitterte Spitzkoppe, versteinerte Wälder, die monumentale Vingerklip und die größte Freiluftgalerie Afrikas mit San-Malereien und -Gravuren bei Twyfelfontein.

Von Terrace Bay nach Khorixas

Karte: rechts

Wer von der Skelettküste ins Damaraland reisen möchte, hält sich an der Kreuzung bei Torra Bay Richtung Osten und fährt zum Springbok Gate (auch Springbokwasser Gate) des Skeleton Coast Park. Hinter der Parkgrenze trägt die gut unterhaltene Piste die Bezeichnung C 39.

Palmwag Lodge ▶ D 5

Nach stetigem Auf und Ab durch eine beeindruckende, rote Berglandschaft zweigt, knapp 90 km östlich von Torra Bay und 58 km nach dem Passieren des Springbok Gate, nach links eine relativ gute Piste ab, die auch noch mit dem Pkw zu schaffen ist. Sie führt Richtung Norden zur **Palmwag Lodge** 1. Zunächst erreicht man die Tankstelle, eine der ganz wenigen im Kaokoland, kurz danach die strohgedeckten Häuschen der von Makalani-Palmen umgebenen Lodge. Von hier aus kann man zu Stellen gelangen, an denen gute Chancen bestehen, Wüstenelefanten zu sichten. Die Lodge organisiert dreistündige Wildbeobachtungsfahrten in das benachbarte Naturschutzgebiet. Neben Elefanten und dem seltenen Schwarzen Nashorn leben hier Giraffen, Zebras und verschiedene Antilopenarten. Gelegenheit für Erkundungen zu Fuß gibt ein kurzer Wanderweg entlang des Uniab-Trockenflussbettes.

Übernachten, Essen

Tor ins Kaokoland ▶ **Palmwag Lodge:** Tel. 064-40 44 59, Fax 40 46 64, www.palmwag.com.na, Website auch auf Deutsch. Im südlichen Kaokoland bzw. im nördlichen Damaraland gelegen. Nette, reetgedeckte Häuschen, gutes Restaurant, von Palmen umstandener Swimmingpool, Pirschfahrten und mehrtägige Ausflüge ins Konzessionsgebiet der Lodge. DZ mit Frühstück und Dinner 1040–1135 N$/Pers., Camping 400 N$.

Damaraland Camp ▶ D 6

Zurück auf der Hauptstrecke C 39, zweigt schon bald ein Weg nach rechts zum **Damaraland Camp** 2 ab. Im Süden, gut 100 km entfernt, lässt sich das gewaltige Brandberg-Massiv ausmachen, das aussieht wie der Panzer einer riesigen Schildkröte. Die letzten Kilometer zum Camp sind nur noch mit einem allradgetriebenen Fahrzeug zu schaffen, vorangemeldete Gäste mit Pkw werden kurz hinter der Kreuzung abgeholt, die Autos bleiben auf einem bewachten Parkplatz zurück. Das von Wilderness Safaris gemanagte Camp im Huab Valley praktiziert Ökotourismus. Alle Angestellten sind Damara aus der Umgebung, die direkt vor Ort als Köche, Ranger oder Manager angelernt werden. Gäste übernachten in luxuriösen Safarizelten mit Toilette und Bad anstatt in festen Gebäuden. Das ist abenteuerlich, naturnah und -freundlich. Das Zeltcamp versteckt sich in einem Nebental des Huab und ist von Bergen, Ebe-

Damaraland

nen und Sanddünen umgeben. Die vom Atlantik ins Landesinnere ziehenden Nebel folgen dem Verlauf der Trockenflüsse, ihre Feuchtigkeit hält eine mannigfaltige Flora am Leben. Der Tageshitze kann man in einem Felsenpool, der sich unter einem kleinen Wasserfall befindet, entfliehen. Wenn es in Winternächten kalt wird, wärmen solarbeheizte Duschen und Heißwasserflaschen in den Betten auf.

Übernachten, Essen

Wilderness Safaris besitzt zwei Camps im Damaraland: Doro !Nawas und Damaraland Camp, beide wunderbar einsam gelegen und sehr exklusiv, mit Safari-Luxuszelten und ›Badezimmern‹. Die Übernachtungs-Kosten beinhalten alle Mahlzeiten und eine Vielzahl an Aktivitäten, von Pirschfahrten bis zu organisierten Wanderungen. Die Camps können reserviert werden bei: Wilderness Safaris Namibia, Windhoek, 061-27 45 00, Fax 061-23 94 55, www.wilderness-safaris.com.

Fantastische Lage ▶ Damaraland Camp: Fantastisch ruhig gelegenes und hauptsächlich von Einheimischen aus der Umgebung geführtes Safari-Luxus-Zeltcamp in der Nähe des Huab River, zwischen Torra Bay und Khorixas, etwa 12 km von der Hauptpiste entfernt. 8 Zweibett-Luxuszelte mit Toilette und Dusche, gutes Essen und sehr nette Ranger. Geländewagenfahrten zu den Wüstenelefanten. Kinder sind willkommen. DZ mit Frühstück und Dinner 1765–2700 N$.

Prime Elephant Country ▶ Doro !Nawas: Einsame Lage auf einem Felssockel im Abu Huab River. 16 wunderschöne, reetgedeckte Chalets, Dachterrasse zur Betrachtung des sternenklaren Nachthimmels. DZ mit Frühstück und Dinner 1560–1905 N$.

Durch das Damaraland

aktiv unterwegs

Den Wüstenelefanten auf der Spur

Tour-Infos
Start: Die Unterkünfte Palmwag Lodge **1** oder Damaraland Camp **2** sind über Abzweige von der C 39 erreichbar.
Dauer: geführte Geländewagentour 3 Std.
Kosten: Die geführten Pirschfahrten sind im Übernachtungspreis inbegriffen.
Karte: S. 267

Im Damaraland bestehen an zwei Stellen gute Chancen, Wüstenelefanten zu Gesicht zu bekommen, und zwar in der Umgebung von Palmwag Lodge und Damaraland Camp.

Die **Palmwag Lodge** liegt an einer ständig fließenden Quelle am Uniab River, wo sich häufig Wüstenelefanten einfinden, die ab und zu auch die beiden Swimmingpools auf dem Gelände als Tränke nutzen – ein beeindruckender Anblick, wenn man nicht gerade schwimmt. Wer auf eigene Faust von hier aus mit dem Geländewagen weiterfahren möchte, vor allem in das Trockenflussbett des Hoanib, um sich dort auf Elefantensuche zu begeben, muss sich hierfür in der Palmwag Lodge eine Genehmigung holen. Wer keinen Geländewagen hat, kann an einer von Palmwag organisierten dreistündigen Off-Road-Tour teilnehmen, mit guten Aussichten, Elefanten und Nashörner zu sehen.

Das nahe **Damaraland Camp** führt für jeden Gast, der im Camp übernachtet, einen bestimmten Betrag an den Desert Elephant Water Fund ab. Dieser stellt sicher, dass aufgegebene Wasserbohrlöcher im Huab River überholt werden, um an strategischen Punkten Wasser für alle wilden Tiere bereitzustellen, und dass die Wildwarte der lokalen Gemeinde bezahlt werden, um die gefährdeten Wüstenelefanten zu schützen. Das Highlight eines Besuches im Camp ist das Aufspüren der Dickhäuter. Es werden entsprechende Geländewagenfahrten organisiert. Dabei gibt es aber auch noch andere Tiere zu entdecken: Antilopen, Giraffen, Zebras und mit viel Glück sogar Spitzmaulnashörner.

Auf der Suche nach Nahrung legen Wüstenelefanten weite Strecken zurück

Aktiv

Touren auf den Spuren der San ▶ Damaraland Trails and Tours: Tel. 061-23 46 10, Fax 23 96 16. Auf den Spuren der ersten Einwohner, der San, und ihrer Felskunst. Ökologisch geprägte Berg- und Wüstentouren, Gruppengröße höchstens 10 Personen.

Twyfelfontein ▶ E6

Karte: S. 267

Zurück auf der C 39, folgt man dieser etwa 30 km bis zu einer Abzweigung und hier der D 3254 nach rechts. Nach 15 km ist ein Fels mit der Aufschrift Abu-Huab erreicht. Rechts geht es zum wunderschönen **Aba-Huab-Campingplatz**, der nach 6 km Fahrt durch ein Trockenflussbett erreicht ist. Der Wassertank des Camps unter schattigen großen Kameldorn-Akazien wird oft von Wüstenelefanten besucht, die auf einen Drink vorbeischauen.

Von hier sind es noch 15 Minuten Fahrt bis nach **Twyfelfontein**. Der Name ist Afrikaans und bedeutet ›Zweifelsquelle‹. Ein Farmer namens Levin erwarb das Land 1947 und bezweifelte dass die vorhandene, spärlich plätschernde Quelle noch lange fließen würde. 1964 verkaufte er an den Staat, der die Farm in das Homeland der Damara integrierte.

Bei Twyfelfontein wird ein kleines Eintrittsgeld verlangt, und damit niemand etwas beschädigt, kommt ein einheimischer Führer bzw. eine Führerin mit auf den heißen Rundgang. Die Felsen reflektieren die Hitze. Unbedingt sollte man einen Hut aufsetzen, ausreichend Wasser mitnehmen und sich möglichst frühmorgens oder spätnachmittags auf den Weg machen.

10 Felsgravuren

In Twyfelfontein sind 2400 bis zu 6000 Jahre alte Felsgravuren dokumentiert. Wissenschaftler nehmen an, dass die Werke in sechs verschiedenen Zeiträumen mit Quarzsteinen einige Millimeter tief in den Sandstein geritzt worden sind. Ein Viertel der dargestellten Antilopen lässt sich nicht identifizieren, von den anderen sind 67 Oryxantilopen und 34 Springböcke. Am häufigsten werden Giraffen dargestellt – insgesamt 316-mal – sowie Strauße (283), Zebras (175) und Nashörner (144). Dazu kommen 383 in die flachen, braunen Felsen eingeritzte Tierspuren. Gut 15 % der Kunstwerke sind abstrakt oder zeigen Fuß- und Handabdrücke. Ungewöhnlich ist das gemeinsame Auftreten von Gravuren und Malereien an einem Platz. Letztere sind geschützt unter Felsüberhängen oder in Höhlen angebracht, Erstere an exponierten Sandsteinflächen. Über die Bedeutung der Felskunst ist sich die Wissenschaft nicht einig. Man vermutet aber, dass sie u.a. zur Markierung von Territorien und zur Weitergabe von Wissen über die Jagdbeute diente.

Übernachten, Essen

Rock-Star ▶ Mowani Mountain Camp: Reservierung über Visions of Africa, Tel. 061-23 20 09, Fax 061-22 25 74, www.mowani.com. Nahe bei Twyfelfontein gelegen, mit tollem Blick über das Aba-Huab-Tal. Wunderbar afrikanisch dekorierte Lodge mit domförmigen Grasdächern über auf Stelzen errichteten 12 Luxuszelten, einem reetgedeckten, luxuriösen Doppelzimmer und einer Suite. Die erdfarbene Lodge (s. Website) ›verschwindet‹ fast zwischen den Granitfelsen der Umgebung. DZ alles inklusive ab 2550 N$/Pers.

Rock-Festival ▶ Camp Kipwe: Reservierung über Visions of Africa, Tel. 061-23 20 09, Fax 061-22 25 74, www.campkipwe.com. In die rotbraunen Felsen gebaute, neue Lodge, die wie das etwas teurere Mowani Mountain Camp zur Lodge-Gruppe ›Visions of Africa‹ gehört. DZ mit Frühstück 1150 N$/Pers., Lunch 130 N$, Dinner 200 N$, Elefanten/Natur-Pirschfahrt (4–6 Std., morgens) einschließlich Getränke 540 N$/Pers., Twyfelfontein-, Burnt Mountain- und Organ Pipes Exkursion (2 Std. nachmittags) einschließlich Getränke 270 N$/Pers.

Felsgravuren ▶ Twyfelfontein Country Lodge: 4 km von Twyfelfontein entfernt. Reservierung unter Tel. 061-37 47 50, Fax 25 65 98, www.namibialodges.com. Sehr gut in die verbrannte Natur integrierte Lodge mit 56

Durch das Damaraland

Wave Rock, Twyfelfontein

Zimmern, in unmittelbarer Nähe zu den Natur-Attraktionen Burnt Mountain, den Felsgravuren von Twyfelfontein sowie den Orgelpfeifen und dem versteinerten Wald. Pirschfahrten in geschlossenem Land Rover mit Aircondition. DZ mit Frühstück 1710 N$.
Begegnungen mit Elefanten ▶ Aba-Huab Campsite: 6 km von den Twyfelfontein-Felsgravuren entfernt, Tel. 061-25 59 77, Fax 25 59 57, www.nacobta.com.na (Website auch auf Deutsch). Von der lokalen Damara-Gemeinde geführter, sehr schöner Campingplatz unter mächtigen, Schatten spendenden Kameldorn-Akazien. Restaurant und Bar haben eine Schanklizenz. Auf Wunsch werden traditionelle Gerichte der Damara zubereitet. Wenn Interesse an der Kultur besteht, arrangiert das Aba-Huab-Management auch gerne Vorführungen traditionellen Gesangs und Tanzes. Aba-Huab Campsite kann insgesamt bis zu 120 Übernachtungsgäste unterbringen. Die Zeltplätze ziehen sich am Flussufer

entlang. Sie sind mit Feuerstellen, Tischen, Bänken und fließendem Wasser ausgestattet. Manchmal kommen Wüstenelefanten auf den Platz. In vier Gemeinschaftswaschräumen gibt es heiße Duschen und Toiletten mit Wasserspülung Zwei der Waschräume sind so gebaut, dass sie sich völlig in die Natur integrieren. Zur Übernachtung gibt es außerdem einfache reetgedeckte Hütten in der Form eines A sowie Zimmer und Zelte, die im Voraus zu buchen sind. Camping (normal) 60 N$ Erw./45 N$ Kind (6–12), Camping (exklusiv) Erw./Kind 6–12 Jahre 90 N$/60 N$ pro Nacht, Zelt mit Bettzeug 160 N$ pro Nacht und Person (als EZ), 100 N$/Kind 6–12 Jahre, Zelt mit Bettzeug (2 Pers.) 130 N$/Pers., 100 N$ Kind 6–12 Jahre, Zimmer mit Bettzeug 300 N$/Pers., Frühstück 50 N$, Lunch 55 N$, Dinner 75 N$, Autos 10 N$.

Burnt Mountain ▶ E 6

Karte: S 267
Ein paar Kilometer entfernt stehen Basaltsäulen wie **Orgelpfeifen** 3 in einem Flussbett. Sie sind bis zu 5 m hoch und über 100 Mio. Jahre alt. Dahinter ragt **Burnt Mountain**, der **Verbrannte Berg** 4, in den Himmel. Der Name kommt daher, dass der aus geschwärztem Kalkstein und schwarzem Dolerit bestehende flache Berg den Eindruck hinterlässt, als sei gerade ein verheerendes Feuer über ihn hinweggeprasselt. In der untergehenden Sonne glimmt er wie die Glut eines gerade verlöschenden Brandes.

Auf den kleinen Pisten sind immer wieder Farmtore zu passieren. Meist stehen Kinder bereit, um diese für Touristen zu öffnen und wieder zu schließen. Anstatt ihnen Geld zu geben, sollte man ihnen lieber etwas zu essen in die Hand drücken. Manche Souvenirstände, wo Halsketten und mit Schnitzereien verzierte Palmnüsse angeboten werden, sind fantasievoll in Autowracks am Straßenrand integriert. Die Wahrscheinlichkeit, hier auf Wüstenelefanten zu treffen, ist relativ hoch. Oft wissen die Einheimischen, wo sich die Dickhäuter gerade befinden.

Versteinerter Wald ▶ E 6

Karte: S. 267
Zurück auf der C 39, erreicht man nach 21 km den offiziellen Petrified Forest, den **Versteinerten Wald** 5, dessen Eingang links der Straße liegt. Er steht unter Denkmalschutz. Ähnlich wie beim Köcherbaumwald bei Keetmanshoop gibt es auch beim Petrified Forest eine inoffizielle Variante, die sich ein paar Kilometer weiter westlich, rechts der Straße befindet. Ein handgeschriebenes Schild mit der Aufschrift: ›New big one pedrified forest‹ weist darauf hin. Ein Führer, der kein Wort Englisch spricht, bringt Besucher gegen ein kleines Entgelt auf ein Plateau, wo tatsächlich Dutzende der riesigen Stämme herumliegen. Sie sind etwa 300 Mio. Jahre alt, waren einst unter Sand begraben, der das Holz vor dem Vermodern bewahrte. Jede einzelne Zelle wurde durch Kieselsäure konserviert, der Baum ›versteinerte‹. Wind und Regen haben die Bäume schließlich freigelegt.

Von hier sind es noch etwa 50 km bis **Khorixas** 6, dem Verwaltungssitz der Region. Der Ort besteht nur aus wenigen Häusern und einem Supermarkt. Eselskarren parken davor. Unter einem Baum sitzt eine Gruppe von Himba-Nomaden.

Übernachten, Essen

Am Canyonrand ▶ Grootberg Lodge: Reservierung über Tel. 061-24 67 88, Lodge Tel. 067-68 70 43, Fax 061-24 30 79, www.grootberg.com. Erbaut auf der Kante des Etendeka-Plateaus in Damaraland, daher atemberaubende Blicke in den Canyon des Klip River Valley. 12 aus Fels, Reet und Holz erbaute Chalets mit eigenen Verandas, direkt am Abgrund. Gastgeber wie Personal sind sehr freundlich und aufmerksam. Die Lodge befindet sich in einem 12 000 ha großen Naturschutzgebiet, gehört der lokalen Gemeinde und ist ein idealer Halbweg-Stopp zwischen Swakopmund und Etosha. Von der Lodge werden verschiedene Trips organisiert, zu den Himba oder um Wüsten-Nashörner und -Elefanten aufzuspüren. DZ mit Frühstück und Dinner 1750 N$.

Durch das Damaraland

Preisgünstig ▶ **Khorixas Lodge & Restcamp:** Reservierung über Namibia Wildlife Resorts (NWR) Central Reservations Office in Windhoek: Tel. 061-28 57 200, Fax 061-22 49 00, reservations@nwr.com.na oder Swakopmund: Tel. 064-40 21 72, Fax 064-40 27 96, sw.bookings@nwr.com.na oder im südafrikanischen Kapstadt mit attraktiver Namibia-Info in der Burg Street: Tel. 0027-21-422 37 61, ct.bookings@nwr.com.na; www.nwr.com.na. Das Resort liegt nahe bei Twyfelfontein und dem Petrified Forest, verfügt über 38 Bungalows mit diversen Ausstattungsvarianten sowie 50 Campplätze, Swimmingpool, Restaurant und Bar. Bush Chalet mit Frühstück (2 Betten) 350 N$/Pers., Familien-Chalet (4 Betten) mit Frühstück 450 N$/Pers., Camping 50 N$/Pers., 100 N$/Platz (max. 8 Pers.).

Abstecher zur Vingerklip ▶ F 6

Karte: S. 267

Für die nächste geologische Besonderheit muss ein kleiner Umweg in Kauf genommen werden. Verlässt man Khorixas in Richtung Osten, ist nach etwa 49 km auf der C 39 eine Kreuzung erreicht, von wo es auf der D 2743 noch weitere 18 km bis zur 35 m hohen **Vingerklip** 7 sind. Sie ragt auf dem Gelände der Bertram-Farm in den Himmel und sieht tatsächlich aus wie ein drohend erhobener Finger. Am Farmtor muss ein geringes Eintrittsgeld bezahlt werden, dann kann man bis zum Fuß der Kalksteinsäule fahren und ein Stück hinauflaufen.

Wer der C 39 nach Osten folgt, gelangt in das kleine Städtchen **Outjo** 8, von wo die C 38 zum Andersson Gate am Westeingang des Etosha National Park führt.

Übernachten, Essen

Im Schatten der Vingerklip ▶ **Vingerklip Lodge:** Zwischen Outjo und Khorixas, Lodge Tel. 067-29 03 19 oder 68 71 58, Fax 29 03 18 oder 68 71 57, www.vingerklip.com.na (Website auch auf Deutsch). Reetgedeckte Lodge mit fantastischer Aussicht auf den Vingerklip-Felsen, der auf dem Gelände der benachbarten Farm steht. Lodge-Gäste müssen kein Eintrittsgeld bezahlen. 11 reetgedeckte Doppel-Bungalows mit Aussicht, davon sind 5 für Familien mit zwei Kindern konzipiert, Swimmingpool, Restaurant mit abendlichem Buffet. DZ mit Frühstück und Dinner ab 1000 N$/Pers.

Südwester-Original ▶ **Bambatsi Holiday Ranch:** Auf halber Strecke zwischen Outjo und Khorixas an der C 39, Tel. 067-31 38 97, Fax 31 33 31, www.bambatsi.com. Eine der ersten Gästefarmen Namibias, sehr nette Besitzer, gute Küche. Empfehlung: die beiden rustikalen Bungalows Nr. 8 und 9. DZ mit Frühstück und Dinner ab 800 N$/Pers.

Günstiger Stopover-Platz ▶ **Ombinda Country Lodge:** 1 km südlich von Outjo an der C 38 nach Otjiwarongo. Reservierung unter Tel. 061-23 72 94, Fax 23 72 95, www.exclusive.com.na/ombinda.htm. Nette Lodge mit ›afrikanischen‹ Hütten aus Reet, Stroh und Bambus. Swimmingpool, Restaurant, voll ausgestatteter Campingplatz. DZ mit Frühstück ab 400 N$/Pers., Camping 50 N$/Pers., Frühstück 55 N$, Lunch 70 N$, Dinner 100 N$/Pers.

Brandberg und White Lady ▶ E 7

Karte: S. 267

Um zum Brandberg zu gelangen, muss man ein Stück zurückfahren. Die Hauptpiste C 35 führt direkt nach Süden, von ihr gehen die Nebenpisten D 2319 und D 3359 zum weithin sichtbaren **Brandberg** 9 ab. Bei den Herero hieß der 500 Mio. Jahre alte Granitrücken, der sich manchmal komplett unter dichtem Küstennebel versteckt, *Omukuruwaro*, ›Berg der Götter‹. Aus dem Bergmassiv mit seinen gut 30 km Durchmesser ragt mit dem 2573 m hohen Königstein Namibias höchster Gipfel hervor, der im Licht der untergehenden Sonne feuerrot aufglüht. Kleine, ständig fließende Quellen in seinen Spalten ermöglichen das Überleben einiger Tiere wie Klippspringer, Bergzebras und Leoparden.

Brandberg und White Lady

aktiv unterwegs

Mit den Daureb Mountain Guides auf den Brandberg

Tour-Infos
Start: Büro der Daureb Mountain Guides am Fuß des Brandbergs (Wegbeschreibung unter www.nacobta.com.na)
Saison: Die geführten Wanderungen auf den Brandberg finden in der Zeit vom 15. April bis 15. September statt.
Dauer: Highlights-Tour 2 Std., Königstein-Besteigung 3 Tage
Kosten: Highlights-Tour 30 N$, Königstein-Besteigung 200 N$/Tag
Information und Buchung: Daureb (Brandberg) Mountain Guides, P.O. Box 159, Uis, Tel./Fax 064-50 41 62, oder Nacobta (Namibia Community Based Tourism Association), Tel. 061-22 19 18, Fax 22 26 47, office.nacobta@iway.na, www.nacobta.com.na
Besondere Hinweise: Bei der Anmeldung ist der Nachweis über eine ausreichende körperliche Fitness zu erbringen, Proviant und Schlafsäcke sind mitzubringen.

Das Brandberg-Gebiet ist vor allem für seine Fülle an Felsmalereien bekannt, macht neuerdings aber auch durch seine Flora und Fauna von sich reden. Auf dem abgeflachten Hochplateau des isoliert stehenden Inselberges entdeckten Wissenschaftler mit der Gladiatorschrecke eine ganz neue Insektenspezies. Kurz darauf sorgte die Entdeckung einer Fliegenart für Aufsehen, die zuvor als ausgestorben galt und nur durch Einschlüsse in Bernsteinen bekannt war. Auch die Flora verzeichnet endemische (nur in diesem Gebiet vorkommende) Arten, so z.B. die Brandbergakazie, die mit ihren Wurzeln bis zum Grundwasser vorstößt.

Wer als Wanderer nicht an diesen Schätzen vorübergehen will, braucht einen kenntnisreichen Führer. Umso mehr, als der Brandberg ein anspruchsvolles Wandergebiet ist: Markierte Wanderwege fehlen, immer wieder gilt es kleine und große Felsen zu überwinden – Hinterlassenschaften der häufigen, durch Erosion verursachten Steinschläge. Das unwegsame Gelände ist sicherlich der Hauptgrund, warum der Brandberg bisher kein Massenziel geworden ist. Eine Besteigung des Königsteins dauert drei Tage und erfordert eine außerordentlich gute Fitness. Erschwerend hinzu kommen die große Hitze und der Wassermangel – Wasser kommt nur an wenigen Stellen natürlich vor, und wer sich verirrt, läuft Gefahr zu verdursten.

All diesen Schwierigkeiten geht aus dem Weg, wer für die Wanderung einen einheimischen Führer engagiert. Die Daureb (Brandberg) Mountain Guides stammen allesamt aus den umliegenden Gemeinden und wurden eigens für diese Tätigkeit ausgebildet. Sie erklären interessante Pflanzen am Wegrand wie z.B. die stachelige Namibische Giftwolfsmilch, den seinem Namen alle Ehre machenden Stinkbusch oder den auffälligen gelbrindigen Butterbaum. Und wenn das Wasser knapp wird, wissen sie sich zu helfen: Charakteristische Rinnen im Fels leiten sie zu kleinen Wassertümpeln, die allerdings meist von Vögeln verschmutzt worden sind. Deshalb graben die Guides im davor abgelagerten Sand, bis sie auf Wasser stoßen. Nachdem sich alle Schwebstoffe abgelagert haben, kann klares, frisches und noch dazu kühles (!) Wasser geschöpft werden.

Unterwegs muss die gesamte Ausrüstung einschließlich Proviant und einer Tagesration Wasser geschleppt werden. Aber auch da gibt es Hilfe. Wem der Rucksack zu schwer wird, der kann einen Träger engagieren.

Vor Beginn der Wanderung bietet sich eine Übernachtung auf dem von der lokalen Gemeinde unterhaltenen Ugab-Campingplatz an oder in einem der Gästehäuser in Uis. Während der Wanderung wird am Berg unter freiem Himmel geschlafen.

Durch das Damaraland

Nicht mehr fahrtüchtig, aber immer noch nützlich als Verkaufsstand ...

Die Brandberg-Region ist berühmt für eine mehrere tausend Jahre alte San-Felszeichnung: die **White Lady** 10. Die Malerei befindet sich unter einem wettergeschützten Felsüberhang, dem Maack's Shelter, benannt nach dem deutschen Landvermesser Reinhard Maack, der sie 1917, bei der Besteigung des Königsteins, entdeckte. 1955 erlangte das frühe Kunstwerk Weltruhm. Abbé Henri Breuil, ein französischer Archäologe und Geistlicher, damals die Weltkapazität für *rock art*, kopierte und beschrieb die Figur als ›Weiße Dame‹ aus dem Mittelmeerraum, wahrscheinlich phönizischen oder kretischen Ursprungs. Eine typische eurozentrische Haltung, die Afrikanern eine derartige Kunstfertigkeit einfach nicht zutraute. Seither gab es mannigfaltige Diskussionen und Kontroversen über die Entstehung und Herkunft. Heute gilt als gesichert, dass die abgebildete Person weder weiß noch weiblich ist. Fehlende Brüste und Pfeil und Bogen deuten vielmehr darauf hin, dass es sich um einen Krieger handelt, der die weiße Farbe aus rituellen Gründen auf einen Teil seines Körpers aufgetragen hat. Dafür spricht auch, dass sich die 45 cm große Figur inmitten einer Jagdszene mit verschiedenen Tieren befindet. Der irreführende Name hat sich allerdings bis heute gehalten.

Maack's Shelter liegt in der steinigen Tsisab-Schlucht, und obwohl die White Lady schon etwas ausgeblichen, der Weg weit und anstrengend ist und die Sonne brennt, lohnt sich die ein- bis zweistündige Wanderung durch den Canyon und zurück zum Parkplatz, wo übrigens ein kleines Eintrittsgeld fällig wird – es muss ja nicht mittags und mit Halbschuhen sein. Das Felsbild selbst ist mittlerweile durch ein Gitter geschützt. Rücksichts- und verantwortungslose Touristen hatten zur ›Kontrastverbesserung‹ allerlei

Flüssigkeiten darüber gekippt, um bessere Fotos machen zu können.

Der inzwischen verstorbene Harald Pager lebte acht Jahre am Brandberg und dokumentierte über 40 000 Felsmalereien. Die auf Folien kopierten Kunstwerke wurden ausgewertet und in einem mehrbändigen Katalog veröffentlicht.

Uis ▶ F 7

Karte: S. 267

Zurück auf der C 35, geht es weiter nach Süden, in das fast ausgestorbene Städtchen **Uis** 11. Ausgestorben allerdings nur auf den ersten Blick. Wer in die einzige, mit hohen Stacheldrahtzäunen gesicherte Tankstelle des Ortes einbiegt, wird gleich von einem halben Dutzend Jungs umringt, die alle Kartons wie Bauchläden vor sich her tragen, die mit verschiedenen in der Sonne glitzernden Mineralien gefüllt sind. Gesucht und gefunden werden die Brocken in den riesigen weißen Abraumhalden der ehemaligen, 1922 gegründeten Zinn- und Wolframmine, dem einstigen Lebensnerv des Ortes. Doch leider sind Rohstoffe vom Weltmarktpreis abhängig. Als diese 1990 ins Bodenlose fielen, musste die Mine geschlossen werden. Die Regierung ist nun bemüht, Investoren zu finden, die Uis in ein Ferienzentrum verwandeln sollen – ein verrücktes Vorhaben, wenn man die Wunden betrachtet, die der Erzabbau in die Erde gerissen hat. Einen 9-Loch-Golfplatz gibt es allerdings bereits.

Spitzkoppe ▶ F 8

Karte: S. 267

Auf der D 1930 von Uis Richtung Süden nach Usakos lohnt nach 76 km ein Abstecher nach rechts über die D 3716 zum Spitzkoppe-Massiv, dem ›Matterhorn Namibias‹. Es wird von den ortsansässigen Damara verwaltet. Sie haben rund um die beiden Granitinselberge **Große Spitzkoppe** (1728 m) 12 und **Kleine Spitzkoppe** (1580 m) und den

Spitzkoppe

halbrunden Rücken des Pondok-Berges *(pondok* = ›Rundhütte‹) idyllische Campingplätze mit Feuerstellen, Abfalltonnen und Toiletten eingerichtet. Es gibt auch einige strohgedeckte Hütten mit Grillplätzen. Am Eingang ist ein kleines Eintrittsgeld zu zahlen, und es gibt Feuerholz zu kaufen. Das Schlagen von Holz ist in Naturschutzgebieten streng verboten.

Die Granitformationen zwischen den beiden Spitzkoppe-Gipfeln sind teilweise skurril verwittert. Zu bestaunen gibt es riesige Kugeln und Brücken. Auch mit Geländewagen, die auf einigen der sandigen Strecken von Vorteil sind, sollte nur auf den vorhandenen Pisten gefahren werden.

Ein Highlight in dem Naturschutzgebiet ist das auf dem Pondok-Berg liegende **Bushman's Paradise**, ein fruchtbar-grünes Hochplateau, das über einen mit Eisenketten gesicherten steilen Anstieg zu erreichen ist. Ganz oben gibt es Wasser, Bäume, Sträucher, Gras und Höhlen. Kein Wunder, dass die San hier früher gut geschützt und aussichtsreich gelebt haben. Felsmalereien, die leider größtenteils von primitiven Vandalen beschädigt worden sind, beweisen es.

Die Granit-Inselberge bestehen aus nicht an die Erdoberfläche gelangtem Magma, das auskristallisierte und erst durch Verwitterung freigelegt wurde. Schon des Öfteren haben sich Bergsteiger an ihnen versucht. Nicht alle haben es überlebt. Daher gelten die Besteigungen als ausgesprochen gefährlich.

Übernachten, Essen

Top-Campingplatz ▶ **Spitzkoppe Community Tourist Camp**, Reservierung unter Tel. 061-25 59 77, Fax 25 59 57, www.nacobta.com.na. Von der Konrad-Adenauer-Stiftung mitfinanziertes Projekt. Die Campingplätze rund um die Granitformationen der Großen und Kleinen Spitzkoppe gehören zu den schönsten Namibias. Spitzkoppe Campsite besteht aus mehreren gut abgeschirmten Plätzen rings um den Berg. Alle verfügen über Grill-Möglichkeiten, manche haben private Waschräume. Zusätzlich gibt es vier einfache Hütten mit Außentoiletten und -duschen.

Durch das Damaraland

Die Spitzkoppe, das ›Matterhorn Namibias‹

Bettzeug wird zur Verfügung gestellt. Es können Führungen zu den unzähligen Felszeichnungen gebucht oder am Berg und um den Berg herum gewandert werden. Erfahrene Kletterer können den Gipfel erklimmen (Ausrüstung mitbringen). Auf Anfrage werden Rundfahrten in der Eselskarre arrangiert.

An der Bar gibt es eisgekühlte (!) Sundowner. Das Restaurant serviert Frühstück, Mittag- und Abendessen.

Die Spitzkoppe liegt in einer äußerst trockenen Gegend. Wasser für den täglichen Bedarf kann am Empfang gekauft werden. Tagesbesuch 35/15 N$ Erw./Kinder 6–16 Jahre, Camping 45/22.50 N$ Erw./Kinder 6–16 Jahre, Hütte (EZ) 120/60 N$ Erw./Kinder 6–16 Jahre, Hütte (DZ) 140/70 N$ Erw./Kinder 6–16 Jahre , Frühstück 45 N$, Lunch 55 N$, Dinner 70 N$, sämtliche Mahlzeiten müssen vorher gebucht werden; Feuerholzbündel für den Grill 20 N$, Autos 5 N$, Geländewagen 10 N$, Busse/ Lkw 15 N$.

Usakos und Karibib ▶ G 8

Karte: S. 267

Usakos 13

Auf staubiger Piste geht es weiter nach **Usakos,** das direkt an der B 2 liegt, der Hauptverbindungsstrecke zwischen Swakopmund und Windhoek. Wie immer in Namibia ist es nach langen Pistenfahrten ein äußerst angenehmes Gefühl, endlich wieder Teer unter den Reifen zu haben. Usakos hat, außer seinem fotogenen Wasserturm, der um die Wende zum 20. Jh. entstand, und der vor

Usakos und Karibib

dem Bahnhof stehenden, von Henschel erbauten Schmalspurbahn von 1912, nicht viel zu bieten. Von Usakos aus gelangen Besucher in westlicher Richtung schnell und komfortabel nach Swakopmund oder in östlicher Richtung über Okahandja nach Windhoek. Eine interessante Alternative zum Auto ist auf dieser Strecke Namibias einziger Luxuszug, der Desert Express (s. Thema S. 138).

Abstecher zur Ameib Ranch 14

An den südwestlichen Rand des zerklüfteten Erongo-Gebirges führt der Abstecher zur **Ameib Ranch.** Die Gästefarm liegt 12 km nördlich von Usakos an der D1935. Auf ihrem Gelände liegen zwei Sehenswürdigkeiten, die auch von Tagesbesuchern gegen Eintrittsgebühr (50 N$) besichtigt werden können: **Bull's Party** und die zum National Monument erklärte **Phillip's Cave.** In der Phillipshöhle, einem Felsüberhang, sind Felszeichnungen mit vielen Tier- und Menschendarstellungen zu sehen. Giraffen, Zebras und Strauße bevölkern die Wände – noch am deutlichsten zu erkennen und entsprechend auch am berühmtesten ist der ›Weiße Elefant‹. Der Aufstieg zur Höhle vom Gästeparkplatz der Ranch dauert ca. 45 Minuten und ist etwas beschwerlich, lohnt aber in jedem Fall.

Zweites Highlight sind die bizarren Gesteinsformationen, die die Erosion auf dem Gelände der Farm geschaffen hat. Sie tragen sprechende Namen wie ›Bull's Party‹ und ›Elephant's Head‹. Die abgeschliffenen Granitblöcke sind Teil einer riesigen Felsarena, die zum Klettern einlädt.

Im weiteren Umkreis wurden zudem mehrere Wanderwege angelegt, die Gelegenheit zu Tierbeobachtungen geben. Auf Ameib sind Hartman's Zebra, Oryx, Kudu, Springbock, Klipspringer, Steinböckchen, Klipschliefer, Giraffe, Pavian und viele Kleintierarten beheimatet.

Übernachten, Essen

Spektakuläre Kulisse ▶ Ameib Ranch: bei Usakos, Tel. 064-53 08 03, Fax 53 09 04 www.natron.net/tour/ameib/index.html. Die Farm bietet 8 Doppelzimmer, 2 Bungalows, 3 Chalets und einen Zeltplatz. Gästehaus und Campingplatz besitzen jeweils einen eigenen Swimmingpool. Das Essen, gute Namibia-typische Hausmannskost, wird als Buffet serviert. Bungalows (2 Betten) und Doppelzimmer mit Halbpension auf Anfrage, Chalet (2 Betten) inkl. Frühstück 320 N$/Pers., Camping 120 N$/Pers.

Karibib 15

Im Gegensatz zu Usakos lohnt das 31 km weiter östlich liegende **Karibib,** das genau auf halber Strecke zwischen Windhoek und Swakopmund liegt, einen kurzen Besuch. Viele der Häuser aus der deutschen Kolonialzeit, wie der **Bahnhof** (1900), die teilweise aus Karibib-Marmor erbaute **Christuskirche** (1910) und das als Hotel erbaute **Rosemann-Haus** (1900), sind restauriert worden. Im in großzügigen Räumen untergebrachten **Henckert Tourist Centre** gibt es neben Informationen auch selbst gefertigte Schmuckstücke zu kaufen, außerdem Souvenirs aus fast ganz Afrika. In der angegliederten Webschule lassen sich Frauen beim Knüpfen der Karakulteppiche zusehen.

Karibib ist berühmt für den hier seit 1904 abgebauten und bearbeiteten Marmor, der qualitativ äußerst hochwertig und der härteste der Welt ist. Er wurde nicht nur im Land verwendet, sondern auch exportiert. Unter anderem ist er im Frankfurter Flughafen verbaut worden. Etwa 100 t werden jeden Monat 10 km westlich der Stadt abgebaut. In 20-t-Blöcken gelangt das edle Gestein ins Marmorwerk, wo es von Afrikas größter Marmorsäge in ›handliche‹ Scheiben geschnitten wird. Fabrikbesichtigungen sind möglich.

Einkaufen

Kunsthandwerk ▶ Henckert Tourist Centre: Karibib, Main Street, Tel. 064-55 00 28, Fax 55 02 30, www.henckert.com. Informationen zur Umgebung, Bücher und Souvenirs in Hülle und Fülle, neben anderem Kunsthandwerk lokal hergestellte Schmuckstücke und handgewebte Karakulteppiche. Die Weberei befindet sich im Haus. Coffee Bar.

Perfekt getarnt: Löwin auf der Pirsch im Etosha National Park

Kapitel 5
Waterberg Plateau und Etosha Pan

Im Waterberg Plateau National Park leben einige seltene Tiere wie Pferde-, Rappen- und Elenantilopen, Streifengnus, Breit- und Spitzmaulnashörner, Büffel sowie Leoparden und Geparde. Und der Etosha-Nationalpark ist mit gut 130 000 Besuchern im Jahr Namibias Hauptsehenswürdigkeit. Aufgrund seiner Lage und Ausdehnung zählt er zu den schönsten Naturschutzgebieten der Welt.

Auf dieser Route kommen Tierfreunde voll auf Ihre Kosten. Das beginnt mit der Ombo-Straußenfarm bei Okahandja, wo Besuchern das Verhalten der flugunfähigen Laufvögel näher gebracht wird. Okonjima ist Sitz der Africat Foundation, eine Institution, die gegründet wurde, um Namibias Raubtiere vor der Ausrottung zu schützen. Auf Pirschfahrten kann man Geparden und Leoparden sehen.

Das Waterberg Plateau ist 48 km lang, 15 km breit und überragt das Umland um fast 200 m. Der Waterberg Plateau National Park bietet mit dem Bernabé de la Bat Rest Camp nicht nur eine der schönsten staatlichen Übernachtungsmöglichkeiten im Land, sondern auch eine Fülle von Tieren, die auf Pirschfahrten mit kundigem Ranger ›erfahren‹ werden. Seit 1972 steht das gesamte Gebiet unter Naturschutz, vorher weidete Vieh auf dem Plateau. Der Park ist zweigeteilt: Ein Bereich ist Wilderness Area, wo die Natur sich selbst überlassen bleibt, in der anderen Hälfte gibt es Pisten und künstliche Wasserstellen zur Tierbeobachtung. Auf dem Plateau leben etwa 90 verschiedene Säugetierarten, darunter auch einige seltene oder gar vom Aussterben bedrohte wie Pferde-, Rappen- und Elenantilopen, Streifengnus, Breit- und Spitzmaulnashörner sowie Leoparden und Geparde. Darüber hinaus gibt es 20 Fledermaus- und 13 Froscharten.

Die besten Safaris verspricht natürlich die berühmte Etosha-Pfanne.

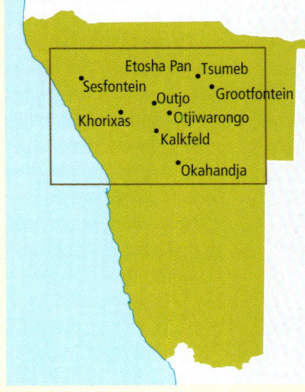

Auf einen Blick
Waterberg Plateau und Etosha Pan

Sehenswert

Tsumeb Museum: Als sich die deutsche Schutztruppe 1915 zurückziehen musste, versenkte sie einen Großteil ihrer Ausrüstung im Lake Otjikoto. Taucher bargen viele der Stücke, sie sind heute im Khorab-Raum des Tsumeb-Museum zu sehen (s. S. 294f.).

11 Etosha National Park: Mit gut 130 000 Besuchern pro Jahr ist der Nationalpark Namibias Hauptsehenswürdigkeit. Auf einer Gesamtfläche von 22 270 km² entfaltet sich ein geradezu paradiesisches Leben: Hunderte von Tierarten, sehr seltene Büsche und Bäume sowie grandiose Landschaftsformationen bilden ein Ensemble von atemberaubender Schönheit (s. S. 296ff.).

Schöne Routen

Von Otjiwarongo zum Waterberg Plateau: Auf der Fahrt zum Waterberg Plateau bieten sich immer wieder fotogene Blicke auf das jäh aus der Ebene aufragende und überraschend grüne Bergmassiv (s. S. 286)

Auf Safari im Etosha National Park: Der Etosha National Park beherbergt riesige Herden von Savannentieren. Bei einer Pirschfahrt kann man außergewöhnliche Szene erleben: Elefanten wechseln über die Straße, Giraffen stellen sich in den Weg, Zebras äsen direkt neben der Fahrbahn, eine Straußenfamilie trabt tänzelnd vorbei. Mit etwas Glück bekommt man auch Löwen, Leoparden und Geparde zu sehen (s. S. 297ff.).

Meine Tipps

Mbanguru Woodcarvers Market: Auf dem Markt in Okahandja können Holzschnitzereien direkt vom Künstler gekauft werden (s. S. 284).

Gross Barmen: Hier lassen sich die müden Glieder bei einem heißen Bad wunderbar entspannen (s. S. 284).

Africat-Stiftung: Das 1992 gegründete Schutzprojekt für Namibias Großkatzen hat in Okonjima seinen Sitz. Besucher können Leoparden und Geparde sehen (s. S. 287).

Übernachten im Waterberg Plateau Park: Das 2007 komplett renovierte Camp gehört zu den schönsten staatlichen Übernachtungsmöglichkeiten Namibias (s. S. 293).

Etosha Café in Tsumeb: Neben einem Biergarten im Hof gibt es zum Kaffee hausgemachten Käsekuchen (s. S. 295).

aktiv unterwegs

Wanderungen im Waterberg Plateau Park: Wegen seiner Lage, seiner geographischen Beschaffenheit sowie der besonderen Fauna und Flora ist der Waterberg ein ideales Wandergebiet. Man kann es auf geführten und ungeführten Wanderungen unterschiedlicher Länge erkunden (s. S. 290f.).

Self Drive-Fotosafari zu Etoshas Wasserstellen: Die Wasserstellen im Park dürfen mit dem eigenen Wagen angefahren werden – wer professionell fotografieren möchte, kann sich entsprechend den Lichtverhältnissen und Trinkgewohnheiten der Tiere eine eigene Route zusammenstellen. Eine detaillierte Karte ist für ein paar N$ an der Information erhältlich (s. S. 302f.).

Von Windhoek zum Waterberg Plateau

Im Waterberg Plateau National Park leben einige seltene Tierarten wie Pferde-, Rappen- und Elenantilopen, Streifengnus, Breit- und Spitzmaulnashörner, Büffel, Leoparden und Geparde. Der Park bietet nicht nur eine der schönsten staatlichen Übernachtungsmöglichkeiten Namibias, sondern auch organisierte Pirschfahrten mit kundigem Ranger.

Von Bach Dam Recreation Resort ▶ J 8

Karte: S. 285
Auf der B 1 gelangen Reisende schnell und mühelos ins 71 km nördlich von Windhoek gelegene, 11 000 Einwohner zählende Okahandja, ein Zentrum der *biltong*-(Trockenfleisch-)Produktion im Land. Kurz vor dem Ort geht es rechts ab zum **Von Bach Dam Recreation Resort** 1, wo der Swakop zu einem kleinen See gestaut wird und wo neben Wasser- auch Angelsport betrieben werden kann. Der 1970 erbaute Von-Bach-Stausee hat eine Kapazität von 54 Mio. m³ und ist einer der wichtigsten Wasserspeicher für die Hauptstadt Windhoek. Im angrenzenden staatlichen Camp gibt es einfache Bungalows und Campingplätze.

Okahandja ▶ J 8

Karte: S. 285
Für die Herero ist **Okahandja** 2 ein sehr wichtiger Ort, denn hier liegen ihre Ahnen begraben, die einmal im Jahr, an einem Wochenende im August, geehrt werden. Zu diesem Anlass treffen einige hundert Herero und Himba in Okahandja ein (s. rechts). Um 1800 siedelten aus dem Norden kommende Herero am Zusammenfluss von Okahandja und Okakango River, in einer Region, die bereits von Nama bewohnt war. Sie nannten das Gebiet Okahandja, was in der Herero-Sprache verschiedene Bedeutungen hat: ›Platz der kleinen Dornen‹; ›breite, sandige Ebene‹; ›Platz des Krieges‹ und ›der kleine Breite‹. Das liegt möglicherweise daran, dass es im Flussbett des Okahandja River, das breiter ist als der Hauptfluss Swakop River, einst zu kriegerischen Auseinandersetzungen kam. Der Khoikhoi-Name ist ›Keikheis‹, was ›großer sandiger Platz‹ bedeutet. 1843 trafen zwei Missionare der Rheinischen Missionsgesellschaft, Carl Hugo Hahn und Heinrich Kleinschmidt, an der Quelle von Okahandja ein, um eine Station für die Herero zu gründen. Sie benannten sie nach Heinrich Schmelen, Kleinschmidts Schwiegervater, der im Auftrag der Londoner Missionsgesellschaft bereits 16 Jahre zuvor an dieser Stelle gewesen war. Als die Quelle versiegte, zogen die beiden nach Otjikango um, dem heutigen Gross Barmen. Der erste Missionar, der sich 1849 dauerhaft in Okahandja niederließ, war Friedrich Kolbe. Allerdings lebte er nur drei Monate hier, dann verjagte ihn der Nama-Führer Jonker Afrikaner. Ein kleiner Hügel, etwa 600 m nördlich der Abzweigung nach Gross Barmen, an der B 2, wird Moordkoppie – ›Mordberg‹ – genannt. Hier töteten die Nama am 23. August 1850 700 Herero unter ihrem Häuptling Kahitjenne.

Am südlichen Ende der Church Street steht die **Rhenish Mission Church**, die zwischen 1871 und 1876 errichtet wurde. Auf dem Friedhof, hinter der Kirche, befinden sich

Tipp: Heroe's Day in Okahandja

Am **Heroes' Day** oder Herero-Tag besteht die wohl beste Möglichkeit, Fotos von Herero-Frauen mit ihren beeindruckenden, farbenprächtigen Gewändern zu machen. Sie treffen sich einmal im Jahr – am Wochenende vor oder nach dem 26. August –, um ihre gefallenen Stammesmitglieder und deren Gegner zu ehren. Für sie ist Okahandja der wichtigste Wallfahrtsort, da hier die Häuptlinge und Märtyrer ihres Volkes begraben liegen.

Die Feierlichkeiten fangen am heiligen Feuer an, wo sich die Priester zusammenfinden. Während der Zeremonie sprechen diese mit den Toten. Herero-Häuptlinge der drei Untergruppen Mbanderu, Maherero und Zeraua treten in Fantasie-Uniformen auf, gefolgt von Truppen mit Uniformen, die verschiedene europäische Stilelemente in sich vereinigen. Viele der Uniformen ähneln denen der deutschen Schutztruppe, die Veteranen sprechen sich mit deutschen Dienstgraden (olojtnanta – ›Leutnant‹) an – eine Ironie der Geschichte. Blaskapellen spielen Marschmusik. Die Herero-Frauen tragen ihre voluminösen wilhelminischen Trachten mit der charakteristischen Kopfbedeckung: Mbanderu in grün-weiß-schwarz, Maherero in rot-schwarz und Zeraua in schwarz-weiß.

Die Himba erscheinen in traditioneller Stammestracht, also ›oben ohne‹ und mit braunrot eingefärbten Körpern. Der Anblick, wenn die Frauen durch die Gräberreihen schreiten und die Gedenksteine mit den deutschen Namen berühren, ist äußerst beeindruckend. Neben Tänzen werden Kriegsgesänge, aber auch fromme Chorlieder gesungen. Der deutsche Botschafter in Namibia hält alljährlich während der Festivitäten eine Rede. Fragen der Herero nach Wiedergutmachung beantwortet er damit, dass die derzeitige Entwicklungshilfe aus Deutschland allen Völkern Namibias zugute komme.

Herero-Frau mit typischer prachtvoller Haube

Von Windhoek zum Waterberg Plateau

die Gräber von einigen deutschen Soldaten, Missionaren und Herero-Führern. Direkt gegenüber der Kirche, auf der anderen Straßenseite, liegen Jonker Afrikaner, der 1861 starb, und die Herero-Häuptlinge Clemens Kapuuo und Hosea Kutako begraben. Häuptling Clemens Kapuuo, erster Präsident der Demokratischen Turnhallen-Allianz, fiel 1978 in Katutura einem Attentat zum Opfer. Häuptling Hosea Kutako gilt als der Vater des schwarzen Nationalismus in Namibia. 1946 protestierte er als erster Schwarzer vor der UNO gegen die südafrikanische Herrschaft in Südwestafrika. Um seinen Willen zur Einheit zu demonstrieren, ließ er sich neben dem einstigen Erzfeind der Herero, Jonker Afrikaner, begraben und nicht, wie es die Tradition verlangte, auf dem Friedhof seiner Ahnen. Dieser liegt etwa 600 m in nördlicher Richtung, die Church Street entlang. Ein kleines Schild weist von der Straße zu dem Gemeinschaftsgrab der Herero-Häuptlinge Tjamuaha, Maherero und Samuel Maherero.

Direkt an der Hauptstraße von Okahandja liegt der **Mbanguru Woodcarvers Market**, ein Zentrum der Holzschnitzer, die allesamt aus dem Norden Namibias stammen.

Übernachten, Essen

Wassersport-Paradies ▶ Von Bach Dam Recreation Resort: Das Resort wurde, wie einige andere, kleinere Schutzgebiete auch, von Namibia Wildlife Resorts an ein Privatunternehmen verkauft, das für die Renovierung 15 Mio. N$ eingeplant hat. Auf dem Gelände wird 2011/2012 das Oujere Lifestyle Village entstehen, mit Wohnanlage, Golfplatz, Restaurant und Wellness-Zentrum – eine Investition von weiteren 400 Mio. N$. Angst vor der Zukunft hat in Namibia kein Investor.
...außerhalb:
Naturnah gebaut ▶ The Rock Lodge: 12 km westlich von Okahandja an der B 2 nach Swakopmund, Tel. 062-50 38 40, Fax 50 31 70, www.rock.lodge.na. Reetgedeckte Stein- und Holzlodge, die gut in die natürliche Felslandschaft und Vegetation integriert ist. Auf dem 24 km² großen Gelände der Farm werden Pirschfahrten angeboten, auf denen es viele Antilopen, Giraffen und Zebras zu sehen gibt. 28 Zimmer in schönen, reetgedeckten Chalets, Dinner auf Wunsch. DZ mit Frühstück ab 750 N$.
Jagdlodge ▶ Khan River Lodge: 20 km nördlich von Wilhelmstal, an der B 2 zwischen Okahandja und Karibib, Tel. 062-50 38 83, Fax 68 23 33, www.khanriver.com. Kleine Jagdlodge im Busch für maximal zehn Gäste, spezialisiert auf Wildgerichte, die abends über offenen Feuern zubereitet werden. Swimmingpool. Wildbeobachtung an einem nahe gelegenen Wasserloch. Organisierte Berg- und Quadbike-Touren. DZ mit Frühstück ab 650 N$.

Gross Barmen ▶ H 8

Karte: rechts

Wer auf seinem Weg noch Zeit für einen Abstecher übrig hat, kann auf einer kleinen Straße die 24 km nach **Gross Barmen** 3 fahren. Das Bad ist am Platz einer der ältesten Missionsstationen in Namibia erbaut worden. Leider ist es etwas heruntergekommen – ansonsten wäre die 65 °C heiße Mineralquelle ein echter Hit. Ein großer Swimmingpool, wo das Wasser auf erträgliche 40 °C abgekühlt wird, ergänzt die Anlage.

Infos

Gross Barmen: Eintritt Erw./Kinder 40/20 N$, Autos 20 N$. Ganzjährig geöffnet. Restaurant (7–8.30, 12–13.30, 18–20.30 Uhr), Geschäft, Kiosk, Tankstelle und Swimmingpool sowie Thermal- und Mineralbad.

Übernachten, Essen

Am Stausee ▶ Camp Gross Barmen: Reservierung über Namibia Wildlife Resorts (NWR) Central Reservations Office in Windhoek: Tel. 061-28 57 200, Fax 061-22 49 00, reservations@nwr.com.na oder Swakopmund: Tel. 064-40 21 72, Fax 064-40 27 96, sw.bookings@nwr.com.na oder im südafrikanischen Kapstadt mit attraktiver Namibia-Info in der Burg Street: Tel. 0027-21-422 37 61, ct.bookings@nwr.com.na; www.nwr.com.na.

Von Windhoek zum Waterberg Plateau

Von Windhoek zum Waterberg Plateau

Um einen schilfbewachsenen Stausee angeordnete Chalets unterschiedlicher Kategorien, Campingplatz, Restaurant und Laden. Kinderspiel- und Tennisplätze. Bush Chalet (2 Betten) mit Frühstück 150 N$/Pers., Bush Chalet mit Frühstück (4 Betten) 350 N$/Pers., Familien-Chalet (4 Betten) mit Frühstück 400 N$/Pers., Camping 50 N$/Pers., max. 8 Pers. pro Platz (50 N$).

Straußenfarm ▶ **Ombo Rest Camp:** 12 km nördlich von Okahandja rechts der Straße gelegen, Tel. 062-50 20 03, Fax 062-50 37 68, www.ombo-rest-camp.com. Straußenfarm mit Übernachtungsmöglichkeit in vier Bungalows und auf einem Campingplatz. Restaurant und Grillplatz, im Farmladen ist Grillfleisch und Feuerholz erhältlich. Der Name der Farm ist eigentlich ›doppelt gemoppelt‹: ›Ombo‹ kommt aus der Sprache der Herero und bedeutet Strauß. Im angeschlossenen Restaurant gibt es natürlich Straußenfleisch und -eier. Auf 45-minütigen Führungen erfährt man viel Interessantes über den größten Vogel der Welt. Neben dem flugunfähigen Großgeflügel gibt es auch Krokodile zu bestaunen. Preise auf Anfrage.

Okonjima ▶ H 7

Karte: S. 285
Auf dem weiteren Weg nach Norden fallen zwei große Gipfel links der Straße mitten in der Landschaft auf, die verblüffende Ähnlichkeit mit der nicht unbeträchtlichen Oberweite von Pamela Anderson haben, daher ihr Spitzname *Pam rocks*. Etwa 130 km nördlich von Okahandja, 48 km südlich von Otjiwarongo, zweigt links die Sandstraße D 2515 zur Gästefarm **Okonjima** 4 ab. Das Herero-Wort bedeutet ›Platz der Paviane‹.

Die 1992 gegründete **Africat-Stiftung** (s. auch Thema rechts) zum Schutz von Namibias Raubkatzen hat hier ihren Sitz. Gäste haben auf der Farm die Möglichkeit, die Schutzprogramme kennenzulernen. Der früher mögliche enge Kontakt zu zahmen Geparden wird allerdings nicht mehr praktiziert. Im Schutzgebiet der Lodge gibt es jedoch von Zeit zu Zeit Geparden und Leoparden zu sehen. Fast alle tragen ein Funk-Halsband *(radio collar)*, um jederzeit den Aufenthaltsort der Großkatzen bestimmen zu können und so mehr Informationen über sie zu erhalten.

Viele vermeintliche Wildnisfotografen haben hier ihre gefleckten Raubkatzen abgelichtet, die so immer wieder in Zeitschriften und Reiseführern auftauchen. Auf Okonjima wird der Unterschied zwischen den beiden Katzen Leopard und Gepard, die anfangs von Besuchern häufig verwechselt werden, ein für alle Mal klar. Leoparden sind größer, kräftiger, gedrungener und haben ein mit schwarzumrandeten Rosetten gezeichnetes Fell. Geparde sind schwarz gepunktet, kleiner und zierlicher als Leoparden, was sie manchmal zu deren Beute macht. Sie können zwar bis zu 70 km/h schnell laufen, sind jedoch nach solchen Sprints so erschöpft, dass sie oft von Löwen, Hyänen oder Leoparden angegriffen und getötet werden, wenn sie ihre Beute nicht sofort aufgeben und flüchten.

Otjiwarongo ▶ H 6

Karte: S. 285
Von der Kreuzung der Okonjima-Farmstraße mit der B 1 ist es nur noch ein kurzes Stück, bis die C 22 nach Osten, Richtung Waterberg Plateau Park, abzweigt. Zunächst geteert, geht die Strecke schließlich in eine Pkw-taugliche Staubpiste über.

Auf dem direkten Weg nach Norden, zum Etosha National Park, führen alle Wege durch **Otjiwarongo** 5. Der heute etwa 10 000 Einwohner zählende Ort hieß bei den Herero früher ›Platz der fetten Kühe‹. Die Rinderfarmen rund um die Stadt sind allerdings alle fest in weißer Hand.

Infos
Tourist Rendezvous Otjiwarongo: Main Street (Hage Geingob Street), Tel. 067-30 70 85, Fax 067-30 70 86, www.touristrendezvous.com. Informationen zu Otjiwarongo und Umgebung, Reservierung von Unterkünften, Buchung von Aktivitäten.

Schutzprogramm für Großkatzen

Africat Foundation – Bimmeln statt Schießen | Thema

Die im November 1992 gegründete Africat Foundation ist eine gemeinnützige namibische Organisation, die es sich zum Ziel gesetzt hat, die Raubtiere Namibias, vor allem Geparde und Leoparden, durch kurz-, mittel- und langfristige Pläne vor der Ausrottung zu schützen.

Zwischen 1982 und 1992 erlegten namibische Farmer etwa 7000 Geparde, nur noch 2500 leben heute im Land, 5 % davon in Nationalparks, der Rest auf privatem Land. Bei den Leoparden sieht es genauso aus. 95 % leben auf den etwa 6000 Nutzvieh-Farmen, ihre Zahl ist nur schwer festzustellen, hat sich aber seit den 1960er- und 1970er-Jahren drastisch reduziert.

Africat versucht, in Gesprächen mit Farmern diese davon zu überzeugen, dass es Alternativen zum Töten der Tiere gibt. Das fängt an mit raubtiersicheren Einzäunungen für die Kälber, bis diese etwa vier Monate alt sind und dann von der Mutter geschützt werden. Auch wird eine Kalbungssaison eingeführt, in der das Vieh auf raubtiersicher eingezäunten Weiden bleibt, um zu vermeiden, dass Kälber unkontrolliert im Busch geboren werden. Viele Farmer haben mittlerweile elektrische Zäune errichtet. Weibliche Esel, die mit dem Vieh zusammen in der Nähe des Hauses gehalten werden, sind bekannt dafür, Geparde mit Tritten und Bissen abzuwehren. Kleinvieh-Farmer können ihre Herden durch abgerichtete Paviane schützen, die ebenfalls aggressiv auf Eindringlinge reagieren. Das Schießen der Raubkatzen ist schon deshalb keine Lösung, weil die Tiere territorial sind, also der Platz des getöteten Jägers bereits meist zwei Wochen später wieder von einem Artgenossen eingenommen worden ist.

Eine weitere Schutzmethode hat sich bereits bei indischen Tigern und nordamerikanischen Schakalen bewährt: Lernen durch schlechte Erfahrung. Zu diesem Zweck bekommen gefangene Leoparden und Geparde ein Halsband verpasst, über das per Fernsteuerung leichte, ungefährliche Stromschläge ausgesandt werden können. Ein Kalb bekommt in der Zwischenzeit ein Glöckchen umgehängt. Nähert sich nun die Katze der bimmelnden Mahlzeit, erhält sie einen Stromstoß. Geparde brauchen etwas länger, Leoparden lernen ganz schnell, bimmelnde Tiere zu meiden und geben diese schlechte Erfahrung sogar ihrem Nachwuchs weiter. Stellt sich der Lernerfolg ein, werden die Tiere wieder auf Farmen, wo Kälber Glöckchen tragen, oder in privaten Tierreservaten ausgesetzt.

Africat rettet etwa 70 Leoparden und Geparden pro Jahr, die auf namibischen Farmen in Fallen geraten sind. So viele wie möglich werden später wieder in der Wildnis ausgesetzt. Seit der Gründung von Africat hat die Organisation mehr als 800 Leoparden und Geparden gerettet, 85 % von ihnen wurden wieder ausgesetzt.

Und während in den Anfangsjahren ›nur‹ die gefleckten Katzen im Mittelpunkt der Rettungsaktionen standen, kümmert sich die Africat Foundation heute auch um die anderen großen Raubtiere Namibias – Löwen, Tüpfel- und Schabrackenhyänen, Wildhunde – die ebenfalls in permanentem Konflikt mit den Farmern (über)leben.

Kontakt und Informationen: The Africat Foundation, Otjiwarongo, Namibia, Tel. 067-30 45 66 oder 30 65 85, Fax 30 45 65, www.africat.org.

Von Windhoek zum Waterberg Plateau

Übernachten, Essen

Leoparden ganz nah ▶ Okonjima Camp & Lodge: 48 km südlich von Otjiwarongo, 130 km nördlich von Okahandja, auf der B 1 ausgeschildert, 24 km Piste bis zur Lodge, Tel. 067-68 70 32 oder 68 70 33, Fax 30 45 65 oder 68 70 51, www.okonjima.com. 10 Doppelzimmer im Hauptcamp und 8 afrikanisch dekorierte Chalets in einem luxuriösen Busch-Camp, das sich in einem Wildnis-Gebiet, 3 km von der Hauptlodge entfernt, befindet. Es werden keine Tagesbesucher und keine Kinder unter 12 Jahren zugelassen. DZ im Hauptcamp mit Dinner, Bed & Breakfast 960 N$/Pers., Chalets im Busch-Camp mit Vollpension 2500 N$/Pers.

Günstiger Etappen-Stop ▶ Out of Africa Town Lodge: Long Street, Otjiwarongo, von der B 1 von Windhoek kommend, gleich rechts am Ortsanfang, Tel. 30 22 30, Fax 30 22 36, www.outofafrica-namibia.com/townlodge.html. Im Guest House gibt es 20 Zimmer für Selbstversorger, in der Lodge 10 Zimmer mit Frühstück und etwas komfortablerer Einrichtung, die leicht afrikanisch angehaucht ist. Restaurant und Bar im Haus. DZ mit Frühstück ab 595 N$.

Waterberg Plateau ▶ J 6

Karte: S. 285

Das Waterberg Plateau ist 48 km lang, 15 km breit und überragt das umliegende Land um fast 200 m. Der Name kommt vom Wasser, das im Plateau versickert, dann von der Ton-

Das Waterberg Plateau bei Sonnenuntergang

schicht am Fuße des Bergmassivs gestaut wird, wo es in Form von Quellen wieder austritt. Entsprechend grün ist hier die Vegetation im ansonsten karg-trockenen Umland.

Waterberg Plateau Park 6

Seit 1972 steht das gesamte Gebiet unter Naturschutz, vorher weidete Vieh auf dem Plateau. Der **Waterberg Plateau Park** ist zweigeteilt: Ein Gebiet ist Wilderness Area, wo die Natur völlig sich selbst überlassen bleibt, in der anderen Hälfte gibt es Pisten und künstliche Wasserstellen, um die Tiere zu beobachten. Statt Rindern und Schafen äsen heute etwa 90 Säugetierarten auf dem Plateau, darunter einige seltene oder gar vom Aussterben bedrohte Spezies wie Pferde-, Rappen- und Elenantilopen, Streifengnus, Breit- und Spitzmaulnashörner, Büffel sowie Leoparden und Geparde. Dazu gibt es 20 Fledermaus- und 13 Froscharten. Von den 200 im Park registrierten Vogelarten sind die Kap-Geier die seltenste. Ihre einzige Brutkolonie in Namibia befindet sich hier. Weltweit gibt es nur noch 2000 Brutpaare, 1 % von ihnen lebt am Waterberg. Ausflüge zu einem Unterstand, wo sie beobachtet werden können, finden mittwochs statt, allerdings nur, wenn ein Kadaver zur Verfügung steht.

Die Vegetation im Park besteht aus Busch- und Baumsavanne, insgesamt wurden 479 verschiedene Pflanzenarten gezählt. Gäste dürfen den Park nicht mit dem eigenen Fahrzeug besuchen. Dafür finden morgens und abends geführte Pirschfahrten mit Ranger im offenen Geländewagen statt.

In der Nähe des Camps, auf der am Eingang erhältlichen Park-Karte verzeichnet, liegt der deutsche Soldatenfriedhof. Was auffällt, sind die Inschriften auf den Grabsteinen. Am Schicksalsberg der Herero (s. S. 292), wo ein Großteil ihres Volkes starb, sind deutsche Soldaten nicht gefallen, sondern ›ermordet‹ worden. Auf den Gräbern liegen Kränze, auf denen in Fraktur ›Traditionsverband ehemaliger Schutz- und Überseetruppen‹ steht. Am 12. August 1994 hat die Kameradschaft Deutscher Soldaten eine Metallplakette zum Andenken der in der Schlacht am Waterberg gefallenen Herero-Krieger an der linken Friedhofsmauer anbringen lassen.

Infos

Waterberg Plateau Park: Eintritt Erw. 80 N$, Autos 10 N$. Kinder von 6–16 Jahren frei. Das Parktor ist ganzjährig von 6–21 Uhr geöffnet. Nach heftigen Regenfällen kann die Straße unpassierbar sein. Man sollte dann zuvor das Parkbüro anrufen und den Straßenzustand unter Tel. 067-30 50 01 erfragen. Im Restcamp Restaurant, Kiosk, Lebensmittelladen und Swimmingpool. Da das Gelände sehr weichsandig ist, darf man es nicht mit dem eigenem Auto befahren. Die Parkverwaltung bietet stattdessen Touren in offenen Geländewagen an, die früh am Morgen und spät nachmittags stattfinden (100 N$/Pers.).

Von Windhoek zum Waterberg Plateau

aktiv unterwegs

Wanderungen im Waterberg Plateau Park

Tour-Infos
Start: Die geführte Wanderung (Waterberg Wilderness Trail) beginnt am Onjoka Gate 15 km nordöstlich vom Bernabé de la Bat Rest Camp. Die ungeführte Wanderung (Waterberg Trail) beginnt im Rastlager; dort starten auch mehrere kurze Spaziergänge.
Zeitpunkt: geführte Wanderung jeden 2., 3. und 4. Donnerstag im Monat, ungeführte Wanderungen beginnen jeden Mittwoch
Dauer/Länge: geführte Wanderung 3 Tage (Tagesetappen von 15 km), ungeführte Wanderung 4 Tage (42 km), Spaziergänge im Rastlager zwischen 15 und 90 Min.
Kosten: geführte Wanderung 220 N$/Pers., ungeführte Wanderung 100 N$/Pers.
Informationen und Buchung: Anmeldung bei Namibia Wildlife Resorts (NWR) Central Reservations Office in Windhoek: Tel. 061-28 57 200, Fax 22 49 00, reservations@nwr.com.na oder in Swakopmund: Tel. 064-40 21 72, Fax 040 27 96, sw.bookings@ nwr.com.na, www.nwr.com.na. Die Vorlage eines ärztlichen Attestes ist bei der Anmeldung für die Waterberg-Wanderungen nicht erforderlich.

Aufgrund seiner Lage, seiner geographischen Beschaffenheit sowie der besonderen Fauna und Flora ist der Waterberg ein ideales Wandergebiet. Während der Trockenzeit zwischen April und November lassen sich zwei unterschiedliche Wanderungen unternehmen. Die erste ist eine begleitete Dreitagestour in den Westen des Parks, die zweite ist ein Viertagestrip auf eigene Faust durch den südlichen Teil der Schichtstufe.

Wer sich die Natur des Waterberg Plateaus Parks durch einen Ranger näher bringen lassen möchte, nimmt an der **geführten Wanderung im Wilderness-Gebiet** teil, bei der von einem festen Camp aus Tagestouren unternommen werden. Der schwächste Teilnehmer der Gruppe bestimmt die Länge und das Tempo der Etappen – man läuft im Durchschnitt etwa 15 km am Tag. Unterwegs bleibt der Ranger häufig stehen, um interessante Tiere und Pflanzen zu erklären, und es gibt Gelegenheit zum Fotografieren. Die festen Übernachtungsplätze haben den Vorteil, dass man keinen schweren Tourenrucksack mit sich tragen muss. An der geführten Wanderung müssen mindestens 6 Personen teilnehmen, maximal können 8 Personen mitkommen. Mitgebracht werden müssen nur Proviant und ein Schlafsack; Zelt, Geschirr und Wasser werden gestellt.

Der **ungeführte Waterberg Trail** ist ohne allzu große Anstrengungen zu bewältigen. Schweißtreibend ist nur der steile Aufstieg auf das Plateau, oben angelangt verläuft der – manchmal leider nur unzureichend markierte – Weg relativ eben. Ein besonders reizvoller Streckenabschnitt führt am Plateau-Rand entlang und bietet herrliche Ausblicke auf die unendlich scheinende Ebene der Savanne. Als reine Gehzeit muss man für diese Wanderung etwa 20 Stunden veranschlagen. Ob man im Endeffekt 3 oder 4 Tage benötigt, hängt von der Häufigkeit der Zwischenstopps ab – und natürlich von der persönlichen Form. Es ist ratsam, die Nacht vor und nach der Wanderung im Bernabé de la Bat Rest Camp oder auf einer der Gästefarmen in der nahen Umgebung zu verbringen, da man am ersten und letzen Tag jeweils etwa sechs Stunden unterwegs ist. Auf der Wanderung übernachtet man in überdachten, aber seitlich offenen Unterständen, in deren Nähe Toiletten und Wasser zu finden sind. Bei der ungeführten Wanderung werden Gruppen von mindestens 3 und maximal 10 Personen gebildet. Kinder müssen mindestens 12 Jahre alt und in Begleitung von Erwachsenen sein. Bei der ungeführten Wanderung ist die gesamte Ausrüstung mitzubringen.

Waterberg Plateau

Wer sich weniger fit fühlt, kann unter neun kurzen Wegen im Waterberg Plateau Park wählen. Sie nennen sich **Kambazembi Walk, Mountain View Walk, Forest Walk, Francolin Walk, Mission Way, Fig Tree Walk, Anthill Walk, Aloe Circle** und **Rasthaus Way**. Alle Weg sind gut gekennzeichnet; detaillierte Beschreibungen erhält man im Parkbüro. Der geschichtsträchtige **Mission Way** führt an den Ruinen der ersten Missionsstation vorbei zum Soldatenfriedhof (s. S. 289), während der **Mountain View Walk** in steilen Serpentinen an der Abbruchkante hinauf das Plateau erklimmt. Der Aufstieg, den ältere Semester etwas langsamer angehen sollten, dauert etwa 30 Minuten, oben wird die Anstrengung mit einem atemberaubenden Blick hinunter in die Savanne belohnt.

Von Windhoek zum Waterberg Plateau

Waterberg – Schicksalsberg der Herero

Thema

Die landschaftliche Schönheit trügt, am Waterberg wurden die Herero im August 1904 vernichtend geschlagen. Gegen 1500 deutsche Schutztruppen-Soldaten mit 30 Kanonen und einem Dutzend Maschinengewehren hatten selbst einige Zehntausend Herero keine Chance. Die Deutschen machten keinen einzigen Gefangenen.

Während der Kolonialzeit drängten die Deutschen die Herero-Stämme immer weiter aus ihren Weidegebieten fort und beschlagnahmten das Vieh des stolzen Hirtenvolkes. Der Einfachheit halber machten sie Maherero zum Häuptling aller Stämme, damit sie nur mit ihm, den sie unter Kontrolle wähnten, verhandeln mussten. Andere Häuptlinge erkannten ihn nicht an, und als 1904 bekannt wurde, dass alle Herero in ein Reservat am Waterberg abgeschoben werden sollten, leistete der bereits dort ansässige Stamm als erster Widerstand. Die am Waterberg lebenden deutschen Männer wurden, mit Ausnahme der Missionare, umgebracht. Am 11. Januar 1904 hatte Samuel Maherero befohlen, »alle deutschen Männer zu ermorden«. Frauen, Kinder, Missionare, Engländer und Buren sollten verschont bleiben. In den folgenden Wochen starben Hunderte von Deutschen. Daraufhin setzte der Kaiser den seiner Meinung nach zu nachgiebigen Gouverneur Leutwein ab und ersetzte ihn durch General von Trotha, einen skrupellosen Militär – das Todesurteil für die Herero. Drei Viertel von ihnen, also gut 60 000, flüchteten mit Vieh und wenigen Habseligkeiten zum Waterberg Plateau, wo sie sicher glaubten – ein verhängnisvoller Irrtum.

Am 10. August 1904 standen sich Deutsche und Herero an einer 40 km langen Front am Waterberg gegenüber. Die damals ganz neuen Krupp-Maschinengewehre ratterten unaufhörlich, trieben flüchtende Männer, Frauen und Kinder vor sich her, denen nur der Weg nach Osten blieb, in die unbarmherzige, wasserlose Omaheke-Wüste, wo die meisten von ihnen starben. Von Trotha ließ den Rückweg abriegeln und alle, die versuchten zurückzukommen, erschießen. Nur wenige, wie der Häuptling Samuel Maherero, schafften es nach Britisch-Betschuanaland, dem heutigen Botswana, wo deshalb bis heute Angehörige des Herero-Stammes leben.

In einem Bericht des Generalstabs hieß es: »Die mit eiserner Strenge monatelang durchgeführte Absperrung des Sandfeldes vollendete das Werk der Vernichtung. Die Kriegsberichte des Generals von Trotha aus jener Zeit enthielten keine Aufsehen erregenden Meldungen. Das Drama spielte sich auf der dunklen Bühne des Sandfeldes ab. Aber als die Regenzeit kam, als sich die Bühne allmählich erhellte und unsere Patrouillen bis zur Grenze des Betschuanalandes vorstießen, da enthüllte sich ihrem Auge das grauenhafte Bild verdursteter Heereszüge. Das Röcheln der Sterbenden und das Wutgeschrei des Wahnsinns [...] – sie verhallten in der erhabenen Stille der Unendlichkeit!«

Von den geflohenen Herero überlebten nur 15 000. Gut 100 Jahre nach dem Massaker haben Nachfahren von Trothas die Nachkommen der Opfer um Vergebung gebeten. Insgesamt elf Deutsche reisten im Oktober 2007 nach Namibia, wo die Herero heute die zweitgrößte ethnische Gruppe bilden.

Übernachten, Essen

Schönes staatliches Camp ▶ Waterberg Camp: Erst 1989 eröffnete die Nationalparkbehörde das früher Bernabé de la Bat Rest genannte Camp, das seit seiner Komplett-Restaurierung 2007 einfach Waterberg Camp heißt. Es ist eines der schönsten staatlichen Camps im Land. Schon der Swimmingpool macht Fünf-Sterne-Hotels Konkurrenz und die Bungalows sind sehr geräumig. Das in der 1908 erbauten, ehemaligen deutschen Polizeistation untergebrachte Restaurant bereitet schmackhaftes Essen zu. Camping und Caravaning sind ebenfalls möglich. Achtung: im Camp gibt es zwar eine Tankstelle, aber keinen Diesel. Reservierung über Namibia Wildlife Resorts (NWR) Central Reservations Office in Windhoek: Tel. 061-28 57 200, Fax 061-22 49 00, reservations@nwr.com.na oder Swakopmund: Tel. 064-40 21 72, Fax 064-40 27 96, sw.bookings@nwr.com.na oder im südafrikanischen Kapstadt mit attraktiver Namibia-Info in der Burg Street: Tel. 0027-21-422 37 61, ct.bookings@nwr.com.na; www.nwr.com.na. DZ mit Frühstück 500 N$ /Pers., Busch Chalet (2 Betten) mit Frühstück 650 N$/Pers., Bush Chalet (4 Betten) mit Frühstück 650 N$/Pers., Familien-Chalet (4 Betten) mit Frühstück 900 N$/Pers., Premier Bush Chalet (2 Betten) mit Frühstück 1000 N$/Pers., Pirschfahrt am Morgen oder Nachmittag 450 N$/Pers. (Kinder 6–12 Jahre halber Preis, Kinder unter 6 Jahren sind nicht zugelassen). Camping 100 N$/Pers., 100 N$/Platz (max. 8 Pers.).

Für Wanderer ▶ Waterberg Wilderness Lodge: Tel. 067-30 63 03, Fax 30 63 04, www.natron.net/tour/wwl/index.html. Seit 1907 in Familienbesitz, idealer Ausgangsort für Exkursionen in die Waterberg Wilderness am südöstlichen Hang des Bergs. 9 großzügige Doppelzimmer mit überdachter Veranda oder Terrasse, davon 2 Familienzimmer, Restaurant mit hervorragender Farmküche, Kaffeeterrasse, zwei Quellwasserschwimmbecken mit Liegewiese, kleine Bibliothek. Zum Angebot der Lodge gehören 3- bis 4-stündige geführte Wanderungen durch die Sandsteinfelsen und Schluchten auf dem Waterberg Plateau, möglich sind weiterhin unbegleitete Wanderungen durch die Otjosongombe Schlucht (nur für Übernachtungsgäste). DZ mit Halbpension 1050 N$/Pers., Light Lunch 50 N$. Pirschfahrten 240 N$, geführte Wanderungen und weitere Exkursionen auf Anfrage.

Über Grootfontein nach Tsumeb

Karte: S. 285

Wer auf der staubigen D 2512 vom Waterberg Plateau weiter nach Nordosten fährt, muss sich an die afrikaans-sprachigen Schilder »Maak die hek toe« gewöhnen. Sie bedeuten ›Mach das Tor zu‹. An Stelle von Viehgittern *(cattle grids)* im Boden trennen hier, im touristischen Abseits, Eisentore die einzelnen Farmen voneinander. Manchmal hat man Glück, und Kinder von Farmarbeitern stehen bereit, um die Tore zu öffnen und wieder zu schließen. Bei der Farm Rietfontein ist die Teerstraße B 8 erreicht.

Hoba-Meteorit ▶ K 5

Um zum Hoba-Meteoriten zu gelangen, folgt man der B 8 ein kurzes Stück nach Westen, um dann 15 km vor dem Ort Kombat rechts auf die D 2860 abzubiegen. Der Meteorit ist ausgeschildert. Am Meteoriten-Zentrum warnt ein Schild ›Beware of the falling meteorite‹. Doch die Chance, dass genau an dieser Stelle noch einmal so ein Brocken wie vor 80 000 Jahren aus dem Weltall auf die Erde donnern wird, ist relativ gering. Der **Hoba-Meteorit** 7 liegt etwa 20 km westlich von Grootfontein und ist wieder einmal ein Superlativ, nämlich mit über 50 t Gewicht der schwerste Metallkörper aus dem Weltraum, der je gefunden wurde (tgl. 9–17 Uhr, kleines Eintrittsgeld, Kiosk mit kühlen Getränken).

Um Souvenirjäger daran zu hindern, Stück um Stück herunterzuschlagen, ist der Brocken eingezäunt und wird bewacht. Nach der Entrichtung eines kleinen Eintrittsgeldes darf er besichtigt werden. Entdeckt wurde er durch Zufall. 1920 kam der Jäger Jacob Brits hier vorbei und wunderte sich über das mas-

Von Windhoek zum Waterberg Plateau

Der Hoba-Meteorit – über 50 t schwerer Metallkörper aus dem Weltall

sive Teil. Er brach ein Stück ab und ließ es untersuchen. Das Resultat – 80 % Eisengehalt, der Rest Nickel – bewies, dass er aus dem All kam. Anhand eines bestimmten, seltenen Nickel-Isotops waren Wissenschaftler später in der Lage, das Alter zu bestimmen.

Grootfontein ▶ K 4

Vom Meteoriten ist es nicht mehr weit bis **Grootfontein** 8. *Otjivandatjongue* – ›Leopardenhügel‹ – hieß der Platz bei den Herero, lange bevor die ersten Weißen kamen. 1893 erhielt die Stadt eine Bergbaulizenz, drei Jahre später entstand das deutsche Fort, das 1978 restauriert wurde und in dem sich heute ein Museum (Tel. 067-24 23 51 und 24 35 84, Di 16–18, Mi 9–11, Fr 16–18 Uhr) befindet. In der Nähe steht der Brunnen, der dem Ort seinen Namen gab – »Große Quelle«.

Infos

Grootfontein Municipality: Tel. 067-24 31 01, www.grootfonteinmun.com.na. Informationen zur Stadt, der Umgebung und dem Hoba-Meteoriten.

Tsumeb ▶ K 4

Karte: S. 285

Im Norden von Grootfontein liegt Namibias wichtigste Erzminenstadt – mit knapp 18 000 Einwohnern zugleich drittgrößte (!) Stadt des Landes: **Tsumeb** 9. Schon die Damara hatten hier, bevor die ersten Europäer ins Land kamen, in primitiven Öfen Kupfer geschmolzen. Die Mine förderte bis zu ihrer Schließung 1998 Kupfer und Blei, in kleineren Mengen Silber und Zink. Das Stadtbild von Tsumeb ist für einen Minenort unerwartet grün. Palisander und Bougainvilleen blühen überall. Verantwortlich dafür ist der nordwestlich der Stadt liegende **Lake Otjikoto**, dessen Wasser in die Stadt gepumpt wird. Die deutsche Vergangenheit spiegelt sich im Straßenbild wider. Die **Barbara-Kirche** wurde zum Schutz der Kumpel der für Gruben zuständigen Heiligen geweiht, im **Etosha Café** serviert die Deutsch sprechende Bedienung Kaffee und Kuchen. Unbedingt sehenswert ist das **Tsumeb Museum,** das in der 1915 erbauten ehemaligen Schule untergebracht ist.

Lake Otjikoto

Die Ausstellungen zeigen den Erzabbau, außerdem Gegenstände der San-Kultur und aus dem Lake Otjikoto gefischtes Kriegsmaterial, das die Deutschen bei ihrem Abzug versenkt hatten (Main Street, Tel. 0 67-22 04 47, Mo–Fr 9–12, 15–18, Sa 9–12 Uhr). Die Touristeninfo wird Tsumebs Ruf als Tor nach Etosha gerecht. Dort gibt es sehr viel Informationsmaterial zum Norden des Landes.

Lake Otjikoto ▶ J 4

Karte: S. 285

Der türkisfarbene **Lake Otjikoto** 10 – *otjikoto* kommt aus der Herero-Sprache und heißt ›tiefes Loch‹ – liegt etwa 24 km nordwestlich von Tsumeb, direkt neben der Straße, versteckt hinter Feigen- und Eukalyptusbäumen. Die Einheimischen glaubten lange, dass Otjikoto und sein Nebensee **Lake Guinas** grundlos wären. Im Jahr 1851 fanden die Forscher Galton und Andersson allerdings heraus, dass Otjikoto 55 m tief ist. Moderne Messungen bestätigten diese Zahl, fanden aber auch bis zu 90 m tiefe Stellen. Der Lake Guinas erwies sich als noch tiefgründiger: 100–130 m. Der Aberglaube der Grundlosigkeit blieb und wurde sogar noch verstärkt, als 1927 der Postvorsteher Johannes Cook im Lake Otjikoto nach einem Kopfsprung nicht mehr auftauchte. Aber auch dafür gibt es eine naturwissenschaftliche Erklärung. Der See ist geformt wie ein umgedrehter Pilz. Vermutlich versuchte Cook, unter einem Felsüberhang aufzutauchen, schlug sich den Kopf an und ertrank, wobei sein Körper unter dem Stein hängenblieb.

Dadurch, dass es keine Zuflüsse gibt, konnten sich in den Seen zwei einzigartige Fischarten entwickeln, zum einen eine Brassenart, der **Otjikoto cichlid,** der bis zu 14 cm lang wird und – wahrscheinlich mangels Raubfischen – bunt gefärbt ist. Er hat den **Maulbrüter** *(southern mouthbreeder)*, der seine Nachkommen zeitweise im Maul mit sich herumführt und sich normalerweise in flachen Gewässern aufhält, in die tieferen Regionen der beiden Seen verdrängt.

Berühmt ist das Gewässer jedoch für eine andere Begebenheit. Als sich die deutsche Schutztruppe 1915 zurückziehen musste, versenkte sie einen Großteil ihrer Ausrüstung im Lake Otjikoto, um diese nicht den nachrückenden südafrikanischen Truppen zu überlassen. Viele Jahre später bargen Taucher des Windhoek Underwater Club in Zusammenarbeit mit dem Staatsmuseum einige Stücke, einschließlich eines Munitionstransporters in nahezu perfektem Zustand. Der *carrier* steht heute im Museum Alte Feste in Windhoek.

Bei weiteren Tauchgängen gelangten verschiedene Kanonen, Maschinengewehre und andere Waffen an die Oberfläche. Sie sind heute im Khorab-Raum des **Tsumeb Museum** (s. links) ausgestellt. Der Großteil der Ausrüstung, einschließlich eines sagenumwobenen Tresors unbekannten Inhalts, liegt allerdings noch immer in seinem einzigartigen Unterwasser-Museum. Von Tsumeb ist es nicht mehr weit zu Namibias Hauptsehenswürdigkeit, dem Etosha National Park.

Übernachten

Einfach, aber nett ▶ **Makalani Hotel:** 4th Road, Main Street, Tel. 06-22 10 51, Fax 22 15 75, www.makalanihotel.com. Kleines Stadthotel mit 18 Zimmern, Swimmingpool, schönem Biergarten, Restaurant, Bar, Aircondition und Satelliten-TV im Zimmer. DZ mit Frühstück 650 N$.

Essen & Trinken

Mit schattigem Biergarten ▶ **Etosha Café:** 2 Main St., Tel. 067-22 12 07, www.etoshacafe.com. Mo–Sa ab 7 Uhr, So geschlossen. Hier gibt es hausgemachten Schokoladen- und Käsekuchen, Leberkäse, Steak-Brötchen und herzhafte Frühstücke. Biergarten im Innenhof. Gerichte um 50 N$.

Einkaufen

Kunsthandwerk ▶ **Tsumeb Arts and Crafts Centre (TACC):** 18 Main St.,Tel./Fax 067-22 04 47, Mo–Fr 8.30–13, 14.30–17.30, Sa 8.30–13 Uhr. Nicht profitorientierte Organisation, die mit einem Laden den Absatz des einheimischen Kunsthandwerks fördert.

Etosha National Park

Mit 22 270 km² hat der Etosha National Park etwas mehr als die Hälfte der Fläche der Schweiz. Im Jahr 1907 erklärte der erste Gouverneur der deutschen Zivilverwaltung, Friedrich von Lindequist, große Teile im Norden Namibias, einschließlich der Etosha-Pfanne, zum Naturschutzgebiet. Der Grund dafür war, dass Berufsjäger aus Profitgier dabei waren, das sehr tierreiche Gebiet ›leer zu schießen‹.

Zum Zeitpunkt seiner Gründung war der Nationalpark mit fast 100 000 km² der größte der Welt. Als die südafrikanischen Apartheidsgesetze 1970 auch in Südwestafrika angewendet und Homelands für die Herero und Damara geschaffen wurden, verkleinerte man den Park drastisch, erklärte den nördlichen Teil zum Ovamboland, baute einen 850 km langen Zaun und unterbrach damit die natürlichen Wanderrouten der Tiere. Tausende von Gnus konnten so in der Trockenheit nicht mehr ins feuchtere Angola ziehen. Als Ausgleich wurden immer mehr Wasserstellen gebohrt. Schließlich blieben die Gnus im Park, allerdings überweideten sie das Land, das daraufhin versteppte.

Um Touristen die Möglichkeit zu bieten, die Tierwelt zu ›erfahren‹, baute man unbefestigte Straßen (insgesamt 700 km) durch den Park, was indirekt die meisten Antilopen und Elefanten das Leben kostete. Nur ein Zehntel der Gnus und ein Drittel der Steppenzebras überlebte. Um Kies für die Trassen der Pisten zu gewinnen, wurden nämlich große Löcher gegraben, die sich mit Regenwasser füllten und zur Brutstätte für Milzbrand-Bakterien wurden. Nur die Fleischfresser des Parks waren resistent gegen die Seuche.

Mit gut 130 000 Besuchern pro Jahr ist der Nationalpark heute Namibias Hauptsehenswürdigkeit. Aufgrund seiner Lage und Ausdehnung zählt er zu den schönsten Naturschutzgebieten der Welt. Der westliche Teil ist noch nicht für den Tourismus erschlossen und darf nur von lizensierten namibischen Tour-Unternehmern befahren werden.

Etosha Pan

Die weiße Etosha-Tonpfanne (*etosha* heißt ›großer, weißer Platz‹) bedeckt 5000 km², fast ein Viertel der Gesamtfläche des Parks. Bei den Ovambo heißt sie ›Ort des trockenen Wassers‹, da sie manchmal jahrelang trocken ist, um sich dann, wenn der Ovambo River im Osten oder Ekuma- und Oshigambo-Fluss im Norden Hochwasser führen, in einen großen See zu verwandeln. Darin wachsen Algen, die wiederum Hunderttausende von Flamingos anlocken. Aus dem großen weißen wird dann ein großer rosa Platz. Manchmal – dann nämlich, wenn die Sonne zu früh und zu schnell das Wasser des Sees verdunsten lässt – kann das in einer Katastrophe enden. Wie 1969, als plötzlich Zehntausende noch flugunfähiger Flamingoküken nahrungslos praktisch im Trockenen standen. Naturschützer retteten 20 000 von ihnen, die per Hand zur noch Wasser führenden Fischer's Pan im Osten Etoshas getragen wurden. Zwei Jahre später halfen sich die Vögel selbst. Wieder trocknete der See zu schnell aus. Diesmal wanderten 30 000 flugunfähige Küken unter Führung einiger ausgewachsener Vögel 80 km nach Norden. Vier Wochen später hatten die überlebenden 25 000 Tiere das wasserreiche Ekuma-Delta erreicht.

Auf Safari im Etosha National Park

Karte: S. 298

Namutoni Rest Camp ▶ H 3

Im Park gibt es vier staatliche Rest Camps: Namutoni im Osten, Halali im Zentrum und Okaukuejo im Westen. Das interessanteste ist sicher **Namutoni** 1 , ein von der deutschen Schutztruppe 1902/03 erbautes Fort. Für den Ursprung des Namens gib es eine eher skurrile Erklärung. In der Ovambo-Sprache umschreibt das Wort *nà-mutoni* große männliche Geschlechtsteile. Vor der Einstellung als Kontraktarbeiter wurden Einheimische hier untersucht – auch auf Geschlechtskrankheiten. Seither nannten sie den Ort Namutoni.

Vor dem Bau des Forts hatte das Wasserloch dadurch Bedeutung erlangt, dass der schwedische Abenteurer Charles John Andersson, der Brite Francis Galton und ein Ovambo-Führer ihr Lager 1851 an dieser Stelle aufgeschlagen hatten. bevor sie als erste Europäer auf die Etosha-Pfanne stießen.

Nach 1897 diente Namutoni während der Rinderpest-Seuche als Kontrollpunkt, später als Grenzposten zur Kontrolle des Handels mit dem Ovamboland. Am 28. Januar 1904, ein Jahr nach seinem Bau, wurde Fort Namutoni von 500 Ovambo angegriffen und zerstört. Die deutschen Soldaten, sieben an der Zahl, konnten im Schutz der Nacht fliehen. Später sollte König Nehale, der den Angriff geführt hatte, einen der erbeuteten, sehr wertvollen Zuchtbullen zurückgeben. Als die deut-

In der Regenzeit füllen sich Etoshas Wasserstellen mit dem ersehnten Nass

Etosha National Park

sche Delegation anreiste, um diesen abzuholen, ließ Nehale den Bullen bringen und vor den Augen seiner Besitzer erschießen – als Demonstration seiner Autorität. Am 28. Januar 1996 wurde, zum 92. Jahrestag des Ovambo-Angriffs auf das Fort, das Namutoni-Wasserloch von Präsident Sam Nujoma offiziell in ›König Nehales Quelle‹ umbenannt.

Im Jahr 1906 begann der Wiederaufbau des zerstörten Forts, unter Verwendung der alten Pläne und mit Hunderten von Zwangsarbeitern. 1950 stellte man die Anlage unter Denkmalschutz, 1957 öffnete das Fort erstmals seine Pforten für Besuchern.

Dik-Dik Drive ▶ J 3

Wenige Kilometer von Namutoni entfernt beginnt der **Dik-Dik Drive**, wo die kleinen, sehr hübschen Kirkdikdiks *(Damara dik-dik)* gehäuft vorkommen. Die 5–6 kg leichten Antilopen (im Vergleich wiegt eine Elenantilope, die größte der Welt, oft weit über 800 kg) kommen ausschließlich in Namibia vor, und zwar nur am Waterberg Plateau und im Etosha National Park am Dik-Dik Drive. Pärchen leben ihr ganzes Leben zusammen. Nur wenn der Partner stirbt, suchen sie sich einen neuen. Um sein Revier zu markieren, produziert das Dikdik seine Häufchen immer an der gleichen Stelle. Eine alte Buschmann-Sage beschreibt warum: Eines Tages wanderte das Dikdik durch den Busch und stolperte über einen riesigen Elefantenhaufen. Es wurde so wütend, dass es nun seine Hinterlassenschaften immer wieder an der gleichen Stelle platzierte, in der Hoffnung, irgendwann einmal einen Elefanten stolpern zu lassen.

Etoshas Elefanten

Bei der Weiterfahrt werden wohl die wenigsten Besucher des Parks einen Elefanten straucheln sehen, aber vielleicht einen, der einen Baum umdrückt. Die Dickhäuter tun das, um an die besonders delikaten jungen Blättchen heranzukommen. Doch neben der Zerstörung sorgen sie auch für die Verbreitung der Bäume. Die beim Genuss von Marula-, Affenbrot-, Palmen- und Akazienzweigen in den Verdauungstrakt gelangten Samen ge-

deihen nach dem Ausscheiden ganz besonders gut. Etwa 40 afrikanische Bäume sind so direkt abhängig von den grauen Riesen und ihren Haufen. Etoshas Elefanten sind mit 4 m Schulterhöhe die größten des Kontinents, dafür zählen ihre Stoßzähne zu den mickrigsten Afrikas. Mineralienmangel ist der Grund dafür, dass ihr Elfenbein so brüchig ist.

Das wohl ungewöhnlichste Organ der Elefanten ist der Rüssel, in dem 50 000 Muskeln es ihnen ermöglichen, selbst winzige Zweige und Blätter mit den ›Fingern‹ der Rüsselspitze zu ertasten und aufzuheben. Andere Aufgaben sind das Brechen von Ästen, das Wassertrinken oder das Abduschen des Körpers zum Abkühlen. Beim Durchschwimmen von Flüssen wird der Rüssel zum Schnorchel. Bemerkenswert sind die engen Familienbindungen in den meist durch ein altes Muttertier geführten Clans. Kälber wachsen zusammen mit den Erwachsenen der Gruppe auf und werden von allen gehätschelt und umsorgt,

was durch sanftes Auflegen des Rüssels geschieht. Jüngere Weibchen fungieren oft als ›Kindermädchen‹ für Baby-Elefanten.

Wie Menschen trauern auch Elefanten um verstorbene Familienmitglieder. Es finden richtiggehende Begräbnisrituale statt, die Toten werden mit Zweigen und Erde bedeckt, der Clan steht im Kreis um das ›Grab‹, die Rüssel berühren den verstorbenen Verwandten. Am Ende der Zeremonie trompeten die Tiere und ziehen dann gemeinsam weg – in der Tierwelt ein einzigartiges Verhalten.

Etosha Lookout und Camp Halali ▶ H 4

Der **Etosha Lookout** 2 ist der einzige Punkt, wo Besucher auf einer Piste ein Stückchen in die eigentliche Salzpfanne hineinfahren können. Mutige gehen vom Parkplatz noch ein paar hundert Meter weiter – ein eigenartiges, bedrohliches Gefühl, die unendliche weiße Ebene vor sich zu haben.

Etwa auf halber Strecke zwischen Von Lindequist Gate im Osten und Andersson Gate im Südwesten des Parks liegt das erst 1967 eröffnete, von Mopanewald umgebene **Camp Halali** 3. Das Wort erinnert an die Deutschen, deren mit dem Jagdhorn geblasenes Halali das Ende einer Jagd signalisierte.

Okaukuejo-Wasserloch ▶ G 4

Am die ganze Nacht über flutlichtbeleuchteten Wasserloch von **Okaukuejo** 4 trinken tagsüber oft Zebras, Gnus, Giraffen, Elefanten, Oryxantilopen, Kudus, Schakale und Strauße gemeinsam. Hier sorgte vor einigen Jahren ein Löwenangriff für Schlagzeilen. Ein Tourist war auf einer der Bänke vor dem umzäunten Wasserloch eingeschlafen. Irgendwie schafften es eine alte, fast zahnlose Löwin und ein Löwen-Männchen, die Barrieren zu umgehen. Sie schlichen sich durch das Camp und töteten den Schlafenden. Daraufhin wurden beide Löwen erschossen.

Springböcke, Zebras, Gnus und Oryxantilopen am Wasserloch Okaukuejo

Etosha National Park

aktiv unterwegs

Self-Drive-Fotosafari zu Etoshas Wasserstellen

Tour-Infos
Start: Wo man die Fotosafari startet, hängt von der Unterkunft ab. Eine detaillierte Routenkarte ist bei den Parkbüros in Okaukuejo, Namutoni und Halali erhältlich.
Saison: Die beste Zeit, um im Etosha National Park Tiere zu beobachten, ist der Süd-Winter, also der europäische Sommer (Anfang Juni bis Ende September). Dann ist es sehr trocken, und das Wild konzentriert sich an den Wasserstellen. Trotzdem ist Geduld angebracht. Man sollte sich einfach an einem der Wasserlöcher positionieren, abwarten und schauen, was passiert. Im Folgenden Hinweise dazu, wer zwischen Namutoni und Okaukuejo vorzugsweise wo trinkt.
Kosten: Parkeintritt 80 N$/Pers., 10 N$/Pkw
Karte: s. S. 298

Andoni: Etoshas nördlichste Wasserstelle ist eine Senke, wo vor allem Vogelliebhaber auf ihre Kosten kommen. Etwa 60 Kronenkraniche nisten hier – für Fans ein guter Grund, die 100-km-Rundfahrt ab Namutoni in Kauf zu nehmen.
Groot Okevi: Die natürliche Quelle liegt nur 6 km nördlich von Namutoni und zieht vor allem Geparde, Leoparden, Elefanten, Zebras und Kudus an.
Klein Okevi: liegt nur 1 km von Groot Okevi entfernt. Neben Geparden, Leoparden und Elefanten sieht man Giraffen, Gnus, Springböcke, Schwarzgesicht-Impalas und Kudus.
Namutoni 1: Die natürliche Quelle hinter dem Fort ist nachts flutlichtbeleuchtet. Elektrische Zäune verhindern einen engeren Kontakt zwischen Besuchern und Fauna. Auf einen Drink kommen hier Elefantenherden, Zebras, Gnus, Springböcke, Schwarzgesicht-Impalas und Oryxantilopen vorbei, manchmal auch Spitzmaulnashörner.
Klein Namutoni: sehr populär bei Fotografen, da nur 2 km vom Fort entfernt. Besucher kommen ganz nahe an das Wasserloch heran, um Elefantenherden, Spitzmaulnashörner, Zebras, Giraffen, Gnus, Springböcke, Schwarzgesicht-Impalas, Oryxantilopen und Kudus aus nächster Nähe zu erleben. Ideal für Aufnahmen im späten Nachmittagslicht.
Chudob: ebenfalls ein beliebter Fotoplatz, sowohl für Morgen- als auch für Nachmittagsaufnahmen. Die natürliche Quelle weist in ihrer Mitte eine fotogene Riedgrasinsel auf. Der beste Punkt, um von dem erhöhten Parkplatz Giraffenherden mit bis zu 30 Tieren abzulichten. Außerdem finden sich hier ab und zu die seltenen Elenantilopen ein.
Kalkheuwel: die absolute Nummer eins für Fotografen. Attraktive Lage in einem Mopanewäldchen. Hunderte von Tieren kommen hier gleichzeitig zur Tränke. Die Wahrscheinlichkeit, Löwen anzutreffen, ist groß. Bestes Fotolicht am frühen Morgen.
Batia: auf halbem Weg zwischen Namutoni und Halali. Große Elefantenherden, Gnus, Springböcke, Oryxantilopen und Geparde kommen hierher.
Goas: gehört zu Etoshas besten Wasserlöchern. Von zwei Seiten einzusehen, also gut für Morgen- und Nachmittagsaufnahmen. Größere Löwengruppen und Elefantenherden, aber auch Hunderte von Zebras, Gnus, Pferdeantilopen und Schwarzgesicht-Impalas. Leoparden kommen regelmäßig.
Halali 3: sehr schön zwischen Felsen angelegte künstliche Wasserstelle im staatlichen Halali Rest Camp. Vom erhöhten Sitzplatz aus lassen sich Löwen, Elefanten, Nashörner und Hyänen direkt unterhalb beobachten.
Rietfontein: eines der größten und beliebtesten Wasserlöcher des Parks, 19 km westlich von Halali. Alle Tiere Etoshas kommen hierher. Gute Möglichkeiten, Raub- und Wasservögel zu beobachten. Der Parkplatz ist allerdings recht weit vom *waterhole* entfernt,

Auf Safari im Etosha National Park

weshalb beim Fotografieren ein starkes Teleobjektiv erforderlich ist. Bestes Licht am späten Nachmittag. Dann kommen häufig Leoparden, Löwen und große Elefantenherden.

Salvadora und Sueda: Die nahe beieinander liegenden Stellen sind sehr gut besucht, vor allem von Geparden, Löwen und großen Herden von Zebras, Gnus und Springböcken. Ein guter Platz, um sowohl frühmorgens als auch am späten Nachmittag Tierherden zu fotografieren, die vor dem Hintergrund der schneeweißen Pfanne vorbeiziehen.

Olifantsbad: Wie der Name schon andeutet, kommen hierher vor allem Elefantenherden, aber auch Löwen, Zebras, Warzenschweine, Gnus, Pferdeantilopen, Kudus und Springböcke. Die Wasserstelle liegt sehr attraktiv in Mopane-Waldland, ideale Lichtbedingungen herrschen am späteren Nachmittag.

Gemsbokvlakte: Bei Fotografen ist das 15 km südöstlich von Okaukuejo liegende Wasserloch populär, da man sehr nahe herankommt, um im späten Nachmittagslicht Elefantenherden, Geparde, Löwen und Spitzmaulnashörner abzulichten. Aber natürlich trifft man hier auch auf die namengebenden Oryxantilopen.

Nebrownii: nur 10 km östlich von Okaukuejo. Man kommt nahe an das Wild heran. Bestes Licht am späten Nachmittag. Beliebt bei kleineren Elefantenherden.

Okaukuejo 4: das berühmteste und meistbesuchte Wasserloch im Park. Ideales Fotolicht am Morgen, nachts flutlichtbeleuchtet, dann lassen sich vor allem Hyänen, Löwen, Leoparden, Elefanten und Spitzmaulnashörner beobachten.

Ombika: ganz nahe am Andersson Gate. Früh am Morgen finden sich hier oft Spitzmaulnashörner zum Trinken ein.

Auch Geparden kommen zu den Wasserstellen im Etosha National Park

Etosha National Park

Eine Zählung ergab, dass im August 1997 nur noch 144 der prachtvollen Tiere in Namibias Etosha National Park lebten. Sobald sie den Zaun überwinden und auf privates Farmland gelangen, werden sie erschossen, obwohl sie seit 1996 unter Naturschutz stehen. Farmer sind eigentlich verpflichtet, wenn Löwen auf ihrem Gebiet auftauchen, Nature Conservation zu informieren, deren Leute dann kommen, die Tiere betäuben und wieder in den Park bringen. Ein Löwe, der erkannt hat, wie leicht ein Rind zu töten ist, wird allerdings meist Wiederholungstäter. Der namibischen Nationalpark-Verwaltung fehlt das Geld, um die dringend notwendige Elektrifizierung des fast 1700 km langen Grenzzaunes durchzuführen.

Wenn die Löwen schließlich nach Einbruch der Dunkelheit zum beleuchteten Wasserloch von Okaukuejo schreiten und Zebras und Springböcke daraufhin panisch die Flucht ergreifen, starren oft Hunderte von Augen aufgeregt durch die Sucher ihrer digitalen Kameras, um den privaten Tierfilm für die Daheimgebliebenen zu inszenieren.

Märchenwald ▶ G 4

Von Okaukuejo lohnt ein Abstecher in den Westen, zum **Märchenwald** 5 *(ghost tree forest oder fairy forest)*, wo einige hundert der seltsamen Moringabäume wachsen. Sie kommen nur in Namibia vor und haben normalerweise gerade Stämme. Im Märchenwald sind sie jedoch völlig verwachsen, was daran liegt, dass sie als Jungpflanzen immer wieder von Giraffen und Elefanten angefressen wurden. Viel weiter westlich dürfen Touristen noch nicht reisen. Es ist jedoch geplant, auch diesen Teil des Etosha National Park zu öffnen, sobald das geplante neue Camp Otjovasandu fertiggestellt ist, das bislang nur organisierten Gruppen offensteht.

Ongava Lodge ▶ G 4

Kurz nach dem Verlassen des Parks durch das Andersson Gate geht es rechter Hand zu der von Wilderness Safaris gemanagten, exklusiven **Ongava Lodge** 6. Der reetgedeckte Hauptbau fügt sich geschickt in die Landschaft ein wie das einige Kilometer entfernte Luxus-Zeltcamp, wo hautnahe Wildnis-Erlebnisse garantiert sind. Die Ongava Lodge veranstaltet sowohl Fahrten in den Etosha National Park als auch *game drives* in offenen Geländewagen durch ihr eigenes, 30 000 ha großes Naturreservat, wo im Gegensatz zum Etosha Park Nachtfahrten möglich sind. Neben den typischen Etosha-Tieren gibt es hier auch Breitmaulnashörner und Wasserböcke in größerer Zahl.

Infos

Die **Hauptverwaltung** des Etosha National Park befindet sich im **Camp Okaukuejo,** aber auch in Halali und Namutoni gibt es Informationsbüros und Shops, wo es die deutsch-englische ›Map of Etosha‹ zu kaufen gibt. Neben genauen Routenbeschreibungen enthält diese Infos zur Fauna und Flora des Parks. Etosha ist von Sonnenaufgang bis Sonnenuntergang geöffnet, bei Einbruch der Dunkelheit muss man sich in einem der Rest Camps befinden oder den Park verlassen haben. Der Eintritt beträgt 80 N$/ Pers. und 10 N$/Pkw mit maximal 10 Sitzen.

Für Selbstfahrer gilt es Folgendes zu beachten: Die Höchstgeschwindigkeit im Park beträgt 60 km/h. Sie sollte unbedingt eingehalten werden – nicht nur aufgrund des häufigen Wildwechsels, sondern auch um die Pflanzen zu schützen. Bei höherem Tempo wird mehr Staub aufgewirbelt, der bis zum nächsten Regen die Blätter bedeckt, so die Photosynthese verhindert und die Pflanze im schlimmsten Fall sterben lässt.

Falls das Mietfahrzeug im Park seinen Geist aufgeben sollte, auf keinen Fall das Auto verlassen. Immer, auch wenn es heiß ist, im Fahrzeug auf Hilfe warten. Wenn die ›Verpackung‹ erst einmal weg ist, gelten Touristen bei den Etosha-Löwen als willkommener ›Pausensnack‹. Entsprechend ist es streng verboten, mit Cabrios und Motorrädern in das Naturschutzgebiet zu fahren.

Bizarr geformte Moringabäume im Märchenwald

Etosha National Park

Übernachten, Essen

Im Etosha National Park gibt es derzeit drei ganzjährig geöffnete **staatliche Camps** (Okaukuejo, Halali und Namutoni), die 2007 eine sensationelle Metamorphose durchgemacht haben. Was einst halb verrottet und heruntergekommen war, erstrahlt nun in neuem Glanz mit überraschend stilvollem Fünf-Sterne-Lodge-Ambiente – aber deshalb auch mit deutlich erhöhten Preisen. Reservierung über Namibia Wildlife Resorts (NWR) Central Reservations Office in Windhoek: Tel. 061-28 57 200, Fax 061-22 49 00, reservations@nwr.com.na oder Swakopmund: Tel. 064-40 21 72, Fax 064-40 27 96, sw.bookings@nwr.com.na oder im südafrikanischen Kapstadt mit attraktiver Namibia-Info in der Burg Street: Tel. 0027-21-422 37 61, ct.bookings@nwr.com.na; www.nwr.com.na.

Unmittelbar am Wasserloch ▶ **Okaukuejo Camp:** Absolute Übernachtungs-Highlights sind die fünf Waterhole Units in Okaukuejo, die in luxuriöse, zweistöckige Chalets mit Balkonen verwandelt wurden, von denen aus man das am häufigsten von der Fauna besuchte Wasserloch direkt vom Liegestuhl aus beobachten kann. Dieser Spaß ist aber nicht ganz billig. DZ ›A‹ (2 Betten) mit Frühstück 650 N$/Pers., DZ ›B‹ (2 Betten) mit Frühstück 700 N$/Pers., Bush Chalet mit Frühstück (2 Betten) 900 N$/Pers., Familien-Chalet (4 Betten) mit Frühstück 950 N$/Pers., Waterhole Chalet DZ (2 Betten) mit Frühstück 1000 N$/Pers., Premier Waterhole Chalet (zweigeschossig, 4 Betten) mit Frühstück und Dinner 2000 N$/Pers., Pirschfahrten am Morgen oder Nachmittag 500 N$/Pers., Nachtfahrten 600 N$/Pers. (Kinder 6–12 Jahre halber Preis, keine Kinder unter 6 Jahre). Camping 100 N$/Pers., 200 N$/Platz (max. 8 Pers.).

Im Herzen des Parks ▶ **Halali Camp:** Hier sind die 5 Premier Bush Chalets oder Honeymoon-Suites die Top-Übernachtungen. DZ mit Frühstück 650 N$/Pers., Bush Chalet (4 Betten) mit Frühstück 800 N$/Pers., Bush Chalet (2 Betten) mit Frühstück 850 N$/Pers., Bush Chalet für Behinderte (2 Betten) mit Frühstück 850 N$/Pers., Familien-Chalet (4 Betten) mit Frühstück 950 N$/Pers., Honeymoon Suite (großes Doppelbett) mit Früh-

Schattenspiel mit Gepardenfamilie

Auf Safari im Etosha National Park

Steppenzebras in der Paarungszeit

stück 1200 N$/Pers., Pirschfahrten am Morgen oder Abend 450 N$/Pers., Nachtfahrten 550 N$ (Kinder 6–12 Jahre halber Preis, keine Kinder unter 6 Jahre). Camping 100 N$/Pers., 200 N$/Platz (max. 8 Pers.).

Deutsches Schutztruppenfort ▶ Namutoni Camp: Das denkmalgeschützte Fort ist nun das Zentrum der Aktivitäten, mit einem erhöhten hölzernen Fußgänger-Steg entlang des Wasserlochs. DZ mit Frühstück 1200 N$/Pers., Bush Chalet (2 Betten) mit Frühstück und Dinner 1800 N$/Pers., Pirschfahrten morgens und abends 500 N$/ Pers., Nachtfahrten 600 N$ (Kinder 6–12 Jahre halber Preis, keine Kinder unter 6 Jahren). Camping 100 N$/Pers., 200 N$/Platz (max. 8 Pers.).

Staatlich verordneter Luxus ▶ Onkoshi Camp: Wie die Sossus Dune Lodge in Sossusvlei gehört auch das Onkoshi Camp in Etosha zur exklusiven NWR Premier Collection. Lage, Architektur und Übernachtungspreise sind außergewöhnlich. Onkoshi Chalet (2 Pers). 4500 N$/Pers., Onkoshi Honeymoon Chalet (Doppelbett) 4995 N$/Pers., jeweils inklusive Vollpension und allen Aktivitäten.

Fünf-Sterne-Zelte ▶ Onguma Tented Camp: Am östlichen Eingang des Etosha National Parks gelegen. Reservierung über Visions of Africa, Tel. 0 61-23 20 09, Fax 22 25 74, www.ongumanamibia.com. Sehr stilvoll (s. Website!) gestaltetes, luxuriöses Zeltcamp mit sieben Zelten in einem 200 km^2 großen, privaten Wildnisgebiet, das an den Etosha-Nationalpark grenzt. Jedes Zelt bietet eine grandiose Aussicht auf das nachts mit Flutlicht beleuchtete Wasserloch. DZ alles inklusive 1850 N$/Pers. Auf dem Gelände gibt es außerdem ein Bushcamp mit drei Bungalows, DZ mit Frühstück und Dinner 2200 N$/Pers. Bushcamp DZ mit Frühstück 695 N$/Pers. Camping 125 N$/Pers.

Baumhäuser auf Stelzen ▶ Onguma Tree Top Camp: Mitte 2007 eröffnete Onguma zwei weitere Camps auf seinem Areal. Das Tree Top Camp liegt in der Nähe des Safari Tented Camp, ist aber mit nur 4 reetgedeckten Holzhütten noch intimer als dieses. Alle ›Zimmer‹ und der Hauptkomplex mit Dinner-Raum sind nach vorne, zum Wasserloch hin, offen. DZ alles inklusive 3300 N$/Pers.

Etosha National Park

Im Stil eines kolonialen Forts ▶ Onguma Plains Camp: Architektonisch ähnelt dieses neue Flagschiff der Onguma-Familie einem marokkanischen Wüstenfort. Es wurde am Rand der Fisher Pan erbaut, die zur Etosha-Pfanne gehört. Es gibt einen Hauptkomplex mit Restaurant, 12 Standardzimmern, 1 Fort-Suite und 1 Bush-Suite. DZ mit Frühstück und Dinner 2800 N$/Pers.

Exklusiv und persönlich ▶ Ongava Lodge & Tented Camp: Am Südwesteingang des Etosha National Park, Buchung über Wilderness Safaris Namibia, Tel. 061-27-45 00, Fax 23 94 55, www.wilderness-safaris.com. Exklusives, 30 000 ha großes Game Reserve, sehr persönlich geführt. In der Lodge können 20 und im 15 km entfernten Luxus-Zeltcamp 10 Personen übernachten. Im Übernachtungspreis enthalten sind zwei Pirschfahrten im offenen Geländewagen pro Tag (auch nachts, was im Etosha-Nationalpark nicht möglich ist) und Vollpension. DZ mit Frühstück und Dinner 3590–4895 N$/Pers.

Mit Wellnesszentrum ▶ Epacha Game Lodge & Spa: Vor dem Andersson Gate links auf die D 2695, 28 km weiter befindet sich rechts das Epacha-Tor, Tel. 067-69 70 47, Fax 69 70 50, www.epacha.com. Luxuriöses Camp mit schönem Wellness-Zentrum in einem 210 km² großen, privaten Wildschutz-

Hautnah: Elefanten-Begegnung im Okaukuejo Camp

Auf Safari im Etosha National Park

gebiet. 18 reetgedeckte, mit antiken Möbeln ausgestattete Naturstein-Chalets. DZ mit Frühstück und Dinner 2580 N$/Pers.

Parknah ▶ Mushara Lodge: 8 km vom Lindequist Gate, Tel. 067-22 91 06, Fax 22 91 07, www.mushara-lodge.com. Nahe am Park gelegene Lodge mit 10 klimatisierten Bungalows. Natur-Wanderungen, Pirschfahrten in den Etosha-Park, Pool. DZ mit Frühstück und Dinner 1300 N$/Pers., Lunch 80 N$/Pers., Pirschfahrt in den Etosha-Park 480 N$/Pers.

Ehemalige Farm ▶ Etosha Aoba Lodge: Kurz vor dem östlichen Eingang des Etosha National Park rechts, 10 km von der Hauptstraße entfernt, Tel. 067-22 91 06, Fax 22 91 07, www.etosha-aoba-lodge.com. Die komfortable Lodge ist aus einer ehemaligen Farm entstanden. Gut organisierte Pirschfahrten, gutes Abendessen. Kinder sind ab 12 Jahren zugelassen. DZ mit Frühstück und Dinner 990–1260N$/Pers., Dinner (3-Gänge-Menü) 165 N$/Pers., Lunch 80 N$/Pers., Pirschfahrt in den Etosha-Park 380 N$/Pers.

Restaurant mit Township-Flair ▶ Etosha Safari Lodge & Camp: 10 km vom Andersson Gate, Tel. 061-23 00 66, Fax 25 18 63, www.gondwana-collection.com. Eines der originellsten Restaurants des Landes befindet sich im Etosha Safari Camp. Die Macher waren auch für die Deko des Cañon Roadhouse im Süden (s. S. 156f.) verantwortlich. Thema waren diesmal ›Shebeens‹, aus Wellblech zusammengezimmerte, illegale Township-Bierschwemmen. Angejahrte Autotüren fungieren als Fenster. Die etwas höher auf dem Gelände positionierte Etosha Safari Lodge ist im deutschen Kolonialstil erbaut und hat 65 Zimmer mit schönem Blick über die Savanne. DZ mit Frühstück 755 N$/Pers.

Im Busch ▶ Kempinski Mokuti Lodge Etosha: direkt vor dem Lindequist Gate, Tel. 061-38 84 00, www.kempinski-mokuti.com. Die Lodge wurde 2008 von Kempinski übernommen und entsprechend dem Fünfsterne-Status der Marke angepasst. Mokuti kommt aus der Himba-Sprache und bedeutet ›im Busch‹. Die Anlage wurde komplett renoviert und besitzt jetzt auch ein Wellness-Zentrum mit Fitnessbereich. Es gibt 8 abseits gelegene Etosha-Suiten, 8 Safari-Suiten, 34 Safari-Club-Zimmer und 56 Deluxe-Doppelzimmer. DZ mit Frühstück ab 1400 N$.

Engagiertes Löwen-Schutzprojekt ▶ Kavita Lion Lodge: Tel. 067-33 02 24, Fax 33 02 69, www.kavitalion.com. 36 km auf der C 35, nördlich von Kamanjab auf der Ruacana Road, nahe Etoshas westlichem Eingangstor. Standort der Afri-Leo-Foundation zum Schutz von Namibias Löwen, deren Bestand auf nur noch etwa 300 Exemplare geschätzt wird. 4 geräumige Zimmer im Farmhaus, 5 reetgedeckte, über einem Wasserloch erbaute Chalets. Toller Swimmingpool. DZ mit Frühstück und Dinner ab 2200 N$.

Schmuck und Haartracht haben bei den Himba eine besondere Bedeutung

Kapitel 6
Kaokoland

Das Kaokoland ist mit 49 000 km² etwa so groß wie die Schweiz. Es liegt in Namibias Nordwestecke und grenzt im Norden an Angola, im Osten an das Ovamboland und den Etosha National Park; das Damaraland liegt im Süden und der Atlantik im Westen. Die dort lebenden Himba gehören zu den letzten noch ursprünglich lebenden Nomaden Afrikas.

Eine Fahrt durch den hohen Norden Namibias gehört zu den letzten Abenteuern im südlichen Afrika. Keinerlei Versorgungsmöglichkeiten auf etwa 1000 km, der vor Krokodilen wimmelnde Kunene sowie Strecken, die nur im Schritttempo zu bewältigen sind, erwarten den Reisenden. Nur mit gut ausgerüsteten Geländewagen – und zwar mit mindestens zweien – sollte die Tour in Angriff genommen werden. Lohn der Mühe ist das Erlebnis eines der letzten Naturvölker der Erde, einer grandiosen unberührten Natur und der seltenen Wüstenelefanten.

Relativ leicht zu befahren ist die Route zu der Epupa-Wasserfällen am Kunene River auf der C 43. Die Strecke ist zwar steinig und rau, aber beschildert, und es gibt weder schwierige Pässe noch Weichsand-Passagen. Nur nach Regenfällen kann das Durchfahren des Ombuku-Flussbetts bei Okongwati schwierig sein. An den Fällen selbst stößt man auf eine paradiesische Natur mit Palmen und Affenbrotbäumen.

Als schwierigste Strecke im Kaokoland gilt der Van Zyl's Pass durch die Otjihipa-Berge, westlich von Otjitanda. Die enge Bergpiste besteht aus grobem Geröll und scharfkantigen Steinbrocken. Die zu überwindenden Steigungen und Gefälle sind teilweise extrem. Der Pass ist nur von Ost nach West zu befahren, also in der Abwärtsrichtung. Nur gut ausgerüstete Geländewagen mit kraftvollen Motoren und viel Bodenfreiheit sollten diesen Streckenabschnitt in Angriff nehmen.

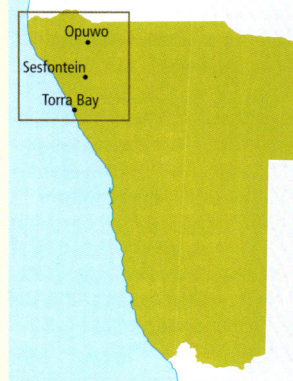

Auf einen Blick
Kaokoland

Sehenswert

12 **Besuch bei den Himba-Nomaden:** Die Himba gehören schon von ihrem äußeren Erscheinungsbild her zu den faszinierendsten Menschen im südlichen Afrika. Das liegt in erster Linie daran, dass sich die Frauen zur Reinigung und zum Schutz vor der Sonne und Moskitos eine Paste aus Butterfett und einem eisenhaltigen Gesteinspulver auf ihre Haut auftragen (s. S. 318ff.).

Epupa Falls: Hier stürzt sich der Kunene auf seinem Weg zum Atlantik in einem beeindruckenden Wasserfall nach unten. Am eindrucksvollsten ist das Naturschauspiel im April (s. S. 323).

Wüstenelefanten: Zu den absoluten Highlights eines Kaokoland-Trips gehört die Begegnung mit den sagenhaften Wüstenelefanten (s. S. 330f. und S. 333).

Schöne Routen

Van Zyls Pass: Die ›Mutter‹ aller Bergübergänge im südlichen Afrika, 572 m Höhenunterschied auf 10,4 km – ein echter Geländewagen-Killer – hier zeigt sich, wer sein Allradfahrzeug wirklich beherrscht (s. S. 325f.).

Hartmann Valley: Der Abstecher führt in eine der einsamsten und abgelegensten Gegenden im südlichen Afrika und ist nur mit zusätzlichen Benzinreserven zu bewältigen. Die Routenbeschreibung ist zur leichteren Orientierung mit GPS-Daten versehen (s. S. 329f.).

Hoanib River: Das sandige Flusstal stellt eine der letzten echten Wildnisse in Namibia dar. Man trifft hier häufig auf Wüstenelefanten, die allerdings nicht durch zu nahes Heranfahren gestört werden sollten. Für die Fahrt durch das Rivier ist ein Permit der Palmwag Lodge erforderlich (s. S. 330f.)

Meine Tipps

Purros-Campingplatz: Der von der lokalen Gemeinde unterhaltene Platz gehört zu den schönsten des Landes – Wüstenelefanten ›zum Frühstück‹ sind hier so gut wie garantiert (s. S. 330, 335).

Übernachten im Fort Sesfontein: Nach einem Tag Fahren in Staub und Hitze durch das Kaokoland wirkt das alte deutsche Fort Sesfontein wie eine klassische Oase in der Wüste (s. S. 331).

Ongongo-Wasserfälle: Campen an einem natürlichen Felsenbecken mit kristallklarem, kühlem Wasser – der ideale Abschluss einer staubig-heißen Kaokoland-Tour (s. S. 333).

aktiv unterwegs

Rafting auf dem Kunene: Die Kunene River Lodge veranstaltet Schlauchboot-Fahrten auf dem krokodildurchsetzten Kunene. Der Fluss formt zwischen Epupa und Ruacana zwei Reihen Stromschnellen, die ideal zum Raften sind (s. S. 322).

Kaokoland

Das Kaokoland (oder Kaokoveld) gehört zu den letzten echten Wildnisgebieten Afrikas, wofür hauptsächlich die geografische Lage verantwortlich ist: Im Westen wird das Gebiet von der abweisenden Skelettküste, im Osten von einer trockenen, stark zerklüfteten Bergkette begrenzt. Ein Großteil des Landstriches blieb bis tief ins 20. Jh. völlig unerforscht und ›unentwickelt‹.

Landschaft und Klima

Die Höhe des Kaokolandes beträgt größtenteils 600–1200 m, die mit 2039 m höchste Erhebung liegt in den Baynes Mountains. Die Landschaft ist abwechslungsreich, wobei die Bergregionen am faszinierendsten sind. Sie reichen von den trockenen Dolomithügeln im Süden bis zu den hoch aufragenden Gipfeln der nördlichen **Baynes** und **Otjihipa Mountains.** Eine zerklüftete, etwa 80 km breite Schichtstufe verläuft parallel zur Küste und trennt das Plateau im Landesinneren von der tiefer liegenden, halbwüstenartigen Steppe, die allmählich in die Kiesebenen und Dünen der Namib übergeht. Im Osten reichen die sandigen Ebenen des Ovambolandes etwa 40 km ins Kaokoland hinein.

Der krokodilreiche **Kunene** ist der einzige ständig Wasser führende Fluss des Kaokolandes und bildet gleichzeitig die Grenze nach Angola. Er entspringt im regenreichen Hochland von Zentralangola und trifft 35 km westlich der Ruacana-Wasserfälle auf die Grenze zu Namibia. Danach schneidet sich der Fluss durch die Zebra-, Baynes- und Otjihipa-Berge, quert die Halbwüstenebenen und mündet in den Atlantik. Einige größere saisonale Flüsse, die nordwärts in den Kunene oder westwärts in den Atlantik münden, entwässern das Zentralplateau. Obwohl sie nur kurz nach heftigen Regenfällen sichtbar fließen, führen sie ganzjährig unterirdisch Wasser. Über die Region verstreut sind außerdem noch einige natürliche Quellen, vor allem in den Karstgebieten der Kalk- und Dolomitregionen. Sie liefern Wasser für Menschen und Tiere.

Bevölkerung

Das Hirtenvolk der **Herero** soll um 1550 aus Angola ins Kaokoland eingewandert sein. Nachdem sie dort etwa 300 Jahre völlig isoliert von Europäern gelebt hatten, wurden sie 1850 von den ersten weißen Forschern aufgespürt. Heute leben etwa 17 000 Menschen im Kaokoland, die Mehrheit sind Herero, 5000 von ihnen *ovaHimba* – so der einheimische Name der Himba. Einige wenige Angehörige der Stämme der Zemba, Thwa, Tjavikwa, Ngambwe und Kuvare, meist aus Angola stammend, haben sich ebenfalls in diesem Gebiet niedergelassen. Noch bis zum Jahr 1963 lebten in den abgelegenen Baynes und Otjihipa Mountains Jäger und Sammler der *ovaTjimba*, die ausschließlich Steine als Werkzeug benutzten.

Die **Himba-Nomaden** gehören schon von ihrem äußeren Erscheinungsbild her zu den faszinierendsten Menschen im Süden Afrikas. Das liegt vor allem daran, dass die Frauen eine Paste aus Butterfett und einem eisenhaltigen Gesteinspulver auf ihre Haut auftragen. Der Stein heißt wie der Ort, an dem er

Bevölkerung

gefunden wird: *otjize*. Himba-Frauen waschen sich ihr ganzes Leben lang nicht, das ständige Einreiben mit *otjize* reinigt den Körper. Außerdem schützt die rote Schicht vor Moskitos und Sonnenbrand. Zwangsläufig sind auch die Ausrüstungsgegenstände der Nomaden, wie Kürbisflaschen und Ledersäcke, mit der roten, angenehm riechenden Substanz ›imprägniert‹. Die Männer benutzen übrigens schwarz gefärbtes Fett.

Die Frauen zieren kurze Lederschürzen aus Kalbfell und sehr schöner Schmuck aus Kupfer, Messing oder Eisen. Viele von ihnen tragen in der massiven Halskette das große, kegelförmige Gehäuse der Ngoma-Schnecke, die nur in warmen Gewässern vorkommt. Am kalten Atlantik gibt es nur eine Stelle in Angola, wo dieses Schalentier lebt. Will ein Himba-Mann eine Frau heiraten, pilgert er zu dieser Stelle, sucht eine Muschel und bringt sie seiner Auserwählten, die diese dann in ihren Schmuck integriert. Verheiratete Frauen tragen einen ledernen Kopfschmuck, ihre Oberkörper sind nackt. Die Haartracht der jungen Mädchen, zwei nach vorne wegstehende Zöpfe, soll die Hörner der Rinder, der heiligen Tiere der Himba, symbolisieren. Um ihre Heiratsfähigkeit anzuzeigen, tragen die Mädchen ein kleines, verziertes Fellkrönchen auf dem Kopf.

Ein besonderes Angebot: Frischfleisch vom Freiluftmetzger, Epupa Falls

Kaokoland

Tierwelt

Der einstige Wildreichtum des Kaokolandes wurde vor allem durch den bis 1989 andauernden Buschkrieg und durch Wilderei sehr stark reduziert.

Wüstenelefanten

Berühmt ist das Gebiet für seine **Wüstenelefanten** (desert elephants), die allerdings keine Unterart des Afrikanischen Elefanten, sondern lediglich bemerkenswert gut an die trockenen Bedingungen angepasste Exemplare sind. Neben dem südlichen Kaokoland kommen sie auch im nördlichen Damaraland vor (s. S. 268). Sie können auf ihren Wanderungen bis zu 80 km am Tag zurücklegen und haben ein erstaunlich gutes Orientierungsvermögen, das es ihnen ermöglicht, ein einmal vor Monaten entdecktes Wasserloch auf direktem Weg wiederzufinden.

Die Elefantenpopulation im Kaokoland gehörte früher zu der im Etosha National Park. Nach dessen Verkleinerung um 77 % teilte sie sich. Die im Osten verbliebenen Elefanten vermehrten sich zu schnell, was dazu führte, dass einige von Rangern erschossen werden mussten, um das natürliche Gleichgewicht wiederherzustellen. Der im Westen isolierte Bestand nahm im Gegensatz dazu immer mehr ab, da in der Kunene-Region und den Trockenflussbetten der Skeleton Coast nicht genug Schutz gewährt werden konnte. Zur Wilderei und der Trophäenjagd kam schließlich noch die gewaltige Dürre Ende der 1970er-, Anfang der 1980er-Jahre hinzu. Im folgenden Jahrzehnt erholte sich die Elefantenpopulation im Nordwesten wieder leicht. Heute leben etwa 50 bis 60 Tiere im Kaokoland. Um ihr Überleben zu sichern, hat Wilderness Safaris den Desert Elephant Water Fund eingerichtet (s. S. 268).

Spitzmaulnashörner und Flusspferde

Noch stärker hat es die Spitzmaulnashörner (black rhinos) getroffen, ebenfalls durch Wilderer und die große Dürre. Von 250 Tieren im Jahr 1934 war der Bestand bis 1991 auf nur noch elf Exemplare geschrumpft. Intensiver Schutz und das Enthornen vieler Tiere hat die Zahl heute wieder auf etwa 100 anwachsen lassen; damit sind die Kunene-Rhinos die einzige in der freien Natur lebende Spitzmaulnashornpopulation der Welt, die zunimmt. Südafrikas und Kenias Nashörner befinden sich alle in Reservaten und Schutzgebieten. Flusspferde gab es nie sehr viele im Kunene, man schätzt, dass dort heute noch etwa ein Dutzend lebt.

Löwen, Leoparden und Geparden

Diese Raubkatzen wurden von den Viehhirten fast ganz ausgerottet, da sie ab und zu Kälber, Schafe und Ziegen gerissen hatten. Spuren zeigen jedoch, dass einige Exemplare in abgelegeneren Regionen bis heute überlebt haben. Ab und zu dringen Löwen durch die Trockenflussbetten bis zur Skelettküste vor, um auf Robbenjagd zu gehen.

Huftiere

Im Jahr 1990 gab es nur noch 29 Giraffen im Kaokoland, seither wurden mehrfach Versuche unternommen, weitere Tiere anzusiedeln. Das Fleisch ist bei Einheimischen sehr beliebt, ebenso das stabile Leder, aus dem gerne Sandalen gefertigt werden. Ebenfalls zu sehen sind Steppen- und Bergzebras, Springböcke, Schwarzgesicht-Impalas, Oryxantilopen, Kudus, Kirkdikdiks, Grauducker, Steinböckchen und Klippspringer.

Vogelwelt

Trotz der eher kargen, meist trockenen Landschaft leben im Kaokoland 382 verschiedene Vogelarten. Zehn von ihnen sind endemisch, kommen also ausschließlich im Nordwesten Namibias vor: Namibschnäpper (Herero chat), Rüppellpapagei (Rüppell's parrot), Monteiro-Toko (Monteiro's hornbill), Rüppelltrappe (Rüppell's korhaan), Namiblerche (Gray's lark), Damara-Felsenspringer (Damara rock-runner), Drosselwürger (whitetailed shrike), Hartlaubs Frankolin (Hartlaub's francolin), Rüppellmeise (Carp's black tit) und Nacktohrdrossling (barecheeked babbler).

Vegetation

Stark bedroht und intensiv geschützt: Spitzmaulnashörner

Vegetation

Im Kaokoland gibt es 14 verschiedene Vegetationszonen, wovon nur die drei wichtigsten nachfolgend näher beschrieben werden. Im Marienfluss, im Hartmann Valley, in den Giribes Plains und den Ebenen nordwestlich und südwestlich von Orupembe herrscht **offenes Grasland,** fast ohne Bäume und Büsche, vor. Charakteristisch für diese Zone sind völlig vegetationslose Kreise, die Hexenringe oder -tanzplätze *(fairy rings).* Der genaue Ursprung dieses Phänomens ist noch nicht geklärt. Einige Forscher nehmen an, dass an den Stellen früher Euphorbien wuchsen, die nach ihrem Absterben Giftstoffe im roten Boden hinterlassen hätten, andere behaupten, dass während feuchterer Zeiten Termiten in die Namib geweht worden seien und an den Stellen Kolonien gründeten, die in Trockenzeiten wieder zugrunde gingen. Eine dritte Theorie geht davon aus, dass der Boden an diesen Stellen so fest ist, dass Wasser nicht eindringen kann, deshalb auch nichts wächst. Die fantasievollste Erklärung ist allerdings noch immer die, die zum Namen des Naturphänomens geführt hat: Könnte es für Hexen einen schöneren Platz zum Tanzen geben als die einsamen Wüstenebenen unter einem unendlichen Sternenhimmel?

Kaokoland

Savanne

Trockene **Mopane-Baumsavanne** findet sich auf der zentralen Schichtstufe, im Hoarusib-Fluss zwischen Orupembe und Opuwo, bei Sesfontein und Warmquelle sowie in den östlichen und nordöstlichen Gebieten des Kaokolandes. Der vorherrschende Bewuchs ist **Mopane**, entweder in Baum- oder Buschform. Der Mopane ist leicht an seinen paarigen Blättern zu erkennen, die an Elefantenohren erinnern – sie sind bei den Dickhäutern wegen ihres hohen Proteingehaltes als Futter sehr beliebt. Das Laub ernährt auch die Raupe des Mopanefalters, die ihrerseits einen eiweißreichen, bei der Bevölkerung im Norden Namibias beliebten Snack abgibt.

In einigen der oben genannten Gebiete wachsen **Blutfruchtbäume** *(purple-pod terminalia)* mit ihren zahlreichen, im Gegenlicht rotviolett leuchtenden Samenkapseln.

Ein sehr auffälliges Gewächs in den bergigen Gegenden, am Van Zyl's Pass, in der Nähe des Kunene und an der Straße zwischen Opuwo und Sesfontein ist die **Commiphora** mit ihrem glänzenden kupferfarbenen Stamm, ein Myrtengewächs.

Tropische Vegetation

An einigen Stellen des Kunene, vor allem östlich der Epupa-Fälle, ist die Vegetation sehr üppig, fast tropisch. Es gedeihen hauptsächlich *leadwood, jakkalsberry* und *sycamore fig*. **Makalani-Palmen** sind typisch für das Kaokoveld, vor allem bei den Epupa Falls, wo Hunderte dieser attraktiven Bäume stehen. Sie können eine Höhe von 25 m erreichen, ihr Stamm ist in der Mitte häufig geschwollen. Aus ihren Blättern werden Körbe geflochten, und aus ihren Samen bestehen die Schlüsselanhänger, die man überall in Namibia als Souvenir erwerben kann.

In den Trockenflussbetten finden sich wilde **Tamarisken**. Die typisch afrikanischen **Affenbrotbäume** *(baobabs)* erreichen im Kaokoland zwar nicht so gewaltige Ausmaße wie im Buschmannland, sind aber immer noch beeindruckend. Die meisten von ihnen findet man an den Epupa Falls und südöstlich von Opuwo.

12 Offroad-Trip zu den Himba

Karte: rechts

Von der Hobatere Lodge nach Opuwo ▶ D/E 2–4

Die Lage der **Hobatere Lodge** 1, weit weg von Hauptpiste und Zivilisation, ist traumhaft. Im Trockenflussbett, das parallel zur Farmstrecke verläuft, tummeln sich oft Elefanten, manchmal Löwen und fast immer Antilopen. Als Ausgangspunkt für einen Trip ins Kaokoland ist die Lodge gut geeignet, weil bei der darauffolgenden Tagesetappe dann leicht der Kunene erreicht werden kann, ohne in Opuwo übernachten zu müssen.

Die Strecke bis dorthin ist eine perfekt unterhaltene **Schotterpiste,** die auch mit einem zweiradangetriebenen Wagen ohne größere Probleme zu bewältigen ist.

Links der Straße tauchen die ersten **Herero-Siedlungen** auf. Zwischen den Lehmhütten sieht man die Frauen mit ihren gewaltigen, farbenprächtigen Gewändern, für die sie bis zu 12 m Stoff verbrauchen, und ihren ausladenden zweizipfeligen Hauben. Die wilhelminische Tracht verdanken sie den Gattinnen der deutschen Siedler. Bis diese in Südwestafrika auftauchten, trugen die Herero, wie die Himba-Nomaden heute noch, lediglich Lendenschurze. Die schönen, praktisch unbekleideten Frauenkörper wollten die prüden deutschen Damen ihren Männern nicht ›zumuten‹ und schufen um die Wende zum 20. Jh. die neue Kleiderordnung für Herero-Frauen, die sich erstaunlicherweise bis heute gehalten hat.

Eine junge Herero-Frau bügelt einige Meter ihres Kleides vor einer mit getrocknetem Kuhdung verputzten Hütte. Das alte, eiserne Bügeleisen ist mit glühenden Kohlen gefüllt – eine echte Antiquität. Halb nackte Kinder spielen mit selbst gebauten Geländewagen aus Draht und Blechdosenstücken, deren Vorderachsen sogar lenkbar sind. Bis zum Zulassungsstempel kopieren die Kids die vorbeistaubenden Autos der Touristen.

Kaokoland

Opuwo 2 *(18°03'29"S/13°15'31"E)* ist der letzte Ort vor der Abenteuertour durch das Kaokoland. Proviant, Benzin und Trinkwasser müssen für den gesamten, einschließlich Hartmann Valley über 1100 km langen Off-Road-Trip hier besorgt und gebunkert werden.

Die Piste, die in nordöstlicher Richtung aus Opuwo hinausführt, ist noch prima zu befahren – auch für Pkw. Ab und zu befinden sich Bohrlöcher mit Brunnen am Wegesrand. Kinder führen Ziegen zur Tränke und interessieren sich für die Autos und deren Passagiere. Entgegenkommende Kleinlaster sind mit Vieh

Kaokoland

Die Himba-Nomaden – zwischen gestern und heute

Ein von der Regierung entgegen allen Widerständen projektierter Staudamm an den Epupa Falls bedroht nicht nur dieses einmalige Naturdenkmal, sondern auch den Lebens- und Weideraum vieler Himba-Nomaden, der dann überflutet wäre – was zur Folge hätte, dass noch mehr von ihnen nach Opuwo ziehen würden.

In den Wellblechhütten von Opuwo sammeln sich Himba-Nomaden und Herero. Alkoholmissbrauch ist an der Tagesordnung. Um an Geld zu kommen, verkaufen Himba-Frauen ihren wertvollen Schmuck, der oft schon lange im Familienbesitz ist, an durchreisende Touristen. Traditionelle Kleidung weicht zerlöcherten T-Shirts und ausgefransten Anzughosen. Flaschen, Dosen, Plastikmüll und ausgeweidete Autowracks liegen herum.

Für die Regierung in Windhoek sind die Himba keine Gesprächspartner, sondern eher ›Halbwilde‹. Ihre Kollaboration mit der südafrikanischen Armee während des Buschkrieges haben ihnen die ehemaligen SWAPO-Kämpfer bis heute nicht verziehen. Damals gerieten die Himba zwischen die Fronten. Im Kaokoland kämpfte die berüchtigte Koevoet- (= ›Brecheisen‹-)Einheit, bestehend aus Ex-Polizisten, zunächst mit gestohlenen südafrikanischen Waffen gegen die SWAPO-Soldaten. Sie war so ›erfolgreich‹, dass sie bald offiziell von der südafrikanischen Armee mit Waffen versorgt wurde, um das Kaokoland ›swapofrei‹ zu halten.

Die neutralen Himba standen plötzlich in der Schusslinie. Immer wieder drangen SWAPO-Soldaten von Angola her in das Gebiet der Nomaden ein, folterten und töteten sie, um etwas über die Spezialeinheit herauszufinden. Anstatt zu kapitulieren, ließen sich die Himba-Männer von Koevoet ausbilden, sie schossen mit Kalaschnikows, fuhren alle Arten von Armeefahrzeugen – und wehrten sich gegen die Eindringlinge. Nachdem die südafrikanische Armee ein Kopfgeld für SWAPO-Kämpfer ausgesetzt hatte, töteten die Himba so viele von diesen, dass sie nicht mehr in der Lage waren, die Leichen zurückzubringen, um die Belohnung zu kassie-

Himba-Nomaden

Thema

ren. Daraufhin wurden abgehackte Hände akzeptiert. Manchmal hingen Hunderte davon an den Kampfwagen der Koevoet-Einheiten. Nach dem Ende des Buschkrieges gaben die Himba ihre automatischen Waffen zurück und wandten sich wieder ihrer traditionell friedlichen Lebensweise zu.

Aber der stark zunehmende Tourismus wird das Leben der Himba verändern. In Zukunft wird es wichtig sein, sie in Projekte einzubinden, die sowohl die Kultur und Natur im Kaokoland bewahren als auch eine Einkommensquelle für die Menschen schaffen.

Von Opuwo aus werden Touren zu verschiedenen Himba-Dörfern der Gegend veranstaltet. Oft mit Dolmetscher, damit diese dann über die Himba-›Etikette‹ informieren und die Fragen der Touristen und die Antworten der Himba übersetzen können. Schon bei so banalen Dingen wie dem Händeschütteln kann es sonst zu Missverständnissen kommen. Der Himba-Handschlag ist nicht viel mehr als eine leichte Berührung. Ein fester Händedruck bedeutet so viel wie ›Ich bin stärker als Du‹ – ein schlechter Anfang für einen Besuch.

Fast schon sesshaft: Himba in einer Lehmhütte

Kaokoland

aktiv unterwegs

Abstecher zum Rafting auf dem Kunene

Tour-Infos

Start: Kunene River Lodge, 50 km westlich der Ruacana Falls, 100 km östlich der Epupa Falls, Tel. 0 65-27 43 00, Fax 27 43 01, www.kuneneriverlodge.com.
Saison: April bis Oktober (Trockenzeit)
Dauer: 1/2 bzw. ganzer Tag
Kosten: 1/2 Tag 350 N$, 1 Tag 500 N$/Pers.
Weitere Aktivitäten: Sundowner mit Vogelbeobachtung 220 N$, Kanumiete 150 N$/Tag, Himba-Dorf-Besuch 150 N$, Quadbike-Trip (2 Std.) 350 N$
Übernachten: Kunene River Lodge, einfaches Quartier unter Palmen. Restaurant, Bar. DZ mit Frühstück ab 400 N$/Pers.
Karte: s. S. 319

Während der Fahrt von Opuwo nach Swartbooisdrift besteht an der Kreuzung bei **Otjiveze** 3 die Möglichkeit zu einem lohnenden Abstecher auf einer etwas raueren Piste, die eher für Fahrzeuge mit hoher Bodenfreiheit geeignet ist: In **Swartbooisdrift** 4 (17°20'28"S/13°50'56"E) am Kunene veranstaltet die Kunene River Lodge nämlich von professionellen Guides geführte Wildwasserfahrten, für die keine Raftingerfahrung erforderlich ist. Hin- und Rückfahrt addieren sich allerdings auf gute 120 km, die von den Benzinreserven abgerechnet werden müssen.

Alternativ zur beschriebenen Route kann man von der Hobatere Lodge auf der sehr guten Piste MR 67 direkt nach Norden bis Ruacana (17°24'46"S/14°21'19"E) fahren und von dort auf holpriger Strecke (DR 3700) am Kunene entlang bis zur Kunene River Lodge. Allerdings bieten die **Ruacana Falls** 5 während der Trockenzeit ein eher trauriges Bild – sie liegen dann nämlich trocken. Das restliche Wasser treibt, versteckt im Inneren der Felsen, die Turbinen an, um für das Kraftwerk unterhalb der Fälle Strom zu erzeugen. Die nächste Etappe würde dann über Otjiveze zunächst nach Opuwo führen, um dort vollzutanken und Proviant einzukaufen.

Wenn die Stromschnellen zu stark werden: einfach hinlegen

Offroad-Trip zu den Himba

beladen. Die schwarzen Insassen sind meist Ovambo, die von den Himba Ziegen und Rinder billig erwerben oder gegen Alkohol und Maismehl tauschen, um sie dann mit ordentlichem Profit im bevölkerungsreichen, ›fleischhungrigen‹ Ovamboland weiterzuverkaufen (Abstecher nach Swartbooidsdrift und zur Kunene River Lodge s. S. 322).

Epupa Falls ▶ C 1

Die Zufahrt zu den Epupa Falls ab Okongwati ist seit 2007 auf einer sehr gut aufbereiteten Piste möglich. Bis dahin waren die Wasserfälle kaum mit normalen Pkw zu erreichen. Am Ortsausgang von **Okongwati** 6 (17°26'01"S/13°16'20"E) Richtung Norden befindet sich ein Schaudorf der Himba mit Häuptlingshütte, Rinderkraal und Heiligem Feuer, das gegen ein kleines Entgelt und einige Naturalien besichtigt werden darf. Auch Fotografieren ist hier kein Problem. Die Autowracks am Pistenrand stammen zum größten Teil noch aus den Zeiten des Buschkrieges, als Landminen die Verbindungswege nach Norden blockierten.

Kurz vor Erreichen der **Epupa Falls** 7 (17°00'09"S/13°14'39"E) führt eine schlechte und steile Piste nach links auf einen Hügel, von dem man einen sehr schönen Blick auf die Fälle und die umliegende Landschaft hat. Palmen säumen das Ufer des Kunene, in dessen Nähe es im Gegensatz zum Landesinneren feucht-warm ist. Dort, wo der Fluss kleine Felsenpools geschaffen hat, lässt es sich krokodilsicher baden – eine Wohltat bei der Hitze. Himba-Kinder sind hier so an Touristen gewöhnt, dass sie sich ungeniert mit an die Campingtische setzen.

›Epupa‹ ist ein Wort aus der Herero-Sprache und beschreibt sowohl den Klang als auch den Schaum, den das die Felsen hinuntertosende Wasser verursacht. Seinen niedrigsten Stand hat der Kunene im Dezember, im April sind die Fälle am eindrucksvollsten. Ein nur mit einem Lendenschurz bekleideter junger Mann versucht im Kunene mit Pfeil und Bogen Fische zu fangen, was ihm erstaunlicherweise sogar gelingt. Mädchen baden in einem Seitenarm, während am Ufer Rinder ihren Durst löschen. Der einfache Campingplatz wird von der Gemeinde unterhalten. Die Freiluftduschen und -toiletten sind äußerst stilvoll aus Bambus und Holz gebaut.

Die Himba leben in einem Kraal in der Nähe der Wasserfälle. Dort wird Bier gebraut. Der Metzger verkauft Fleisch direkt von einer im Baum hängenden, kurz zuvor geschlachteten Kuh. Eine aus Angola stammende Zemba-Frau lässt sich ihren Topf mit Innereien füllen. Gewicht und Preis werden nach Gefühl bestimmt und dann wort- und gestenreich diskutiert.

Aufgeschoben, aber noch nicht endgültig aufgehoben ist der Plan der namibischen Regierung, an den Epupa Falls einen Staudamm und ein Wasserkraftwerk zu bauen. Es soll den gesamten Energiebedarf Namibias decken und sogar Elektrizität in andere Länder exportieren. Kritisch eingestellte Wissenschaftler fürchten eine Schädigung des empfindlichen Ökosystems entlang des Kunene, sie rechnen zudem vor, dass der Stausee etwa doppelt so viel Wasser verdampfen lassen würde, wie das ganze Land im Jahr verbraucht. Die klimatischen Folgen seien bislang nicht ausreichend untersucht worden, genauso wenig wie die Auswirkungen auf die traditionellen Lebensformen der Himba. Dagegen argumentiert die Regierung, dass der mit dem Kraftwerkbau einhergehende Ausbau des Straßennetzes den Lebensraum der Himba besser an den Rest des Landes anbinden werde, was für diese auch Vorteil mit sich bringe. Zudem hofft man durch Elektrifizierung dem Raubbau an der Natur Einhalt zu gebieten: In vielen abgelegenen Gegenden Nordnamibias ist die einzige Energiequelle der Kleinbauern bislang Feuerholz.

Abenteuer Off Road

Bevor nun die eigentlich Off-Road-Strecke beginnt, sei Folgendes bemerkt: Die Tour mit dem Geländewagen durchs Kaokoland gehört zu den abenteuerlichsten in diesem Buch beschriebenen Strecken. Nicht so sehr aufgrund der Schwierigkeiten (Ausnahme: Van Zyl's Pass), sondern der Einsamkeit und

Kaokoland

der weiten Entfernungen wegen. Obwohl der Autor dieses Buches viel mit Geländewagen und Enduros im südlichen Afrika unterwegs ist und schon einiges an Erfahrung sammeln konnte, würde er das Kaokoland immer nur mit zwei Fahrzeugen angehen. Beim letzten Trip hat sich das bewährt, da bei dem anderen Geländewagen der Starter ausfiel. Alleine und ohne morgendliches ›Anschleppen‹ wäre das Auto liegen geblieben. Bis Hilfe kommt, kann das, je nach Position, ein paar Tage oder länger dauern.

Tipp des Autors: Immer noch abenteuerlich, aber mit kalkulierbaren Risiko verbunden ist eine **geführte Geländewagentour** durch das Kaokoland. Dabei fahren immer zwei Teilnehmer in einem Toyota Landcruiser. Der erfahrene Enduro-Reiseveranstalter Ralf Möglich von Gravel Travel (www.gravel-travel.de) organisiert diese beliebten Trips seit 2010.

Über den Van Zyl's Pass zum Marienfluss ▶ B/C 1/2

Von den Epupa Falls geht es auf der gleichen Strecke wie bei der Anfahrt die 74 km zurück bis **Okongwati**. Der Ort selbst wirkt trostlos und recht öde, obwohl er Verwaltungszentrum der Region Kunene ist. Immerhin besitzt er das einzige Krankenhaus des Gebietes. In der einzigen Kneipe mit zementierter Theke steht ein Himba-Mann mit Ein-Liter-Bierflasche, traditionell bekleidet, das zerlöcherte, einst wohl weiße T-Shirt. Vor dem Laden liegen Tausende von Flaschen und Dosen auf einem unüberschaubaren Haufen. So weit in den Norden dringt keine Müllabfuhr vor. Der weitere Weg ist nicht ganz einfach zu finden. An der Polizeistation geht es rechts vorbei. Am besten hält man dort noch einmal an, um sich ganz genau das richtige Spurenbündel zeigen zu lassen. Zunächst verläuft die Piste in nördlicher Richtung, nach 5 km sind die heißen Quellen von **Otjijandjasemo** erreicht, von wo es südwestlich nach **Otjitanda** weitergeht.

Die DR 3703 gehört nun eindeutig zur Kategorie Allrad-Abenteuer. Oft nur im Schritttempo sind die gewaltigen Auswaschungen oder Felsbrocken zu überwinden. Am Pisten-

rand tauchen die ersten noch traditionell lebenden Himba auf. Sie wirken wie eine Fata Morgana in der lichten Buschlandschaft. Dann wird es zunehmend bergiger. Im Kriechgang ächzt der Wagen steile Hänge nach oben und auf der anderen Seite, wie auf einer Achterbahn, wieder hinunter. Eine grandiose Urlandschaft breitet sich aus. Einige Orientierungspunkte liegen auf der Strecke: 8,4 km von Okongwati entfernt befindet sich ein Windrad, nach 16 km passiert man eine alte Staumauer, nach 28 km die Grabstätte eines Himba-Häuptlings, und nach 48,5 km ist **Okauwa**, ein winziger Ort mit einem Windrad, erreicht.

Richtig schwierig wird es etwa 65 km südwestlich von Okongwati. Der Weg fällt hier steil ab in ein grob geschottertes Flussbett,

Offroad-Trip zu den Himba

Der Van Zyl's Pass – Herausforderung für jeden Geländewagenfahrer

führt durch eine enge, von gewaltigen Granitfelsen flankierte Schlucht, durch die das Auto gerade eben so durchpasst. Kurz darauf ist die Kreuzung bei **Otjitanda** (17°37'25"S/12°51'29"E) erreicht, an der es rechts weitergeht. Von hier aus sind es noch 24 km bis zum Van Zyl's Pass.

Am späten Nachmittag ist der kleine Kraal **Otjihende** erreicht, der von der Piste durchquert wird. Ein alter Mann sitzt auf einem angejahrten Campingstuhl, er hat einen Topf vor sich auf dem offenen Feuer stehen, in dem etwas Undefinierbares brutzelt. Seine Frau sitzt vor der Hütte und näht. Mit Handzeichen macht er klar, dass sie blind ist.

Der weitere Verlauf der Strecke ist wieder fast unwirklich schön. Einen wesentlichen Beitrag dazu leisten die hier gedeihenden **Euphorbien** mit ihren glatten, rötlichen Stämmen. Um sie zu bewundern, muss allerdings angehalten werden, denn während der Fahrt sollten die Augen auf die Piste gerichtet bleiben, damit der Wagen diese nicht unfreiwillig verlässt.

Van Zyl's Pass ▶ B 2

Ganz plötzlich endet das Plateau an einem Steilabbruch, der etwa 200 m von der Piste entfernt liegt – übrigens ein ganz ausgezeichneter wilder Campingplatz. Tief unten erstreckt sich das grasbewachsene Tal des Marienflusses bis zum Horizont. Dazwischen liegt er: der berüchtigte **Van Zyl's Pass** [8], (17°39'20"S/12°41'43"E) die steilste Bergpiste im südlichen Afrika – 572 m Höhenunterschied auf 10,4 km. Wer hier campt, kann

Dünen im Hartmann Valley, eine der einsamsten und abgelegensten Gegenden Namibias

Kaokoland

Piste im Marienfluss

noch einmal über Nacht Kräfte tanken. Vor der Abfahrt sollte die Strecke erst einmal zu Fuß abgegangen werden. Da und dort müssen größere Steinbrocken in Auswaschungen gelegt werden, um zu verhindern, dass der Wagen aufsetzt. Hier werden Touristen zu Straßenbauern, niemand sonst kümmert sich um den Zustand des Weges.

Dann ist es so weit: Im ersten Kriechgang, sprich Schritttempo, geht es hinunter. Stoßdämpfer und Fahrwerk ächzen. Riesige Felsbrocken neigen den Wagen adrenalinfördernd schräg Richtung Abgrund. Selbst im kleinsten Gang ist das Auto zu schnell. Ganz zartes Bremsen ist angesagt – nur nicht die Räder blockieren lassen, sonst rutscht die ganze Fuhre ab. Kommt das Fahrzeug ins Rutschen, muss genau das getan werden, was man instinktiv auf keinen Fall möchte: kurz Gas geben, um den Wagen wieder zu stabilisieren.

An einer besonders tiefen Auswaschung hebt sich das rechte hintere Rad noch einmal dramaturgisch wirksam vom Boden ab. Danach folgt ein atemberaubender Steilhang aus losem Schotter, und der Talboden ist erreicht. Dieses Streckenstück ist nur erfahrenen Geländewagen-Lenkern zu empfehlen. Außerdem sollten mindestens zwei sehr gute Ersatzreifen an Bord sein, da die scharfen Steine auf der steilen Piste die Laufflächen zerschneiden können. Unter keinen Umständen die Strecke bei Nässe oder in der Gegenrichtung befahren.

Die Alternativ-Strecke zum Van Zyl's Pass führt von Opuwo aus über **Orupembe**.

Offroad-Trip zu den Himba

Marienfluss ▶ B 1/2

Auf sandiger Piste geht es, vorbei an einem ausgebrannten Land-Rover-Wrack, zwischen Hartmann- und Otjihipa-Bergen, flott Richtung Norden. Die hohe Geschwindigkeit ist im ersten Moment ganz ungewohnt. Im mit hohem, trockenem Gras bewachsenen Tal des **Marienflusses** 9 ist das Campen verboten – die Feuergefahr ist zu groß. Steht das Gras auf dem Mittelstreifen der Piste recht hoch, sollte die Unterseite des Autos häufiger kontrolliert werden. Manchmal verfängt sich dort das trockene Gras und entzündet sich dann an der heißen Auspuffanlage. Die spärliche Vegetation in dieser Gegend bietet nur für wenige Tiere genügend Nahrung – meist ist man allein mit sich und der unendlichen Weite des Raums. Typisch für den Marienfluss sind die Hexenringe (s. S. 317). Feuerholz für das Camp am Abend sollte bereits auf dem Weg dorthin gesammelt werden.

In **Otjinungwa** 10 trifft man auf eine Kreuzung, rechts geht es zu einem privaten Fly-in-Camp. Links führt die Piste an einem mit Rinderhörnern geschmückten Himba-Häuptlingsgrab vorbei zu einem von der lokalen Gemeinde unterhaltenen Campingplatz unter Schatten spendenden Bäumen.

Es ist sehr heiß, und die Sonne brennt erbarmungslos, trotzdem sollte hier auf keinen Fall im Kunene gebadet werden. Ein Tourist schlug vor einiger Zeit alle Warnungen der Einheimischen in den Wind. Er hatte sich vorgenommen, mal eben ans andere Ufer nach Angola zu schwimmen. Hin kam er zwar, aber nicht mehr zurück. Zwei **Krokodile** schnitten ihm den Weg ab und ließen ihn für immer verschwinden. Die Soldaten der südafrikanischen Armee, die im Buschkrieg hier stationiert waren, hatten ihre eigene Methode, mit den Panzerechsen zurechtzukommen: Vor jedem Badegang warfen sie ein oder zwei Handgranaten in den Fluss. Die Himba-Hirten regeln das weniger explosiv: bevor sie Wasser schöpfen, werfen sie Steine in den Fluss. Ihre Ziegen und sogar die nicht gerade kleinen Rinder werden trotzdem regelmäßig Opfer der Kroks.

Vom Hartmann Valley nach Purros ▶ A–C 1–3

Vom Camp bei Otjinungwa (17°14'50"S/12°25'09"E) geht es wieder zurück in das Tal des Marienflusses. Nach 47 km kommt der Abzweig 17°33'18"S/12°33'14"E nach links zum Van Zyl's Pass. Wer ins Hartmann Valley möchte, muss sich hier rechts halten. 31 km weiter ist einer der wichtigsten Orientierungspunkte im Kaokoland erreicht: **Rooidrom** 11 (engl. *red drum;* 17°47'49"S/12°31'22"E) die ›rote Tonne‹ – eine mit Steinen gefüllte, von zahlreichen Einschüssen durchlöcherte, rot angemalte Öltonne mitten im Nichts, aber an einem Knotenpunkt, wo fünf Pisten zusammenlaufen.

Die Vegetation wird immer wüstenhafter. 28 km westlich von Red Drum weist ein Schild der Naturschutzbehörde auf die sensible Ökologie des Gebietes hin und bittet Geländewagenfahrer noch einmal eindringlich, nicht von der Hauptpiste abzuweichen. Von hier (17°47'23"S/12°23'20"E) geht es Richtung Norden ins **Hartmann Valley** 12, eine der einsamsten und abgelegensten Gegenden Namibias. Es wurde nach Georg Hartmann, dem Entdecker des Hartmannschen Bergzebras benannt, genauso wie die Hartmannberge, die das Tal begleiten. Die Nähe zur Namibwüste spiegelt sich in der kargen Landschaft wider. Weite, fast vegetationslose Ebenen, nur manchmal unterbrochen von rotbraunen Inselbergen, ziehen sich bis zu den schroffen Bergketten. Sie werden zur inneren oder Pro-Namib gerechnet. Nach den seltenen Regenfällen verwandeln sich diese Flächen in grüne Gärten. Dann wagen sich neben Springböcken auch Oryxantilopen aus den Trockenflusstälern heraus, um zu äsen. Auf dem Weg nach Norden unterbricht nur das Rattern des Autos auf der Wellblechpiste die Monotonie der grandiosen Wüstenlandschaft.

Nach gut 86 km staubiger Fahrt durch eine einsame Wüste versperrt ein gewaltiger Dünengürtel die Weiterfahrt. Wer dem Spurenbündel nach links folgt, findet dort wunderschöne **wilde Campingplätze** für die Nacht. Rechts führt eine steile, versandete

Kaokoland

Piste zu einem Aussichtspunkt über den Kunene und hinüber nach Angola. Springböcke nagen an der kargen Vegetation. Ein großer, schwarzer Geier kreist über den Besuchern. Abends wagen sich manchmal Schakale bis auf wenige Meter an das Camp heran. Schließlich breitet sich ein gewaltiger Sternenhimmel über dieser Urlandschaft aus.

Auf dem Rückweg zweigt, etwa 23 km vom Dünengürtel entfernt, eine Piste nach links ab, die, unterbrochen von einigen haarigen Sandverwehungen, zum Himba-Dorf **Otjawaja** führt. Dahinter beginnt das Konzessionsgebiet von Skeleton Coast Safaris (s. S. 258f.). Individualreisenden bleibt somit die Weiterfahrt zum Kunene versperrt. Nur in Verbindung mit einer Flugsafari bringen Land Rover zahlende Gäste in das rustikale Zeltcamp, das sich in der dichten Vegetation am Ufer versteckt.

Wie gewohnt folgen Reisende auf dem Rückweg den Spuren der Anfahrt. Von Westen her dringt manchmal der etwas unheimlich wirkende Nebel der Skelettküste bis ins Tal. Am Ende des Hartmann Valley geht es weiter nach Süden. Nach 73 km ist die Kreuzung erreicht, wo die Zufahrt nach **Orupembe** 13 (18°09'22"S/12°33'38"E) abzweigt. Der Himba-Ort mit Brunnen liegt 3 km entfernt. Von der Kreuzung führt eine gut ausgebaute Piste bis Purros. Rechts und links des Weges tauchen immer wieder größere Gruppen von Oryxantilopen auf. Die Autos ziehen mächtige Staubwolken hinter sich her.

Der Campingplatz von **Purros** 14, im Bett des Hoarusib-Flusses, gehört zu den schönsten im Kaokoland. Saubere Toiletten und Duschen, stilvoll in Bambus- und Strohhütten untergebracht, wurden unter mächtigen Bäumen errichtet. Es gibt Trinkwasser und Abfalltonnen. Für jene, die sich bei der Spritberechnung verkalkuliert haben, hat der Campingplatzwärter einen besonderen Service parat: Gegen entsprechendes Entgelt fährt er notfalls nach Sesfontein, um Benzin zu holen. Hauptattraktion des Campingplatzes sind Wüstenelefanten, die sich sehr gerne im Flussbett aufhalten und Touristen fast immer beim Frühstück Gesellschaft leisten.

Durch den Hoanib-Fluss nach Sesfontein ▶ C/D 3/4

Für die nächste Tagesetappe ist ein *permit* der Palmwag Lodge (s. S. 266) erforderlich, das vor Antritt der Fahrt besorgt werden sollte. Ein Teil der Strecke durch das Flussbett des Hoanib gehört zu deren Konzessionsgebiet. Zunächst führt die Piste jedoch gut ausgebaut von Purros nach **Tomakas**, dessen Pumpe nach 46 km erreicht ist. Nach insgesamt 69 km öffnet sich rechts ein breites Tal, in das eine kleine Piste abzweigt. Diese führt auf eine Felsformation zu, deren Gipfel ein Witzbold mit einem Telefonapparat ausgestattet hat – ein skurriler und fotogener Orientierungspunkt. Dem **Obias River** folgend, gelangt man, 103 km von Purros entfernt, in das breite, sandige Trockenflussbett des **Hoanib** 15. Zusammen mit dem Hoarusib-Fluss bei Purros stellt er eine der letzten echten Wildnisse in Namibia dar und gilt als bevorzugter Aufenthaltsort der berühmten Wüstenelefanten.

Der Flusssand ist tief und schwer. Im Kriechgang quält sich der Geländewagen voran. Rechts und links des trockenen Wasserlaufes gedeiht eine üppig grüne Pflanzenwelt, deren Wurzeln das Grundwasser erreichen. Plötzlich taucht dann einer der grauen Riesen aus dem Gestrüpp auf. Die Wüstenelefanten sind nervöser als ihre Artgenossen in anderen Teilen des südlichen Afrika. Der Wassermangel und die ständige Suche nach dem lebensnotwendigen Nass machen sie aggressiver – ebenso wie der zunehmende Tourismus. Ein mächtiges Muttertier blockiert den Weg, will so seine Jungen decken, die hinter ihm vorbeilaufen. Jede Bewegung, jedes Geräusch im Auto lässt es die Ohren aufstellen und mit den Vorderbeinen Staub aufwirbeln. Für ein ausgewachsenes Tier wäre es kein Problem, den Geländewagen umzuwerfen und in den Boden zu trampeln. Als die Herde vorbeigezogen ist, dreht die Elefantenkuh triumphierend trompetend ab.

Wüstenelefanten halten sich bevorzugt in Trockenflussbetten auf, weil die darin wachsenden Pflanzen auch in Dürreperioden

Offroad-Trip zu den Himba

Tipp: Oase in der Wüste – Fort Sesfontain

Wie eine Oase wirkt die Anfang der 1990er-Jahre restaurierte Festung aus deutscher Kolonialzeit. **Sesfontein** 16 (»sechs Quellen«) entstand 1896, nach dem Ausbruch einer Rinderpest-Epidemie, als westlichster Kontrollposten. Später wurde dieser vom Militär übernommen, um gegen Wilderer und Waffenschieber aus Angola vorzugehen. Das eigentliche Fort wurde 1905/06 gebaut. Im Garten gediehen Weizen und Datteln. Auch die heute noch zu sehenden Palmen wurden angepflanzt. Bewässert wurde mit einem ausgeklügelten Netz von Gräben, die von den Quellen zum Fort führten. Ab 1914 begann das Gebäude zu verfallen, wurde 1987 renoviert, verfiel danach erneut, um vor kurzem als komfortable Lodge wiederaufzuerstehen. Sie ist ein beliebter Zwischenstopp: Hier gibt es eisgekühlte Getränke und endlich wieder Benzin. Bei einem Drink werden neueste Informationen über den Zustand der Pisten im Kaokoland ausgetauscht. Doch auch ein längerer Aufenthalt lohnt sich.

Fort Sesfontein Lodge: An der D 3706, Tel. 065-27 55 34, Fax 27 55 33, www.fortsesfontein.com. Wunderbar restauriertes, altes deutsches Fort mit 14 stilvoll dekorierten Zimmern, nur auf Pisten erreichbar, toller Swimmingpool mit Oasen-Flair. Geländewagenfahrten zu den Wüstenelefanten im Hoanib-Flussbett. Geländewagen-Vermietung, gutes Restaurant, Bar, Tankstelle. DZ mit Frühstück ab 780 N$. Campingplatz mit 12 Plätzen, Dusche und Toilette, 60 N$/Pers., Dinner 200 N$/Pers., Lunch (gegen Vorbestellung) 130 N$/Pers.

In der Fort Sesfontein Lodge lockt ein Swimmingpool unter Palmen

Offroad-Trip zu den Himba

meist nicht vertrocknen. Sie spüren es aber – und andere Säugetiere tun dies auch – wenn ein Regenfall und damit eine Überschwemmung des Flussbettes und des umliegenden Gebietes bevorsteht. Die Dickhäuter verlassen dann zielstrebig das Rivier und bringen eine ausreichend große Entfernung zwischen sich und die plötzlich heranschießenden Wassermassen. Durch welche Faktoren dieses Verhalten konkret ausgelöst wird, konnte bislang nicht geklärt werden.

Dort, wo der **Ganamub** in den **Hoanib** mündet, verengt sich das Flussbett zur Schlucht. Das steinerne Portal lässt gerade eben einen Wagen durch. Besonders spektakulär ist der Anblick, wenn die Elefanten durch das ›Nadelöhr‹ gehen.

Nach dem Engpass folgt man dem Hoanib weiter Richtung Sesfontein. Wer glaubt, das Gröbste bereits hinter sich zu haben, wird kurz vor dem alten deutschen Fort eines Besseren belehrt. Ein Abschnitt mit puderfeinem, tiefem Staub verschluckt die Autos, dichte Wolken steigen meterhoch in den blauen Himmel. Die Orientierung wird zum Glücksspiel. Der *bulldust* dringt überall ein, durch jede Ritze im Auto. Nach wenigen Kilometern sind Gepäck, Fahrer und Innenraum mit einer gleichmäßigen grauen Schicht bedeckt: Wüsten-Make-up. Doch die Oase in der Wüste ist bereits nahe: Fort Sesfontein (s. S. 331).

Ongongo Falls ▶ D 4

Wer es noch paradiesischer mag, fährt auf der DR 3706 nach Warmquelle, wo eine 6 km lange Piste zu den **Ongongo-Wasserfällen** 17 abzweigt. Das letzte Stück zum Campingplatz ist wirklich nur mit hochbeinigen Geländewagen zu bewältigen. Lohn der Mühe ist ein natürliches Felsenbecken mit kristallklarem Wasser, das von einer warmen Quelle gespeist wird. Nach so vielen Kilometern Staub und Hitze ein nahezu unbeschreiblicher Genuss.

Mit Pfeil und Bogen fischender Himba am Kunene

Khowarib-Schlucht ▶ D 4

Von Warmquelle sind es 11 km bis zum Abzweig in die **Khowarib-Schlucht** 18. Sie liegt im Gebiet des Hoanib-Oberlaufes. Auch hier gibt es Elefanten – frische Haufen im Flusssand bestätigen das. Die Insassen des aus dem Heck eines Kleinlasters zusammengeschweißten dreispännigen Eselskarren sind aufgeregt, halten die Touristen an und warnen vor dem einsamen alten Elefantenbullen, der immer wieder motor- und eselgetriebene Fahrzeuge angreifen soll.

Im Gegensatz zum breiten Unterlauf windet sich der Hoanib hier durch eine teilweise enge Schlucht mit rotbraunen Wänden. Sollte der Fluss ›abkommen‹, gibt es hier nicht viele Fluchtmöglichkeiten. Nach 25 km öffnet sich der Canyon, und es geht durch grundlose Staubfelder weiter Richtung Südosten.

71 km vom Beginn der Khowarib-Schlucht entfernt, versperrt der tierärztliche Kontrollzaun den Weg. Keinerlei ›tierisches Material‹ darf diese Grenze passieren, um zu vermeiden, dass sich Krankheitserreger ausbreiten. Wer durch das Tor fährt, muss ein Formular durchlesen und dann unterschreiben, dass *all mammals, except human beings* (›alle Säugetiere, außer Menschen‹) im Kaokoland bleiben müssen. Knapp 20 km weiter ist die Hauptstrecke nach Kamanjab erreicht. Das Abenteuer Kaokoland ist zu Ende.

Infos

Für das Kaokoland gibt es **kein spezielles Informationszentrum.** Über den jeweiligen Pistenzustand informiert man sich am besten vor Ort – je nach Startpunkt der Tour in der Ohakane Lodge in **Opuwo**, in der **Palmwag Lodge** oder im **Fort Sesfontein**. Eine sehr gute **Landkarte** zum Gebiet gibt es in allen Buchhandlungen Namibias: ›The Shell Map of Kaokoland–Kunene Region‹.

Achtung: Benzin gibt es nur in Opuwo, Ruacana, Sesfontein und Palmwag – sonst nirgends im Kaokoland! Auf den teilweise tiefen Sandstrecken benötigen manche Autos oft doppelt so viel Treibstoff wie im Normalbetrieb, also unbedingt daran denken, genug gefüllte Ersatzkanister mitzunehmen!

Kaokoland

Übernachten, Essen

Wilderness Safaris besitzt drei Camps im Kaokoland: **Serra Cafema, Desert Rhino** und **Skeleton Coast** – alle wunderbar einsam gelegen und sehr exklusiv, mit Safari-Luxuszelten und ›Badezimmern‹. Die Kosten liegen zwischen 1430 und 7195 N$/Pers. und beinhalten alle Mahlzeiten und eine Vielzahl an Aktivitäten, von Pirschfahrten bis zu organisierten Wanderungen. Die Camps können reserviert werden bei: Wilderness Safaris Namibia, Windhoek, 061-27 45 00, Fax 061-23 94 55, www.wilderness-safaris.com.

Mitten im Nirgendwo ▶ Serra Cafema: Das abgelegenste Camp im südlichen Afrika, in der nordwestlichsten Ecke Namibias, nicht weit von der Stelle, wo der Kunene in den Atlantik fließt. Durch die Nähe zum Meer bleibt es selbst im Sommer im Camp recht angenehm temperiert. Im Jahr 2003 eröffnetes, klassisches Wilderness Camp mit nur 8 Luxuszelten, das die meisten Gäste im Rahmen einer von Wilderness Safaris angebotenen Fly-in-Safari besuchen.

Spitzmaulnashörner ▶ Desert Rhino: Das Desert Rhino Camp liegt in einer felsigen Hügellandschaft, durchsetzt mit Euphorbien, uralten Welwitschias, buschiger Vegetation und isolierten Baumgruppen, mitten in der 450 000 ha großen Palmwag-Concession. Diese Region ist berühmt für die größte frei lebende Spitzmaulnashorn-Population Afrikas. Desert Rhino Camp arbeitet eng mit dem Save the Rhino Trust (SRT) zusammen, der sich um den Schutz der extrem seltenen Wüsten-Nashörner kümmert. Die Population hat sich seit dem Engagement von SRT verdoppelt. Die 8 luxuriösen Zelte, die über dem Boden auf Holzdecks errichtet sind, liegen in einem weiten Tal. Jedes Zelt hat ein eigenes Bad mit Waschbecken, Toilette und Eimer-Dusche. Zu den Aktivitäten im Desert Rhino Camp gehört natürlich vor allem die Nashorn-Pirsch, entweder zu Fuß oder im Geländewagen. Die Palmwag-Concession Frischwasser-Quellen sind verantwortlich für das üppige Wildlife – man begegnet hier Wüstenelefanten, Bergzebras, Giraffen, Oryxantilopen, Springböcken, Kudus und Raubtieren wie Löwen, Geparden, Leoparden, Tüpfel- und Streifen-Hyänen.

Nur per Flugzeug erreichbar ▶ Skeleton Coast Camp: Die Lodge, nördlich von Möwe Bay gelegen, ist für Touristen nur per Flugzeug erreichbar und nur im Rahmen einer 4- bis 5-tägigen Flugsafari buchbar. Die Fly-in-Safaris starten mittwochs und samstags von Windhoek und schließen u.a. Pirschfahrten am Strand und ins Landesinnere ein, um Wüstenelefanten und Geparde auszuspüren. Nur 6 luxuriöse Zeltunterkünfte mit Toilette und Dusche.

Tor zum Kaokoland ▶ Hobatere Lodge: Tel. 067-33 02 61, Fax 33 02 68, www.resafrica.net/hobatere-lodge/. An der Westgrenze des Etosha National Park, 15 km abseits der Hauptpiste. Guter Standpunkt für einen Trip ins Kaokoland, schöner Pool, Wasserloch mit Beobachtungshäuschen. DZ mit Frühstück und Dinner 1425–1725 N$/Pers.

Oase in der Wüste ▶ Fort Sesfontein Lodge: s. S. 331.

›Stadthotel‹ ▶ Ohakane Lodge: Opuwo, Main Street, Reservierung unter Tel./Fax 061-24 13 70, www.namibian.org/travel/lodging/private/ohakane.htm. Nördlichstes ›Stadthotel‹ im Kaokoland mit 13 einfachen Zimmern. Geführte Touren mit Übersetzer zu den Siedlungen der halbnomadischen Himba (Minimum 4 Gäste, ab 455 N$/Pers.). Souvenirshop mit original Himba-Kunsthandwerk, großer Swimmingpool, Restaurant für Gäste. DZ 880 N$, Frühstück/Lunch/Dinner 50/60/100 N$/Pers.

Wüstenelefanten hautnah ▶ Okahirongo Elephant Lodge: Purros, Tel. 065-68 50 18, Fax 065-68 50 19, www.okahirongolodge.com. Stilvoll afrikanisch dekorierte Lodge mit sieben Chalets, die das Flussbett des Hoarusib überblicken. Die Anlage liegt in einem häufig von Wüstenelefanten frequentierten Gebiet. Schöner Swimmingpool und Wellness-Zentrum. Die Küche ist prima, Zutaten werden aus Windhoek und Südafrika eingeflogen. Diverse Natur- und Pirschfahrten, einschließlich Besuch eines Himbadorfes und Wandertouren in Hoarusib-Tal. DZ mit Frühstück ab 3600 N$.

Offroad-Trip zu den Himba

Im Wasserfall baden ▶ Khowarib Lodge: zwischen Fort Sesfontein und Palmwag an der D3706, östlich der Khowarib-Siedlung. Reservierung über Tel./Fax 064-40 27 79, www.khowarib.com. Die 14 Zelt-Chalets liegen direkt am häufig von Wüstenelefanten frequentierten Hoanib River. 500 m flussaufwärts befinden sich wunderbar erfrischende Wasserfälle, für jene, die sich bereits an die Openair-Badezimmer mit Dusche unter freiem Sternhimmel gewöhnt haben. Es gibt außerdem 8 Camp-Plätze mit Aussicht (mit Heißwasser und Elektrizität), 4 davon direkt am Fluss. Essen und Kaffee sind prima. Zelt-Chalet mit Frühstück und Dinner 1800 N$/Pers. (Kinder 1200 N$), ganztägige Wüstenelefanten-Pirschfahrt oder Nashorn-Pirschfahrt 1000 N$/Pers., Besuch eines Himbadorfes (1/2 Tag) 300 N$/Pers., geführte Naturwanderung im Hoanib-Flussbett (1/2 Tag) 200 N$/ Pers., morgendliche Fahrt in die Khowarib-Schlucht 500 N$/Pers.

Neuestes Camp der Region ▶ Kapika Waterfall Camp: Reservierung unter Tel./Fax 061- 30 50 72 20 10, www.kapikafalls.com. 2010 eröffnetes Camp auf einem Hügel oberhalb der Epupa-Fälle. 10 luxuriöse Chalets mit privater Terrasse, 10 Zeltplätze mit Dusche (warm), WC und Waschmöglichkeiten. Swimmingpool, Restaurant und Bar. Chalet (2 Pers.) mit Frühstück 2200 N$, Zeltplatz (max. 4 Pers.) 90 N$/Pers. Zum Angebot gehören Naturexkursionen, Ausflüge zu den Himba und Rafting auf dem Kunene.

… Camping:

Im Kaokoland kann fast überall wild gecampt werden, außer in Konzessionsgebieten oder in der unmittelbaren Nähe von Himba-Siedlungen. Die ›wilden‹ Favoriten: Am Aussichtspunkt vor der Abfahrt über den Van Zyl's Pass ins Marienfluss-Tal, vor der Dünenkette am Ende des Hartmann Valley und im Hoanib-Flussbett. Es gibt allerdings auch einige sehr schöne Campingplätze, die von den Gemeinden unterhalten werden:

Detaillierte Informationen und Preisangaben zu den genannten Campingplätzen bekommt man bei Nacobta (Namibia Community Based Tourism Association), P. O. Box 86099, Windhoek, Tel. 061-25 59 77, Fax 25 59 57, www.nacobta.com.na

Mit Blick auf die Epupa-Fälle ▶ Ermo's Omarunga Camp: Epupa Falls, nur wenige Schritte von den berühmten Epupa-Wasserfällen entfernt gelegenes Zeltcamp unter Palmen. Organisierte Himba-Touren mit Übersetzer. Europäische Küche.

Direkt am Kunene ▶ Kunene Village Rest Camp: Sehr schöner Campingplatz bei Opuwo, direkt am Kunene (nicht baden!), unter großen, Schatten spendenden Bäumen.

Elefanten-Garantie ▶ Purros Campsite: 107 km nordwestlich von Sesfontein an der Schotterstraße D 3707. Ab Sesfontein geht es nur noch mit Vierradantrieb weiter. Der Campingplatz liegt 2 km nordöstlich der Ortschaft Purros an einer einzelnen Fahrspur. Den Hinweisschildern folgen. Und vorsichtig fahren: Die Fahrspur weist einige Stellen mit tiefem Sand auf. Der Campingplatz ist ein hervorragender Ort, um die landschaftliche Schönheit und das vielfältige Tierleben hautnah zu erleben. In der Weite der Kunene-Region gibt es hier die Gelegenheit, Tiere in ihrer natürlichen Umgebung zu beobachten, fernab aller Wildparks. Im trockenen Flusslauf des Hoarusib halten sich Elefanten, Giraffen, Nashörner, Kudus, Zebras, Strauße und andere Tiere auf. Die Anlage besteht aus vier Zeltplätzen (für jeweils 3 bis 4 Zelte) mit Grillplatz, fließendem Wasser, Dusche und Spültoilette. Zwei weitere Plätze für größere Gruppen sind mit je zwei Duschen und Toiletten ausgestattet. Die großen Bäume bieten selbst in der Mittagshitze Schatten. Außerdem gibt es eine Bar mit gekühlten Getränken. Die einheimischen Fremdenführer zeigen gerne die Umgebung. Elefanten-Sichtungen sind hier fast garantiert. Camping 60 N$/Pers., Kinder 20 N$/Pers. Geführte Wanderungen auf Anfrage.

Am Schluchteingang ▶ Khowarib Rest Camp: Von Sesfontein kommend befindet sich am Anfang der Khowarib-Schlucht ein netter vom Save the Rhino Trust und der lokalen Gemeinde unterhaltener Campingplatz, wo auch in traditionellen Hütten übernachtet werden kann.

335

Auf der Granitinsel Kubu Island in den Makgadikgadi Pans, Botswana

Kapitel 7
Nordosten, Victoria Falls und Okavango-Delta

Über eine weitere abenteuerliche Offroad-Strecke durch den Kaudom Game Park oder ganz einfach über Rundu gelangen Besucher in den äußersten Nordosten Namibias. Vom schmalen Caprivi-Zipfel aus ist es nur noch ein Leoparden-Sprung in die beiden Nachbarländer Sambia und Botswana mit den weltberühmten Naturschönheiten Victoria Falls und Okavango-Delta.

Wer das Offroad-Abenteuer sucht, entscheidet sich in Grootfontein für die Abzweigung nach Tsumkwe. Jene, die auf Teerstraßen in den tropischen Nordosten Namibias, den Caprivi-Zipfel, gelangen möchten, fahren nach Norden weiter bis Rundu. Nördlich von Tsumkwe liegt der 1989 etablierte Kaudom Game Park im trockenen Kalahari-Sandveld. Die Strecke durch das Wildreservat gehört zu Namibias abenteuerlichsten und ist nur mit Allradantrieb zu schaffen.

Im Caprivi-Zipfel liegen einige Nationalparks. Seit Eröffnung der Brücke über den Sambesi zwischen Katima Mulilo und Sesheke im Mai 2004 hat sich die Distanz zwischen Namibia und Sambia deutlich verringert. Auch die Strecke nach Livingstone an den Victoria-Fällen wurde neu geteert. was die Fahrt zu einem Vergnügen macht.

Botswanas Chobe und Moremi National Park sowie vor allem das Okavango-Delta bieten zweifelsohne die besten Tiersafaris im südlichen, wenn nicht im gesamten Afrika. Botswanas Safari-Camps sind sehr klein und exklusiv, dafür allerdings auch recht teuer. In den Makgadikgadi Pans liegt eine der bezauberndsten Übernachtungsmöglichkeiten im südlichen Afrika: Kubu Island, eine Granitinsel mit jahrhundertealten Affenbrotbäumen inmitten einer endlosen Salzpfanne. Über Maun und den neuen Trans-Kalahari-Highway geht es zurück nach Windhoek.

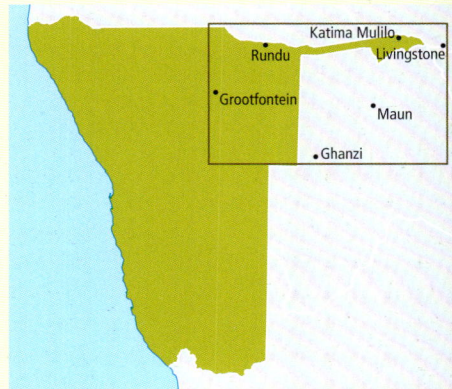

Auf einen Blick
Nordosten, Victoria Falls und Okavango-Delta

Sehenswert

13 Victoria Falls: 11 km von Livingstone entfernt stürzt sich die Wasserwand unter lautem Getöse 60 m tief in die enge Batoka-Schlucht (s. S. 354ff.).

14 Okavango-Delta: Der Okavango hat im Sand des Kalahari-Beckens, 1600 km von seinem Ursprung entfernt, eine paradiesische Oase entstehen lassen. In dem fächerförmigen, gut 16 000 km² großen Netzwerk aus Tausenden von Kanälen, Inseln, Lagunen und Wäldern lebt eine Fülle von Tieren, vor allem riesige Elefantenherden, Löwen, Leoparden und Wildhunde (s. S. 371ff.).

15 Makgadikgadi Pans: Östlich von Maun erstreckt sich die größte Salzpfanne der Welt. Die endlos erscheinende weiße Ebene, Überrest eines riesigen Binnensees, kann sich in Jahren mit starken Regenfällen wieder mit Wasser füllen (s. S. 374f.).

Schöne Routen

Kaudom Game Park: Fans adrenalinfördernder Geländestrecken sollten es einmal mit dem Trip durch den Kaudom Game Park probieren. Die letzten 50 tiefsandigen Kilometer gehören zum schwierigsten, was Namibia zu bieten hat (s. S. 342ff.).

Moremi Game Reserve: Das wildreiche und abgelegene Gebiet ist der einzige Teil des Okavango-Deltas, der in der Trockenzeit mit Geländewagen befahren werden kann. GPS ist empfehlenswert (s. S. 366ff.).

Kubu Island: Eine der einsamsten Geländewagenstrecken im südlichen Afrika führt durch die größte Salzpfanne der Welt zu einer Granitinsel mit uralten Affenbrotbäumen und geheimnisvollen historischen Siedlungsresten. GPS ist Voraussetzung (s. S. 375ff.).

Meine Tipps

Hippo Caller: Die im Caprivi-Streifen gekauften Teile sehen auf den ersten Blick aus wie kleine Trommeln, mit dem Unterschied, dass sich im Innern ein langes Holzstöckchen befindet, das mit dem gespannten Fell verbunden ist. Wird der Stab befeuchtet und in der ›Trommel‹ auf- und abgerieben, entstehen Geräusche, die ein Flusspferd macht, wenn es besonders gut gelaunt ist. Was am Sambesi adrenalinfördernd die dicken Breitmäuler anlockt, wird zurück zu Hause zum Happy-Hippo-Party-Gag (s. S. 349f.)

Ultraleicht-Flug über die Victoria-Fälle: Für Wagemutige gibt es keine eindrucksvollere Möglichkeit, die berühmtesten Wasserfälle der Welt aus der Nähe zu betrachten und zu fotografieren. Das offene Flugzeug fliegt so tief, dass der Passagier die Wassertropfen der Gischt spürt (s. S. 362).

aktiv unterwegs

White Water Rafting auf dem Sambesi: Die gefährlichste Wildwasserfahrt der Welt mit atemberaubenden Stromschnellen (und Krokodilen) degradiert vergleichbare Unternehmungen in den USA oder Neuseeland zu Sonntagsausflügen (s. S. 358f.).

Flugsafari ins Okavango-Delta: Die meisten Camps im Okavango-Delta sind selbst in der Trockenzeit nur mit Kleinflugzeugen zu erreichen, die hier quasi als Lufttaxis fungieren – aufgrund der meist niedrigen Flughöhe gut zur Wildbeobachtung (s. S. 372f.).

Das Buschmannland

Nordöstlich von Grootfontein erstreckt sich das Buschmannland, dessen größte ›Attraktion‹ der Kaudom Game Park ist. Dünenkämme durchziehen das ansonsten recht ebene Land. Die Trockenflussbetten führen nur nach stärkeren Niederschlägen Wasser. Der hohe Grundwasserspiegel sorgt jedoch für eine üppige Vegetation. Außerhalb der Flussbetten finden sich Trockenwälder und Buschsavanne.

Von Grootfontein nach Osten ▶ K–N 4

Karte: S. 342

Es dauert eine Weile, bis die vier 20-Liter-Ersatzkanister an der Tankstelle in Grootfontein mit Benzin gefüllt sind. Danach sind die Wasserkanister dran. Der Supermarkt ist noch geschlossen, dafür gibt es im *liquor store* bereits lizensiertes Flüssiges. Östlich der Stadt, Richtung Tsumkwe und im gesamten Kaudom Game Park gibt es keinerlei Versorgungsmöglichkeiten. Zudem schreibt die Nationalparkverwaltung mindestens zwei Fahrzeuge pro Gruppe vor – aus Sicherheitsgründen.

Wie bei der Kaokoland-Exkursion auch, sollte man für den Kaudom-Trip gut gerüstet sein. Ich fahre immer mit zwei Ersatzreifen, die vorher auf korrekten Luftdruck überprüft werden sollten. Wichtig ist eine stabile, kleine Holzplatte, damit im Falle einer Reifenpanne der Wagenheber nicht in den losen Sand einsinkt. Am besten beim Anmieten des Geländewagens bereits den Ernstfall proben.

Knapp 60 km nordöstlich von Grootfontein zweigt die 220 km lange gute Piste C 44 Richtung Tsumkwe von der B 8 ab. Direkt an der Abzweigung liegt auf der linken Seite **Roy's Camp** **1**, eine rustikale Lodge mit Campingplatz – ein beliebter Treffpunkt für Kaudom-Fahrer. Wer keinen Geländewagen hat, muss auf der gut ausgebauten B 8 über **Rundu** **2** in den Caprivi-Zipfel fahren.

Übernachten, Essen

Logenplatz oberhalb des Kavango ▶ **Kavango River Lodge:** Rundu, Reservierung über Windhoek, Tel. 061-25 39 92/7, Fax 22 19 19, www.natron.net/kavango-river-lodge/. Auf einer Anhöhe oberhalb des Kavango-Flusses gelegen mit wunderbarem Blick. 11 Zimmer mit Aircondition für Selbstversorger und 8 komfortable B & B-Zimmer. Restaurant und Bar. Für Selbstversorger sind Fleisch, kaltes Bier und andere Getränke im Kiosk erhältlich. Kanu- und Angelfahrten, Vogelbeobachtung. DZ mit Frühstück 1265 N$.

Treff für Kaudom-Fahrer ▶ **Roy's Camp:** Grootfontein, Tel./Fax 067-24 03 02, www.swiftcentre.com/roys (auch auf Deutsch). An der Hauptstraße Grootfontein–Rundu, direkt an der Abzweigung nach Tsumkwe und zum Kaudom (Khaudum) Game Park gelegen. Idealer Treffpunkt für Kaudom-Fahrer. Rustikale Bungalows und Campingplätze mit heißen Duschen, Feuer- und Grillplatz, Restaurant, Swimmingpool und Bar. DZ mit Frühstück 990 N$, Camping 100 N$/Pers.

Direkt am Flussufer ▶ **Kaisosi River Lodge:** Rundu, Tel. 066-68 60 12/3, Fax 68 60 14, www.kaisosiriverlodge.com. Reetgedeckte Lodge, 7 km östlich von Rundu, komfortable Zimmer am Ufer des Okavango River und Campingplatz. Restaurant, Bar, Swimmingpool, Bootsfahrten. DZ mit Frühstück (kann auch auf dem Fluss eingenommen werden) ab 900 N$.

Tsumkwe ▶ O 5

Karte: S. 342

Während der Phase der südafrikanischen Verwaltung Namibias war das nun durchquerte Gebiet Homeland der San. Der Name ›Buschmannland‹ hat sich bis heute gehalten. Die hier lebenden Menschen gehören zum Clan der Ju!Wasi (›!‹ steht für einen der vier charakteristischen Klicklaute der San-Sprachen).

Tsumkwe 3, das südliche Tor zum Kaudom Game Park, ist die ›Hauptstadt‹ der Region. Wer jedoch nicht vom Gas geht, passiert die Siedlung, ohne sie zu bemerken: wenige Hütten mit Strohdächern, an der ›Hauptstraße‹ ein Gebäude der Naturschutzbehörde und eine Tankstelle, die nur aus drei angerosteten Zapfsäulen besteht – die allerdings nicht mehr funktionieren. Sprit gibt es hier keinen. Viele der Ureinwohner des Landes (s. S. 344) sind in Tsumkwe gestrandet. In viel zu großen, abgetragenen westlichen Kleidungsstücken machen die einst stolzen Jäger einen mitleiderregenden Eindruck. Kinder betteln um Essen. Die älteren Frauen tragen noch immer ihre traditionellen Gesichtstätowierungen. Manche versuchen, selbst gemachte Halsketten zu verkaufen.

Übernachten, Essen

Begegnungen mit Buschmännern ▶
Tsumkwe Lodge: Tel. 067-24 40 28, Fax 24 40 27, www.tsumkwel.iway.na, Vorausbuchung erforderlich. Die aus Naturmaterialien wie Reet und Teak erbaute Lodge bietet 7 Zimmer. Idealer Stopp vor dem Abenteuer Kaudom. Ausflüge zu den !Kung-Buschmännern der Region. Für die Piste zur Lodge wird kein Geländewagen benötigt, Ausflüge in den Kaudom Park sind ohne Allradgetriebe allerdings unmöglich. Restaurant, Swimmingpool, kein Strom, Kamera-Akkus 750 N$, DZ 2400 N$/Pers. inklusive Vollverpflegung und Buschmann-Besuch mit Tagesprogramm. Campingplatz 55 N$/Pers.

Überlebende einer uralten Kultur – ›Buschmann‹-Frau mit Kind

Buschmannland

Homasi Baobab und Dorslandtrekker Baobab ▶ O 4–5

Karte: oben

Ein schöner Platz zum wild Campen ist der östlich von Tsumkwe gelegene **Giant Baobab Homasi** 4, ein riesiger Affenbrotbaum mit einem Stammumfang von gut 30 m. Um zu ihm zu gelangen, fährt man auf der nach Osten aus Tsumkwe hinausführenden Hauptstrecke. Nach 19 km zweigt eine kleine Sandpiste nach rechts ab, 4 km weiter geht es wieder rechts, nach weiteren 5 km ist der große Baobab erreicht.

Um in den **Kaudom Game Park** zu kommen, muss man sich an der Hauptkreuzung in Tsumkwe zunächst Richtung Nordosten halten. Nach einer Strecke von gut 35 km ist eine Abzweigung nach rechts zum **Dorslandtrekker Baobab** 5 erreicht. Die ›Durstland-Trekker‹ rasteten hier auf ihrem langen und entbehrungsreichen Weg von Transvaal nach Angola (s. S. 59). 17 km von dem Abzweig entfernt wird die zaunlose Parkgrenze des Kaudom Game Park passiert.

Kaudom Game Park ▶ O 3–4

Karten: oben und rechts

Der 1989 etablierte, 3840 km² große **Kaudom Game Park** 6 liegt im trockenen Kalahari-Sandveld und ist der einzige Nationalpark in Namibia, der einen Teil dieses Ökosystems schützt. Der Name Kaudom setzt sich aus den Worten *xau* (›Büffel‹) und *dum* (›Senke‹) zusammen.

Tierwelt

Das Wild in der ›Büffelsenke‹ ist, da die Besucherzahlen nicht so hoch sind, weniger an Fahrzeuggeräusche gewöhnt als in anderen Parks des Landes, deshalb recht scheu und meist nur aus der Ferne zu beobachten. Dadurch, dass die Grenze nach Botswana hin offen und der Park von keinerlei Zäunen umgeben ist, wandern die Tiere ständig hin und her. Mit etwas Glück sehen Besucher Kudus, Oryxantilopen, Streifengnus, Giraffen, Löwen, Leoparden, Hyänen, Hyänenhunde und Elefanten. Bisher wurden 320 verschiedene Vogelarten registriert. Die seltensten sind Bradfield-Toko *(Bradfield's hornbill)*, Angola-Mönchskuckuck *(copperytailed coucal)*, Senegal-Spornkuckuck *(Senegal coucal)*, Rotbauchmeise *(rufousbellied tit)*, Dunkler Drossling *(blackfaced babbler)* und Keilschwanzglanzstar *(sharptailed starling)*.

Geländewagentour durch den Park

Achtung: Nur allradgetriebene Geländewagen dürfen in den Park, aus Sicherheitsgründen jeweils mindestens zwei Fahrzeuge, keine Anhänger. Parkeintritt 40 N$, Autos 20 N$. Der Dobe-Grenzposten zwischen Namibia und Botswana, 55 km östlich von Tsumkwe, ist jeden Tag von 7–15.30 Uhr geöffnet. Für die 140 km Piste von der Grenze bis Nokaneng in Botswana benötigt man etwa 3,5 Std. Es gibt kein Benzin in Tsumkwe. Die nächsten Tankstellen befinden sich entweder in Grootfontein oder im botswanischen Gumare, 30 km nördlich von Nokaneng.

Sikereti Camp

Das erste der beiden primitiven Camps, **Sikereti,** ist 7 km hinter der Parkgrenze erreicht. Dort sind Ranger stationiert, die die Reservierungsformulare kontrollieren. Quittungen füllen die Gäste selbst aus. Der Campingplatz ist den Vierbett-Hütten mit ihren verrosteten Bettgestellen und modrigen Matratzen eindeutig vorzuziehen. Am Feuer- und Grillplatz liegt kostenlos Holz bereit. Gegen Abend schüren die Ranger hinter den Hütten mit den Duschen das Feuer in den Boilern.

Schon bei der Ankunft nähern sich neugierig die ersten Gelbschnabel-Tokos *(yellowbilled hornbills)* in der Hoffnung auf etwas Fressbares. Die nächtlichen Besucher des Camps haben ebenfalls Hunger, sind aber erheblich größer. Mit ohrenbetäubendem Lärm werfen Tüpfelhyänen die schweren Metall-Abfalltonnen um. Im Licht der aus dem Dachzelt scheinenden Taschenlampe leuchten ihre Augen diabolisch grün. Selbst lautes Rufen bringt sie nicht aus der Fassung. Kein Wunder – bei dem Gebiss!

Ab Sikereti wird die Piste deutlich anspruchsvoller. Immer häufiger gilt es, versandete Ebenen, die am Anfang der Regenzeit bereits mit schwarzmorastigen Tümpeln durchsetzt sind, zu durchqueren. In den temporären Wasserlöchern haben es sich bereits Wasserschildkröten bequem gemacht, denen man aufgrund ihrer scharfen Zähne nicht zu nahe kommen sollte. Sollten Elefanten ein paar der Schlammlöcher zum Baden auserkoren haben, ist der Boden so aufgewühlt, dass selbst mit viel gutem Willen und Allrad kein Durchkommen mehr möglich ist.

In der Mitte der tiefsandigen Fahrspuren wächst oft Gras, dessen Samen die Kühlerlamellen verstopfen können. Anstatt diese mühsam zu entfernen, sollte man bereits vorher zum Schutz eine Gaze anbringen. Gefährlicher wird es, wenn das strohtrockene Gras unter dem Auto hängen bleibt und durch den heißen Auspuff Feuer fängt. Nur

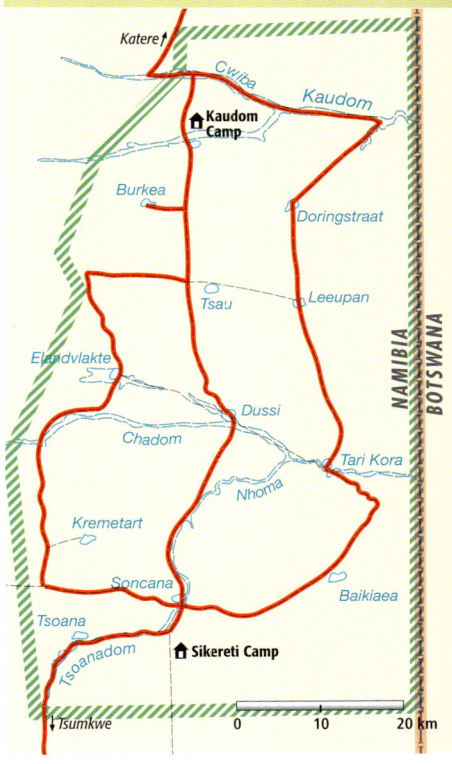

Kaudom Game Park

Buschmannland

Die Kultur der San — Thema

Schon vor Zehntausenden von Jahren zogen sie in kleinen Gruppen durch die Wüsten, Savannen und Berglandschaften des gesamten südlichen Afrika, wo sie ihre faszinierenden Kunstwerke auf Felsen und in kleinen Höhlen hinterließen.

Die Jäger und Sammler waren keine homogene Gruppe, sondern kulturell verschieden, lebten in geografisch voneinander getrennten Gebieten, sprachen verschiedene Sprachen und hatten unterschiedliche Bräuche. Europäische Kolonisatoren zerstörten nicht nur ihre Kultur, sie vereinheitlichten auch alle außerhalb ihrer ›Zivilisation‹ lebenden Individuen zu ›Buschmännern‹.

Eine andere Gruppe, die neben der Jagd auch Vieh hielt, nannten sie ›Hottentotten‹, ›Stotterer‹, aufgrund der charakteristischen Klicklautsprache, die die ersten Weißen nicht als Sprache akzeptierten, sondern nur als animalische Laute wahrnahmen. 1649 vermerkte ein gewisser Jean-Baptiste Tavernier: »Wenn sie sprechen, dann furzen sie mit ihren Zungen im Mund.« Wer keine Sprache spricht, mit dem muss man auch nicht kommunizieren, dachten sich die Europäer, was dazu führte, dass die San (›Buschmänner‹) und Khoi (›Hottentoten‹) – so nennen sich die Völkergruppen heute selbst – immer weiter abgedrängt wurden. Bis sie irgendwann auf die von Norden und Osten einwandernden schwarzen Stämme stießen, die genauso rücksichtslos gegen die Ureinwohner vorgingen wie die Weißen.

In Südafrika war die Khoisan-Kultur im Jahr 1910 bereits zerstört, in Namibia und Botswana überlebte sie weiter und wurde immer wieder Objekt der Wissenschaft.

Als die südafrikanische Apartheidpolitik auch auf das Mandatsgebiet Südwestafrika ausgedehnt wurde, wies man den verbliebenen San ein unfruchtbares Stück Wildnis an der Grenze zu Botswana zu. Immer noch heißt das Gebiet Buschmannland. Fragt man heute San nach den wunderschönen Felsmalereien ihrer Vorfahren, können sie sich nicht erinnern. Sie sind übereinstimmend der Meinung, die Zeichnungen seien einst von Göttern angefertigt worden. Auch die ausgefeilten Jagdmethoden werden nicht mehr an die jungen Männer weitergegeben. Alte Frauen nehmen ihre unglaublichen Kenntnisse über Heilpflanzen im Busch und deren Wirkung mit ins Grab. Kinder lernen nicht mehr die alten Sprachen, sondern wachsen mit Afrikaans auf.

Endstation im Buschmannland ist Tsumkwe, eine verwahrloste Streusiedlung im Nichts mit vielen illegalen Alkoholschwemmen, den *shebeens*. Besitzer sind Ovambo oder Herero, denen die San ihre schmale staatliche Rente oder die paar Dollar, die sie durch den Verkauf von Souvenirs ergattert haben, vorbeibringen. Dafür gibt es billigen Fusel, der die Erinnerung an die Vergangenheit auslöscht.

Das letzte Kapitel in der Geschichte der stolzen, mit der Natur einst in völligem Einklang lebenden Jäger scheint begonnen zu haben. Die Chance, die bleibt, wäre eine stärkere Einbindung der San in den Ökotourismus, wo die Männer als naturerfahrene Ranger, Fährtenleser und Tourguides einen Teil ihrer Kenntnisse an Besucher weitergeben könnten. San-Frauen könnten ihr Kunsthandwerk verkaufen.

Kaudom Game Park

häufige Kontrollen schützen vor dem unfreiwilligen Abfackeln des Mietwagens. In der Ferne recken einige Giraffen ihre Hälse aus dem grünen Dickicht. Ein Elefant verschwindet genauso schnell, wie er aufgetaucht ist.

Die östlichste Piste durch den Park passiert **Leeupan**, die ›Löwenpfanne‹, eines der größeren Wasserlöcher im Reservat. Hier ist die Chance am größten, auf die goldgelben Großkatzen zu stoßen – also Vorsicht beim Aussteigen und -treten!

Kaudom Camp

Auf welliger Sandpiste, die Insassen und Ausrüstung des Autos heftig durchschüttelt, wird der Kaudom-Fluss erreicht. Zeit, den Inhalt der blechernen Kanister in den Tank umzufüllen. Das trockene Sandveld geht in ein breites Tal mit vielen Wasserlöchern über. Saftiggrüner Rasen breitet sich aus – ein idyllisches Bild. Etwas weiter weg hat ein Buschfeuer gewütet, der Boden ist schwarz, eine Leopardenschildkröte durchquert die verbrannte Ebene, um zum Wasser zu gelangen.

Von hier aus führt die Piste über festen Untergrund zum **Kaudom Camp**. Das bedeutet – fast bis dahin. Das Camp liegt auf einer recht hohen bewachsenen Sanddüne, die es vorher zu erklimmen gilt. Mit Anlauf, Untersetzungsgetriebe und – falls vorhanden – Differenzialsperre wühlen sich Geländewagenfahrer mit aufheulenden Motoren nach oben, zum ›Büro‹ der Ranger.

Im Kaudom Camp reißen Elefanten immer wieder die Wasserleitungen aus dem Boden, deshalb schützen schwere Betonplatten die Rohre. Außerdem wird nachts das Wasser abgestellt, damit es die Dickhäuter nicht riechen können. Auch hier sind die Campingplätze den recht baufälligen Hütten vorzuziehen. Der Blick über den von Wassertümpeln unterbrochenen Trockenfluss ist wirklich schön. Am abendlichen Lagerfeuer mit Grillfleisch und kaltem Dosenbier ist die Stimmung gut – allerdings nur bei jenen, die noch nie in der Gegend waren und damit rechnen, dass nun bereits das Gröbste geschafft ist. Laut Karte sind es ja ›nur‹ noch etwa 50 km bis zum geteerten Trans-Caprivi Highway.

Die Realität sieht anders aus. Diese letzte Etappe dürfte eine der haarigsten Strecken in Namibia sein. Der Sand ist schwer und tief, und die Spuren von Versorgungs-Lkw sind knietief ausgefahren, was bedeutet, dass viele Geländewagen in der Mitte aufsetzen können. Nur mit einem Reifendruck unter 1 bar, zweitem Kriechgang und erhöhter Drehzahl gelingt es, die teilweise riesigen Sandfelder zu durchqueren. Ausweichen funktioniert nicht, denn erstens wachsen rechts und links der Piste stabile Bäume, zweitens führen die tiefen Spuren, wenn man einmal drinnen ist, wie die Schienen einer Carrera-Rennbahn. Wer hier alleine unterwegs ist und stecken bleibt, wartet unter Umständen etwas länger auf Hilfe.

Ab und zu wird der Sand fester, erlaubt kurze Verschnaufpausen, in denen die verkrampften Hände vom Lenkrad genommen und das am Rücken klebende, schweißgetränkte T-Shirt gelüftet werden kann. Das ist Camel-Trophy-Feeling für Nichtraucher. Für die 50 km sollten, je nach Fahrgeschick, vier bis fünf Stunden und bis zu 25 l (!) Treibstoff eingerechnet werden.

Das Ende kommt dann ganz plötzlich. Während man sich völlig auf den Sand vor den Reifen konzentriert, öffnet sich ganz unerwartet der dichte Busch, und das schwarze Band der Teerstraße liegt vor einem. **Katere** heißt die Siedlung an der Kreuzung. Benzin gibt es jedoch erst etwa 80 km weiter östlich in **Divundu** (auf einigen Karten auch unter dem Namen **Bagani** eingetragen).

Übernachten

Die beiden heruntergekommenen staatlichen Camps – Khaudum und Sikereti - werden gerade aufwendig renoviert und dann privatisiert. Es gibt momentan also keine offiziellen Übernachtungsplätze im Park. Bis zur Wiedereröffnung sollten Kaudom-Fahrer in der Lage sein, sich komplett selbst zu versorgen, also auch genügend Wasser und Brennholz mitführen. Aktuelle Infos über den Stand der Renovierungsarbeiten erteilt **Namibia Wildlife Resorts** in Windhoek, Tel. 061-285 70 00, Fax 22 49 00 www.nwr.com.na.

Der Caprivi-Zipfel

Noch vor 20 Jahren war der Caprivi-Zipfel Namibias tierreichste Region. Neben Elefanten, Nashörnern, Flusspferden, Krokodilen, Löwen, Geparden und anderen Raubtieren gab es hier 22 Huftierarten, unter anderem Giraffen, Elen-, Pferde-, Rappen-, Moor- und Halbmondantilopen, Büffel, Streifengnus, Impalas, Wasserböcke, Pukus und Sitatungas. Viele dieser Tierarten sind heute verschwunden oder stark dezimiert. Der Krieg mit Angola, unkontrollierte Jagd und Wilderei waren dafür verantwortlich.

Geschichte

Der Caprivi-Streifen ist nach Georg Leo Graf von Caprivi benannt, der Bismarck als Reichskanzler ablöste und am 1. Juli 1890 den Helgoland-Sansibar-Vertrag mit Großbritannien unterzeichnete. Die Briten bekamen die Gewürzinsel Sansibar und einen Teil des heutigen Botswana, die Deutschen das einst englische Helgoland und den auf Karten so skurril aussehenden Landzipfel, der den Zugang Südwestafrikas zum Sambesi ermöglichte. Geplant war, diese Verbindung bis nach Deutsch-Ostafrika auszubauen, doch der Erste Weltkrieg beendete bekanntermaßen die deutsche Kolonialepoche. Der Caprivi-Streifen behielt seinen Namen, ging aber wieder an England, später an Südwestafrika. Für die südafrikanische Armee hatte er enorme strategische Bedeutung im Buschkrieg gegen Angola. 1989 waren im Caprivi-Streifen wieder deutsche Soldaten im Einsatz – als Wahlbeobachter im Auftrag der UNO. 1990 erlangte Namibia die Unabhängigkeit und damit auch Verfügungsgewalt über den Caprivi-Zipfel. Bis heute gibt es in der Region Sezessionsbestrebungen, die sich inzwischen aber auf die Forderung nach größerer Autonomie für den Caprivi beschränken.

Springbock im Mahango Game Park

Popa Falls und Mahango Game Park

Karte: S. 348

Popa Falls ▶ P 2

Kurz bevor die Brücke bei **Divundu** **1** den Kavango-Fluss überquert, geht rechts eine Piste nach Süden zu den 5 km entfernten **Popa Falls** **2** ab. Wer mächtige Wasserfälle erwartet, wird enttäuscht. Die ›Fälle‹ bestehen aus rauschenden Kanälen, Wasserläufen und kleinen Inselchen, die auf einer Breite von 1 km Stromschnellen bilden, wo der Kavango ein Felsenriff aus Quarzitgestein durchbricht.

Achtung: Bei den **Popa Falls** sollte man nicht baden. Neben Krokodilen und Flusspferden gibt es auch noch einen kleineren Übeltäter: den Erreger der Bilharziose.

Mahango Game Park ▶ P/Q 2/3

20 km weiter befindet sich der Eingang zum 250 km^2 großen **Mahango Game Park** **3**, der seit 1999 Teil des Bwabwata National Parks (früher Caprivi Game Park; s. S. 348) ist. Das Ufer des Kavango ist von dichtem Riedgras und Papyrus gesäumt, das fast keinen Blick auf das träge fließende Wasser zulässt. Im Park leben Elefanten, Halbmondantilopen, Gnus, Bleichböckchen, Büffel, Rappen-, Pferde- und Moorantilopen sowie Sitatungas. Es ist erstaunlich, wie gut sich Elefanten in der

Caprivi-Zipfel

Vegetation ›auflösen‹. Manchmal erkennt man sie erst, wenn sie direkt neben einem stehen. Sie wandern in der Trockenzeit aus Angola, Sambia und dem westlichen Caprivi ein, deshalb variiert ihre Zahl sehr stark.

Überraschend vielfältig ist wieder einmal die Vogelwelt: 300 Arten sind in dem relativ kleinen Reservat beheimatet, vor allem viele Greifvogelarten, unter anderem Palmengeier *(palmnut vulture),* Schreiseeadler *(African fish eagle),* Kampfadler *(martial eagle)* und Gaukler *(bateleurs).*

Von den beiden Nebenstrecken im Mahango Game Park ist nur die eine, die dem Kavango-Fluss ostwärts folgt, für Pkw-Fahrer geeignet und dann auch nur während der von April bis November währenden Trockenzeit. Sie ist 15 km lang, am Kwetche-Picknickplatz mit Aussicht auf den Fluss findet sich ein schöner Affenbrotbaum. Die 31 km lange westliche Piste ist nur etwas für Geländewagen, und da sie Flussbetten folgt, sehr sandig, dafür bietet sie ein einsames und ungestörtes Buscherlebnis. Im bei der großen Hitze so einladend wirkenden Fluss sollte besser nicht gebadet werden. Neben Krokodilen und Flusspferden lauern an einigen Stellen auch Bilharziose-Erreger.

Übernachten, Essen

Safari-Tradition ▶ Ndhovu Safari Lodge: Divundu, Tel. 066-25 99 01, Fax 25 91 53, www.ndhovu.com. Komfortables Zeltcamp mit 7 Zelten, 2 km vor der Einfahrt in das Mahango Game Reserve am Ufer des Okavango, wo sich auf der botswanischen Seite zur Trockenzeit manchmal Hunderte von Elefanten einfinden. Bootsfahrten möglich. DZ mit Frühstück und Dinner 950 N$/Pers.
Einfaches Camp am Kavango ▶ Popa Falls Camp: Großzügig angelegtes Camp mit einfachen Bungalows und Stellplätzen. Über schmale Stege kann man sich den Stromschnellen der Popa Falls nähern. Restaurant, Gemeinschaftsküche und kleiner Laden für Selbstversorger. Reservierung über Namibia Wildlife Resorts (NWR) Central Reservations Office in Windhoek: Tel. 061-28 57 200, Fax 22 49 00, reservations@nwr.com.na, www.nwr.com.na. River Cabin (4 Betten) mit Frühstück 250 N$/Pers., Camping 50 N$/Pers., 100 N$/Platz (max. 8 Pers.).

Von Divundu zum Mudumu National Park

Karte: oben

Bwabwata National Park ▶ Q–S 2

In **Bagani** bzw. **Divundu** überquert die Bagani-Brücke den Okavango-Fluss, der weiter südlich in Botswana in das gleichnamige Delta fließt. Pfeilgerade und knapp 200 km lang zieht sich der seit 1998 durchgehend geteerte Trans-Capriv-Highway durch den **Bwabwata National Park** bis Kongola. Eingequetscht zwischen Angola und Botswana zieht sich das 32 km breite, 5715 km²

Mudumu National Park

große Naturschutzgebiet 180 km vom Okavango im Westen bis zum Kwando River im Osten. Immer wieder weisen riesige Schilder auf Elefanten hin, die die Straße überqueren könnten – große Herden ziehen regelmäßig durch das Gebiet. Während des Unabhängigkeitskrieges war der Park Operationsgebiet der südafrikanischen Armee (South African Defence Force, SADF), unter deren Kontrolle er stand, und der Zugang war auf den Transitverkehr beschränkt. Viele Flüchtlinge aus Angola lebten in Camps im Caprivi-Streifen und verpflichteten sich in der SADF.

Mudumu National Park ▶ S 2

Karte: links

In **Kongola** 5 geht es Richtung Süden über die Brücke, die den Kwando River quert, in den 1990 etablierten, 1000 km² großen **Mudumu National Park** 6. Die Piste dorthin ist gut mit einem normalen Pkw zu schaffen. Im Naturschutzgebiet leben die seltenen Moorantilopen und Sitatungas, häufiger zu sehen sind Elefanten, Büffel, Pferde- und Rappenantilopen, Kudus, Impalas, Bleichböckchen, Steppenzebras und Hyänenhunde.

Lizauli Traditional Village 7

Kurz hinter der Parkgrenze liegt rechts das kommunale Projekt **Lizauli Traditional Village**. In dem Freilichtmuseum leben Caprivianer, die Besuchern die Kultur ihres Volkes näher bringen. Das Projekt wurde von den Besitzern der Lianshulu Lodge initiiert, es soll die Situation der örtlichen Gemeinde verbessern. Unter anderem wird eine noch heute praktizierte ›Gerichtsverhandlung‹ demonstriert. Alle Gerätschaften werden erklärt. Unter anderem der *hippo caller*, ein Instrument, das aussieht wie eine kleine Trommel, in deren Innerem ein dünner Bambusstab an der gespannten Tierhaut befestigt ist. Feuchtet man seine Hand an und reibt an dem Bambusstab, entstehen Geräusche, die klingen wie ein Flusspferd, das außerhalb des Wassers wunderbares Gras zum Fressen gefunden hat. So lockten die Caprivianer früher die Tiere aus dem Wasser, um sie zu töten. Wer gerne Flusspferde hautnah erleben und fotografieren möchte, sollte sich das Instrument zulegen. Es ist im Souvenirshop von Lizauli erhältlich und funktioniert tatsächlich.

Lianshulu Lodge 8

Nur 13 km von Lizauli entfernt befindet sich der Eingang zur **Lianshulu Lodge,** dem einzigen privaten Unternehmen in einem namibischen Nationalpark. Die 1998 renovierte Lodge mit ihren stilvollen strohgedeckten Häuschen ist zwar teuer, aber ihren Preis wert. Sie ist seit 2001 auch offizielle Grenzstation ins benachbarte Botswana, was grenzüberschreitende Safaris sehr erleichtert. Neben Pirschfahrten im offenen Geländewagen unter Führung eines erfahrenen Rangers gibt es abends und morgens Fahrten mit einem zweistöckigen Pontonboot auf dem **Kwando River,** der in seinem weiteren Verlauf Linyanti und in Botswana Chobe River genannt wird. Während am Ufer Papyrus und Riedgras gedeihen, besteht der Busch aus lichtem Mopanewald. Dort finden sich meist Tausende von Zikaden ein, um ein vielstimmiges Konzert zu geben. Wer bei der Hitze Schatten sucht, ist allerdings in einem Mopanewald schlecht aufgehoben. Um sich vor der sengenden Sonne zu schützen, rollen sich dessen Blätter nämlich tagsüber ein.

Die Besucher im offenen Land Rover erfahren noch mehr. Die riesigen **Termitenhügel** scheinen oft richtiggehend um Bäume herumgebaut worden zu sein. Der erste Eindruck täuscht aber. Termiten greifen nie lebendes Holz an, sondern nur abgestorbenes. Der wahre Grund: Paviane thronen beim Essen besonders gerne auf Termitenhügeln. Beim Genießen von Früchten fallen dann oft Samen und Kerne herunter und keimen direkt dort. Der Baum wächst also aus dem Termitenhügel heraus.

Bei der Rückfahrt ins Camp spricht der Ranger noch das **Malaria-Problem** an. Die Krankheit braucht Menschen zur Übertragung, d. h., der weibliche Moskito muss zunächst einen Malaria-Infizierten stechen,

Caprivi-Zipfel

Im Lizauli Traditional Village

dann einen Gesunden. Im Busch, wo kaum Menschen leben, ist die Infektionsgefahr also sehr gering, in Siedlungen hoch. Die Lodge wurde deshalb oberhalb eines Dorfes angelegt, die vorherrschenden Winde wehen vom Camp weg, was die Malariagefahr enorm reduziert. Warum Elefanten keine Malaria bekommen, ist einfach zu erklären. Sie lieben die chininhaltige Rinde der Affenbrotbäume, die gegen Malaria wirkt.

Die Bootsfahrt ist ebenso interessant wie die Pirsch. Mit einem Drink in der Hand sitzen die Gäste auf bequemen Stühlen, der Skipper tuckert zwischen Namibia und Botswana hin und her. In der Ferne praktiziert die botswanische Armee Schießübungen.

Im Streit mit Botswana um die unbewohnte Insel **Kasikili** (botswanisch Sidudu; s. Karte S. 355) mitten im Chobe River, so heißt der Linyanti in Botswana, kam es beinahe zu einer kriegerischen Auseinandersetzung zwischen den Nachbarländern. 1999 wurde sie vom Internationalen Gerichtshof in Den Haag offiziell Botswana zugesprochen.

Die Insel ist fast die Hälfte des Jahres überflutet. Zur Trockenzeit finden sich allerdings Hunderte von Büffeln und Antilopen ein. Da Namibias Wildbestand, wie erwähnt, in den letzten Jahren stark reduziert worden ist, würde diese Insel gerade recht kommen. Im botswanischen Kasane befindet sich seither eine Kaserne der Armee, die auch regelmäßig schwer bewaffnet auf dem Chobe River patrouilliert, um von Namibia in den Chobe National Park eindringende Wilderer zu bekämpfen und Kasikili zu schützen.

Die Löcher in der Uferböschung sind allerdings nicht militärischen Ursprungs. Die wunderschönen, rot-türkisfarbenen **Scharlachspinte** *(carmine bee-eater)* haben, häufig in Brutkolonien mit über 100 Pärchen, hier ihre Nester angelegt. Damit Warane nicht eindringen können, um die Eier zu stehlen, sind die Eingänge sehr eng.

Der Fluss ist ein guter Platz, um den eventuell erworbenen *hippo caller* in der Praxis anzuwenden. Kaum gerufen, tauchen die Schwergewichte auch schon auf. Ihre auf den

Mudumu National Park

ersten Blick unangenehme Angewohnheit, sich ständig ins Wasser zu erleichtern – was große Ähnlichkeit mit einem auf Hochtouren laufenden Whirlpool hat –, dient dem Schutz der Jungtiere. Der im Wasser verteilte Kot lockt Fische an, die wiederum von Krokodilen gefressen werden, was diese so satt macht, dass sie Klein-Hippo in Ruhe lassen.

In der Lodge kommen Vogelfans dann voll auf ihre Kosten. Direkt von der rustikalen Holzterrasse aus lassen sich oft **Maskenwebervögel** (masked weaver), **Rotbauchwürger** (crimsonbreasted shrike), **Grünschwanzglanzstare** (greater blue-eared starling) und **Blutschnabelweber** (red-billed quelea) in den Büschen beobachten und aus der Nähe fotografieren. Gegen Mittag wirft der Koch Knochen und Fleischreste Richtung Linyanti-Fluss. In Sekundenschnelle finden sich riesige Warane ein, um die Leckerbissen zu verschlingen. Kommen sie sich gegenseitig zu nahe, benutzen sie ihre muskulösen Schwänze als Waffen. Scharf wie Peitschenhiebe klingen die Schläge auf der glänzenden Haut.

Übernachten, Essen

Private Lodge im Nationalpark ▶ **Lianshulu Main & Bush Lodge:** Am Ufer des Kwando River. Reservierung: Tel. 061-25 43 17, Fax 25 49 80, www.lianshulu.com. Private Konzession im Mudumu National Park, eine der schönsten Lodges in der Caprivi-Region. Die hier gebotene Wildlife-Erfahrung ist ebenso vom Feinsten. Es gibt Flussfahrten mit einem doppelstöckigen Pontonboot und Pirschfahrten in den Busch. Übernachtung für max. 20 Gäste in 10 schönen, reetgedeckten Chalets. Seit Juni 2001 ist die Lodge offizieller Grenzübergang nach Botswana (tgl. 8–17 Uhr), was den Besuch des Nachbarlandes deutlich erleichtert. DZ mit Frühstück und Dinner ab 1800 N$/Pers.

Camping Nambwa

Die Bauminsel **Nambwa** am Seitenarm des Kwando-Flusses zählt zu den schönsten Campingplätzen Namibias. Jeder der nur sechs Stellplätze liegt direkt am Wasser und ist von saftigen Flutflächen umringt. Büffel, Elefanten, Lechwe-Antilopen und Nilpferde

Warane gehören zu den größten Echsen

Caprivi-Zipfel

ziehen hier regelmäßig vorbei. Der Hochsitz am Wasserloch vor dem Camp bietet eine wunderbare Aussicht. Alle Stellplätze sind mit Grillplatz und fließendem Wasser ausgestattet, die Waschräume könnte man schon fast als luxuriös bezeichnen. Die polierten Hartholzablagen und gusseisernen Verschläge in den kunstvoll verflochtenen, überdachten Rietdächern mit ihren zeitgemäßen Solarwasserheizern laden zum ausgiebigen Duschen ein. Nambwa ist nicht nur geschmackvoll angelegt, sondern auch gut durchdacht. Wie die anderen von den lokalen Gemeinden unterhaltenen Plätze, wie Spitzkoppe (s. S. 275) und Purros (s. S. 335) auch, ist die Anlage liebevoll gestaltet und verfügt über freundliches, aufmerksames Personal. Die Camp-Wärter in Nambwa haben sich selbst mit gespartem Geld ein Motorboot aus zweiter Hand gekauft, mit dem sie Fahrten auf dem Fluss anbieten.

Detaillierte Informationen und Preisangaben bekommt man bei: **Nacobta** (Namibia Community Based Tourism Association), Windhoek, Tel. 061-25 59 77, Fax 25 59 57, www.nacobta.com.na.

Camping Bumhill

Nambwa und ein weiterer Campingplatz in der Nähe, **Bumhill,** sind das Ergebnis einer bisher einzigartigen Vereinbarung zwischen dem Ministerium für Umwelt und Tourismus und örtlichen Gemeinschaften, die in der Nachbarschaft eines Naturschutzgebietes leben, für dessen Erhalt sorgen, indem sie praktisch ›Rangerfunktionen‹ übernehmen und dafür am Schutzgebiet verdienen. Erstmals in der namibischen Geschichte wurde hier Hegegemeinschaften gestattet, in eigener Regie zwei Campingplätze in einem Nationalpark einzurichten und zu betreiben. Für die Wildhege in den kommunalen Gebieten, die an den Nationalpark angrenzen, sind die Hegegemeinschaften verantwortlich. Sie sorgen dafür, dass die Einnahmen aus den beiden Campingplätzen im Park für den Naturschutz und zur Verbesserung der Lebensbedingungen der beteiligten Gemeinschaften verwendet werden.

Lage: Am Ufer des Mashi, südlich des östlichen Tores zum BwaBwata-Nationalpark.
Anfahrt: Kurz vor Kongola auf der B 8 findet sich die Abzweigung nach Nambwa, 300 m vor dem östlichen Tor zum BwaBwata-Nationalpark. Der sandige Weg nach Nambwa ist nur für Geländewagen mit Vierradantrieb geeignet. Die Fahrzeit zum Campingplatz beträgt rund 20 Minuten. 60 N$/Pers.

Durch den Mamili National Park nach Katima Mulilo

Karte: S. 348

Mamili National Park ▶ S/T 3

Für die Zukunft ist geplant, den Mudumu mit dem weiter südlich gelegenen **Mamili National Park** [9] zu vereinen. Der Mamili-Park ist mit 320 km^2 Namibias größtes geschütztes Feuchtgebiet – eine Miniaturausgabe von Botswanas Okavango-Delta. Der Park ist von einem Netzwerk aus Kanälen, Riedgrasinseln und Totarmseen durchzogen und während der Regenzeit nur mit Booten zu besuchen. **Nkasa** und **Lupula,** zwei Inseln im Kwando/Linyanti River, sind zur Trockenzeit manchmal per Geländewagen erreichbar.

Es kommen die gleichen **Wildtiere** vor wie im Mudumu Park, allerdings sind sie hier wesentlich ungestörter. Das war nicht immer so. Bis zu seiner Proklamierung als Nationalpark wurde in dem Gebiet massiv gewildert. Jetzt sieht man sogar wieder Büffel – die sonst außer im Caprivi-Streifen nirgendwo in Namibia vorkommen –, Elefanten, Giraffen, Kudus und Impalas. An größeren Raubtieren leben hier Leoparden und Löwen. In den zahlreichen Wasserläufen tummeln sich Flusspferde und Krokodile. Die Riedgrasgebiete sind der Lebensraum von Namibias seltenen Sumpfantilopen: Die Chancen, Moorantilopen und Ellipsenwasserböcke zu beobachten, sind recht gut. Schon mehr Glück haben muss man, um Pukus oder die seltenen Sitatungas zu sehen, die hervorragend schwimmen können und mit ihren spreizbaren Hufen und wasserabweisenden Fell an das Leben im

Katima Mulilo

Sumpf angepasst sind. Mamili ist ein weiteres Paradies für Vogelfreunde, deren Herzen höher schlagen werden beim Anblick solcher gefiederter Raritäten wie Braunkehlreiher *(slaty egret)*, Weißbürzeldrossling *(whiterumped babbler)*, Papyrusrohrsänger *(greater swamp warbler)*, Sumpfzistensänger *(chirping cisticola)*, Zweifarbenwürger *(swamp boubou)*, Grillkuckuck, Angola-Mönchskuckuck und Senegal-Spornkuckuck *(black, copperytailed* und *Senegal coucal)*, Klunkerkranich *(wattled crane)*, Rotkehlgroßsporn *(pinkthroated longclaw)*, Jacana *(African jacana)*, Zwergblatthühnchen *(lesser jacana)*, Afrikanischer Zwerggans *(pygmy goose)*, Höckerente *(knobbilled duck)* und Afrikanischem Sultanshuhn *(lesser gallinules)*.

Katima Mulilo ▶ T 1

Karte: S. 348
Eine gute Staubpiste folgt dem weiteren Verlauf des Linyanti über den Ort Linyanti bis **Katima Mulilo** 10, das direkt am Sambesi, dem längsten Fluss im südlichen Afrika, liegt. Das Gebiet ist auf der Namibia-Seite dicht besiedelt, auf der anderen Seite des Linyanti/Chobe River liegt Botswanas **Chobe National Park** (s. S. 363ff.), von dem ab und zu Elefanten und andere Tiere durch den Fluss in die namibischen Felder eindringen.

Während des Buschkrieges in den 1970er-Jahren war Katima Mulilo einer der bedeutendsten Orte im Norden Namibias. Heute deutet nichts mehr auf seine einstige Bedeutung hin. Sehenswert ist einzig das **Caprivi Art Centre**, wo lokales Kunsthandwerk zu günstigen Preisen verkauft wird.

Übernachten, Essen

Luxuriöse Fluss-Safari ▶ Zambezi Queen: Buchung in Südafrika über Tel. 021-438 00 32 oder 083-309 38 74, Fax 021-438 43 89, www.zambeziqueen.com Die wohl ungewöhnlichste und luxuriöseste Safari-Variante in Namibia. Mit einem restaurierten Cruiser (45 x 8 m), der insgesamt 30 Gäste fasst, tuckert man gemächlich über den Sambesi, unterbrochen von Ausflügen an Land oder mit kleinen Booten. Vorher lag das Schiff lange Jahre heruntergekommen am Ufer. 2 Nächte auf dem Fünfsterne-Luxus-Schiff alles inklusive 6000–8500 N$/Pers.

Einkaufen

Kunsthandwerk ▶ Caprivi Arts and Crafts Centre: Shop gegenüber vom Markt mit namibischem Kunsthandwerk zu günstigen Preisen.

Flusspferd in seinem Element

Victoria Falls und Chobe National Park

Sie sind eine der bekanntesten Sehenswürdigkeiten Afrikas. Unter lautem Getöse donnert der Sambesi zwischen Sambia und Simbabwe die Victoria-Fälle hinunter. Eine Wand aus Wasser, die 60 m tief in die enge Batoka-Schlucht stürzt. Kein Wunder, dass die Fälle in der Sprache des hier lebenben Kololo-Stammes *Mosi oa tunya* heißen: Donner, der raucht. Von Samibia geht es dann nach Botswana in den Chobe National Park.

Über die Sesheke-Brücke nach Sambia

Karte: rechts

Im Gegensatz zu früher ist der grenzüberschreitende Ausflug von Katima Mulilo zu den Victoria-Fällen in Sambia erheblich einfacher geworden. Seit Mai 2004 überspannt die auf sambischen Staatsgebiet liegende 900 m lange **Sesheke-Brücke** 1 von Katima Mulilo aus den Sambesi ins benachbarte Sambia. Statt langwieriger Fährüberfahrten gelangt man nun direkt in den sambischen Ort **Sesheke**. Auch die zuvor katastrophale Strecke zwischen der Brücke, Kazangula und Livingstone an den Victoria-Fällen wurde komplett neu geteert, was die Fahrzeit von Katima Mulilo bis Livingstone auf etwa zwei Stunden reduziert.

Die Brücke stellt eine bedeutende Verbesserung des binationalen und interregionalen Straßennetzes dar. Zusammen mit der neuen Sambesi-Brücke öffnet die Livingstone-Sesheke-Katima-Mulilo-Straße den benachbarten Binnenländern Sambia und der Demokratischen Republik Kongo den Weg zum Atlantik. Die Brücke bietet eine lang erwartete Alternative zur Kazangula-Fähre über den Sambesi. Beide Projekte wurden von Deutschland mit insgesamt 32 Mio. € Entwicklungshilfe finanziert.

Die **Grenzformalitäten** (Grenzübergang Katima Mulilo–Sesheke 6–18 Uhr geöffnet) zwischen Namibia und Sambia gehen für afrikanische Verhältnisse recht schnell vonstatten. Ganz wichtig ist die schriftliche Erlaubnis des namibischen oder südafrikanischen Autovermieters, dass seine Fahrzeuge auch in den Nachbarländern Sambia und Botswana benutzt werden dürfen.

Achtung: An diesem Grenzübergang werden bei Zahlung in Fremdwährung oft überdurchschnittlich hohe Summen verlangt. Also versuchen Sie, an diesem Grenzposten in der lokalen, sambischen Währung Kwacha zu bezahlen. Für die Grenzübertrittsgebühr von 10 000 Kw (= 2 €) werden 10–15 US$ verlangt. Für die Autoversicherung von 100 000 Kw (= 20 €) 40 US$.

Victoria Falls ▶ W 2

Karte: rechts

Geschichte

»Niemand kann sich die Schönheit des Ausblicks vorstellen, wenn er sie mit irgendetwas in England Gesehenem vergleicht«, schrieb der schottische Abenteurer, Missionar und Forscher David Livingstone am 16. November 1855 nach dem ersten Blick auf die gewaltigen Wasserfälle in sein Reisetagebuch, überwältigt von dem Eindruck. »Szenen, so hübsch, wie sie nur Engel bei ihren Flügen sehen können.«

Victoria Falls und Chobe National Park

Livingstone ›entdeckte‹ die Fälle natürlich nicht. Vor ihm waren bereits San, Kololo, Lozvi, Tonga, Ndebele, arabische Händler, portugiesische Forscher und burische Jäger hierher vorgedrungen. Durch ihn und seine Reiseerzählungen wurden die zu Ehren von Königin Victoria von ihm Victoria Falls getauften Wasserfälle aber einer breiten Öffentlichkeit in Europa und Amerika bekannt.

1860 stattete Livingstone den Fällen einen weiteren Besuch ab. Der südafrikanische Künstler und wohl berühmteste Passstraßenbauer Thomas Bains kam 1862 nicht etwa, um neue Strecken zu planen, sondern um zu malen. Der erste permanente europäische Siedler war F. J. »Mopane« Clarke. Der Händler, Pub-Besitzer und Spediteur lebte am malariagebeutelten Old Drift, etwa 9 km oberhalb der Fälle. Spielen und Trinken waren die Hauptaktivitäten in seiner Bar.

Die Stadt **Livingstone** entstand 1904 auf der sambischen Seite und hatte 1907 bereits zwei Hotels, ein Restaurant, eine Apotheke und einen Friseur aufzuweisen. Die Eisenbahn und die berühmte Brücke zwischen Sambia und Simbabwe entstanden 1905. Im selben Jahr begann der Bau des Victoria Falls Hotels. Der Victoria Falls National Park wurde 1951 deklariert. Der Tourismus auf der Simbabwe-Seite begann sich Mitte der 1960er-Jahre zu entwickeln und kam 2002 praktisch zum Stillstand. Illegale Landnahmen durch die Regierung Robert Mugabes, massive Wahlfälschungen und eine aus Misswirtschaft resultierende Nahrungsmittel- und Treibstoffknappheit trieben das einst blühende Land binnen weniger Monate in den Ruin. Ende 2002 kam es zu Übergriffen auf Touristen. Ein Simbabwe-Besuch ist aufgrund der Beamten-Willkür und der hohen Kriminalität derzeit nur bedingt zu empfehlen (s. S. 81).

Obwohl sie von Simbabwe aus spektakulärer sind, lassen sich die Viktoria-Fälle auch von der sambischen Seite aus erleben. Und aufgrund der Situation im Nachbarland hat sich der sambische Ort **Livingstone** in der letzten Zeit schnell entwickelt. Es gibt nun wie auf der Simbabwe-Seite in **Victoria Falls** auch hier »Adrenalinsport-Veranstalter« und wunderschöne Lodges.

Victoria Falls

Donner, der raucht

Elf Kilometer von Livingstone entfernt stürzt sich der Sambesi unter lautem Getöse 60 m tief in die enge Batoka-Schlucht. Gischt weht in dichten Schleiern nach oben zum Canyon-Rand, wo sie einen kleinen Regenwald bewässert. *Mosi oa tunya* heißen die **Victoria-Fälle** in der Sprache des hier lebenden Kololo-Stammes: Donner, der raucht. Weder Drahtzäune, Wände noch Verkaufsstände beeinträchtigen den Naturgenuss. Lediglich ein kleiner Pfad führt bis zum Rand. Das einzige, was ein bisschen stört, sind die Helikopter und Ultraleicht-Flugzeuge, die eines nach dem anderen durch die Luft knattern. Ein Flug über die Fälle, vor allem in einem der Ultraleicht-Flugzeuge ist trotz der Phon-Zahl ein aufregendes Erlebnis, und der Hauptlärm geht zum Glück im gewaltigen Donnern der herabstürzenden Wassermassen unter.

Die ersten organisierten Flüge fanden in den 1940er-Jahren statt. Ein gewisser Ted Spencer, der dadurch zu Ruhm gelangte, dass er unter der Victoria Falls Bridge hindurchflog, unternahm den ersten kommerziellen »Engelsflug«. Heute gibt es Bell-Jetranger-Hubschrauber und Ultraleicht-Flieger. Die Naturschutzbehörde warnt, dass der Lärm, verursacht durch die vielen Flüge, das Wild vertreiben könnte, was ein empfindlicher Verlust für den Nationalpark wäre.

Die permanente Gischt von 500 Mio. Litern Sambesi-Wasser pro Minute im April (in der Trockenzeit im August sind es nur 10 % dieser Menge) nährt am Canyonrand einen kleinen Regenwald mit Farnen und Wildblumen. Er wurde von der UNESCO zum Weltnaturerbe erklärt und genießt höchste Schutzpriorität. In Sambia gedeihen im Gegensatz zur Simbabwe-Seite sogar mächtige Mahagoni- und Ebenholz-Giganten. In ihren Kronen toben Grünmeerkatzen herum. Rund um die Fälle sind etwa 400 verschiedene Vogelarten heimisch. Kleine Antilopen, Schmetterlinge und bunte exotische Blumen machen den paradiesischen Eindruck perfekt.

Die Victoria-Fälle im Abendlicht

Ein atemberaubender Blick auf die Fälle bietet sich, wenn man vom Parkplatz aus den Schildern hinunter zum **Boiling Pot** folgt. Eine steile Kletterpartie, auf den ausgetretenen Treppen aber gut zu schaffen. Der Rückweg nach oben ist allerdings etwas anstrengender. Der Blick auf den über die Basaltklippen donnernden Sambesi und in die **Batoka Gorge** ist ebenso spektakulär wie der auf die 100 m höher die Schlucht überspannende **Victoria Falls Bridge**. Der Schatten, den sie bietet, ist zudem ein strategisch günstiger Punkt, um die panisch schreienden Bungee-Springer zu beobachten, die sich von dort aus am Seil in die Tiefe stürzen.

Ein weiterer schöner Aussichtspunkt liegt am Pfad durch den Regenwald: **Knife Edge Point** gegenüber vom Danger Point auf der Simbabwe-Seite bietet ein gewaltiges Panorama – während der Regenzeit allerdings mit sehr viel Gischt.

Zur Trockenzeit können Mutige versuchen, direkt am Rand der Fälle, am **Eastern Cataract**, entlangzulaufen, was nur von Sambia aus möglich ist. Manchmal ist der Wasserstand des Sambesi so niedrig, dass man es bis **Livingstone Island** schafft, der Platz, an dem der berühmte Afrikaforscher die Fälle das erste Mal zu Gesicht bekommen hat. Wenn dann jemand von der Simbabwe-Seite hinüber nach Sambia schaut, wirkt dies so, als würde man am Rande des Wasserfalls entlanglaufen. Vorsicht: Rutschgefahr.

Der beste Platz, um lokales Kunsthandwerk zu kaufen ist das **Mukuni Victoria Falls Craft Village**, neben dem Parkplatz oberhalb der Fälle. Der **Mosi oa Tunya National Park** beginnt bei den Wasserfällen und zieht sich 12 km am oberen Sambesi entlang. Er ist nur 66 km² groß, bietet aber einigen Antilopen-Arten, Zebras, Giraffen und Breitmaulnashörnern Lebensraum. Das sind übrigens die einzigen Nashörner Sambias, alle anderen im Land wurden von Wilderern getötet. Der Park kann in wenigen Stunden mit dem Auto durchquert werden und dadurch, dass es keine Raubtiere gibt, ist das Wild verhältnismäßig entspannt und lässt sich aus nächster Nähe betrachten und fotografieren.

Ausflug zu den Victoria Falls in Sambia

aktiv unterwegs

White Water Rafting auf dem Sambesi

Tour-Infos
Start: Victoria-Fälle (Abholung der Teilnehmer im Hotel)
Länge: Tagestrip 27 km, 24 Stromschnellen, der Abstand zwischen den Stromschnellen variiert zwischen 100 m und 2 km
Dauer: 3 Std., halber oder ganzer Tag, auf Anfrage auch mehrtägige Touren mit Übernachtung in Zeltcamps
Buchung: z. B. bei Bundu Adventures (www.bunduadventures.com), Safari per Excellence (www.safpar.com), Cholwe Adventures Namibia (www.nsandman.iway.na)
Kosten: 3 Std. 100 US$, halber Tag 120 US$, ganzer Tag 145 US$, 5-Tage-Trip mit Vollpension 620 US$
Schwierigkeit: Mit dem Schwierigkeitsgrad 5 klassifizierte Stromschnellen mit Kentergarantie erfordern nicht nur körperliche Fitness, sondern vor allem gute Nerven.
Weitere Angebote: von Guides begleitete Kajak- (150 US$) und Bodyboard-Touren (150 US$)

Nach einer kurzen theoretischen Einführung am Morgen im Hotel in Livingstone geht es mit dem Bus los, und kurze Zeit später rutschen die Abenteuer Suchenden in die riesigen Gummi-Schlauchboote, die in der Batoka-Schlucht bereitliegen. Wie eine riesige weiße Wand steht die erste Stromschnelle im Fluss, schluckt Boot samt Besatzung und spuckt es wieder aus. So muss sich Cabrio fahren in der Waschstraße anfühlen. Trotzdem sind noch alle an Bord.

Beim nächsten Mal geht es nicht so glatt. Aber dafür tragen alle Teilnehmer Schwimmwesten und Helme. Mit aller Kraft klammern sich die ins Wasser gefallenen Insassen an dem Seil, das außen am Boot entlangläuft, fest, kämpfen gegen die starke Strömung an. Wasser dringt in Nasen und Münder. Ein Gefühl wie in einer gigantischen Klospülung. Das gekenterte Schlauchboot hängt in einer Stromschnelle fest. Was auch passiert – immer am Raft festhalten, haben die Guides vorher erklärt. Die Leute halten sich so lange daran, bis ihnen das gurgelnde, röhrende Wasser, trotz angewinkelter Beine, Shorts und Unterhosen wegzureißen droht. Dabei schlucken sie oft auch Sambesi-Wasser. Wenn das Sprichwort tatsächlich stimmt, dass jeder, der einmal das Wasser des Sambesi getrunken hat, zurückkehren wird, müssten einige sofort damit anfangen, an seinem Ufer ihre Häuser zu bauen.

Die Wildwasserfahrt auf dem Sambesi gilt als eine der gefährlichsten, kommerziellen Aktivitäten dieser Art in der Welt. Und ist wohl gerade deshalb so beliebt bei adrenalinsüchtigen Besuchern. Wer etwas auf sich hält, muss das einfach mal gemacht haben. Das schlägt schon fast den Bungee-Sprung von der Eisenbahnbrücke über den Victoria-Fällen.

Aber trotz Unterschreiben der Haftungsausschlusserklärungen vor Beginn der Tour sind die Sicherheitsvorkehrungen auf internationalem Niveau. Sehr erfahrene Wildwasser-Cracks, meist amerikanischer Herkunft, in wendigen Einmann-Kajaks, begleiten die schwerfälligen Gummi-Rafts, um bei Notfällen sofort einzugreifen. Aber auch um immer mal wieder auszusteigen und die Uferfelsen hinaufzuklettern, um Videoaufnahmen zu machen, die später käuflich erworben werden können – ein feucht-fröhliches Andenken. Sollte es wirklich einmal zu einem schwereren Unfall kommen, alarmieren sie per Funk den Rettungshubschrauber, der Minuten später zur Stelle ist.

In der letzten Stromschnelle des Tages bäumt sich das Gummiboot noch einmal auf, steht senkrecht im Wasser und überschlägt sich nach hinten. Man weiß nicht mehr, wo

Victoria Falls

oben und unten ist, hat das Gefühl, endlos lange unter Wasser zu sein. Aber schon sind die Einmann-Kajaks zur Stelle und helfen Mann und Frau, die über Bord gegangen sind.

Vor dem Ende der Tour, die mit einem kühlen Bier gefeiert wird, liegt nun noch ein steiler und anstrengender Pfad, der aus dem Canyon zurück nach oben führt. Der Sambesi-Trip degradiert vergleichbare Unternehmungen auf dem Colorado in den USA oder auf der Südinsel Neuseelands zu harmlosen Kaffeefahrten.

Stromschnellen werden international auf einer Skala von 1–6 klassifiziert. 6 gilt als nicht befahrbar. Deshalb wird das Raft bei Stromschnelle Nummer 9, die den treffenden Namen commercial suizide – »kommerzieller Selbstmord« – trägt, aus dem Wasser genommen und am Ufer entlanggetragen.

Bei Niedrigwasser (Ende August – Dezember) gehören alle Sambesi-Stromschnellen zur Kategorie 5+. Mit Hochwasser, von Juli – August, entschärft sich der Trip und unfreiwillige Ausflüge ins Wasser werden seltener.

Nichts für schwache Nerven: White Water Rafting auf dem Sambesi

Ausflug zu den Victoria Falls in Sambia

Livingstone ▶ W 2

Karte: S. 355

Livingstone 2 lockt nicht nur mit den neben den Niagara-Fällen berühmtesten Wasserfällen der Welt, sondern ist auch ein Zentrum für die Adrenalin-Junkies unter den Urlaubern. Der mit 110 m (die ersten 40 m sind freier Fall!) zweithöchste kommerzielle Bungee-Sprung der Welt (der höchste mit 216 m ist der von der südafrikanischen Bloukrans-Brücke) von der Victoria Falls Bridge, die Simbabwe mit Sambia verbindet, gehört ebenso dazu wie die **Wildwasserfahrt** auf dem Sambesi, die gefährlichste der Welt, die schon einige Touristen mit dem Leben bezahlt haben. Trotzdem – oder gerade deshalb – zählt der Trip zu den gefragtesten Attraktionen.

Bungee-Jumping von der Brücke ist keine brandneue Attraktion. An einem von zwei Trägern gehaltenen Seil hängend, hat bereits im Jahr 1878 ein Major A. de Serpa Pinto die Fälle mit einem Sextanten vermessen. Noch extremer war Jack Soper, der einstige Brückenzoll-Kassierer und Gründer des heute noch in Victoria Falls existierenden Souvenirladens »Soper's Curios«. Im Jahr 1905 ließ er sich 31 m tief abseilen, um die Fälle aus einem besonders ungewöhnlichen Winkel zu fotografieren.

Victoria Falls Bridge

Die Brücke selbst ist ein schönes Beispiel für die viktorianische Baukunst und wurde als Teil von Cecil Rhodes Plan realisiert, eine Eisenbahnlinie vom Kap bis nach Kairo zu bauen. Sie war damals die höchste der Welt und wurde in England vorgefertigt, zusammengebaut, wieder in ihre Einzelteile zerlegt und per Schiff und Eisenbahn an die Fälle gebracht. Cecil Rhodes hat jedoch weder die Fälle noch die Brücke jemals gesehen. Er starb, bevor die Bauarbeiten begonnen hatten, äußerte aber noch den Wunsch: »Die Eisenbahn soll den Sambesi unterhalb der Victoria-Fälle überqueren. Ich möchte, daß die Gischt der Fälle über die Waggons sprüht«.

Wer heute am Gummiseil von der Brücke springen oder einfach nur die gigantische Aussicht von oben genießen möchte, muss zwar von Sambia kommend den Grenzposten Richtung Simbabwe unter Vorlage seines Ausweises passieren, die Brücke selbst ist allerdings Niemandsland, d.h. Brückenbesucher reisen nicht tatsächlich aus Sambia aus.

Und wer sich darüber ärgert, dass das berühmte historische **Victoria Falls Hotel** (www.victoriafallshotel.com) in Simbabwe liegt, was derzeit nur bedingt als Reiseziel empfohlen werden kann, der sei noch einmal daran erinnert, dass Sambia mittlerweile einige wunderschöne Lodges und Hotels aufzuweisen hat, die den Etablissements in Simbabwe weder an Komfort noch an Romantik nachstehen. Einige von ihnen liegen sogar noch schöner und einsamer direkt am Sambesi.

Infos

Zambia National Tourist Board, Livingstone, Mosi-oa-Tunya Road neben dem Livingstone-Museum, Tel. 002 60-3-32 14 04, Fax 32 14 87, www.zambiatourism.com, Mo–Fr 8–13, 14–17, Sa 8–12 Uhr. Nette Angestellte, die Tipps zu Unterkünften, Restaurants und Aktivitäten parat haben.

In Deutschland:
Botschaft der Republik Sambia, Tourismusabteilung, Mittelstraße 39, 53175 Bonn, Tel. 02 28-37 68 13, Fax 37 95 36. Infos auf Deutsch zu Sambia und den Victoria-Fällen im Internet unter: www.afrikaaktuell.com/Sambia/1.html. Einreiseformalitäten s. S. 80 und 354.

Übernachten

Traumhafte Lage ▶ **River Club:** www.riverclubzam.com. Buchung über Wilderness Safaris, Südafrika, www.wilderness-safaris.com oder über verschiedene Buchungsagenturen. Am besten »River Club Zambia« bei Google eingeben. 18 km von Victoria Falls flussaufwärts. Edwardianisch-viktorianisches Ambiente, 8 reetgedeckte Luxus-Chalets mit toller Sambesi-Aussicht. Ponton-Boot-Trips, Wildwasserfahrten und Bungee-Springen können organisiert werden. DZ mit Frühstück und Dinner ab 500 US$/Pers.

Livingstone

Wasserbüffel sind mit Vorsicht zu genießen

Geschmackvolles Afrika-Dekor ▶ Tongabezi Lodge: Tel. 002 60-3-32 44 50, Fax 32 44 68, www.tongabezi.com. Reservierung unter Tel. 002 60-3-32 74 68, Lodge Tel. 002 60-3-32 74 50, Fax 3-32 74 84. Exklusive und romantische Lodge am Sambesi, mit einer herrlichen Aussicht. Die höchstens 18 Gäste sind in stilvoll ethnisch-afrikanisch eingerichteten Chalets und einzeln stehenden Häuschen untergebracht. Sehr persönlicher Service. Cottage mit Vollpension und Aktivitäten ab 450 US$/Pers. Weitere Übernachtungsmöglichkeiten auf der Website.

Luxus an den Victoria-Fällen ▶ The Royal Livingstone: www.royallivingstone.co.za, Sun International Resort. Die Fünf-Sterne-Version eines Sun International-Hotel gehört zu den ersten Adressen im Land. 17 Gebäude im Kolonialstil mit insgesamt 173 Zimmern direkt am Sambesi. DZ mit Frühstück ab 450 US$/Pers. Verschiedene Buchungsagenten, am besten »Royal Livingstone« bei Google eingeben.

Individueller Service ▶ Stanley Safari Lodge: www.stanleysafaris.com. Die exklusive Lodge mit 1920er-Jahre-Feeling am Sambesi wurde 2002 eröffnet: Sie bietet einen direkten Blick über die Gischt der Victoria-Fälle und den Nationalpark, nur 2 Gäste-Cottages, dafür aber zwei Angestellte pro Gast stehen zur Verfügung. DZ mit Frühstück und Dinner ab 300 US$/Pers. Verschiedene Buchungsagenten, am besten »Stanley Safari Lodge« bei Google eingeben.

Günstigere Wasserfall-Alternative ▶ The Zambezi Sun: Sun International Resort, diverse Buchungsagenten, am besten »Zambezi Sun« bei Google eingeben. Eines von zwei Sun-Hotels in Livingstone, hier die ›einfachere‹ Version im Adobe-Stil mit 212 Zimmern. DZ mit Frühstück ab 180 US$/ Pers.

Insel im Sambesi ▶ Jungle Junction: Reservierung bei: 21 Obote Ave., Tel/ Fax 002 60-3-33 24 27, www.junglejunction.info. Private Insel mitten im Sambesi, 50 km oberhalb der Victoria-Fälle. Ideal, um ein paar Tage völlig zu entspannen, Hängematten, Schwingseile, Sandstrand – noch Fragen? Die Preise beinhalten Kanutransfers von Livingstone, alle Aktivitäten und Mahlzeiten. Abholung bei den Victoria-Fällen oder an der Grenzstation von Kazangula. Ab 35 US$/Nacht.

Ausflug zu den Victoria Falls in Sambia

Adrenalinfördernd – Bungee Jumping an den Victoria-Fällen

Essen & Trinken

Alle genannten Hotels und Lodges haben sehr gute Restaurants im Haus. Hauptgericht um 10 US$.

Beliebtes Pub-Restaurant ▶ **48 Hrs. Pub & Restaurant:** Zwischen Post und Barclays auf der Mosi-oa-Tunya Road, tgl. 8–22.30 Uhr. Typische Pub-Gerichten, etwa 8 US$.

Gute Pizza ▶ **Funky Munky:** Mosi-oa-Tunya Road, bei Fawlty Towers, Tel. 002 60-3-32-01 20, tgl. 7.30–21 Uhr. Trendiges Restaurant, das neben kleinen Bistrogerichten gute Pizza serviert. Hauptgericht um 6 US$.

Aktiv

Ultraleicht-Flüge über die Victoria-Fälle ▶ **Safari par Excellence:** Livingstone, Sambia, Tel. 00 44-845-293 05 12, www.safpar.com. Vom sambischen Livingstone aus werden sowohl 15- als auch 30-minütige Ultraleicht-Flüge über die Fälle angeboten. 15 Minuten kosten 120 US$, 30 Minuten 240 US$/Pers.

Hubschrauber-Flüge ▶ **Del-Air:** Tel./Fax 002 60-3-23-20 95, delair@zamnet.zm. Rundflüge über die Victoria-Fälle mit Bell-Jetranger-Helikoptern.

Bungee Jumping ▶ **Kiwi Extreme:** Tel. 002 60-3-32 42 53, Fax 32 42 38, bridge@zamnet.zm. Am Gummiseil den mit 111 m zweithöchsten Bungee-Sprung der Welt wagen. 90 US$/pro Sprung.

Jetboot-Fahren ▶ **Jet Extreme:** 12 Tanzania Rd., Tel. 002 60-3-32 13 75, Fax 32 13 65. Halbtägige Jetbootfahrten auf dem Sambesi für 60 US$.

Abseilen ▶ **Abseil Zambia:** 215 Mosi-oa-Tunya Rd., Tel. 002 60-3-32 12 92, theswing@zamnet.zm. Ganz- und halbtägige, adrenalinfördernde Seil-Abenteuer aller Art, wie Abseilen, High-Wire (an einem Draht hoch über den Fällen entlanghangeln) und Gorge Swings (über eine Schlucht schwingen). Ganztägig 95 US$, halbtägig 80 US$, mit persönlichem Video 30 US$.

Chobe National Park

Karte: S. 355

Von den Victoria-Fällen gelangt man – entweder bequem zurück über die Sesheke-Brücke und Katimo Mulilo – oder über Kasane und die hier beginnende abenteuerliche Chobe Road (s. S. 364f.) in den 10 698 km² großen **Chobe National Park** 3, derzeit nach dem Central Kalahari Game Reserve (52 800 km²) und dem Kgalagadi Transfrontier Park (37 991 km²) der drittgrößte Nationalpark Botswanas. Hier leben zu manchen Zeiten bis zu 35 000 Elefanten – die größte Konzentration in Afrika. Ebenfalls riesig sind die Büfel- und Antilopenherden. Die Pisten des Parks sind allerdings nur für erfahrene Geländewagenlenker zu empfehlen.

Die hier liegenden Lodges holen ihre Gäste am Flugplatz im botswanischen Kasane ab und gehen mit ihnen auf Safari. Schon auf dem Weg zur Lodge geht es tierisch zur Sache. Rechts und links stehen Elefanten. Einer ist der Hitze erfolgreich entflohen und schnorchelt gerade mit erhobenem Rüssel durch den Chobe River, der Botswana von Namibia trennt. Auf der weiteren Fahrt sind noch Dutzende von Dickhäutern zu sehen, an einer Stelle im Fluss suhlt sich eine Gruppe Hippos. Die harmlos aussehenden Breitmäuler töten in Afrika mehr Menschen als jedes andere Tier. Die braunen Antilopen, die aussehen wie etwas zu dick geratene Impalas, sind etwas ganz Besonderes: Pukus. Perfekt an den sumpfigen Untergrund angepasst, leben sie nur hier am Chobe.

Sehr empfehlenswert sind die abendlichen **Bootsfahrten** auf dem Chobe River, wo sich bei einem kühlen Bier in der Hand Dutzende von Elefanten am Ufer beobachten lassen, außerdem Pavian-Clans, Flusspferde, Krokodile und Antilopen.

Duma Tau Camp ▶ S 3

Zu den von Wilderness Safaris gemanagten, naturnahen Lodges gehört **Duma Tau** 4, eine halbe Stunde Flug vom Chobe River entfernt. *Duma Tau* ist Tswana und bedeutet »das Brüllen des Löwen«. Nicht von ungefähr.

Bei der nachmittäglichen Pirschfahrt suchen der Fahrer und sein auf dem vorderen, linken Kotflügel sitzender Späher den Horizont ab, während zwei Löwinnen in den Büschen direkt neben dem Wagen liegen. Super-Tarnung. Von der Restaurant-Toilette bietet sich eine fantastische Aussicht über den Linyanti-Sumpf. Wie von einem Thron aus lässt sich die Fauna beobachten. Manchmal unfreiwillig lange, wenn zum Beispiel eine neugierige Elefantenkuh den Rückweg versperrt.

Infos

Botswana Tourism: Interface International, Petersburger Str. 94, 10247 Berlin, Tel. 030-42 25 60 27, Fax 42 25 62 86, www.botswana-tourism.gov.bw. Die Eintrittsgebühr in den Chobe National Park, der nur mit Geländewagen befahren werden sollte, beträgt für Erw./Kinder 8–17 Jahre 120/60 Pula/Tag, für ein Auto 50 Pula/Tag (6 Pula = 1 €).

Die **Landkarte** »The Shell Tourist Map of Chobe National Park« (33 Pula) ist Grundvoraussetzung für alle Selbstfahrer im Moremi Game Reserve. Sie verzeichnet alle Details und vor allem alle wichtigen GPS-Punkte in dem Gebiet. Auf der folgenden Website sind die Karten und ihre Bezugsquellen näher beschrieben: www.veronicaroodt.co.za.

Übernachten, Essen

Klein und exklusiv ▶ **Duma Tau:** Reservierung über deutsche Afrika-Reiseveranstalter und online über www.wilderness-safaris.com. Die Zelt/Holz-Lodge mit ihren 10 gemütlichen Gästehäuschen liegt im 1250 m² großen Linyanti Wildlife Reserve, das an der westlichen Grenze des Chobe National Park beginnt. Das Camp liegt am Rande einer Lagune des Linyanti, in der es viele Flusspferde gibt. Die Quelle des Savuti Channel befindet sich nahe am Camp, und eine **Pirschfahrt** entlang des Savuti gehört zu den Highlights von Duma Tau. Die Zimmer sind geräumig, auf Holzplattformen hoch über dem Boden und unter Strohdächern mit Zeltwänden errichtet, was die Geräusche Afrikas nahezu ungefiltert an die Ohren der Gäste gelangen lässt. Die Gegend ist berühmt für ihre Elefan-

Ausflug zu den Victoria Falls in Sambia

tenkonzentrationen im Winter und ganzjährige Tierbeobachtungsmöglichkeiten. Alle Raubtiere – Löwen, Leoparden, Geparde und Wildhunde – kommen hier vor und jagen Impalas, Zebras, Giraffen, Gnus, Moor- und Halbmondantilopen und anderes Wild. Das Camp ist nur per Flugzeug zu erreichen. DZ inklusive aller Aktivitäten und Vollpension 610–910 US$/Pers.

Zwischen Chobe und Sambesi ▶ **Impalila Island Lodge:** Kasane, Botswana, Buchung in Südafrika über: Tel. 00 27-11-7 06-72 07, Fax 463-82 51, www.islandsinafrica.com. Naturnah gebaute Lodge auf einer kleinen Insel, am Zusammenfluss von Chobe und Sambesi. Gäste werden im botswanischen Kasane abgeholt und per Boot zur Lodge gebracht. Kinder sind erst ab 12 Jahre zugelassen. Charter ab Victoria Falls möglich. DZ alles inklusive 355–460 US$/Pers.

Weißer Sandstrand und Palmen ▶ **Ntwala Island Lodge:** Buchung in Südafrika über Tel. 00 27-11-706 72 07, Fax 463-82 51, www.islandsinafrica.com. Lodge auf einer Insel mitten im Sambesi, mit weißen Sandstränden und Palmen, die einen daran zweifeln lassen, überhaupt noch in Afrika zu sein. Nur 8 Zimmer, höchster Luxus. Gäste werden im botswanischen Kasane abgeholt und mit dem Boot zur Lodge gebracht. DZ alles inklusive 480–750 US$/Pers.

Camping ▶ Die staatlichen Campingplätze im **Chobe National Park** (Erw./Kinder 30/15 Pula/Nacht) müssen rechtzeitig vorab reserviert werden bei: **Parks and Reserves Reservations Office,** P. O. Box 20364, Boseja, Maun, Botswana, Tel. 002 67-66-12 65, Fax 66 12 64. Das Reservierungsbüro befindet sich in **Maun** (s. Karte S. 370), in der Nähe der Polizeistation (geöffnet Mo–Sa 7.30–16.30, So 7.30–12 Uhr). Reservierungen sind bis zu 12 Monate im Voraus möglich – per Telefon, Fax, Telegramm, Brief oder direkt im Büro in Maun. In der Anmeldung enthalten sein müssen: Name des Parks und Camp-Platzes, An- und Abreisetag, Anzahl der Personen. Das Büro schickt dann eine vorläufige Reservierung zu. Die Campinggebühren sind sofort zu zahlen.

Chobe Road ▶ T/U 2–4

Karte: S. 370

Die **Chobe Road** 5 beginnt in Kasane (17°48'357"S/25°08'834"E) und führt zunächst auf einer Länge von 51 km geteert am Chobe River entlang bis zum **Ngoma Gate** (17°55'717"S/24°43'678"E). Auf der anderen Seite des Flusses liegen Namibia und die Straße nach Katima Mulilo, **Ngoma Bridge** ist der Grenzposten.

Das sandige Chobe Geländewagen-Abenteuer (Achtung: Es gibt kein Benzin und keine Lebensmitttel auf der 360 km langen Strecke zwischen Kasane und Maun!) liegt allerdings südwestlich von hier. Die Trockenzeit zwischen Mai und Oktober eignet sich am besten für einen Chobe-Trip. Die Tiere sind dann an den wenigen Wasserläufen und -stellen konzentriert.

Chobe National Park

Über **Kavimba** (18°02'540"S/24°36'273"E) und **Kachikau** (18°09'286"S/24°29'786"E; 40 km Wellblech-Schotterpiste von Ngoma) geht es 42 km extrem sandig, mit einigen Dünenüberquerungen bis zum **Ghoba Gate** (18°23'244"S/24°14'741"E). Von hier aus sind es noch 28 km sandige, aber meist feste Piste bis **Savute**. Die 160 km lange Strecke von Kasane nach Savute ist in etwa 4 Stunden zu schaffen. Die Landschaft um Savute (18°34'014"S/24°03'905"E) sieht am Ende der Regenzeit aus wie eine Wüste, und die gesamte Tierwelt versammelt sich an den wenigen verbliebenen Wasserlöchern.

Von Savute gibt es zwei Möglichkeiten, bis zum Mababe Gate im Süden zu gelangen. An der Gabelung südlich von Savute geht es links über die landschaftlich reizvollere **Marsh Road** (71 km), die aber nur in der Trockenzeit zu schaffen ist und selbst nach nur geringen Niederschlägen nicht befahren werden sollte. Rechts führt die **Sandridge Road** (64 km) nach Süden. Beide Pisten treffen sich am Waypoint 18°55'619"S/24°00'660"E und 21 km später ist das **Mababe Gate** (19°06'174"S/23°59'118"E) erreicht.

1,5 km nach Passieren des Mababe Gate gabelt sich die Piste. Hier geht es rechts Richtung Moremi. Zunächst wird ein Mopane-Wäldchen durchquert und dann die **Magwikhane Sand Ridge**, ein 7 km langes Stück aus schwerem, tiefem Sand. Nach 17 km ist ein **Schild** (24°07'695"S/23°52'927"E) erreicht, das die Grenze zwischen Moremi und Chobe anzeigt. Hier geht es nach rechts weiter, Richtung Westen. Die letzten 20 km am **Khwai River** entlang bieten gute Möglichkeiten zur Tierbeobachtung. Das **Khwai Gate** (19°10'342"S/23°45'095"E) liegt 22 km westlich des Chobe/Moremi-Schildes.

Abenddämmerung am Chobe River

Durch Botswana zurück nach Namibia

Moremi Game Reserve und Okavango-Delta bieten neben dem Chobe-Nationalpark die besten Safari-Möglichkeiten im südlichen Afrika, entweder organisiert in kleinen Gruppen per Flugsafari oder auf abenteuerlichen Off-Road-Strecken im eigenen Geländewagen mit Satelliten-Navigation. Ein lohnender Abstecher führt zur Makgadikgadi Pan, der größten Salzpfanne der Welt. Mittendrin liegt Kubu Island, eine Granitinsel mit uralten Affenbrotbäumen.

Moremi National Park ▶ R–T 4

Karte: S. 370

Der 1963 auf dem Stammesgebiet der Batswana eingerichtete, 4872 km² große **Moremi National Park** 1 ist ein Teil des Okavango-Deltas und macht etwa ein Drittel seiner Fläche aus. Er erstreckt sich zungenförmig von Nordosten über die sogenannte Mopane Tongue und Chief's Island bis tief ins westliche Delta hinein. Im Gegensatz zum Rest des Riesensumpfes kann Moremi in der Trockenzeit (von April bis Oktober) mit Geländewagen durchfahren werden. Der Park ist eines der besten Gebiete in Afrika, um die Tierwelt im eigenen Geländewagen zu erfahren, da es großräumig von weiteren Naturschutzgebieten umgeben ist, was dem Wild die Möglichkeit gibt, frei umherzuziehen.

Es gibt einige wunderschöne Campingplätze und Lodges in diesem Gebiet. In der Gegend dominieren Mopane-Bäume, die sich manchmal zu Wäldern zusammenrotten. Dann ziehen wieder weißsandige Pisten durch Buschland und offene Flächen bis zur saftiggrünen Inselvegetation von Xakanaxa. Es gibt saisonal mit Wasser gefüllte Tonpfannen, Salzpfannen und Flüsse, die eine große Vielfalt an Wild und Vögeln anziehen. Zu den Tieren der Savanna gesellen sich Flusspferde, Sumpfantilopen und unzählige Vogelarten.

Infos

Ein GPS und das hervorragende Kartenmaterial von Veronica Roodt (www.veronicaroodt.co.za) garantieren einen abenteuerlichen, aber sicheren Trip. Unverzichtbar für alle Selbstfahrer ist die auf Satelliten-Fotografie basierende ›Shell Map of Moremi‹. Die Vorderseite zeigt das gesamte Naturschutzgebiet, auf der Rückseite finden sich sechs separate Karten von Unterregionen. Auf der Karte sind 162 GPS-Punkte verzeichnet sowie alle Camps in und um Moremi.

Übernachten, Essen

Luxus-Camp auf tropischer Insel ▶ Xigera Camp: Buchung über Wilderness Safaris, www.wilderness-safaris.de. Luxuriöses Wasser-Zeltcamp im Moremi-Wildschutzgebiet im Herzen des Okavango-Deltas. Gäste können das ganze Jahr über verschiedene Aktivitäten wie Flusssafaris, Mokoro-, Wildbeobachtungs- und Bootsfahrten unternehmen. Xigera wurde in einem schattigen Hain errichtet und besteht aus 8 luxuriös ausgestatteten, begehbaren Zelten, mit extra Badezimmer und Außendusche. Jedes Zelt befindet sich auf einer Plattform mit tollem Blick auf die Flutebene und das Wasserloch. Mahlzeiten und Drinks können im erhöhten Aufenthaltsraum, in der kleinen Bar oder im Speisesaal, die jeweils einen hervorragenden Ausblick auf den Fluss bieten, genossen werden.

Moremi National Park

Die offene Boma erlaubt ein kulinarisches Erlebnis unter freiem Sternenhimmel. Holzwege, die sich durch den Wald winden, verbinden die Zelte mit dem Hauptgebäude. Ein kleiner Pool erfrischt während der Tageshitze. Eine hölzerne Fußbrücke verbindet die Insel Xigera mit der Nachbarinsel. Löwen und Leoparden können oft beim Überqueren der Brücke beobachtet werden. Bei niedrigem Wasserstand sind Pirschfahrten in offenen Geländefahrzeugen möglich, in manchen Jahren wird das auch ganzjährig angeboten, sonst nur von Ende September bis April. Xigera ist nur per Kleinflugzeug erreichbar. DZ alles inklusive 546–824 US$/Pers.

Tief im Busch ▶ **Xakanaxa Camp:** Buchung über Moremi Safari & Tours, Tel. 002 67-686 02 22, Fax 686 05 71 oder in Südafrika, Tel. 00 27-11-465 38 42, Fax 00 27-11-465 37 79, http://xakanaxa-camp.com/. Das luxuriöse Zeltcamp (sprich Ka-ka-na-ka) besteht aus 12 Luxuszelten und liegt direkt an der gleichnamigen Lagune. DZ alles inklusive 470–875 US$/Pers.

Klassisches Safari-Camp ▶ **Camp Moremi:** Buchung über **Desert and Delta,** Tel. 002 67-686 12 43 oder 686 22 46, Fax 686 17 91, oder in Südafrika unter Tel. 0027-11-706 08 61, Fax 706 08 63, www.desertdelta.com. Luxuriöses Zeltcamp mit 11 geräumigen Zelten und separatem Bad mit Dusche. Tolle Lage direkt an der Xakanaxa-Lagune. Organisierte Pirschfahrten mit Ranger. Keine Kinder unter 12 Jahren. DZ alles inklusive 406–702 US$/Pers.

Hinweis: Sowohl Camp Moremi als auch Xakanaxa Camp mögen ganz offensichtlich Fluggäste lieber als selbst fahrende Geländewagenlenker. Letztere gelten als »schwierig«, da sie weniger leicht zu beeindrucken sind als gerade eingeflogene Touristen. Kein Wunder, wer mit dem Geländewagen hier ankommt, hat bereits einiges hinter sich. Erstaunlicherweise kennen viele Ranger nicht

Pelikane im Okavango-Delta

Einzigartiges Naturparadies: der tierreiche Moremi National Park

Moremi-National Park, Okavango-Delta und

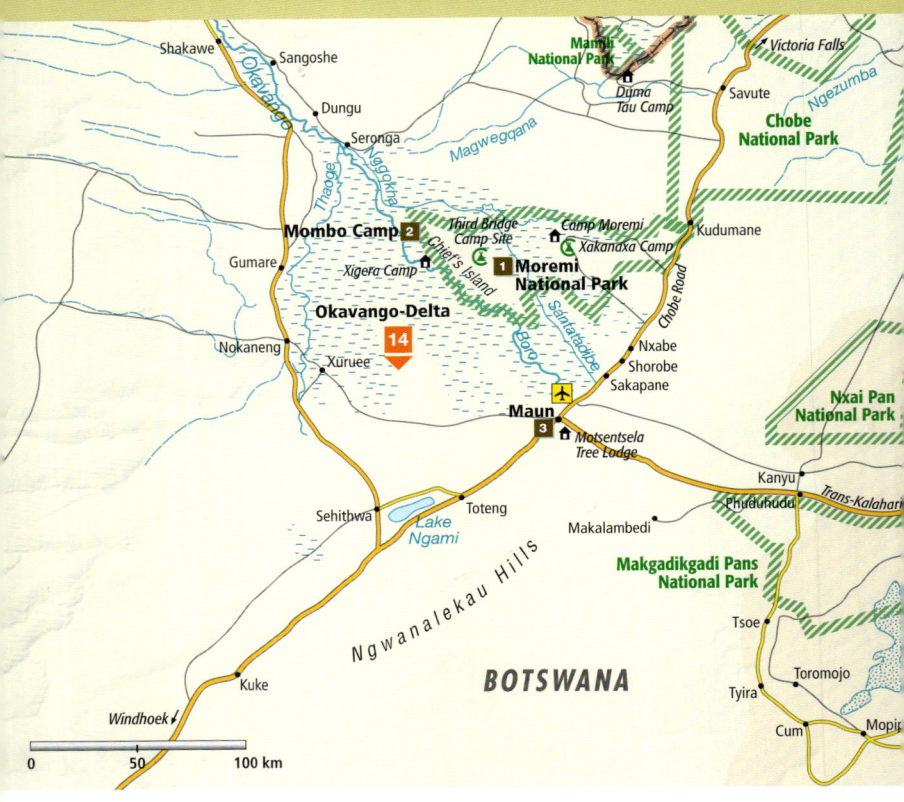

einmal die Strecke zwischen ihren Camps und Maun, da sie selbst immer fliegen.

Camping ▶ Es gibt vier Campingplätze in Moremi, wobei **Third Bridge Camp Site** und **Xakanaxa Camp Site** die empfehlenswertesten sind. Die Third Bridge Campsite ist der Favorit das Autors, sie liegt in Sichtweite der abenteuerlichen Third Bridge, die aus zusammengebundenen Mopanestämmen besteht. Nicht selten wird sie von Löwen benutzt. **North Gate** und **South Gate Camp Site** haben nicht so viele Tiere zu bieten. Alle Plätze haben Wasser, Mülltonnen, Toiletten und Duschen mit Heißwasser-Boiler, aber nur wenn man selbst das Feuer anschürt. Alle Campingplätze müssen vorher gebucht werden, ansonsten wird man nicht in den Park gelassen. Die Buchungsbüros befinden sich in Gabarone und Maun:

Parks and Reserves Reservations Office, Gabarone, Tel. 002 67-318 0774, Fax 318 0775.
Parks and Reserves Reservations Office, Maun, Tel. 002 67-686 03 68, Fax 686-12 64.

Die Büros sind täglich 7.30–16.30 Uhr geöffnet, Mittagspause Mo-Sa 12.30–13.45 Uhr, So ab 12 Uhr geschlossen. Buchungen können bis zu 12 Monate im Voraus vorgenommen werden.

Die Campinggebühren im Moremi National Park betragen 30 Pula (1 € = 6 Pula) pro Person und Nacht, für Kinder ab 7 Jahre 15 Pula, Kinder unter 7 Jahre sind frei. Parkeintritt Erw./Kinder 120/60 Pula/Tag, Kinder unter 7 Jahre frei, Auto 50 Pula.

Makgadikgadi Pans

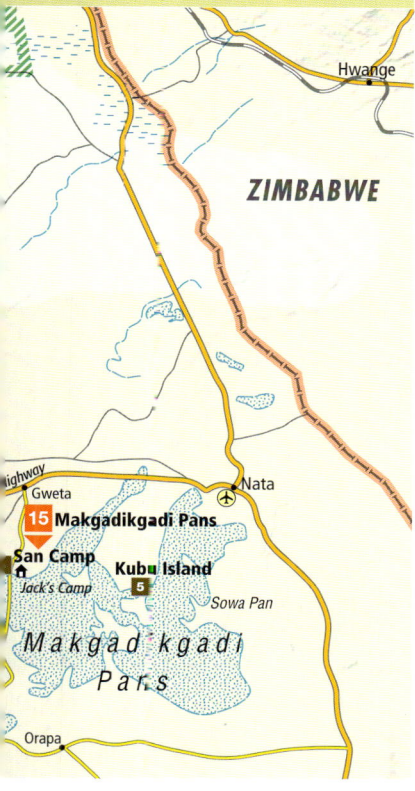

Maun

dene Pflanzen gedeihen hier. Das fast ausschließlich per Boot oder Flugzeug zugängliche **Okavango-Delta** ist eines der besten Wildbeobachtungsgebiete Afrikas.

Botswanas Regierung hat von Anfang an einen zerstörenden Massentourismus wirkungsvoll vermieden. Es gibt eine begrenzte Anzahl von Konzessionen für private Wildnis-Camps, die regelmäßig erneuert werden müssen. Die Camps sind allesamt aus Zeltstoff, Riedgras und Holz erbaut, um sie bei Bedarf wieder nahezu spurlos ›verschwinden‹ lassen zu können. Übernachtungen dort sind sehr teuer und müssen in US-Dollar bezahlt werden, was den Kreis der Besucher klein hält, den Gewinn aber nicht mindert.

Maun ▶ S 5

Karte: links

Maun 3 ist das botswanische Tourismuszentrum für die Okavango-Delta-, Moremi- und Makgadikgadi-Region. Vom ›internationalen‹ Flugplatz gibt es zweistündige Direktflüge ins südafrikanische Kapstadt. In dem betriebsamen Städtchen kann alles für abenteuerliche Offroad-Trips gekauft werden, was das Herz begehrt. Es gibt Internet-Cafés für letzte Kontaktaufnahmen und diverse Restaurants. Die einzige Sehenswürdigkeit des Ortes ist die aus Mopane-Bohlen erbaute Brücke über den Thamalakane River.

Übernachten

Gateway zum Delta ▶ Motsentsela Tree Lodge: Tel. 002 67-686 08 22 oder 686 08 23, Fax 686 04 93, www.motsentselatreelodge.com. Übernachtung in 7 afrikanisch dekorierten Luxuszelten auf Holzdecks unter großen Bäumen mit Bad und Außendusche, plus zwei Honeymoon-Suiten. Ideale Übernachtung bei einem Zwischenstopp in Maun, da die Lodge ein paar Kilometer außerhalb und im Gegensatz zu den Stadtunterkünften sehr ruhig liegt. Das Manager-Ehepaar ist sehr nett, was die abendlichen Gespräche deutlich in die Länge zieht. DZ mit Frühstück ab 220 US$/Pers.

14 Okavango-Delta

Karte: oben

Dadurch, dass der im angolanischen Hochland entspringende Okavango-Fluss nicht ins Meer entwässert, hat er im Sand des Kalahari-Beckens, 1600 km entfernt, eine paradiesische Oase entstehen lassen. In dem fächerförmigen, gut 16 000 km² großen Netzwerk aus Tausenden von Kanälen, Inseln, Lagunen und Wäldern lebt eine Fülle von Tieren, vor allem riesige Elefantenherden, Löwen Leoparden und Wildhunde. Da das Wasser sehr langsam fließt, wühlt es die Sedimente am Grund nicht auf und ist wunderbar klar. 30 verschiedene Fischarten wissen das zu schätzen. Über 1000 verschie-

Durch Botswana zurück nach Namibia

aktiv unterwegs

Flugsafari ins Okavango-Delta

Tour-Infos

Buchung: Seit mehr als 25 Jahren fliegt die deutsche Pilotin Brigitte Cross Touristen in kleinen, exklusiven Gruppen mit ihrem Flugzeug ins Okavango-Delta, aber auch zu anderen Zielen im Süden Afrikas. Ihr Firmensitz befindet sich im südafrikanischen Pretoria. Alle Flugsafaris können individuell organisiert werden. Brigitte bucht auch die Übernachtungen in den Lodges. Preise je nach Länge der Tour, Anzahl der Personen, Art der Unterkünfte und Reiseziel. Cross Country Air Safaris, Tel 0027-12-4 60 37 40, Fax 0027-12 3 46 34 73, www.airsafaris.co.za
Karte: s. S. 370

Das Herz des Deltas ist, wie bereits erwähnt, nur mit kleineren Flugzeugen zu erreichen. Für die Randgebiete ist ein allradgetriebener Geländewagen Voraussetzung. Flugsafaris starten zumeist im botswanischen **Maun**, aber auch in Südafrika oder Namibia. Das **Zeltcamp Xigera** liegt mitten im Okavango-Delta, an einer Stelle, wo man sogar sicher zwischen blühenden Seelilien baden kann. Eine Wohltat bei der Hitze – allerdings nur bis zur Dämmerung, wenn Krokodile und Flusspferde den natürlichen Pool übernehmen.

Mit traditionellen *makoros* werden Sundowner-Fahrten in den Sumpf unternommen. Früher aus einem Baum geschnitzt, sind die Kanus heute weniger stilvoll aus Fiberglas. Das Prinzip ist jedoch immer noch das Gleiche: Die Boote liegen tief im Wasser, im Heck steht ein Steuermann mit einem langen Holzstab, der sowohl die Balance hält als auch durch Staken für Vortrieb sorgt.

Auch in Xigera ist das abendliche Essen am Gemeinschaftstisch ein Ereignis. Das Vortragen der Speisenfolge ähnelt einer Theatervorstellung. Einer der Angestellten stellt sich vor den Tisch und rezitiert, mit langen Kunstpausen, die einzelnen Menübestandteile. Am Schluss entscheidet der Vortragende in welcher Reihenfolge gegessen werden darf: »Männer zuerst, dann die Frauen, dann die Geier« – sprich Angestellten.

Zu den lohnenswertesten Camps im Delta gehört **Mombo** **2**, einer der besten Plätze im südlichen Afrika, um Tiere zu beobachten. Ein Großteil preisgekrönter internationaler Tierfilme ist dort gedreht worden. Der Flug von Xigera nach Mombo dauert nur sechs Minuten. Mombo bietet wieder hautnahes Busch-Feeling. Warzenschweine rennen zwischen den Zelten herum, Büffel grasen in der Nähe, in der Ferne bellen Schakale.

Maun

Die Pirschfahrten werden Mombos Ruf gerecht. Vor den Augen der Besucher tummeln sich Löwen, Geparde, Antilopen, Büffel und Elefanten. Im Morgengrauen finden sich zwei Tüpfelhyänen mit Jungen ein, von denen eines neugierig zum Auto läuft und hochschnuppert. In der Ferne schreien plötzlich Grünmeerkatzen wie verrückt – der Warnschrei, wenn ein Leopard in der Nähe ist, sagt der Ranger und gibt Gas. Der Landrover sprintet querfeldein. Die Hyänen rennen mit, in der Hoffnung dem Leoparden seine Beute wieder abjagen zu können, was recht häufig klappt. Das Geschrei wird immer lauter. In einem riesigen Baum ist die Hölle los. Affen kreischen in der Krone, versuchen dem gefleckten Jäger, der sich bis in die äußersten Äste vorwagt, zu entkommen. Vor Aufregung drücken die Primaten einen Haufen nach dem anderen ab, die Landrover-Insassen sitzen in direkter ›Schusslinie‹. »Nicht bewegen«, flüstert der Ranger. Wunderbar. Langsam bewegt sich der Leopard auf einem Ast am Auto vorbei, so nahe, dass man seinen Atem spüren kann. Ein gereiztes Fauchen, dann verschwindet er geräuschlos. Der Leopard ist ein junges Weibchen, erklärt der Ranger. Bei einem jagderfahrenen Tier hätten die Affen keine Chance gehabt. Normalerweise jagen Leoparden nur nachts, aber das Jungtier nutzt auch den Morgen zum Beutefang.

Ganz relaxed, aber alles im Blick: Leopard auf Beobachtungsposten

Durch Botswana zurück nach Namibia

15 Makgadikgadi Pans

Karte: S. 370

Östlich von Maun befindet sich die größte Salzpfanne der Welt. Und mitten in den endlos erscheinenden weißen Ebenen der Makgadikgadi Pans liegt eine fantastische Granitinsel, auf der uralte Affenbrotbäume wachsen. Botswanas Makgadikgadi Pans sind so groß wie die Schweiz. Was zunächst wie eine Luftspiegelung aussieht, entpuppt sich als eine Ansammlung weißer Zelte unter einer Gruppe von Ilala-Palmen.

San Camp 4

Die Teakholzböden des großen Hauptzeltes sind teilweise mit leicht mottenzerfressenen, trotzdem schönen Perserteppichen bedeckt. Eine attraktive, schlanke, dunkelhaarige und braungebrannte junge Frau reicht den Reisenden zwei kalte, nasse Tücher, um die Gesichter von Schweiß und Staub zu befreien. Frische Frucht-Cocktails befeuchten die ausgetrockneten Kehlen. **San Camp** ist eine Oase mitten im Nichts.

Gäste fühlen sich wie in einer »Jenseits von Afrika«-Neuverfilmung, wenn sie ihre weißen Zelte betreten. Auf großen, bequemen Betten liegen wunderbar komfortable Überdecken. Eine ›Eimer‹-Dusche baumelt an einer der Palmen. Nach Bedarf werden diese vom Personal mit heißem Wasser gefüllt.

Trotz allem besteht San Camp nicht nur daraus, in dekadentem Komfort in der Wildnis zu nächtigen. Während eines Aufenthaltes soll auch die einzigartige Natur und Ökologie der Region vermittelt werden. Im letzten Nachmittagslicht steigen Besucher zu diesem Zweck in den grünen, pistenerprobten Land Cruiser des Rangers. Auf der Salzpfanne folgt dann kurz darauf die nächste Überraschung. Mitten im Nichts stehen Stühle, ein Tisch, auf dem ein Sortiment an Spirituosen aufgereiht ist, ein Gemütlichkeit ausstrahlendes Feuer brennt und erinnert daran, dass im Juli in Botswana Winter herrscht. Gelegentlich fallen die Temperaturen bis unter die Frostgrenze, was auch Vorteile hat: Es ist zu kalt für Moskitos.

Der Ranger rollt eine alte Landkarte der Region auf dem Boden aus, beschwert die Ecken mit je zwei Gin- und zwei Whiskeyflaschen, da die leichte Brise immer mehr auffrischt und sie wegzuwehen droht. Mit Hilfe eines antiken Taschenmessers zeigt er imaginäre Flussläufe, eine Handvoll Sand soll geomorphologische Hindernisse darstellen, die vor ein paar Millionen Jahren verhindert haben, dass die mächtigen Ströme aus dem Norden weiterhin in den bis zu diesem Zeitpunkt größten See Afrikas fließen konnten. Das Ergebnis ist heute zu sehen: die weltgrößte Salzpfanne. Als die Sonne hinter dem

Makgadigadi Pans

Auf der Granitinsel Kubu Island

Horizont abzutauchen beginnt, rücken die Gäste näher ans wärmende Feuer.

Kurz nach dem Sonnenuntergang sind sie zurück im Camp, wo das Abendessen im großen Zelt serviert wird. Trotz heftig im Wind flatternder Leinwände und Wein aus Wassergläsern ist das Dinner, dank Silberbesteck, Damast-Tischdecken und Kerzenleuchtern (und kurz darauf sogar richtigen Weingläsern) eine elegante Angelegenheit, die an die Afrika-Safaris der 1940er-Jahre erinnert. Die Qualität des Essens überrascht. Unglaublich, was der Koch aus dem kleinen Küchenzelt zaubert. Nur ein Beispiel: Brot, Kuchen und Gebäck werden täglich frisch auf glühenden Kohlen gebacken.

Die Gästezelte bergen eine weitere Überraschung, die an kalte Wintertage der Kindheit erinnert: eine Wärmflasche unter den himmlisch weichen Überdecken.

Kubu Island 5

Das Highlight eines Aufenthaltes im San Camp ist ein dreitägiger Trip quer über die Pfanne bis **Kubu Island**, einer abgelegenen Granitinsel mitten im Nichts, die mit Dutzenden von uralten Affenbrotbäumen bewachsen ist. Die fahrbaren Untersätze bestehen

Durch Botswana zurück nach Namibia

aus vier weichen Reifen mit geringem Luftdruck, einem 250 cm³-Yamaha-Motor dazwischen und einem Motorradlenker obendrauf. Was stark an einen frisierten Rasenmäher erinnert, ist ein **Quadbike,** das ökofreundliches Reisen ermöglicht, da es keine tiefen Spuren hinterlässt.

Der Guide erklärt, wie die Beduinen-Tücher, die *Kikois*, gebunden werden müssen und verwandelt seine Fahr-Gäste nun ebenfalls in abenteuerliche Typen. Aber das Kleidungsstück sieht nicht nur gut aus, es schützt auch erfolgreich vor Staub und Kälte.

Zwei Personen teilen sich ein Quadbike. Der Passagier ist eingequetscht zwischen dem Fahrer und einer gewaltigen Bettrolle – dafür ist es wenigstens schön warm. Um keine neuen Spuren zu verursachen, fahren alle in einer Reihe in die Wüste.

Der Guide stoppt häufig, um mit seinen Gästen ein paar Schritte in die Pfanne zu gehen. Die Salzkruste verursacht beim Darüberlaufen die gleichen Geräusche wie frisch gefallener, leicht angefrorener Schnee. Was zunächst völlig leer aussieht, ist in Wirklichkeit ein Ort der kleinen Tragödien, wie der ausgetrocknete Kadaver eines Stachelschweines (was hatte das wohl mitten in der Salzpfanne verloren?), die gebleichten Überreste einer Eule, eine Ansammlung von Knochen unbekannter Herkunft und einige Steinzeit-Werkzeuge und Pfeilspitzen belegen.

Aus der Entfernung wirken die Motorräder wie Spielzeug und das nächste Ziel wie eine Stadt auf dem Wüstenplaneten aus einem »Krieg-der-Sterne«-Film. Was aussieht wie runde, domförmige Behausungen sind in Wirklichkeit die Fundamente von **Flamingonestern.** Tausende dieser Vögel bevölkern die Salzpfanne während der Regenzeit, wenn sie weder von Fahrzeugen noch von Raubtieren gestört werden können. Unverbesserliche, die versucht haben, die Salzebenen während der Feuchtperiode zu queren, begruben ihre Fahrzeuge für immer.

Manchmal ist der Staub so fein, dass er hinter den Rädern zu explodieren scheint. Selbst die Kikois können die Quadbike-Piloten dann nicht mehr davor bewahren, dass sie ein Wüsten-Make-up verpasst bekommen. Der Staub bedeckt die Gesichter wie Puder und lässt nur die Augen frei, was immer, wenn man die Sonnenbrillen abnimmt, zur allgemeinen Erheiterung beiträgt.

Eine Gruppe von Springböcken bewegt sich am fernen Horizont über die Ebene, die Beine scheinen von der Luftspiegelung geschluckt worden zu sein.

Die Viertakter röhren. Die Vorausfahrenden ziehen gewaltige Staubfahnen hinter sich her. Das Bike scheint still zu stehen, während die Landschaft unter den Rädern wegrauscht. Es gibt nichts, worauf sich die Augen konzentrieren können. Im letzten, warmen Licht des Nachmittags scheinen die Staubwolken von innen heraus orange zu glühen.

Ein schwarzer Fleck am Horizont wird langsam größer – **Kubu Island.** Der Sonnenuntergang betont noch die Schönheit eines der wohl zauberhaftesten Plätze im südlichen Afrika. Unnötig zu erwähnen, dass der Versorgungs-Lkw schon lange vor der Gruppe im Camp angekommen ist. Die Dinner-Tafel ist festlich gedeckt – unter ehrfurchtgebietenden, jahrhundertealten Affenbrotbäumen. Die Leinwand-›Waschbecken‹ sind mit warmem Wasser gefüllt. Ein Sortiment an Drinks steht bereit, komplett mit halben Zitronen auf Silbertellern, Eis und Tonic Water.

Später entdecken die Gäste ihre ›Betten‹ neben gewaltigen Affenbrotbäumen – ein wahrhaftiges 1000-Sterne-Hotel. Ein Ort, wo die Zeit stehen geblieben zu sein scheint, wo Gedanken unendlich weit schweifen können, wo Sternschnuppen den Wunsch aufkommen lassen, für immer zu bleiben.

Übernachten, Essen

Luxus fernab der Zivilisation ▶ Jack's Camp und San Camp: Uncharted Africa Safari Company, Francistown, Botswana. Tel. 002 67-241 22 77, Fax 241 34 58, www.unchartedafrica.com. Jack's Camp mit seinen grünen Zelten, Spülklosetts und eigener Quelle bietet Platz für 16 Gäste in 8 Zelten. Das private **San Camp** ist kleiner, mit 6 weißen Zelten, teakholzverkleideten Plumpsklos. Das Wasser kommt per Lkw vom Jack's

Camp. Sehr stimmungsvolle Website. Jack's Camp ist ganzjährig geöffnet. San Camp nur während der Trockenzeit von Mai bis Oktober. Die Quadbike-Trips finden nur in diesen Monaten statt. 9 Luxuszelte in Jack's Camp 1250 US$/Pers , alles inklusive. San Camp 980 US$/Pers.

Kubu Island für Selbstfahrer mit GPS

Kubu Island ist ein heiliger Platz und ein Naturdenkmal, das natürlich auch individuellen Reisenden offen steht. Momentan stellen unverantwortliche, mit Satelliten-Navigation ausgerüstete Enduro- und Geländewagen-Besitzer, die nebeneinander über die Pfanne heizen, die größte Gefahr für die Umwelt dar. Anstatt nichts als Fußabdrücke zu hinterlassen und nichts anderes als Fotos zu schießen, lassen sie ihren Abfall zurück, fahren die Granitfelsen hoch und ritzen ihre Namen in die jahrhundertealten Affenbrotbäume. Bitte als Besucher diesen einzigartigen Platz respektieren, damit er für zukünftige Generationen erhalten bleibt. Die beste Reisezeit für Kubu Island, das östlich des 4900 km² großen Makgadikgadi Pans National Park liegt, ist in der Trockenzeit zwischen April und November. Wer n jetzt noch Vollmond ist, sind die Bedingungen für Kubu (ebenfalls gebräuchlich: Lekhubu) Island ideal. Der Ort liegt am Rande der Sowa-Pfanne, ist etwa 1 km lang und erhebt sich 20 m über das Pfannen-Niveau. Von Benzin über Wasser und Verpflegung muss alles mitgebracht werden. Eingekauft werden kann in Nata, Gweta und Letlhakane, wo es allerdings nur kleine Geschäfte mit einem sehr beschränkten Angebot gibt. Von Letlhakane nach Kubu Island sind es nur 85 km, von Gweta 107 km. In beiden Orten gibt es Tankstellen. Da die Pfannenoberfläche hart ist, wird der Geländewagen nicht mehr Sprit verbrauchen als auf der Teerstraße.

Im folgenden ein Logbuch für die GPS-Koordinaten für den Trip von Gweta nach Kubu Island und zurück nach Nata:

Von Maun nach Buitepos

1. Gweta: 20°12'524"S/25°15'482"E
2. 20°18'681"S/25°18'269"E
3. Xauxara: 20°23'288"S/25°22'364"E
4. Green's Baobabs: 20°26'619"S/25°22'350"E
5. 20°40'402"S/25°35'266"E
6. Gumba Veterinär-Zaun: 20°44'763"S/25°39'794"E
7. Tswagong Veterinär-Zaun: 20°45'810"S/25°44'320"E
8. 20°56'012"S/25°40'032"E
9. Kubu Island: 20°53'740"S/25°49'426"E
10. Tswagong Veterinär-Zaun: 20°45'810"S/25°44'320"E
11. Thabathsukudu Village: 20°42'613"S/25°47'482"E
12. Sexara Village: 20°18'699"S/25°48'296"E
13. Gweta-Nata Highway: 20°10'029"S/25°56'898"E
14. Nata: 20°12'691"S/26°10'869"E

Von Maun zur Grenzstation Buitepos

Von Maun ist es ein bequemer Zweitagestrip zurück nach Windhoek in Namibia. Die Landschaft ist relativ eintönig, vor allem, wenn das riesige Gebiet der Kalahari erreicht wird. Auf der letzten Etappe geht es den **Trans-Kalahari-Highway** entlang, direkt nach Westen. Kurz hinter dem botswanisch-namibischen Grenzübergang liegt links der Straße die Gästefarm **Kalahari Bush Breaks** mit eigenem privaten Wildreservat.

Übernachten, Essen

Für Grenzgänger ▶ Kalahari Bush Breaks: Tel. 062-56 89 36, Fax 56 90 01, www.kalaharibushbreaks.com. Insgesamt 8 Doppelzimmer, 3 davon im Haupthaus, die anderen 5 draußen mit Blick aufs Wasserloch oder die Wüste. Letztere sind geräumiger und schöner. Ein reizvoll angelegter Swimming-Pool mit kleinem Wasserfall sorgt für angenehme Erfrischung. Website auch auf Deutsch. DZ mit Frühstück 580 N$/Pers., Dinner 180 N$, Camping 80 N$.

Register

Affen 22
Agate Beach **191**
Apartheid 38, 47, 180, 296, 344
Aba-Huab Campsite 270
/Ae//Gams Festival 59
Affenbrotbaum **16,** 374
Africat Foundation 286, **287**
Afrikaans 59
Afrikanische Wildkatze 19
Ai-Ais 164
Ai-Ais/Richtersveld Transfrontier Park 20, 29, 30 156,**166**
Aids 37
Albrecht-Brüder 39
Amani Lodge 131
Ameib Ranch 277
Ana-Baum 16
Andersson, Charles John 39, 297
Angola 16, 39, 50, 51, 52, 58, 59
Angra Pequeña (Lüderitzbucht) 39, 41, 182
Anreise 80
Antilopen 25
Arbeitslosigkeit 37
Archer´s Rock 245
Armut 37
Auas Game Lodge 132
Aus **169, 170**
Auskunft 72
Ausrüstung 72, **101**
Aussenkehr-Naturschutzgebiet 165
Auswärtiges Amt 80

Bagani s. Divundu 348
Ballonfahren 195, 202
Bärenpavian 22
Batoka Gorge 357
Baumhörnchen 21
Baynes Mountains 314

Becker, Dörte 62
Behinderte 96
Benguela-Strom 15, 257
Bergzebra **25,** 196
Bethanie 152
Biltong 66
Bismarck, Otto von 40, 41
Blauducker 26
Bleichböckchen 27
Blutkuppe 245
Bogenfels 179
Bondelswarts 44
Bootstouren 93
Bosua-Pass 131
Botha, Louis, General 47
Botswana 80
Braai 66, 67
Brandberg 15, **272,** 273
Breitmaulnashorn 17
Breuil, Henri, Abbé 274
Brillenpinguine 28
Britisch-Betschuanaland (Botswana) 246, 292
Brits, Jakob 293
Büffel **17,** 20
Bumhill Campsite 352
Bungee-Jumping 360
Burg Gusinde 137
Burgsdorf, Henning von 148
Burnt Mountain s. Verbrannter Berg
Buschmannland **340**
Bushman's Paradise 275
Bwabwata National Park 29, **348**

Camping 90
Cañon Lodge 161
Cañon Roadhouse 156
Cão, Diogo 39, 254
Cape Cross Seal Reserve **254**
Caprivi, Georg Leo Graf von 347

Caprivianer 13, 59
Caprivi-Zipfel 11, 16, **347**
Chobe 16
Chobe National Park **363**
Chobe (Fluss) 350, 363
Chobe Road **364**
Coloureds 57, 146
Commiphora 318
Conservancies 20
Consolidated Diamond Mines (CDM) 35, 53
Cook, Johannes 295
Curt-von-François-Feste 131

Daan Viljoen Game Park **130**
Dalrymple, Alexander 229
Damara 13, 54, 133
Damaraland 50, **266**
Damaraland Camp 266, 267
Damara-Seeschwalbe 27
Dead Vlei 211
Demokratische Turnhallen-Allianz (DTA) 52, 120, 284
Desert Express 138
Deutsche 47, 292
Deutsch-Südwestafrika 41, 47, 246
Diamanten **34,** 94
Diamanten-Sperrgebiet **168, 178**
Dias, Bartolomeu 39, 182, 190
Diaz Point 190
Diescho, Joseph 63
Dik-Dik Drive 298
Diplomatische Vertretungen 73
Divundu 345, 347
Dolphin Park 229
Dorslandtrekker Baobab **342**

Der Haupteintrag ist **fett** hervorgehoben.

Duma Tau-Lodge 363
Düne 45, 210
›Dunedin Star‹ 264
Düneneidechse 27
Dünenotter 27
Dünensurfen 10, 195, 240
Durstland-Trekker 59
Düsternbrook Guest Farm **134**
Duwisib Castle **141**

East Caprivi 50
Eberlanzhöhle 191
Einreisebestimmungen 80
Elefant **17,** 298
Elektrizität 101
Elenantilope 25
Elfenbein 94
Elizabeth Bay 178
Ellipsenwasserbock 26
Enjando-Straßenfest 59
Epupa Falls 20, **323**
Erckerts, Friedrich von **224**
Erdferkel 21
Erdhörnchen 21
Erdmännchen 19
Erdwolf 21
Eros Airport 129
Ertl, Otto 133
Essen und Trinken 64
Etosha National Park **20,** 29, **296**
Etosha Pan **296,** 297

Farm Duwisib Rest Camp 152
Feiertage 96
Felskunst 79, **269**
Fernseher 105
Feuchtsavanne 17
Fischfang 30
Fish River Canyon 29, **156, 162**
Fish River Lodge 170
Flamingos **27,** 376

Flugsafari 251, **258,** 372
Flusspferd 19
Fly-in-Safari s. Flugsafari
Fotografieren 96, 181
François von, Kurt 41, 122, 123, 231, **246**
Fredericks, Joseph 182
Fuchsmangusten 19
Fußball-Weltmeisterschaft 92

Gästefarmen 89
Galton, Francis 297
Gamsberg Pass 214
Ganamub 333
Garas Park 154
Garub 171
Gastronomie 65
Gathemann, Heinrich 117
Geisterschlucht 170
Gelbschnabel- und Rotschnabel-Toko 28
Geld 98
Gepard **18, 134,** 286, 316
Gesundheit 102
Giant Baobab Homasi **342**
Ginsterkatze 19
Giraffe 24
Gnu 24
Gocheganas 124, **133**
Goerke, Hans **183**
Golf 92
Grenzübergänge 76
Griffith Bay 189
Grootberg Lodge 271
Grootfontein 294
Gross Barmen **284**
Große Bucht 191
Großer Kudu 26
Große Randstufe s. Zentralplateau
Große Spitzkoppe **275**
Grünmeerkatze 22
Guano 39, 182, 190, 229, 262

Hagenbeck, Lorenz 246
Hahn, Karl Hugo 282
Halali Camp 306
Halbmondantilope 25
Halfmens 167
Halifax Island 190
Hamuntubangela, Theophilus 122
Hardap-Stausee **145**
Hardap-Wildschutzgebiet **145**
Hartmann Valley 312, 329
Hartmanns Bergzebra 25
Heinitzburg **123,** 125
Helgoland-Sansibar-Vertrag 16, 41, 347
Helmeringhausen 152
Henno, Martin 217
Henties Bay 253
Herero 13, 38, **39,** 40, 41, 42, 44, 47, 49, 50, 57, 117, 133, 282, **283,** 292, 314, 318
Herero-Aufstand 46
Heroes' Day 59, 283
Himba 11, 13, 58, 133, 282, 283, **314, 320**
Himba-Schmuck 63
Hoanib 330
Hoba-Meteorit 293
Hobatere Lodge 318
Hoffmann, Giselher W. 63
Höft, Friedrich 235, 236
Holländer 39, 146
Honigdachs 21
Hosea Kutako International Airport 129
Hotels 88
Hyänenhund 22

Internet 72, **105**
Internierungslager 169

Jonker Afrikaner, Jan **39,** 54, 282

379

Register

Kalahari 16
Kalahari 4x4 Trail 154
Kalahari Anib Lodge 148
Kameldorn **16**
Kamelreiter 246
Kanufahren 165, 166
Kaokoland **310**
Kapuuo, Clemens 284
Karakal 19
Karakulschaf 148
Karibib **276**
Karpfenkliff 216
Karten **73**
Kasane 363
Kasikili 350
Katima Mulilo **353**
Katutura 50, 115, **127**
Kaudom Camp 345
Kaudom Game Park 29, **342**
Kavango (Region) 13
Kavango (Volk) 16, 58
Kavango (Fluss) 347, 348
Keetman, Johann 153
Keetmanshoop 153
Kelp-Möwe 228
Kemmeta, Zephania 63
Kgalagadi Transfrontier Park 30, 31
Khoi 344
Khoisan 146
Khomas Hochland Conservancy 20
Khomasdal 127
Khorixas 271
Khorixas Lodge & Restcamp 272
Khowarib-Schlucht 333
Khwai River 365
Kikois 376
Kinder 79
Kirkdikdik 26, 298
Kleidung 101
Klein-Aus Vista **169**
Kleine Spitzkoppe 275

Kleinschmidt, Heinrich 282
Klima 72, 101
Klippschliefer 21
Klippspringer 27
Knudson, Hans 152
Köcherbaumwald 141, 142, **153**
Koevoet 52
Koichab-Dünen 169, 170
Kolbe, Friedrich 282
Kolmanskop 141, 142, 156, 171, **176, 179**
Kolonialarchitektur 117
Kolonialzeit 37, 60
Kongola 349
Kopper, Simon 45, **246**
Korn, Hermann 216, **217**
Kreditkarten 99
Krokodil **27**, 286, **329**
Kronenducker **26**
Kubu Island 338, 366, **375**
Kuiseb Canyon **215**
Kuiseb Pass **215**
Kulala Desert Lodge 203, **205**
Kunene 16, 27, 311, 313, 314, 322, 323
Kunsthandwerk **60, 62**
Kusserow, Heinrich von 41
Kutako, Hosea 121, 284
Kwando (Fluss) 16, 349
Kwanyama 46

Lake Guinas 295
Lake Oanob 143, 144
Lake Oanob Resort 145
Lake Otjikoto **295**
Landwirtschaft 13, 32, 59
Langstrand 229
Langusten 183
Le Mirage **204**
Leihfahrzeug 83
Leopard 16, 17, 18, 19, 114, 130, **135, 282,** 302, 316, 373

Lesetipps 74
Leutwein, Major Theodor von 41, 42, 43
Lewala, Zacharias 34, 47, 176
Lianshulu Lodge **349,** 351
Liebighaus 131
Lindequist, Friedrich von 296
Linyanti 16
Linyanti Wildlife Reserve 363
Livingstone 355, **360**
Livingstone, David 355
Löffelhund **22**
Löwe **17,** 134, 299, 316, 363
Lodges **88**
Lohse, Kurt 184
Lüderitz 54, 142, 178, **182**
Lüderitz, Adolf 40, 41, **182**
Lüderitz-Halbinsel **189**
Lupula 352

Maack, Reinhard 274
Maack's Shelter 274
Madisia, Joseph 62
Magwikhane Sand Ridge 365
Mahango Game Park **347**
Maherero, Samuel 39, 42, 43, 44, 122, 260, 283
Makalani-Palmen 16
Makgadikgadi Pans 33, **374**
Malaria 349
Maltahöhe 148
Mamili National Park **352**
Mandume, Herero-Häuptling 48, 49
Märchenwald 304
Marengo, Jakob 44
Marienfluss 324, **329**
Mariental **148**
Marsh Road 365

Der Haupteintrag ist **fett** hervorgehoben.

Martin, Henno 216, **217**
Masala, Tembo 62
Masken-Webervögel 28
Maun **371**
Mombo Camp **372**
Moorantilope **26**
Mopane-Baum 318, 366
Mopane-Baumsavanne 318
Mopane Caterpillar 67
Moremi National Park **366**
Morris, Abraham 47
Moschusböckchen **26**
Mosi oa Tunya National Park 357
Mountain View Walk 291
Muafangejo, John Ndevasia 61
Mudge, Dirk 52
Mudumu National Park **349**

Nachtigal, Dr. Friedrich 152
Nacobta (Namibia Community Based Tourism Association) 90
Nama 13, **39**, 41, **44**, 46, 49, 54, **56**, 59, 63, 130, 133, 144, 167, 185, 229, 231, 246
Nambwa 351
Namdeb (Namibian De Beers) Diamond Corporation 53
Namib 13, **193, 196**
Namib Naukluft Park 14, 28, 29, **196**, 198, 199
Namib Naukluft 4x4 Trail 211
Namib Sky Safaris 203
Namibia Wildlife Resorts 78, 90
Namibian Arts Association 61
Namibian Crafts Centres 62
NamibRand Nature Reserve 193, **198**
Namipenda-Rallye 227
Namutoni Rest Camp 297
Nara 228
National Westcoast Tourist Recreation Area 249, 252
Nationalparks 28, 30, 77
Naukluft-Berge **211**
Naukluft Hiking Trail 212
Ndevasia Muafangejo, John 61
Ngarangombe Conservancy 20
Ngoma Bridge 364
Nkasa 352
Noordoewer 164
Norotshama River Lodge 165
Notruf **104**
Nujoma, Sam 50, 52, 53, 55, 122

Obias River 330
Öffnungszeiten 96
Okahandja **282**
Okapuka Ranch 134
Okaukuejo 299
Okaukuejo Waterhole Units 306
Okauwa 324
Okavango 16
Okavango-Delta **337**
Okavangoland 50
Okongwati 323
Okonjima **286**
Ökotourismus 20
Olive Trail 212
Ombo-Straußenfarm 286
Ongava Lodge 304, 308
Ongongo Falls 333
Onguma Plains Camp 308
Onguma Tented Camp 307
Onguma Tree Top Camp 307
Opuwo 319
Orange River 16, 34, **164**
Oranjemund 34, 35
Orlam-Nama 39, 41, 56
Organisierte Touren 77
Orupembe 328, 330
Oryxantilope **25, 197,** 200
Otjawaja 330
Otjihende 325
Otjihipa Mountains 314
Otjijandjasemo, heiße Quellen 324
Otjimbingwe 41
Otjinungwa 329
Otjitanda 325
Otjiveze 322
Otjiwarongo **286**
Outjo 272
Ovambo 13, 57, 133, 180, 297
Ovamboland 48, 49, 50, 51
Ovamboland People's Organisation (OPO) 50

Pager, Harald 275
Palmwag Lodge **266,** 268
Peace Parks 30
Pelican Point 226
Penduka Crafts Centre **133**
Perlhuhn 28
Permit 78, 80
Petrified Forest s. Versteinerter Wald
Pinguininsel 182
Plan (People's Liberation Army of Namibia) **50,** 52
Pohamba, Hifikepunye Lucas 53
Pomona 178, 179
Pondok 60
Popa Falls **347**
Post **105**
Potjiekos 66
Preise 84
Puku 26
Purros Campsite **335**

Register

Quadbiking 10, **93,** 195, **376**

Radford Bay 189
Radford, David 189
Rafting s. Wildwasserfahren
Rappenantilope 26
Redecker, Gottlieb 121, 153, 235
Rehoboth **144**
Rehobother Baster 13, 48, 56, 57, 62, **146**
Reiserouten 76
Reiseveranstalter 77
Reisezeit 101
Restaurants 64
Rheinische Missionsgesellschaft 39
Rhodes, Cecil 360
Richtersveld National Park 156, **166**
Riesentrappe 28
Rössing-Mine 244
Rohstoffe 32
Rooidrom (red drum) 329
Rosh Pinah 169
Rote Kuhantilope 25
Roy's Camp 340
Ruacana Falls 322

SA National Parks 167
Salt Works 226
Sambesi 16, 339, 353, 354, **357, 358**
Sambia 11, 16, 53, 72, **73, 80,** 102, 105, **354**
San 10, 13, 38, 56, **60,** 62, 153, 191, **344**
San Camp **374,** 376
Sander, Wilhelm 117
Savimbi, Jonas 36, 52
Savute 365
Schabrackenschakal 22
Scharlachspint 350
Schmelen, Heinrich 39, 152
Schoeman, Familie 258
Schwarzfersenantilope 25
Schwarzwälder Kirschtorte 195, 221
Schwerin, Graf von 123
Second Lagoon 189
Sekretär 28
Selbstversorger **67,** 88
Sendelingsdrift 166
Sesfontein 330, **331**
Sesheke 354
Sesheke-Brücke **354**
Sesriem 196, **207**
Sicherheit 103
Sikereti Camp 343
Simbabwe 81, **355**
Sitatunga 26
Skeleton Coast National Park 29, **252, 256, 257**
Skeleton Coast Safaris **258**
Skelettküste **249**
Smuts, Jan G. 61
Solitaire 195, **214**
Sossuspoort 210
Sossusvlei 14, 194, 195, 196, **207, 210**
South African Association of Arts 61
Souvenirs 94
Spencer, Ted 357
Sperrnummern 99
Spitzmaulnashorn 17, 316
Sport 92
Sprachen 107
Sprachführer 107
Spreetshoogte Pass 214
Springbock 25
Springhase 21
Stachelschwein 22
Stauch, August 34, 176
Steinböckchen 27
Strauß 27
Streifengnu 25
Streifenschakal 22
Sturmvogelbucht 189
Südafrika 30, 32, 37, 38, 45, **47,** 59, 67, 76, 81, 82, 92
Südafrikanische Union 233
Südwestafrika 47, 50
Swakopmund 41, 193, **231**
Swakopmund Saltworks Private Nature Reserve 252
SWAPO (Southwest African People's Organisation) 12, 13, **37,** 50, 54
Swartbooisdrift 322

Telefonieren 105
Termiten 349
Terrace Bay 252, 256, **263**
The Wolwedans Collection **198,** 201
Tjamuaha 284
Tjimba 58
Toiletten 97
Toivo ja Toivo, Andimba 50, 52
Tomakas 330
Torra Bay 263
Tourismus 13, 20, 33
Trans-Kalahari-Highway 37, 377
Trinkgeld 97
Trotha, Heinrich von 292
Trotha, Lothar von 43
Tsauchab River 17
Tsumeb **294**
Tsumkwe **341**
Tswana 57
Tüpfelhyäne 21
Twyfelfontein 10, 60, 250, **269**

Übernachten 88
Uis **275**
Unabhängigkeit 53

Der Haupteintrag ist **fett** hervorgehoben.

Unabhängigkeitstag 59
Unita (União Nacional para a Indepencência Total de Angola) 36, 52
Untag (UN Transitional Assistance Group) 52
Usakos **276**

Van Zyl's Pass 318, 324, **325**
Verbrannter Berg 271
Verfassung 20, 53
Verhaltensregeln 78
Verkehrsmittel 82
Verkehrsregeln 86
Versicherung 86
Versteinerter Wald **271**
Vertrag von Versailles 59
Verwoerd, Dr. Hendrik 117
Victoria Falls **354**
Victoria Falls National Park 355
Vingerklip **272**
Vögel 27
Vogelfederberg 216
Vogelstrausskluft Lodge 170
Von Bach Dam Recreation Resort 282

Währung 12, 53, 98
Walfischbucht s. Walvis Bay
Walvis Bay 37, 53, 216, **220**
Wandern 130, 143, **195, 162,** 211, 212, 251, 258, 281, 290, 293
Waran 27
Warzenschwein 22
Waterberg Camp 293
Waterberg Conservancy 20
Waterberg Plateau **279, 280,** 281, 282, 288
Waterberg Plateau Park 289, **290**
Waterkloof Trail 212

Wechselkurse 98
Welwitsch, Friedrich Dr. 244
Welwitschia mirabilis **15,** 28, 197, 244
Welwitschia-Ebene 194, 244
White Lady 272, 274
Wikar, Heinrich Jacob 39
Wilhelm II., Kaiser 121, 122, 183, 254
Wildhund s. Hyänenhund
Wildpferde 165, **171, 172**
Wildwasserfahren 93, 165, **313, 322, 339, 358**
Wilhelmsfeste 41
Windhoek 11, 41, **113**
– Alte Feste 122
– Christuskirche 121
– Erkrath-Haus 117
– Gathemann-Haus 117
– Heinitzburg 123
– Hochland Park 116
– Hofmeyer Walk 114, 123
– Independence Avenue 117
– Katutura 115, 116, 127
– Klein Windhoek 116
– Kronprinzen-Haus 117
– Kudu Monument 120
– Leo's at the Castle 123, 125
– Ludwigsdorf 116
– Meteoriten-Brunnen 117
– Nambian Crafts Centre 114, **123**
– Namibian Breweries 123
– National Art Gallery 121
– Neues State House 121
– Ovambo Campaign Memorial 120
– Owela Museum 121
– ›Poor Old Joe‹ 120
– Reiterdenkmal 122
– Schwerinsburg 123

– St. George's Cathedral 121
– State House 121
– Tintenpalast 121
– Tourist Information 117
– Transnamib Railway Museum 117
– Turnhalle 120
– Uhrturm (Clock Tower) 117
– Zoopark 117
Windhoek Karneval (Wika) 59, 129
Winston 256, 258
Witbooi, Hendrik **41,** 42, 43, **44,** 45, **46,** 121
Wlotzkasbaken 253
Woermann, Adolf 41, **231**
Woermann, Reederei 231, **235**
Wolf, Hansheinrich von, Baron 149
Wüstenelefanten 11, 20, 251, **268,** 269, 271, 312, **316, 330**
Wüstenluchs s. Karakal
Wyk, Andrew van 62
Wyk, Cornelius van 146
Wyk, Hermanus van 146

Xhosa 45
Xigera 372
Xigera Camp **366,** 372
Ya Nagola, Mvula 63

Ya Otto, John 50

Zebra 24
Zeit 97
Zeitungen 106
Zibetkatze **19**
Zollbestimmungen **80**
Zebramanguste **19**
Zwergpelzrobbe 250, 252, **254**

Abbildungsnachweis/Impressum

Abbildungsnachweis

Bilderberg, Hamburg: S. 33 (Francke); 253 (Jonkmanns); 359 (Obertreis)
DuMont Bildarchiv, Ostfildern: S. 66 (Emmler)
laif, Köln: S. 236 (Celentano); 218/219, 230/231, 4 unten, 283 (Emmler); 154/155, 188/189 (Harscher); 256/25., 280 links, 288/289 (Heeb)
Dieter Losskarn, Hout Bay (Südafrika): S. 1 rechts, 35, 36, 57, 104, 142 links, 157, 187, 206/207, 332
Elke Losskarn, Hout Bay (Südafrika): S. 1 Mitte, 2 oben, 3 oben, Mitte, unten, 4 oben, 5 Mitte, unten, 6 unten, 7 oben, Mitte, unten, 11, 14/15, 23, 24, 28, 38, 51, 58, 61, 62, 64/65, 70/71, 87, 89, 91, 95, 97, 100, 106, 110/111, 112, 114 links, rechts, 122, 125, 128, 134/135, 136/137, 140, 142 rechts, 147, 168, 174/175, 177, 180, 192, 194 links, rechts, 197, 201, 203, 204, 208/209, 215, 216, 224/225, 234, 239, 242/243, 245, 246/247, 248, 250 links, rechts, 258/259, 260/261, 262/263, 268, 270, 274, 276, 294, 297, 300/301, 305, 307, 308/309, 310, 312 links, rechts, 315, 320/321, 322, 324/325, 326/327, 328, 331, 336, 338 links, rechts, 341, 346, 350, 351, 353, 356, 361, 362, 364/365, 367, 368/369, 374/375
mauritius images, Mittenwald: Titelbild (age fotostock)
Harald Mielke, Sachsenried: S. 120
OKAPIA, Frankfurt/Main: S. 303 (Ausloos); 6 oben, 8/9, 27, 372/373 (Daryl & Sharna Balfour); 2 unten, 5 oben, 18, 278 (Thorsten Milse); S. 1 links, 280 rechts, 306, (Pölking)
picture-alliance, Frankfurt: S. 40, 45 (dpa); 317 (Picture Press/Krahmer)
Sam Cohen Library, Swakopmund: S. 46
Axel Scheibe, Annaburg-Buchholz: S. 127, 213
Transit, Leipzig: S. 149, 150/151 (Thomas Härtrich)

Kartografie

DuMont Reisekartografie, Fürstenfeldbruck
© DuMont Reiseverlag, Ostfildern

Titelbild: Elim-Düne im Namib Naukluft Park

Über den Autor: Dieter Losskarn (www.lossis.com) ist 1996 nach Südafrika ausgewandert und lebt in der Nähe von Kapstadt. Wann immer möglich sucht er die Einsamkeit (und – zugegeben – die Schwarzwälder Kirschtorte) im Nachbarland Namibia. Der Reisejournalist und Buchautor schreibt für deutsche und internationale Magazine. Im DuMont Reiseverlag hat er das Reise-Taschenbuch »Kapstadt und die Kap-Provinz«, Richtig Reisen »Südafrika« und in der Reihe DuMont Direkt die Bände »Kapstadt« und »Südafrika« verfasst.

Lektorat: Silvia Engel, Britta Rath, Anja Lehner

Hinweis: Autor und Verlag haben alle Informationen mit größtmöglicher Sorgfalt geprüft. Gleichwohl sind Fehler nicht vollständig auszuschließen. Alle Angaben erfolgen ohne Gewähr. Bitte schreiben Sie uns! Über Ihre Rückmeldung zum Buch und über Verbesserungsvorschläge freuen sich Autor und Verlag:
DuMont Reiseverlag, Postfach 3151, 73751 Ostfildern, info@dumontreise.de

1. Auflage 2010
© DuMont Reiseverlag, Ostfildern
Alle Rechte vorbehalten
Grafisches Konzept: Groschwitz, Hamburg
Printed in Hungary